बौधिक रचनात्मकता

प्रो0 डॉ श्रीकृष्ण शर्मा
D.Sc., Ph-D., M.D., N.D

BlueRose ONE.com
Stories Matter
NewDelhi • London

BLUEROSE PUBLISHERS
India | U.K.

Copyright © Prof Dr Shrikrishan Sharma 2024

All rights reserved by author. No part of this publication may be reproduced, stored in a retrieval system or transmitted in any form or by any means, electronic, mechanical, photocopying, recording or otherwise, without the prior permission of the author. Although every precaution has been taken to verify the accuracy of the information contained herein, the publisher assumes no responsibility for any errors or omissions. No liability is assumed for damages that may result from the use of information contained within.

BlueRose Publishers takes no responsibility for any damages, losses, or liabilities that may arise from the use or misuse of the information, products, or services provided in this publication.

For permissions requests or inquiries regarding this publication,
please contact:

BLUEROSE PUBLISHERS
www.BlueRoseONE.com
info@bluerosepublishers.com
+91 8882 898 898
+4407342408967

ISBN: 978-93-6452-591-6

Cover design: Shivam
Typesetting: Namrata Saini

First Edition: December 2024

भूमिका

भूतकाल न किसी ने देखा, भविष्य देख नहीं सकता।
वर्तमान संवार कर व्यक्ति, दोनों ही उन्नत कर लेता ।।1570।।

इस जीवन का सबसे बड़ा रहस्य यही है कि इसे आप जैसा जीना चाहें वैसा ही जिया जा सकता है। परमात्त्मा ने इस धरा पर सभी इनसानों को समता का वरदान दिया है। प्राणी केवल रंग, रूप तथा शक्ल सूरत से विभिन्न दिखाई देते हैं परन्तु मूल रूप से समतल पर सभी एक ही जैसे हैं। मनुष्य इस धरा पर अपनी सोच समझ अनुसार ही जीवन यापन करता है वरना भगवान ने किसी को अमीर अथवा गरीब नहीं बनाया है बल्कि उसके कर्म अनुसार उसके लिए एक निश्चित स्थान निर्धारित किया है जिसे वह अपने कर्म अनुसार एक सुंदर बगिया के रूप में विकसित कर सकता है और सुंदर बगिया को उजाड़ कर जंगल का स्वरूप भी दे सकता है। लेखक का मानना है कि इस विषय में जो भी सामग्री अथवा चित्रों का प्रयोग विभिन्न सोर्सों से किया गया है उसके लिए वह सभी का आभारी है।

एक सोच आपकी कर्म का मूल स्त्रोत है, सोच ही से जीवन रहता ओतप्रोत है।

सोच का धनी इनसान धन धान्य स्रोत है, सोच बिना मानव की नित्य मौत है।।

परमात्त्मा इनसान को उसके कर्मफल अनुसार स्वतंत्र विचरण का दायित्त्व प्रदान करता है परन्तु कर्मों का फल उसे अच्छा या बुरा अवश्यमेव भोगना पड़ता है। प्रकृति का यह विधान सदैव अटल रहता है कि जैसा आपने बोया है वही आपको काटना तो पड़ता ही है। परमात्मा की शरणागति इसे आसान या कठिन बनाने में मनुष्य की सहायता अवश्य करती है। वर्तमान में जीने वाला इनसान वर्तमान को बेहतर ढंग से जीने की कला सीखकर बेहतर जीवन जीता है जबकि भूतकाल के पश्चाताप से ग्रस्त प्राणी वर्तमान को भी कुंठित कर देता है। इसी तरह भविष्य की कल्पना में जीने वाला व्यक्ति वर्तमान को भी संवार या बिगाड़ लेता है तथा भविष्य में भी वही प्राप्त करता है जो वह वर्तमान में बीजता है। अतः समझदार व्यक्ति के लिए सबसे महत्त्वपूर्ण विषय वर्तमान को संवारकर भूत एवं भविष्य दोनों को सुःखद बनाना है।

विचार'बदलने से, जीवन का अंदाज बदल सकता है।
व्यवहार बदलने से, जीवन का आगाज बदल सकता है।।2178।।

परमात्मा जिस मनुष्य पर प्रसन्न होता है उसे बुद्धि प्रदान कर देता है तथा जो जीव उसकी कृपा का पात्र नहीं बन पाता उससे वह किसी प्रकार का द्वेष अथवा क्रोध प्रकट नहीं करता वरन् उसकी बुद्धि को हर लेता है। इसको विज्ञान की भाषा में इस प्रकार वर्णित किया जा सकता है कि जब प्राणी सही रास्ते पर चलता है तो वह अपने जीवन दाता के प्रति समर्पित भाव रखता है तो उसकी ऊर्जा की दिशा अथवा सोच अपने मूल स्त्रोत परमात्मा की ओर झुकने अथवा जुड़ने से ऊर्जा की उचित मात्र उसे प्राप्त होनी आरम्भ होती है तो उसका जीवन स्वयं ही संतुलित अवस्था में रहता है। दूसरे शब्दों में उसके दिमाग की वाईब्रेट्री फ्रिक्वैंसी उचित लय में वाईब्रेट करती है जिससे जीवन के व्यवधान स्वतः ही नष्ट होकर वह सुःखद जीवन जीना आरम्भ कर देते हैं। इसके विपरीत जब वह अपने मूलस्वरूप अर्थात परमात्मा अथवा अपनी संतुलित ऊर्जा पथ से अपना ध्यान विकृष्ट कर लेता है तो वातावरण में विद्यमान अन्य संवेदनाओं के प्रभाव में आकर वह अपना ही मानसिक संतुलन अर्थात् सही सोच खो बैठता है जिन्हें विज्ञान की दृष्टि में तरंगे कहा जाता है। इन्हीं तरंगों के वसीभूत वह अपने इर्दगिर्द के वातावरण में जीना आरम्भ कर देता है। वास्तव में हमारे जीवन का मूल रचनाकार तो परमात्मिक सत्ता है जबकि हम स्वयं अपने जीवन के कर्णधार हैं जिसे कर्म की स्वतंत्रता प्रदान की गई है।

मन आपका है रचनाकार, बुद्धि आपकी मूर्तिकार ।
रचो स्वयं सुखमय जीवन, बन अवतारी मनुः साकार।।1163।।

सुःखद, समृद्ध व निश्चिंत जीवन यापन के तीन सरल उपाय हैं सेवा, सिमरण तथा स्मर्पण। मनुष्य जीवन का मूल उद्देश्य इन्हीं तीन शब्दों के इर्दगिर्द घुमता हुआ पाया गया, जायेगा और रहा है। वह प्राणियों की सेवा द्वारा, सेवा के लिए पैदा हुआ, प्रभु का ध्यान करते हुए बढ़ता है तथा अंततः उसी में समर्पित होकर दुनिया से चला जायेगा। परन्तु यदि वह तीन मूल कर्मों को पहचान कर जीवन का निर्वाह करता है तो उसे इसमें कुछ बेहतर करने की कोई आवश्यकता ही नहीं है। परन्तु वर्तमान में मनुष्य ने अपने लिए इससे कहीं अधिक आयाम खड़े कर लिए हैं तथा उन्हीं आयामों के बोझ तले जीवन को दुःखों का पहाड़ बनाकर अपने ही बोझ तले स्वयं ही दब कर रह गया है। जबकि जीवन स्वयं चलित धारा है। यह पुस्तक लेखक का यही प्रयास मात्र है कि कैसे मनुष्य अपने जीवन को अपनी ही "सोच" द्वारा सुःखद, सुगम्य तथा सुगंधित बना सकता है।

"करो-करो" सब कहें, करना ना छोड़े कोए ।
वो बिरला ही सपूत है, कर्म छोड़ धर्मी होए ।।44।।

अंततः यही कि जीवन इस स्पैक्ट्रम के मध्य प्रस्फुटित होने वाला पुष्प है जिसे एक न एक दिन प्रकृति के सिद्धांतो के अनुसार स्वयं ही अस्त होना है। उसके लिए दो

ही तय आयाम हैं या तो प्रकृति के सहारे रहते हुए बिना किसी इच्छा के अपना निर्धारित जीवन ड्रामा खेल कर चुपचाप विश्व पटल से अदृश्य हो जाये या अपने सदकर्मों से महकते कर्मों की सुगंध को जीवन रूपी इस बगिया से बाहर फैले प्राकृतिक आवरण में सदा–सदा के लिए छोड़ कर जाये ताकि आने वाली पीढ़ियाँ उसी सुंगंध से अपने जीवन के आयाम तय कर सकें। इसी प्रयास की कल्पना का एहसास प्रस्तुत पुस्तक में लेखक द्वारा किया गया है ताकि यह सभी के लिए सुखःद, शाँतिदायक एवं प्रेरणा दायक स्त्रोत बन सके एवं पाठकों को जीवन के नये आयाम प्रदान कर सके ताकि मेरा भारत फिर से महान हो।

जीवन के इस आईने में, जब भी अक्ष अपना झांका है।
कर्मों की गहरी परत है, इच्छाओं का अटूट ही तांता है।।481।

जीवन जीने के लिए बाकी सब व्यवस्थायें तो प्रकृति ने हमारे लिए की हैं परंतु हमें अपने कर्मों की स्वतंत्रता प्रदान की है जिसका फल भी विधाता ने अपने पास छुपा लिया है। परंतु यदि इनसान कर्म के सिद्धांत को समझकर अपने कर्मों को सदकर्म में परिवर्तित कर लेता है तो यही नारकीय जीवन उसके लिए सुखों का द्वार खोल देता है जिससे वह इस जीवन में ही स्वर्ग की अनुभूति पाकर अपना तथा दूसरों का उद्धार कर सकता है।

इस पुस्तक में लेखक का यही प्रयास है कि हर तरफ से परेशान, पीड़ीत तथा उद्वलित इनसान अपनी केवल सोच को बदल कर किस तरह एक बेहतरीन जीवन व्यतीत कर सकता है। चाहे जीवन का कोई भी पड़ाव हो, वर्ग हो अथवा कार्मिक वर्ग हो, माता–पिता अथवा व्यापारी या नौकरशाह किस तरह से जीवन में आनंद की स्थिति पैदा कर हर परिस्थिति, अवस्था अथवा हालात में उन्नत और अधिक उन्नत जीवन जी सकता है तथा अपने स्वास्थ्य को अपने दिमाग रूपी चिकित्सक की सहायता से कैसे बेहतर बना सकता है इन्ही सब प्रयासों का पुंज प्रस्तुत पुस्तक है जो समाज को न केवल आईना दिखलाती है वरन् वैज्ञानिक पक्षों पर खरी उतरकर प्रत्येक मानव के लिए सही दिशा तथा दशा का निर्धारण करती है।

परस्तुत पुस्तक की सहायता से मनुष्य, बच्चा अथवा युवक सभी अपनी सोच में परिवर्तन लाकर अपनी जीवन ऊर्जा में उन्नत उमंग पैदा कर सकते हैं जिससे जीवन का यह उलझनों भरा चक्र आसान होकर हमें धरा पर ही स्वर्गिक धरा का अहसास करवा सके यही लेखक का कल्याणकारी भाव इस पुस्तक का मूल मंतव्य है तथा समाज को सही सोच के साथ सही दिशा दिखाने का तुच्छ प्रयास है जो कि परम् तत्त्व का बौधिक प्रसाद है जो मुझसे पहले भी बांटा गया है।

प्रो0 डॉ0 श्रीकृष्ण शर्मा

विषय सूची

अध्याय–1: जीवन का रहस्य 1

अध्याय–2: हमारा चमत्कारिक मन 21

अध्याय–3: मनोसत्ता नियंत्रण 53

अध्याय–4: रचनात्मक सोच 91

अध्याय–5: आपके विचार आपके जीवन के रचनाकार हैं। 112

अध्याय–6: जीवन का यथार्थ :– आपका नजरिया 132

अध्याय–7: आपका विश्वास ही सफलता निर्धारक है 156

अध्याय–8: दस कदम सफलता के ! 181

अध्याय–9: आपकी खुशी ही आपकी आत्मिक खुराक है। 257

अध्याय–10: हौंसलों से मंजीले नजदीक आती है 268

अध्याय–11: खुशहाल बच्चे और आत्मविश्वास 286

अध्याय–12: सकारात्मक सोच द्वारा स्वास्थ्य निर्माण 310

अध्याय–13: कार्य स्थल पर सकारात्मक सोच 331

अध्याय–14: सकारात्मक सोच द्वारा समस्या समाधान 354

अध्याय–15: ऊर्जावान रहने के उपाय 366

अध्याय-1

जीवन का रहस्य

मनुष्य का जीवन अपने आप में एक रहस्य है। विज्ञान इसे घर्षण की देन मानता है तो धर्म इसका विभिन्न सिद्धांतों से वर्णन करता है। परन्तु संक्षेप में हमें मानना पड़ेगा कि हम परमात्मा रूपी बड़े ऊर्जा स्त्रोत से निकली हुई एक प्रकाश किरण मात्र हैं जिसे जीवन रूपी सफर की यात्रा के उपरान्त वापिस अपने मूल स्त्रोत में जाकर विलिन हो जाना है। इस सफर में हमें विभिन्न पड़ावों पर निर्धारित समय के लिए रूकना पड़ता है वही हमारा जीवन काल कहलाता है। परन्तु यह सफर विभिन्न पड़ावों के आते जाते भी कभी भी रूकता नहीं है। सफर का कोई एक पड़ाव हमारे जीवन की कहानी में किसी न किसी कारणवश महत्त्वपूर्ण बन जाता है तो उसकी धुंधली यादें हमारे जीवन में स्वप्न रूप में बार-बार उभरती रहती हैं। यदि कोई पड़ाव दुःख का संबल भी बन सकता है तो वह भी हमें जीवन में किसी न किसी प्रकार से विचलित करता रहता है।

यह जीवन है सफर सुहाना, नहीं इसका कोई ठोर ठिकाना ।
सबको है बस आना जाना, कर्म फल से सब कुछ है पाना ।।2167।।

जीवन का यह सफर अनादि काल से निरन्तर चल रहा है परन्तु मनुष्य नभ, जल एवं धरा पर मौजूद प्राणियों में सर्वश्रेष्ठ जीव माना गया है क्योंकि इसे सोचने, समझने तथा क्रियान्वयन की बुद्धि शक्ति अन्य प्राणियों से अतिरिक्त रूप में प्राप्त है। यही सोच हमें अन्य प्राणियों में श्रेष्ठ होने का गौरव प्राप्त करवाती है तथा सोच के आधार पर ही एक मनुष्य दूसरे मनुष्यों से श्रेष्ठ अथवा नीच कहलाता है। सोच ही

उसे अमीर गरीब का बिल्ला प्रदान करती है तो सोच ही उसे अन्य लोगों से उत्तम एवं सर्वश्रेष्ठ होने का गौरव भी प्रदान करती है।

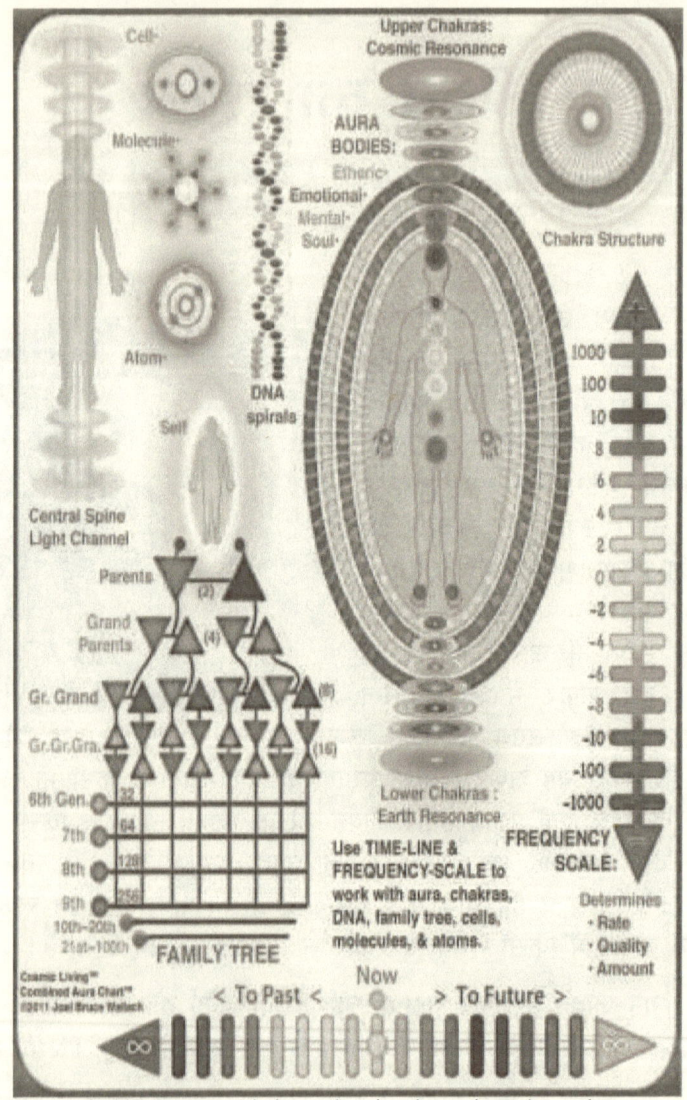

दिमाग आपका प्रोसैसर है, तो सोच सोफ्टवेयर है।
सोच कर ही चले दिमाग, तो रहता अलर्ट अवेयर है। ||2168||

विज्ञान की दृष्टि में मनुष्य सोच विचार की एक जीवित मशीन है जो क्रिया तथा प्रतिक्रिया में बुद्धि शक्ति द्वारा नियंत्रित है। उसकी सामाजिक पृष्ठभूमि उसे हर क्रिया को सोच समझ करने को बाध्य करती है। हमारे चारों तरफ ऊर्जा का विशाल सागर फैला हुआ है। इस भव सागर में हम ऊर्जा के एक कण के रूप में मनुष्य

जीवन व्यतीत करते हैं। इस ऊर्जा के अनन्त प्रकार हैं परन्तु मूल रूप से यह ऊर्जा तीन प्रकार की है जिन्हें धनात्मक, ऋणात्मक तथा न्यूट्रल ऊर्जा के नामों से जाना जाता है। इन्हीं प्रकारों को जब हम मनुष्य पर लागू करते हैं तो यही सत्त्व, रजस तथा तमस गुण हमारे अंदर भी पाए जाते हैं जिन्हें वात्, पित्त तथा कफ तीन दोष नियंत्रित करते हैं। परन्तु मनुष्य की सोच उसे भवसागर में सुरक्षित रहना सिखलाती है। अपने आपको सुरक्षित रखकर आगे बढ़ने के आयाम पैदा करती है तथा इन आयामों में अपने आपको श्रेष्ठ होने की कला भी प्रदान करती है। यही जीवन की प्रक्रिया अबाध रूप से चलती रहती है तथा हम इस प्रक्रिया में प्रकाश कण रूप में निरन्तर प्रवाहित रहते हैं।

जीवन का है यही स्वरूप, जीवन एक ऊर्जा तरंग ।
जीवन चलाने को चाहिए, केवल सोच भरी उमंग ।।2169।।

प्रकाश का यह कण विज्ञान की दृष्टि में मूलतः कार्बन, हाइड्रोजन, आक्सीजन तथा नाईट्रोजन के कणों की संयुक्त ईकाई है जो अंततः जीवन के मूलस्वरूप कोशिका के रूप में विकसीत होता है। परन्तु पांचवाँ तत्त्व जिसे शास्त्रों में चेतना शक्ति कहा गया है तथा विज्ञान उसे ''गोड पार्टिकल'' मान रही है, आकर कोशिका में संचरण पैदा करता है तथा इसी से इसमें संतुलन विकसित होता है तथा अंततः यही इसे सघनता तथा विघ्टन शक्ति प्रदान करता है। ये दोनों ही गुण इसे स्वयं को विकसीत अर्थात् अपनी संख्या बढ़ाने में इसकी सहायता करते हैं। इसी प्रक्रिया में जीवन का विकास होता है जिसे परमात्मा की अनुपम कृत्ति माना गया है।

पांच कणों से निर्मित संसार, परम् सत्ता संचालक है।
हरकण में है चेतना व्याप्त, ब्रह्माण्डीय व्यवस्थापक है।।2170।।

यही चेतना शक्ति समस्त ब्रह्माण्ड में फैली हुई है तथा जीवन विकास में सर्वोपरी योगदान प्रदान करती है। वैज्ञानिको के अनुसार मनुष्य में बुद्धि का जीन पांच अरब वर्ष पहले विकसित हुआ लेकिन धार्मिक मान्यताओं के अनुसार चेतन शक्ति ने सर्वप्रथम ब्रह्मा, विष्णु तथा महेश तीन महाशक्तियों की स्थापना की तथा उन्हें परस्पर रचना, पालन तथा विनाश की भूमिकायें सौंप दी। शक्ति ने सबसे पहले बुद्धि ब्रह्मा जी को प्रदान की तथा उन्हें सृष्टि रचना की जिम्मेवारी सौंपी, ब्रह्म जी ''महातत्त्व'' ने अपना दृष्टिपात प्रकृति पर किया जिससे जड़ और चेतन दो तत्त्वों का विकास हुआ। जड़ और चेतन ने मिलकर कारण शरीर की उत्पत्ति हुई जिसमें तीन तीन गुणों का संचार किया गया जिन्हें सत्त्व रजस तथा तमस् कहा जाता है। इसके बाद पांच तत्त्वों आकाश, वायु, पृथ्वी, अग्नि व जल, की स्थापना के बाद ब्रह्माण्ड की रचना की गई जिसके चारों और महातत्त्व का घेरा देकर इसे सुरक्षित किया गया है।

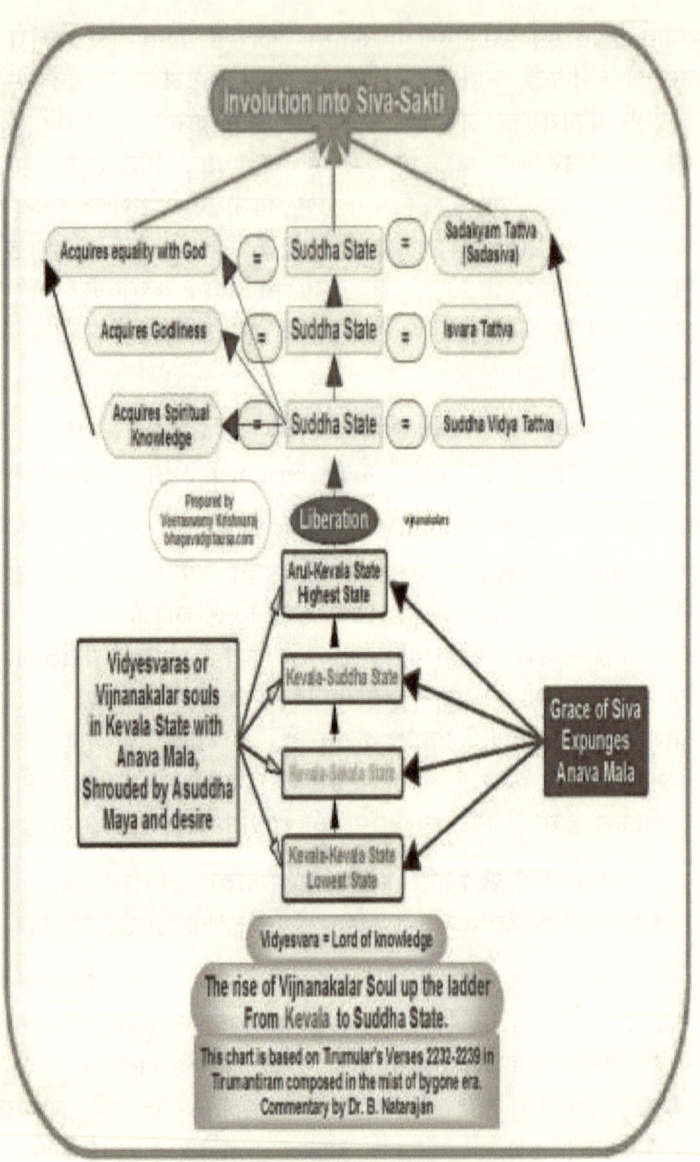

इस महातत्त्व के अधिकारी देवता श्री विष्णु जी माने गये हैं। इसी प्रकार अनेको ब्रह्माण्डों की संरचना की गई तथा प्रत्येक ब्रह्माण्ड के तीन उपरोक्त अधिष्ठाता देव निर्धारित किए गए। ब्रह्माण्ड प्रत्येक छोटा तथा बड़ा अंग भगवान शंकर की चेतना का एक हिस्सा है। यह सारी संरचना हमारे शरीर की छोटी से छोटी संरचना कोशिका से हूबहू क्रियात्मक, परिभाषित तथा फिजिकल स्वरूप में उसी तरह मेल खाती है जिस प्रकार आधुनिक विज्ञान में कोशिका के विकास की संरचना को परिभाषित किया गया है। कोशिका के 12 विभाग; 12 राशियाँ तीन महाशक्तियों जैसे

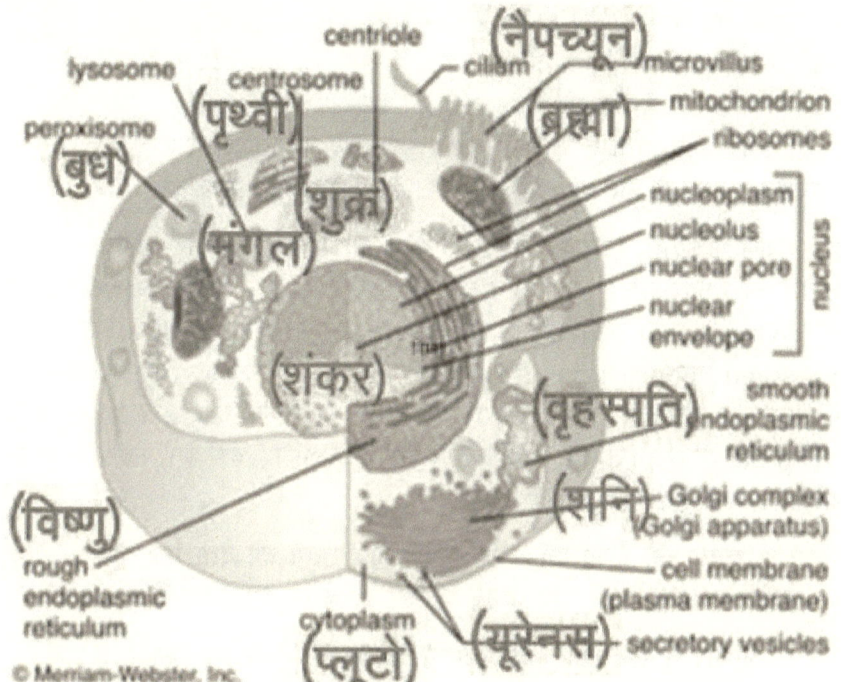

न्यूक्लियश (शंकर), एण्डोप्लाज्मा (विष्णु) माइटोकोंड्रिया (ब्रह्मा), सैंट्रोसोम (पृथ्वी), राइबोसोम्स (चंद्रमा), पैरोक्सिसोम (बुध), एण्डोपलास्मिक रैटिकूलम (मंगल), लाईसोसोम (वृहस्पति), सैंट्रियोल (शुक्र), गोल्गि ओप्रेट्स (शनि), यूरेनस–सैक्रैटरी वैसिज, नैपच्यून –विलस, प्लूटो–साईटोप्लाज्म, आदि हमारे ब्रह्माण्ड में फैले नव ग्रहों का प्रतिनिधित्त्व करते हैं। इसके अतिरिक्त सात रंगों का घेरा हमारे विभिन्न सात सूक्ष्म शरीरों का प्रतिनिधित्त्व करता है जो सात महासागरों की संरचना को दर्शाता है। 27 नक्षत्र कोशिकाओं के जोड़े हैं, इसी प्रकार समस्त शरीर का विस्तार इसी संरचना पर आधारित माना जाता है जिस प्रकार बह्माण्ड का निर्माण हुआ है। हमारा शरीर भी समस्त ब्रह्माण्ड की प्रतिमूर्ति है।

सूक्ष्म से बनता विशाल, विशाल फिर सूक्ष्म बन जाता।
प्रक्रिया निरन्तर चलती, जीवन का यह चक्र कहलाता ||2171||

समस्त क्रियाओं, प्रक्रियाओं में चेतना शक्ति सर्वोत्तम महत्त्वपूर्ण भूमिका अदा करती है। यही चेतना शक्ति मूलतः क्रिया, क्रम तथा कर्त्ता के मूल कर्म में बाधित होकर समस्त संसार के विकास तथा विनाश में महत्त्वपूर्ण भूमिका अदा करती है। शास्त्र की दृष्टि में इसी क्रम को (GOD) Generator, Operator and Distroyer) कहा गया है। जबकि हिंदु शास्त्रों में इसे पांच तत्त्वों पर आधारित मानकर अधिक विस्तार से समझाया है जिसे हम "भगवान" की संज्ञा देते हैं तथा निम्न तौर पर परिभाषित करते हैं :–

भ–जो सभी का भरण पोषण करता है। :– भूमि
ग–जो सदैव गतिशील है। :–गगन
व–जो वमन करता है, विस्फोट करता है। :–वायु
आ–जौ सदैव आनन्दायी है सार्वभौम्य है। :–आग्नेय अर्थात् अग्नि तत्त्व
न–उपरोक्त सभी के होते हुए भी 'नहीं' है। :– नीर अर्थात् जल तत्त्व

विष्णु पुराण 6.5.79 में व्यास देव के पित्ता ऋषि पराशर द्वारा भगवान को छः विभुतियों से व्याप्त श्रेष्ठ पुरूष माना गया है जिसमें सभी **सम्पन्नतायें** (wealth) **सभी बल** (divinepowers) **सभी प्रसिद्धियाँ** (fames) **समस्तज्ञान** (wisdom) **सभी वैराग्य** (dispassion) **सर्वधर्म** (righteousness) सम्माहित हैं। परन्तु इस धरा पर कोई एक ऐसा व्यक्तित्त्व उपलब्ध नहीं है जिसमें ये सभी गुण मिलते हों। इस प्रकार भगवान छः विभूतियों से अलंकृत छः तत्त्वों का प्रणेता है इसलिए वह हम सबसे परम् तत्त्व अर्थात् परमात्मा कहलाता है।

करता जो विश्व का भरण–पोषण, पंच तत्वों को देता प्राण है।
गमना गमन से देता गति, वमन विरेचन से लेता–देता जान है।।2171।।

आकार में सब कुछ ही समेटकर, करता नष्ट और नव निर्माण है।
सबकुछ करते हुए जो नहीं दिखता, कहते शास्त्र उसे 'भगवान' हैं।।2172।।

भगवान के पांच मुख्य कार्य हैं जिन्हें निम्न रूप से परिभाषित किया गया है।

तिरोधन एवं अनुग्रह, श्रृष्टि स्थिति व संहार।

भगवान के ये पंचक्रम, देते विश्व को आधार ।। TASSS (पंचकृत्य)

Srishti (creation), Sthiti (preservation), Samhara (destruction), Tirodhana (veiling) and Anugraha (blessing) are the five kinds of action (Panchakrityas) of God.

भगवान की आठ विशेषतायें हैं जिन्हें परमात्त्म तत्त्व के गुण भी कहा जा सकता है। ये आठ गुण इस प्रकार हैं। (GOD IS ONO CA) सर्वकारक (GOD), परमात्मा ब्रह्माण्ड के समस्त पिण्डों के बनाने वाले, पालनहार तथा संहारकर्त्ता भी स्वयं ही हैं। इसीलिए उन्हें सर्वकर्णत्त्वा भी कहा जाता है।

स्वतंत्र :– परमात्मा अपनी हर शक्ति के प्रयोग के लिए पूर्णरूप से स्वतंत्र हैं (absolute independence).सार्वभौम सम्राट (supreme rulership) :– भगवान सर्वेशवर्तवा अर्थात् संमस्त संसार के सार्वभौम सम्राट हैं जिन्हें जीवों को उनके कर्मानुसार कर्मफल प्रदान करने की सार्वभौम सत्ता प्राप्त है। इस शक्ति के कारण उनके सामने कोई प्रश्न खड़ा नहीं कर सकता। संपुर्णज्ञान (omniscience) सर्वज्ञाता

के कारण भगवान को समस्त संसार के बारे में निरन्तर जानकारी रहती है। संसार में रहने वाले समस्त जीवों तथा उनके कर्मों का ज्ञान भी परमात्मा को क्षणभंगूर, निरंतर तथा सतत् रहता है इसी लिए उसे सर्वग्य कहा जाता है।

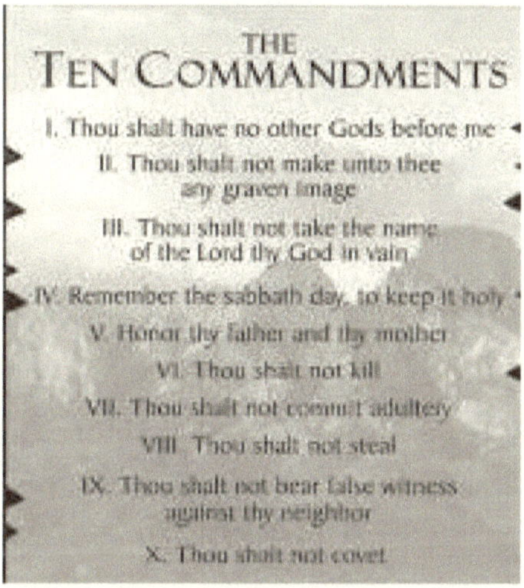

नियामक :– परमात्मा सभी कार्यों को नियमपूर्वक पूरा करते हैं इसीलिए सर्वनियंत्रित्त्वा कहलाते हैं। (doing everything without failure of Niyama) सर्वशक्तिमान (omnipotence) – इस संसार में भगवान सभी कार्यों के निष्पादन के लिए सबसे बड़ी सत्ता तथा सर्वसमर्थ सत्ता हैं। अर्थात् उनके सानिध्य में कुछ भी असंभव नहीं होता है इसीलिए उन्हें सर्वशक्तिमात्त्वा कहा गया है। (omnipotence) इंद्रीयजीत (inner controller)] परमात्मा सर्व इन्द्रियों के कारक हैं तथा सभी नाम, योनियाँ, कर्म व ज्ञान इन्द्रियाँ उनके आधीन कार्य करती हैं। इसीलिए उन्हें सर्वअंतर्यामित्त्वा भी कहा गया है।

सर्वकर्त्ता :– भगवान संसार की समस्त क्रियाओं के कर्त्ता हैं इसीलिए सर्वकत्रित्त्वा कहलाते हैं। (the doing of all actions)

भगवान की दस अबदल शक्तियाँ :–

ब्रह्म ज्ञान से ज्ञान नियंत्रण,

सच्चाई पवित्रता से क्षमादान ।

इच्छा रहित व विश्व आधार,

सहिष्णु व रचियता भगवान

||2180||

ब्रह्म ज्ञान Knowledge of Self

ज्ञानी Knowledge

नियंत्रण, Power of control

सच्चाई Truth

पवित्रता Purificatory action

क्षमादान Forgiveness

इच्छा रहित Desireless

विश्वआधार Substratum of all activities

सहिष्णु Endurance

रचियता Creation,

परमात्मा नियामक, अंतर्यामी तथा प्रेरक बनकर अनेक रूपों में अपने साधाक की

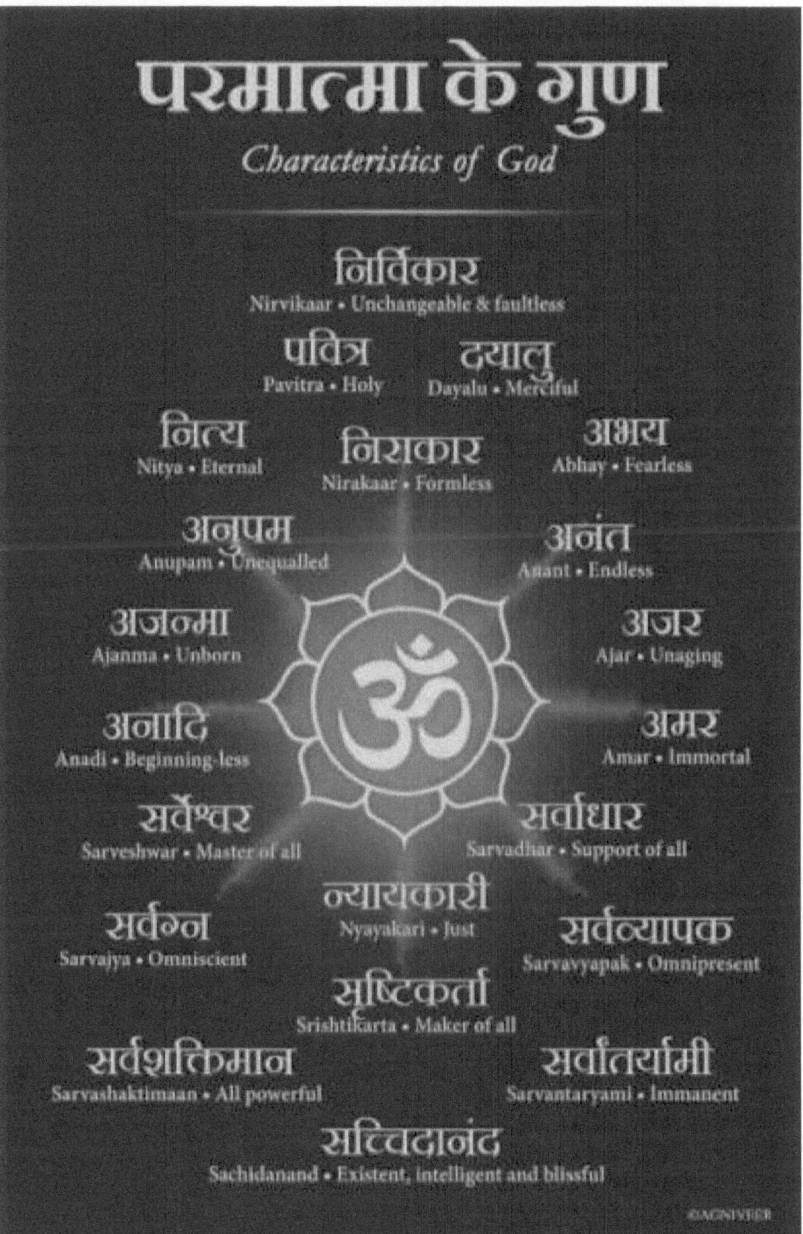

सहायता करता है। जैसे स्वप्न में संकेतों द्वारा, अंतर्आत्मा में प्रेरणा एवं विश्वास द्वारा, दूसरे के मूंह से प्रेरक शब्दों में, मित्रों द्वारा सहयोग से, नित्य सुखों की वर्षा द्वारा, आत्मिक शाँति द्वारा, शील, त्याग एवं धैर्य द्वारा हमारी नित्त्य सहायता करता रहता है। परमात्त्मा को तीन सदकर्मों 1. सेवा 2. सिमरण 3. समर्पण द्वारा प्राप्त करना ही मनुष्य जीवन का परम् उद्देश्य है अन्य सभी कुछ द्वितिय है।

हरि कृपा से पेट सभी का, सदा सर्वदा भर जाना है।
जीवन का एकमेव उद्देश्य, हरि नाम से तर जाना है।।1499।।

सर्वप्रथम संसार में परमात्म तत्त्व –महातत्त्व– का प्राकट्य हुआ जो कि ज्योति स्वरूप है, था तथा सदैव रहेगा इसे शास्त्रों में भगवती, परा अंबा शक्ति कहा गया है जिसके अधीन करोड़ों करोड़ों ब्रह्माण्ड आते हैं। इनका निवास मणीद्वीप माना गया है जहाँ नव रत्न मिट्टी पानी की तरह मौजूद हैं। इन्हीं भगवती ने सर्वप्रथम शंकर को प्रकट किया तथा शंकर द्वारा विष्णु एवं विष्णु की नाभी से ब्रह्मा जी प्रकट हुए जो हमारी सृष्टि के अधिष्ठाता देव माने गये हैं।

जिस प्रकार ऊपर बतलाया गया है। ब्रह्म तत्त्व में चेतना के रूप में शक्ति प्रकट हुई। शक्ति से फिर अहं तथा इद्‌म धनात्मक तथा ऋणात्मक शक्तियों का विकास हुआ। इसके बाद इन दोनों से बराबर मात्र में मिलकर शुद्ध ज्ञान निकला, शुद्ध ज्ञान से प्रकृति की रचना हुई जिसमें समय, शक्ति, स्थान, ज्ञान इच्छा आदि पांच तन्मात्रओं के मिलन से प्रकृति एवं पुरूष की रचना हुई। प्रकृति पुरूष ने पांच महाभूत तत्त्वों ;आकाश, वायु, पृथ्वी, जल, अग्नि, पांच महाभूतों अर्थात् पांच सूक्ष्म तत्त्वों ;गंध, रस, रूप, स्पर्श, शब्द, पांच ज्ञान इंद्रियों नाक, जीभ, कान, आंख, त्वचा, पांच कर्म इंद्रियों गुदा, लिंग, हाथ, पैर, मूंह तथा बुद्धि एवं अहंकार कुल 22 तत्त्वों को मिलाकर मन की रचना की। मन द्वारा बुद्धि की सहायता से अंततः पांच महाभूतों को मिलाकर मानव रूपी की रचना की गई इस प्रकार इस सृष्टि की संरचना में कुल मिलाकर 36 तत्त्वों का मिश्रण समाया है तथा इसी से 84 लाख यौनियों में जीवन का उद्‌भव एवं विकास माना गया है। तत्त्व संरचना को संल्गित चित्रपट में विस्तार से दर्शाया गया है :–

36 तत्त्वों की रचना है, मानव तनमय संसार ।
22 तत्त्वों से मन बना, फैले हैं गुण विकार ।।2170
"जीवन" है दो–धारी तलवार, चल कर इसे है हमें पार पाना
जीते तो सिकंदर हारे तो मर जाना,
वरना चला रहेगा आना और जाना।।2178।।
मस्ती का आलम् कभी, कभी दुःखों की छांव है।
उड़ती हुई चिड़िया कभी, कभी डूबती सी नाव है।2179।
विघ्नों से कुंठित कभी, कभी उमड़ता हुआ चाव है।
सुखः दुःख से व्यापत, अजब जीवन की ये नाव है।।2180।।

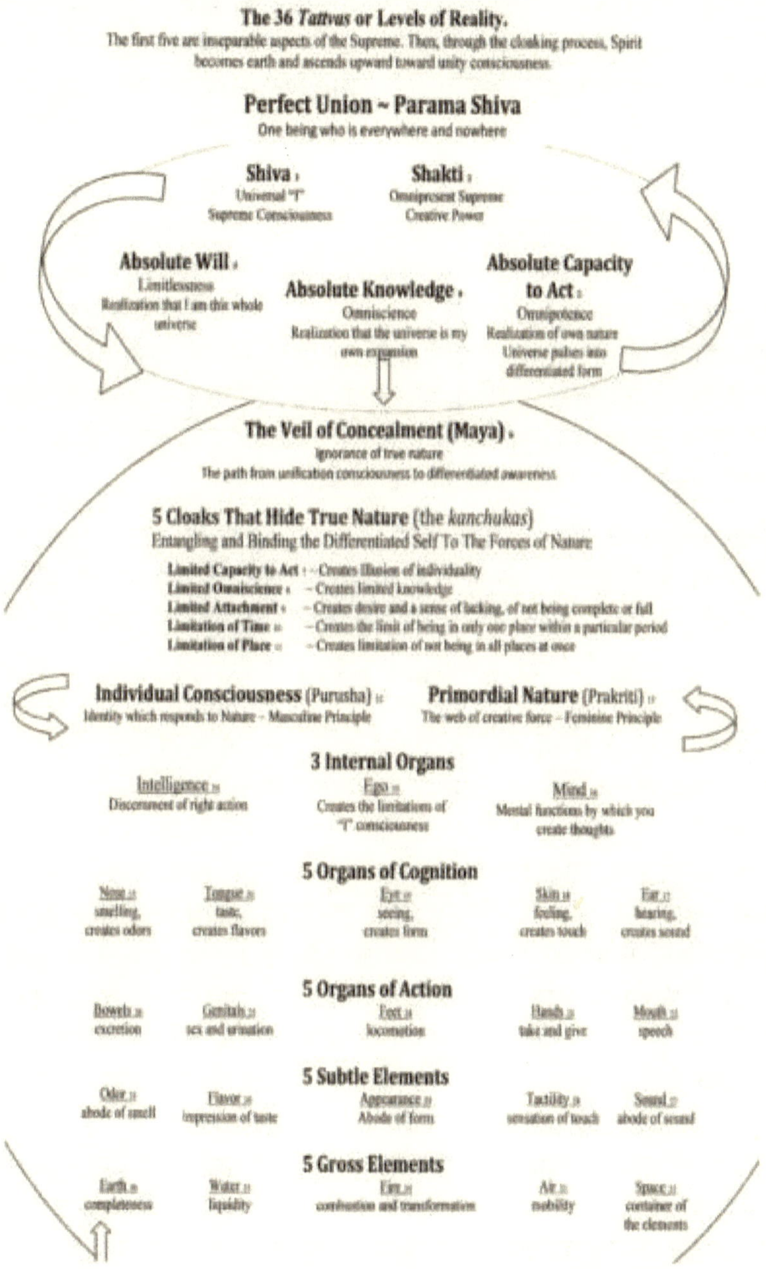

The 36 Tattvas or Levels of Reality.
The first five are inseparable aspects of the Supreme. Then, through the cloaking process, Spirit becomes earth and ascends upward toward unity consciousness.
Perfect Union ~ Parama Shiva
One being who is everywhere and nowhere
Shiva
Universal "I"
Supreme Consciousness
Shakti
Omnipresent Supreme
Creative Power
Absolute Will
Limitlessness
Realization that I am this whole universe
Absolute Knowledge
Omniscience
Realization that the universe is my own expansion
Absolute Capacity to Act
Omnipotence
Realization of own nature
Universe pulses into differentiated form
The Veil of Concealment (Maya)
Ignorance of true nature
The path from unification consciousness to differentiated awareness
5 Cloaks That Hide True Nature (the kanchukas)
Entangling and Binding the Differentiated Self To The Forces of Nature
Limited Capacity to Act – Creates illusion of individuality
Limited Omniscience – Creates limited knowledge
Limited Attachment – Creates desire and a sense of lacking, of not being complete or full
Limitation of Time – Creates the limit of being in only one place within a particular period
Limitation of Place – Creates limitation of not being in all places at once
Individual Consciousness (Purusha)
Identity which responds to Nature – Masculine Principle
Primordial Nature (Prakriti)
The web of creative force – Feminine Principle
3 Internal Organs
Intelligence
Discernment of right action
Ego
Creates the limitations of "I" consciousness
Mind
Mental functions by which you create thoughts
5 Organs of Cognition
Nose
smelling, creates odors
Tongue
taste, creates flavors
Eye
seeing, creates form
Skin
feeling, creates touch
Ear
hearing, creates sound
5 Organs of Action
Bowels
excretion
Genitals
sex and urination
Feet
locomotion
Hands
take and give
Mouth
speech
5 Subtle Elements
Odor
abode of smell
Flavor
impression of taste
Appearance
Abode of form
Tactility
sensation of touch
Sound
abode of sound
5 Gross Elements
Earth
completeness
Water
liquidity
Fire
combustion and transformation
Air
mobility
Space
container of the elements

परम् तत्त्व चार स्वरूप में सभी प्राणियों में वास करता है जिन्हें विश्व, तेजस, प्रज्ञा तथा तूर्या कहा जाता है। विश्व औंकार स्वरूप का पहला पद है जो कि दायीं आंख में स्थित होकर जाग्रत अवस्था में स्थित रहकर चैतन्य कर्त्ता का कार्य करता है।

इसके सात अंग 1. स्वर्ग–सिर 2. सूर्य–आंख 3. वायु –श्वास 4. आकाश – छाती 5. पानी–जंघायें 6. अग्नि – मुख 7. पृथ्वी – पांव । इसके 19 मूख हैं जिनमें पांच ज्ञान इंद्रियाँ, पांच कर्म इंद्रियाँ, पांच प्राण तथा चार अंतकरण मन, बुद्धि, चित्त तथा अहंकार शामिल हैं।

औंकार का दूसरा स्वरूप तेजस है जिसका स्थान नींद्रा अवस्था है तथा हमेशा व्यक्तिपरक ढंग से कार्य करता है। इसके भी सात् अंग एवं 19 मूख है तथा यह चैतन्य के प्रतिरूप में नींद में कार्य करता है तथा सूक्ष्म संसार में आनंद लेता है। व्यक्ति का मन तथा झूठा अहंकार नींद अवस्था में खेलते हैं। औंकार का तीसरा स्वरूप प्रज्ञा है जो कि गहरी नींद में कार्य करता है जिसमें सभी कुछ सम्माहित हो जाता है तथा यहाँ ज्ञान एकत्रित हो जाता है। यह परम् आनन्द की अवस्था है जिसमें चेतन, स्वप्न तथा सुक्षुप्ति तीनों मिलकर सम्माहित हो जाती हैं तथा कर्त्ता न कुछ नहीं चाहता तथा कोई स्वप्न भी नहीं देखता ।

वासनिक मन गहरी नींद में मुख्य प्राण परमात्त्मा में स्थित होकर हृदय में आराम पाता है तथा सभी वृत्तियाँ सूक्ष्म स्वरूप धारण कर लेती हैं। औंकार का चौथा स्वरूप तूर्या है जो कि पहले वर्णित सभी तीनों अवस्थाओं को अपने में समेट कर अहं तथा ब्रह्म का भेद मिटा देता है। इसका स्थान हृद्‌य में सूक्ष्म प्राण अर्थात् आकाश को माना गया है। यह ब्रह्मज्ञान की वह अवस्था है जिसमें सत्, चित्त और आनन्द सभी एकत्रित हो जाते हैं परन्तु भौतिक चेतना अपने आपको सूक्ष्म चेतना तथा सूक्ष्मत्तर चेतना अनुभव करती है। इस अवस्था में चेतना अपने आपको भौतिकता से स्वतंत्र कर लेती है तथा आत्मा से परमात्त्मा के जीवनीय उद्देश्य को प्राप्त हो जाती है। महातत्त्व से संप्रेष्ण, वाद विवाद, मिलन तथा अनुभव इसी अवस्था में होता है। महारास, महामिलन, अवतरण, निर्वाण तथा रूपांतरण आदि शब्दों द्वारा इस अवस्था को अनेकों रूपों में शास्त्रों में वर्णन किया गया है। इसे भक्त तथा भगवान के मिलन की अवस्था भी कहा जाता है जिसमें भक्त भगवान के समस्त वैभवों का अनुभव करता है परन्तु वह भगवान नहीं बनता तथापि भगवान के कम भी नहीं रहता है तथा उसके प्रेमी के रूप में अपने आपको इस संसार में प्रस्थापित करता है। इस अवस्था के उपरान्त उसका उद्देश्य न तो भौतिक सुःखों की प्राप्ति रह जाता है और न ही उसे भगवान को प्राप्त करने की इच्छा रहती है यद्यपि वह उस परम् तत्त्व का स्वयं को हिस्सा समझना आरम्भ कर उसी की सेवा में अपना जीवन अर्पित कर देता है। यही हमारे जीवन का मूल उद्देश्य है तथा जीवन का सार भी यही है।

यद्यपि विद्वज्जन इस अवस्था में भी 16 अवस्थाओं का वर्णन करते हैं जिनमें चेतन, पूर्व चेतन, अवचेतन, ऊर्ध्व चेतन, अनूतूर्या, प्रातूर्या, तूर्यातीत, परास्वरूप, स्वस्वरूप, पुरूषार्थ स्वरूप, अपाय स्वरूप, विरोधी स्वरूप, पराशक्ति स्वरूप, विश्व चैतन्य

स्वरूप, अद्वैत चैतन्य तथा अध्यात्मिक चेतना शामिल हैं। परन्तु हमें इस गहराई की इस स्तर पर आवश्यकता नहीं हैं फिर भी इन अवस्थाओं की संक्षेप जानकारी मन संबंधी अध्याय- की तलपट में बतलाई गई है।

FETUS DEV. STATE OF CONSCIOUSNESS

State of Consciousness	Primitive Month in 1-7	Civilized Month 2-7	Developed Month 3-4	Humanistic Month 3-4	Enlightened Month 3-4
Casual World	Unconscious	Unconscious	Unconscious	Semi-conscious	Conscious
Mental World	Unconscious	Semi-conscious	Semi-conscious	Conscious	Conscious
Emotional World	Semi-conscious	Conscious	Conscious	Conscious	Conscious
Physical Etheric World	Conscious	Conscious	Conscious	Conscious	Conscious

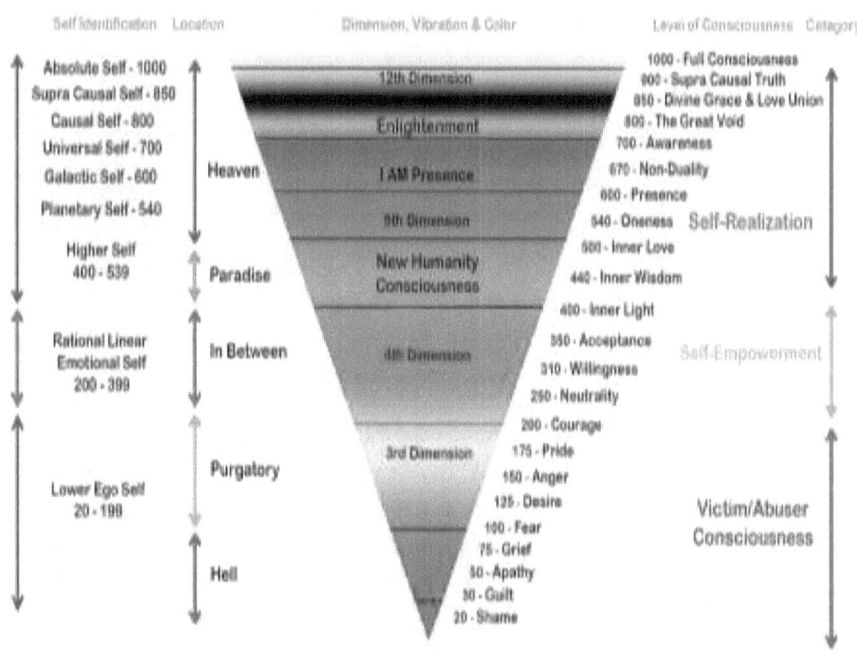

उपरोक्त वर्णन से हमें पता चलता है कि मनुष्य भगवान की एक सुंदर कृति हैं तथा पुरूष एवं प्रकृति के रूप में इसके दो मुख्य भेद हैं। पुरूष भगवान का अहं स्वरूप है तथा प्रकृति भगवान का वैभव स्वरूप है। दूसरे शब्दों में हम भगवान के भौतिक स्वरूप हैं जिसमें चार तंन्मात्रायें कार्यरत हैं जबकि भगवान स्वयं महातत्त्व समेत छः गुणों से विभूषित सत्ता है। हम परमात्मा की भौतिक अनुकृति हैं जबकि प्रकृति इसकी सूक्ष्म अनुकृति है। यह जीवन निरन्तर बहती हुई ऊर्जा है जो अपने मूल स्त्रोत से निकलकर एक समय काल के उपरान्त उसी में वापिस जा समाती है। समस्त ग्रह, नक्षत्र, तारागण, तारामण्डल तथा सौरमण्डल भगवान के भौतिक स्वरूप के अंश मात्र हैं। जिस प्रकार मनुष्य के शरीर में सूक्ष्म रूप से समस्त विश्व समाया हुआ है ठीक उसी प्रकार से भगवान के आकार 'औंकार' में समस्त सृष्टि समाई है।

भगवान ने सर्वप्रथम ओम शब्द की रचना की तथा इसी शब्द की वाईब्रेशन द्वारा सूक्ष्म तंन्मात्राओं की रचना द्वारा संसार बनाया गया। भगवान का प्रथम शब्द प्रणव "ऊँ" अनहद् नाद है जिससे विश्व की हर संरचना सूक्ष्म तथा भौतिक स्वरूप का निर्माण हुआ माना गया है। "ऊँ" की ध्वनि परमात्मा के सगुण स्वरूप की द्योतक तथा आदि अनादि है। इसी में परमात्मा के समस्त गुण, धर्म तथा नाम समाए हैं। अ+उ+म से अभिप्राय है ईश्वर की तीनों विभूतियाँ जिन्हें ब्रह्मा रूप में रचनाकार, विष्णु स्वरूप में पालनहार एवं शंकर रूप में संहारक माना जाता है। "ऊँ" की ध्वनि से ही समस्त ज्ञान, तन्मात्रऐं तथा तत्त्वों, वेदों एवं पुराणों की रचना हुई मानी जाती है। "ऊँ" परमात्मा के निर्गुण एवं साकार दोनों रूपों का प्रतिक है। भूत, भविष्य तथा वर्तमान में जो हो रहा, जो हुआ तथा जो होगा सभी कुछ इसी शब्द में समाया हुआ है। यहाँ तक कि मुस्लिमों की पवित्र संख्या 786 भी "ऊँ" को शीशे में देखने पर दिखाई देती है। यही पवित्र ध्वनि हम हमारे अंतर्मन से पैदा करते हैं जो कि हमारे चारों और फैले वातावरण की कोस्मिक वाईब्रेशन्स के साथ मेल खाती है तो हम वैश्विक तौर पर सोचना आरम्भ कर देते हैं। ऊँ की अनेक ध्वनियों के मध्य काल में स्पंदन पैदा होती है तो हमारा मन स्पंदन के एक सिरे से दूसरे सिरे के मध्य में घुमना आरम्भ हो जाता है तथा तब तक घुमता रहता है जब तक की इसे शून्य की प्राप्ति नहीं होती। ऊँ की ध्वनि के साथ ही प्रतिक्रिया आरंभ होती है जिसे हमारा अहं कहा जाता है। अंततः हमारा मन अहं तथा चेतना के केंद्र के मध्य में निरंतर घुमता रहता है तथा ब्रह्म तत्त्व चेतना स्वरूप में हमारे वर्तमान संसार की संरचना करता है जिसे हमारी सोच कहा जाता है। इसी सोच के वशीभूत हम जीवन की हर क्रिया का निर्धारण तथा संपादन करते हैं तथा कार्य से कर्म की उत्त्पत्ती होती है और हमें कर्म के वशीभूत फिर बार बार जन्म लेना पड़ता है।

कर्त्ता कर्म और क्रिया में, कर्म स्वतंत्रता इनसान को ।
बाकी दोनों संभाले रब ने, करने फलित अरमान को ।।1537।।

जैसा पहले बतलाया गया है कि जीवन एक निर्धारित चक्र है परन्तु इनसान का मन रूपी घोड़ा कदापि नहीं चाहता है कि कोई दूसरा इससे आगे निकल जाये। इसी अनुशाशन को तोड़ने में उसके जीवन में अहंकार पैदा होता है तथा यहीं से उसके रजस प्रवृति कर्मों का लेखा जोखा आरम्भ हो जाता है। अन्यथा यदि वह सब कुछ परमात्मा के सहारे छोड़कर चलता है तो हर कार्य सत्त्व प्रधान होकर उसके कर्मों का भार हल्का होता रहता है। इस प्रकार हम समझ सकते हैं कि मनुष्य अपने जीवन को इच्छाओं के फलिभूत सौंपकर किस प्रकार कष्टकारी एवं प्रतिस्पर्धा से भरपूर बना लेता है तथा एक बार स्पीड पकड़ कर वह तब तक पीछे मुड़कर नहीं देखता जब तक कि दुनिया उसे विजेता होने का अहं रूपी मैडल न प्रदान कर दे जबकि अहं ही हमारे मन की राजसिक प्रवृति है जो हमें हमारे जीवन के मूल उद्देश्य से हटाकर हमें अन्यथा रास्ते पर भटकाने का कार्य करती है।

मन सब कर्म का कारक, बुद्धि सब में धर्म राज ।
यह सब आपकी है इच्छा, मोक्ष मिले या सरताज ।।2171।।

इसी प्रकार जब मनुष्य जीवन की दौड़ में नियमों की अवहेलना करते हुए तथा दूसरों का गला काटकर आगे निकलने का प्रयास करता है तो वह तमोगुणी कर्मों का कर्णधार बनकर अपने जीवन को और दुःखमय बना लेता है। परन्तु यहाँ पर ध्यान देने योग्य बात यही है कि सभी कर्मों का फल अवश्यंभावी तौर पर निर्धारित होते हुए भी हमें तुरन्त प्राप्त नहीं होता इसका मूल कारण है कि हम अपने साथ विस्मृत रूप में अनंत कर्मों का फल हमारी बुद्धि रूपी हार्डडिस्क में लेकर जन्मों से चले आ रहे हैं तथा लगातार ऐसे कर्म करते जा रहे हैं कि कभी पीछे मुड़कर देख ही नहीं पाते हैं कि किस कर्म का भुगतान हो चुका और क्या बाकी है परन्तु धर्मराज रूपी हमारी बुद्धि इन सबको समयानुसार क्रैडिट एवं डैबिट करती रहती है तथा उसी अनुपात में हमें सुःखःदुःख, लाभःहानि, यशःअपयश, प्रेरणाःअनुप्रेरणा तथा जन्मःमरण मिलते रहते हैं। यह सब इतने अच्छे तरीके से हम सभी के अंतःकरण में इतने विश्वसनीय तथा गुप्त तरीके से होता है कि हम सब इसका कारक परमात्मा को ही मानते हैं। यह इतना सटीक तरीके से भी होता है कि एक भी कोई एंट्री कदापि गल्त नहीं होती परन्तु मन इन सबसे परे संसार में डूबकर सबकुछ करते हुए भी अहं के कारण कभी अपने आपको दोषी मानना स्वीकार नहीं करता तथा एक झूठ को छुपाने के लिए हजारों झूठ का सहारा लेता रहता है यही इसकी कमजोरी तथा विवशता है।

चलता भीतर लेखा जोखा, मन खाये रहता है धोखा ।
पड़ा अहं में बौधिक सोखा, बना डाला मस्तिष्क खोखा ।।2172।।

इसके अतिरिक्त पूर्व निर्धारित, आत्मचिंतित तथा प्रकृति जन्य हमारा मूल उद्देश्य यही है कि हम सिर्फ साक्षी होकर सभी निर्धारित चित्रपटों को देखते रहें तथा सभी कर्मों का कर्त्ता सिर्फ और सिर्फ परमात्त्मा को मानकर अपना पूर्व निर्धारित कर्म अर्थात् 'दृष्टाभव' का कार्य करें तथा कर्म का फल भी परमात्त्मा पर भी छोड़ते जायें। परन्तु कर्त्ता, क्रिया तथा कर्म के निर्धारित क्रम में अभी हम केवल दो ही पड़ावों पर पहुंच पाते हैं जिनसे हमारा अहं एवं सैतान रूपी मन कभी सहमत नहीं होता, क्योंकि उसे तो इसमें कुछ नहीं मिला अर्थात् मन की अपनी प्रवृत्ति है कि वह हमेशा कहीं न कहीं व्यस्त रहना चाहता है। ऐसी अवस्था में हमारे पास सबसे उत्कृष्ट चुनाव है परमात्त्मा का अनुस्मरण और मन का परमात्त्मा में समर्पण तभी हमारा मन हमें शाँत, निर्लेप तथा त्याग की अवस्था में रहने देगा क्योंकि उसे भी सैतानी या दैविक विचारों की खुराक हमेशा चाहिए, वरना आपके जीवन का उद्देश्य हमेशा ही अधूरा रहेगा तथा जन्म चौरासी में बार बार घुमते रहना ही होगा।

इस प्रकार हम इस निर्णय पर पहुंच सकते हैं कि जीवन तीन पात्रों मे बंटी हुई एक निर्धारित फिल्म है जिसके तीन मुख्य किरदार हैं 1. निदेशक–कर्त्ता के रूप में – परमात्त्मा 2. अभिनेता –कर्म के रूप में – आत्त्मा 3. कहानी – क्रिया के रूप में – जीवन।

इनमें से दो चीजें पहले से ही निर्धारित कर दी गई हैं परन्तु जो रोल आपको खेलना है वह आपके लिए सबसे महत्त्वपूर्ण है आपका कर्म है किरदार को हृदय से निभाना और वह तभी संभव हो सकता है यदि आप निदेशक के सही दिशा निर्देशन में चलें तथा कहानी को अच्छी तरह समझ कर निर्धारित सीन के अनुसार अपना सर्वोत्तम लगाकर अपना अभिनय करें। जीवन को सफलता से जीने के लिए हमें सब कुछ परमात्त्मा को समर्पित करना चाहिए तथा निरंतर केवल उसी का स्मरण करना चाहिए तथा समय रहने पर उसकी सृष्टि रचना में सहायक बनकर जीव ब्रह्म की सेवा करनी चाहिए। यही जीवन का लक्ष्य है हम इस लक्ष्य को किस स्तर पर तथा किस सोच के साथ जीते हैं वह हमारा कर्मफल है। जीवन में मनुष्य नियमों के रूप में विभिन्न धर्मों का पालन करता है जिसके मुख्य आठ प्रकार हैं :–

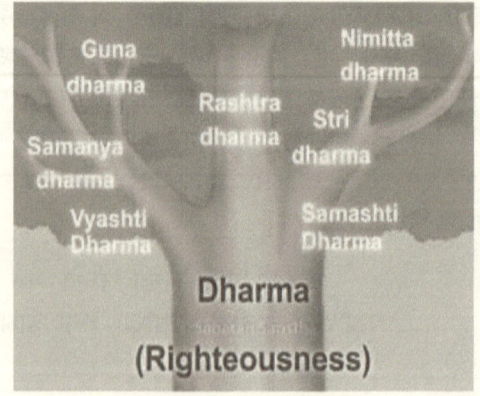

1. स्वधर्म 2. पारिवारिक धर्म 3. समाज धर्म 4. राष्ट्र धर्म 5.मानव धर्म 6. पूरा धर्म 7. आपद धर्म 8. वैश्विक धर्म। इन सब धर्मों का

वहन करते हुए मनुष्य मुख्यतः तीन प्रकार के कर्मों का सहारा लेता है जिन्हें 1. प्रारब्ध 2. संचित तथा 3. क्रियमाण की संज्ञा दी गई है। इन कर्मों को मनुष्य तीन प्रवृतियों में बंटा हुआ करता है जिन्हें 1. सात्विक 2. राजसिक तथा 3. तामसिक वृत्तियाँ कहा गया है। इन कर्मों को हमारी चार इच्छायें लीड करती हैं 1. धार्मिक 2. धनिक 3. भोग 4. मुक्ति कहते हैं। इन सभी को हमारा मन पैदा करता है तथा पांच क्लेशों में फंसाता है 1. अविद्या 2. अस्मिता 3. द्वेष 4. राग 5. द्वेष।

मानव शरीर – धर्म एवं कर्म की विस्तृत जानकारी

शरीर के प्रकार एवं ऊर्जा स्तर			धर्म के आठ प्रकार एवं छः गुण	
अन्नमय कोष	भौतिक शरीर	Physical Body	स्वधर्म	धारणीय
प्राण कोष	प्राण शरीर	Astral Body	पारिवारिक धर्म	अकालिको
मनोमय कोष	चेतन शरीर	Psychic Body	समाज धर्म	प्रमाणिको
विज्ञानमय कोष	अवचेतन शरीर	Etheric Body	राष्ट्र धर्म	कल्याणकारी
आनंदमय कोष	ब्रह्ममय शरीर	Cosmic Body	मानव धर्म	अपरिहिको
भावमय कोष	भावुक शरीर	Emotional Body	पुरा धर्म	रमणिको
चेतन्य कोष	मनोमय शरीर	Mental Body	आपद धर्म	
संगठित कोष	समाज शरीर	Social Body	वैश्विक धर्म	
ब्रह्ममय कोष	आध्यात्मिक शरीर	Spiritual Body		

कर्म के प्रकार

1 प्रारब्ध		2 संचित		3 क्रियमाण	
अनुकूल	प्रतिकूल	फल अंश	संस्कार अंश	शुभ फल अंश	अशुभ संस्कार अंश
स्वेच्छा	स्वेच्छा	प्रारब्ध	संपूर्णा		
देवच्छा	देवच्छा			वृष्य	अवृष्य
पर इच्छा	पर इच्छा			तत्कालिक	लौकिक	शुभ	अशुभ
				कालान्तरिक	पारलौकिक	प्राकृत	प्राकृत
इच्छायें						आदत	आदत
1– धार्मिक							
2– धनिक		कर्म की तीन प्रवृतियाँ					
3– भोग		1– सात्विक		पांच क्लेश			
4– कामिक		2– राजसिक		1– अविद्या 2– अस्मिता 3– अभिनिवेष			
5– मुक्ति		3– तामसिक		4– राग 5– द्वेष			

इस प्रकार मनुष्य संसार में दैविक, दैहिक तथा भौतिक तापों से ग्रसित रहता है क्योंकि वह अज्ञानवश सदैव द्वंद्व की स्थिति में जीता है तथा उसे परमात्म तत्त्व का बोध नहीं होता। अतः इन तापों से मुक्ति के लिए उसके पास एक मुख्य उपाय है वह है अपने ही स्वरूप का अनुसंधान एवं परमात्मा की शक्ति का अहसास। जिसे चार उपायों द्वारा प्राप्त किया जा सकता है वे हैं 1. ज्ञान 2. वैराग्य 3. भक्ति तथा 4. निष्काम कर्म योग। यहाँ वैराग्य ज्ञान से पैदा होता है तथा निष्काम कर्म भक्ति से। ज्ञान भगवान का पुरुष स्वरूप है तथा भक्ति स्त्री स्वरूप जिनके मिलन से ही ज्ञान तथा वैराग्य पैदा होते हैं। भक्ति का क्रम है भजन–निष्काम कर्म–सत्कर्म उपासना–आत्मबोध। इसी प्रकार ज्ञान अमृत है, भक्ति रसा अमृत है तथा भगवान के रहस्यों तथा लीलाओं का श्रवण कथा अमृत है। इन क्रियाओं को सांसारिक दृष्टि से सेवा, स्मरण तथा समर्पण कहा जाता है जिससे अभिप्राय है सृष्टि में भगवान का रूप देखकर हर जीव की सेवा करना, भगवान के चरित्रों का श्रवण एवं स्मरण करना तथा इनसे प्राप्त फलों एवं सुखों को अंततः भगवान के ही चरणों में अर्पित कर देना तीनों दुःखों से मुक्ति का सर्वोत्तम साधन है।

परमात्मा शब्दों द्वारा कर्ण के माध्यम से मनुष्य शरीर में प्रवेश करता है तथा चैतन्य शक्ति के रूप में हृदय में सदैव वाश करता है तथा अंतःकरण के माध्यम से मनुष्य जीवन का स्वतंत्र नियंत्रण स्वयं उसे ही सौप देते हैं। अंतःकरण के मुख्य चार स्तर हैं जिन्हें मन, बुद्धि, चित्त एवं अहंकार कहा गया है। मन का झुकाव इंद्रियों के माध्यम से सदैव हमारे भौतिक शरीर की और रहता है ज्यों ज्यों इसकी शक्ति बढ़ती है तो मनुष्य की प्रवृत्ति पापमय होती जाती है जिससे जीवन कष्टमय होता जाता है परंतु संलिप्ती मन का स्वभाव होने के कारण यह सदैव इसी वृत्ति से लगाव बनाए रखता है जब तक कि इसको इससे मुक्ति के उपायों का बोध न हो। इसी प्रकार आपके पुण्य कर्मों के कारण यदि मन का झुकाव बुद्धि की ओर हो जाता है तो यह अपनी चैतन्य वृत्ति से जुड़ जाता है तथा यहाँ भी लिप्त रहकर मनुष्य का कल्याण करना आरंभ कर देता है जो कि मनुष्य जीवन का मूल उद्देश्य है तथा मन ही हमारे लिए मुक्ति का मार्ग प्रसस्त कर देता है तथा मनुष्य अपने चैतन्य स्वरूप को प्राप्त कर लेता है।

इस प्रकार मन हमेशा अंतर्मुखी तथा बाह्यमुखी रहकर हमारे जीवन के प्रबंधन का कार्य करता रहता है। इसी प्रकार मनुष्य सृष्टि के साथ जुड़ता है तथा इसका मायावी आकर्षण हमारे मन को सदैव आकर्षित करता है जो इसके वशीभूत होकर तीन तापों में तपता हुआ स्वतंत्र रूप से संसारी जीवन व्यतीत करता है इसमें परमात्मा का कोई हस्तक्षेप नहीं रहता। परंतु यदि उसका झुकाव हर कार्य करते हुए परम् तत्त्व की ओर रहता है तो उसके लिए जीना आसान तथा सुःखमय हो जाता है जबकि संसार की ओर झुकाव होने से यही जीवन दुःखमय हो जाता है। ठीक उसी प्रकार जिस प्रकार अच्छे व्यक्ति से जुड़ा व्यक्ति गुणों को आकर्षित करता है जबकि बुरे व्यक्ति की संगत में उसे दुर्गणों से ही लगाव होता रहता है।

मनुष्य का परमात्मा अथवा सृष्टि की ओर झुकाव उसके अपने ही कर्मों की पूंजी पर निर्भर करता है जिन्हें संस्कार कर्म कहा जाता है तथा इन्हीं कर्मों के भुगतान तथा भोग के फलस्वरूप ही हमारे जीवन का संचरण चक्र चलता है जो हमारे परमात्म अंश से बिछुड़ने से लेकर आज तक अनवरत चलता चला आ रहा है। भक्ति, ज्ञान तथा वैराग्य ऐसे हथियार हैं जो इस जीवन चक्र को काटने में हमारी सहायता कर सकते हैं परंतु इनके प्रति हमारा उत्कठ भाव उत्पन्न होना चाहिए जो केवल परमात्मा के ज्ञान को बार-बार सुनने से ही पैदा हो सकता है जिससे भक्ति कहा जाता है जिन्हें मनुष्य अपनी श्रद्धा तथा विश्वास के साथ तुरंत पैदा कर सकता है। यदि ये दोनों अडिग रूप से हमारे मन में पैदा हो जाते हैं तो मनुष्य के लिए मुक्ति का मार्ग प्रसस्त हो जाता है। दुनियाँ से अपना मन हटाने तथा दुःखों का उपाय केवल इतना ही है कि हम अपनी सोच तथा ध्यान को दुनियाँ से हटाकर परमात्म ज्ञान में लगायें तथा अपना सर्वस्व परम् तत्त्व के चरणों में अर्पित कर उसी की दृष्टि

से संसार को देखना आरंभ करेंगे तो भक्ति तथा वैराग्य स्वयं ही हमारे ह्रदय में पैदा हो जायेंगे। इसकी कुंजी है केवल और केवल अपनी सोच को बदलना तथा अपनी सोच में धर्म की प्रवृतियों तथा उच्चतम् मूल्यों का जीवन में संचार करना। जो कि हिमालय की कंदराओं में जाकर अथवा गृह गृहस्थ का त्याग कर नहीं किया जा सकता बल्कि केवल और केवल अपने विचारों में परिवर्तन द्वारा वहीं संभव है जहाँ आप बैठे हैं तथा जिस भी अवस्था में आप वर्तमान में रह रहे हैं। धर्म परिवर्तन तथा कार्य परिवर्तन आपकी समस्याओं का समाधान नहीं है अपितु केवल अवस्था परिवर्तन ही आपकी समस्त समस्या समाधान की कुंजी है। यह व्यवस्था आपको बाह्य स्तर पर नहीं अपितु आंतरिक स्तर पर ही करने की आवश्यकता है और वह है आपकी सोच में परिवर्तन। वह भी केवल इतना कि मैं अपनी वर्तमान स्थिति को बदलना चाहता हूँ तथा इस परिवर्तन की दिशा, दशा तथा लक्ष्य मेरा अपना यह होगा! शुरूआत आपको अपने लिए तथा अपने से ही करनी होगी बिना किसी बाह्य आवरण, आडम्बर, आलम्बन, आश्रय तथा आग्रह के बिना। केवल और केवल अपने लिए, आपसे, आपके द्वारा, आपकी खातिर और आपकी इच्छा पूर्ति के लिए। यही हमारे वेदों का सार है, उपदेश है तथा इशारा है कि 'अर्जुन उतिष्ठ, जाग्रह' अर्थात उठिए जौर जागिए तथा समस्त दुःखों, शंशयों, कुभावनाओं, बाधाओं तथा बंधनों के माया जाल को तौड़ डालिए वह भी अपनी ही शक्ति से जिसमें आपको यह पुस्तक कदम कदम पर सहाई होगी तथा आपको सहयोग देगी ।

तौड़ कर कुंठाओं का जाल, लक्ष्य भेदन किया जा सकता है।
सफलता के लिए 'इनसान, असंभव से असंभव पा सकता है।।2280।।

हौंसलों से कीजिए मंजीले तय, मंजीलों को तय होना ही है।
चलते जाइऐ हिम्मतों के साथ, मन को सदैव ही रोना ही है।।2281।।

सोच समझ तय कीजिए लक्ष्य, 'लक्ष्य' हासिल होकर रहेगा ।
अडिगता पर टिका हुआ लक्ष्य, साहस आपका खोकर रहेगा ।।2282।।

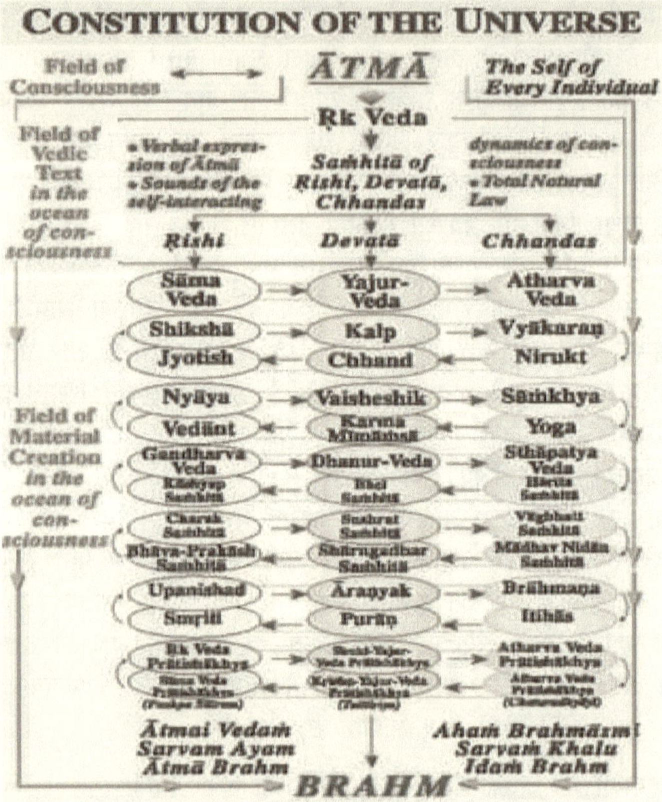

CONSTITUTION OF THE UNIVERSE

शंशयों पर पाकर विजय, कुंठाओं को मिटा दीजिए ।
भाग्य के विजेता हैं आप, बाधायें सारी हटा दीजिए ।।2283।।

मेरा मुझ में कुछ नहीं, जो लागत है सो तोर ।
मेरा स्वामी साथी मेरा, मनचाहा मिले हर भौर ।।2284।।

मेरा करता जग मुआ, मिटी ना जग की माया ।
जब मैं किता तेरा–2, सब जग है चरणी आया ।।2285।।

अध्याय–2

हमारा चमत्त्कारिक मन

भगवान अपनी चेतना शक्ति के रूप में अंतर्निहित रहकर मनुष्य शरीर को गतिशील एवं प्राणमय रखता है। इस प्रकार चेतना शक्ति हमें भगवान से प्राप्त वो शक्ति है जिससे मनुष्य में बुद्धि अर्थात् सोच का विकास होता है। इसी चेतना के सहारे हम जीवन में अच्छे बुरे का विचार कर पाते हैं, यही चेतना हमें अंतःकरण में बैठकर निरन्तर प्रेरित तथा उत्प्रेरित करती रहती है। चेतना से ही चित्तशक्ति का विकास होता है। चित्त को दिमाग की सामग्री या मनोसार भी कहा जाता है। यह दिमाग की तलपट मानी जाती है जिसमें तीन वृत्तियाँः– मन, बुद्धि और अहंकार पैदा होते हैं।

मन बुद्धि अहंकार चित्त, 'दिमाग' के प्रकार हैं।

कामक्रोध लोभ मोहअहं, पांच इसके विकार हैं।।2173।।

वेदांत में इसे बुद्धि के अंतर्गत या अंतःकरण भी माना गया है जिसके अंतःकर्ण तथा बाह्यकर्ण दो मुख्य भेद हैं। अंतःकर्ण के अंतर्गत मानस, बुद्धि, अहंकार तथा चित्त आते हैं जो कि इसके वृत्तिभेद हैं। बाह्यकर्ण के अंतर्गत इंद्रियाँ आती हैं जिनके माध्यम से हम घ्राण, ज्ञान, चिंतन एवं कारण का पता लगाते हैं। अंतःकरण का विकास पांच तत्त्वों के सूक्ष्म स्वरूप से किया गया है जिनमे चेतन आकाश से, मानस वायु से, बुद्धि अग्नि से, अहं पृथ्वी से तथा चित्त जल तंमात्र से विकसित हुआ है। इसी प्रकार आकाश तंमात्र से हृदय का विकास हुआ है जो कि परम् तत्त्व का स्थान माना जाता है। परमात्त्मा यहीं छुपकर सूक्ष्म रूप से हमारी हर गतिविधि पर ध्यान रखता है। **छुप बैठ कर हृदय में, परमात्त्मा नजारे देखता है।**

इंद्रिय जाल फँसा जीव, केवल देह को ही सेवता है।।2579।।

मन की जब इंद्रियों के साथ तुलना की जाती है तो यह चेतना शक्ति है। जब इसकी तुलना बुद्धि से की जाती है तो यह यह जड़ वृत्ति है। मन के पास अपने कर्म के लिए सर्वश्व करने की शक्तियाँ मौजूद हैं। चित्त एक शांत झील के समान है जिसकी गहराई में हमारा भूत, भविष्य तथा वर्तमान समाए रहते हैं। इसकी तुलना बुद्धि से की जाती है तो इसके तल में हमारे मन, बुद्धि तथा संस्कार से आयी हुई

यादों का सार पड़ा रहता है। परन्तु इसी सार से हमारी यादें उभर कर बाह्य तल पर लहरों के रूप में चित्त को अशाँत करती रहती हैं।

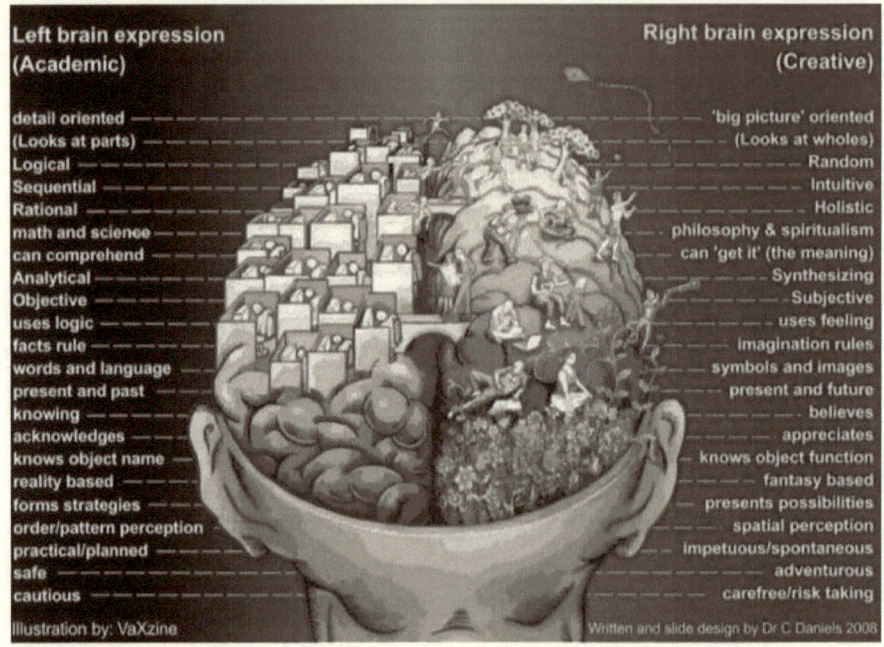

दूसरे शब्दों में इसे अवचेत्तन मन भी कहा गया है जिसमें हमारे जन्मों जन्मों के संस्कार यादों के रूप में विद्यमान रहते हैं। चित्त के मुख्य कार्य हैं स्मृत्ति, धारणा व अनुसंधान जो यह मनुष्य की प्रवृति अनुसार निरंतर करता ही रहता है। बुद्धि अंतःकरण की गाड़ी है तथा चित्त इसको खींचने वाला घोड़ा है जो इसके कार्यों का निष्पादन करता है। परन्तु चित्त सिर्फ दिमाग तक ही सीमित नहीं है अपितु यह स्थान एवं समय अनुसार निरन्तर बदलता रहता है। व्यक्ति के संपूर्ण विकास हेतु चित्त को संतुलित होना अति आवश्यक एवं अपरिहार्य है क्योंकि एक ही समय में चित्त की प्रवृत्ति द्वंद्वात्मक पाई जाती है। एक ही समय में यह प्यार भी करता है तथा उसी समय नफरत भी स्वयं ही पैदा करता है। हम किसी समय में एक ही प्राणी को पसन्द भी करते हैं तथा उसी समय उसकी किसी बात को नापसन्द भी करते हैं।

द्वंद्व की चक्की फँसा जीव, पीसता सदैव रहता है।
लगा रहे तू कील से सुरक्षित, ब्रह्म हमें ये कहता है।।2174।।

चित्त वास्तव में शारीरिक विषय नहीं है बल्कि इसकी प्रकृति सूक्ष्म, पराभौतिक, ज्योतिर्मय, जड़/प्राक्रत एवं रहस्यमयी है। इसकी रचना सूक्ष्म तत्त्व द्वारा होती है जिसकी विभिन्न संघनतायें तथा वाईब्रेशन होती हैं। यह अपनी समस्त शक्तियाँ आत्मा से प्राप्त करता है। इस प्रकार आत्मा कर्त्ता है, चित्त कर्म हैं तथा जीव क्रिया

है। इंद्रियों की शक्ति मन में समाई है तथा मन की शक्ति बुद्धि में समाई है तथा बुद्धि शक्ति की आवश्यकता है अहंकार तथा अहं की शक्ति आत्मा में समाई हैं। आत्मा अपनी शक्ति परमात्मा से प्राप्त करती है जो सभी का साक्षी है तथा सभी का कर्त्ता भी है।

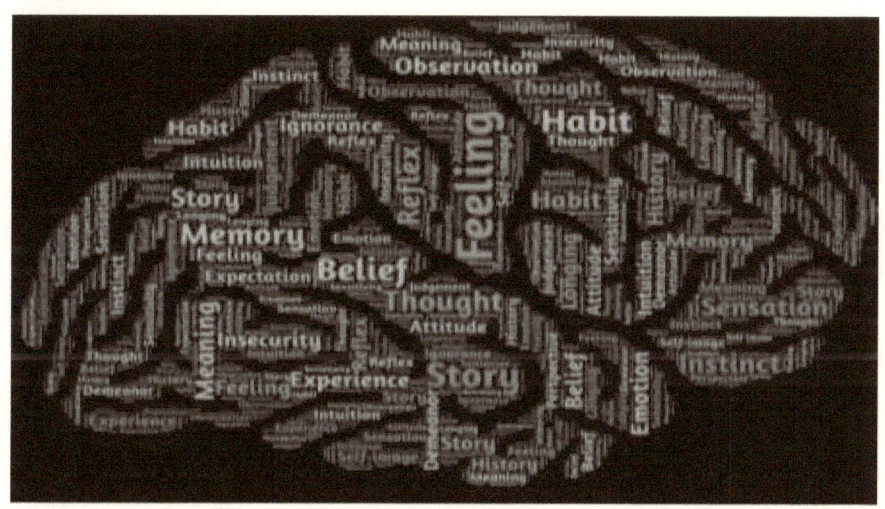

आत्मा शरीर रूपी कारखाने का मालिक है। अहं मुख्य प्रबंधक, बुद्धि इसकी प्रबंधक है। मन इसका मुख्यलिपिक है जिसके दो मुख्य कार्य हैं जिसमें वह प्रबंधक से आदेश प्राप्त करता है तथा कर्म इंद्रियों, ज्ञान इंद्रियों का संचालन करता है। परन्तु मन जब बुद्धि के सही संचालन में चलता है तो अपनी समस्त वासनाओं तथा कष्टों से परे होकर आनंद तथा खुशीयाँ प्राप्त करता है। परन्तु जब यह प्रबंधक का आदेश न मानकर अपने अहंकार में इंद्रियों को नचाना शुरू कर देता है तो दुःखों, विषय वासनाओं में लिप्त होकर कष्टों को भोगता है। मन सूक्ष्म तथ्य है जो सात्विक, अपंचिकृत, तनमात्रिक, विद्युतीय तथा भोजन के सूक्ष्मत्तम कणों से बना है तथा शरीर का उत्त्प्रेरक है।

आयुर्वेद के अनुसार पांच तत्त्वों की विभिन्न परतें मन की विभिन्न परतों में इस प्रकार से फैली हैं जैसे वायु आंतरिक मन में एहसास तथा गहरी सोच के रूप में रहती हैं जिससे मन में ऊर्जा की वाइब्रेशन, आदतें तथा लगातार सोच की प्रवृत्ति पैदा होती है। अग्नि तत्त्व मध्य स्थान में वास करता है तथा मन को तार्किक तथा अंतरभ्रम की शक्ति देता है जिससे हम निर्णय लेकर वस्तुओं का निर्माण करते हैं । पानी मन के बाह्य आवरण में भावुकता के रूप में निवास करता है तथा हमें बाह्य संसार से जुड़ने का ज्ञान देता है तथा अंगों के निर्माण में सहायक बनता है। पृथ्वी तत्त्व मन में अहं का रूप लेता है जिसके माध्यम से मन अपने आपको आत्मा से अल्ग पहचानता है तथा स्थान तथा समयानुसार अपने को दूसरों से अल्ग तथा विशेष व्यक्तित्त्व महसूस

करता है। आकाश तत्त्व समत्तल आधार रूप से समस्त मन मनोस्थान में विद्यमान रहता है तथा इसके सभी कार्यों, वाईब्रेशन तथा प्रभाव रूप से कार्य करता है। आकाश तत्त्व के बिना मन कोई भी कार्य नहीं कर सकता है तथा इसी के माध्यम से यह भ्रमण, संचरण तथा लोकान्तरण की शक्ति ग्रहण करता है।

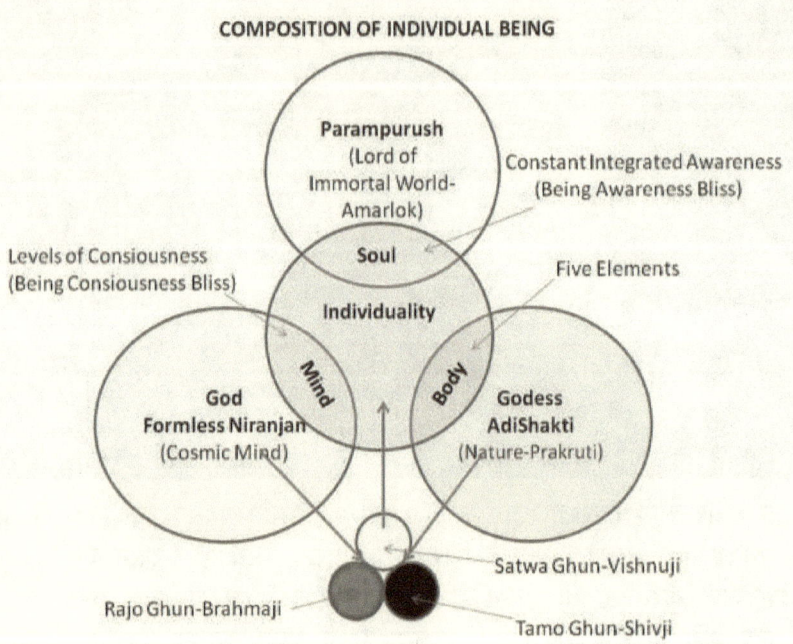

इस प्रकार पांचों तत्त्व मिलकर हमारे दिमाग की रचना करते हैं तथा वहाँ से मिलकर शरीर में त्रिदोष बनकर शरीर की विभिन्न रसायनिक, भौतिक एवं शारीरिक क्रियाओं का संपादन करते हैं। जैसे वायु तथा आकाश मिलकर वात् दोष का निर्माण करते हैं जिससे शरीर में गमना गमन की क्रिया का संचार होता है जिससे नाड़ी स्पंदन, रक्त संचरण, स्वाश प्रस्वास तथा संख्लन होता है। आग तथा पानी मिलकर पित्त का निर्माण करते हैं जो कि शरीर में भौतिक रूपांतरण, चय अपचय का कार्य करता है। इसी प्रकार पानी तथा भूमि मिलकर कफ दोष का निर्माण करते हैं। कफ शरीर की वृद्धि तथा सुरक्षा का कार्य करता है। इस प्रकार प्रत्येक शरीर का ढ़ांचा वात, पित्त तथा कफ से निर्मित होता है तथा सभी में इनका मिश्रण प्रत्येक शरीर की अपनी प्रवृति अनुसार सभी में अल्ग अल्ग पाया जाता है। जिस प्रकार शरीर की संरचना तथा नियंत्रण त्रिदोष द्वारा होता है इसी प्रकार मनुष्य के मन का नियंत्रण तीन मूल प्रवृतियों सत्त्व, रजस तथा तमस द्वारा होता है। सत्त्व का संबंध उचित तथा दयालु व्यवहार से है, जबकि रजस अहंकार, इच्छा, प्रेम तथा कामुकता से संबंधित है। तमस् निंद्रा, आलस्य, मूर्खता तथा अवहेलना की प्रवृतियों से जुड़ा है।

आयुर्वेद के अनुसार चित्त की तीन मुख्य अवस्थायें हैं जिन्हें चेतन, अवचेतन तथा परा चेतन अवस्था कहा जाता है। चेतन मन की वह अवस्था है जिसमें हमारा मन बुद्धि के साथ जुड़ा होता है तथा उसके विचार शुद्ध रूप से आत्मिक स्तर से प्रेरित होते हैं। इसी अवस्था से हमारे विचार तथा बोधिक शक्ति विकसित होती है। अवचेतन अवस्था हमारे विचारों का एक स्टोर रूम होता है जिसमें हमारे संस्कार, कर्म तथा वासनायें जन्मों जन्मों से भरी रहती हैं तथा हमारे चेतन मन को लिप्त रखने का प्रयास निरन्तर करती रहती हैं। पराचेतना अवस्था वह अवस्था है जिसमें मन बुद्धि के द्वारा अपनी चेतना शक्ति अर्थात् अंतर्आत्मा के निरंतर संपर्क में रहकर सदैव प्रसन्न, विरक्त तथा निर्लेप अवस्था में रहता है। इस प्रकार की अवस्था को निरंतर साधना द्वारा ही प्राप्त किया जा सकता है। मन को मनुष्य की अष्ट प्रकृतियों ;आकाश, वायु, पृथ्वी, जल, अग्नि, मन, अहंकार तथा बुद्धि में से एक माना गया है। मन कुछ नहीं है बल्कि आत्मशक्ति है। आत्मशक्ति से अहं जन्म लेता है तथा सात्त्विक अहंकार से मन, राजसिक अहंकार से प्राण तथा तामसिक अहंकार से तंनमात्र, तंनमात्र से स्थूल तत्त्व तथा तत्त्व से स्थूल विश्व का निर्माण होता है। इस प्रकार मन अहं से ऊपजा एक विचार है जो अपने आपको सदैव ही किसी स्थूल वस्तु या कर्त्ता से जोड़े रखता है और वह कर्त्ता है 'मैं'।

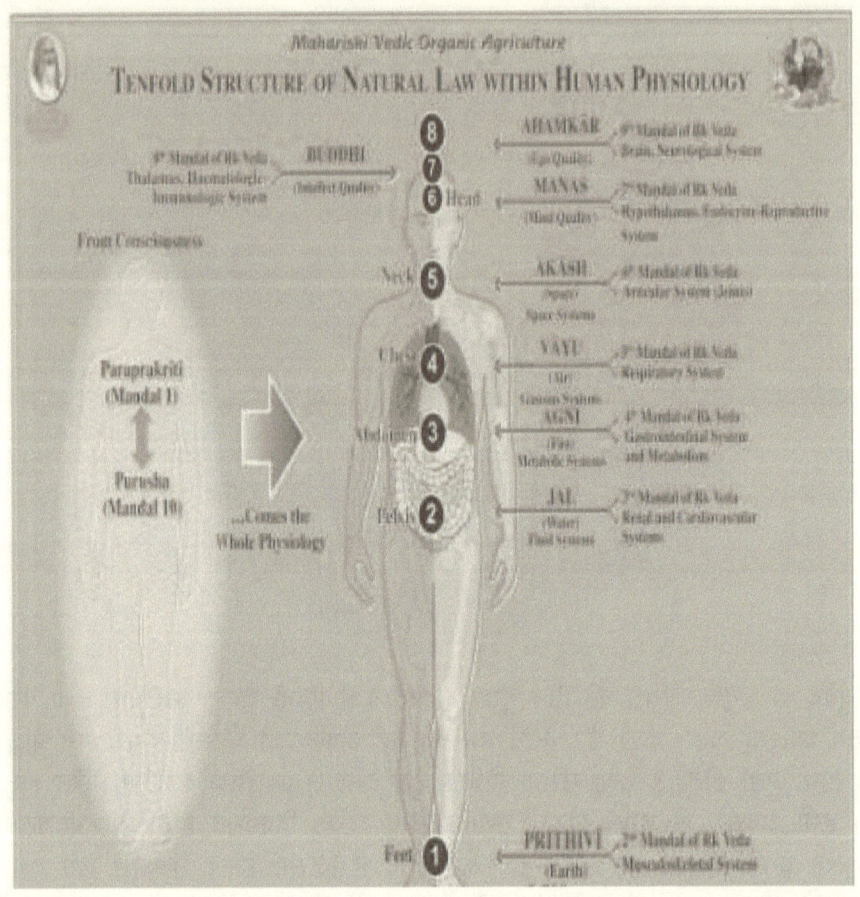

मैं "अहं" मन रूपी वृक्ष का बीज है तथा बुद्धि इस वृक्ष का प्रथम अंकुर है जिससे संकल्प रूपी टहनियाँ निकलकर विभिन्न दिशाओं में फैलती जाती है जो कि हमारे विचारों की परणिति के रूप में विकसित होकर इस बगिया रूपी संसार का निर्माण करती हैं। इस प्रकार मन, बुद्धि, पांच कर्म इन्द्रियाँ, पांच ज्ञान इंद्रियाँ, पांच तत्त्वों तथा पांच प्राण मिलकर 22 तत्त्वों से भौतिक संसार का निर्माण करते हैं। वेदों का मानना है कि यथा पिण्डे तथा ब्रह्माण्डे। अर्थात् जो समस्त विश्व में व्यापक है उसका सूक्ष्म स्वरूप हर एक कण में व्यापक है तथा हर एक कण में संपूर्ण विश्व समाया हुआ है। इसी प्रकार प्रत्येक मनुष्य का अपना एक मानस संसार है इसी कारण वह प्रत्येक शारीरिक संरचना में समान होते हुए भी सोच, व्यक्तित्त्व, मानसिक, चारित्रिक तथा शारीरिक स्तर पर दूसरों से कुछ न कुछ भिन्न अवश्य है। मनुष्य का मन हमेशा ही द्वंद्वात्मक अवस्था में कार्य करता है। यह पैंडुलम की तरह "हाँ" अथवा "ना" के मध्य में घुमता रहता है क्योंकि इसी में इसका अस्तित्त्व छिपा है यदि यह दोनों में से किसी एक पर टिक जायेगा तो पैंडुलम बंद की अवस्था में

बुद्धि में जा टिकता है। यदि यह हाँ को स्वीकारता है तो भी इसका अस्तित्त्व खत्म हो जाता है यदि यह ना को स्वीकारता है तो यह तो भी इसका अस्तित्त्व खत्म हो जाता है। इसीलिए यह हमेशा ही द्वंद्व की अवस्था में रहकर अपने अस्तित्त्व को बचाए रखने की कोशिश करता है तथा हमें विभिन्न दृष्टिकोणों अर्थात् वासनाओं में फंसाकर अपने को जीवित रखने की कोशिश में लगातार करता रहता है। इस प्रकार की तीन अवस्थाऐं हैं जिन्हें कर्त्तात्मक, क्रियात्मक तथा कर्मात्मक स्थितियाँ कहा जाता है। जब यह परम् से जुड़ता है तो कर्त्ता, बुद्धि से जुड़ता है तो क्रिया तथा इंद्रियों से जुड़ता है तो कर्म में समाया होता है।

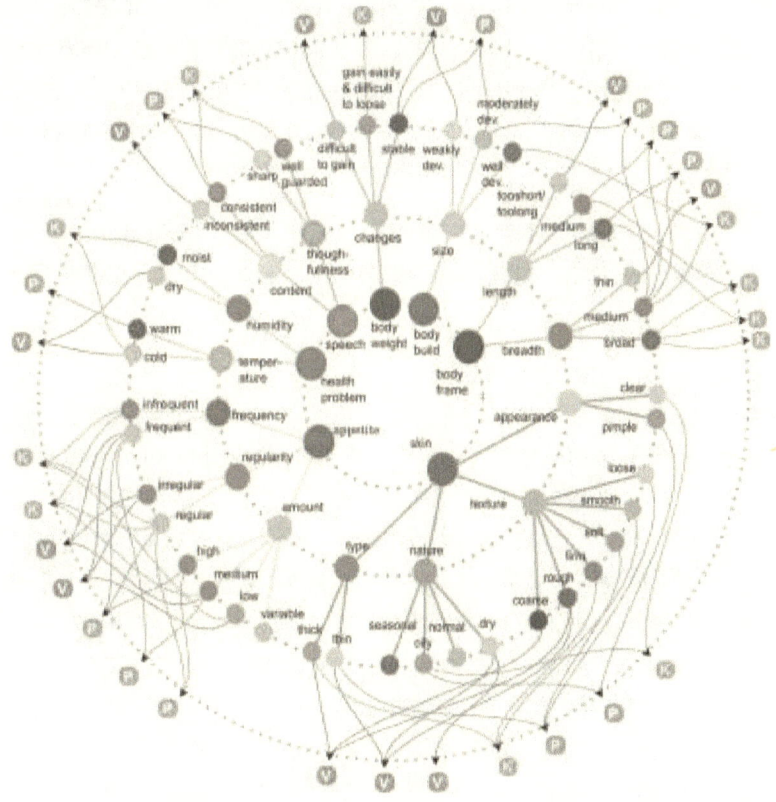

मन खेलता खेल निरन्तर, अस्तित्त्व अपना बचाने को ।
शाँत हो अनुकरण करता, कुछ न बचे जब पाने को ।।2176।।

हमारे मन का प्राक्रत स्वभाव है कि यह हमेशा क्रियाशील रहते हुए अपने निर्धारित लक्ष्य प्राप्ति में निष्कलंक भाव से लगा रहता है। बुद्धि निर्णय में लगी रहती है जबकि अहं हमेशा अपनी पहचान के प्रति आशक्त रहता है। चित्त उन यादों के चिंतन एवं मनन में लगा रहता है जिन्हें हमारा अहं निर्धारित करता है। जब मन

कार्य करता है तो बुद्धि तथा अहं एक साथ मन के साथ कार्य में लग जाते हैं। मन संकल्प विकल्प ढूंढ़ता है तो बुद्धि इसे निर्णय करने में सहायी रहती है कि क्या बुरा है तथा क्या अच्छा है। बुद्धि ही इस विषय भेद में अंतर करती है कि क्या निश्चयात्त्मक है तथा क्या व्यवसात्त्मक है अर्थात् कौन सा विषय हमारे उदेश्य में सहायक हो सकता है तथा कौन सा विषय हमें विषय से भटका सकता है। संकल्प विकल्प की अवस्था में मानस मन कहलाता है, जब यह निर्णय ले लेता है तो बुद्धि कहलाता है परन्तु जब यह बुद्धि की अवमानना कर स्वयं का निर्णय लेता है तो अहंकार कहलाता है। जब यह संस्कारों को इकट्ठा करता है तो यही चित्त कहलाता है। यही कारण है कि एक ही समय में हम संसार में विभिन्न स्थान, समय तथा कार्य अनुसार विभिन्न पुरूष के रूप में पहचाने जाते हैं यही प्रकृति हमारे मन की भी है कि वह एक होते हुए भी एक ही समय में विभिन्न वासनाओं, संकल्पों एवं सोचो में सदैव क्रियाशील रहता है। इसी कारण मन को परमात्त्मा का भौतिक प्रबंधक भी कहा जाता है जिसे विभिन्न शक्तियाँ प्राप्त हैं।

मन आपका है प्रबंधक, बुद्धि चेतना की सहायक ।
जीवन को सुधार आज, आप जीवन के हैं स्वयं नायक ।।2177।।

मन जब संसार से जुड़ा होता है तो यह एक अशाँत झील की तरह होता है माया के प्रभाव में आकर यह गर्म पानी की तरह खौलता रहता है तथा अपने चारों ओर इसी खौलाहट को फैलाता है जिससे हमें संसार एक दुःस्वप्न प्रतीत होता है तथा इसमें हमें निरंतर अशाँति फैलाते रहते हैं। परंतु जब मन का झुकाव अपने आत्म तत्त्व की ओर रहता है तो यह सदैव शाँत झील की तरह रहता है तो संसार हमें आनंदमय तथा सुःखमय लगता है। इस प्रकार संसार को हम किस नजरिये से देखते हैं यह इस बात पर निर्भर करता है कि हमारी अपनी जीवन शैली कैसी है। हमारी इच्छायें, वासनायें तथा व्यक्तिगत विचार कैसे हैं। यदि हमारा झुकाव संसार की ओर है तो हमारे अंदर खौलाहट है और यदि हमारा झुकाव अपने सात्त्विक स्वभाव की ओर है अर्थात् परमात्त्मा की ओर है तो हम सबकुछ करते हुए भी शाँत हैं और हमारी हर क्रियायें स्वतः ही चलती हैं। और यह सारा कुछ निर्भर करता है कि हमारे संस्कार कैसे थे। परंतु हमें भूतकाल को पकड़कर नहीं बैठना है और आज और अभी हम कैसे जीने चाहते हैं केवल और केवल इतने विचार हमारे मन को प्रसारित करने हैं बाकि सभी कुछ हमारो मन स्वयं ही करना आरंभ कर देगा। क्योंकि इसके पास ईश्वर की समस्त शक्तियाँ विद्यमान हैं तथा यह वह सभी कुछ करने के लिए सम्पन्न है जो हम इससे करवाना चाहते हैं तथा इसकी आशा रखते हैं। अंतःकरण और संस्कारों से जुड़ा हुआ मन परमात्त्मा का ही स्वरूप है जबकि वासनाओं एवं अहं से जुड़ा मन अपनी समस्त ताकतों से परे निर्बल प्राणी की तरह होता है जो निरंतर अनिर्णय एवं भटकाव की स्थिति में स्थित रहता है।

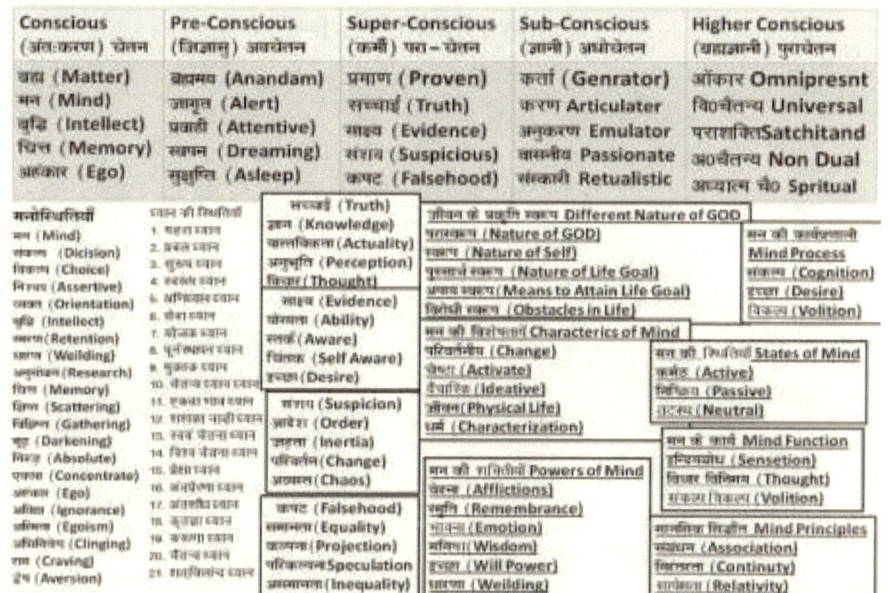

Conscious (अंतःकरण) चेतन	Pre-Conscious (जिज्ञासु) अवचेतन	Super-Conscious (कर्मी) पर-चेतन	Sub-Conscious (ज्ञानी) अधोचेतन	Higher Conscious (ब्रह्मज्ञानी) पुराचेतन
ब्रह्म (Matter)	आनन्दमय (Anandam)	प्रमाण (Proven)	कर्ता (Genrator)	ओंकार Omnipresnt
मन (Mind)	जागृत (Alert)	सच्चाई (Truth)	करण Articulater	चि0चैतन्य Universal
बुद्धि (Intellect)	प्रज्ञानी (Attentive)	साक्ष्य (Evidence)	अनुकरण Emulator	पराशक्तिSatchitand
चित्त (Memory)	स्वप्न (Dreaming)	संशय (Suspicious)	वासनीय Passionate	अ0चैतन्य Non Dual
अहंकार (Ego)	सुषुप्ति (Asleep)	कपट (Falsehood)	संस्कारी Retualistic	अध्यात्म चै0 Spritual

मनोस्थितियाँ
मन (Mind)
संकल्प (Dicision)
विकल्प (Choice)
निश्चय (Assertive)
व्यक्त (Orientation)
बुद्धि (Intellect)
स्मरण (Retention)
धारणा (Weilding)
अनुसंधान (Research)
चित्त (Memory)
क्षिप्त (Scattering)
विक्षिप्त (Gathering)
मूढ़ (Darkening)
निरुद्ध (Absolute)
एकाग्र (Concentrate)
अहंकार (Ego)
अविद्या (Ignorance)
अस्मिता (Egoism)
अभिनिवेश (Clinging)
राग (Craving)
द्वेष (Aversion)

ध्यान की स्थितियाँ
1. [illegible] ध्यान
2. [illegible] ध्यान
3. [illegible] ध्यान
4. [illegible] ध्यान
5. [illegible] ध्यान
6. [illegible] ध्यान
7. [illegible] ध्यान
8. [illegible] ध्यान
9. [illegible] ध्यान
10. [illegible] ध्यान
11. [illegible] ध्यान
12. [illegible] ध्यान
13. स्वयं चेतना ध्यान
14. विश्व चेतना ध्यान
15. [illegible] ध्यान
16. [illegible] ध्यान
17. [illegible] ध्यान
18. [illegible] ध्यान
19. [illegible] ध्यान
20. चैतन्य ध्यान
21. [illegible] ध्यान

सच्चाई (Truth)
ज्ञान (Knowledge)
वास्तविकता (Actuality)
अनुभूति (Perception)
विचार (Thought)

साक्ष्य (Evidence)
योग्यता (Ability)
सतर्क (Aware)
चिंतक (Self Aware)
इच्छा (Desire)

संशय (Suspicion)
आवेश (Order)
जड़ता (Inertia)
परिवर्तन (Change)
अव्यवस्था (Chaos)

कपट (Falsehood)
समानता (Equality)
कल्पना (Projection)
परिकल्पना Speculation
असमानता (Inequality)

जीवन के प्रकृति स्वरूप Different Nature of GOD
परमस्वरूप (Nature of GOD)
स्वरूप (Nature of Self)
पुरुषार्थ स्वरूप (Nature of Life Goal)
साधन स्वरूप (Means to Attain Life Goal)
विरोधी स्वरूप (Obstacles in Life)

मन की कार्यप्रणाली Mind Process
संकल्प (Cognition)
इच्छा (Desire)
विकल्प (Volition)

मन की विशेषताएं Characterics of Mind
परिवर्तनशील (Change)
चेष्टा (Activate)
वैचारिक (Ideative)
जीवन (Physical Life)
धर्म (Characterization)

मन की स्थितियाँ States of Mind
कर्मठ (Active)
शिथिल (Passive)
तटस्थ (Neutral)

मन के कार्य Mind Function
इन्द्रियबोध (Sensetion)
विचार विनिमय (Thought)
संकल्प विकल्प (Volition)

मन की शक्तियाँ Powers of Mind
चेतना (Afflictions)
स्मृति (Remembrance)
भावना (Emotion)
प्रतिभा (Wisdom)
इच्छा (Will Power)
धारणा (Weilding)

मानसिक सिद्धांत Mind Principles
संयोजन (Association)
निरंतरता (Continuty)
सापेक्षता (Relativity)

यद्यपि मन को मुख्यतः उपरोक्त पांच वृत्तिभेदों में विभाजित किया गया है परन्तु मन के अनेक प्रकार हैं जिनका सविस्तार वर्णन उपरोक्त तालिका में दर्शाया गया है:—

मन के प्रमुख कार्य:—कोर्डिनेशन, इंद्रिय बोध, संकल्प विकल्प, विचार विनिमय:—

कोर्डिनेशन :— हमारा मन ही हमारी बुद्धि तथा शरीर के मध्य में समन्वयन का मुख्य कार्य करता है। मन के पास लगातार विचार चलते रहते हैं। प्रथम स्तर पर यह विचार हमारी यादों के स्तर अर्थात् अंतकरण से उठते हैं, दूसरे स्तर पर विचार इंद्रियों के द्वारा मन को भेजे जाते हैं। इन्हें मन के आंतरिक तथा बाह्य स्तर कहा जाता है। इन दोनों स्तरों से उठे विचारों को मन आंतरिक स्तर पर बुद्धि के साथ विचार करता है जिसे बुद्धि अपनी यादों के साथ बुराई तथा अच्छे अनुभवों के स्तर पर तौलती है तथा मन को गल्त अथवा सही की सटीक जानकारी देती है। बाह्य स्तर से आये हुए विचारों के बारे में भी यह बुद्धि के साथ मंत्रणा करता है। परन्तु इंद्रियों से आए हुए विचार क्योंकि परिस्थिति, समय तथा स्थान जन्य होने के कारण बुद्धि इन विचारों पर निर्णय लेने के लिए मन को ही निर्णय लेने की शक्ति प्रदान कर देती है तो ऐसे निर्णय सर्वदा ही अहंकार सहित अथवा वासना सहित होते हैं जिनका पछतावा हमें बाद में करना पड़ता है। अतः ऐसे विषयों में हमें कदापि जल्दि नहीं करनी चाहिए व सोच समझ ही निर्णय लेना चाहिए। इसी प्रकार चित्त के स्तर से आई संवेदनायें हमारे व्यवहार को कंट्रोल करने में सहायक होती हैं। जैसे पहले बतलाया गया है कि चित्त एक शांत झील के समान है जिसके तल तथा आंतरिक तलों दोनों स्तहों पर लगातार विचारों की लहरें चलती रहती हैं।

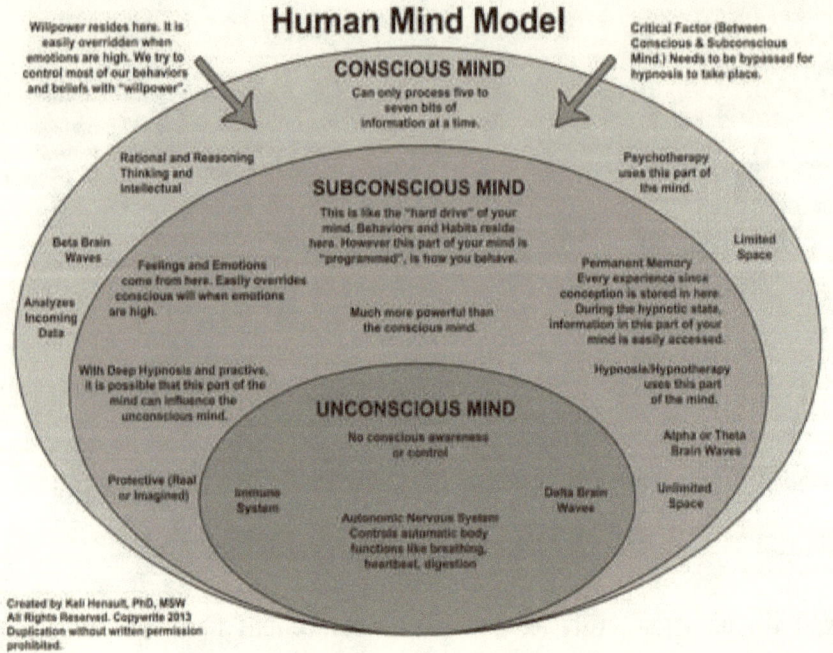

जब हमारे विचार बुद्धि स्तर अर्थात् मन के आंतरिक स्तर से आते हैं तो इनका प्रभाव हमारे नित्त्य स्वभाव पर पड़ता है तथा ऐसे विचारों द्वारा हम अधिक समय तक व्यथित अथवा प्रसन्न रहते हैं क्योंकि इनका संबंध हमारी यादों से जुड़ा रहता है। जब मन के विचार बाह्य संसार से आते हैं तो अधितकतर समय ये हमारे स्वभाव को थोड़े ही समय के लिए विचलित कर पाते हैं क्योंकि इनका हमारी यादों के साथ कोई लेना देना नहीं होता। परन्तु यदि ये विचार हमारे पुराने अनुभवों अथवा यादों से जुड़े होते हैं तो इनके प्रति प्रतिक्रिया का स्तर भी उतना ही गहरा होता है जिसके कारण कई बार संपूर्ण व्यक्तित्त्व पर भी इसका प्रभाव पड़ता है जिसके कारण ह्रदय आघात तथा डिप्रैशन जैसी बिमारीयों से शरीर को जूझना भी पड़ता है। परन्तु यह सब हमारे मन की अवस्था पर निर्भर करता है कि हम विचारों की लहरों को किस स्तर पर समन्वित कर पाते हैं। समन्वयन की यह शक्ति मन के पास हमारी अपनी बुद्धि शक्ति, संस्कारों, अनुभवों तथा सोच के आधार पर उत्पन्न होती है। यह हम पर आधारित है कि हम लहरों की तरह उठते हुए विचारों के साथ अपने आपको किस स्तर पर सम्मिलित करते हैं। कहने का भाव यह है कि यदि आप विचारों को उठते हुए और जाते हुए देख रहे हैं तो यह आपका दृष्टा भाव है। जब आप इन विचारों के साथ सम्मिलित होकर क्रिया करने लग गए हैं तो यह मनोभाव है। जब आप विचारों पर सोच समझ कर कदम बढ़ाते हैं तो यह आपका बोधिक भाव है जबकि विचारों के साथ पूर्णतया सम्मिलित होकर अंधे धुंध अनुशरण

करना आपका अहंकार भाव है व अहंकार भाव है तथा इसके परिणाम अतिघातक हो सकते हैं। इस प्रकार मन विचारों में मानसिक समन्वयक का कार्य करता है।

इंद्रिय बोधः– शरीर के प्रत्येक हिस्से से पांच ज्ञान इंद्रियों, पांच कर्म इंद्रियों के द्वारा भेजे गए विचारों को लगातार हमारे मन को भेजा जाता है। यह कार्य निर्बाध रूप से लगातार चलता रहता है। हमारी गहन नींद तथा तंद्रा की अवस्था में भी यह संप्रेषण चलता ही रहता है। वातावरण से आई हुई हर संवेदना, आंखों द्वारा पहुंचाए गए दृष्य, कानों से पहुंचाए गए शब्द तथा अन्य सभी संवेदनायें हमारे मन को लगातार भेजी जाती हैं।

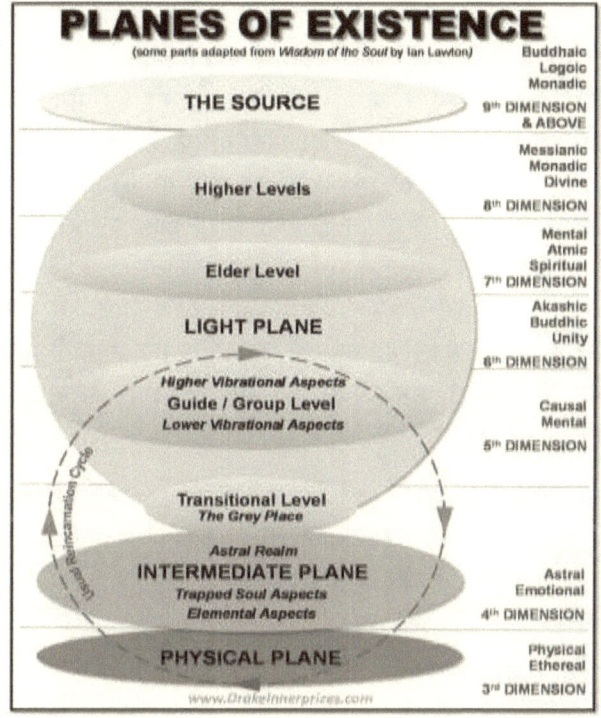

यहाँ यह भी याद रहे कि दिमाग जो हमें शारीरिक रूप से दिखाई देता है वह हमारा मन नहीं है। मन सूक्ष्म तत्त्व है जो कि दिमाग की हर क्रियाओं को चलाने में इसकी सहायता करता है तथा संवेदनाओं के महत्त्वपूर्ण अथवा महत्त्वपूर्ण होने का फैसला भी मन अपने स्तर पर लेकर उन्हें रखने या छोड़ने का कार्य करता है। मन की प्रकृति सूक्ष्म तथा गौण दोनों ही प्रकार की है। यह समस्त शरीर पर दोनों ही तरह से नियंत्रण रखता है। भौतिक रूप से शरीर के लिए यह एक अपरिहार्य शक्ति है जबकि सूक्ष्म तौर से यह अपने आपको बुद्धि में समर्पित करने के बाद विलुप्त हो जाता है। मस्तिष्क, कमर, पांच ज्ञान इंद्रियों, पांच कर्म इंद्रियों के माध्यम से यह शरीर के अंदर, बाहर तथा चारों और घटित होती परिस्थितियों की जानकारी लगातार बिना फेल तथा ब्रेक के यह निरंतर इकट्ठी करता रहता है इसी कारण इसे शरीर की ग्यारहवीं इंद्री भी कहा जाता है। मन अनुभूत तथा प्रतिभूत दोनों ही प्रकार का है अर्थात् जब यह बुद्धि के नियंत्रण में कार्य करता है तो ज्ञानवान है तथा सभी कार्य स्वयं ही करता रहता है परन्तु जब यह इंद्रियों के वषीभूत कार्य करना आरम्भ करता है तो अज्ञानी और भ्रमित भी हो जाता है। मन एक ही समय में

सूचना एकत्रित करता है, उनका विश्लेषण करता है, सूचनाओं को बुद्धि को संप्रेषित करता है तथा उन पर निर्णय भी लेता है। मन बाह्य संसार का सामना करता है तथा नित्य प्रति के कार्यों को निपटाता भी है। मन हमारी जिंदगी को, कला को, योग्यता को तथा इच्छाओं को जीवंत रूप देने में हमारी सहायता करता है अथवा यों कहिए कि जीवन के हर पहलू को मन ही निर्धारित करता है। यह शरीर के लिए रक्षक का भी कार्य करता है तथा समय आने पर भक्षक भी बन जाता है। शरीर का धर्मराज भी यह है हमें कमज़ोर भी बनाता है ताकि संसार में समानता बनी रहे अन्यथा सभी समर्थ होकर अपने आपको 'भगवान' भी क्लेम कर सकते हैं तथा सभी सेवक अथवा भक्त भी नहीं हो सकते क्योंकि मायावी संसार में कर्मठता भी चाहिए। मन के द्वारा ही हम जीवन के विभिन्न पड़ावों, अनुभवों, परिस्थितियों तथा घटनाओं से गुज़रते हैं।

21 REASONS WHY YOU SHOULD TAKE
21 STAGES OF MEDITATION
ध्यान की स्थितियाँ

1. गहरा ध्यान
   1. DEEP
2. प्रबल ध्यान
   2. POWERFUL
3. सुरूप ध्यान
   3. BEAUTIFUL AND TRANSFORMATIONAL
4. स्वरूप ध्यान
   4. ALLOWS US TO EXPERIENCE OUR EXISTENCE
5. अतिध्यान ध्यान
   5. CONNECTS MIND AND HEART
6. सेवा ध्यान
   6. TRAINS OUR MIND TO SERVE OUR SOUL
7. संयोजन ध्यान
   7. CONNECTS US TO THE UNIVERSE
8. समर्पण ध्यान
   8. "RESETS" OUR MIND - RELEASES TRAUMAS
9. मुक्तक ध्यान
   9. HELPS US TO LET GO OLD HABITS
10. चैतन्य ध्यान
    10. WE CAN REALLY EXPERIENCE DIVINE
11. एकीकृत ध्यान
    11. BRINGS PEACE AND THE SENSE OF UNITY
12. शशक्त नाड़ी ध्यान
    12. CREATES A STRONG NERVOUS SYSTEM
13. स्वयं चेतना ध्यान
    13. BRINGS THE SENSE OF: "I CAN DO IT" AND "I AM"
14. विश्व चेतना ध्यान
    14. ALLOWS US TO REALLY FEEL THE FLOW OF THE UNIVERSE
15. प्रेक्षा ध्यान
    15. WE BECOME AN OBSERVER
16. अंतप्रेरणा ध्यान
    16. HELPS TO INCREASE THE INTUITION
17. अंतर्शोध
    17. CHALLENGES OUR MIND AND GIVES US TOOLS TO GO THROUGH THE PROCESS WITH GRACE
18. कृतज्ञ
    18. BRINGS GRATITUDE TO OUR HEART
19. करुणा
    19. WE EXPERIENCE THE REAL COMPASSION
20. चैतन्य स्वरूप
    20. FILLS THE "HOLES" TAKING US TO OUR TRUE SELF
21. शतचितानंद ध्यान
    21. INNER VACATION

इंद्रियाँ इच्छा ज़ाहिर करती हैं तो मन इन्हें मूर्तरूप प्रदान करता है तथा अपने कर्मों की गठरी अनुसार इस जीवन में कम या अधिक स्वास्थ्य, धन संपदा एवं आनन्द की प्राप्ति करते हैं। संकल्प विकल्प :– मनुष्य के पास मन की शक्ति होने के कारण ही इसे सभी प्रजातियों में सर्वोपरि माना गया है। मन निरंतर वस्तुओं को चुनने तथा फिर उन्हें त्यागने के कार्य में लगातार लगा रहता है। आज वह जिसे प्यार करता है कल उसे ही नफ़रत करने लगता है यही संकल्प विकल्प मन का कभी न ख़त्म होने वाला प्रौसैस है जो कि चौबीसों घंटे निर्बाध रूप से चलता ही रहता है। पहले वह किसी भी संरचना का चुनाव करता है तो अगले ही क्षण उसका विकल्प ढूँढने में

लग जाता है मन के इस प्रोसैस को द्वंद्व की स्थिति भी कहा गया है जो कि इसका जन्मजात स्वभाव है।

संकल्प मन का वह कार्य है जिसमें वह किसी निर्णय पर पहुंचता है विकल्प उस निर्णय को किस प्रकार से लागू किया जाना चाहिए यह निर्धारण है। मन जहाँ भी कुछ क्षण के लिए ठहरता है तो उससे ऊब पैदा हो जाती है। मन का विकास ही चुनाव की वजह से पैदा हुआ यही कारण है कि मनुष्य के पास सबसे ज्यादा विकसित मन है। आदमी की सामर्थ्य यही है कि वह चुन सकता है परन्तु एक बार चुनने के बाद मन के पास ऊबकर एक ही विकल्प रहेगा कि उसके विपरीत पर चला जाए और मन ऐसे ही एक द्वंद्व से दूसरे द्वंद्व में भटकता रहता है इसी को मन की संकल्प तथा विकल्प की शक्ति कहा गया है।

संकल्प विकल्प के बिना मन एक क्षण भी नहीं रह सकता। मन का विकास ही चुनाव की वजह से होता है और मन के दो ही सूत्र हैं, किसी चीज के प्रति आसक्त हो जाना और फिर किसी चीज से विरक्त हो जाना। या तो मन आसक्त होगा, या विरक्त होगा । या तो पकड़ना चाहेगा, या छोड़ना चाहेगा। या तो गले लगाना चाहेगा, या फिर कभी नहीं देखना चाहेगा। मन ऐसी दो स्थितियों के बीच डोलता रहेगा। इन स्थितियों के बीच डोलने वाले मन का ही नाम संकल्पात्मक, संकल्प से भरा हुआ । जहां संकल्प है, वहां विकल्प सदा पीछे मौजूद रहता है।

ज्ञान प्राप्ति : आदमी सूक्ष्म शक्ति ''आत्मा'' है जो कि भौतिक शक्ति ''शरीर'' द्वारा मन व बुद्धि से जीवन का निर्वाह करता है। प्रसारण इन दोनों शक्तियों के मध्य में वह समझौता है जो इन्हें अपने वजूद को कायम रखते हुए जीवन विस्तार की इजाजत देता है। जीवन का आने वाला प्रत्येक चक्र प्रत्येक शक्ति को सुनहरा कल तथा बेहतर इनसान बनने में सहायक रहता है। अंतिम चरण में शरीर को आत्म तुल्य बनाकर दोनों की दुरियों को समाप्त किया जाता है ताकि जीवन का परम् उद्देश्य निर्वाण अर्थात् आत्मा का परमात्मा में मिलन प्राप्त किया जा सके। आत्मा जो कि सूक्ष्म विषय है तथा मन दौनो सूक्ष्म तथा भौतिक है तथा दोनों शक्तियों को उद्देश्य है ज्ञान की प्राप्ति तथा ज्ञान का प्रचार व प्रसार।

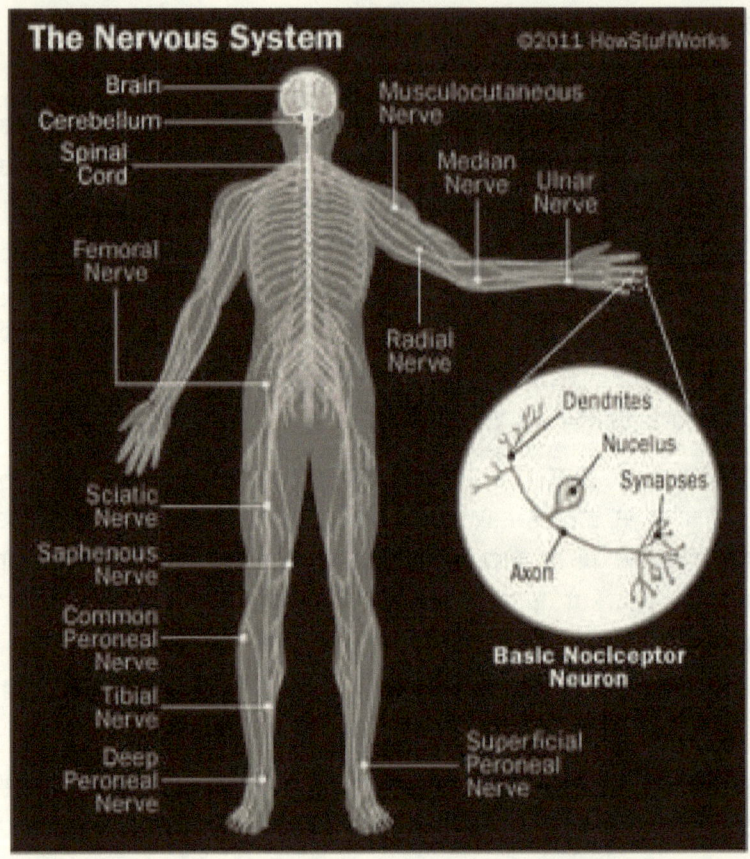

आत्मा, मन अथवा मनुष्य तीनों का ही लक्ष्य है निर्वाण, परन्तु निर्वाण कहीं बाहर से नहीं बल्कि अंतर्मन की शक्ति से ही प्राप्त होना है जिसके लिए तीनों को ही मिलकर प्रयास करना होगा तथा उसी प्रयास को परम् उेश्य अथवा ज्ञान प्राप्ति कहा जाता है। साधारण शब्दों में ज्ञान की प्राप्ति वह प्रयास है जिसमें हम आत्मा, मन तथा शरीर में छुपी हुई संभावनाओं का जीवन चक्रों में क्रमबद्ध विकास जब तक करते रहते हैं जब तक ज्ञान रूपी प्रकाश की तपिस इन्हें अपने मूल स्वरूप का एहसास न करवा दे। इस प्रकार ज्ञान की प्राप्ति मनुष्य के लिए किसी प्रकार के भोजन ग्रहण करने, शारीरिक संबंध बनाने अथवा किसी भी तरह का शारीरिक व मानसिक मनोरंजन करने से अधिक महत्त्वपूर्ण है जिसके उपरांत उसे परम् आनन्द की प्राप्ति होती है जो सभी सु:खों की महिमा से सर्वोपरी है। यह सब तभी संभव हो सकता है जब मन यह जान ले कि उसका मुख्य कार्य क्या है ? जिस शरीर में मन का वास है मन उसी शरीर के द्वारा यह संभव कर सकता है।

आज शरीर विज्ञान उस स्तर पर पहुंच चुका है जहाँ से उसके लिए ऐसा करना लगभग संभव दिखाई देता है। मनुष्य सभी आत्मिक शक्तियाँ प्राप्त करने के सुलभ तथा सुसाध्य साधनों के निर्माण के माध्यम से अपनी मूल सत्ता में लौटने को तैयार बैठा है ताकि जीवन के नये आयामों को सरलता एवं सहजता से प्राप्त किया जा सके। यह सम्राज्य हमारे लिए नया तथा सूक्ष्म लोक होगा जिसमें सभी दैविक शक्तियाँ, संभावनायें तथा सम्पदायें हमारे अधिकार क्षेत्र में होंगी तथा वह भी वहीं जहाँ हम हैं, हमारा शरीर है, आत्मा है तथा परमात्त्मा है। इस मनोराज्य में हम सर्वशक्तिमान तथा सर्वश्वज्ञान तथा सर्वव्याप्त भगवान की सभी शक्तियों को प्रयोग करने में सक्षम होंगे। परन्तु यह सब पाने के लिए किसी राकेट, तीव्रगति के विमान अथवा नये अनुसंधानों की आवश्यकता नहीं है, करना है तो केवल मन का अनुसंधान तथा उत्थान क्योंकि मन की कुंदराओं, तलों तथा तहखानों में यह शक्ति छुपी है जिसे हमें साधना अथवा अंतर्मन की गहराईयों में डूबकर अथवा घुमकर प्राप्त करना होगा जोकि अवश्यंभाव्य, सर्वसाध्य एवं हर देश, काल तथा समय में उपलब्ध हैं। यही हमारे तथा सभी इनसानों, मनों तथा जीवों के जीवन का अंतिम तथा परम् उद्देश्य भी है, था तथा रहेगा।

ज्ञान के प्रकार :– ज्ञान मूलतः दो प्रकार होता है 1. परोक्ष ज्ञान 2. अपरोक्ष ज्ञान।

1. परोक्ष ज्ञान :– परोक्ष ज्ञान आत्मा, परमात्त्मा तथा सूक्ष्म संस्थाओं से जुड़ा ज्ञान होता है पढ़ने, सूनने तथा लिखने से प्राप्त होता है। यह ज्ञान चार वेद ऋग्वेद, यजुर्वेद, अथर्वेद, सामवेद, 4 उपवेदः– आयुर्वेद, अर्थशास्त्र, धनुर्वेद, गंधर्वेद, 6 उपनिषदः– शिक्षा, छंद, व्याकरण, निरूक्त, कल्प तथा ज्योतिष, 18 पुराण ;अग्नि, भागवत्, भविष्य, ब्रह्मा, ब्रह्माण्ड, ब्रह्मवैवर्त, गरूड़, हरिवंश, कुर्मा, लिंग, मार्कण्डेय, मत्त्सय, नारद, पदम्, शिव, स्कंद, वामन, वराह, वायु, विष्णु , परिशिष्ट ;अश्वल्यान, गोभिला, कतिय, कात्यान स्रोता सूत्रा, अपस्तम्भा होत्रा, सत्यसुध, वराह स्रोता सूत्राद्ध, बोध, जैन तथा सिख साहित्त्य में फैला हुआ है।

परन्तु आधुनिक विज्ञान ने समस्त ज्ञान को अक्षरसः शरीर रूप में आदमी के अंदर ही पा लिया है तथा महर्षि महेश योगी वेद विज्ञान अनुसंधान इस विषय में बहुत ही सराहनीय कार्य कर रहा है। इस अनुसंधान ने प्रत्येक कोशिका में समस्त ज्ञान दिखला दिया है जिससे वेद भी सहमत है कि "यथा पिण्डे तथा ब्रह्माण्डे"। महर्षि वेद विज्ञान तथा वेदों में ज्ञान के लगभग 40 विभाग बतलाए गए हैं जिन्हें एक चार्ट के माध्यम से निम्न तौर पर दर्शाया गया है :–

मन खेलता कल्प विकल्प, सोचना इसका स्वभाव ।
इंद्रियाँ जिसकी सलाहकार, ज्ञान का इसको अभाव ।।2178।।

मन माईंड नहीं है, माईंड मन की भौतिकता है।
मन विज्ञान से परे, मन में झांकने में रिक्तता है। ।।2179।।

आज जब मनुष्य समस्त सुविधाओं से लैस है तो उसे केवल अपने अंदर झांकने की आवश्यकता है न कि जंगलों, कुंदराओं, पहाड़ों तथा आसमान में परमात्मा को ढूढ़ना है। महापुरूषों ने परोक्ष ज्ञान को मुख्य निम्न उप विभागों में बांटा है 1. सूरत ज्ञान 2. अनुमान ज्ञान 3. श्रवण ज्ञान 4. मनन ज्ञान 5. निधासन ज्ञान 6. साक्षात् ज्ञान ।

सूरत ज्ञान :– यह ज्ञान आपके विश्वास पर टिका होता है। आपको जो बताया जाता है आप उसमें विश्वास करते हैं तथा उसी विश्वास के आधार पर अपना विश्वास पक्का कर लेते हैं। जैसे आपको माता पिता द्वारा बतलाया जाता है कि आपके शहर से आगे एक शहर है और आप उसे बिना देखे ही विश्वास करते हैं कि आगे जहाँ यह सड़क जा रही है वहाँ भी एक हमारे जैसा शहर है तथा उसकी तस्वीर आप अपने मन में वैसी ही देखते हैं जैसी कोई बस्ती आपने देखी हो इसे सूरत ज्ञान कहा जाता है।

अनुमान ज्ञान :– जब आपके विश्वास के अनुसार आपको कोई प्रमाण मिलता है तो आप आपका सूरत ज्ञान अनुमान में बदल जाता है जैसे यदि आपको बतलाया गया है कि आगे बस्ती है तथा उस स्थान से आपको धुंआ उठता दिखाई देता है तो आपका ज्ञान अनुमान में बदल जाता है तथा आप इसका अनुमान लगाते हैं कि वे

लोग भी हमारी ही तरह आग का उपयोग करते होगें, बस्ती होने का आपको प्रमाण भी मिल गया है।

श्रवण ज्ञान :– जब तक आप किसी विषय को सुनते हैं तब तक आपको इसका ज्ञान रहता है परंतु इससे परे होते ही आप इसे भूल जाते हैं। जैसे जब तक आप सत्संग में हैं आपका मन इसमें लगा रहता है परंतु ज्योंहि आप वहाँ से हटते हैं तथा बाहर आते ही दुनिया में लगकर सत्संग की समस्त बातों को भूला देते हैं। यह उसी प्रकार है जब तक लकड़ी जल्ती है तो आग दिखाई देती है उसके बाद आग दिखाई नहीं देती।

मनन ज्ञान :–वस्तु स्थिति से दूर रहने पर भी जब थोड़े समय के लिए हमें उस स्थिति का ज्ञान रहता है तथा हम दूर रहते हुए भी वैसा ही अनुभव करते हैं जैसे कि बादल में बिजली। यह थोड़े समय के लिए दिखाई देती है और छुप जाती है परंतु बिजली बादल में सदैव रहती है।

निधासन ज्ञान:– यह ज्ञान सदा के लिए हमारी वृत्तियों में बस जाता है जिस प्रकार हमारी जठर अग्नि सदैव हमारे पेट में रहती है जिसके कारण समस्त भोजन पाचन होता है। इसी प्रकार आपका संसार में रहते हुए भी सदैव अपने आत्मज्ञान में सदा के लिए स्थित हो जाना निधासन कहलाता है तथा आपकी दृष्टि अद्वैत में टिक जाती है। आप संसार के भोगों को भोगते हुए भी अपनी आत्मा से जुड़े रहते हैं।

साक्षात् ज्ञान :–यह ज्ञान की वह पराकाष्ठा है जिसमें आत्मा सूक्ष्म, स्थूल व कारण का त्याग कर सदैव अपनी चैतन्य स्थिति में स्थित हो जाती है। यह संसार के समस्त सुःखों दुःखों का शमन कर देती है। आप संसार में रहते हुए भी निर्लेप स्थिति हासिल कर लेते हैं। इसे साक्षात्कार की स्थिति कहा जाता है।

2. अपरोक्ष ज्ञान :– यह ज्ञान भी आत्मा परमात्मा से संबंधी होता है परन्तु इसे केवल सूक्ष्म स्तर पर अभ्यास के द्वारा ही प्राप्त किया जा सकता है। यह ज्ञान प्रमाणित किया जाने वाला ज्ञान नहीं होता यद्यपि अनुभवों द्वारा अर्जित किया जाता है। पाठको की सहायता के लिए इस ज्ञान को निम्न तौर पर विभिन्न विभागों में विभाजित किया गया है।

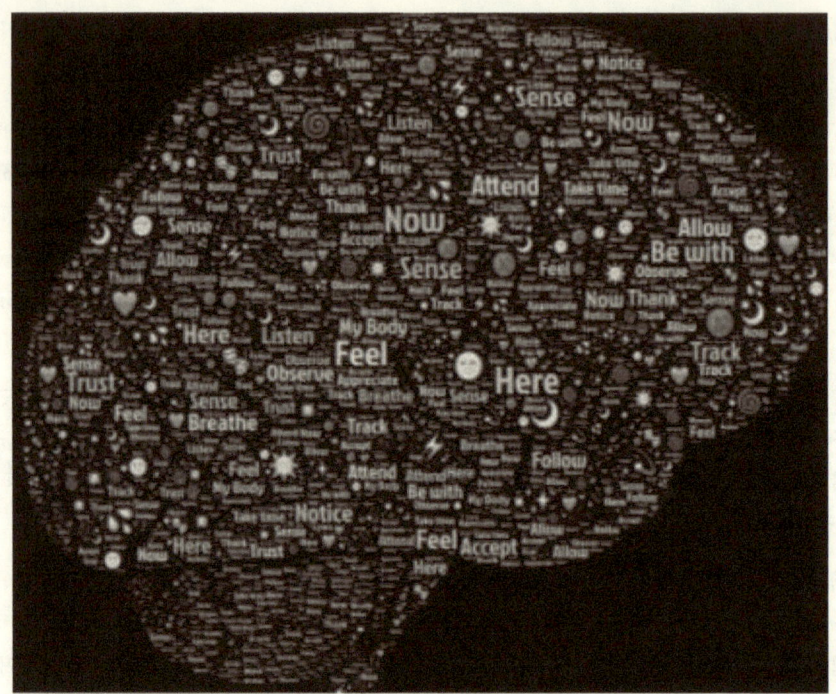

1. शरीर तथा मन का विश्लेषणात्मक ज्ञान। Analytical Knowledge of Body and Mind
2. विवेकशील सापेक्षता ज्ञान Knowledge by Discerning Conditionality
3. धारणा शक्ति ज्ञान Knowledge by Comprehension
4. जन्म मृत्यु ज्ञान Knowledge of Arising and Passing Away
5. प्रलय का ज्ञान Knowledge of Dissolution
6. डर संबंधी ज्ञान। Awareness of Fearfulness
7. विषाद ज्ञान Knowledge of Misery
8. विरक्ति ज्ञान Knowledge of Disgust
9. मुक्ति ज्ञान Knowledge of Desire for Deliverance
10. पूनर्मिलन का ज्ञान Knowledge of Re-observation
11. समचित्तता का ज्ञान Knowledge of Equanimity about Formation
12. आकस्मिक आर्विभाव का ज्ञान Insight Leading to emergence
13. अनुकूलन का ज्ञान Knowledge of Adaptation
14. परिपक्वता का ज्ञान Maturity Knowledge
15. आत्म मार्ग ज्ञान Path Knowledge
16. आत्म सुख का ज्ञान Fruition Knowledge
17. आत्मविवेचन ज्ञान Knowledge of Reviewing

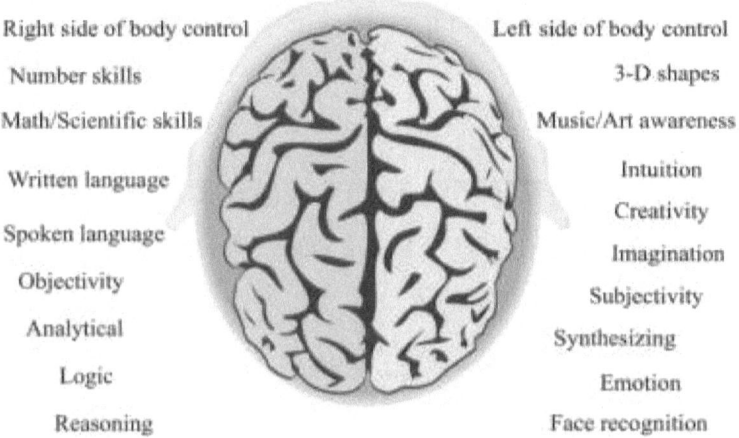

इन सभी प्रकार के ज्ञान का वर्णन बौद्ध धर्म संबंधी ग्रंथों में विस्तार से पाया जाता है। ज्ञान की मुख्यतः सात भूमिकायें हैं जो जिनकी संक्षेप जानकारी पाठकों की सहायता के लिए यहाँ दी जा रही है :–

1. शुभेच्छा :–अपनी वस्तु स्थिति जानने की इच्छा का प्रकटीकरण ही शुभेच्छा कहलाता है। इसमें जीव यह जानना चाहता है कि मैं कहाँ से आया हूँ ? मेरा असली स्वरूप क्या है? मेरा कर्त्तव्य क्या है? शरीर छोड़ कर मुझे कहाँ जाना है? आदि प्रश्नों का उठना ही शुभेच्छा कहलाता है।

2. सुविचारणाः–अपने स्वरूप का विचार करना, सद्शास्त्रों के वचनों एवं गुरु वचनों पर आचरण करना व यम–नियमों का पालन सुविचारणा है।

3. तनमानसा :– मन का आत्मा से जुड़ना एवं बाह्य प्रभावों से हटकर अपने मन की शाँति में स्थित होना ही मन का तन में स्थित होना कहलाता है। मन का तन के अंदर ही रहना तथा संसार से हट जाना।

4. सत्तापत्तिः–अपनी आप में स्थिति अर्थात् अपनी सत्ता की प्राप्ति ।

5. असंशक्ति :– राग रक्त से मुक्ति पाना तथा इस त्याग के साथ मन का शाँत हो जाना ही असंशक्ति है अर्थात राग से आशक्ति होना ।

6. पदार्था भावनी :– संसार के पदार्थों की पकड़ ढ़ीली करना तथा जड़ता को हटाकर चेतना में दृष्टाभाव से स्थित होना पदार्थाभावनी कहलाता है।

7. तूर्यगा :– अपने वास्तिविक स्वरूप का ज्ञान होना ही तूर्यगा कहलाता है।

अब हम संक्षेप में मन के विभिन्न वैज्ञानकि कार्यों का वर्णन पाठकों की जानकारी के लिए यहाँ पर देना चाहेंगे यद्यपि शाब्दिक अर्थों में दिमाग मन नहीं है बल्कि शारीरिक तौर पर यह मन का बाह्य विभाग है जिसे देखा जा सकता है। 1. देखना 2. स्वाद 3. गणना 4. भावुकता 5. बोलना 6. भाषा ज्ञान 7. सुनना 8. संवेदनाग्रहण 9. संवेदनाप्रेषण 10. स्वयं संचालन

मन की विशेष शक्तियाँ

THE SIX IMPORTANT POWERS OF MIND

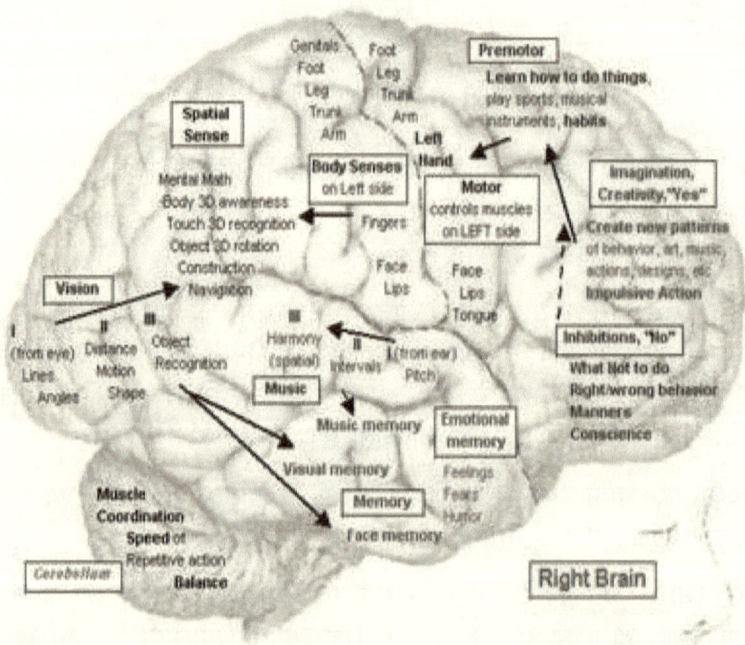

1. वेदना शक्ति :– इस शक्ति के माध्यम से मन शरीर के साथ जुड़ता है तथा शरीर की समस्त इंद्रियों की कार्यप्रणाली तथा उनके नित्यप्रति अनुभवों का ज्ञान रखता है। इसलिए इसी मन की इंद्रिय ज्ञान शक्ति भी कहा गया है। इंद्रियों की समस्त संवेदनाओं को मन तक पहुंचाया जाता है तथा उसके गुण धर्म अनुसार मन उनका प्रतिकार करता है।

2. स्मृति शक्ति :– इस शक्ति के माध्यम से मन तीन प्रकार के कार्य करता है यह संवेदनाओं को पहचानना, उन्हें मनन करना तथा यादों से जोड़ना। उदाहरण के तौर पर जब आप घंटी की आवाज सुनते हैं तो आप तुरन्त पहचान जाते हैं कि यह स्कूल की घंटी है, मंदिर की घंटी है अथवा कुल्फी वाले की घंटी है। जब आप

पहली बार किसी आवाज या अनुभव को सुनते हैं तो स्मृति वेदना शक्ति के माध्यम से तुरंत पहचान जाती है कि यह किस विधा की आवाज है। इसी प्रकार ध्यान अवस्था में मन सभी प्राकृतिक अवस्थाओं तथा मन की अठखेलियों को पहचान कर उनसे जुड़ता है तथा उनसे परे होता जाता है तथा अच्छे तथा बुरे अनुभवों को यादों के रूप में संजोता है अथवा भूल जाता है।

3. भावना शक्ति :– इस शक्ति को मन की कल्पना शक्ति भी कहा जाता है। जब भी आप कोई विशेष दृश्य देखते हैं तो उससे संबंधी यादों को चित्रमय झलकियों के रूप में अपनी यादों बसा लेते हैं अथवा आप अपने लिए किसी सुखःद पल को कल्पना में देखते हैं अथवा यादों को स्वप्न में देखते हैं तो मन की भावना शक्ति इसे स्मृति अथवा अन्य शक्तियों के माध्यम से आपकी कल्पना में लाकर खड़ा कर देती है।

4. मनिषा शक्ति :– दो वस्तुओं की आपसी तुलना, उनका चित्रांकन, गुण दोष छांटना, उन पर ऐतिहासिक नजरिये से बहश करना, निर्णय लेना तथा तर्क वितर्क करना सभी इस शक्ति के अंतर्गत आने वाली क्रियाऐं हैं जिन्हें निर्णय तथा तर्क दो उपविभागों में बांटा गया है। इसी प्रकार तर्क शक्ति को भी अनुमान एवं परामर्श दो उपविभागों में बांटा गया है।

5. इच्छा शक्ति :– यह आत्मा की शक्ति है जो अपने ब्रह्मस्वरूप की याद दिलाती है अर्थात इच्छा ब्रह्म का चलता फिरता स्वरूप है। परन्तु मानसिक स्तर पर इच्छा वशीभूत इनसान सदैव अशाँत व दुःखी रहता है। परन्तु आत्मिक स्तर पर इच्छा शक्ति से ही मनुष्य संसार में सभी सफलताओं को प्राप्त करता है तथा भविष्य की संभावनाओं का निर्माण करता है। परन्तु अनुमानित संभावनाओं तथा वास्तिविकता में हमेशा ही द्वंद्व की स्थिति बनी रहती है जिसके कारण इच्छा को सभी दुःखों की जननी भी माना गया है, जब यह मनोराज्य में रहकर कार्य करती है। परन्तु जब यह आत्मशक्ति के सहारे कार्य करती है सुझाव, इच्छाऐं तथा साहस के रूप में धरा को स्वर्ग बनाने की समर्थता भी इनसान में पैदा करती है। परन्तु सभी स्तरों पर मन, आत्मा, बुद्धि तथा संस्कार में सद्भाव, सहचर्य तथा संभाव होना अति आवश्यक है ताकि संभावनाओं के उपवन महकाये जा सके।

6. धारणा शक्ति :– हमें अपने संस्कारों, सामाजिक मान्यताओं तथा सामाजिक बंधनों से बांधने का कार्य करती है। हमें अनुशासन में रहकर धैर्य के साथ कार्य करने का काम करती है। यद्यपि यह स्मृति शक्ति का एक हिस्सा है परन्तु यादों का सहारा लेकर मनुष्य अपने संस्कारों से जुड़ा रहता है तथा धारणा के बल पर जीवन में अनुशासित रहकर नये आयामों को जन्म देता है यही धारणा शक्ति का कार्य हैं।

धारणा शक्ति हमें निर्णय लेने के लिए मजबूर करती है तथा आगे बढ़ने की प्रेरणा स्त्रोत के रूप में कार्य करती है।

7. अनुसंशा शक्ति :– किसी विषय वस्तु पर अपने पूर्व ज्ञान एवं अनुभव अनुसार अनुमोदन, निर्णय एवं अनुशंसा करना इस शक्ति के विभाग हैं। अनुसंशा करना ही मन का कार्य है अतः इस शक्ति को मन की अनुभूत शक्ति भी कहा जा सकता है। मन चेतना से अनुसंशा के रूप में निर्णय प्राप्त करता है, उन्हें छांटता है, उनकी सहचर्यता निर्धारित करता है, संबंधित विभाग को पहचान कर उन्हें उचित तथा त्वरित समय पर भेजता है यही मन की कार्यप्रणाली है जो इन शक्ति के सहारे वह पूर्ण करता है।

मन की अवस्थायें ।

मूल रूप से मन की चार अवस्थायें हैं जिन्हें जाग्रत, स्वप्न, सुशुप्ति तथा तूर्या अवस्था कहा गया है। इन अवस्थाओं को यदि शारीरिक दृष्टि से देखा जाये तो ये अवस्थाये दस ;वैखरी, मध्यमा, पश्यंती, परा, प्राण, मनोमय, प्रकृतिमय,चित्तमय, विज्ञानमय एवं ज्ञानमय, कहलाती हैं जहाँ विभिन्न स्तरों पर नाम की महिमा बदलती तथा शक्तिशाली होती जाती है। ध्यान की दृष्टि से इसके 16 स्तर हैं जिनका विवरण मन संबंधी कार्यों के चित्रपट में विस्तार से किया गया है। यहाँ हमारा उद्देश्य केवल मन के उस स्तर पर पहुंचना है जहाँ से केवल माया पर विजय पाई जा सके अतः सभी अवस्थाओं का वर्णन यहाँ पर नहीं किया गया है।

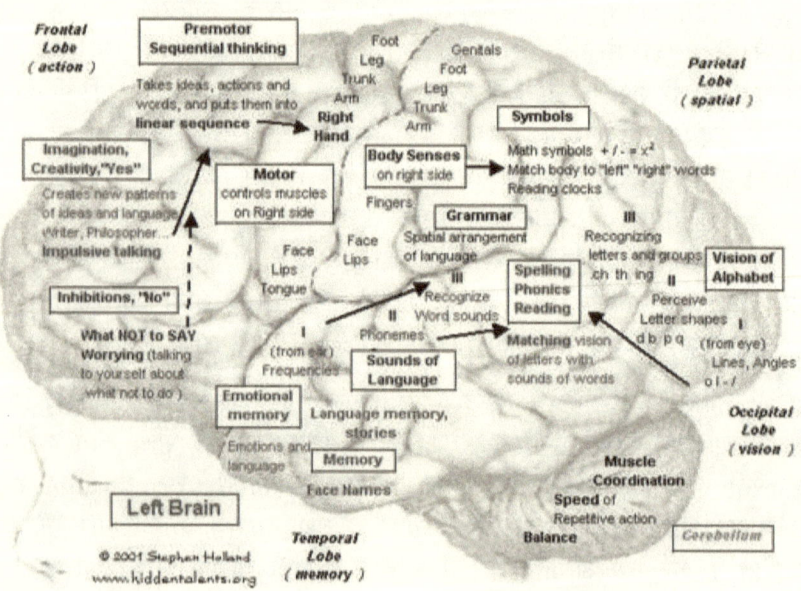

1. **जाग्रत अवस्था :–** में मन संसार के बाह्य आयामों से जुड़ा रहता है तथा दिमाग के साथ मिलकर सभी कार्य करता है। आत्मशक्ति से परे होने के कारण यहाँ इसकी सूक्ष्म शक्तियाँ क्षीण हो जाती हैं तथा भौतिक शक्तियों का प्रभाव बढ़ जाता है। मुख्य तौर पर इस अवस्था में मन शरीर इंद्रियों एवं वासनाओं के आधीन होकर कार्य करता है। इसे मन का बाह्य संसार कहा जाता है जब यह शरीर की इच्छाओं की पूर्ति तथा इसके इर्द गिर्द घटने वाली घटनाओं पर ही अपना ध्यान आकर्षित करता है तथा सांसारिक विषय वासनाओं का उपयोग ही अपना मुख्य कार्य समझ बैठता है। इसे मन की अज्ञानता की स्थिति भी कहा जाता है और अधिकतर जीवन इसी अवस्था में अपना जीवन वहन करते हैं। जाग्रत अवस्था में मन की शक्ति शरीर एवं दिमाग के मध्य अर्थात् ईदा तथा पिंगला नाड़ी के मध्य दौड़ती रहती है जिसे मन की सबसे अधिक क्षुब्ध अवस्था कहा जाता है। इसमें समस्त ध्यान शरीर के पालन पोषण, इसके रख रखाव, देखभाल तथा इसकी इच्छाओं की पूर्ति पर ही केंद्रित रहता है। आत्मा परमात्मा आदि विषय इस अवस्था में गौण हो जाते हैं तथा माया का प्रभाव एवं इंद्रियगत वासनाओं की पूर्ति तथा मनोराज्य हमारा स्वभाव हो जाता है। इसी अवस्था में मन दुःखों में तृप्त रहकर दुःखों को ही अपना स्वभाव तथा लक्ष्य समझ बैठता है।

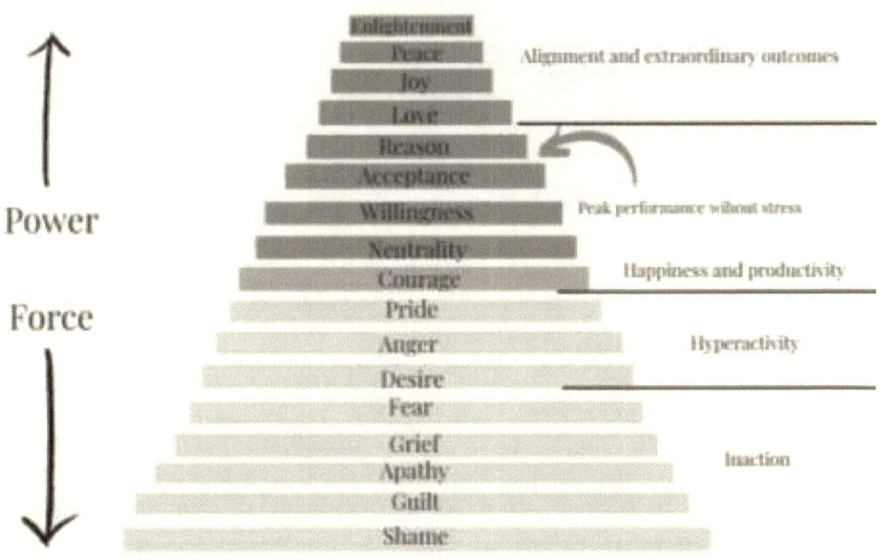

2. स्वप्न अवस्था :– इस अवस्था में मन विश्राम करता है तथा शरीर पर मन की बुद्धि शक्ति का प्रभाव बढ़ जाता है तथा बाह्य संसार से कटकर मन आंतरिक संसार की और मुड़ता है तथा अपनी शक्ति के साथ हृदय स्थित हिता नाड़ी में प्राण को आकर्षित कर बुद्धि शक्ति के आदेश से ह्रदय में विश्राम करता है। यहाँ प्राण की स्थिति ह्रदय से ह्रदय आवरण के मध्य में रहती है तथा शरीर से मन का संपर्क कुछ हद तक टूट जाता है परन्तु चेतना से नहीं। मन इस अवस्था में आराम पाकर अपने कर्मों को एक पिक्चर की तरह मन के पर्दे पर चलता हुआ देखता है जिसे स्पप्न की स्थिति कहा जाता है।

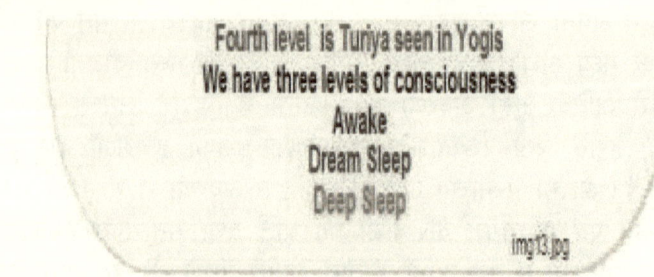

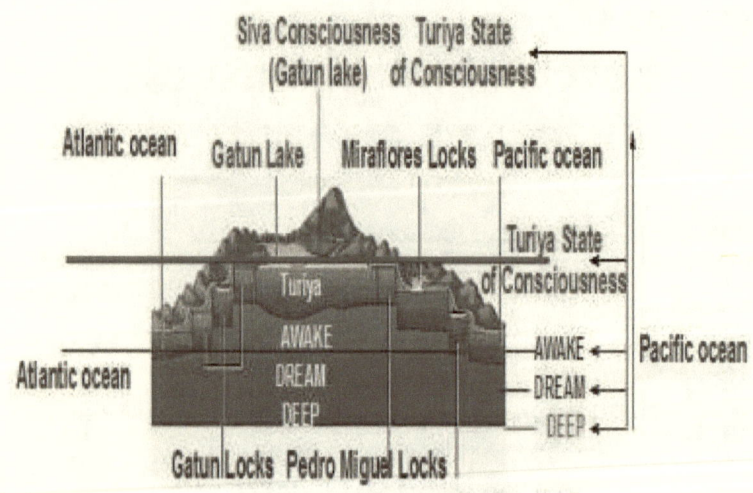

हिता नाड़ी में प्राण के प्रवेश से सफेद, काला, पीला तथा लाल रंग हमें दिखाई देते हैं। इस अवस्था में इंद्रियों से मन का संबंध इस प्रकार टूट जाता है जिस प्रकार आप सोते समय अपने कपड़े उतार देते हैं तथा सोने के बाद आपको कतई एहसास

नहीं रहता है कि आपके कपड़े कहाँ रखे हुए हैं। यहाँ इंद्रियों से मन का संपर्क टूट जाता है तथा मन अपनी यादों के सहारे अंतःकर्ण के परदे पर अपने कर्मों को देखता है तथा स्वंय ही स्वंय की दुनियाँ आकृतियों में बनाता है वास्तव में इस अवस्था में कुछ नहीं होता परन्तु मन स्वप्नों में खुब खेलता है।

Altered Level Of Consciousness

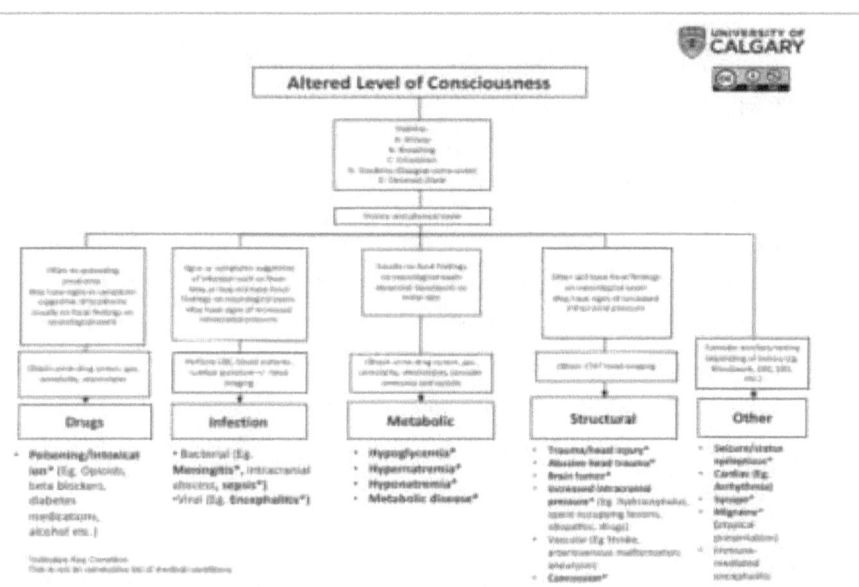

जाग्रत अवस्था में क्रिया बाह्य संसार में दिखाई देती है तथा मन आंखों के द्वारा इसे पहचानता है जबकि स्पप्न अवस्था में मन अंतःकर्ण में इसे स्वयं ही प्रकट करता है तथा देखता भी स्वयं ही है यद्यपि इसका आधार स्तम्भ जाग्रत अवस्था में देखें गए दृश्य भी हो सकते हैं। जाग्रत अवस्था में आप बाह्य आवरण में विद्यमान वस्तुओं को बार–बार देखते हैं जबकि स्पप्न अवस्था में नींद से बाहर आते ही सबकुछ मन के साथ ही खत्म हो जाता है तथा केवल याद ही बाकी रह जाती है जिसे आप जाग्रत अवस्था में मूर्तरूप देने का प्रयास कर सकते हैं। जाग्रत अवस्था नींद से उठकर विद्यमान वस्तुओं को देखने की अवस्था है जबकि स्पप्न अवस्था नींद के दौरान मौजूद अथवा ना मौजूद वस्तुओं को मन की अपने तरीके से देखने की अवस्था है। इस प्रकार जाग्रत अवस्था में मन होते हुए भी मुख्य भूमिका में नहीं होता जबकि स्पप्न अवस्था में मन के हटते ही स्वप्ने टूट जाते हैं। अतः जाग्रत अवस्था में मन की गौणता प्रमुख नहीं है जबकि स्पप्न अवस्था में मन ही सर्वोपरी है तथा स्वप्नों को निर्माता भी है।

जाग्रत अवस्था में आत्मशक्ति सर्वोच्च सत्ता है जबकि स्पप्न अवस्था में सबकुछ ही मन के साम्राज्य पर आधारित है, मन है तो स्वप्न है वरना स्वप्न नहीं। जाग्रत अवस्था आत्मा का लंबा स्वप्न है बकि स्वप्न अवस्था मन का स्वप्न। यदि आप आत्मिक तौर से जागृत हैं तो आपको बाह्य संसार से कोई लगाव नहीं होगा ठीक उसी तरह जिस प्रकार स्पप्न से जागने पर आपको कोई ठोस संताप नहीं होता है। स्वप्न अवस्था हर एक व्यक्ति की अपनी तथा दूसरों से भिन्न होती है जैसे प्रेमी अपनी प्रेमिका के स्पप्न देख सकता है तो योगी महारास अथवा परमात्मा मिलन के स्पप्न देख सकता है जबकि व्यापारी अपने ग्राहकों के द्वारा बढ़ती आमदनी के तथा नेता अपने बढ़ते जनाधार को अपने स्वप्न में देख सकता है जबकि किसान के लिए उसके लहलहाते खेत ही स्वप्नों का आधार बनते हैं। इसके अतिरिक्त कोई अधिक स्वप्न देखता है तो ज्ञानी इस अवस्था से परे अर्थात् स्वप्न रहित निंद्रा का लाभ उठाता है जिसे अन्य अवस्थाओं का नाम दिया जाता है।

स्वप्न जाग्रत अवस्था :– इस अवस्था में मनुष्य जाग्रत होते हुए भी मन की कल्पना से हवाई किलों का निर्माण करता है तथा हमेशा ही कल्पनाओं में जीता है। इसके अतिरिक्त स्पप्नों में देखे गए दृश्यों को वास्तविकता में ढ़ालना चाहता है तो इसे स्पप्न जाग्रत अवस्था कहा जाता है। अर्थात् मनुष्य जागते हुए भी स्वप्न देखता है तथा स्वप्नों को भी यादें बनाकर उन्हें मूर्तरूप देने की कोशिश करना चाहता है। पुरानी यादों तथा अनुभवों को जीवन में लागू करना तथा उनसे संबंधी यादों को तरोताजा रखना भी जाग्रत रहते हुए स्वप्न देखने के समान है।

3. सुशुप्ति अवस्था :– जब मन पुरातीत् नाड़ी में प्रवेश कर जाता है तो इसे गहरी नींद की अवस्था कहा जाता है जिसमें मन स्वप्नों से परे हो जाता है तथा चेतना का मनोराज्य यहाँ पर शुरू हो जाता है तथा मन शाँत होकर अपने आपको चेतना में समर्पित कर निश्चिंत निश्चल एवं स्थित् प्रज्ञ हो जाता है। इस अवस्था में मन अपना कोई खेल नहीं खेलता, उसे कोई राग, द्वेष तथा संताप यहाँ पर सताता नहीं है। मन का आत्मा में विलिय हो जाता है तथा इंद्रियों, शरीर तथा बाह्य संस्थाओं से उसका पूर्णतया संबंध छूट जाता है। इस अवस्था में चेतना शक्ति का साम्राज्य अर्थात् वर्चश्व आरम्भ हो जाता है इसका अभिप्राय यह नहीं है कि व्यक्ति बोध को खो बैठता है वरन् इसमें चेतना और अधिक निर्णायक हो जाती है तथा समस्त ज्ञान उसमें प्रकट होने लगता है तथा समस्त संसारिक अनुभवों से दूर होकर यह केवल दृष्टाभाव में प्रकट हो जाती है। आपको इस अवस्था में वैसा ही महसूस होता है जैसे आप जागते हुए भी जाग्रत हैं तथा सोते हुए भी जाग्रत हैं अर्थात् आत्मा सदैव थी तथा सदैव रहेगी का भाव आपको अनुभूत रूप से दिखाई देने लगता है। आप अपने ही शरीर को उसी तरह देख पाते हैं जिस प्रकार आप फिल्म में चलते दृश्यों को देखते हैं परन्तु अपने आपको उन जैसा कदापि नहीं मानते। आपको लगता है

आप सदैव थे, हैं तथा रहेंगे यही चैतन्य का भाव है। इस अवस्था में मन आकाश तंन्मात्र जो कि हृदय के ठीक मध्य में स्थित है, में प्रवेश कर जाता है तथा चेतना स्वयं आकाशमयी हो जाती है जिससे हमें संसार इसी प्रकार दिखाई देता है जिस प्रकार राकेट अथवा उपग्रह में बैठकर लिए गए चलचित्र। आप स्वयं से ही स्वयं को देख रहे होते हैं परन्तु स्वयं को एहसास् यहाँ पर नहीं होता अर्थात् आप सर्वत्त्वमयी चेतना बनकर स्वयं ही सबकुछ देख रहे होते हैं परन्तु शरीर की वेदनाओं, स्पंदनों तथा पीड़ाओं का आभाष आपको नहीं होता यही सुशुप्ति अवस्था है।

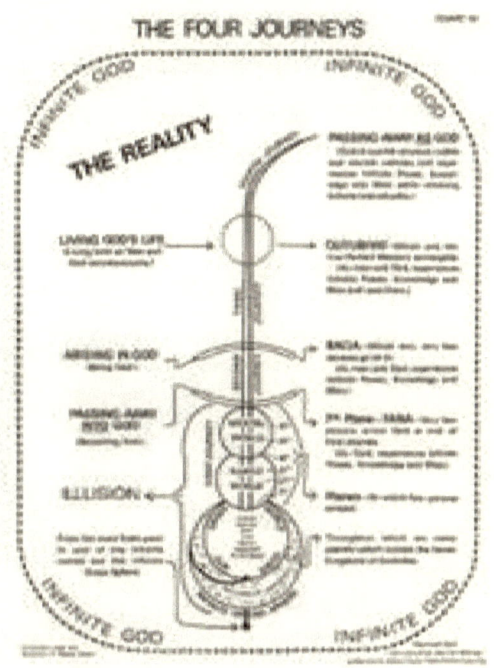

इस अवस्था में सूक्ष्म तथा गौण दोनों मिलकर एक हो जाने से तीसरी स्थिति पैदा होने से पहले की अवस्था में जब जीव नींद की अवस्था में पहुंचता है तो उसे सुशुप्ति अवस्था कहा जाता है। यह वह स्थिति है जिसप्रकार राकेट छुटने के बाद पृथ्वी की परिक्रमा से बाहर निकलकर अंतरिक्ष में पहुंचता है परन्तु अगला प्रस्थान तय होने से पहले वह अंतरिक्ष में रहकर पृथ्वी के चक्कर काटना आरम्भ कर देता है तथा इस दौरान वह पृथ्वी पर अपनी पूर्ण नजर बनाए रखकर अपने निर्धारित कार्यों को अच्छे ढंग से करता रहता है। इस अवस्था में क्योंकि मन अपना नियंत्रण खो बैठता है अतः विचार शून्य हो जाता है दुनियावी तथा संसारिक विस्मृतियों से परे होकर स्वप्न रहित नींद का अवगाहन करता है तथा सत्त्व में प्रवेश कर अपनी मूल सत्त्ता को समर्पित हो जाता है अतः सभी इच्छाओं वासनाओं तथा कुंठाओं से परे होकर आनन्द महसूस करता है। परन्तु ऐसी अवस्था प्राप्त करने के लिए साधकों को निरन्तर अभ्यास तथा प्रयास की आवश्यकता रहती है। इस अवस्था में प्राप्त अनुभवों के आधार पर इस अवस्था को निम्न विभागों में विभक्त किया गया है:–

4. तूर्या अवस्थाः– इस अवस्था को परमान्द की अवस्था अथवा सत्त्य की प्राप्ति अवस्था कहा जाता है। इस अवस्था में अन्य सभी अवस्थाओं को पार कर मनुष्य आत्त्म मिलन की ओर कदम बढ़ाता है और मन आत्त्मा में विश्राम पाता है। तूर्या अवस्था में मन भौतिकता से परे हो जाता है तथा सत्त्व गुण में विश्रांति पाता है। इस

अवस्था में मन आत्मा में विलिन होकर अपना अस्तित्त्व खो देता है तथा आत्मा इसका प्रतिनिधित्त्व करना आरम्भ कर देता है। आत्मा क्योंकि सदा, सर्वदा से शुद्ध, बुद्ध तथा चैतन्य कहलाता है इसलिए इस अवस्था में उसे निर्लेप ही माना जाता है। इस अवस्था को निम्न उपविभागों में विभाजित किया जा सकता है:–

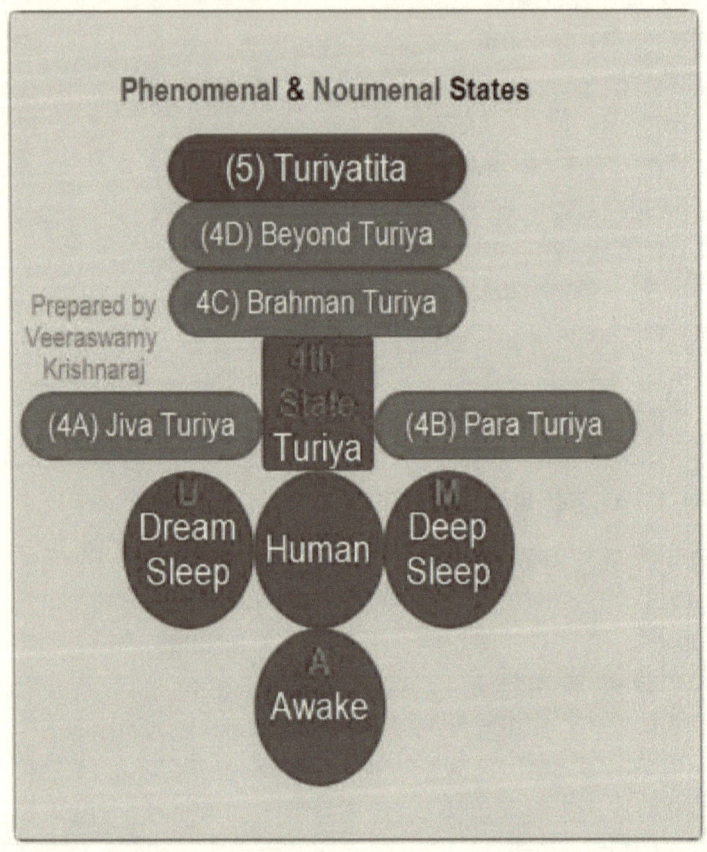

अद्व पराशक्ति–सत् चित् आनंद की प्राप्ति विश्वचैतन्य आनंद Universal Consciousness

1) अद्वैत चैतन्य आनंद Non Dual अध्यात्म चेतना आनंद Spiritual तूर्या शब्द क्योंकि आत्मशक्ति का द्योतक है अतः मन की बाकी सभी अवस्थाऐं इस अवस्था में आकर विलीन हो जाती हैं। तूर्या अवस्था में आत्मा स्वयं की शक्ति में जागकर स्वयं की ही शक्ति से परिचित हो जाती है तथा समस्त मायाजाल उसके लिए मिथ्या हो जाता क्योंकि वह सच्चाई से परिचित हो चुकी होती है। अहम् ब्रह्मोस्मि का भाव जागृत होकर आत्मा इस अवस्था में आत्मा शरीर का त्याग कर लोक लोकान्तर की यात्रा कर सकती है। भूख, प्यास तथा अन्य भौतिक सुःखों की प्राप्ति से परे होकर व्यक्ति

आत्मशक्ति के सहारे ही जिंदा रह सकता है। वह शरीर के होते हुए भी शरीर से बाहर रहकर समस्त कार्यों को आसानी से निपटा सकता है। दूसरे के शरीर में प्रवेश करना तथा उससे अपने कार्य करवाना, पानी पर चलना, अदृश्य होना तथा दूसरे देशों में प्रकट होना आदि सिद्धियाँ है जो व्यक्ति इस अवस्था में कर सकता है।

5. तूर्यातीत :– यह तूर्या अवस्था से परे की अवस्था है। इस अवस्था को ब्रह्मलीन अवस्था कहा जाता है जिसमें व्यक्ति तीनों गुणों से परे होकर स्वयं को ब्रह्म में लीन कर देता है। यह महारास, ब्रह्ममयी अथवा आत्मा से परे की अवस्था है जिसमें आत्मा अपना प्रभाव छोड़कर सूक्ष्मता से भी परे ब्रह्म में सम्माहित हो अपने अस्तित्त्व को खो बैठती है तथा अपने परम् उद्देश्य को पाकर तृप्ति से भी परे की अवस्था ग्रहण कर लेती है। यहाँ उसका अपना अस्तित्त्व गौण हो जाता है तथा आत्मा अहम् ब्रह्मोस्मि की अपेक्षा अहं 'ब्रह्ममय' हो जाती है। इस अवस्था की प्राप्ति के लिए ब्रह्मज्ञानी गुरु का सानिध्य तथा गहन साधना अभ्यास होना चाहिए तभी ऐसा संभव हो सकता है।

इस स्थिति में कर्त्ता, क्रिया तथा कर्म के सभी भाव समाप्त हो जाते हैं। इस स्थिति में व्यक्ति पांचों गौण तत्त्वों, अंधेरे, अज्ञान से उठकर परासूक्ष्म में समाहित हो जाता है जहाँ सबकुछ आर पार तथा सब ही आत्मस्थित दिखाई देता है। इसे आसान शब्दों में व्यक्ति का प्रकृति जीत होना कहा जा सकता है जहाँ वह सभी तुलनात्मक स्थितियों से ऊपर उठकर अतुलनात्मक अर्थात् शून्य अवस्था में पहुंच जाता है जिसे संसार से परे की अवस्था कहा जाता है। इस अवस्था में क्योंकि व्यक्ति ब्रह्मलीन हो जाता है अतः सभी चमत्कारों से परे हो जाता है उसे ब्रह्म के सिवाय संसार में अन्य कुछ नजर ही नहीं आता। परहित्, कल्याण, जीव को जीवन दान देना, मूर्दों को जिंदा करना तथा गायब वस्तु को प्रकट करना तथा असंभाव्य को संभाव्य बना देना ऐसे कार्य हैं जो योगी इस अवस्था में आसानी से कर सकता है।

इस प्रकार मन विभिन्न कार्यों, शक्तियों, अवस्थाओं तथा माध्यमों के द्वारा संसार में अपना खेल खेलता है तथा निरन्तर दो धारी तलवार सूक्ष्म तथा भौतिक तथ्यों में उलझता रहता है परन्तु अंततः इसे विश्राम अपने मूल स्वरूप में ही प्राप्त होता है तथा इसका मूल उद्देश्य भी अध्यात्म चेतना की प्राप्ति रहता है। शरीर का उचित प्रयोग करने से ही ऐसा संभव हो सकता है परन्तु शरीर की भौतिकता अथवा गौण अवस्था के कारण उसे निरन्तर गौण से सूक्ष्म में परिवर्तन के लिए विभिन्न साधनों कल्पों के माध्यम से प्रयास करना पड़ता है क्योंकि भौतिकता का उद्देश्य है भौतिक लक्ष्यों की प्राप्ति तथा भौतिकता का फैलाव। परन्तु इसका मूल उद्देश्य मोक्ष प्राप्ति होने के कारण यह धीरे–धीरे सभी साधनों, संपन्ताओं एवं सुःखों से ऊब जाता है तथा अपने परम् लक्ष्य की ओर अग्रसर होना चाहता है जिसे कायापल्ट कहा जाता

है क्योंकि भौतिकता से मानसिकता, मानसिकता से सूक्ष्मता और सूक्ष्मता से आध्यात्मिकता को पाने में ही परमांन्द की प्राप्ति छुपी है यही कारण है कि जीवन इन्हीं विधाओं में निरन्तर चलता रहता है जब तक आपको अपना परम् लक्ष्य प्राप्त नहीं हो जाता ।

मानवता आज इस मौड़ पर भी आ खड़ी है जहाँ से वह नई खोजों के माध्यम से अपने परम् लक्ष्य की ओर देख सकती है तथा इसे प्राप्त करने के नये साधनों, योजनाओं तथा मापदण्डों का निर्धारण कर रही है जिसमें मन एक बिल्डर की भूमिका अदा करता है जो कि परमात्त्मा द्वारा निर्धारित सृष्टि में तीसरा महत्त्वपूर्ण विषय है। आत्मा दूसरा तथा परमात्त्मा पहला विषय। हमें अपनी बुद्धिमत्ता से इन तीनों विषयों को एक धरातल पर लाना है जो कि केवल और केवल प्यार है। हमें अपने मन को परमात्त्मा की और झुकाना है जिसके प्यार में आत्मा स्वयं प्रकट होकर तूर्यातीत अवस्था में पहूंच जाती है। परन्तु हम सिद्धांततः सारा प्यार शरीर से शरीर को ही प्यार करने में बेकार कर देते हैं तथा शरीर शक्तिहीन होकर मन से ही अपनी शक्ति ढूंढ़ता रहता है तथा जीवन चक्र बिना चेतना के निर्बाध अंधेरे में ही चलता रहता है जबकि केवल परमात्त्मा की ओर झुकाव परमात्त्मा की और झुकाव ही हमारे जीवन चक्र को पूर्णतया काटने में सक्षम है जो हमारा तथा हमारी आत्त्मा का स्वभाव है परन्तु हम अपने ही स्वभाव को भुलाकर व्यर्थ में जन्मों जन्मों तक कष्टों में जीवन यापन करते रहते हैं तथा यह चक्र न जाने कितने कल्पों से और कल्पांतर से चला आ रहा है जिसे हम अपना भाग्य अथवा फिकस्ड ड्रामा समझकर स्वीकार करते हैं तथा चरावेती–चरावेती की धारणा पर चलते ही रहते हैं।

मनुष्य का मन वह स्पंदन शक्ति है जिसके द्वारा आत्मा भौतिक व्यवस्था सम्पन्न करती है। मन की इच्छा शक्ति के माध्यम से ही बुद्धि भौतिक अथवा सूक्ष्म कार्यों में व्यस्त होती है तथा उसे अच्छे बुरे का ज्ञान देती है तथा मन अपनी इच्छित वस्तु की संरचना करता है। समस्त ब्रह्माण्ड स्पेक्ट्रम के दो सिरों के बीच में झूलता है तथा मानवता अथवा मन इसका मध्य स्तर है जिसका एक सिरा परमात्त्मा में विलिन होता है जबकि दूसरा सिरा नर्क को जाता है। अतः हमें अपने मन की सहायता से ही अपने आपको परमात्त्म तत्त्व में विलिन करना है तथा जगत् की समस्त वैभवता को धारण कर सर्वोच्वता की पराकाष्ठा निर्धारित करनी है। यह तभी संभव हो सकता है जब हमारा जागृत प्रेरित तथा बुद्धि स्थित मन हमारे साथ होगा ।

जिंदगी का सफर आपका, रचित किया एक नाटक है।
देखते जाईऐ 'निश्चिंत हो, पार लगाए केवल त्राटक है।।1500।।

यहाँ पर त्राटक से अभिप्रायः मन, इंद्रियों का परमात्त्मा की और झुकाव अथवा मनुष्य की सोच का झुकाव जो वह स्वयं माया अथवा परमात्त्मा में से किसी एक को चुनकर

करता है ताकि जिससे हमारे जीवन में सम्पन्ता, समृद्धि एवं वैभव प्रकट हो सके। अतः हमें यह चुनाव भी स्वयं ही करना है कि हमारी चाहत क्या है और हम संसार को कैसे जीना चाहते हैं।

जीवन देखना जब आपको आ जायेगा।
उसी दिन जगत् माया रूप में भा जायेगा।।2178।।

चेतना के स्तर :–

आत्मा के मूलतः दो स्तर हैं पहला सूक्ष्म शरीर तथा दूसरा स्थूल शरीर। इन्हीं दोनों के मध्य चेतना तीन स्तर पर कार्य करती है। बाह्य तौर पर यह शरीर से जुड़ी रहती है जबकि दूसरी और यह हमारे चारों और फैली प्रकृति से जुड़ती है तथा इससे परे यह कर्त्ता रूप में परमात्त्मा से अटूट रूप से संबंधित रहती है। संपूर्ण चिकित्सा विज्ञान की दृष्टि से हमारी चेतना के एक से लेकर सोलह स्तर हैं तथा प्रकृति इन्हीं स्तरों में बंटकर अंततः सूक्ष्म में सम्माहित है। चेतना के इन स्तरों की जानकारी पाठकों को निम्न तालिका के माध्यम से दी जा रही है जिसका संकल्न हम वैज्ञानिक तौर पर हमारी छोटी से छोटी ईकाई कोशिका से भी चित्र के द्वारा कर सकते हैं। जो आज के विज्ञान के स्तर को दर्शाता है जबकि हमारे पूर्वज जिस ज्ञान की बातें करते थे उस ज्ञान का अंदाजा भी हम यहाँ पर आसानी से लगा सकते हैं। आज हम सबकुछ भौतिकता के पलड़े में तौलते हैं जबकि पहले सबकुछ ही सूक्ष्मता के आयने में तौला जाता था तथा सबकुछ अंतर्मन से पैदा किया जाता था। आज के विज्ञान का भी यही मानना है कि ऊर्जा को न तो पैदा किया जा सकता है, तथा न ही इसे नष्ट किया जा सकता है, इसे केवल मूर्तरूप में बदला जा सकता है जो कि मनुष्य जीवन संचरण चक्र के आरंभ से ही करता चला आ रहा है तथा इसे विज्ञान की उपलब्धियों अथवा ब्रह्म तत्त्व की मूल कृति के रूप में स्वीकार किया जा रहा है। भावार्थ है कि हमारे चारों और जो फैला हुआ है दिखाई देता है अथवा नजरों से दूर है अथवा ब्रह्माण्ड में व्याप्त है वह सब ऊर्जा का ही स्वरूप है तथा विभिन्न वस्तुओं के रूप में हमारे चारों तरफ विद्यमान है जिसका अपना एक भौतिक मूल्य हमने निर्धारित किया है। उसी प्रकार मनुष्य स्वरूप में विद्यमान विभिन्न ऊर्जा तरंगों का भी अपना भौतिक मूल्य है जिन्हें शरीर की गहराईयों अनुसार निम्न तालिक में विस्तार से बतलाया जा रहा है।

जीवन स्थिति अनुसार उपलब्धियाँ तथा भौतिक सिद्धियाँ ।

क्रम	अवस्था	स्थान	उपलब्धियाँ	मनोस्थिति	तत्त्व	रंग,देव	भौतिकसिद्धि
1.	वैखरी	होंठ	वाणी सिद्धि	परमात्त्म डर	मैटल,	अग्नि,सूर्य	एक लाख
2.	मध्यमा	वाणी	वाकसिद्धि	परमात्त्म प्रेम	पानी,	सफेद,चंद्रमां	दस लाख
3.	पश्यंती	कंठ	मनोसिद्धि	परम् अनुभव	पानी,	दूधिया,गणेश	एक करोड़
4.	परा	नाभी	शक्ति योग	तत्त्व अनुभव	आकाश,	नीला–ईष्ट	दस करोड़
						विष्णु/राहु सलेटी	
5.	प्राण	स्वाश	सिद्धि योग	अनहद नाद	आकाश,	केसरी,गुरु	एक अरब
6.	रोम	रोम सैल	बुद्धि योग	सुशुप्ति	अग्नि,	पिंक, दूर्गा	दस अरब
7.	प्राणी	प्रकृति	आत्त्मयोग	तूर्या	अग्नि,	दूधिया, केतु	एक खरब
8.	पराह्रदय	अंतःकर्ण	परमात्त्मयोग	तूर्यातीत	पृथ्वी,	बैंगनी, शनि	दस खरब
9.	कणिका	बुद्धि	परब्रह्म योग	अपाय स्वरूप	पृथ्वी,	केसरी,हनुमंत	एक शंख
10.	ब्रह्मलीन	आत्त्मा	ब्रह्म योग	पुरूषार्थ रूप	मैटल,	अग्नि, सूर्य	दस शंख
11.	समचित्तता	परमात्त्म	ब्रह्मवेत्ता	स्वस्वरूप	पानी,	नीला, लक्ष्मी	एक पदम
12.	आर्विभाव	परामन	देवता	परास्वरूप	पानी,	सफेद,सरस्वती	दस पदम
13.	अनुकूलन	पराबुद्धि	इंद्र	अद्वैतचैतन्यआनंद	आकाश	काला,पार्वती	एक नील
14.	आत्मविवेचन	परात्त्मा	ऋषि	विश्वचैतन्यआनंद	आकाश,	हरा, ब्रह्मा	दस नील
15.	आत्म मार्ग	पराचर्ण	गण	अध्यात्मिकआनंद	आग,	केशरी, शंकर	सौ नील
16.	आत्म सुख	पराह्रदय	ब्रह्म	सत् चित् आनंद	आग,	नीला, विष्णु	हजार नील

अध्याय–3

मनोसत्ता नियंत्रण

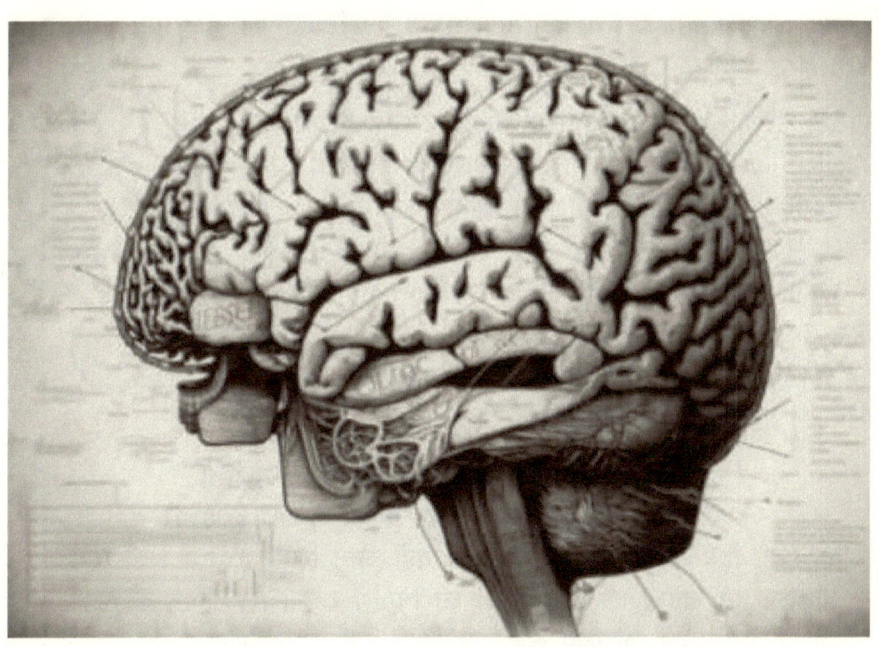

मनुष्य जीवन एक संख्यात्मक ऊर्जा की अपेक्षा एक गुणात्मक ऊर्जा की ईकाई है। इस ऊर्जा की मुख्य विशेषता है कि यह स्थिर तथा अछूत जो कि दुनियावी गुणवत्ताओं से परे की बात है क्योंकि आत्मा की स्थान तथा समय में कोई गौणता, गति, स्थिति एवं तरंगित दूरी नहीं है जबकि इसकी उत्पत्ति का कारण अवश्य है। इसमें स्वयंसिद्धता, विरेचन, विवेचन, मूल्यांकन, विचारात्मकता तथा ध्यानाकर्षण के गुण स्वयं ही मौजूद हैं। आत्मा ज्योति बिंदु स्वरूप है जो कि इस दुनिया में विरेचन करता है परन्तु इस दुनिया से संबंधित नहीं है परन्तु इसमें चेतना शक्ति, भावना शक्ति, अहं की शक्ति तथा क्रियात्मक एवं कारण शक्तियाँ समाई हुई हैं। यह जागृत, स्वतंत्र तथा अहं से परे तथा अभिभूत है। यह सभी क्रियाओं को करते हुए अकर्ता भाव लिए है तथा अनुभव करते हुए भी अनुभवों में निर्लेप एवं निडर हैं

क्योंकि सभी तरह से स्वतंत्र व्यक्ति ही समस्त विश्व परिदृश्य में परिभ्रमण कर सकता है था विचरण का आनन्द ले सकता है। अतः हमें आज आवश्यकता है कि हम अपनी आत्मशक्ति को सभी तरह से स्वतंत्र रखें तथा कर्म बंधनों का जाल अपने इर्दगिर्द इतना ना बुनें कि आत्मा शरीर रूपी पिंजरे में कैद होकर हमारे लिए बंधनों का जंजाल ही निर्मित ना करता रहें जैसा कि पहले बतलाया गया है कि आत्मा रूपी शक्ति मनोराज्य के माध्यम से निरंतर अपने परम् उद्देश्य की ओर कदम बढ़ाने का प्रयास करती है परन्तु हम इंद्रियों द्वारा मन के वशिभूत होकर शरीर के सुःखभोग में ही लगे रहते हैं तथा परम् प्राप्ति के अपने लक्ष्य को भूल जाते हैं तथा इंद्रीय परतंत्र होकर आत्म मार्ग को बोझिल व कंटीला बनाते ही रहते हैं यही हमारे कष्टों का भी कारण बनता है तथा हमारी परतंत्रता की स्थिति को और प्रगाढ़ करता ही रहता है।

उपरोक्त स्थिति में हम यदि सिर पकड़ कर बैठ जायें कि सभी कुछ कर्मों का फल है अथवा जीवन एक निर्धारित ड्रामा ही है तो हमें कुछ करने की क्या आवश्यकता है तो ऐसी स्थिति में हम स्वयं के लिए और अधिक बड़ा खड्डा ही खोदने का कार्य करते हैं। ऐसी परिस्थिति में हमें बुद्धि से कार्य लेना चाहिए और सेवा, स्मरण एवं समर्पण में से किसी एक को चुन कर हर दिन अपने कर्मों के बंधन को समाप्त करने की कला को विकसित करना चाहिए।

कर्म आपकी बोई खेती, कर्म आपकी है पूंजी ।
जैसा 'बोया वैसा पाया, जीवन की है कूंजी ।।2301।।

क्योंकि इन्ही कर्म बंधनों के वसीभूत हमने यहाँ जन्म लिया है तथा इन्हीं कर्म बंधनों को तौड़कर हमें भविष्य की संभावनाओं का निर्माण करना है। जीवन की सच्चाई तो यही है कि मनुष्य कर्म के लिए स्वतंत्र है जबकि उसका कर्मफल उसके पिछले कर्मों पर आधारित है। अतः हमें कर्मफल को ईश्वरीय चर्णों में अर्पित कर शुभ कर्मों की खेती में लगातार लगे रहना चाहिए।

लगा रहे 'मन' कर्म में, ईश्वर की शरणी पाकर ।।
मिटाता चल कर्मबंधन, मन 'प्रभु' चरणी लाकर ।।2186।।

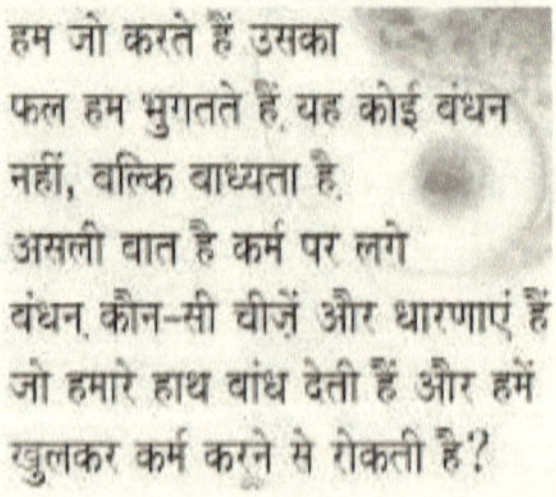

हम जो करते हैं उसका
फल हम भुगतते हैं, यह कोई बंधन
नहीं, बल्कि बाध्यता है.
असली बात है कर्म पर लगे
बंधन, कौन-सी चीजें और धारणाएं हैं
जो हमारे हाथ बांध देती हैं और हमें
खुलकर कर्म करने से रोकती हैं?

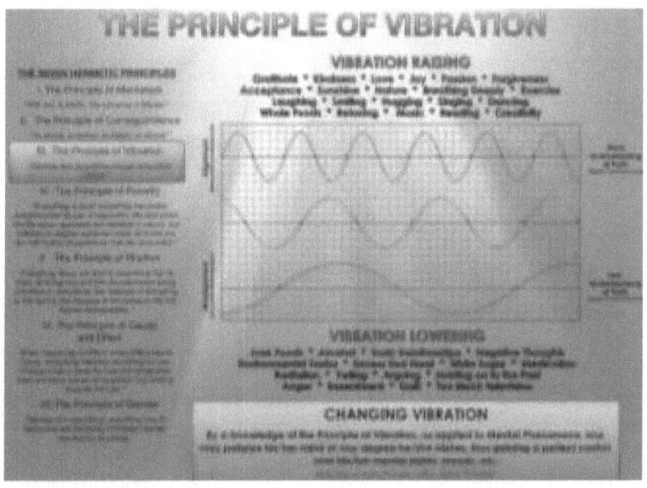

हमें आवश्यकता है आत्मनिरीक्षण तथा स्वंभू मनोराज्य नियंत्रण की जिसके द्वारा व्यर्थ भावनाओं, इच्छाओं, कुंठाओं एवं चयनित विचारों पर विजय पाकर आगे बढ़ने तथा अपने ही दिमाग के सही दिशा निर्देशन तथा खुलेपन की। हमें गला काट स्पर्धाओं को भूलाकर आत्मा संयम तथा संतोष से उत्साह के साथ आगे बढ़ना है ताकि हम स्वंय का तथा विश्व का कल्याण कर सकें न कि प्रतिस्पर्धाओं एवं मानसिक इच्छाओं के बोझ तले दबकर मर जाने की अपेक्षा स्वयं की तथा कर्म की स्वतंत्रता को सुनिश्चित करे। हमें आंतरिक प्यार को पाने तथा अपने मन को दोस्त बनाने की कला को सिखना है ताकि सर्वत्त्व प्यार फैला सकें तथा सभी को सुःख, शाँति तथा सौभाग्य की सौगात दे पायें। इससे पहले हमें मन जिन सिद्धांतों पर कार्य करता है उन्हें समझने की आवश्यकता है।

मन आपका दोस्त है दास नहीं, दोस्ती निभाता नहीं जब तक परम् साथ नहीं।।

मनोराज्य के सिद्धांत

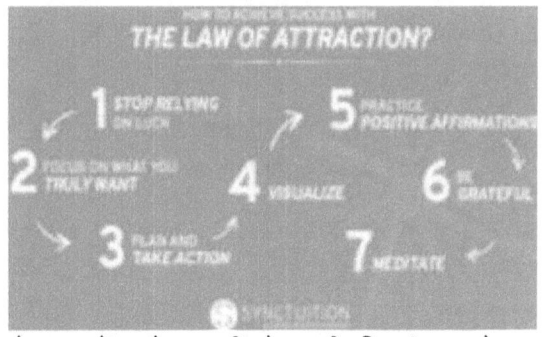

1. स्पंदन का सिद्धांत :– इस सिद्धांत के अनुसार ब्रह्माण्ड में जो भी दृश्य, अदृश्य, भौतिक, सूक्ष्म, पहुंच में तथा पहुंच से परे है अंततः उसकी मूल अवस्था प्रकाश ऊर्जा किरण में बदल जाती है तथा अनंतकाल तक अनुनादित व स्पंदित तरंग के रूप में सदैव रहती है। यही सिद्धांत हमारे मन पर लागू होता है जो कि अनहद नाद के रूप में सदैव स्पंदन करता रहता है तथा इसी विशेषता का लाभ उठाकर हमें इसे अपनी ऊर्जा शक्ति के मूल अर्थात् ''ऊँ'' के साथ जोड़ना है तथा इसे सदैव अपनी अच्छी सोच के साथ जोड़े रखना है। अच्छी सोच के विकास के लिए योग में विशेष यम–नियमों की व्यवस्था की गई है जिन्हें हम अन्यत्र प्रयोग में लायेंगे तथा पाठकों के लिए इसका वर्णन करेंगे। मस्ती, एकाग्रता तथा निश्चिंतता इसके स्मार्ट उपाय हैं।

2. आकर्षण का सिद्धांत :– यह सिद्धांत बतलाता है कि जो भी ऊर्जा किसी भी माध्यम से संसार में पैदा की जाती है वह समान रूप से, समान घनत्त्व में, समान तरंगता में तथा समान गुंजन में वातावरण से अपने लिए समान ऊर्जा को आकर्षित करती है। यही आकर्षण का सिद्धांत हमारे मन पर लागू होता है तथा हम निरंतर वही प्राप्त करते हैं जो हम हमारी मानसिक तरंगों द्वारा वातावरण में लगातार छोड़ते रहते हैं। अर्थात् हम वही प्राप्त करते हैं जो हम सोचते हैं तथा प्रकृति हमें ठीक वैसा ही वापिस लौटाती है जैसा हम प्रकृति से मांगते हैं अथवा अपनी इच्छा जाहिर करते हैं। इसी को दूसरे शब्दों में कहा जाता है कि जो आप बोते हैं वही काटते हैं। इस प्रकार हम विधाता की कृपा से इच्छाधारी भी हैं व स्वयं के मालिक भी हैं।

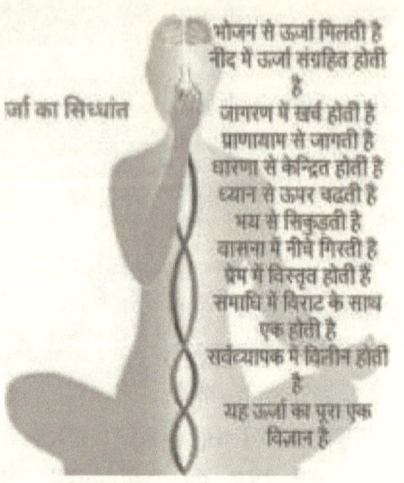

जो भी सोचते हैं आप, वही लौटकर वापिस आता ।

मनोस्थिति अनुसार ही, बुरा–भला विचार है भाता ।2186।

अतः हमें अपने मन में वही विचार पैदा करने चाहिऐं जो हम वास्तव में चाहते हैं तथा केवल उन्हीं विचारों पर मनन करना चाहिए जो हमारे लिए सदैव लाभकारी हों। आज या कल जो भी आप प्राप्त करते हैं वह सब आपके विचारों का ही फल है, था तथा रहेगा। अतः आप लगातार अच्छा बोते चलिए ताकि आने वाले समय भी अच्छा प्राप्त कर सके।

सोचते चलिए आप अच्छा, लौटकर वही आता जायेगा ।
जैसी 'मनोस्थिति' आपकी, वैसा ही तो आपको भायेगा ।।2186।।

3. कार्य कारण सिद्धांत :– इस सिद्धांत के अनुसार किसी भी क्रिया के पीछे उसका कारण अवश्य होता है तथा उस क्रिया की प्रतिक्रिया भी अवश्यंभावी है। हमारे मन पर भी यह सिद्धांत लागू होता है तथा यह वही सोचता है जैसा कि उसके बौधिक स्तर पर उस सोच से संबंधित यादें अथवा प्रतिक्रियायें दबी पड़ी होती हैं क्योंकि हमारा जीवन केवल आपकी यादों का एक पिटारा है, जिसमें समस्त ब्रह्माण्डीय ज्ञान तथा संभावनायें छिपी हुई हैं। इसी सिद्धांत पर ही आपका सामाजिक व्यवहार टिका होता है अर्थात् जो भी आपके अंदर छुपा है आप उसी की प्रतिक्रिया स्वरूप समाज में अपने आपको प्रकट कर पाते हैं। यहाँ भी ध्यान देने योग्य बात है कि आपके भीतर और बाहर की ऊर्जाओं में निरंतर पत्राचार होता ही रहता है परंतु इस संचरण

- Darshana thought begins from the origin of this universe, and of Ayurveda also.
- Universe is nothing but modification of Guna.
- The modification is of Karana into Karya
- Anything in and off this world is produced by some Karana.
- Every karana (cause) has an Karya (effect), and this karya (effect) may be a karana (cause) for another karya (effect).
- Right from Srushti to evolvement of human being to Rogotpatti at each and every event Karya Karana Siddhanta can be found.

में आपकी प्रतिक्रिया का स्तर आपके अपने बोध अर्थात् आपकी याद पर निर्भर करता है कि भूतकाल में इस संचरण को किसी नजरिये से संभाला है अथवा आप वर्तमान परिस्थितियों में इसे किस प्रकार अभिभाषित कर पाते हैं यह सब आपकी विवेकशीलता अथवा यादों पर आधारित है।

जीवन केवल यादों की गठरी, खुलती है विचारों से।
अच्छा बूरा सब इसमें समाया, चलती है व्यवहारों से।।2186।।

4. अनुनाद का सिद्धांतः—इस सिद्धांत के अनुसार जो भी ऊर्जा इस संसार में किसी भी माध्यम से पैदा होती है वह अपने समान विद्यमान ऊर्जा के साथ तालमेल बिठाती है तथा विचारों के भौतिक स्वरूप को रूपांतरित करती है। इस सिद्धांत के मूल में आकर्षण एवं स्पंदन के दोनों सिद्धांत आधार स्वरूप कार्य करते हैं। आपके मनोराज्य पर भी यह सिद्धांत लागू होता है कि जब आप कोई विचार की संवेदना वातावरण में छोड़ते हैं तो आपके विचार के अनुकूल ऊर्जा समान स्त्रोत के साथ तालमेल पैदा करती है तथा इसके उपरान्त आपके विश्वास के आधार पर, नजरिये के आधार पर अथवा आपकी विकसित सोच के अनुसार आपकी प्रतिक्रिया को स्वरूप प्रदान करने का कार्य करती है। जो आप सोचते हैं वैसा ही आपके चारों और फैली हुई प्रकृति में भी समानान्तर रूप से घटित होता है तथा आपके तथा प्रकृति के इन विचारों के मिलने से सोच अपना भौतिक स्वरूप ग्रहण भी करती है। अतः आप गहन विश्वास तथा सिद्दत के साथ केवल अपने विचारों पर मंथन कीजिए आपके द्वारा सोचा गया एक दिन अवश्य ही अपने वास्तिविक स्वरूप में आपके सामने होगा ऐसा विश्वास जगाईऐ तथा बाकि सब ही प्रकृति के हवाले कीजिए। यह कैसे, कब, क्यों होगा यह आपका विषय नहीं होना चाहिए यद्यपि यह विषय ही प्राक्रत है। आपका काम सिर्फ 'सोचना' 'बीज बोना', 'विश्वास करना', 'संरक्षण करना', तथा 'पाना' अर्थात् फसल

काटना है बाकि जो भी बचा वह आपका विषय ही नहीं है। अपने अंतर्मन में अटूट विश्वास पैदा कीजिए जो आपने सोचा है वह भी अटूट है।

अटूट विश्वास आपका, बीज सफलता का बो देगा ।
अभिष्ट आपका सोचना, विश्वास सदैव ही वो देगा ।।2187।।

5. विकास का सिद्धांत :– इस सिद्धांत के अनुसार प्रकृति में जो भी सूक्ष्म, भौतिक, पराभौतिक तथा पारलौकिक है वह सभी निरंतर विकसीत होता ही रहता है क्योंकि प्रकृति में लगातार विकास होता ही रहता है जो कि बीज की नस्ल तथा उसकी गुणवत्ता के आधार पर टिका है। इसी प्रकार आपके मन के विचार कैसे हैं, आपका विश्वास कैसा है तथा आपका चिंतन कितना गहन है आपके विचारों का परिणाम केवल इन तीन चीजों पर ही टिका हुआ है। "विचारवान का विचार एक अमिट, निस्पंदित तथा अवश्यंभावी ऊर्जा है जिसके विकास के माध्यम से विश्वास, सिद्दत तथा संयम द्वारा जीवन में निरंतर फल प्राप्त किए जा सकते हैं।" आपका काम केवल सोचना, जो भी जैसा भी सोचा है वह पूरा हो सकता है ऐसा अटूट विश्वास अपने में तथा प्रकृति में निरंतर बनाए रखना ही आपके विचार के विकास को निर्धारित करना है। अतः तीनों स्तर सावधान रहते हुए अपने विचारों को निरन्तर वातावरण में छोड़ते जाइये परिणाम अवश्यंभावी है आपका विश्वास जरूर रंग लायेगा यही इस सिद्धांत का परिणाम है।

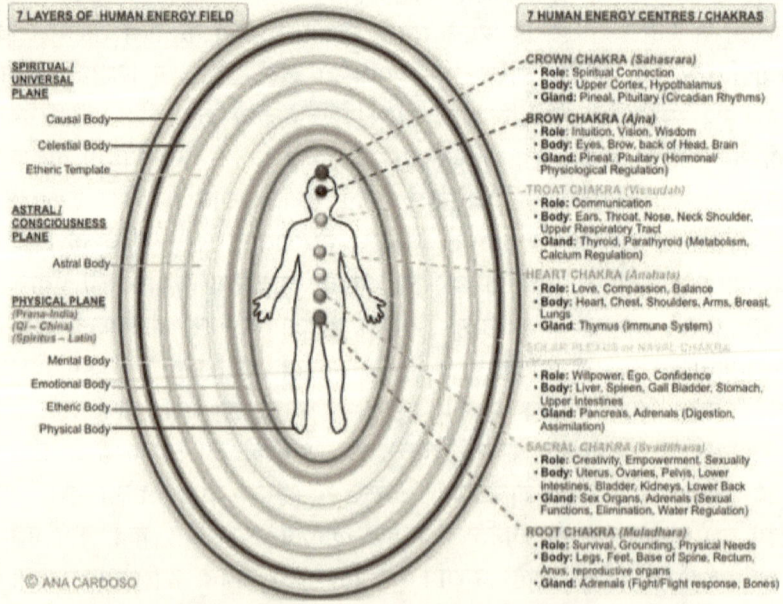

प्रकृति फलित है विश्वास से, अडिग सदा ही रहना चाहिए ।
सोच विचार कर विश्वास से, अवश्यंभावी ही कहना चाहिए ।।2187।।

6. अनन्तता का सिद्धांतः – प्रकृति के भण्डार कदापि समाप्त नहीं होने वाले हैं। इसके आंचल में हर वस्तु असीमित, अनंत व अजर अमर है यद्यपि यह विकास के सिद्धांत के अनुसार अनवरत अपना स्वरूप, गुण एवं धर्म अवश्य बदलती रहती है। प्रकृति बिना किसी मेहनत के एक ऊर्जा से अनेक ऊर्जाओं में निरंतर, अनवरत तथा अनादि काल से अपने आपको विकसित करती आ रही है तथा यह क्रम ऊर्जा के गुण, धर्म एवं स्वरूप पर निर्धारित है। संपूर्ण शिक्षा सिद्धांत अनुसार सूक्ष्म स्वरूप से पूर्व भी हर वस्तु अपने बारह स्वरूपों में प्रकृति में निवास करती है जिन्हें एक से लेकर बारह तक निम्न स्वरूपों में दर्शाया गया हैः–

1. 'ऊँ' 2. ध्रुव 3. ऊर्जायें 4. दिशायें 5. महाभूत 6. गुण 7. रंग 8. सिद्धि 9. निधि 10. व्यक्तित्त्व 11. दोष 12. राशियाँ तथा अंततः यह अपने चैतन्य स्वरूप जिसे 'तेरा ही तेरा' कहा जाता है उसमें समा जाती है। प्रकृति इन्हीं बारह स्वरूपों में अवस्थाओं में अथवा स्थानों में अपने आपको पाई सिद्धांत अनुसार निरंतर विकसित करती रहती है तथा गुणा भी करती रहती है। उदाहरण के तौर पर हमारे ब्रह्माण्ड को बारह राशियों में विभाजित किया गया है तथा ग्रहों के रूप में एक ग्रह राशि के 12. देवता,11. दोष,10 व्यक्तित्त्व, 9 निधियाँ, 8. सिद्धि, 7. रंग, 6. गुण, 5.महाभूत, 4. दिशायें, 3. ऊर्जायें, 2. ध्रुव तथा अंततः एक स्वरूप 'ऊँ' में पुनः सम्माहित व फिर से विकसित माना गया है। इसी प्रकार आज का विज्ञान इसे 'थ्यूरी आफ इवोल्यूशन' मानता है परंतु केवल तीन स्तरों पर ही आधारित मानता है जिसमें छोटा होना, बढ़ना तथा विस्फोट तक ही आधारित माना जाता है, परंतु सनातन में इसके अनेकों स्तर माने गये हैं जो 33 कोटि देवताओं में विभाजित है जो अंततः कोशिका की उत्सर्जन स्थितियों की ओर इंगित करता है। इस सिद्धांत पर गणना करते हुए हम एक ग्रह की 84 लाख योनियों तथा एक योनि में लगभग 7 अरब की केवल एक इनसानी योनि की आबादी पर पहुंच सकते हैं जो कि पहले से ही निर्धारित संख्या है। अतः हमें अनंत की अनंत शक्ति को स्वीकारने के सिवाय कोई अन्य चारा बचता ही नहीं है।

अनंत की अनंत ऊर्जा, निरंतरता में बहती रहती ।
अजर अमर 'आत्मरूप, कहानी यही कहती रहती ।।2181।।

7. ध्रुवीकरण का सिद्धांत :– यह सिद्धांत हर परिस्थिति में समता रखने तथा दृष्टाभाव रखने की क्षमता का विकास करता है। इस सिद्धांत के अनुसार हर समय, वस्तु तथा परिस्थिति के दो अति आवश्यक पहलू होते हैं।

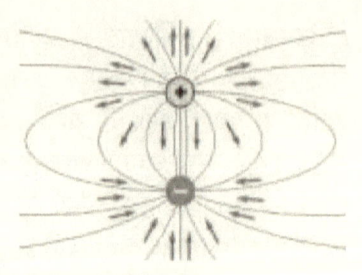

यह दुनियाँ प्रकाश तथा अंधकार के बीच में झूलता हुआ एक इंद्रधनुष है जिसके एक सिरे पर अनंत संभावनायें हैं तो दूसरे सिरे पर असंभावनाओं का अनंत संसार है। यही जीवन का सार है कि इसमें खुशियाँ भी उतनी ही हैं तथा दुःख भी समान मात्र में विद्यमान हैं। यह सिद्धांत हर वस्तु, व्यक्ति तथा परिस्थिति के महत्त्व को समझने की परख विकसित करता है। उदाहरण के तौर पर यदि जीवन केवल जीवन ही रहेगा तो इसकी विशेषताओं तथा खुबियों से हम परिचित नहीं हो पायेंगे जब तक कि हमें मृत्यु का भी अनुभव नहीं होगा। बुराई के ना रहने पर हमें अच्छाई का महत्त्व कदापि पता नहीं लग पायेगा। गंदगी के रहते हुए हमें सफाई के महत्त्व का ही पता नहीं लग पायेगा। जो वस्तु हमारे पास अभी है उसका महत्त्व तभी बढ़ता है जब वह हमारे पास नहीं रहती है और यह सब हमारे जीवन के अनुभव हैं तथा जीवन की खुबियाँ भी इसी में छुपी हैं। हमारे मन पर भी यह सिद्धांत पूर्णतया लागू होता है। जब हम एक विषय के बारे में चिंता करते हैं अथवा मनन करते हैं तो यह तुरंत उस विषय से हटना चाहता है यही कारण है कि हम थोड़े समय पश्चात् किसी भी विषय से ऊब जाते हैं तथा हमारा मन फिर नये विषय की तलाश आरम्भ कर देता है। नये पन की तलाश एक और से कुछ नया करने की अभिलाषा है तो यहाँ पर हमारे हाथ आयी हुई वस्तु या विषय के छुटने का एहसास भी हमारे मन में पैदा होता है जिसे द्वंद्वता अर्थात् दो दो विचारों में बंटे हना अथवा ध्रुवीकरण का सिद्धांत कहा जाता है।

संभावना असंभावना में झुलता, मन सदैव चंचल है।
तलाश में नित्त्य ही नवीन की, चिरामय व अचल है।।2182।।

मन की यही द्वंद्वता इसमें चंचलता का गुण पैदा करती है तो दूसरी और हम भ्रमित अवस्था का सामना भी इसी गुणवत्ता से पैदा कर लेते हैं। इस प्रकार हमारा मन दो सिरों के मध्य निरंतर झुलता हुआ एक बंदर है जो कभी भी एक सिरे पर स्थिर होकर हमें कार्य करने नहीं देता है तथा हमारी असफलता का ग्राफ बढ़ाकर हमें निरंतर इंद्रिय भोगों में उलझाए रखता है क्योंकि संलिप्तता इसका स्वभाव है तथा नवीनता को पैदा करना बुद्धि का गुण है जो कि अंतर्मन का दूसरा पोल है। चुने हुए विषय के साथ निरन्तर संपर्क बनाए रखना अर्थात् निरन्तरता सफलता की कुंजी

है जबकि सफलता से मन के द्वारा परे खींचना असफलता का जीवन संघर्ष है क्योंकि सफलता मिलते ही असफलता की मृत्यु अवश्यंभावी है। अनंतता के सिद्धांत के अनुसार असफलता भी तो एक विचार है जो कभी नष्ट नहीं हो सकता यद्यपि एक सफलता के बाद और अधिक वेग से उस खाली स्थान में आने को आत्तुर रहता है जिसे सफलता प्राप्त करने के बाद उत्पन्न कर दिया गया है, यह प्रत्येक क्रिया की एक समान तथा विरोधी प्रतिक्रिया होती है का सिद्धांत हमें बतलाता है।

मन की चंचलता ही, दुःखों का मूल कारण है।

'निश्चिंत अचल मन, सर्व–बाधा का 'तारण' है।2183।

उपरोक्त वर्णित द्वंद्वात्मक स्थिति से केवल निरन्तर प्यार, विश्वास, त्राटक ही हमें बाहर निकाल सकता है। यही आपकी साधना, सिद्दत तथा एहसास है जो आपको चुने हुए विचार से जुड़े रहने के लिए आपके मन को बाध्य करता है क्योंकि जब तक आपको किसी परिस्थिति अथवा वस्तु से अडिग प्यार नहीं हो जाता तब तक आपका मन ही, जिसका चुना हुआ ही यह विचार था आपको विरोधी स्थितियों से जुड़ने के लिए बाध्य करता ही रहेगा। यही कारण है कि हम आज जिस व्यक्ति से प्रेम करते हैं थोड़े समय बाद उसी से नफरत होने लगती है और जब हम नफरत करते हैं तो कुछ समय के लिए नफरत के अवयव ही वातावरण में फैंकते हैं फिर कामना स्वयं ही शुरू हो जाती है कि दूसरा व्यक्ति भी हमें बिना शर्त प्यार करे जबकि वातावरण में हम नफरत पहले ही बो चुके हैं तो प्यार पैदा कैसे हो सकता है जो बीज पहले बोया है उसकी फसल तो हमें काटनी ही पड़ेगी।

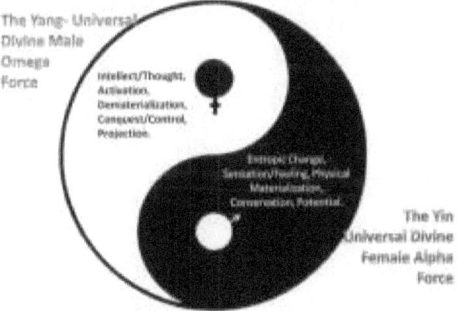

जुड़े हुए विचार से, मन को दुलारते रहिए।

स्थिर रह सोच पर, मन से पुकारते रहिए।।2183।।

इस अवस्था में हमें दोनों ध्रुवों को छोड़कर बुद्धि से काम लेते हुए साक्षी भाव से स्थितियों को देखना चाहिए यही हमारा एक ध्रुव से दूसरे ध्रुव पर पहुंचने का संक्रमण काल है तथा वह कुछ बोने का समय है जो हम अब चाहते हैं। यही आपका स्वतंत्र कर्म समय है जहाँ मन तथा बुद्धि के स्तर पर हम बंटे होते हुए अहं का त्याग कर बुद्धि से काम लेते हुए अपने कर्म को सफलता की ओर झुका सकते हैं। वास्तव में हर परिस्थित, समय व विषय पर हम जीवन काल में किसी न किसी समय अवश्य पहुंचते हैं जो हमें यह सिद्धांत बतलाता है। यहाँ पर बुद्धि से जुड़े रहते

हुए अखण्ड प्रेम का श्रीगणेश आपको द्वंद्वता से निकालने में सहायता करता है जो कि हमारी आत्मशक्ति का स्वाभाविक गुण है जिसे तेरे कांटों से भी प्यार व फुलों से भी प्यार की स्थिति कहा जाता है। यही समर्पण भाव आपको विफलताओं के गहन सागर से उभार कर सफलता के मुहाने पर ला खड़ा कर देता है।

8. विनिमयन का सिद्धांत :– आदान प्रदान का नियामक यह सिद्धांत उपरोक्त सभी सिद्धांतों के साथ आंतरिक तौर से संबंधित है सभी के साथ प्रौढ़ता रखता है। इस सिद्धांत के अनुसार सभी का सभी के साथ लेन देन का अटूट संबंध जुड़ा हुआ है। धार्मिक मान्यताओं के अनुसार आज हम जो भी कुछ हैं हमारे पूर्व नियोजित कर्मों का फल हैं तथा आगे जो हम प्राप्त करेंगे वह सब हमारे द्वारा आज किए गए कर्मों का फल होगा। इस सिद्धांत के पांच मुख्य बिंदु हैं जिनके आधार पर हमें समाज में लेन देन करना पड़ता है।

लेन देन लिए जिंदगी, लेन देन से रिश्ते सारे ।
लेन देन खात्मे लई, जिंदगी में कर्म संवारे
|| 2185 ||

8.1 हम वैसा ही प्राप्त करते हैं जैसा हमने बोया है :– हमारे द्वारा किया गया प्रत्येक कर्म ठीक वैसा ही परिणाम पैदा करता है जैसी उस कर्म की प्रवृति है अर्थात् हम यदि किसी के लिए भलाई 'सत्त्व' का काम करते हैं तो हमें उसका भला मिलना अवश्यंभावी है। इसी प्रकार बुराई का परिणाम 'तमस्' बुराई तथा बिना परिणाम वाले का 'रजस' परिणाम हमारी मेहनत के व्यर्थ जाने के रूप में मिलता है। परन्तु हमें परिणाम के अनुसार रूकना नहीं चाहिए वरन् निरंतर अपने लक्ष्य की ओर अग्रसर रहना चाहिए क्योंकि जैसा हम बो रहे हैं वैसा मिलना भी तो तय है तथा वह हमें मिलकर रहेगा। परिणाम की क्वालिटी इस बार पर निर्भर करती है कि आखिर हमने बोया क्या है तथा हमारी असली चाहत क्या है। यहाँ पर ध्यान देने योग्य बात यह है कि प्रकृति में कहीं भी यदि, क्यों, कोमा तथा फूल स्टाप आदि अभिव्यक्तियाँ नहीं है, जो भी है वह सीधा, स्टीक एवं मुद्दे पर आधारित है। परिणाम हमारे विचारों की गुणवत्ता पर आधारित है कि हमने अपनी इच्छा, विचार एवं सोच में कितने यदि, कोमा तथा पूर्ण विराम लगाये हैं। अतः विचार जितना भी लक्ष्य निर्धारित एवं स्टीक, संक्षिप्त होगा परिणाम भी उतना ही त्वरित आने की संभावना बढ़ जाती है।

जो बोया सो काटना, कर्म सिद्धांत अटूट है।
जीवन एक कर्मबंधन, बाकी सबकुछ झूठ है। || 2186 ||

8.2 जो हम बोते हैं उससे कई गुणा काटते हैं :– यह नियम हमारी सोच तथा सांसारिक कर्मों पर भी लागू होता है कि हम हमेशा अपनी मेहनत से ज्यादा पाते हैं,

ठीक इसके विपरीत यदि हम असफलता का एहसास जगाकर कोई कार्य करते हैं तो हमें असफलता भी उतनी ही ज्यादा सहन करनी पड़ती है। यही सिद्धांत हमारे व्यापार पर भी लागू होता है जब हम अपनी व्यापार में लगाई गई राशि से कहीं अधिक लाभांश की अपेक्षा रखते हैं परन्तु हमें इतनी ही संतुष्टि तथा क्वालिटी का भरोसा अपने ग्राहकों के प्रति भी सोचना चाहिए ताकि यह सिद्धांत वापसी में हमें भी संतुष्टि तथा फेम देता रहें यदि हम सिर्फ लाभ की बात करते हैं तथा अंततः ग्राहकों के लिए धोखा मिलने की सोच के साथ व्यापार करते हैं तो यह सुनिश्चि कर लीजिए कि अंततः आपको भी उतना ही बड़ा घाटा होने वाला है तथा ग्राहकों के लिए बोया गया धोखा एक दिन आपको ही कई गुणा मिलकर मिलने वाला है। इसी प्रकार से छोटे से त्याग के रूप में बोया गया आपका धर्मार्थ कार्य आपको आज नहीं तो कल आपके लिए कई गुणा सुख देने वाला होगा तय कर लीजिए तथा अच्छा कीजिए।

जिस प्रकार एक बीज से सृष्टि में हजारों वृक्षों की उत्पत्ति संभव है, उसी प्रकार आपके एक कर्म रूपी बीज से अनेको अनेक कर्मों का निर्माण सृष्टि में होता रहता है। उदाहरण के तौर पर आपने एक अच्छा कार्य किया तो उसकी एवज् में आपके किन्हीं अदृश्य भूतकाल के कर्मों का निबटान होगा तथा उसी के फलीभूत आपको भविष्य में अच्छे फल की प्राप्ति होना अवश्यंभाव्य है, जबकि वर्तमान में आपके मन को उत्साह, संवेदना तथा हौसला मिलना तो तय ही है। इसको हम इस प्रकार भी समझ सकते हैं कि आपने जब किसी एक भूखे को खाना खिलाया है तो उसके अंदर मौजूद लगभग 7 अरब कोशिकाओं को आपने तृप्त किया है, अब आप एक कोशिका को यदि तृप्त करते हैं तो कोशिका अपने आप में जीवन की मूल ईकाई है जिसका अपना दिमाग, लिवर, कीडनी समेत मानव शरीर के समस्त अंग, समस्त ब्रह्माण्ड तथा देवी देवताओं समेत 84 लाख यौनियों समेत सृष्टियाँ एक शरीर व कोशिका में मौजूद हैं, जिनको आपने एक कर्म द्वारा संतुष्टि, तृप्ति एवं भरण पोषण किया है। यही आधुनिक विज्ञान में ऊर्जा का गुणात्मक सिद्धांत कहलाता है।

करोगे एक कर्म तो, उसका ब्याज भी मिलेगा ।
कर्म अकेला नहीं फलता, कई गुणा होकर मिलेगा ।

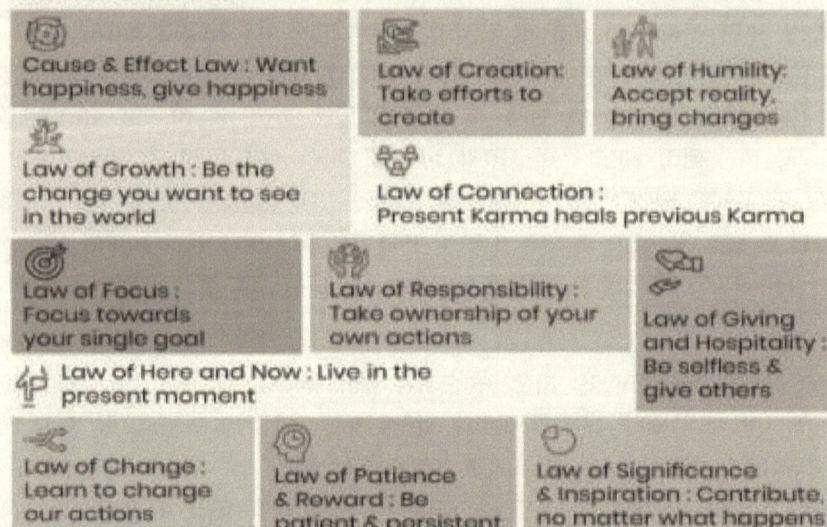

8.3 प्रकृति अपना समय लेती है :— इस नियमानुसार यह आवश्यक नहीं है कि जो आपने आज बोया है उसका अच्छा या बुरा परिणाम आपको तुरन्त ही मिलने वाला है अर्थात् क्रिया की प्रतिक्रिया आपको तुरंत मिलने वाली है। जब किसान खेत में बीज बोता है तो उसके बाद उसके उगने तथा बढ़ने का इंतजार तो करना ही पड़ता है। हमें सब्र व धैर्य से काम लेकर अपने किए गए कर्मों के फल के लिए इंतजार करना चाहिए। थोड़ी सी मेहनत के उपरान्त हमें धैर्य नहीं खोना चाहिए तथा निरन्तर अभ्यास द्वारा आगे बढ़ते रहना चाहिए तथा अपने मन को लगातार समझाते रहना चाहिए कि आपने अपनी मेहनत द्वारा अपना खेत रूपी प्लेटफार्म तैयार कर लिया है तथा अगली मेहनत द्वारा उसके फल को खाने के लिए इंतजार ही आपका कर्म है जिसके साथ इंतजार करना जरूरी है। धैर्य ही सफलता की आधारशीला है।

इसी प्रकार यह नियम हमारी मनोभावनाओं के साथ जुड़ा हुआ है परन्तु मनुष्य का मन बंदर के समान है जो फसल उगने का इंतजार नहीं करना चाहता वरन् बार बार बीज को उखाड़कर देखता रहता है कि बीज उगा या नहीं। मन की जल्दि में कभी परिणाम प्राप्त नहीं हो सकते कबीर जी ने भी इस विषय में लिखा है :—

धैर्य मन का शील है, मन की मैल को धोये।
माली सींचत् सौ घड़ा, ऋतु आए फल होये ।।

12 Laws Of karma
That Will Change Your Life

1 The Great Law
Whatever we put out in the Universe is what comes back to us.

2 The Law Of Creation
Life doesn't just HAPPEN, it requires our participation.

3 The Law Of Humility
What you refuse to accept, will continue for you.

4 The Law Of Growth
For us to GROW in Spirit, it is we who must change — and not the people, places, or things around us.

5 The Law Of Responsibility
We must take responsibility for what is in our life.

6 The Law Of Connection
Past-Present-Future they are all connected.

7 The Law Of Focus
You can not think of two things at the same time.

8 The Law Of Giving And Hospitality
If you believe something to be true, then sometime in your life you will be called upon to demonstrate that particular truth.

Learn More In Article

8.4 फसल क्वालिटी जमीन की क्वालिटी पर आधारित है :– जैसे पहले बतलाया गया है कि जैसा बीज होगा वैसी फसल होगी परन्तु यह भी इस बात पर निर्भर करता है कि बीज को किसी प्रकार की जमीन में बोया गया है। यहाँ बीज से हमारा अभिप्राय आपकी सोच है तथा फसल से अभिप्राय इसके परिणाम से है। आप अच्छी सोच के मालिक हो सकते हैं परन्तु अच्छी सोच को यदि आपने मन की चिंता रूपी जमीन में लगाया है तो इसके परिणाम आपकी

सोच के ठीक विपरीत होंगे तथा चिंतन के साथ आपके परिणाम कई गुणा भी हो सकते हैं। यहाँ पर यह भी सोचना आवश्यक है कि चिंता तथा चिंतन में क्या अंतर है। इससे पहले अध्याय– में हम आपको समझा चुके हैं कि आपके मन के चार स्तर हैं जिनमें से अंतःकर्ण की प्रवृति निर्लेप, बुद्धि की प्रवृति सात्त्विक, अहंकार की प्रवृति राजसिक तथा मन की प्रवृति तामसिक है जबकि सर्वोच्च सत्ता इन सबसे पर शुद्ध–बुद्ध ब्रह्म स्वरूप में गुणातीत है अर्थात् सभी गुण दोष से परे है। जब हम कोई भी कार्य करते हैं तो यह मूल रूप से किसी न किसी प्रवृति अर्थात् इच्छा से जुड़ा होता है जो इसके परिणाम को निर्धारित करता है। जब हमारी यह इच्छा मन की बाह्य प्रवृतियों अर्थात् अहंकार तथा मन से जुड़ी होती है तो इसके परिणाम भी राजसी संस्कारी अथवा तामसिक व स्वार्थी होंगे। इसके अतिरिक्त यदि हमारी इच्छायें समाज भलाई तथा विश्व कल्याण से जुड़ी हैं तो इसके परिणाम भी दूरगामी तथा भविष्य कल्याण से जुड़े होंगे। जब हम अपनी इच्छा मन के बाह्य स्तरों पर आधारित रखते हैं तो इसे चिंता कहा जाता है जबकि चिंतन बुद्धि व अंतःकर्ण पर सोची गई सोच है। चिंता द्वारा पैदा की गई सोच से हमारा अस्थाई लाभ अथवा कल्याण हो सकता है, परन्तु इसके परिणाम भी अस्थाई होते हैं जैसे आपने मेहनत की पैसा आया परन्तु तुरन्त ही खर्च होकर हवा हो गया और आप वहीं के वहीं। जबकि इसके विपरीत चिंतन रूपी जमीन में लगाई गई मेहनत पीढ़ियों तक आपका तथा समाज का कल्याण करती रहती है तथा इसके परिणाम कल्याणकारी एवं कर्मबंधन को तौड़ने वाले कहे जाते हैं। अतः हमें सदैव चिंता को छोड़कर चिंतन द्वारा काम लेना चाहिए। यद्यपि चिंता द्वारा किए गए कार्य तुरंत परिणामदायी हो सकते हैं परन्तु जैसे पहले बतलाया गया है कि फसल की क्वालिटी अलग रहती है क्योंकि चिंता द्वारा पैदा किए परिणाम आपके लिए चिंता की ही पृष्टभूमि तैयार करते

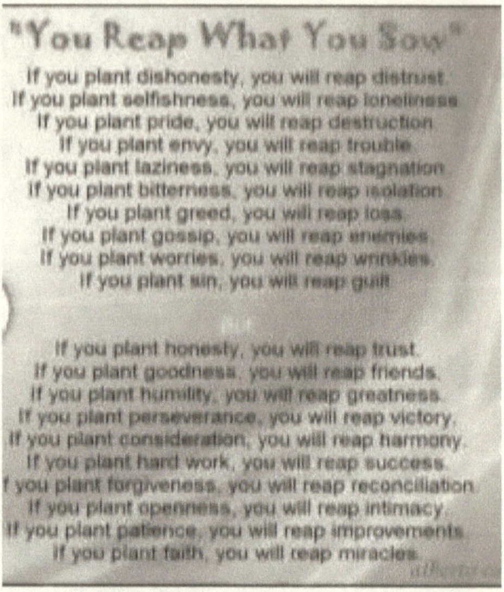

हैं जबकि चिंतन द्वारा पैदा की गई फसल देर में पक सकती है परन्तु इसकी क्वालिटी भी सर्वोत्तम् एवं अधिक लाभकारी होगी इसमें कोई शक नहीं हो सकता।

मात्रा और गुणवत्ता में, फर्क है दिन रात का ।
चिंता एवम् चिंतन भी, संकेत हैं इस बात का
।।2189।।

8.5 फसल धीरे–धीरे उगती है :–प्रकृति हमेशा अपना कार्य निर्धारित समय में करती है तथा इसके परिणाम दूरगामी तथा कल्याणकारी होते हैं। लेकिन भौतिक चकाचौंध के कारण हमारा मन तुरन्त परिणाम चाहता है जो कि चिंता है चिंतन नहीं। ऐसी अवस्था में हम भूल जाते हैं कि जो भी जीवन हम आज व्यतीत कर रहे हैं वह हमारे पुराने बोये हुए कर्मों का परिणाम है तथा आज जो हम बायेंगे वही कल हमें काटना है यही प्रकृति का नियम है तथा इसी से जीवन विकास चक्र की स्थापना होती है। प्रकृति हर कार्य को नियमानुसार परिपूर्ण करती है अतः यदि हमारे सोचते ही हर चीज घटित होनी आरम्भ हो जाएगी तो ये दुनियाँ जहनूम बनकर रह जायेगी। जरा सोचिए 7 अरब लोगों की सोच यदि तुरन्त पुरी होनी आरम्भ हो जाए तो इस दुनियाँ में कोई नियम कानून बचेगा, कोई व्यवस्था बचेगी, बचेगा तो केवल उलझन और अव्यवस्था। हमें अंततः स्वीकार ही करना होगा कि प्रकृति के नियम कठोर, व्यवस्थित तथा स्वयं ही अनुशासित हैं।

मनुष्य जब भी इन्हें अपने दृष्टिकोण से चलाना चाहता है तो इसके परिणाम भयंकर तथा विनाशकारी ही होते हैं। यदि आप आशावादी सोच के साथ अपना दिन आरम्भ करते हैं तो इसके परिणाम दिनों दिनों बदलने आरम्भ होंगे न कि रातों रात आपके स्वप्नों के महल खड़े हो जायेंगे। जिस प्रकार बुरी आदतों को छोड़ने में भी समय लगता है उसी प्रकार अच्छाई का प्रभाव भी एकाएक नहीं फैलना आरम्भ हो जाता है यद्यपि धीरे–धीरे इसका प्रभाव हमारे जीवन में आता है अतः ऐसी अवस्था में हमारे पास इंतजार एवं अडिगता के साथ डटे रहने के सिवाय कोई चारा ही नहीं है कहा भी गया है कि :–

धीरे–धीरे रे मना, धीर धरे सब होए ।
जा मन धैर्य नहीं, धीरे सब ही खोए ।।2190।।

परन्तु यह सोचकर हमें अपना धैर्य नहीं खो देना चाहिए कि समय आने पर सबकुछ ही हो जाएगा हमें आज मेहनत करने की क्या आवश्यकता है? हमें आज आरम्भ तो

करना ही तभी तो कल आयेगा और कल हमेशा ही बीते कल में बदलता चला जायेगा और हम परिणामों के फल को भविष्य समझ कर कब तक टालते चले जायेगें। कहा भी गया है कि :–

कल करे सो आज कर, आज करे सो अब ।
पल भर में प्रलय होएगी, बहुरी करेगा कब ।।

मनोराज्य के विभाग

उपरोक्त सिद्धांतो के आधार पर हमें अपने मनोराज्य की शक्ति का प्रयोग करना सीखना चाहिए तथा अपने अंतर निहित शक्तियों तथा संभावनाओं को जानकर उनके नित्य जीवन में प्रयोग द्वारा अपने जीवन को नित्त्य ही संवारना सीखना चाहिए क्योंकि प्रत्येक मनुष्य अपार संभावनाओं, इच्छाओं, उत्कंठाओं, आशाओं तथा कुंठाओं भरा संसार है जो कि दूसरों से सदा सोच तथा बुद्धि स्तर पर अलग है परन्तु फिर भी वैश्विक सिद्धांतो, सामाजिक तथा शारीररिक कारणों से जुड़ा होने के कारण एक सामान्य तथा सर्वमान्य व्यवहार के साथ साथ इनसानियत से भी जुड़ा हुआ है जो उसे सामान्य दायरे में व्यवहार करने को बाधित करते हैं। परन्तु इनसान अपने अंदर के संसार में एक ऐसी दुनिया बसाए हुए है जो सर्वकल्याणमयी, अनंत तथा सर्वसाध्य सिद्धांतों पर चलकर न केवल व्यक्ति विशेष के लिए कल्याणमयी है यद्यपि उसके द्वारा समस्त विश्व के कल्याण हेतु सदैव आतुर व तत्पर है परन्तु सामाजिक प्राणी होने के नाते उसे अपने शक्तियों से काफी हद तक वंचित कर दिया गया है। इन सबका कारण हैं हमारी दबी कुचली भावनायें, मन के नैगेटिव विचार तथा भावनायें जो हमने अपने वातावरण को देखते हुए विकसित कर ली हैं, सामाजिक तथा मानसिक डर, रोष, अभिप्रेरण तथा नापसंदगी जो हम पर लाद दी गई हैं। यद्यपि इनमें से अधिकतर ऐसे हैं जो समय स्थान तथा सामाजिक दायित्त्वों को देखते हुए उचित ठहराये जा सकते हैं परन्तु इनके कारण हमारे विकसित होते मनोविकास तथा उद्वेलित भावनाओं पर इसका नैगेटिव प्रभाव पड़ने से हमारे मन का विकास रूक गया है जिसके कारण इसने संभावनाओं, उत्कंठाओं के लिए प्रेषित होने वाली ऊर्जाशक्ति को कुंठित कर दिया है जबकि इन्हीं संभावनाओं को विकसित किया जाना चाहिए था ।

आज हमें उन सभी नैगेटिव विचारों से ऊपर उठने की आवश्यकता है जिनके कारण हमारा आंतरिक विकास रूक गया है तथा हम अपनी आंतरिक शक्तियों को इन दुर्बलताओं के चलते विकसित नहीं कर पाये हैं। यदि व्यक्ति स्वयं ऐसा नहीं चाहता या उसे ऐसा करने से रोका जाता है तो यह उसके विकास तथा अनंत संभावनाओं पर एक कुठाराघात होगा तथा व्यक्ति कभी भी पूर्ण रूप से विकसित नहीं हो पायेगा। विडंबना यह भी है कि इन संभावनाओं के विकास हेतु उसे पहले उन

विशेषताओं को विकसित करना होगा जिन्हें वह समझता है कि उसमें वे पहले ही विद्यमान हैं परन्तु ऐसा सोचकर वह स्वयं से स्वयं को ही धोखा दे रहा है तथा इनके विकास करने से दूर भाग रहा है। अतः सर्वप्रथम हमें उन आंतरिक संभावनाओं को जानने की आवश्यकता है जो हमारे अंतनिर्हित हैं तथा उनके विकास के लिए किये जाने वाले प्रयासों का भी सिलसिले बार अध्ययन करेंगे।

हमारे मन के पांच मुख्य विभाग हैं

1. उच्चस्थ चेतना 2. सामान्य चेतना 3. अनुचेतना
4. अवचेतना 5. अचेतना

1. उच्चस्थ चेतना जो कि सार तत्त्व की वेत्ता है। यह हमारा उच्चस्थ चेतना का स्तर है जो स्वंयभू हैं तथा विश्वचेतन्य शक्ति एवं आत्मशक्ति है। यह हमारे ज्ञान का केंद्र है जो कि स्वयं ज्ञानवान है। इसे चेतना का विकसित स्तर कहा जाता है जहाँ पर ध्यान विकसित, संस्कारमय एवं गुणात्त्म हो जाता है। मानसिक विचार एवं प्रत्यक्ष ज्ञान आदिभौतिक हो जाता है। यहाँ चेतना अहं से उठने वाली उत्कंठाओं तथा स्वंय के आंतरिक स्तर से उठने वाली उत्कंठाओं के स्तर में संस्कार अथवा कर्मों के माध्यम से अंतर जानने में सक्षम है इसीलिए इसे स्वंयभू कहा गया है। इस स्तर पर चेतना अचेत मन की पौथली में बांधकर रखी गई ऊर्जा व एकाग्रत के बारे में जानकारी हासिल कर लेती है तथा झूठ का साथ त्याग कर सच्चाई का दामन थाम लेती है। मनुष्य मन, विचार, चिंतन, चरित्र तथा चहुमुखी विकास पर अपना नियंत्रण पा लेता है। यह वह चेतन अवस्था है जिसमें वह सोते हुए भी जागृत रहता है अपने आसपास के वातावरण, मनोवृत्तियों, जल, नभ, चराचर पर उसका नियंत्रण इस प्रकार हो जाता है जिस प्रकार अंतरिक्ष स्थित राकेट समस्त धरा पर अपनी विकसित आंख रखते हुए सब कुछ देखता रहता है।

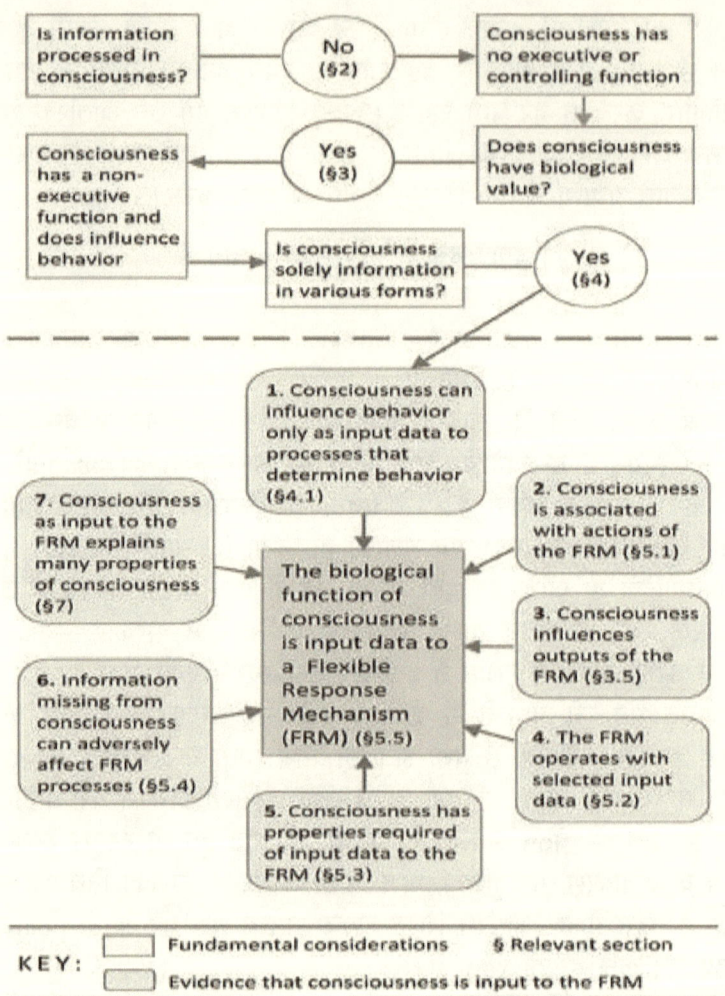

मानवता में यह संभव हो पाया है कि हमारे ऋषियों, मुनियों ने इस अवस्था को अनुभवातीत किया है तथा एक सामान्य से बेहतर जीवन जिया है। आम व्यक्ति इसे स्वप्नों में महसूस करता है परन्तु वास्तिविकता में लागू करने में सामाजिक कुंठाओं के कारण डरता है परन्तु यह सब बकवास है तथा आम आदमी भी इन संभावनाओं को अभ्यास के द्वारा विकसित कर सकता है तथा आत्मचिंतन की स्थिति में जीवन यापन कर सकता है। हमारी आत्मा हमारे लिए अपार संभावनाओं को लिए बैठी है तथा इसी इंतजार में है कि हम कब इसकी ओर कदम बढ़ायें और वह हमें वह सब देने के व्याकुल है। कुंठा, अविश्वास, अंधकार हमारे मन में है कि वह अपनी स्वतंत्रता को त्यागना नहीं चाहता क्योंकि वह बाह्य विषयों में गुड़ की मख्खी की तरह लिप्त है, जो केवल अधिकत्तम गुड़ इक्कठा करने में ही अपना जीवन यापन

सोचकर केवल अपने छत्ते तक ही शहद को केंद्रित कर सैल से बाहर निकलना ही नहीं चाहती।

हमें आवश्यकता है स्वयं से ऊपर उठने की तथा अंतर्मन में झांकने की जो हमारी अपार संभावनाओं का खजाना है। कारण है कि हम झांकने से पूर्व अंधियारों से डरते हैं तथा सदैव सूरज के प्रकाश में सुरक्षित महसूस करते हैं तथा जीवन को बचा पाना अर्थात् मन की दुर्बलताओं का पोषण ही अपने जीवन का उद्देश्य मान बैठे हैं तथा केवल जीवन के काज निपटाने में लगे हुए हैं।

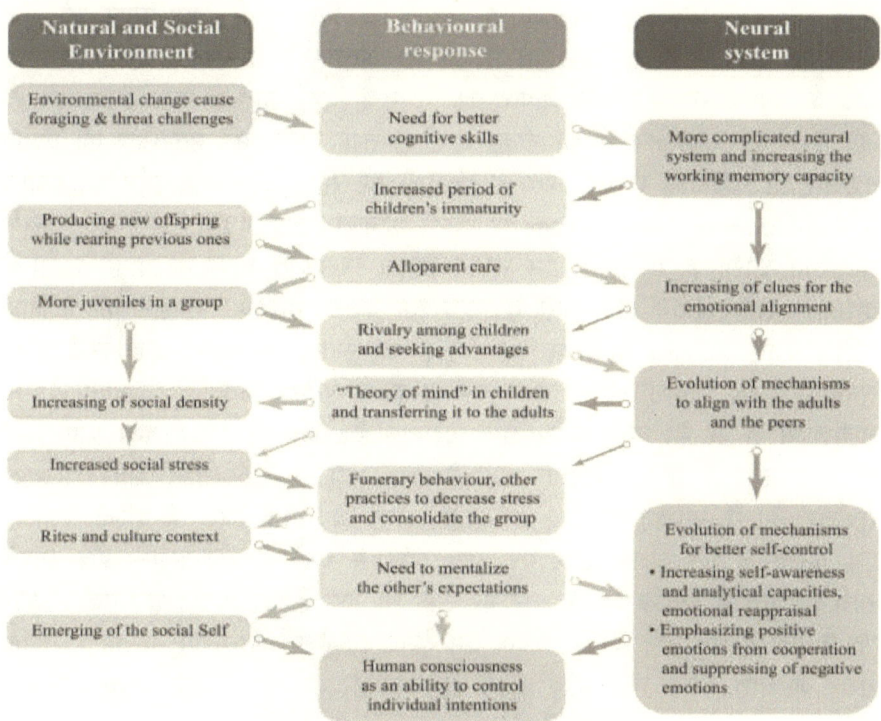

उच्चस्थ चेतना का प्राकृतिक सिद्धांत

उच्चस्थ चेतना स्तर डर से परे का ज्ञान है तथा सोते हुए भी जाग्रत रहने की कला है जो किन्हीं बंधनों की मोहताज नहीं है। इस अवस्था में केवल एक ही नियम लागू होता है वह है 'स्वयं का स्वयं से बिना शर्त प्यार' तथा इसी प्यार को अपने अंदर तथा बाहर के वातावरण में चारों और फैलाना ताकि महारास पैदा हो सके। बेशर्त प्यार का यह सिद्धांत स्वयं तथा दूसरों में दिव्यता का भव्य वैभव ढूंढ़ सकता है। परन्तु हमारा दुर्भाग्य यही है कि हमें कभी बेशर्त प्यार का मतलब ही नहीं समझाया गया है। समाज की सारी शक्ति केवल और केवल भावनात्मक प्यार को समझने में लगी रहती है जो कि चलचित्रों, सामाजिक परिदृश्यों, अनुभवों एवं आस पास के माहौल द्वारा हमारे अंतर्मन में बीज रूप में बो दिया गया है, जब ये भावनायें किसी

न किसी प्रकार बाहर आती हैं तो केवल शारीरिक एवं भावुक प्रेम में बदल जाती हैं जिससे हमारी आत्मशक्ति और अधिक शक्तिहीन एवं भावनाहीन हो जाती है जिसकी परिणिति हम समाज में बलात्त्कार, मर्डर तथा बदले के रूप में देखते जाते हैं, उन्हीं भावनाओं का भावात्मक गुणन करते रहते हैं जिन्हें हम नियंत्रित करना चाहते हैं।

समाज हमें प्यार को पाने तथा उसके पाने के लायक होने की शिक्षा देता है तथा हमारा अहंकार हमें बतलाता है कि दूसरों को आपका प्यार पाने के काबिल होना चाहिए। हम तीनों ही स्थितियों में स्वंय पर तथा दूसरों पर शर्त थौंप देते हैं जो कि बेशर्त प्यार के प्राकृतिक सिद्धांत के नियमों के विपरीत है। हम प्यार को एक व्यापारिक सौदे में कन्वर्ट कर देते हैं जो कि अंततः किसी एक के लिए लाभ या घाटे का विषय रहता है यह व्यापार का नियम है। इस शर्तीले प्यार के कारण ही बाद में तलाक तथा नफरत की नौबत आती है तथा हमारा मन मन प्यार की बजाए नफरतों की भावनाओं से भर जाता है जिसकी हर सोच के साथ अंतर्मन की हजारों गुणा शक्ति नष्ट होकर मन की शक्तियाँ हजारों गुणा बढ़ती जाती हैं। इसके अतिरिक्त शारीरिक संलिप्तता प्रेम से भी हमारा नित्त्यप्रति घाटा बढ़ता ही जाता है तथा हम ज्ञान विहिन होते जाते हैं। अब हम बेशर्त प्यार को समझने की कोशिश करेंगे। बेशर्त प्रेम क्या है ? यह वह प्रेम है जो सामाजिक बंधनों, अहं, सभी शर्तों, संभावनाओं के आदान प्रदान तथा सभी तरह के इंद्रिय आकर्षणों, दुर्भावनाओं एवं आशंकाओं से परे है। जहाँ केवल 'प्रेम' विद्यमान है। जहाँ 'मैं' परे है तथा आप पहले हैं। उस पहल में भी 'मैं' विद्यमान नहीं है तथा 'आप' ही सर्वोपरी हैं, सर्वश्व हैं तथा सर्वोत्तम हैं। मैं आपको इसलिए प्रेम नहीं करता कि आप 'आप' हैं बल्कि इसलिए प्रेम करता हूँ कि आत्म स्तर पर आप और मैं एक ही हैं। मुझमें और आपमें शारीरिक भेद हैं जबकि आत्म स्तर पर आप भी वही हैं जो मैं हूँ। हम एक हैं और वह है ब्रह्म है भ्रम नहीं है। वास्तविक प्रेम दूसरे को बेशर्त आत्मसात् करना है न कि शरीर के साथ करना जैसे माता अपने बच्चे को हर अवस्था में अपने आंचल में ढ़क लेती है।

प्रेम में हम वह सब महसूस तथा आत्मसात् करते हैं जो दूसरा महसूस करता है, सोचता है तथा अनुभव करता है ठीक वैसे ही जैसे हम दुनिया को उसकी आंखों से देख रहे हों। प्रेम से देखने का मतलब है दूसरे के साथ अपनी आत्मिक एकरूपता देखना जैसे कि हम एक ही परमात्त्कि सफर के साथी हैं, बाह्य स्तरपर हमारे सांसारिक कार्य, सोच, समझ तथा लक्ष्य एक हो सकते हैं परन्तु आंतरिक स्तर पर हम सभी का एक ही उद्देश्य है और वह है परमात्त्म मार्ग ! इसी बेशर्त प्रेम को हमें अपने अंदर से भी जगाना है। हमें सीखना है कि हमारा भूतकाल चाहे कितना भी कष्टदायी रहा हो परन्तु आज हमें नये दिन से शुरूआत करनी है। आज और अब हमारे जीवन की नई शुरूआत करनी है जिस प्रकार एक नवजात शिशु चाहे किसी

धर्म, जाति एवं वर्ग से ताल्लुक रखता हो वह हमेशा ही प्यारा लगता है। उसी प्रकार हमें अपने मनोराज्य में इस अनंत प्रेम को आज ही स्थान देना है क्योंकि हम तब तक ज्ञान मार्ग में बच्चे ही हैं जब तक हमें इसकी आत्माभूति नहीं हो जाती । परमात्मा ने यह जीवन भरपूर प्यार के साथ बनाया है तभी तो मानव रूप में आपका उसकी अदभूत कृति कहलाते हो। आपको केवल अपने अंदर प्रेम का बीज बोना है जिसकी गुणवत्ता केवल बेशर्त हो, बाकि सभी कुछ प्रकृति स्वयं ही संभाल लेगी क्योंकि वही आपकी मूल माता है तथा परमात्मा आपका सर्वशक्तिमान पिता है जिसके रहते कोई आपका बाल बांका नहीं कर सकता।

जितना अधिक आप स्वयं से प्रेम करना सीखते हैं उतना ही आप अनुभव करते हैं कि आप नित्त्य अपनी ही ओर, अनंतता और सुख शाँति की ओर कदम बढ़ा रहे हैं। जब तक आप स्वयं को ही प्रेम करना नहीं जान पाते दूसरों से प्रेम करना बहुत दूर की बात है। स्वयं से प्रेम तथा दूसरों से प्रेम ऐसे नींव पत्थर हैं जो आपके साम्राज्य को सुदृढ़, शशक्त एवं प्रभावशाली बनाते हैं। अपने आप से प्रेम करने से आप अपनी चेतना में विद्यमान सभी बाधाओं, भावनाओं तथा कडुवे अनुभवों को मिटा सकते हैं जो कि हमारे चित्त को निरंतर भ्रमित करते रहते हैं। इस प्रेम से हमें फैसले लेने में त्वरितता आती है। हम इच्छित कदम जल्द से जल्द उठाकर दूसरों के अपेक्षा अधिक आसानी से आगे बढ़ सकते हैं। इसके पीछे यह राज छिपा है कि जो भावनायें हम प्रेम के न रहते हुए स्वीकार नहीं करते थे उन्हें अब तुरन्त स्वीकार करने लगेंगे क्योंकि कुंठित भावनाओं के रहते हुए समझदारी तथा अधिक सफाई से फैसले नहीं ले सकते। हमारा मन अंतर्मन को खंडता तथा विघटन के ही संदेश संप्रेषित करता है जिसके कारण विडंबना ही पैदा होती है तथा हम मन व बुद्धि में भी द्वंद्वता की स्थिति पैदा कर देते हैं जिसके कारण हम स्वयं तथा दूसरों में दूरियाँ तथा मतभेदों को ही बढ़ावा देते हैं जिससे बेशर्त प्रेम कहीं न कहीं हवा हो जाता है और दुःखों और एक दूसरे की लात खींचने की परम्परा पैदा होकर हमारे लिए बाधाओं एवं परेशानियँा की दीवारे खड़ी होनी आरम्भ हो जाती हैं क्योंकि जो कुछ भी हम इस दुनियाँ में क्रिएट कर रहे हैं उसकी एक समान तथा विरोधी प्रतिक्रिया अवश्यंभावी है।

2. सामान्य चेतना Normal consciousness:- यह हमारी दिनचर्या संबंधी चेतनायें हैं जिनमें इंद्रियों द्वारा मन को लगातार संप्रेषित की जाने वाली संवेदनायें, बाह्य संसार के अनुभवों से पैदा होने वाली भावनायें, वृत्तचित्र, विचार, स्पंदन तथा संफूर्णायें जो हमें नित्त्यप्रति आहत या खुशियाँ प्रदान करती हैं। इन सभी में जिसका जितना चेतना स्तर है वह उसी स्तर का ज्ञाता अथवा प्रणेता है। हम में से ज्यादातर लोग मन के इसी चेतना स्तर के प्रवाह में रहते हैं तथा अपनी पहचान को चेतना के इसी स्तर तक सीमित रखते हैं तथा चेतना के वास्तविक स्तर से स्वयं को अनजान ही

रखते हैं। हमारा समाज तथा हमारी संस्कृति हमें बेहोशी की उस अचेतावस्था में रखते हैं जिसमें हम आत्मा को शरीर से सदैव अलग समझते हैं तथा एक व्यवस्थित व्यवहार तक अपने को सीमित कर लेते हैं। इस सम्मोहक तथा अर्ध निंद्रा अवस्था में हम अपने आपको अपने खानदान की रिवायत समझ बैठते हैं। हमारा स्वार्थी एवं सामाजिक वातावरण हमारी आत्मा पर भारी पड़ जाते हैं तथा नींद अवस्था में हम यह सब समझने में असमर्थ रहते हैं। हमारा चेतन मन यह सब जानता है कि जो भी हम चाहते हैं वह सब पाया जा सकता है और यह ये भी जानता है कि इसे किस प्रकार पाया जा सकता है। परन्तु दुर्भाग्यवश हमारा सारा ध्यान दुनियावी बंधनों, रिवायतों, सामाजिक रीतियों, कुरीतियों तथा मान्यताओं के अनुसार हमेशा और यों कहिए कि 90 प्रतिशत तक "ना" अर्थात् जो मन की सामान्य अवस्था है उसमें लिप्त रहता है क्योंकि यह उसी को ज्यादा महत्त्व देता है जो यह देख सकता है जो इसके सामने है तथा जो इसे आसानी से संभव दिखाई देता है। मन की माया वास्तिविक अवश्य है, विज्ञान हमें सच्चाई अवश्य दिखलाती है परन्तु परम् सच्चाई तक विज्ञान अथवा सुप्त मन की पहुंच ही नहीं है और अंततः हम झूठ को पकड़ कर बैठ जाते हैं तथा अपने अहंकार के साथ उसे जोड़ लेते हैं तथा उसी को प्रमाणित करने में अपने जीवन का अमूल्य समय बर्बाद करते रहते हैं। वास्तव में यही मन का सामान्य चेतना स्तर है जहाँ यह बाह्य आडम्बरों में लिप्त होकर वास्तविकता से परे हो जाता है।

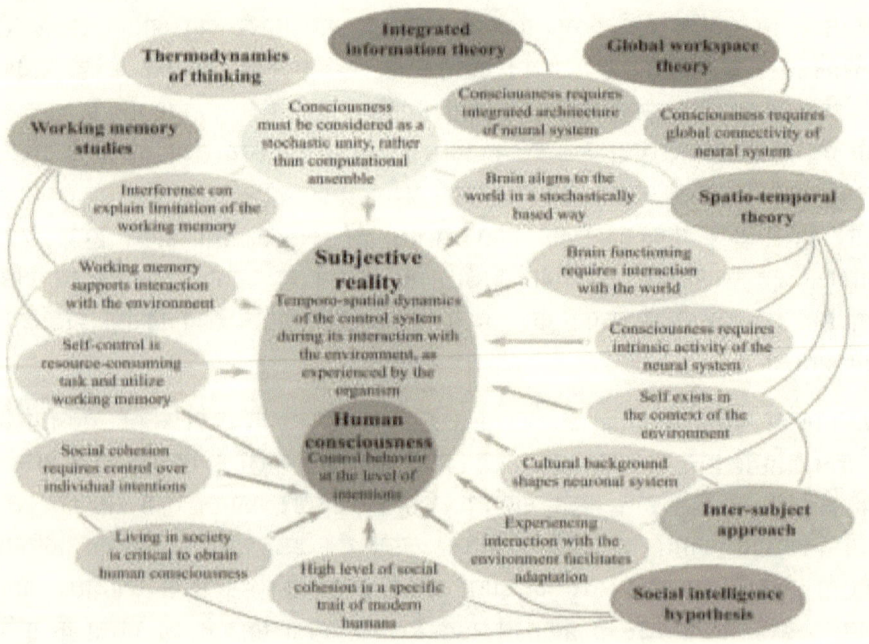

यहाँ पर मैं यह कहना चाहूंगा कि "विज्ञान के बिना धर्म लंगड़ा है,परन्तु धर्म के बिना विज्ञान अंधा है। विज्ञान यदि वर्तमान है तो धर्म भविष्य की गहराईयों में झांकने का आईना है। यह धर्म ही है जो हमें अनंत का ज्ञान प्रदान कर हमारे लिए संभावनाओं के दरवाजे खोलता है जबकि विज्ञान शाब्दिक तौर पर ज्ञान से ठीक विपरीत अर्थात् भौतिकता का ज्ञान है जो अंततः समयानुसार बदल जाता है क्योंकि जो आज हम विज्ञान से प्रमाणित करते हैं भविष्य में वही झूठा साबित हो सकता है। धर्म को हो सकता है आज हम प्रमाणित कर ना पायें क्योंकि हमारे पास उतना ज्ञान का स्तर नहीं हो परन्तु धर्म सदैव प्रमाणित है, था और रहेगा"।

यह सब आप पर निर्भर है कि आप किसे धर्म मानते हैं और किसे विज्ञान। धर्म आपको अनंत काल तक जगाने का कार्य करता है जो कि आपकी जाग्रत अवस्था का स्तर है जबकि विज्ञान आपको थोड़े समय तक सुलाने का कार्य करता है जो कि आपका सामान्य चेतना स्तर है।

3. पूर्व चेतना स्तर Preconsciousness इस अवस्था को जाग्रत अवस्था से पहले का स्तर कहा जा सकता है जिसमें मन सच्चाई के नजदीक पहुंच कर दोराहे पर खड़ा हो जाता है कि आगे जाऊँ या पीछे परन्तु आगे बढ़ने से पहले उसे पीछे मुड़ने का डर स्ताता है और वह दोराहे पर खड़ा सिर पीटता है जिसे हम द्वंद्वता की स्थिति भी कह सकते हैं। यह हमारे चैतन्य स्तर के ठीक विपरीत स्तर है जहाँ हमारे अनुभवों को आत्मसात् कर लिया जाता है,।

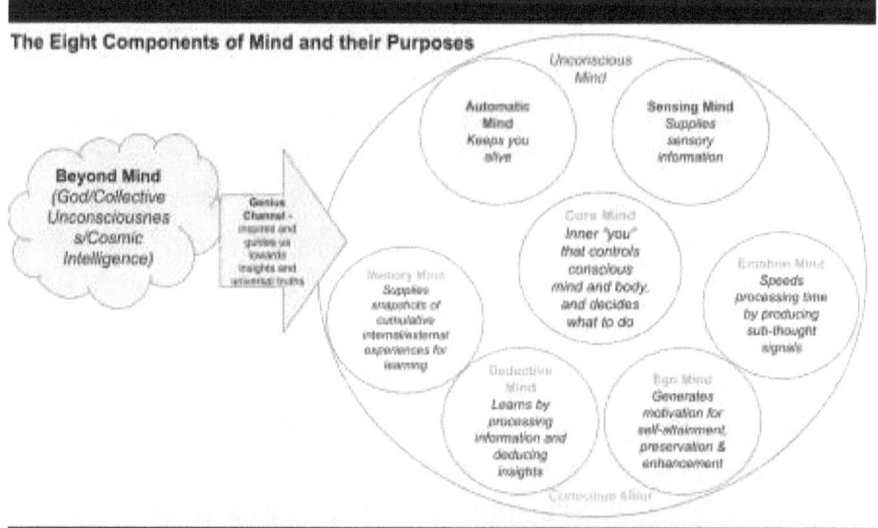

The Eight Components of Mind and their Purposes

इस स्तर पर मन वास्तिविकता को जानकर संभावनाओं को भी अपनी पहुंच में देखता है परन्तु भंवरे की तरह अपने साथ उप चैतन्य स्तर से वो यादें लेकर आता

हमारी दिमागी सोच तथा कल्पनाओं को बुद्धि के साथ संभावनाओं को रूप प्रदान किया जाता है ताकि उसे आत्म स्तर पर विकसीत किया जा सके। इस स्तर में चेतना शक्ति को एक जगमगाते पोल के रूप में देखा जा सकता है जबकि मन की अवस्था उसके इर्द गिर्द फैले प्रकाश की सीमा के रूप में होती जो कि पोल की तरह चकाचौंध भरा नहीं है। इसे अपना अस्तित्त्व पाने के लिए भंवरे की तरह अंधियारे को छोड़कर लाईट क्षेत्र से गुजर कर पोल तक पहुंचना होगा ताकि वह अपना अहंकार जलाकर अपने आप को प्रकाश के साथ आत्मसात् कर सके।

है जिन्हें परिस्थितिवश सोच स्तर पर सक्रिय तथा उत्तेजित कर दिया गया था । ठीक उसी प्रकार जिस प्रकार भंवरा सशरीर प्रकाश से अपने प्रेम के कारण आकर भस्मित हो जाता है परन्तु वह ज्ञान की अवस्था को प्राप्त नहीं कर पाता परन्तु उसका प्रेम उसे अमर बना देता है जो कि एक शारीरिक, मानसिक संफूर्णा है जो कि उप चैतन्य स्तर पर प्रकट हुई थी । इस स्तर पर मन दुविधाओं में फंसा हुआ एक स्वतंत्र अधिक्षक है जो बुद्धि नामक मैनेजर के सामने फाइल रखकर उसके कंधे के ऊपर से लिपिक द्वारा पेश की गई टिप्णियों को अपने नजरिये से देखने के बाद अपनी अनुशंसा देकर भी निर्णय नहीं ले पा रहा है कि अब क्या किया जाये अर्थात् वह अपनी अनुशंसाओं को प्राथमिकता दे या लिपिक की टिप्णियों को यथासंभव स्वीकार कर फाईल को आगे बढ़ाए ताकि प्रबंधक तथा महाप्रबंधक को इस पर कोई एतराज न हो। यही स्थित पूर्व चेतना का स्तर है जहाँ अधीक्षक को अपना निर्णय प्रबंधक की सलाह के अनुसार लेना ही होगा अर्थात् वह लिपिक से सहमत है अथवा असहमत। उसकी इसी अनुशंसा के स्तर को पूर्व चेतना स्तर का नाम दिया गया है। इस स्तर पर आप न तो फाईल रोक कर बैठ सकते हो और इसे आगे बढ़ाने के लिए आपको नियम, उपनियम, संभावनाओं, भावनाओं, हित–अहित, आत्मचिंतन से अपना निर्णय व प्रबंधक एवं लिपिक दोनों ही स्तर पर समन्वयन से कार्य करना होगा तथा तभी अपनी अनुशंसा प्रस्तुत करनी होगी। यही पूर्व चेतना का स्तर है द्वंद्व का त्याग तथा निर्णय लेने के लिए अपनी आत्मशक्ति का उपयोग। यह सभी की नित्त्य स्थिति हो सकती है जब हम द्वंद्व में होते हैं कोई निर्णय लेने में असमर्थ अवस्था में अंततः आत्मचिंतन का सहारा लेते हैं।

4. अवचेतना स्तर Sub Conscious मन का वह स्तर है जिसके बारे में जानकारी नहीं होती तथा वह मन के कंट्रोल से बाहर है जैसे कि हमारी छाया। यह चेतना का वह स्तर है जिसमें पुरानी यादें समेटे रहती हैं तथा किसी भी निर्णय से पहले बुद्धि इन अनुभवों के साथ निर्णय की तुलना करती है, अनुभव आधार पर हाँ या नाँ में उत्त्तर प्रेषित कर दिया जाता है अथवा अनुभवों को स्वप्न अथवा शुशुप्ति अवस्था में चित्रांकित कर दिया जाता है। इन अनुभवों के आधार पर मन अपना निर्णय लेता है तथा उसके निर्धारण के लिए पूर्णतया चेतना के हवाले कर विश्राम की अवस्था में आ

जाता है। बोधिक स्तर पर हमारे सभी भावनात्मक एवं इंद्रिय अनुभव जमा रहते हैं तथा अवचेतन मन इन्हें आवश्यकता पड़ने पर याद कर लेता है। यह सुचनाओं का विशाल भंडार होता है जो हमारे पूर्व चेतन स्तर पर लगाई गई अनुशंसाओं के लिए

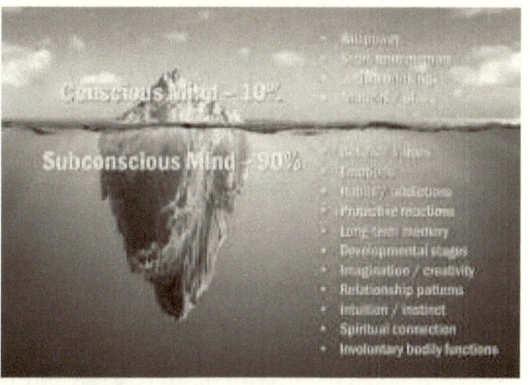

सुरक्षा का कार्य करती हैं। छायांकित हिस्सा हमारे मन का वह हिस्सा होता है जिसमें भय, अनिच्छायें, दलित भावनायें, धोखा तथा ऐसे अनुभव जुड़े होते हैं जिनसे हमारी भावनायें आहत् हुई हों। जब ऐसी स्थितियाँ वर्तमान में पैदा हो रही हों तो हमारी चेतना इन्हें अपनी छाया से मिलान करती है तथा हमें आगे बढ़ने से रोकने के लिए अपनी अनुशंसा प्रस्तुत करती है ताकि ऐसा दोबारा न होने पाये। यह हमारे मन का एक प्रतिक्रियावादी त्वरित स्वरूप है जो कि बिना चेतना के अपना तुरंत निर्णय लेता है क्योंकि यह पिछले अनुभवों, वेदनाओं तथा कुंठाओं से दोबारा गुजरना नहीं चाहता ।

5. अचेतना स्तर The Unconscious :- हमारी चेतना का यह वह स्तर है जिसमें जीवन संघर्ष तथा शरीर की अनिवार्य उत्कंठायें शामिल हैं जैसे कि जन्म के समय बैठा हुआ भय तथा पेशाब के लिए उठी हुई संवेदनायें। इस चेतना में शरीर की समस्त इंद्रियाँ तथा तंत्र शामिल होते हैं तथा मन पर अपना प्रभाव समयानुसार डालते हैं जिससे वह अन्य सभी कार्यों, कल्पनाओं एवं योजनाओं को त्याग सर्वप्रथम शरीर की मांगों को पुरा करने में लग जाता है। यह स्तर चेतना के गहरे स्तर को भी समेटता है जिसमें इस जीवन की समस्त यादें तथा अनुभव शामिल रहते हैं। इस स्तर पर स्वप्निल संसार तथा पुरानी यादें शामिल होते हैं जिनमें हम कई बार पंछी बन कर उड़ते हैं अथवा शेर बन कर दौड़ते हैं। इन यादों से हमारे व्यवहार का स्तर निर्धारित होता है। यही वह स्तर है जहाँ से मानव स्वप्नों की उड़ान भरता है तथा चेतना के समस्त स्तरों को पार कर चेतना में स्थित होने की योजनायें बनाता है। यह हमारे मन के सभी जंग जंगालों से भरा स्तर है जहाँ से हमारी बुद्धि में भूचाल पैदा होते हैं तथा हम अंदर से बाहर की और दौड़ते हैं कुछ करने के लिए अथवा अपनी जान बचाने के लिए।

इस स्तर पर चेतना शरीर एवं मन दोनों स्तरों से जुड़ी होती है तथा मन इंद्रियों तथा भावनाओं से उपजी संवेदनाओं को पुरा करने के लिए समस्त शरीर तंत्र के जंजाल में फँसकर दिन रात शारीरिक संवेदनाओं को संभालने में लगी रहती है।

दूसरी और भावनाओं में बह कर कुछ न कुछ नया कर पाने के स्वप्न एवं प्लानिंग करती रहती है।

मनोराज्य संतुलन के उपाय

जीवन को नित्त्यप्रति संवारने के उपायों को पाठकों के लिए निम्न प्रकार वर्णित किया गया है :–

1. मन को अपना दोस्त बनायें :– जैसा कि पहले ही बतलाया जा चुका है कि हमारे चारों और फैले मायावी साम्राज्य का निर्माण केवल हमारी मानसिक भावनाओं, सोच तथा विचार का नतीजा है। इससे अभिप्राय है कि भौतिकता "मन" की क्रिएशन है तथा इसकी खुराक भी यही है जबकि बुद्धि की खुराक है शाँति तथा यही हमारी आत्मा का स्वभाव भी है। आपने अनुभव भी किया होगा कि जब आपकी मनोचेतना शक्ति उन्नत होती है तो आपके जीवन में भी बहार आ जाती है। ऐसा तभी संभव हो पाता है जब आप अपने दिमाग के दायें तथा बायें हिस्सों में संतुलन बनाने में कामयाब हो जाते हैं।

LEFT BRAIN FUNCTIONS	RIGHT BRAIN FUNCTIONS
USES LOGIC	USES FEELING
DETAIL ORIENTED	"BIG PICTURE" ORIENTED
FACTS RULE	IMAGINATION RULES
WORDS AND LANGUAGE	SYMBOLS AND IMAGES
PRESENT AND PAST	PRESENT AND FUTURE
MATH AND SCIENCE	PHILOSOPHY & RELIGION
CAN COMPREHEND	CAN "GET IT" (I.E. MEANING)
KNOWING	BELIEVES
ACKNOWLEDGES	APPRECIATES
ORDER/PATTERN PERCEPTION	SPATIAL PERCEPTION
KNOWS OBJECT NAME	KNOWS OBJECT FUNCTION
REALITY BASED	FANTASY BASED
FORMS STRATEGIES	PRESENTS POSSIBILITIES
PRACTICAL	IMPETUOUS
SAFE	RISK TAKING

इसको दूसरे शब्दों में इस प्रकार भी समझा जा सकता है कि आपका बायां हिस्सा आपके बाह्य संसार को देखता है जबकि दायां हिस्सा बुद्धि के साथ समन्वय बनाकर आपकी असली क्रियात्मक शक्ति को देखता है और इन दोनों शक्तियों में जब संतुलन अर्थात् बायां हिस्सा बाह्य वातावरण अथवा इंद्रियों से इच्छाओं को ग्रहण कर

जब स्वयं फैसला न लेकर बुद्धि से वार्तालाप करके इच्छाओं की पूर्ति अथवा उन्हें रिजैक्ट करने का फैसला लेता है तो उसके परिणाम दुरगामी तथा सुःखदायक होते हैं। हमें इसी कला को नित्त्यप्रति स्वभाव के साथ जोड़ना है। बुद्धि तथा मन के बीच में संतुलन से दिमाग के दोनों हिस्सों के बीच में पैदा हुए इस संतुलन से बायें तथा दायें हिस्से में बराबर मात्र में रक्त का दौरा बढ़ने से शरीर में ऊर्जा का संचार संतुलित मात्र में होकर हमारी विचार शक्ति एवं कर्म शक्ति दोनों को बल मिलता है जिससे हमारी सफलता का ग्राफ नित्य प्रति बढ़ने लगता है। अतः हमें संपूर्ण सोच के इस तरीके को अपनाना चाहिए। दूसरे शब्दों में आप इसे इस प्रकार भी समझ सकते हैं कि जब भी आपके मन में किसी व्यक्ति, वस्तु अथवा विचार के प्रति उत्कंठा पैदा होती है तो थोड़े समय के लिए इसे केवल देखना आरम्भ कीजिए न कि इसके साथ कर्म में लग जाईये, जब आप कुछ समय के लिए विचार को देखना आरम्भ करेंगे तो यही आपकी चिंता से हटकर चिंतन में जाने की प्रक्रिया है। ध्यान रहे यहाँ पर हमें अपने मन को मारना नहीं सीखना है, उसे इग्नोर नहीं करना है वरना उसे समझा बुझाकर अपने साथ चलाना है क्योंकि मन का स्वभाव है कि यह किसी न किसी कार्य, वस्तु अथवा विचार में संलिप्त रहना चाहता है, इसे अच्छे बुरे का कोई ज्ञान नहीं है केवल कहीं न कहीं लगे रहना इसका स्वभाव है अतः आपको केवल कहीं न कहीं लगाए रखना है परन्तु वासनाओं, झुठ अथवा कौरे आकर्षण में नहीं वरन् बुद्धि के साथ जागृत रह कर और वह भी चिंता के साथ नहीं चिंतन के साथ। चिंता नकारात्त्मकता है तो चिंतन सकारात्त्मकता।

मन का स्वभाव है संलिप्ती, अपने स्वभाव से जोड़िये ।
सच्चा 'दोस्त' है ये आपका, इसे अकेला मत छोड़िये ।।2302।।

2. मन को चिंता से हटाकर चिंतन में लगायें :– अब हम यहाँ पर चिंता और चिंतन में भेद जानने की कोशिश करेंगे। मान लिजिए आपका मन चाकलेट खाने को अत्यंत उतावला है तो तुरंत चाकलेट के गुण दोष पर विचार करना आरम्भ कीजिए कि चाकलेट खाने से दांत खराब होते हैं, चाकलेट खाने से शुगर बढ़ने का खतरा है, चाकलेट खाने से मेरी भूख मारी जायेगी और दोबारा खाने के चक्कर में शरीर का कैलरी स्तर बढ़ जाने से मोटापा बढ़ने का भी खतरा है। अब सोचिए कि आपने इससे पहले चाकलेट कब खाई थी, यदि बीते कल ही खाई थी तो अब इतनी जल्द

क्या आवश्यकता है अभी एक दो दिन ठहर कर खायेंगे या आप यह भी सोच सकते हैं आज किसी और अन्य वस्तु पर विचार किया जाये इत्यादि इत्यादि । यहाँ पर चिंता पर आप जब थे जब तुरंत चाकलेट खाने का दिल कर रहा था परन्तु उसके बाद का सारा प्रोसैस आपका चिंतन ही था यद्यपि आप यह भी मान सकते हैं कि थोड़े से पैसे के लिए इतना सारा सोचने की क्या आवश्यकता है हमें मन को तुरंत ही शाँत करने के लिए तुरंत चाकलेट लाकर खा लेनी चाहिए।

यहीं पर मन के नियंत्रण में आकर उत्तेजित हैं तथा चिंता की अवस्था में हैं। जब आप बार बार मन की सिफारिशों एवं ख्वाहिसों को पुरा करते ही जाते हैं तो आपका मन हर बार जीत कर हजार गुणा शक्तिशाली होता जाता है और हम इसके गुलाम बनते जाते हैं जबकि संतुलित जीवन जीने के लिए हमें चिंतन का रास्ता अपनाकर इसे बार बार समझा कर अन्य रचनात्मक कार्यों में लगाना चाहिए जिससे समाज, शरीर व आपकी आत्मशक्ति का विकास हो और वह तभी संभव हो पाता है जब आप चिंतन द्वारा मन पर विजय पाकर इसे अपने साथ चलने के लिए समझाने के लिए समर्थ हो जाते हैं। मन पर आपकी विजय बुद्धि के लिए हजारों गुणा टोनिक का कार्य करती है और आप नित्त्यप्रति सशक्त होते जाते हैं यही आपकी असली शक्ति है वरन् मन तो नित्त्य प्रति अबदल तथा सदैव अनिश्चित है।

चिंता और चिंतन, मन के स्वभाव हैं।
चिंता में ये चिंतित, चिंतन में परमात्कि भाव है।।2303।।

3. हमेशा आत्मा की आवाज सुनें :– मन और बुद्धि में मुख्य भेद यही है कि बुद्धि सदैव आपके, समाज के, वातावरण तथा आत्मा के प्रति वफादार है। इसके द्वारा लिए गए सभी फैसले संपूर्णता अर्थात् ''सर्व हिताय सर्व सुखाए'' सिद्धांत से जुड़े होते हैं जबकि मन के फैसले स्वार्थप्रिय, कष्टकारी एवं त्वरित आधार पर ''करो या मरो'' की स्थिति में लिए गए होते हैं। अतः हमें हर विषय के दूरगामी प्रभाव देखकर ही सदैव सोच विचार के साथ फैसले लेने चाहिऐं।

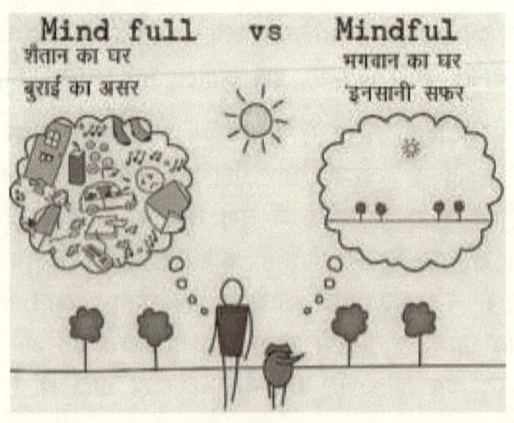

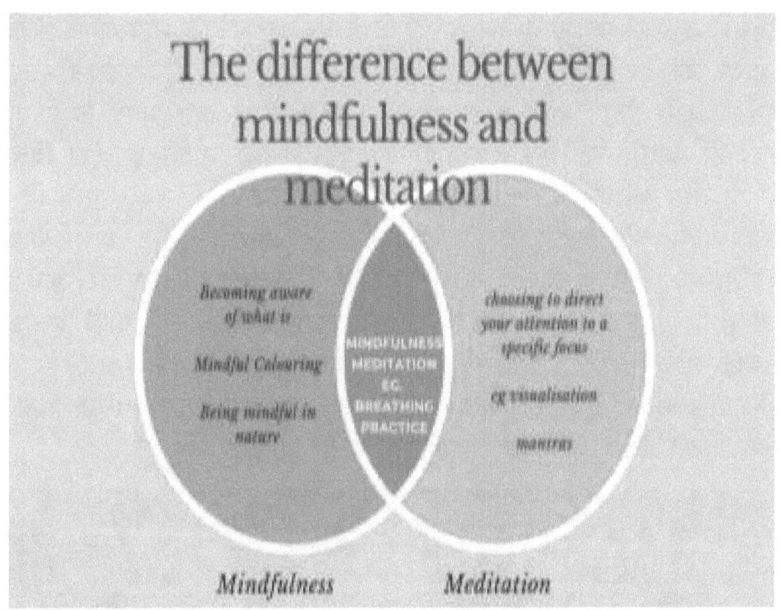

मन का स्वभाव कि वह हमेशा भावनाओं में बहकर फैसले लेते है जबकि बुद्धि स्तर के फैसले सदैव दूरगामी तथा आत्मसंफूर्णा से जुड़े होते हैं तथा इसी प्रकार की सोच से मानवता के विकास का आधार तैयार होता है तथा मनोत्त्थान तथा जागरण के नये आवरण तैयार होते हैं जिसे संपूर्ण सोच कहा जाता है। अतः हमें फैसला लेने से पहले सदैव उसके गुण दोष पर विचार कर बुद्धि स्तर पर लेना चाहिए। आवेश एवं बिना चिंतन के लिए गए फैसले दूरगामी नहीं होते हैं तथा अंततः इनके परिणाम भी अंततोगत्वा दुःखदायी होते हैं। सुःखद भविष्य निर्माण एवं मानव कल्याण के लिए हमें मस्तिष्क को संपूर्ण तौर पर कार्य में लाने की कलाओं को विकसित करना चाहिए तथा हमेशा ही बुद्धि स्तर पर फैसले लेने चाहिऐं ताकि हमें अपने ही फैसलों का शिकार न होना पड़े ।

4. मन को साफ करते चलें :–आपका मन विचारों का कचरा घर है। नित्त्य प्रति इसमें हजारों विचार निरंतर पैदा होते हैं परंतु इनमें से कितने विचारों पर आपने ध्यान दिया या नहीं आप नहीं जानते। अतः अपने मन को निरंतर देखने की कला का निर्माण करें, जो भी विचार आपसे संबंधित नहीं है अथवा जो विचार आपमें हीन भावना, डर, अहंकार, लालच तथा अहं का भाव पैदा करते हैं उन्हें तुरंत हटाते जायें उदाहरण के तौर पर आपके मन में विचार पैदा हुआ कि आपको तुरंत आईसक्रीम चाहिए–तो ऐसी स्थिति में मन से इस विचार को हटाने के लिए पहले खाई गई आईसक्रीम के अनुभव को दोहराईये तथा मन में विचार पैदा कीजिए कि अभी तो कुछ दिन पहले आईसक्रीम खाई थी अभी नहीं, और इस विचार से अपना ध्यान

कहीं दूसरी और ले जाईयें । बार बार इसी प्रकार दोहराने से आप अपने विचारों को तथा कचरे को दूर करने में सहायक बन सकते हैं। इसी प्रकार सैक्स इत्यादि के विचारों से ध्यान हटाने, तथा इंद्रियगत कुंठाओं को मात्र कुछ समय के लिए देखते रहने से ही आप गल्त विचारों से अपने आपको हटा सकते हैं, ऐसे विचारों के दुष्परिणाम तथा ब्रह्मचर्य के महत्त्व पर विचार केंद्रित करने से आप सैक्सी विचारों से छुटकारा पा सकते हैं। मान लीजिए ड्राईविंग करते समय हर मौड़, चौराहे व क्रासिंग पर बुरे या एक्सीडैंट के विचार मन में आते हैं तो महसूस कीजिए कि आप एकदम सुरक्षित हैं तथा परमात्मा ही आपका सारथी बनकर आपके लिए गाड़ी चला रहा है और उनके हाथों में जहाँ सारी की सारी दुनियाँ सुरक्षित है, उसके होते हुए आपका कुछ भी बाल बांका नहीं हो सकता आदि विचार अपने मन में दृढ़ता के साथ धारण करें और किसी भी डर के विचार का त्याग करते जायें ।

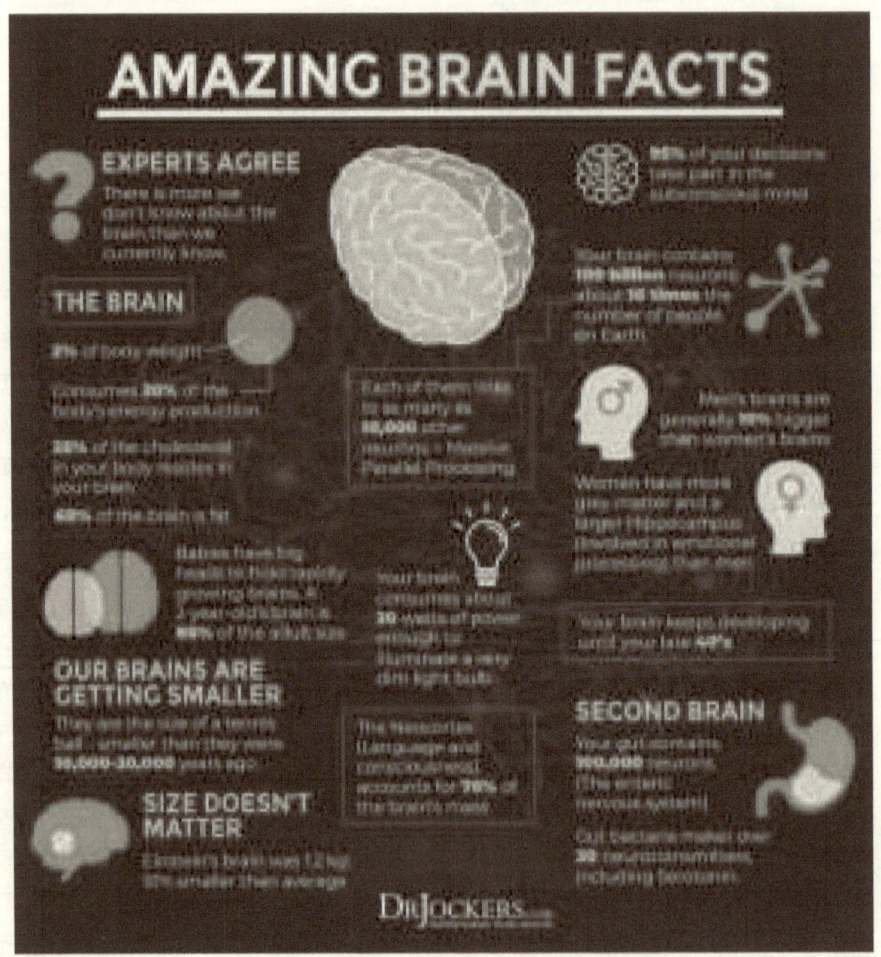

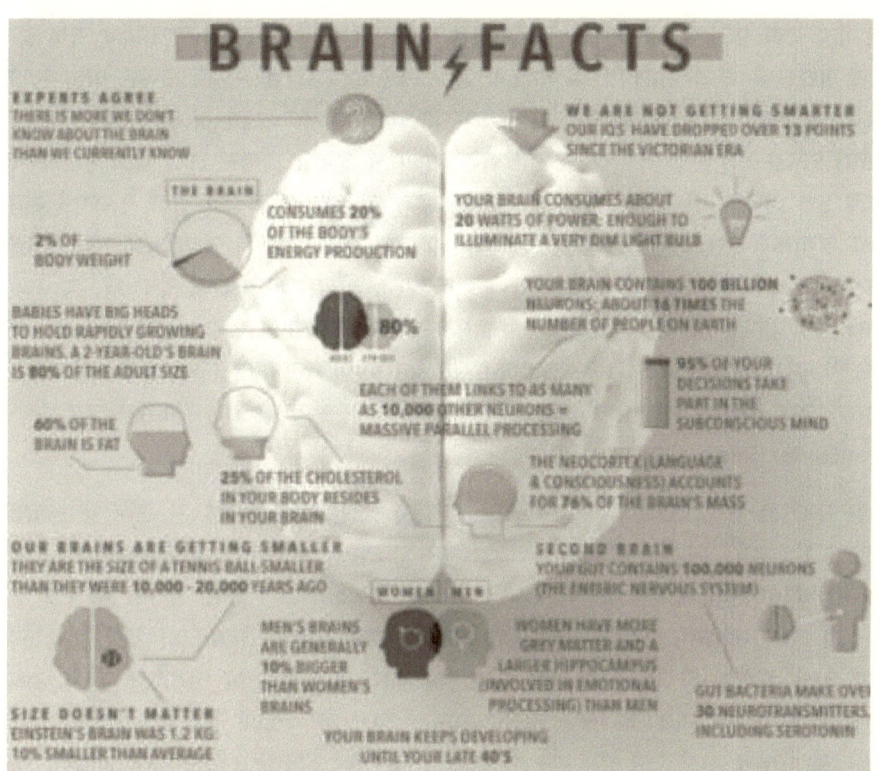

मन के कचरे को नित्त्य ही हटाना भी उतना ही आवश्यक है जितना घर की कचरा पेटी से गंदगी को हटाना वरना यह समस्त घर में बदबू फैलाना आरंभ कर देती है। इसी प्रकार मन के विचारों की दुर्गन्ध हमारे मस्तिष्क में फैल कर हमारा जीना हराम कर देती है। समुंद्र, नदी अथवा अपने घर के किसी कोने में पांच से दस मिनट तक शाँतचित्त होकर बैठ जायें तथा मन को देखना आरंभ करते जाईयें तथा विचारों के लगातार चलती धारा को देखिए तथा उनसे अपने आपको अलग करते जाईयें, कहिए या सोचिए ये विचार मेरे मन के थे मेरे नहीं मैं इनसे पूर्णतया अपने आपको अलग करता हूँ। ऐसा अभ्यास आप सोने से पहले तथा उठने से पहले बिस्तर में भी कर सकते हैं। मन को नित्त्य खाली करने तथा विचारों से अपने आपको अलग करने का ये अभ्यास आपको बहुत सारे झंझावातों से बचाएगा तथा मन स्वयं ही वैसे विचार पैदा करना शुरू करेगा जिन्हें आप प्राथमिकता देते हैं तथा जिनसे आपका जीवन सुःखमय एवं शाँत बनता है क्योंकि मन आपका है विचारों का नहीं।मन ही आपके मोक्ष का साधन है तथा मन ही आपकी परतंत्रता है। मन के दो मुख्य पहलू हैं 1. विवेचना 2. कल्पना। विवेचना में यह अपने आपको दुनयावी झंझटों से स्वतंत्र समझता है तथा मोक्ष चाहता है जबकि कल्पना में यह अपने आपको दुनियाँ के साथ बांध लेता है। अविवेचना तथा अज्ञान के कारण यह समझ बैठता है कि आत्मा शरीर

में कैद एक पंछी है जो समय पाकर उड़ जायेगा, इसी प्रकार अपने इंद्रिय सुख प्रेम एवं शरीर के साथ संलिप्ति के कारण यह अपने आपको शरीर का सेवक मान बैठता है तथा शरीर की सेवा करना इसका धर्म हो जाता है तो अपने आपको जीवात्मा का कैदी समझ बैठता है तथा इसी की सेवा सुश्रा में अपना जीवन लगा देता है। परन्तु जब इसे आत्मा के द्वारा ज्ञान का अनुभव होता है तो आत्मा की सेवा में अपने आप को लगाकर इसे स्वतंत्र करने में अपने आपको लगा देता है तथा इसे मोक्ष प्रदान करा कर ही दम लेता है। हमें मन की कल्पना शक्ति को बढ़ावा देना चाहिए तथा मोक्ष की प्राप्ति को ही अपने शरीर का मूल उद्देश्य जानते व समझते हुए मन को मन के ही द्वारा साफ करते जाना चाहिए। मन को साफ करने के लिए पानी पर त्राटक करते हुए विचारों को पानी को सौंपते जाईये । आकाश को निहारते हुए अपने विचारों को छोड़ते जाईये।

हमें मन को उसी तरह प्रयोग में लाना चाहिए जिस प्रकार लोहे से लोहे को काटा जाता है। हमें मन की विवेचना शक्ति को उपयोग करते हुए इसे लगातार बताते रहना चाहिए कि आत्मा शरीर में कैद है तथा इसको बंधन मुक्त करना ही मन का पहला तथा अंतिम लक्ष्य है शरीर के साथ इसका रिश्ता सेवक का नहीं है बल्कि यह स्वयं शरीर का राजा है तथा राजा का कार्य है शरीर को नियंत्रित करना तथा इसके कार्यों की पूर्ति के लिए उचित आदेश तथा संवेदनाओं को पास करना। बार बार के चिंतन द्वारा जब हम मन की इस शक्ति को विकसित करेंगे तो आपका मन स्वयं के ही विचार द्वारा शक्तिशाली होकर आपके लिए मोक्ष के द्वार खोल देगा। मन की जिद्दी, दुराग्रही तथा निष्क्रिय ऊर्जा को सत्त्याचारीणी तथा धनात्मक ऊर्जा में बदलने के लिए मन को सात्विक ऊर्जा से लगातार भरते जाईये। लगातार अपने ईष्ट, प्रभु, माता पिता, दोस्तों तथा जो भी आपके इर्द गिर्द सहायक है उसको धन्यवाद दीजिए। अपने विचारों के परवाह को अपने प्रभु के चरणों में निरन्तर इस प्रकार प्रवाहित करते जायें जैसे आप उनके चरणों में जल, फूल अथवा प्रार्थना लगाते हैं। अपने विचारों को ही अपनी पूजा में बदल दीजिए तो आपकी पूजा अखण्ड हो जायेगी तथा परमात्मा का सानिध्य अथवा आपका वैचारिक तर्पण आपके लिए तारणहार बन जायेगा। तपस्या, एकाग्रता, इंद्रिय नियंत्रण, ब्रह्मचर्य, निडरता, सत्त्संग तथा मानसिक जाप द्वारा अपने मन को भरते जाईये। सदैव अपने आपको परमात्मा के हाथों में सुरक्षित महसूस कीजिए तथा इच्छाओं की पूर्ति पर उसे श्रद्धा और विश्वास के साथ धन्यवाद दीजिए।

5. मन को बुराई से अच्छाई में लगायें :–हमारा मन हर अवस्था में आराम परस्त है तथा मेहनत से दौड़ता है। इसे हर वह वस्तु पसंद है जो इसे आसानी से उपलब्ध हो सकती है। किसी भी वस्तु में संलिप्त होना इसका स्वभाव है। इसके अतिरिक्त बुराई सदैव ही आकर्षित करती है तथा थोड़ी सी मेहनत अथवा चालबाजी से

उपलब्ध होती है जबकि अच्छाई हमेशा परीक्षार्थ उपलब्ध होती है और मेहनत द्वारा ही प्राप्त होती है। मन एक बच्चे के समान है जो थोड़े समय के लिए अपनी जिद्द पर कायम रहता है परन्तु समझाने बुझाने अथवा डांट डपट द्वारा जल्द ही अपनी जिद्द त्याग देता है तथा अन्य विकल्प से जल्द समझौता कर लेता है। अतः मन तथा अच्छाई की इन विशेषताओं को जानकर हमें बुद्धि का उपयोग कर जिस प्रकार जहर से ही जहर को मारा जा सकता है उसी प्रकार मन की विशेषताओं का उपयोग करना चाहिए। हमें मन की हर इच्छा को पूरा नहीं करना चाहिए यद्यपि उसे अच्छा विकल्प देना चाहिए। मन के साथ विरोध करने की अपेक्षा उसे समझा बुझाकर अच्छे रास्ते पर लगाना चाहिए। अपने आपको शांतचित्त अवस्था में रखिए तथा अच्छाई के लिए यदि अडिग होना पड़े तो अवश्यमेव अडिग हो जाइये। जिन वासनाओं, चिंताओं तथा व्यसनों को आप छोड़ चुके हैं उन्हीं की ओर आपका मन बार बार जायेगा परन्तु यदि आप विवेक से काम लेते हैं तो यह उन्हीं से जल्द ऊब चुका होता है।

मन को बहुत अधिक स्वतंत्रता मत दीजिए केवल विवेक के साथ इसे अच्छे विकल्प दीजिए यह स्वीकार करेगा और आपका साथ देगा। जब कभी मन अडिग होने लगे तो इसे डांट डपट कर समझाईये पर इससे झगड़िये मत। आत्म संतुष्टि आपका जन्मसिद्ध अधिकार है तथा यही मन के लिए आपका सर्वोत्तम हथियार भी है जब भी जरूरत पड़े विवेक के साथ मन को समझाईये की जो भी आसानी से उपलब्ध है उसी में संतुष्टि करे ज्यादा के लिए लालायित होने से मन की वासनायें और बढ़ेगी तथा तृष्णा नित्त्य प्रति बढ़ती ही जायेगी। 'संतोष सबसे बड़ा धन है तथा यही परम् लाभ है' ऐसी युक्तियों के माध्यम से इसे समझाते जाइये आपको सबसे बड़ा लाभ प्राप्त होगा ।

व्यर्थ के साहित्त्य से मन हटाकर सात्त्विक साहित्त्य पढ़ना, व्यर्थ के व्यसनों में समय न लगाकर सतसंग में समय लगाना, अत्यधिक खाने की अपेक्षा थोड़ा तथा शुद्ध व सात्त्विक आहार लेना, आत्त्मा की खुराक लेना जैसे ध्यान एवं कीर्तन। औरतों की संगत, हानिकारक संगीत तथा सैर सपाटे से अपने आपको बचाकर पुस्तक पढ़ना, आत्मचिंतन करना तथा नदि अथवा तालाब के किनारे बैठकर चिंतन मनन करना आदि ऐसे उपाय हैं जो मन को उत्कंठाओं से परे ले जाकर इसे शाँत एवं अनुशाशित करते हैं श्री भगवत गीता कहती है अपने जीवन में तीन सात्त्विक वृत्तियोंः सद् साहित्य, ध्यान एवं सेवा को जीवन में अवश्य स्थान दें। जब आप निर्विकल्प समाधि को प्राप्त हों तो सब त्याग कर केवल ज्ञान बांटना आरम्भ कर दें आपका मन अवश्यमेव नियंत्रित हो जाएगा तथा आपको जीवन का आनन्द मिलना आरम्भ होगा। निरन्तर भगवान का स्मरण तथा ध्यान करने से आपका मन जाग्रत समाधिस्थ होता है। सदैव परमात्त्मा के प्रति धन्यवादी रहें तथा अपने अपराधों के लिए हमेशा उठते, बैठते, चलते फिरते क्षमा का दान मांगे आपको वह सब कुछ आनंदमयी स्थिति में

मिलना आरम्भ हो जायेगा जिसे पाने के लिए आप आत्तुर रहते थे जिसके पाने से आपको दुःख मन मांगी मुराद के रूप में मिलते थे। यह मन को राजसी तथा तामसिक प्रवृत्तियों से हटाकर सात्त्विक में लगाने की अदभूत कला है जो आपके जीवन को आनंदमय बना देती है तथा मन के संकल्प तथा विकल्प इस अवस्था में हवा हो जाते हैं।

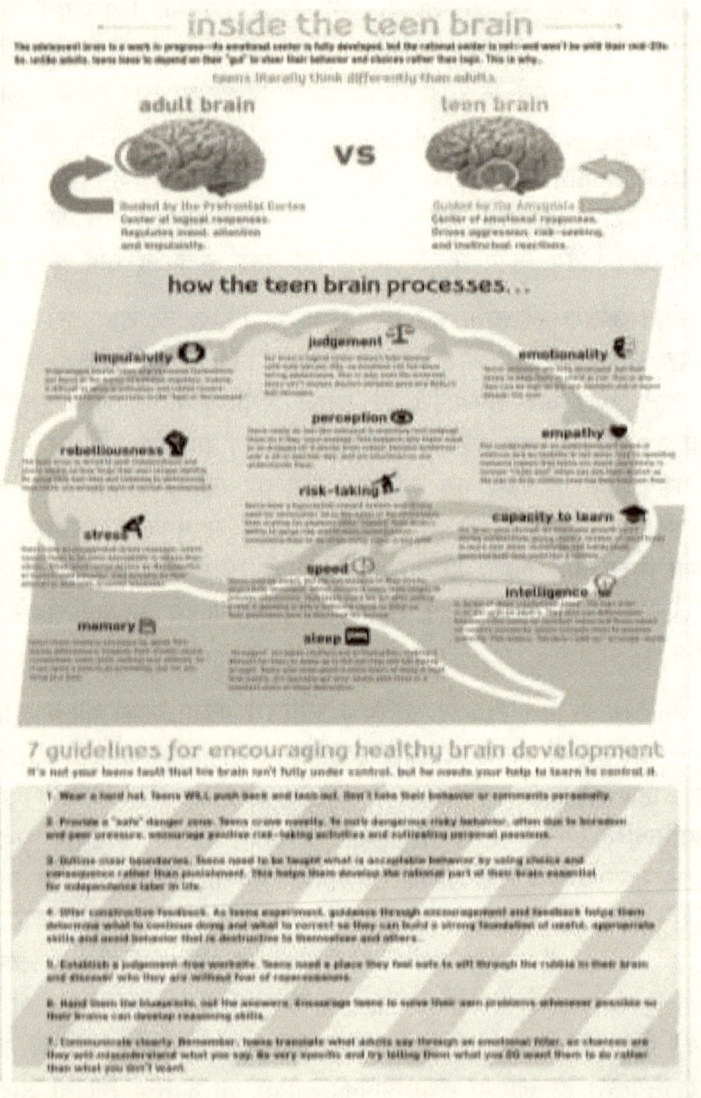

जब आप ध्यान में अपना ध्यान परमात्मा पर केंद्रित करते हो तो अपने ह्रदय में अपने ईष्ट को जगह देते हो तो ह्रदय के माध्यम से शरीर की हर कोशिका को

सात्विक करंट पहुंचना आरम्भ हो जाता है जो कि उनको अपने शारीरिक कार्यों से हटाकर शाँत कर देता है जो वह शरीर के सोने की अवस्था में कर पाती हैं।

दूसरे शब्दों में ध्यान द्वारा पैदा किया यह करंट उस करंट से हजारों गुणा अधिक होता है जो वह पचन पाचन द्वारा स्वयं पैदा करती हैं। इस तेज की शक्ति के बाद उन्हें पचन पाचन द्वारा प्राप्त ऊर्जा की कोई आवश्यकता नहीं है जिस प्रकार सूर्योदय के उपरान्त हमें घरों में बिजली की आवश्यकता नहीं रहती है। यही अवस्था हमें समाधि द्वारा प्राप्त होती है जब हजारों बल्बों का प्रकाश हमारे मस्तिष्क को चकाचौंध व शांत कर देता है क्योंकि इस अवस्था में मस्तिष्क अपने सभी कार्य बंद कर आत्मा को अपना सर्वस्व समर्पित कर देता है जिसे जाग्रित अथवा बोधिक अवस्था कहा जाता है। आपका अवचेतन मन आपका आज्ञाकारी नौकर है जो भी कुछ आपको इसको आदेश देंगे यह वही आपके लिए करेगा। यदि आपके आदेश बुरे कार्यों के लिए हैं तो यह उन्हें उतनी ही आसानी से कर पायेगा जितनी आसानी से यह अच्छे कार्यों को कर पाता है। परन्तु विडम्बना यह है कि बुरे तथा अच्छे दोनों ही कार्यों का फल कभी तुरन्त नहीं मिलता । प्रकृति अपना समय लेती है तथा बुरे अच्छे का निर्धारित फल आपको समय पाने पर ही मिलता है। परन्तु यहाँ पर भलाई यह है कि मन अच्छे बुरे की पहचान करने में असमर्थ है और अच्छे बुरे कि पहचान केवल बुद्धि ही कर पाती है और इसी का लाभ हमें उठाना है कि हमें अच्छे बुरे का निर्धारण सामाजिक परिस्थितियों, तथा अपनी अनुकुलताओं के आधार पर ही करना है। हमारे लिए किसी भी परिस्थिति में क्या बुरा अथवा अच्छा हो सकता है यह केवल हमारी परख पर निर्भर करता है। अतः हमें अपनी परख अनुसार अच्छा पहचान कर मन को उस पर केंद्रित करना है तथा वैसा ही करने के आदेश मन को देने हैं। परन्तु यदि आपको लगता है कि आपके लिए परिणाम उल्ट हो रहे हैं तो कृपया अपने आदेश पर गौर कीजिए और अच्छे बुरे पर पूनर्विचार कर अपने पुराने आदेश को मन से निकाल कर नया आदेश प्रेषित कीजिए जो पूर्णतया स्पष्ट व छोटे से छोटा हो। यदि आप बार बार क्या गल्त हुआ उसी पर विचार करते हैं तो आपका मन नैगेटिव विचारों से भर जाता है तथा उसकी नजर में जो आप सोचते हैं वही आदेश उसको फोलो करना है, ऐसा मन सोचता है क्योंकि आप भी बार बार बुरे का ही विचार कर रहे हैं। अतः तुरंत बुरे अनुभव पर से अपना ध्यान हटाकर उस पर लगाईये जो अच्छा था और अब आपके लिए अच्छा क्या है तभी परिणाम सुःखदायी होंगे ।

6. दिमाग के दायें तथा बायें हिस्सों में संतुलन कायम करें :–अब जब हमें यह पता चल चुका है कि हम निर्णय लेने में क्यों पिछड़, जाते हैं हमारी सफलता का ग्राफ उतना नहीं होता जो अन्य लोगों का होता है तथा हम जीवन के विभिन्न आयामों में क्यों असफल होते हैं क्योंकि इन सबके पीछे हमारी मानसिक शक्तियाँ काम करती

हैं तथा हमारे दिमाग के मूलतः दोनों हिस्सों में असंतुलन ही हमें अनिर्णयता की ओर अग्रसर करता है तो हमें अब इनमें संतुलन बनाने के उपायों पर सविस्तार चर्चा करने की आवश्यकता है यद्यपि आपके लिए सर्वसाध्य उपाय केवल और केवल ध्यान है परंतु विज्ञान से जुड़े तथा तथाकथित विज्ञानी लोग इसे धर्म से जोड़कर अंततः अपनी भी हानि करते हैं तथा समाज की भी हानि करके अपनी दुकानें चलाते हैं यह समाज के लिए दुर्भाग्य की बात है कि हजारों वर्षों से प्रमाणित तथा अनुभवातीत ज्ञान को हम विज्ञान की दृष्टि में तौल देते हैं जबकि दोनों ही विषय एक दूसरे के पूरक तथा एक दूसरे पर आधारित विधायें हैं। विज्ञान हमारा बायाँ दिमाग है तो दायाँ पूर्ण सात्त्विक एवं विचारमय हिस्सा है।

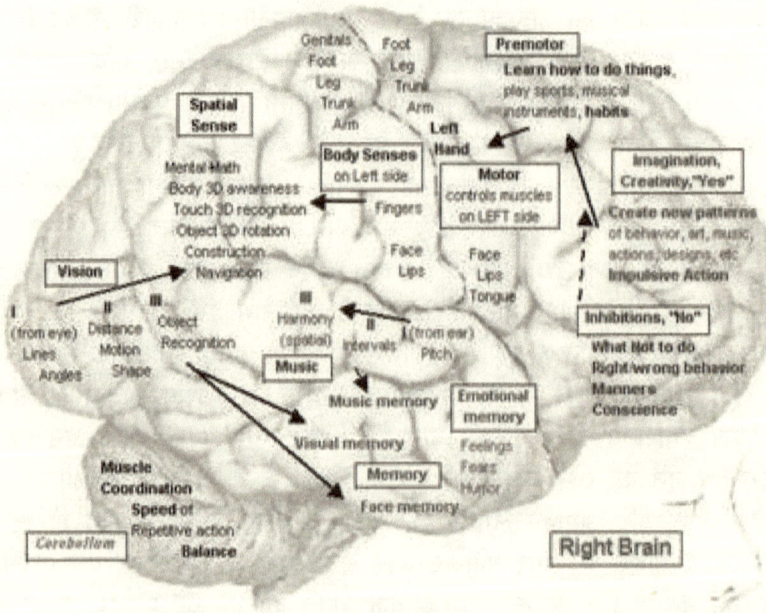

विज्ञान यदि धर्म की आंखें हैं तो धर्म विज्ञान का भविष्य है। इसी प्रकार हमारे मस्तिष्क का दायां हिस्सा धर्म है बायां हिस्सा विज्ञान कहलाता है। इन दोनों में संतुलन हमारी तरक्की का आधार है। आईए अब जानें कि कैसे इन दोनों समता बनाई जा सकती है :–

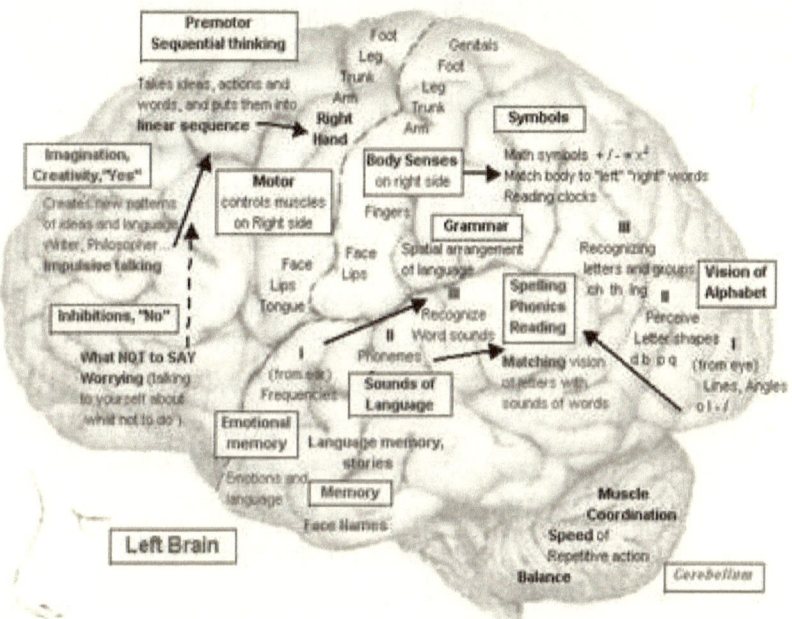

1. देखना :– योग में त्राटक इसका सबसे अच्छा माध्यम है अपनी दोनों आंखें खोलकर किसी अच्छी तस्वीर पर थोड़े समय के लिए निहारना तथा पानी, अग्नि, आकाश, वायु तथा पृथ्वी के दृश्यों को निहारना आपके मस्तिष्क के दोनों हिस्सों में संतुलन बनाने के लिए बहुत ही अच्छा माध्यम है। थ्रीडी पिक्चर, श्रीयंत्र तथा अन्य ऐसी आकृतियाँ जहां आपका ध्यान एक सीमित दायरे में रह सके भी मस्तिष्क विकास के लिए उचित तरीके हैं।

2. लिखना पढ़ना :– लिखना, स्पैलिंग तथा वाक्यों का बनाना आपके बायें मस्तिष्क का कार्य है अतः नित्त्य कुछ न कुछ लिखने की आदत डालिए जैसे कि नित्त्य कार्यों की डायरी लिखना, इंटरनैट पर ब्लोग लिखना, पेपर तथा मैगजिन के लिए आर्टीकल लिखना आदि ।

3. गाना गाईये :– संगीत तथा गाना आपके दायें मस्तिष्क के लिए खुराक का कार्य करते हैं अतः चाहे अपने ईष्ट के प्रति गायें अथवा बाथरूम सिंगर बन कर गायें अवश्य गाईये तथा मुस्कुराईयें और मस्त हो जाईये। यही आत्मा की खुराक है।

4. चित्रकला :– चित्रण के द्वारा आपका दायां विभाग विकसित होता है। चाहे आपको चित्रण आये, भाये अथवा बुरा लगे फिर भी बच्चों की तरह इधर से उधर लाईनें लगाकर इसमें कोई मतलब ढूढ़ने की कोशिश कीजिए आपके लिए यही नित्त्य कला संभावनायें ला सकती की है कीजिए और नित्त्य कीजिए पर मन लगाकर यदि आप ऐसा नहीं कर पा रहे हैं तो आपका बायां हिस्सा कहीं न कहीं आपको डोमिनेट

कर रहा है। इसके विपरीत दायां हिस्सा कम काम कर रहा है जो कि संभावनाओं से भरा पड़ा है।

5. एरोबिक अभ्यास :– इस अभ्यास से बौधिक शक्ति का विकास होता है इसके अभ्यास से एण्डोर्फिन नामक हार्मोन्स का विकास होता है जिससे रोग प्रतिरोधक शक्ति के अलावा याद शक्ति तथा ऊमर में बढ़ोतरी होती है। बजूर्गों के लिए यह उत्तम अभ्यास है जो पहचानने तथा शरीर के संतुलन में अत्यधिक लाभकारी है।

संतुलन दोनों दिमागों के बीच, जीवन आपका संवार देगा।
संतुलन 'आत्मा बुद्धि के बीच, जीवन बेड़ा पार उतार देगा।।2304।।
मन खेलता जीवन खेल, आत्मा देख है मुस्कुराये ।
बुद्धि उसकी गल्तियाँ देख, बारबार है उसको समझाये ।
संसार कहे उसको अज्ञानी, माया जाल फेंक है फंसाए,
इंद्रियाँ इसको देकर चश्के, नित्त्य प्रति विकार फैलाये ।
जो समझा खेल माया का, ज्ञानी वही तो है कहलाये,
दूर बैठा ब्रह्ममय भगवन, नित्त्य खेलत और खिलाये ।।

अध्याय–4

रचनात्त्मक सोच

सोच बदलकर जीवन में, सबकुछ बदला जा सकता है।
'हिंग लगे ना फटकड़ी', हर सु:ख इनसान पा सकता है।।1283।।

'सोच' मूलतः पांच स्वर एवं व्यंजनों को मिलाकर बना है 'स+अ+उ+च+अ' ''सदैव अविरल उत्पन्न चलन जो सभी में अंतर्निहित है, था तथा रहेगा। सोच वह विचार शक्ति है जो मनुष्य मस्तिष्क में अविरल, निरन्तर व निर्बाध रूप से उत्पन्न होकर सदैव चलती रहती है। संभवतः सोच वह अभेद्य हथियार है जो 'इनसान' अपने जन्म के समय साथ लेकर आता है, जाने के बाद संसार में छोड़ जाता है तथा संस्कार रूप में साथ भी ले जाता है।

शौच व सोच दो विधाऐं, मानव जीवन के आधार ।
एक देता है शरीर शुद्धि, दूसरा शुद्ध करे 'विचार'।।1137।।

संपूर्ण स्वास्थ्य की दृष्टि से 'सोच' शब्द पांच स्वर एवं व्यंजनों से बना पांचों तत्त्वों की शक्ति को अपने में समेटे है। अतः मानसिक दृष्टि से यह शब्द पूर्णताः का प्रतीक है। जिस प्रकार शास्त्रीय दृष्टिकोण से ''ऊँ'' पांच स्वरों को अपने में समेटे स्वयं सिद्ध एवं शक्ति परिपूर्ण मंत्र है उसी प्रकार मानव मस्तिष्क दृष्टिकोण से ''सोच'' वह मानसिक क्रिया है जो संपूर्ण मस्तिष्क क्रियाओं का दोहन, समाशोधन व संचालन करती है। इसमें कर्ता, क्रिया व कर्म की संपूर्ण कार्यप्रणाली छुपी हुई है, जिस प्रकार GOD शब्द में जन्म दाता, पालनहार एवं संहारक के कार्य छुपे हैं उसी प्रकार सोच विचारों की जननी, नियामक तथा समाशोधक का कार्य करती है। इस प्रकार सोच समस्त मस्तिष्कीय क्रियाकलापों का संचालन करती है।

जैसी है सोच आपकी, वैसी ही आत्मिक स्थिति होगी।
जैसा है कर्म आपका, वैसी जीवन रणनिति होगी ।824।

मनुष्य अपना वर्तमान समय अपनी सोच के साथ बुरा अथवा अच्छा व्यतित करने में समर्थ होता है तथा अपने न रहने के बाद अपनी सोच से ही दूसरों को याद रूप से प्रभावित करते हुए चला जाता है और संभवतः संस्कार अथवा मानसिक वृत्तियों को 'याद' के रूप में अपने साथ अपनी सोच लेकर जाता है जिससे उसके अगले जन्मों का निर्धारण होता है क्योंकि सोच द्वारा ही वह अपनी कर्मगति निर्धारित करता है। इस प्रकार सोच वह शक्तिशाली हथियार है जो हमारे जीवन की दिशा एवं दशा का निर्धारण हमारे लिए जीवित रहते हुए भी करता है, हमारे बाद में अच्छे विचारों अथवा सोच के रूप में समाज का दिशा निर्देशन करता है तथा संस्कारों अथवा कर्म के रूप में अगले जन्मों के लिए भी हमारे साथ चलता है।

आधुनिक मनोविज्ञान की दृष्टि से सोच मन का निर्देशक है जिसकी निगरानी में संपूर्ण जीवन की पटकथा को इनसान निर्देशित करता है, अभिनय की गुणवत्ता निर्धारित करता है तथा अंततः जीवन को अभियोजित तरीके से फिल्म की तरह सफलता के रूप में अभियंत्रित भी करता है। वैदिक दृष्टि से सोच जीवन का वह मूल मंत्र है जिसकी सहायता से हम भगवान को प्रकट कर सकते हैं। जीवन रूपी बगिया को सर्वोत्तम महका सकते हैं तथा जीवन को उन्नत बना सकते हैं। आधुनिक स्पर्धा के युग में यह और भी अति आवश्यक हो जाता है कि हम अपनी सोच को जितना पैना, संयोजित तथा समायोजित रखते हैं तो जीवन के पड़ाव उतने ही आसान, सुलभ तथा सुगम्य होते जाते हैं। इसके साथ—साथ मानसिक शक्ति उन्नत होने से जीवन में स्पर्धा हमारे लिए सुसाध्य, आसान तथा कलात्मकता का रूप धारण कर लेती है।

**केवल 'सोच' बदलने से ही, जीवन आसान बन जाता है।
सोच से ही मानव जीवन, जीवन से निर्वाण बन जाता है।।2305।।**

अतः समझदार व्यक्ति को केवल सोच में परिवर्तन के माध्यम से ही अपना वर्तमान, भूत तथा भविष्य तीनों ही संभाल लेने की कला को सदा, सर्वदा के लिए अपना लेना चाहिए। परन्तु यहाँ समझने वाली बात यह है कि सारा संसार मिलकर भी

आपकी सोच में परिवर्तन नहीं ला सकता है। आपकी सोच को बदलने का अधिकार केवल और केवल आपके पास है क्योंकि आप ही अपनी सोच के मालिक हो, बादशाह एवं कर्त्ताधर्त्ता हो इसे केवल आप और केवल आप ही बदल सकते हैं।

आपकी सोच ही जिंदगी है, 'उन्नत' इसे बनाइऐ ।
ऊँचे बनाकर विचार अपने, जीवन पुष्प महकाइऐ ।1228।।

मनुष्य की सोच ही सर्वकारक तथा सर्वप्राकट्य है। जो भी इस भौतिक संसार में पैदा हुआ या प्रकट किया गया सर्वप्रथम मनुष्य अथवा भगवान की सोच में आया तथा इसी सोच से उसने विचार के रूप में स्थान लिया, विचारों के द्वारा मन में संकल्प पैदा हुआ तथा संकल्प से वह वस्तु कल्पना में आई तथा कल्पना से इसका भौतिक स्वरूप प्रकट हुआ जो आज समस्त विश्व के सामने है। इसी प्रकार समस्त संसार या वैश्विक परिदृश्य एक 'सोच' मात्र है जो कभी न कभी किसी न किसी मनुष्य, देवता अथवा भगवान के दिमाग में पैदा हुई। जिस प्रकार एक बीज सही समय, स्थान तथा मौसम अनुसार पैदा होकर बढ़ता है उसी प्रकार मन के संकल्प से सोच अपना स्वरूप धारण करती है। परन्तु जब मन सोचना छोड़ देता है तो रचनात्मकता अथवा संसार की रचना खत्म हो जाती है तथा अंतकरण में आंतरिक रचना अर्थात् अनंत सुःखों की स्थापना आरम्भ हो जाती है जिसे मानस का अपने प्राक्रत स्वभाव की ओर मुड़ना समझा जाता है। परन्तु जब यह अपने बाह्य स्वरूप अर्थात् अहं से जुड़ता है तो सांसारिक वासनाओं अर्थात् दुःखों का आरम्भ होता है। इस प्रकार मनुष्य लगातार दो विधाओं के बीच में जीवन व्यतीत करता है। जब वह बाह्यय स्वरूप अर्थात् भौतिकता से जुड़ता है तो भौतिकता शुरू हो जाती है इसके विपरीत जब वह अपने आंतरिक स्वरूप अर्थात् यथार्थ या चैतन्य से जुड़ता है तो आनन्द प्राप्त करना आरम्भ हो जाता है।

जुड़ा हुआ भौतिकता से, मनुष्य भ्रम में आता है ।
जुड़ता है जब चैतन्य से, मनुष्य ब्रह्म बन जाता है।।2306

वास्तव में मस्तिष्क में बाह्य परिस्थिति जन्य उत्पन्न होने वाली तरंगे ही आपके विचार हैं। मानव मस्तिष्क अपनी स्वंय की विद्युत शक्ति के साथ कार्य करता है जो कि मानव की नित्यप्रति के क्रिया–कलापों पर पूर्णतया आधारित है। इसी प्रकार इन तरंगों की गति हमारे शरीर पर पड़ने वाले

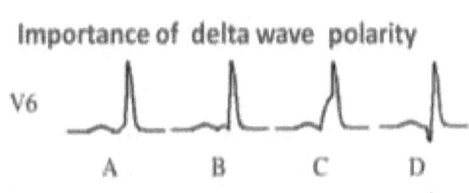

वातावरणीय प्रभावों पर भी निर्भर करती है। पहले की कई खोजों के अनुसार मस्तिष्क विभिन्न दरों पर विद्युत तरंगों को छोड़ता है। इनमें सबसे धीमी डेल्टा तरंगे हैं जो कि निन्द्रा के दौरान एक से सात चक्र प्रति सैकेण्ड की दर से उत्पन्न होती है। दिमागी क्रियाक्लाप का एक ओर स्वर है अल्फा तरंगें, जिसे सबसे अधिक उदीप्यमान महसूस किया जाता है। अल्फा तरंगे दिमाग के सोने और जागने के बीच की अवस्था में 7 से 14 चक्र प्रति सैकेन्ड की दर से उत्पन्न होती है। अल्फा तरंगे अल्पनिद्रा से एकदम पहले अथवा बाद में उस अर्धचेतन अवस्था में स्वतः उत्पन्न होती है। जब अचानक प्रेरणा शक्ति मिलती है या परिज्ञान होता है। इसके विपरीत जब तुम पूरी तरह से उस जाग्रत अवस्था में होते हैं, तब अल्फा अवस्था में तुम्हारा मस्तिष्क स्वतन्त्र होकर ऊँची उड़ानें भरता है। शायद तुम ऐसा अनुभव कर चुके होगें, जब तुम सोने से पहले या बाद में बिस्तर पर ऊँघ रहे होगें या फिर ध्यानमग्न अवस्था में आराम कर रहे होते हो। इस प्रकार मस्तिष्क विभिन्न पांच तीव्रताओं –गामा, बीटा, अल्फा, थीटा और डैल्टा स्तर पर कार्य करता हैं, यहां दो विभिन्न अवस्थाएं हैं जहां पर दिमाग सचेत और प्रतिध्वनित होता है।ये बीटा और अल्फा हैं।

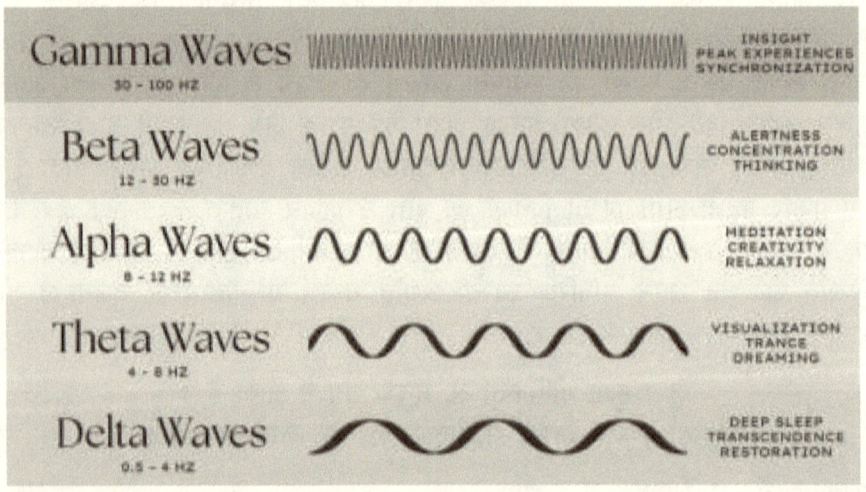

हमारे मस्तिष्क के प्रत्येक गोलार्ध में इन्द्रियों का समूह हैं। बाईं तरफ जैव इन्द्रियों और दाईं तरफ आत्मचेतन इन्द्रियाँ होती हैं। हमारे पास सूचनाऐं दर्ज करने वाली इन्द्रियों के दो समूह होते हैं। परन्तु हम दाएं भाग में दर्ज़ जानकारी का प्रयोग नहीं करते क्योंकि यह अर्धचेतन भाग है। अतः हम अल्फा की अवस्था में जो भी करते हैं वह अचेतना को खोलता है। हम सबको अपनी समस्याओं को सुलझाने के लिए जानकारी की आवश्यकता होती है और हमारे मस्तिष्क के अर्धचेतन भाग में बहुत सी सूचनाएं होती है, जिससे हम किसी भी प्रकार की समस्या को सुलझा सकते हैं।

हमारे लिए यह बहुत महत्त्वपूर्ण है कि आपका दिमाग किस प्रकार विभिन्न मनोवस्थाओं में सहायक रहता है। हम में से अधिकतर लोग यही समझते हैं कि हमें खुश रखने में हमारी भावनाओं का ज्यादा हाथ रहता है जबकि वैज्ञानिक तौर पर हमें स्वस्थ, शाँत तथा निश्चिंत रखने में हमारी दिमागी तरंगों का महत्त्पूर्ण हाथ रहता है। हमारे मस्तिष्क का दायां हिस्सा गहरे स्तरों पर हमारी मनोवस्थाओं से जुड़ा रहता है जिसके माध्यम से संसार में जादुई संभावनाओं तथा आध्यात्मिक अनुभवों को प्रयोग में लाया जा सकता है। प्रत्येक मनोदशा में हमारा मन विभिन्न संभावनाओं तथा मानसिक संतुलनों को समेटे रहता है जिसे हम पिछले अध्याय– में सविस्तार जान चुके हैं। यहाँ पर हमारा उद्देश्य केवल वैज्ञानिक स्तर पर मानसिक तरंगों की जानकारी तथा उनसे संबंधित अनुभवों को जानना होगा जिस ज्ञान की सहायता से हम विभिन्न वैज्ञानिक दृष्टिकोणों से हमारी मानसिक शक्तियों को जानकर उनका नित्त्य जीवन में लाभ उठा सकते हैं तथा अपने जीवन को अधिक समृद्ध, सौभाग्यशाली तथा वैभवता में बदल कर हमारे जीवन की नित्य कठिनाईयों को अतिव आसानी एवं वैज्ञानिक प्रयोगों से हल कर सकते हैं।

गामा किरणें:– ये मस्तिष्क की सबसे तेज गति की तरंगे हैं जिनकी गति 40_{Hz} से अधिक पाई जाती है तथा इनका सघन क्षेत्र सबसे कम होता है। जिन्हें हाल ही के EEG वैज्ञानिक अनुभवों में पाया गया है। इन तरंगों का संबंध अन्तर्दृष्टि विकास तथा उच्चस्तरीय सूचनाओं के आदान प्रदान में किया जाता है। इनका संबंध आशीर्वाद की भावनाओं के विस्तार के साथ पाया जाता है। ध्यान की उच्चावस्थाओं तथा परिज्ञान संबंधी कार्यों में इन तरंगों की उत्त्पत्ति देखी गई है। ये मस्तिष्क के समस्त भागों से सूचनाओं को जोड़ने में समर्थ हैं तथा थैलमैस हिस्से में पैदा होकर पीछे से आगे के भागों में घुमती हैं इस प्रकार दिमाग के समस्त भाग इससे प्रभावित होते हैं। यह साध्य कर्म की भावना का विकास करती है। इन तरंगों की कमी के कारण मानसिक उत्सुकता तथा सीखने वाले कार्यों में कठिनाई होती है।

गामा तरंगों के लाभ :– ये तरंगे जिन लोगों में पाई जाती हैं वे अत्यधिक मेधावी, दयालु, प्रसन्नचित्त तथा स्मरण शक्ति धारी होते हैं। स्वयं नियंत्रित तथा पत्राचार में निपुण पाये जाते हैं। ऐसे लोगों में उच्च अधिकारी, म्यूजीशियन, खिलाड़ी तथा अपने अपने क्षेत्र में उच्च स्तर प्राप्त लोग होते हैं जिनका प्रतिस्पर्धाओं से अधिक संबंध रहता है। जब ये तरंगे दिमाग में पैदा होती हैं तो इंद्रियों पर मनो नियंत्रण अधिक रहता है।

बीटा किरणें :– ये भी मस्तिष्क की तेज गति की तरंगे हैं जिनकी गति $12–40_{Hz}$ के मध्य पाई जाती है तथा इनका सघन क्षेत्र सबसे अधिक होता है। दिमाग के बायें थैलमस में इनकी उत्त्पत्ती होती है। इन तरंगों का संबंध सामान्य चेतन अवस्था तथा

दिमाग की उच्चत्त्म एलर्टनस, लोजिक तथा सामान्य ज्ञान से जाना जाता है। इन किरणों की अधिकता के कारण आज का सामान्य वर्ग चिंताग्रस्त रहता है। इनका संबंध वैज्ञानिक सोच तथा गला काट स्पर्धा से है। इन तरंगों के प्रभाव में कार्य करने वाले अधिकतर वे लोग होते हैं जो आंखें खोलकर कार्य करते हैं तथा चिंताग्रस्त रहते हुए अपने कार्यों का निपटारा करते हैं।

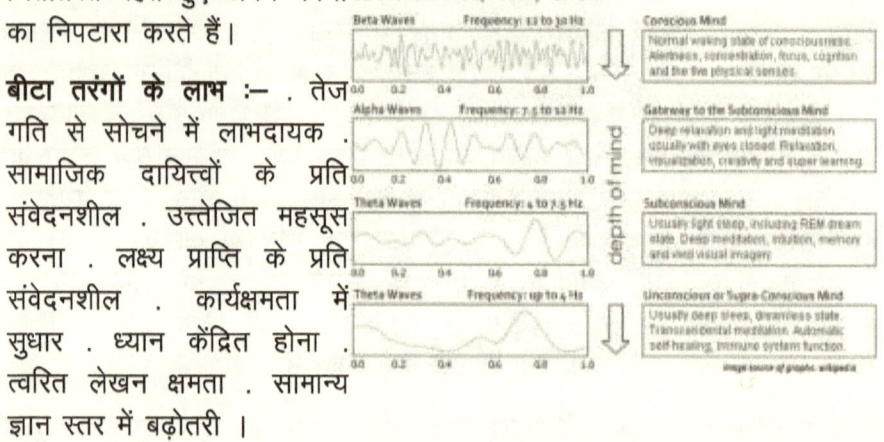

बीटा तरंगों के लाभ :– . तेज गति से सोचने में लाभदायक . सामाजिक दायित्त्वों के प्रति संवेदनशील . उत्तेजित महसूस करना . लक्ष्य प्राप्ति के प्रति संवेदनशील . कार्यक्षमता में सुधार . ध्यान केंद्रित होना . त्वरित लेखन क्षमता . सामान्य ज्ञान स्तर में बढ़ोतरी ।

अल्फा तरंगे ये भी मस्तिष्क की मध्यम गति की तरंगे हैं जिनकी गति 8–12 प्रति सैकिण्ड के मध्य पाई जाती है तथा इनका सघन क्षेत्र भी मध्यम स्तर का होता है। दिमाग के मध्य भाग में ये पैदा होती है तथा चेतना के स्तर पर जाने का एक माध्यम हैं। इन तरंगों का संबंध चेतन अवस्था से पाया जाता है। इस स्तर पर जाते ही या तो आपकी आंखें स्वयं बंद हो जाती है अथवा आंखें स्थिर हो जाती हैं जो त्राटक ध्यान की अवस्था में होता है। अल्फा अवस्था में काम करने के योग्य बनने के लिए हमें विश्राम अभ्यासों के द्वारा चेतना को और अधिक गहरा करना होगा। एक बार यदि हम मस्तिष्क की तीव्रता की हिचकियाँ लेते हैं तो हम उसे स्थिति में तेजी से कार्य करना सीखा सकते हैं। अल्फा अवस्था स्वास्थ्य, सम्बन्ध जीवनवृत्ति आदि सहित जीवन के अनेक क्षेत्रों में सुधार लाने के लिए, अपने मस्तिष्क को केन्द्रित करने के लिए एक प्रभावशाली साधन है। अल्फा अवस्था केन्द्रित मस्तिष्क के कार्यों को प्राप्त करने का एक वैज्ञानिक तरीका है। अल्फा स्तर पर किया गया यह अभ्यास हमें मस्तिष्क के अप्रस्तुत अंश को टटोलने के योग्य बना सकता है। केवल दस प्रतिशत लोग ही अपने मस्तिष्क का सही ढंग से प्रयोग कर रहे हैं और शेष लोगों को इसका इस्तेमाल सिखाने की आवश्यकता है।

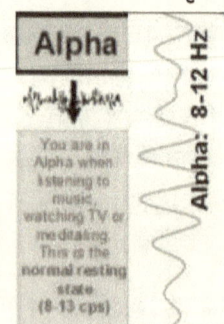

गहन शाँत अवस्था में यह तरंगे पैदा होती जब हमारी आंखें बंद होती हैं अथवा आप दिवास्वप्न में या हल्के मैडीटेशन में सो रहे होते हैं। इस अवस्था में दिमाग की प्रोग्रामिंग करना सबसे बेहतर माना गया है जिससे सफलता, कल्पना मानसिक दर्शन, सीखने, बुद्धि स्तर तथा ध्यान का स्तर ऊँचा उठाया जा सकता है। ज्यों ज्यों आप अल्फा तरंगों के उच्चत्त्म स्तर को छुते हैं आपकी अंतर्दृष्टि आवाज में बदलने लगती है और सभावनायें अधिक साफ और गहरी होने लगती हैं। अल्फा तरंगों का शाब्दिक तौर से भी मैडीटेशन से गहरा नाता है क्योंकि ये माध्यमिक स्तर को छूती हैं जिस तरह मैडीटेशन आपके तथा परमात्त्मा के मध्य बीच का स्टेशन है।

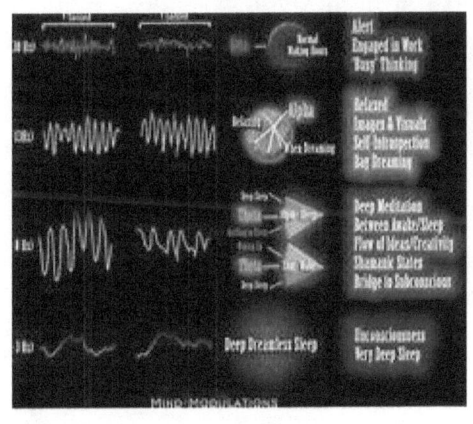

अल्फा अवस्था के लाभ :– अंतर्दृष्टि का एहसास, क्रिएटिव सोच का विकास, उत्तेजक विचारों का पनपना, अपने दिमाग की प्रोग्रामिंग में सहायक, सभी समस्याओं का समाधान जैसे कि अनिंद्रा, माईग्रेन, सिर दर्द, बुरी आदतों से छुटकारा तथा लक्ष्य निर्धारण में मानसिक शक्तियों की सहायता। क्योंकि मन एक विद्युतीय सर्किट की तरह काम करता है तथा हमारे विचार इसमें बौखलाहट पैदा करते हैं परन्तु अल्फा अवस्था में यह अपनी बौखलाहट से दूर हटकर और अधिक शाँति एवं हल्का होकर और अधिक तेजी से कार्य करता है तथा अधिक प्रतिबोधिक हो जाता है तथा दूसरों के विचारों को भी जानने लगता है। अपने नित्त्यप्रति के कार्यों की अपेक्षा यह बौधिक स्तर के कार्यों को भी जल्द निपटाने लगता है। यद्यपि केवल अभ्यास तथा साधना द्वारा अपनी इच्छा से मन को चलाया जा सकता है परंतु अल्फा अवस्था में यह सब स्वयं ही होने लगता है। मैडीटेशन इस अवस्था तक पहुंचने का सर्वसाध्य तथा सुलभ तरीका है जिससे आपकी खुशियाँ बढ़ती है मन निश्चिंत एवं शाँत रहने लगता है।

थीटा तरंगें :– ये मस्तिष्क की धीमी गति की तरंगे हैं जिनकी गति 4–7.5Hz के मध्य पाई जाती है तथा इनका क्षेत्र सघन तथा अल्फा डेल्टा तरंगों का सीमांत क्षेत्र कहलाता है तथा ये तरंग दिमाग के दायें हैमीस्फीयर में पैदा होकर गहन क्षेत्रों में फैलती हैं। ये तरंगे गहन ध्यान तथा हल्कि नींद के मध्य में पैदा होती हैं जब आप गहरी नींद से जागकर जागृत अवस्था की ओर बढ़ रहे होते हैं। अन्य तरंगों की अपेक्षा इस तरंग की आवाज शाँत होती है। इस अवस्था में हम परमात्त्मा के साथ अपनत्त्व महसूस करते हैं। इन तरंगों के प्रभाव में चमकदार मानसिक दर्शन होते हैं,

अधिक अनुप्रेरणा मिलती है। यह आपकी अवचेतना का क्षेत्र है जिसे चमकीला क्षेत्र कहा जाता है जो कभी कभी थोड़े समय के लिए भाषित होता है तथा फिर लुप्त हो जाता है। इस स्थिति में आपका आत्मा से परमात्मा के मिलन का एहसास होता है तथा फिर शाँत हो जाता है।

थीटा तरंगों के लाभ :– गहरी शाँति, भावुकता के साथ संबंध, एडवांस संफूर्णायें, चेतन तथा अवचेतन का संबंध, संभावनाओं का उच्चत्तम स्तर, एडवांस समस्या समाधान, कम उत्तेजना चिंता तथा टैंशन, भाषा ज्ञान, अवचेतन मन का नियंत्रण, परम् सत्ता से संबंधों का विकास, सीखने में तीन सौ गुणा वृद्धि, बुद्धि एवं बोधिकता का विकास, हाईपर फोकस तथा मन एवं शरीर की तंदरुस्ति व दिवास्वप्न अवस्था।

डेल्टा तरंगें :– ये मस्तिष्क की सबसे धीमी गति की तरंगे हैं जिनकी गति 0. 5–4Hz के मध्य पाई जाती है तथा इनका क्षेत्र सबसे अधिक सघन डेल्टा तरंगों का सीमांत क्षेत्र कहलाता है तथा ये तरंग दिमाग के दायें हैमीस्फीयर में पैदा होकर मस्तिष्क के विभिन्न क्षेत्रों में फैलती हैं। इन तरंगों का क्षेत्र चेतना का क्षेत्र कहलाता है जहाँ पर हमारी सारी यादें तथा चेतनायें समाप्त हो जाती है। यह क्षेत्र वैश्विक चेतना तथा सामूहिक अवचेतना का गेटवे कहलाता है जहाँ पर ग्रहण की गई सूचनायें चेतना के स्तर पर नहीं आती हैं। ये तरंगे गहन ट्रांस्डैंटल ध्यान तथा स्वप्न रहित नींद में पैदा होती हैं। ये तरंगे समुद्र तल की गहराई की तरह एकदम शाँत होती है तथा अनुभवातीत रहती हैं।

इस अवस्था में हम परमात्मा के साथ तादात्मय अथवा पूर्ण समर्पण महसूस करते हैं। इन तरंगों के प्रभाव में चैतन्य दर्शन होते हैं, जिनकी प्रोग्रामिंग करना सबसे बेहतर माना गया है जिससे सफलता, कल्पना, यह चैतन्य का क्षेत्र है जो पूर्णतया प्रकाशमय क्षेत्र है, जहाँ हमारी आंखों की रोशनी काम नहीं करती तथा अनुभवातीत होकर इसका आनन्द लिया जा सकता है। इस स्थिति में आपका आत्मा से परमात्मा का महारास होता है तथा फिर सबकुछ भुला दिया जाता है। इन किरणों का संबंध गहन हिलिंग तथा पुनर्जनन से हैं अतः गहरी नींद आपके स्वास्थ्य लाभ के लिए उत्त्तम औषध है। इन तरंगों का संबंध क्षमादान, अवचेतन मन की गहन अवस्थाओं तथा चेतना के घटते स्तर के साथ है। इन तरंगों के लाभकारी परिणाम हैं :– ऊमर का तथा इससे संबंधित हारमोन्स का छुटना । क्षमादान तथा संपूर्णता का आशीर्वाद प्राप्त होना, मन तथा शरीर की एडवांस हिलिंग, पियुश ग्रंथी से मानस विकास हारमोन्स का छुटना, शरीर तथा मन के गहन शांतमय स्तर, परफैक्ट अंतर्दर्शन, आध्यात्मिक शरीर के साथ मिलन, पैरानोर्मल अनुभव, रोग प्रतिरोधक क्षमता में जादुई सुधार तथा मृत्यु का अनुभव ।

इस प्रकार हमारे दिमाग की पांच स्तरीय ये संवेदनायें अथवा तरंगे हैं जो हमारी सोच को विभिन्न प्रकार से प्रभावित तथा कंट्रोल करती हैं। समस्त शरीर इन संवेदनाओं के आदान प्रदान, प्रौसैसिंग तथा इन पर दिमाग द्वारा लिए गए निर्णयों पर आधारित है। हमारा व्यवहार, हमारा शरीर तथा हमारी मनोदशा सभी कुछ इस पर निर्भर करता है कि हम सोचते क्या हैं तथा यही सूचनायें दिमाग तक पहुंच कर इसकी कार्यप्रणाली को उपरोक्त तरीको द्वारा निर्धारित करती हैं। अंततः हम इस निर्णय पर पहुंच सकते हैं कि आखिर हमारी सोच क्या है तथा इस सोच के माध्यम से ही हम अपने मन को नियंत्रित करने में सक्षम हो सकते हैं।

शौच व सोच दो विधा, ये जिसके सुधर जायेगें ।
समझो वे इस जीवन में, दुख से पार उतर जायेंगे ।।1137।।

उपरोक्त दो विधाओं का हमारे जीवन में विशेष महत्त्व है। पहली विधा शौच से अभिप्राय है कि यदि आप अपने शरीर को साफ कर लेते हैं तो शरीर से सारे व्यसन तथा वासनायें धोई जा सकती हैं। शरीर को यदि सफाई दी जा सकती है तो समस्त नस नाड़ियाँ साफ होकर इसमें रक्त तथा ऊर्जा का संचार अबाध गति से होकर हमारा शरीर समस्त रोगों से लड़ने के काबिल रहता है। विज्ञान की दृष्टि में सभी रोगों का जनक टोक्सिन है और यदि शौच के माध्यम से इसे उचित समय पर बाहर कर दिया जाता है तो हम कभी बीमार हो ही नहीं सकते हैं तथा सदैव स्वस्थ रह कर स्वस्थ समाज का निर्माण कर सकते हैं। दूसरी ओर सोच के माध्यम से हम हमारे शरीर को चलाने वाले दिमाग रूपी प्रौसैसर को सदैव चुस्त एवं दुरूस्त रखकर जीवन को अबाध रूप से चलाने एवं दौड़ाने में समर्थ रह सकते हैं। यदि हमारी सोच सही तौर से नियंत्रित है तथा सदैव सकारात्मक बनी रहती है तो इसमें कोई शक नहीं है कि हम इसी धरा पर स्वर्गिक आनंद का मजा ले सकते हैं तथा अपने तथा औरों के जीवन को सक्षम बनाकर हर उपलब्धियाँ इसी जीवन में पाकर भरपूरता का स्वाद चख सकते हैं।

सोच से ही इस धरा पर, स्वर्ग भी बनाया जा सकता है।
'सोच' की अलख जगा, जीवन महकाया जा सकता है।।2193

जीवन बदलने के लिए "सोच बदलिए"

मनुष्य को सोच–विचार की एक मशीन माना गया है। मनुष्य जैसे विचार रखता है उसका जीवन वैसा ही विकसित होना आरम्भ हो जाता है। कहा भी गया है "जैसा आप सोचेंगे वैसा ही आप पायेंगे"। जैसी जिसकी सोच होती है वह इन्सान उसी रूप में विकसित हो जाता है। सँपूर्ण स्वास्थ्य की दृष्टि से मनुष्य न तो जाति विशेष से महान है, न ही वह रंग विशेष से महान बनता है तथा न ही वह किसी खानदान विशेष से महान है बल्कि उसकी सोच ही उसे महान व उच्च व्यक्तियों की श्रेणी में

ला खड़ा करती है। जैसा की पहले कहा गया है कि संसार की समस्त शक्तियाँ मिलकर भी किसी व्यक्ति की सोच में परिवर्तन नहीं ला सकती हैं परन्तु एक व्यक्ति अपनी सोच से समस्त संसार में परिवर्तन ला सकता है। अतः व्यक्ति को महान बनने के लिए अपनी सोच को सही तथा उत्तम बनाना अति आवश्यक है।

जीवन बदलने के लिए, सोच में परिवर्तन ले आईए।
छोटीसी युक्ति के बल, जीवन सुःखद बनाइये ।1581।

सर्वप्रथम मनुष्य परमात्मा से अथवा प्रकृति से या वातावरण से विचार रूपी डाटा प्राप्त करता है तथा फिर उस विचार पर अपनी सोच समझ अनुसार मनन करने के उपरान्त हानि, लाभ, यश, अपयश पर विचार कर विचार के त्याग अथवा विचार पर अम्ल करने का अपना अगला रोल निर्धारित करता है। इस प्रकार विचार आपके द्वारा चुनित सोच है जिसे आपने स्वयं ही चुना है तथा उस पर अम्ल करने अथवा अम्ल न करने का फैसला भी आपने ही लिया है। परमात्त्मा, प्रकृति अथवा समाज उसकी गुणवत्ता एवं समय की आवश्यकतानुसार हमें सहयोग अथवा अहसहयोग प्रदान करते हैं। परन्तु सर्वोत्तम वास्तविकता या सच्चाई यही है कि 'सभी कुछ पहले से ही निर्धारित है, इस निर्धारित ड्रामें में आपको अपना रोल तय करना है अथवा नहीं करना यह आपकी स्वतंत्रता है। परन्तु परमात्त्मा की असीम कृपा के बिना आप इसमें अपनी भागीदारी निश्चित नहीं कर सकते। इसीलिए कहा जाता है **"होगा वही जो रब्ब रचि राखा"** परन्तु प्रकृति का सहयोग एवं समाज द्वारा प्राप्त उत्साह ही किसी व्यक्ति विशेष को अपनी सोच बदलने तथा उस पर विचार करने के लिए सहायक का काम अवश्य करते हैं। परन्तु केवल और केवल उसकी अपनी सोच ही उसके अन्तर्मन को बदल सकती है तथा परिस्थिति विशेष में कदम बढ़ाने अथवा न बढ़ाने के उसके फैसले को प्रभावित करती है, फल की भागिता, उपयोगिता या परिणाम से हमें कदापि प्रभावित नहीं होना चाहिए, हमारा कार्य केवल कदम बढ़ाना अथवा न बढ़ाने तक सीमित है और वही हमें सोच अनुसार निर्धारित करना है।

बस सोचकर बनाओ भविष्य, कोई मेहनत नहीं लगती।
जिसने सोचा जितना बढ़िया, जिंदगी वैसे ही है चलती ।।1143।।

शास्त्रों में कहा गया है कि यदि आप स्वयं महान बनना चाहते हैं तो अपनी सोच अर्थात् विचारों को ऊँचा उठा दीजिए आप स्वयं ही महान बनने लगोगे। भाव से ही मनुष्य का जीवन उज्ज्वल अथवा निरुत्साही बनता है। भाव से ही मनुष्य अपने जीवन में ऊँचाईयों को छूता है, भाव के ही कारण उसे जीवन में नीचा देखना पड़ सकता है। अतः मनुष्य को सर्वदा ही ऊँचे भावों में जीवन यापन करना चाहिए। मनुष्य को जीवन में संतुष्टि, सद्कर्म, सदाचार तथा सद्भावना के भावों को जीवन में विकसित करना चाहिए। कभी भी कुशंका, कुदृष्टि, कुकृत्य आदि भावों को अपने

विचारों में स्थान नहीं देना चाहिए। लेखक के विचार से हमारे मन–मस्तिष्क की सफाई के लिए जीवन दाता ने कोई कैमिकल तैयार किया है तो वह हमारी सोच है जो हमारे जीवन को उन्नत बनाने में सक्षम है। इसलिए हम अपने चारों और फैले वातावरण में से अपनी सोच अनुसार क्या चुनते हैं उसी से हमारे अंतकरण का निर्माण होना आरम्भ होता है। हम क्या देखना चाहते हैं, हमारी इच्छा क्या है तथा हमने अपने लिए क्या उद्देश्य निर्धारित किया है सब हमारी सोच पर निर्धारित है। कवि हृदय भी मानता है कि:–

समता सम वैराग्य नहीं, नाम से बड़ा न खजाना।
सोच जैसी ऊँचाई नहीं, संत से बड़ा नहीं जमाना ।।1582

श्रीमद्भागवत् गीता में तो यहाँ तक कहा गया है कि जहाँ समता है वहीं योग है जहाँ योग है वहीं प्रभु श्री दुःखहारी विद्यमान हैं और जहाँ श्री प्रभु स्वयं विद्यमान हैं वहीं जीवन की सच्चाई है धर्म है और जहाँ धर्म है वहीं सत्य की विजय है। अतः हर परिस्थितियों में सम रहना ही सर्वोतम जीवन है। हर सफलता में मनुष्य को सम रहना चाहिए तथा हर विफलता को परम तत्त्व का प्रसाद समझकर स्वीकार करना चाहिए। सफलता के लिए प्रयास रत रहना हमारा पुनीत कर्तव्य है परन्तु कर्मों का फल देना परमात्मा का विधान है। अतः सफलता विफलता में सम रहते हुए निरन्तर कर्म रूपी प्रयास को जारी रखना चाहिए। यदि सफलता आती है तो समझें कि उस परम तत्त्व परमात्मा को आपका किया गया कार्य पसन्द आया होगा अतः आपको साहस देने के लिए सफलता रूपी प्रसाद दिया है। परन्तु यदि विफलता मिलती है तो समझें कि आप अभी उस परिपाटी पर खरे नहीं उतर पाए हैं जहाँ परमात्मा आपको सुसज्जित करना चाहता है अतः उसे पाने के लिए आपको और अधिक प्रयास करने की आवश्यकता है। सफलता विफलता के दोराहे पर खड़ा जीव जब सच्चे हृद्य से प्रभु की शरण ग्रहण कर लेता है तो उसका मार्ग प्रभु स्वयं प्रशस्त करते हैं ऐसा शास्त्रों का मानना है। अतः शरणागति वह प्रसाद है जिसे पाने पर कुछ पाना बाकी नहीं रहता ।

इनसान वही बनता है, जो वह सोचता है।
जीवन का सार यही है, पाता जो खोजता है।।1208।।

मनुष्य जितनी ऊँचाईयाँ जीवन में छुना चाहता है वह उसके अंतर्मन की गहराईयों में निहित है परन्तु उसकी परणिति हमारी सोच पर आधारित है हम जितनी महान् व उन्नत सोच बनाते हैं हमारा जीवन भी उतना ही उन्नत व महान बनना आरम्भ हो जाता है अतः हमें जीवन में ऊँचा उठने के लिए किसी विशेष शक्ति संयंत्र की आवश्यकता नहीं है बल्कि इच्छा रूपी उस बल की जरूरत है जो हमारे अंतर्मन की गहराईयों को छुने में सक्षम हो। यही बल हमारा कर्म है तो यह धनात्मक शक्ति का

कार्य करता है परन्तु जब यह इच्छा में परिणित हो जाता है यही नकारात्मक शक्ति बनकर हमारे विकास में बाधक होने लगती है। अतः जीवन में ऊँचा उठने के लिए केवल और केवल हमें अपनी सोच को ऊँचा उठाने की आवश्यकता है जिसके लिए हमें कल का वर्षों तक इन्तजार नहीं करना है वरन् अभी और इसी समय अपनी सोच को बदलना आरम्भ कर देना है जिससे आज रूपी आधार हमारे कल को सुखद भविष्य में बदल सके।

ऊँचा–2 सोचत ही, ऊँचा जीवन होए ।
ऊँची पदवी नाम की, नीचा रहे ना कोए ।।72।।

दुःख सुख के प्रत्येक पल को परमात्त्मा का प्रसाद समझकर जिसे ग्रहण करना आ गया, समझो उसे जीवन का सार अथवा अर्थ समझ आ गया ऐसा विद्वज्जनों का मानना है। दुःख दाता भी श्री हरि है तथा सुख दात्ता भी वही महामानव है जो इस संसार का पालन करता है। दुःख और सुख में चित्त को सम रखने वाला इनसान परमात्त्मा का कृपापात्र माना गया है। किसी भी दुःख को उस परमात्त्मा का प्रसाद समझकर स्वीकार करना चाहिए तथा उस परमात्त्मा का धन्यवाद करना चाहिए कि उसने आपको इस प्रसाद के लायक समझा है। जो व्यक्ति सुखों को बाँटता है तथा दुःखों के सीने पर पाँव रखकर चित्त की समता बनाये रखता है वह इनसान कभी जीवन में दुःखी रह नहीं सकता बल्कि सुख उसका स्वभाव बन जाता है।

दुःख है नाम बीमारी का, आरोग्य कहलाता सुख ।
धातु करती त्रिदोष हरण, सम करती दुखः सुख ।।591।।

सुख और दुःख एक सिक्के के दो पहलू हैं यदि आप सुखों की चाह रखोगे तो दुःख स्वयं ही बिना बुलाए चले आते हैं। इसी प्रकार दुःखों की कामना करने वाले के पास सुख भी स्वयं ही खींचे चले आते हैं। अतः सुख दुःख को आने जाने वाला महमान समझ कर मनुष्य को सदैव ही समत्व भाव से जीवन का विकास करना चाहिए। हर बात में अपने भाग्य को कोसना तथा अपने को अभागा मानना मनुष्य की अपनी कमियों की पहचान है ऐसे व्यक्ति कभी जीवन में सफल नहीं हो सकते। शास्त्र मानते हैं कि मनुष्य अपने भाग्य का स्वयं विधाता है अतः अपने प्रयासों का उद्देश्य भी परम तत्त्व की शरण में रहते हुए ही निर्धारित कीजिए ताकि आपको आशानुरूप सफलता मिल सके। किसी फकीर ने कितने सुन्दर शब्दों में जीवन की ऊँचाइयों को छूने का माध्यम बतला दिया है कि 'खुदी को कर बुलंद इतना,कि हर तकदीर से पहले खुदा बन्दे से खुद पूछे, कि बता तेरी रजा क्या है'।

जीना यदि आत्मसम्मान से, त्याग और कष्ट उठाना सीखें ।
सुःखमय जीवन जी पायेंगे, कष्टों में साथ निभाना सीखें ।।1454

इससे तात्पर्य है कि किस्मत रूपी भविष्य का निर्धारण इनसान स्वयं अपने कर्म से करता है। अतः अपने कर्म रूपी शस्त्र को मनुष्य को इतना पैना कर लेना चाहिए कि अंधकार रूपी असफलता की गहराई को चीर कर प्रकाश रूपी सफलता कदम चूमने लगे। कहा गया है कि मनुष्य की सोच यदि धनात्मक है तो वह धनात्मक परिणाम दिलाती है तथा ऋणात्त्मक सोच असफलता प्राप्ति का साधन है। अतः मनुष्य को हर पहलू के धनात्मक पहलू को ही अपना उद्देश्य मानना चाहिए। लेखक का तो इतना भी मानना है कि यदि ऋणात्त्मक पहलू को जीवन से निकाल ही दिया जाये तो अच्छा है क्योंकि धनात्त्मकता की धारणा ही जीवन में सफलता का मूल मंत्र है। मनुष्य को इतना अवश्य ध्यान रखना चाहिए कि किसी भी चीज की ज्यादती अपेक्षित परिणााम दायिनी नहीं हो सकती है परन्तु यदि सफलता के दामन से अहंकार को दूर रखा जाए तो सफलता आपका स्वभाव बन जाता है।

आपकी चाहत ही तो, आपका सफलता आधार है।
जैसी है सोच आपकी, वैसाही तो आपका संसार है।।1221।।

विद्वज्जनों का कहना है कि पाँच मुख्य विकारों का प्रतिपादन शरीर में भय तथा इच्छा रूपी दो रूपों में होता है जिन्हें स्वास्थ्य की भाषा में रोगों का मुख्य कारण माना गया है। इच्छाओं से काम, क्रोध तथा अहंकार का विकास होता है तो डर से मोह तथा लालच का विकास होता है। अतः भय तथा इच्छा शब्दों को अपने जीवन के शब्दकोष से निकाल देने में ही परम उद्देश्य की साधना नीहित है। शास्त्रों का तो यहाँ तक मानना है कि मृत्यु रूपी भय जिस मानव के हृदय से निकल जाता है उसका काल भी बाल बांका नहीं कर सकता है। इसी प्रकार जिस इनसान ने इच्छाओं का नाश कर दिया है उसके लिए इच्छा दासी बन जाती है तथा बिना इच्छा किए ही उसे वह सब कुछ मिलता है जो परमात्मिक विधान से उसको मिलना चाहिए ऐसे व्यक्ति की इच्छाएँ उसी प्रकार पीछा करती हैं जिस प्रकार साधारण पुरुष इच्छाओं का पीछा करते हुए अपना सारा जीवन भागदौड़ में ही गुजार देता है।

डर निकालकर हृदय से सारे, विकारों पर विजय पा ले ।
सर्व–विकारी विजय पताका, 'युक्ति हृदय से अपनाले' ।।458।।

भय तथा इच्छा एक ही सिक्के के दो पहलू हैं जो एक दूसरे से जुड़े हुए हैं। ये दोनों एक दूसरे के पूरक तथा पालक माने गए हैं। परन्तु भय का प्रभाव अधिक माना गया है क्योंकि वास्तव में भय से इच्छाएँ उत्पन्न होती हैं अतः भय रूपी शत्रु को मारना प्रथम तथा सर्वोपरि कार्य है। जब भय नहीं होगा तो इच्छाओं की प्रतिपूर्ति तथा प्रतिपूर्ति न होने से उपजने वाले भय की समाप्ति स्वयं ही हो जाएगी। जब भय नहीं होगा तो आपके लिए जीवन नन्दन वन बन जाएगा जिसके मीठे फल खाने के

आप स्वयं ही अधिकारी बन जाएँगे। परन्तु सर्वोच्च सत्ता का भय अर्थात् परमात्मा का डर हमेशा आपके हृदय में रहना चाहिए ताकि आप अपने पथ से विचलित न हों क्योंकि परमात्मा का भय मन से निकल जाने पर अहंकार अपना जन्म ले लेता है जो परम उद्देश्य राह में सबसे बड़ी बाधा है।

घोर निराशा से परे ही, फूटती है आशा किरण ।
हरसमस्या समाधान है, आओ प्रकृति की शरण ।।1202।।

सब के साथ सम व्यवहार तथा निडरता रखना जीवन का अमूल्य उपहार है जो संस्कारों से उत्पन्न किया जा सकता है। एक परम् सत्ता परमात्मा के डर को छोड़कर बाकि सब डरों को अपने जीवन की किताब से निकाल दीजिए तो सम्यक् भाव में रहना आपका स्वभाव बन जाएगा। जीवन के दुःखों का डर कर मुकाबला करने से वे आपका निरन्तर पीछा करते हैं परन्तु निडरता के आते ही सभी दुःख दुम दबाकर भाग जाते हैं ऐसा विद्वानों का मानना है। सच्चाई अपना उद्देश्य तथा निडरता अपना स्वभाव बना लेना चाहिए। एक बार जो व्यक्ति झिझक रखता है वह सदा ही अप्रसन्न एवं दुःखी रहता है। बेवाक तथा एक बार का बुरा होना हमेशा के लिए सुखी कर देता है। अतः जीवन में कभी झिझक न रखें। दूसरों का भला करने वाले व्यक्ति का कभी बुरा हो ही नहीं सकता ऐसा सोचने से व्यक्ति प्रसन्नचित्त एवं स्वतंत्र रहता है। दूसरों की निंदा कभी भी अपने चित्त में न लायें व उनके अवगुणों में भी गुण को ढूँढ़ने से आपको प्रसन्नता मिलती है। वाणी तथा चेहरे से भले ही आपके विचार दूसरों को कड़वे लगते हों परन्तु आपके अन्तर्मन में यदि सामने वाले का भला छिपा होगा तो आपकी आवाज उसके अन्तर्मन तक अवश्य पहुँचेगी अतः गल्ति से भी कभी भी किसी का बुरा नहीं सोचना चाहिए।

सच्चाई से 'निडरता, निडरता से विश्वास ।
विश्वास से सफलता, सफलता लाती आश ।।1529।

परिस्थितिवश कभी किसी को कटु वचन कहने भी पड़ें तो बेवाक तथा बेझिझक प्रयोग कीजिए तथा अन्दर से क्षमा माँग लीजिए ऐसा करने से सच्चाई की विजय अवश्य होगी तथा जो आपका परम उद्देश्य है उसमें आपको एक दिन अवश्य सफलता मिल जाएगी ऐसा प्रकृति का नियम है तथा परमात्मा का विधान भी। बाहर से शीतलता तथा अन्दर से कटुता रखना मानव का नहीं दानवी प्रवृत्ति का बोधक है अतः बाहर से भले ही कटुता लगे परन्तु अन्तर्मन से हमेशा ही दूसरों के प्रति सद्भावनात्मक तथा शीतलता एवम् सहिष्णुता के विचार अपने अन्दर प्रकट कीजिए इसमें आपका भी भला होगा तथा दूसरे का भी भला होगा।

अच्छी ही कर बातें, बुरे की पहचान छोड़ दे ।
अच्छाई को अपनाकर, बुराई से 'नाता' तौड़ दे ।।1386।।

शास्त्रों में कहा गया है कि मौन सबसे बड़ा तप है। अतः मनुष्य को व्यर्थ में कभी नहीं बोलना चाहिए। जो व्यक्ति अधिक बोलता है वह न केवल अपने लिए परेशानियाँ पैदा करता है बल्कि दूसरों के लिए भी उलझनें पैदा करता है। कहा भी गया है कि अधिक बोलने वाला कभी प्रसन्न नहीं रह सकता और कम बोलने वाला कभी दुःखी नहीं रह सकता। अतः मौन रूपी तप को धारण कर अपने उद्देश्य में सफलता प्राप्त करना व्यक्ति के लिए सर्वोत्तम उपाय है मौन में वह शक्ति छिपी है जो अनेकों सुखों की जननी है।

कृष्ण मौन ही तप है, सीख सके तो सीख ।
दुःख छोड़ना सीखकर, मांग सुःखों की भीख ।।11।।

मौन से अभिप्राय यह नहीं है कि आप किसी से बात करना ही छोड़ दीजिए। व्यर्थ की बातें करना, दूसरों की चुगली करना, एक दूसरे की छींटाकशी करना एवम् सुनने से बेहतर होता है मौन धारण करें। प्रभु चर्चा, कीर्तन तथा हरि शरण में रहकर किसी को सद् आचरण की ओर आकर्षित करना तथा प्रभु मार्ग पर लगाने में यदि वाणी का प्रयोग किया जाता है तो मौन रहना उचित नहीं हैं। अतः सद्कार्यों में वाणी का प्रयोग करना तथा सांसारिक कार्यों में वाणी पर ताला लगा लेना ही मौन का वास्तविक अर्थ है। गूँगे रहना तथा मन में व्यर्थ के विचारों की जुगाली करना मौन का वास्तविक अर्थ कदापि नहीं लगाया जा सकता है।

मौन रह कर निहारना, हँसते हुए काम संवारना ।
डुबते हुए को उभारना, बिगड़े हुए काम सुधारना ।।1492।।

दूसरों पर आश्रित रहने वाला व्यक्ति हमेशा अप्रसन्न तथा दुःखी रहता है जबकि दूसरों को आश्रय तथा सहारा देने वाला व्यक्ति हमेशा प्रसन्न तथा सुखी रहेगा यही परमात्मा का विधान है संसार में परमात्मा को छोड़कर किसी अन्य का आश्रय अथवा सहारे की कल्पना हमारे दिल और दिमाग में नहीं होनी चाहिए। दूसरों का आदर करना हमारा परम कर्तव्य है परन्तु दूसरों द्वारा दिए गए अपमान से विचलित नहीं होना चाहिए उसे परमात्मा द्वारा आपके अभिमान को तोड़ने का एक नजरिया व प्रसाद समझकर स्वीकार कर लेना चाहिए।

परावलम्बन परम् के सिवाय, सदा सर्वदा दुःखदायी है।
जिसने पाई परम् की शरण, जीवन वही सुःखदायी है।।1583।।

व्यक्ति को अपने क्रोध रूपी शत्रु पर विजय अवश्य पानी चाहिए परन्तु अपना फुँकार रूपी सुरक्षा कवच कभी नहीं छोड़ना चाहिए। अपने चित्त को संभालना आपका परम कर्त्तव्य है न कि दूसरों से डर कर रहना। जिस प्रकार विषधर हर फुंकार के साथ अपना विष बाहर नहीं उड़ेलता है उसी प्रकार थोड़े-थोड़े क्रोध पर मनुष्य को अपना

चित्त अशान्त नहीं करना चाहिए। इच्छाओं को काबू रखकर जो भी व्यक्ति सादा जीवन व्यतीत करता है वह प्रसन्न तथा सम रहता है।

काम कृष्ण का बेटा, मर्यादा बेटी राम की ।
लोभ जन्में इच्छा से,'अहं' उपज शान की ।।748।।

व्यर्थ के तनावों तथा इच्छाओं में व्यक्ति अपने प्रसन्नता रूपी खजाने को गँवा देता है। अतः सब व्यर्थ इच्छाओं, वासनाओं, कामनाओं, बाधाओं व सुखों का त्याग कर सिर्फ एक परमात्मा की शरण में चले जाने से जीवन का सब सुख हमें प्राप्त हो सकता है तथा इनसान परम पद की ओर अपना कदम बढ़ाता है जिसके आगे दुनिया के सब सुख छोटे पड़ जाते हैं। शास्त्र कहते हैं कि दुनियाँ के सभी सुख मिलकर भी किसी एक व्यक्ति को प्रसन्न नहीं कर सकते परन्तु दुनिया के सभी दुःख मिलकर भी समत्त्व प्राप्त व्यक्ति का कुछ बिगाड़ नहीं सकते हैं। अतः मनुष्य का परम लक्ष्य परम् तत्त्व की प्राप्ति होना चाहिए जिसके आगे इन्द्र का वैभव भी छोटा लगने लगता है।

रहस्य अमल लाने के लिए, शुभेच्छा दिल में जगाइए ।

वही तो आपका परमात्मा है, विश्वास से मूंह–मांगा पाइए ।।1198।।

इच्छा आपकी बलवती, इच्छा में ही बसे भगवान ।
इच्छा जीते है भगवान, इच्छा से बली इनसान ।।2193

इच्छा से ही जन्म मरण, इच्छा करती चैन हरण ।
इच्छा जागी जीव मुक्त, इच्छा दुःख की है कारण ।।2194

इच्छा से ही जगत बसा, इच्छा में ही ब्रह्म रसा ।
इच्छा से सबजाल कसा, इच्छा में ही जीव फँसा ।।2195

इच्छा से ही जग पसारा, इच्छा से सब जीवन न्यारा ।
इच्छा ने ही ब्रह्म उतारा, इच्छा ही देती परम् सहारा ।।2196।।

इच्छा से सब भय और ताप, इच्छा व्यापे जम की खाप ।
इच्छा सेवक सब आपो आप, इच्छा मेटे सब भय संताप ।2197

इच्छा हरि मिटावे रोग, इच्छा हरि मिलावे लोग ।
इच्छाहरि चखावे भोग, इच्छा हरि मिटावे शोग ।।2198

आपकी सोच ही आपका भाग्य विधाता है।

आज समस्त प्राणी चिंता ग्रस्त हैं तथा चिंता से तनाव एवं तनाव से शरीर में हर रोग की नानी कब्ज एवं माताश्री गैस पैदा होकर समस्त मानव शरीर को असंतुलित

कर देती है यही असंतुलन समस्त शारीरिक रोगों एवं संसारिक भव बंधनों का कारण बनता है। अतः यदि आप समस्त रोगों व वासनाओं एवं भव बंधनों से मुक्ति चाहते हैं तो केवल सावधानी पूर्वक अपनी सोच को बदलने की कोशिश आरम्भ कीजिए आप देखेंगे कि आपकी सोच बदलते ही आपका जीवन स्वयं ही परिवर्तित होना आरम्भ हो जाएगा। यही विषय जीवन में सबसे ही महत्त्वपूर्ण विषय है अतः इसे अत्यंत गहराई एवं विस्तार से लेने की आवश्यकता है।

जैसा सोचते आप, वैसा ही जीवन बन जाता।
सोचते सोचते ही, जीवन में सपने हर कोई सजाता ।।1165।।

इनसान सोच का पुतला है प्रतिदिन लगभग 60 हजार विचार मानस पटल पर उभरते हैं इनमें से मनुष्य जिन भी विचारों को बुद्धि के साथ जोड़ता है वही उसके जीवन में घटित होना प्रारम्भ हो जाता है क्योंकिः–

साठ हजार विचार, हर दिन मन में उभरते हैं।
जितनी गहन सिद्दत, केवल उतने पूरे उतरते हैं।।11611।।

अतः आज से और अभी से केवल उन विचारों को ही अपनी बुद्धि अथवा यादों के साथ जोड़ना आरम्भ कीजिए जिनको आप वास्तविक तौर से जीवन में उतारना चाहते हैं अन्य विचारों से अपना ध्यान हटाना आरम्भ कीजिए अथवा केवल सात्त्विक तथा पोजीटिव विचारों को ही ध्यान में लाइये तथा अन्य को छोड़ना आरम्भ कीजिए क्योंकि आकर्षण ही इस संसार की उत्त्पति तथा विनाश का कारण है यदि धरा पर यह शक्ति नहीं होती तो जीवन ही संभव नहीं हो पाता। अतः वही सोचना आरम्भ कीजिए जो आप वास्तव में चाहते हैं न कि वह जो आपके दिमाग में कर्मयोग अथवा संस्कार योग से चलता है। याद रखिए :–

आकर्षण की शक्ति, कण–कण में समाई है।
सुःखों को तुम करो आकर्षित, किसने बंदिश लगाई है।।1159।।

अतः जीवन बदलने के लिए केवल अपनी सोच बदलिए और पोजीटिव सोचिए। विज्ञान का मानना है कि प्रकृति में कोई ऐसा बोर्ड नहीं पाया जाता है जिस पर लिखा हो कि आपका भाग्य इतना है या उतना है केवल आपके विचार ही आपका भाग्य बनाते हैं। गरीबी अथवा संताप के विचार गरीबी तथा दुःख पैदा करते हैं जबकि इसके विपरित सोचने पर आपका भाग्य स्वंय संवरने लगता है। अतः जिन विचारों से आपका भाग्य संवरता हो उन्हीं विचारों पर अपना ध्यान केंद्रित कीजिए अन्य से तुरन्त अपना ध्यान हटाना आरम्भ कीजिए तो आपका भाग्य संवरना आरम्भ हो जाएगा। याद रखिए प्रेम के विचार प्रेम फैलाते हैं जबकि नफरत भरे विचार आपका संसार उजाड़ सकते हैं। इस कार्य के लिए आपको किसी स्कूल अथवा

कालेज में जाने की आवश्यकता नहीं है केवल अपने विचारों को वहाँ पर लगाईये जो आप वास्तविक जीवन में चाहते हैं आपके जीवन में वही आकर्षित होना आरम्भ हो जाएगा जो आप चाहते हैं यही जीवन का रहस्य है।

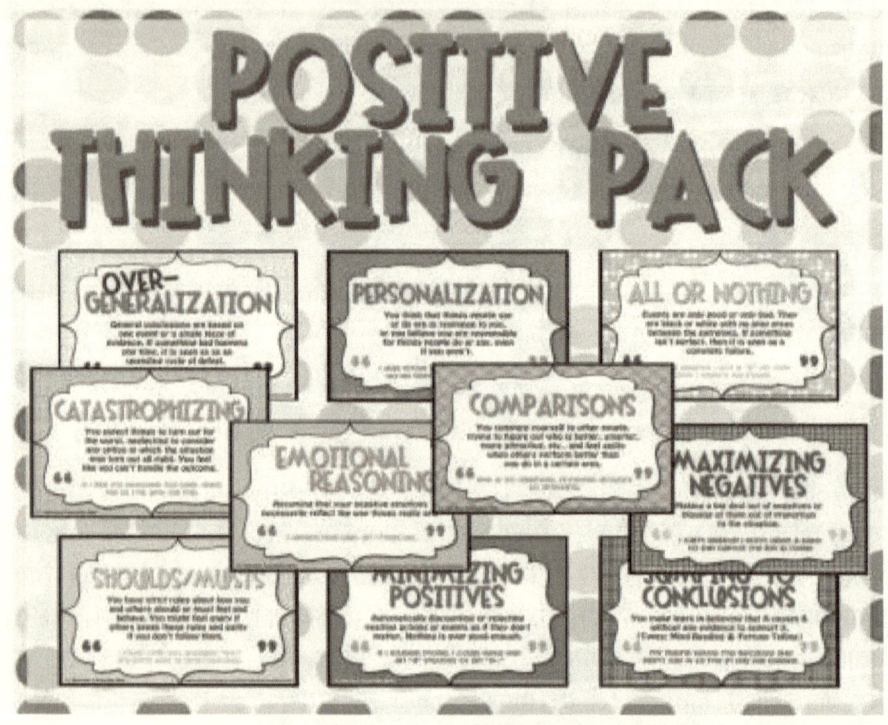

मन आपका है रचनाकार, बुद्धि आपकी मूर्तिकार ।
रचो स्वयं सुखमय जीवन, बन अवतारी मनुसाकार ।।1163।।

आपकी सोच ही आपके भाग्य अथवा प्रार्बद्ध का निर्धारण करती है। आपके विचार आपके जीवन के रचनाकार हैं तथा एहसास इन विचारों को मूर्त रूप प्रदान करता है इसलिए सफलता प्राप्ति के लिए अपने विचारों को वैसा मूर्तरूप देना परम् आवश्यक है जैसे परिणाम की आप परिकल्पना करते हैं अथवा जैसा परिणाम आप चाहते हैं क्योंकि सफलता उतनी महत्त्वपूर्ण नहीं है जितने महत्त्वपूर्ण विचार हैं। दूसरे शब्दों में सफलता का पैमाना विचार की प्रवृति पर आधारित है और आपका जीवन विचारों का एक समूंद्र हैं जिसमें छोटे, बड़े, व्यवस्थित, अव्यवस्थित, धनात्मक, ऋणात्मक एवं न्यूट्रल विचार निर्बाध रूप से चलते ही रहते हैं। इन विचारों को संतुलित, व्यवस्थित एवं साहसिक बनाकर मनुष्य अपने जीवन को भी इच्छानुसार ढ़ाल कर स्वंय ही अपने जीवन को नियंत्रित कर सकता है यही विचारों की महिमा है।

बस सोचकर बनाओ भविष्य, कोई मेहनत नहीं लगती ।
जिसने सोचा जितना बढ़िया, जिंदगी वैसे ही है चलती ।।1143।।

आज के व्यस्त माहौल तथा प्रदूषित वातावरण में मनुष्य ने उन्नति के बहुआयाम स्थापित किए हैं परन्तु वह अपनी स्वयं की अवनती करने में भी सभी सभ्यताओं को पीछे छोड़ गया है। सांस्कृतिक, धार्मिक तथा चारित्रिक अवमूल्यन के चलते वह स्वयं ही स्वयं से ही बहुत दूर हो गया है जिसके परिणामस्वरूप टैंशन, व्यस्तता तथा चिंता आज के जीवन की अवधारणायें बन चुकी हैं। मनुष्य प्रतिदिन लगभग 60 हजार विचारों का प्रतिपादन करता हैं परन्तु दुर्भाग्य से लगभग सभी विचार नकारात्मक प्रवृत्ति के होने के कारण जीवन में दुर्भाग्य तथा अधोपतन का ही श्रीगणेश करते हैं जबकि हमारी चाहत ठीक इनके विपरीत होती है। अतः अपने विचारों के परिणाम जानने से बेहतर है कि हम उनकी प्रवृत्ति को जानें तथा परिणाम के बारे में भूल जायें क्योंकि विचार का परिणाम पूर्णतया उसकी प्रकृति एवं प्रवृत्ति पर आधारित है।

ऊँचा ऊँचा सोचत ही, ऊँचा जीवन होए ।
ऊँची पदवी नाम की, नीचा रहे ना कोए ।।72

जीवन में सफलता पाने का सबसे बड़ा रहस्य यही है कि आप अपनी मानसिक प्रवृत्तियों में अर्थात् अपनी सोच में बदलाव लाकर आप अपनी प्रकृति में परिवर्तन ला

सकते हैं। परन्तु सारी दुनियाँ मिलकर भी आपकी मानसिक सोच में परिवर्तन नहीं ला सकती क्योंकि परिवर्तन के लिए आप स्वयं ही स्वयं के मालिक हो। सह सिद्धांत ठीक उसी प्रकार से कार्य करता है जिस प्रकार चतुर व्यक्ति ताला खोलने के लिए सीधी दिशा में चाबी घुमाकर आसानी से ताला खोल लेता है परन्तु अनजान व्यक्ति यदि उल्टी दिशा में चाबी घुमाता रहेगा तो वह कभी सफलता प्राप्त नहीं कर पाएगा। इसी प्रकार जब हम विचार की प्रवृति को जानकर उसी अनुसार सोचना आरम्भ करते हैं तो निश्चित तौर पर परिणाम सकारात्मक आने आरम्भ हो जाते हैं।

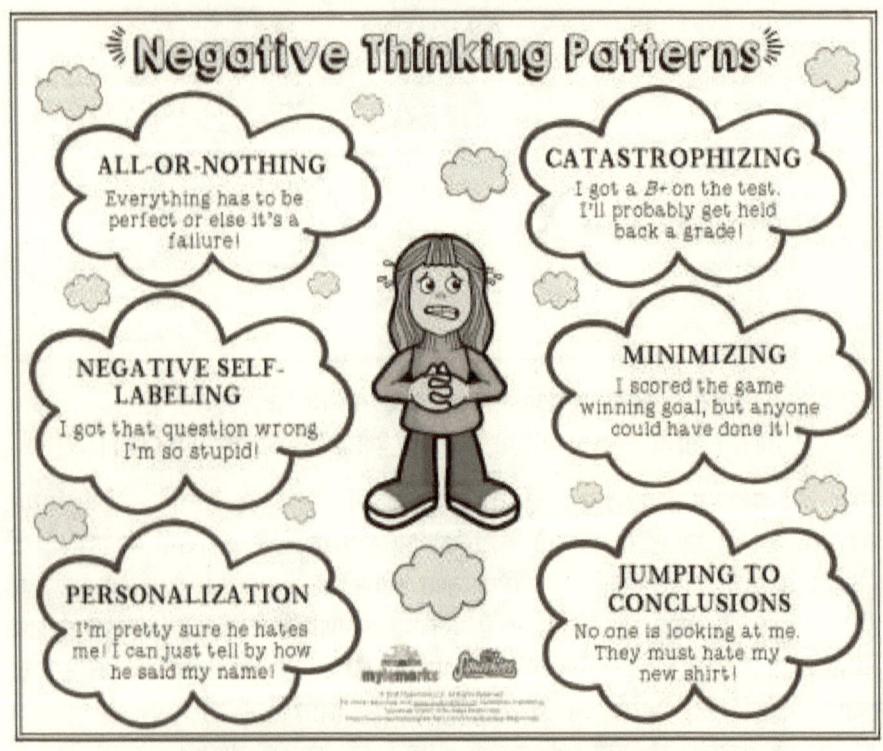

रहस्य यही है जीवन का,'सोच' सही अपनाईये ।
वैचारी सकारात्मकता से, जीवन सुखद बनाइये ।1571।

सूक्ष्म रूप में ब्रह्माण्ड, तुझ ही में समाया है।
रहस्य यह जीवन का, तुझमें ही छुपाया है।।2199
खुदा ने खुद ही, इनसान को बनाया है।
रहस्यमय बनाने, खुदी में खुद को छुपाया है।।2200
जीवन का उद्देश्य यही, खुद ही को तो पाना है।
ढुंढ़ते हुए खुद में खुदा,मानवता धर्म निभाना है।।2201
रहस्यों से सभी 'पर्दे, स्वयं ही उठ जायेंगे।

जब आप खुद ही में, खुद को खोज पायेंगे ।।2202
मैं मेरे का भेद जब, मन से तेरे मिट जायेगा।
उसी दिन खुदा तुझे, खुद में ही नजर आयेगा ।।2203
रहस्य केवल इतना है, तुझको स्वयं से जीतना है।
आशंकाऐं सब हटाकर, खुद से सबकुछ सीखना है।।2204
छीपे ह्रदय की गहराई में, जीवन के अनंत खजाने हैं।
अपनी इच्छा के बल पर, एकएक कर तुझको पाने हैं।।2205
गहराई में जाने को, इच्छा का बल जगाईये ।
धारण कर मानवता, मनचाहा फल ही पाईये ।।2206

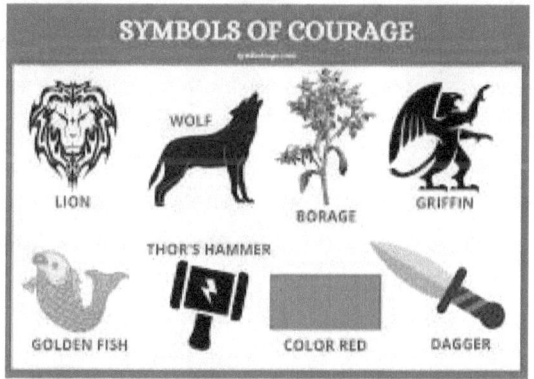

हौंसले जब बुलंद हों, सफलता दौड़ी आती है।
सत्त्य संतोष इमानदारी, सदैव उसको भाती है।।2207
लेकर संबल नाम का, गहराई में उतरता जा ।
मिल जाये आत्म बल, सफलता कुतरता जा ।।2208।।

अध्याय–5

आपके विचार आपके जीवन के रचनाकार हैं।

विचार करते दुनिया पर राज, विचारों से तख्तो ताज ।
विचारों पर टिका कल आज, विचार जीवनी सूर साज ।।1192।।

मनुष्य विचारों का एक पूतला है जिसमें विचारों की एक निरन्तर प्रक्रिया जाने अनजाने जन्म से मृत्यु तक बिना किसी बाधा के चलती रहती है। औसतन मनुष्य एक दिन में साठ हजार विचारों को जन्म देता है। मनुष्य औसतन जीवन में लगभग 10 लाख बार "ना" सुनता है जबकि केवल 2 लाख ही "हाँ" सुने जाते हैं। जो विचार हमारे लिए महत्त्वपूर्ण हैं वो विचार हम चुनकर अपने लिए अपनी स्मरण शक्ति में संजोए रखते हैं जबकि अधिकांश विचारों को तुरन्त अथवा थोड़े समय तक भूला दिया जाता है। यह सब आपकी मानसिक प्रवृतियों, व्यवहार, सामाजिक वातावरण तथा मूलतः संस्कारों पर निर्भर करता है कि आप कौन से विचार संजोकर रखते हैं अथवा कौन से विचारों को भुला देते हैं परन्तु विचारों का सिलसिला आपके दिमाग में अबाध रूप से निरंतर चलता ही रहता है इसीलिए वेद में इसे "चरेवेति चरेवेति" की संज्ञा दी गई हैं। आपके विचार आपके जीवन के निर्धारक बन जाते हैं जबकि बहुत व्यक्तियों के विचार मिलकर सामाजिक धाराणाओं, कानूनों एवं नितियों का निर्धारण कर देते हैं। अतः आपका विचार आपका जीवन है जबकि समाज का विचार सामाजिक जीवन है। मूलतः आपके विचार आपकी अंतर्निहित वास्तविकता को प्रकट करते हैं कि आप किस तरह के विचारक हो।

रहस्य यही जीवन का, विचार बनायें जिंदगी ।
जैसे उन्नत विचार हैं, वैसी ही उत्तम बंदगी ।।1227।।

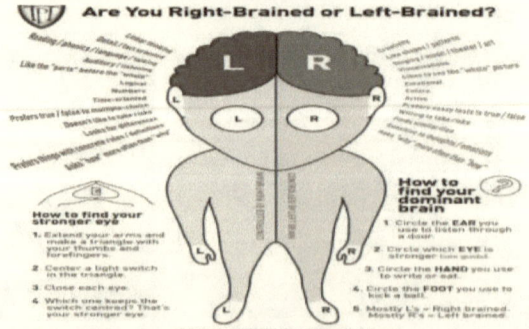

विचारों की पोटली जीवन, यादें जीवन का आधार ।
विचारों से 'रौशन' जीवन, विचारों से जीव लाचार ।।2307।।

विचार मूलतः तीन ही प्रकार के माने गए है **धनात्मक, ऋणात्मक एवं न्यूट्रल**।
धनात्मक विचार:- वर्तमान परिपेक्ष में महत्त्वपूर्ण माने जाते हैं जबकि ऋणात्मक विचार आपके भूतकाल से जुड़े हुए होते हैं तथा मस्तिष्क पर जिन विचारों पर की पुरानी छाप लगी होती है वही विचार मस्तिष्क की कंदराओं में बार बार उभरते हैं यही कारण है कि हमारे कुल विचारों का लगभग 80 प्रतिशत ऋणात्मक विचारों से जुड़ा होता है। जबकि केवल दस दस प्रतिशत धनात्मक तथा न्यूट्रल विचारों के हिस्से आता है। यही कारण है कि यह अनुमान लगाया जाता है कि अधिकतर लोग अपने पूरे जीवन में अपने दिमाग की कुल क्षमता का केवल दस प्रतिशत तक ही प्रयोग में लाते हैं। इसका दूसरा कारण यह भी है कि विचार मनुष्य के मन में पैदा होते हैं तथा इन्हें स्थाई रूप लेने के लिए मन से बुद्धि तक लगभग 16 स्तरों को पार करना पड़ता है जिन्हें केवल धनात्मक विचार ही प्राप्त करने में सक्षम होते हैं।

विचारों में ऊर्जा छुपी, विचार सर्वदा ही समर्थ।
विचार सदा कल्याणी, विचार जाता नहीं व्यर्थ।।1437।।

विचार की प्रकृति कदापि नष्टकारी नहीं हैं यह सामर्थ्य इसमें कई कारणों से विद्यमान रहता है। जो विचार बुद्धि के स्तर से पैदा होते हैं वे हमेशा ही फलदायी तथा धनात्मक प्रवृति के होते हैं जबकि मन के प्रभाव से क्रियान्वयन में लाये गये विचार सर्वदा न्यूट्रल प्रवृति के होते हैं जिनमें से अधिकतर को थोड़े थोड़े अंतराल के बाद भूला दिया जाता है। अतः हमें विचारों के परिणाम से कदापि भयभीत होने की आवश्यकता नहीं तथापि उसकी प्रवृति अनुसार उनसे जुड़ी सफलता के लिए सचेत रहने की आवश्यकता है। बुद्धि से उत्पन्न विचारों की धनात्मकता तथा समर्थता को एकाग्रता के उच्च स्तरों को प्राप्त करने में इस्तेमाल किया जाता है। जब हमें पता

चलता है कि किस प्रकार समस्या समाधान हेतु अपना ध्यान केन्द्रित करना है तब हम पूर्व में प्रयुक्त दिमागी शक्ति को टटोलना शुरू कर देते हैं तो विचारों की छुपी हुई परत सामने आने लगती है तथा हमें गहन ध्यान द्वारा हर समस्या समाधान में सहायता मिलती है। ध्यान की विभिन्न सौलह स्थितियों से गुजरता हुआ मनुष्य अपने परम् लक्ष्य की ओर निरन्तर बढ़ता जाता है। मैडीटेशन इन विचारों को न्यूट्रल करने का एक उपयुक्त तथा समर्थ साधन है।

अनवरत सृजन विचारों का, सफलता खोज लेगा ।
विचारों में उलझा हुआ मन, शिक्षा तुम्हें रोज देगा।।1224।।

अतः सफलता पाने के लिए विचारों का उच्च, धनात्मक, भावनात्मक होना आवश्यक है ताकि सफलता का ग्राफ भी उतना बड़ा हो सके जितनें अच्छे विचार हों । हमें अपने विचारों पर नियंत्रण पाने एवं उन्हें इच्छित मूर्तरूप देने के लिए बुद्धि स्तर को उठाने की आवश्यकता है जिसके लिए किसी विशेष प्रशिक्षण अथवा सावधानी की जरूरत नहीं पड़ती तथापि केवल थोड़ी सावधानी से विचारों को देखने और उन्हें न्यूट्रल करते रहने की आवश्यकता है। विचारों को देखना उन्हें अच्छे बुरे के रूप में देखना तथा उनसे जुड़ना ही विचारों को मूर्तरूप देने की कला है। विचारों को नियंत्रित करने के लिए हमें विचार रहित होने की कला सिखने की आवश्यकता है जिसे आधुनिक परिपेक्ष में मैडीटेशन की संज्ञा दी गई है।

विचारों को 'देखिए, उनमें से अच्छा या बुरा चुनिए ।
एहसास से जोड़कर, जीवन जंजाल मनचाहा बुनिए ।।1585।।

जिस विचार का एहसास आपमें हिंसा, डर, आशंका एवं अहं का भाव पैदा करता है ऐसे विचारों से अपने आपको दूर कीजिए, सोचिए जो विचार मुझे चिंताग्रस्त करते हैं ऐसे विचार मेरे लिए घातक हैं मैं ऐसे विचारों से सदैव दूर हूँ, मेरा ऐसे विचारों से कोई लेना देना नहीं है।

डर आशंका भय के विचार, कदापि
'सुःखदायी' नहीं होते ।
त्याग दो ऐसे विचार तुरन्त, सुखद भाग्य
कदापि नहीं बोते।

जिस भी विचार का आगाज अच्छा नहीं है उसका कभी अंदाज भी अच्छा नहीं हो सकता है अतः अपने एहसास् पर आपकी पैनी नजर आपके लिए भाग्य अथवा दुर्भाग्य के रास्ते खोलती है। एहसास् विचार के

परिणाम की पहली झलक है जो कि विचार आने के तुरंत बाद वैचारिक मंथन से पैदा होती है। अर्थात् उस विचार अनुपालन के क्या परिणाम हो सकते हैं इसका आंकलन ही आपका एहसास् कहलाता है। आधुनिक मानव संसाधन अनुसंधान की दृष्टि में इसे इनपुट, प्रोसैसिंग तथा आऊटपुट के रूप में भी समझा जा सकता है। यहाँ इनपुट को सोच तथा प्रौसैसिंग को विचार एवं आऊटपुट को एहसास् कहा जा सकता है। साधारण शब्दों में हमारे सामाजिक वातावरण तथा परिस्थितजन्य मनुष्य के मस्तिष्क में सोच पैदा होती है, इस सोच पर जब मस्तिष्क अपना कुछ समय व्यतीत करता है तो सोच विचार में बदलती है, जब मस्तिष्क विचार पर अच्छाई और बुराई के पहलू से विचार करता है तो मस्तिष्क में विचार लागू होने के बाद इससे उत्पन्न होने वाले परिणाम पर अच्छे या बुरे की मुहर लगाई जाती है जिसकी परिकल्पना से मस्तिष्क में खुशी, डर अथवा आशंका के भाव पैदा होते हैं जिन्हें अंततः आपके एहसास् की संज्ञा दी जाती है। यही एहसास् आपको विचार से जुड़े रहने, त्याग करने अथवा उस पर विचार करने की कल्पना करने की सोच समझ प्रदान करता है। खुशी का एहसास हमेशा के लिए उचित तथा परिणामकारी माना गया है, जबकि डर के एहसास् को हमें पैदा होते ही त्याग कर देना चाहिए, आशंका के एहसास् को हमें अपनी परिस्थितिवश त्यागना चाहिए अथवा ग्रहण करना चाहिए।

भारतीय परिपेक्ष में इन्हें मनुष्य के सत्त्व, रज्स और तमस् गुणों अथवा प्रवृत्ति के रूप में परिभाषित किया गया है। ये तीनों प्रवृत्तियाँ ही आपके भविष्य की निर्माणक मानी गई हैं। जैसी भी प्रवृत्ति की सोच के आप मालिक हैं वैसी प्रकृति आपकी मानी जायेगी। अर्थात् यदि आपकी प्रकृति सात्विक है तो आपके विचार सदैद ही लोक कल्याण, भविष्य के निर्माणक एवं सुःखद, नवीनता तथा सृजन के गुण लिए होगें तथा इन विचारों को बाह्य वातावरण एवं प्रकृति से सत्प्रतिशत सहयोग मिलता रहेगा, परन्तु आपका धैर्य आपके विचार की गहनता, बड़े होने अथवा छोटे होने के साथ साथ उससे संबंधित परीक्षाओं को भी इसके साथ जोड़ता है। इसके इलावा यदि आपकी प्रकृति रजस् गुण लिए है तो आपको अपने विचारों को लागू करने के लिए संघर्ष, मेहनत एवं परिश्रम के साथ साथ शौर्य से भी काम लेना होगा। ऐसे विचार हमेशा मेहनत प्रिय तथा परिश्रमी लोगों में ही पैदा होते हैं जो अपनी धुन के पक्के तथा भाग्य की अपेक्षा अपनी मेहनत के द्वारा भाग्य परिवर्तन में ज्यादा विश्वास रखते हैं। ऐसे लोग ज्ञान की अपेक्षा विज्ञान पर अधिक भरोसा रखते हैं तथा कर्म के माध्यम से परिणाम की कल्पना करते हैं। परन्तु यदि आपकी प्रकृति तम्स गुण लिए है तो इसमें संघर्ष के साथ असफलता का आधिक्य भी आपके सामने कठिनाईयाँ पैदा करने के साथ साथ दुःखों का भी सामना करना ही पड़ेगा। ऐसे लागों में दूसरों को देखकर अपनी राह बदलने वाले तथा बुद्धि की अपेक्षा बल पर विश्वास रखने वाले लागे शामिल होते हैं जिन्हें संघर्ष करने में ही अपना समय बिताने की लत्

लगी होती है। ऐसे लोग इस बात पर अधिक विचार करते हैं कि मुझे अपने विचारों के इलावा किसी की भी परवाह नहीं है तथा मेरी लग्न से बड़ी कोई और लग्न नहीं है। ऐसे लोग हमेशा झूठ को सत्त्य मानकार उसे प्रमाणित करने में ही अपना अधिकतर समय व्यतीत करते हैं व अंततः असफल होकर पछताते ही रहते हैं। विचारों अथवा कल्पनाओं को अधूरे छोड़ना ऐसे लोगों के लिए स्वयं का स्वयं से निर्धारित परिणाम होता है।

इस प्रकार विचार की प्रवृति अनुसार ही हमें अपने विचारों को चुनकर अपने एहसास के साथ जोड़ना चाहिए तथा अपने सुःखद भविष्य की कल्पना करते रहना चाहिए। यहाँ पाठकों के ध्यान में यह लाना अति आवश्यक है कि विचार मूलतः किसी प्रवृति से जुड़ा नहीं होता है बल्कि विचार की प्रकृति मनुष्य की सोच की प्रवृति के साथ जुड़ी होती है जिसे बदलना लगभग असंभव ही माना जाता है परन्तु विचार की प्रकृति को आप अपनी आवश्यकता एवं चुन सकते हैं अथवा छोड़ सकते हैं। जैसा कि पहले बतलाया जा चुका है कि एक दिन में लगभग साठ हजार विचार आपके मन में पैदा होते तथा नष्ट होते रहते हैं परन्तु जो विचार हमारे लिए महत्त्वपूर्ण एवं विचारणीय हैं उन्हें हम चुनते हैं बाकि को हम छोड़ देते हैं। विचार मूलतः हर एक व्यक्ति की सोच के साथ जुड़ा है जो लगभग सभी व्यक्तियों में सामान्यतः अलग अलग ही पाई जाती है। प्रत्येक व्यक्ति की सोच उसकी अपनी प्रकृति से जुड़ी है जिसका निर्माण उसके पूर्व एवं वर्तमान संस्कारों के संग्रह के परिणामस्वरूप होता है। संस्कार आपके द्वारा किए गए प्रत्येक कर्म का स्वाभाविक परिणाम है।

प्रत्येक मनुष्य की प्रकृति उसके द्वारा किए गए कर्मों का विशेष कर्मफल है जिसे बदलने के लिए उसे वर्तमान में भी सद्कर्मों की भरपूर फसल उगाने की नितांत आवश्यकता है। इसलिए कहा जाता है कि जैसा आप बायेंगे वैसा ही काटेंगे । अतः मनुष्य को उपरोक्त वर्णन अनुसार अपनी सोच की प्रवृति को पहचान कर उसमें परिवर्तन लाने की तुरन्त आवश्यकता है तथा आगे के लिए सात्त्विक प्रवृति का चुनाव कर वर्तमान में बदलाव लाकर सुःखद भविष्य का निर्माण करने की कला को अपने जीवन में प्रतिपादित करना चाहिए यही सोच बदलने का उचित तथा त्वरित साधन है। इस प्रयास को हमें अपने जीवन में निरन्तर जारी रखना चाहिए तथा विचार परिवर्तन की प्रक्रिया पर सदैव ही अपनी पैनी नजर को बनाए रखना चाहिए

ताकि वर्तमान में लाए गए परिवर्तनों के सहारे जीवन को सुःखद, सौभाग्यशाली एवं इच्छापूर्वक जीने की कला में ढ़ाला जा सके।

जीवन बदलने के लिए, सोच में परिवर्तन ले आईए ।
छोटीसी युक्ति के बल, जीवन को सुःखद बनाइये ।।1587।।

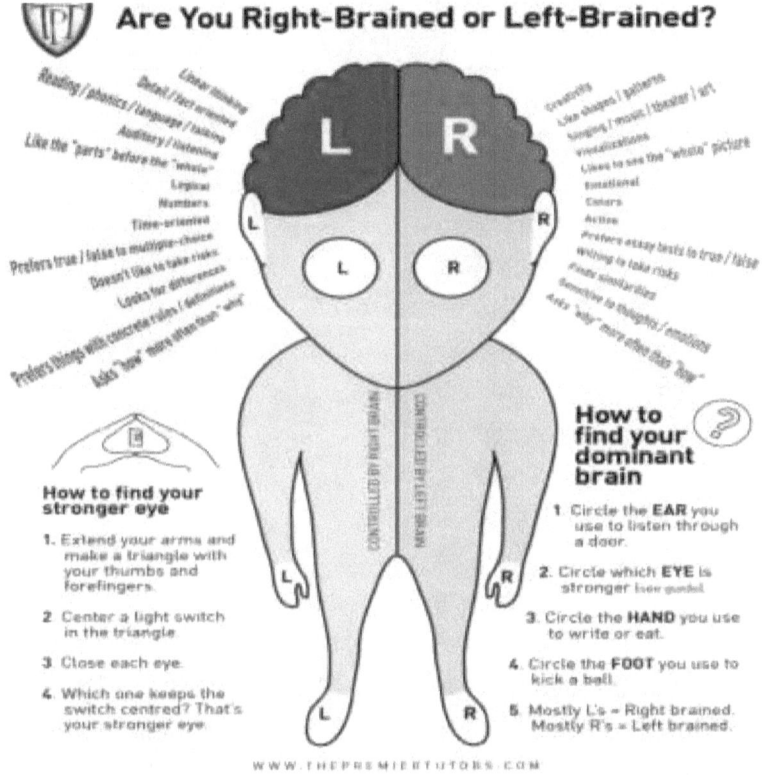

मनुष्य दिमाग के मूलभूत दो विभाग हैं जिन्हें विज्ञान की दृष्टि में दायाँ तथा बायाँ विभाग के नाम दिए गए हैं। इन्हें ही अध्यात्म में चित्त तथा अंतःकरण के रूप में परिभाषित किया गया है। शास्त्रों में चित्त मूलतः पांच प्रकारः– प्रवाही, कर्मी, जिज्ञासु, बोधिक, ज्ञानी का होता है। वहीं अंतःकरण को भी ;मानस, बुद्धि, अहंकार, चित्त, ज्ञान पांच भागों में विभाजित किया जाता है। यही बुद्धि के विभिन्न स्तर हैं जो आपकी सोच के मुताबिक विचारों को निरन्तर दबाते रहते हैं तथा यही सिलसिला जन्म दर जन्म हमारे साथ चलता रहता है।

अध्यात्मिक तौर से माना जाये तो मनुष्य बुद्धि के सौलह स्तर हैं जिनकी प्रवृति अनुसार ही मनुष्य अपने जीवन के स्तर निर्धारित करता है। मनुष्य का दायाँ दिमाग क्रियान्वयनकारी ''बुद्धि'' है जबकि बायाँ दिमाग ''मन'' केवल सोचने का कार्य करता है। परन्तु अनजाने में 90 प्रतिशत लोग दोनों ही कार्य अपने बायें दिमाग अर्थात् मन

से ही करते हैं जिसका परिणाम हमें 90 प्रतिशत असफलता तथा टैंशन की ओर ले जाता है। वास्तव में हमें अपने सोचने के लिए दायें दिमाग का उपयोग करना चाहिए तथा क्रियान्वयन में दायें दिमाग का उपयोग करना चाहिए तभी हम परिणाम के स्तर को ऊपर उठा सकते हैं।

बायाँ दिमाग उलझाता, दायाँ सदैव ही सुलझाता ।
दौनों में बना समन्वय, बुद्धिमान सुःख को है पाता ।।2209।।

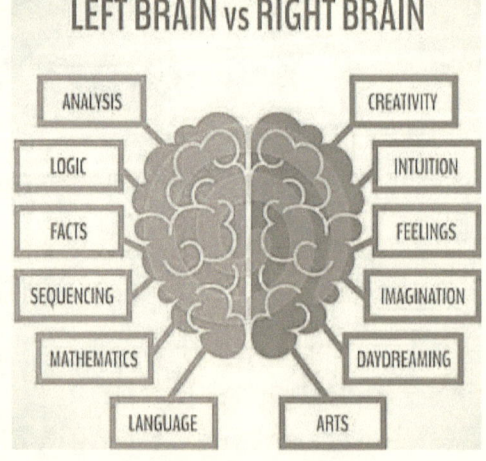

यदि हम सूचनाओं का पता लगाने के लिए अपने बायें दिमाग का प्रयोग करना और सूचनाओं के संप्रेषण के लिए अपने दायें दिमाग का प्रयोग करना सीख सकते हैं तो हम अपनी सोच की प्रवृत्ति को बदलने में कामयाबी हासिल कर सकते हैं। दूसरे शब्दों में हम कह सकते हैं कि हम मालिक जो कि बुद्धि है को प्रयोग में नहीं लाते हैं तथा सबकुछ ही नौकर ;मनद्ध के हवाले छोड़कर निश्चिंत होने की कोशिश करते हैं जो सदा सर्वदा ही असफलता की निशानी माना जाता है, इसके अतिरिक्त हमें किस स्तर धोखा अथवा टैंशन मिल सकती है इसका भी विश्वास नहीं किया जा सकता है। वास्तव में हमारी सोच की इसी प्रवृत्ति पर जीवन की सफलता तथा विफलता का प्रतिशत टिका हुआ है। यदि हम दायें दिमाग से सोचते हैं तो इसे सोच की धनात्मक प्रवृत्ति कहा जायेगा जिसके परिणाम सफलताकारी, दूरगामी व जीवन में खुशियाँ देने वाले होंगे।

मस्तिष्क आपका रचनाकार, सोचिए सदा पोजिटिव विचार ।
सोचकर सब ही 'पोजिटिव', दीजिए सफलता को 'आधार' ।1570

दूसरे शब्दों में आपका दायाँ दिमाग बुद्धि का कार्य करता है जबकि बायें दिमाग का कार्य 'मन' अथवा चित्त के हवाले किया गया है। अतः हम निरन्तर मन के वशीभूत बाएं दिमाग का प्रयोग सोचने तथा कार्यो को करने के लिए करते हैं जिससे सफलता का पैमाना सदैव निचले स्तर पर रहता है और कार्य की अधिकता के कारण यह टैंश भी रहने लगता है जिससे जीवन में तनाव की मात्रा लगातार बढ़ती जाती है। परन्तु हम सदैव इसे अपना भाग्य समझ कर स्वीकार कर लेते हैं जबकि दाएं दिमाग का प्रयोग सोचने के लिए किया जाना चाहिए तथा मन को उसके

क्रियान्वयन में लगाया जाना चाहिए। 90: लोग केवल अपने बाएं दिमाग का प्रयोग सोचने और कार्य दोनों के लिए करते हैं यह उसका शोषण करना हैं तथा अपने ही पांवों पर कुल्हाड़ी मारने के समान है।

आपकी चाहत ही तो, आपका सफलता आधार है।
जैसी है सोच आपकी, वैसाही तो आपका संसार है।।1221।।

अब हम आपको उन उपायों की ओर ले चलते हैं जहाँ आपको नैगेटिव विचारों से मुक्ति के उपाय बतलाये जायेंगे तथा इनसे कैसे मुक्त होना है यह समझाया जायेगा। क्योंकि आप जीवन में जो भी हैं वह सामाजिक नजरिये से एक पूर्व निर्धारित ड्रामा हो सकता है परन्तु इस ड्रामे को खेलने वाले आप एक कलाकार है और यह आप पर निर्भर करता है कि आप अपने सौपें गए किरदार को किस स्तर पर खेलना चाहते हैं अपने ह्रदय से, बुद्धि से अथवा मन से। जब आप ह्रदय से खेलते हैं तो आपकी भावनायें महत्त्वपूर्ण रोज अदा करती हैं यदि ये खण्डित हैं तो आप पूर्ण सफलता से दूर रहेंगे परन्तु यदि आप भावनाओं में डूबकर दिल से रोल अदा करते हैं तो आपके रोल को सराहा ही जायेगा इसमें कोई शंशय नहीं है। यदि आप बुद्धि स्तर पर खेलते हैं तो भी कुछ यदि परंतु के साथ आपका रोल स्वीकार्य होगा परंतु आप पास तो अच्छी तरह होंगे ही। अब यदि आप मन से खेल रहे हैं तो यह तो केवल आपके रोल के साथ औपचारिकता मात्र है, फेल होना ही स्वाभाविक परिणाम है

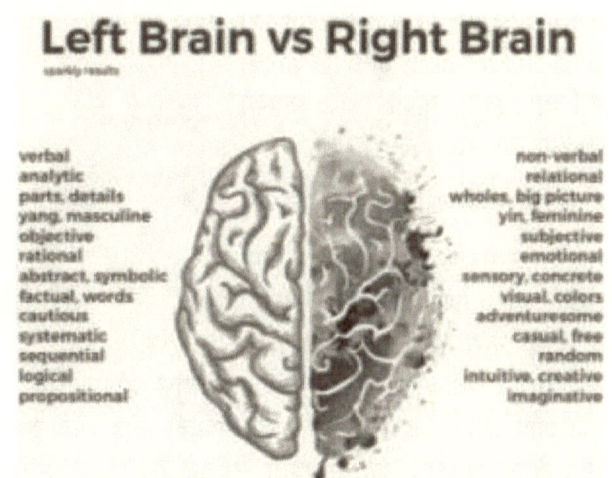

परंतु इसे आप अपने लिए फेल मानते हैं या लापरवाह रह आगे अच्छा करने का संकल्प लेते हैं सभी कुछ ही तो आपके नजरिये पर निर्भर करता है कि आप क्या चाहते हैं ? फिर भी जीवन तो चलता ही रहता है यह तो किसी हार अथवा जीत के बाद समाप्त नहीं हो जाता है। आपको बेहतरी के लिए केवल और केवल नैगेटिव विचारों से बचना है जैसे कि आगे बतलाया जा रहा है :–

1. अपने आपको केंद्रित करें:–

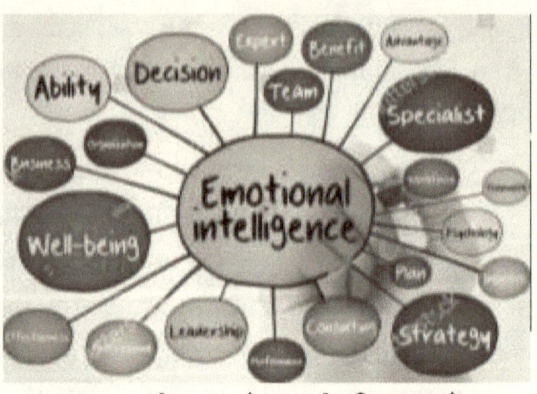

आज आप जो भी हैं केवल वह हैं जहाँ आपको अपनी सोच ले आई है जिसका मालिक आपके सिवाय अन्य कोई तो क्या परमात्मा भी नहीं है अतः जीवन का प्रवाह बदलने के लिए आपके केवल सोच बदलनी है अन्य कुछ नहीं यही आपका केंद्रित होना है। आपका अपना म नही आपको अपनी गिरफ्त में रखना चाहता है अतः स्वयं पर लगाए प्रतिबंधों का हटाकर आज और अभी से केवल और केवल प्रसन्न और निश्चिंत रहना सीखिए तो समय अपने आप बदलना आरंभ हो जायेगा। समस्या की पहचान कीजिए तथा अच्छाई का आदेश देकर अथवा अपनी पहुंच के अनुसार उपाय कर केवल और केवल निश्चिंत होना आरम्भ कीजिए इसी कुंजी से आपकी समस्या का हल मिल पायेगा ।

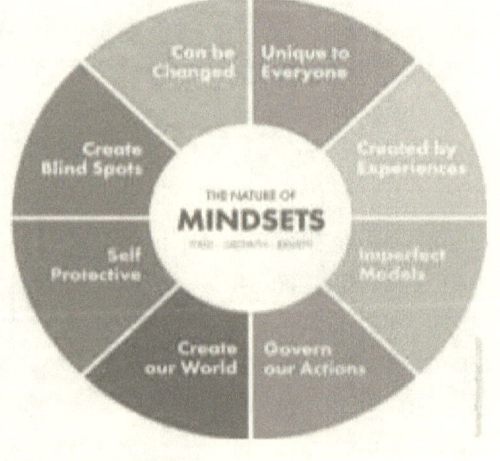

2. अपनी भावनाओं को पहचानिये:–

संबंधित समस्या के प्रति आप क्या सोचते हैं तथा उससे आपकी भावनायें कैसे आहत हो रही हैं पहचानिये। क्या आपको इससे डर महसूस हो रहा है, क्या आप इससे चिंतित हैं, क्या आप इससे सहमें हुए हैं, क्या आपकी कोई यादें इससे आहत हो रही हैं अथवा आप किसी अनहोनी की संभावना से जुड़े हैं। केवल अपने अनुभवों को ठीक वैसा ही लिख दीजिए जैसा आप महसूस कर रहे हैं। परंतु इन भावनाओं के केवल दृष्टा बनिये इनसे कभी भी लगाव मत रखिए, सावधानी पूर्वक इनकी पहचान कीजिए तथा बुरे अच्छे की पहचान कर इनसे ठीक वैसा व्यवहार कीजिए जैसा आप सामाजिक प्राणी के तौर पर करना चाहते हैं अथवा इन्हें पैदा होते तथा खत्म होते देखना आरंभ कीजिए।

3. अपनी भावनाओं को अनुभव में लाइये:– जैसा भी आप महसूस कर रहे हैं वैसा ही होने दीजिए तथा उनका प्रभाव अपने शरीर पर ठीक वैसा ही पड़ने दीजिए। यदि

आपको डर लगता है तो इससे जो होना है होने दीजिए, भावुकता में रोना आ रहा है तो रोने दीजिए, गुस्सा आता है तो गुस्से में खुन खौलने दीजिए, गाली देनी है तो दीजिए लेकिन सावधानी पूर्वक केवल अपने शरीर तक ही अपने आपको सीमित कीजिए बाहर मत जाईये तथा न ही किसी और को अपने कारण आहत होने दीजिए यह केवल आपकी समस्या है और आप ही उस समस्या के हल तक पहुंच पायेंगे ऐसा सोचिए।

भाव से प्रकटते भगवान, भाव के भूखे हैं भगवान ।

प्रेमभाव अपना जीवन में, बन जाईये सच्चे इनसान ।।2209।।

4. अपने आपको पहचानिये :– अब अपने ही शरीर को ही अपने आप से मुक्त कीजिए कि यह आपका शरीर है जो सभी कुछ अनुभव कर रहा है, वह आप नहीं हैं जो यह सब अनुभव कर रहा है। आप निश्चिंत, अजर अमर तथा अविनाशी आत्म तत्त्व हैं जो सभी समस्याओं से परे हैं। आप शरीर रूपी गाड़ी के मालिक हैं तथा चालक की गल्ति से गाड़ी के साथ छोटी सी दुर्घटना हो गई है जो वर्कशाप पहुंच कर बिना किसी खर्च के ठीक हो जायेगी क्योंकि आपने इसका खुदा के साथ बीमा करवा रखा है। विचार कीजिए की आपके ही चालक की गल्ति थी और अब आपको बिना किसी समस्या के इस स्थिति से निकलने का मौका भी आपका रक्षक परमात्मा आपको प्रदान कर रहा है तो आपका कार्य केवल अपने चालक को आदेश देना है कि चुपचाप इस स्थिति से बाहर निकल चलो। यही आपको हर स्थिति में अपनी पहचान करनी है कि हर परिस्थिति में समस्या का कारण आप नहीं है आपका मन है तथा अपने आपको परिस्थितियों से बाहर निकालने के लिए अपने आपको अपने मन से अल्ग कर हमेशा निर्णय लेना है ताकि आप डिस्टर्ब ना हों।

5. यादों से भुला दीजिए :– अब आप जब समस्या से बाहर आ चुके हों तो अगला कार्य है समस्या को भुलाना तथा अपने गंतव्य में लग जाना। परन्तु फिर भी आपका मन

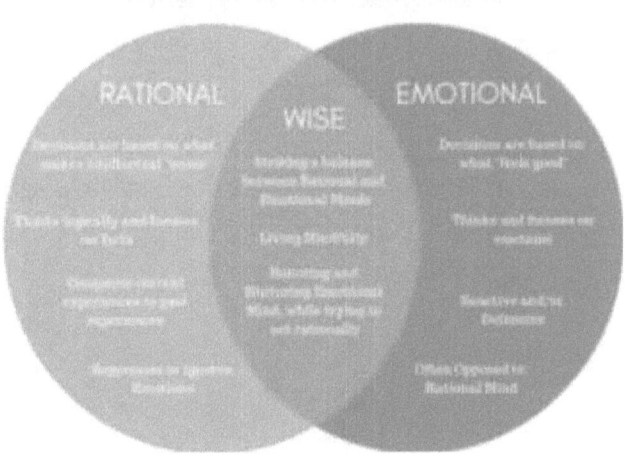

रूपी चालक अपनी सफाई पेश करने के लिए आपका बतलाना आरंभ करता है कि साहिब मेरी कोई गल्ति नहीं थी, ऐसा वैसा आदि आदि। यहाँ आप फिर भ्रमित न हों तथा अपने मन को सख्त लहजे में समझाईये कि अब जब समस्या ही खत्म हो चुकी है तो उसे भुल जाने में ही बेहतरी है तथा आगे के लिए अच्छा ही अच्छा होने की उम्मीद करें।

यदि आपका चालक फिर भी नहीं मानता है तो स्वयं को शाँत रखकर उसकी सारी कहानी सुनें तथा कहानी में ही आपको उसे शाँत रहने का मंत्र अथवा उपाये मिल जायेगा जो कि आपको उसी के द्वारा बतलाया जायेगा जिसे दूसरे शब्दों में आत्मबोध कहा जाता है। अब आप उसको उसी के लहजे में समझा कर समस्या को भूलने का अनुरोध कीजिए आपका मन अवश्यमेव मान जायेगा तथा आगे के लिए इसको अपनी यादों से भी भुला देगा ताकि आप भविष्य में भी ऐसे खतरों से एडवांस में ही सुरक्षित हो सके। यही भुल जाना है।

6. दोहराईये तथा भूल जाईये :– यह आपके जीवन का अनुभव रहा होगा कि कई समस्याएं इतनी अधिक गहरी होती हैं कि हम उपरोक्त प्रोसैस के द्वारा एक बार में उनका हल नहीं निकाल सकते हैं क्योंकि हमारा मन एक कुंएं के समान है जिससे जितना पानी निकालते हैं तो और अधिक आता जाता है। यहाँ आपको एक ही बात के साथ जुड़े रहना है कि हर समस्या अपने समाधान से स्वयं ही जुड़ी है तथा वह उसके दूसरे सिरे पर खड़ा आपके इंतजार में हैं। आपके और उसके मध्य दूरी ही आपका कर्म है जो आपको अनावश्यक होते हुए भी करना ही है।

अतः समस्याओं को भुलाने के क्रम में आपको जब तक खोदते रहना होगा जबतक की समस्याओं से छुटकारा पाकर आप पीने योग्य मीठा पानी प्राप्त नहीं कर लेते और यह तभी संभव हो सकता है जब तक आप नित्त्य प्रति की समस्याओं को दिन के अंत में बैठकर देखना आरंभ नहीं करते तथा भूल जाने के इस प्रौसैस को दोहराते नहीं रहते हैं वह भी मैडीटेशन द्वारा ।

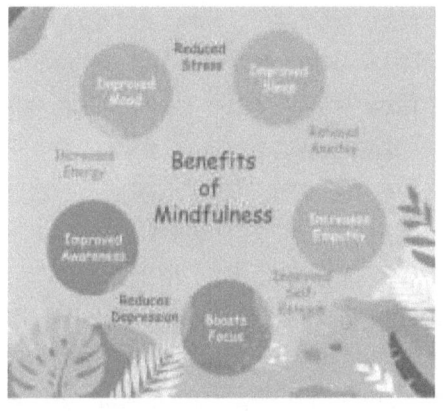

7. नित्य ही सफाई अभियान चलायें :– ध्यान की अवस्था में अपने लिए तथा अपने चालक के लिए नित्य पांच से दस मिनट का समय निकालिये। समस्याओं को एक एक कर पकड़ें तथा उपरोक्त कर्म अनुसार मन की सफाई कीजिए ताकि यह नित्य तरोताजा, समस्या रहित तथा बौखलाहट रहित होकर आपकी सेवा बेहतर ढंग से कर पाये। जब आपका चालक चुस्त, दुरुस्त तथा जागृत रहेगा तो आपका समय व्यर्थ में बरबाद होने से बचेगा तथा आप व्यवस्थित होकर अपना कार्य अधिक सफलता तथा उत्साह के साथ कर पायेंगे क्योंकि केंद्रित तथा निश्चिंत रहना आपका स्वभाव है। इसी अवस्था में आप अपने जीवन को बेहतर ढ़ंग से जीने में सफल हो सकते हो तथा अपने परम् उद्देश्य की ओर निरंतर, निर्बाधित व असंयमित रूप से बढ़ सकते हो। यही बेहतर नजरिये का परिणाम है। व्यर्थ तथा कुप्रेरणा पैदा करने वाले विचारों को मन की गहराईयों से हटाते जाईये।

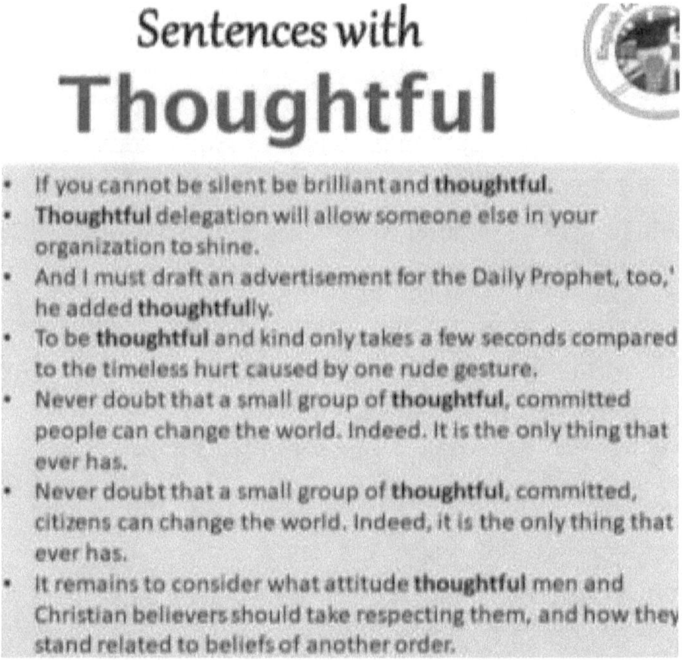

Sentences with
Thoughtful
• If you cannot be silent be brilliant and thoughtful.
• Thoughtful delegation will allow someone else in your organization to shine.
• And I must draft an advertisement for the Daily Prophet, too,' he added thoughtfully.
• To be thoughtful and kind only takes a few seconds compared to the timeless hurt caused by one rude gesture.
• Never doubt that a small group of thoughtful, committed people can change the world. Indeed. It is the only thing that ever has.
• Never doubt that a small group of thoughtful, committed, citizens can change the world. Indeed, it is the only thing that ever has.
• It remains to consider what attitude thoughtful men and Christian believers should take respecting them, and how they stand related to beliefs of another order.

आपके जीवन में जो भी नित्य प्रति घटित हो रहा है वह किसी घटना या दुर्घटना वश नहीं हो रहा है बल्कि वही घटित हो रहा है जो आप अपनी सोच के द्वारा

आकर्षित कर रहे हैं अथवा अपने विचारों द्वारा पहले कभी प्लान कर दिमाग को समझा दिया है। विज्ञान इसे क्रिया की प्रतिक्रिया मानता है जबकि धर्म इसे कर्मफल की संज्ञा प्रदान करता है। हमारे दिमाग में नित्त्य उभरते विचारों में से जो हम जाने अनजाने चुन लेते हैं तथा जिस पर अपना ध्यान ज्यादा समय के लिए लगाते हैं हमारा मन उसे ही हमारा आदेश समझकर उस पर कार्य करना आरंभ कर देता है क्योंकि मन यह नहीं जानता कि आप उसे इसे करने के लिए बोल रहे हैं अथवा न करने के लिए वह केवल आपके विचारों, भावनाओं तथा संवेदनाओं को पकड़ना जानता है तथा उन पर अम्ल करना जानता है। इस आदेश के लागू होने तक हम शायद उन विचारों को ही भूल चुके होते हैं जिनका परिणाम हमारे सामने खड़ा होता है। यही कारण है कि हम बार बार यह बुदबुदाते हैं कि मैंने तो ऐसा नहीं चाहा था पर हो गया जबकि वास्तव में यह हमारे ही विचारों द्वारा बोये गये बीजों का परिणाम होता है।

उपरोक्त समस्याओं से छुटकारा पाने के लिए हमें हमारे नित्त्य जीवन में ऐसे सकारात्मक परिवर्तन लाने चाहिऐं जिससे हमारा जीवन सुःखमय हो सके तथा हम वह जीवन जी सकें जिसकी हम स्वप्नों में कामना करते हैं तथा जिसके हम वास्तव में हकदार हैं। हमारे धर्म शास्त्रों, योग विधाओं तथा जीवन दर्शन में ऐसे बहुत सारे उपायों का विवरण मिलता है कि हमें अपनी दिनचर्या को ही इस प्रकार ढ़ाल लेना चाहिए जिससे सकारात्मकता हमारा ध्येय नहीं बल्कि नित्त्य कर्म बन जाये। यही हमारा लाईफ स्टाईल हो जाये जिससे हमें विचारों के चुनने तथा उन्हें लागू करने की नौबत ही ना पैदा हो। यदि आपका जीवन का ढ़ंग ही बदल जायेगा तो आपका जीवन के प्रति नजरिया ही बदलने लगेगा तथा इसके बदलते ही आपका जीवन स्वयं ही बदलने लगेगा। जीवन में सकारात्मकता को धारण करने के लिए आपका मुख्य दो सिद्धांतों पर चलना होगा

1. अहिंसा परमो धर्मः अर्थात् जब आप दूसरों के प्रति हिंसक होते हो तो अपने लिए ही हिंसा बो रहे होते हैं। अतः कभी भी ऐसा कार्य मत करो जिससे दूसरों को कोई ठेस पहुंचे। क्योंकि ऐसा करते समय आप स्वयं भूल गए हैं कि ठेस खाने वाला आपका ही हिस्सा मात्र है।

2. पर सेवा सम् हित नहीं भाई : यदि आप अपने जीवन में सुःख का अनुभव करना चाहते हो तो ओरों को सेवा द्वारा सुख दीजिए। इन

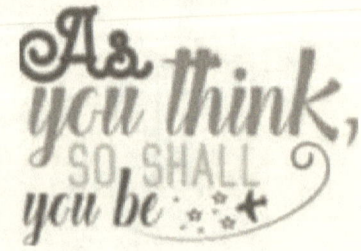

दोनों सिद्धांतों पर चलकर हम अपने शरीर, मन तथा आत्मा में संतुलन कायम कर सकते हैं तथा इसके माध्यम से जीवन में संपन्नता ला सकते हैं जिससे जीवन सफल बनता है। संपन्नता के मुख्य विचार निम्न प्रकार से हैं :–

1. जैसी हमारी सोच है दुनियाँ वैसी ही है :– हमारे हृदय में, दुनियाँ में तथा इससे परे की दुनियाँ में जो कुछ भी विद्यमान है वह सब हमारी सोच का नतीजा है और जैसे विचार हम इन सभी के बारे में रखते हैं वे हमें वैसे ही भाषते हैं। अतः हम यदि सारी ही दुनियाँ को बदलना चाहते हैं तो हमें सर्वप्रथम अपने विचारों को बदलना चाहिए। बाह्य संसार को बदलने की सोच रखना अपना समय तथा दिमागी ऊर्जा व्यर्थ गंवाने के समान है। यदि हम कुछ बदलना चाहते हैं तो पहले हमें अपने भीतर से शुरूआत करनी होगी तभी बाह्य दुनियाँ स्वयं बदल जायेगी। शुरूआत हम ही से आरंभ होती है तथा हम ही पर खत्म होगी यही बाह्य दुनियाँ को बदलने की चाबी है और वह हमारी सोच से जुड़ी है। अतः शुरूआत कीजिए!

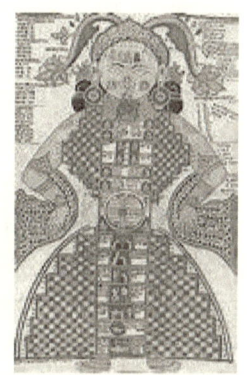

2. आपकी सोच ऊर्जा को आकर्षित करती है :– आपके मन में ज्योंहि सोच पैदा होती है वह उसके लिए वांछित ऊर्जा शक्ति को आकर्षित करना आरंभ कर देती है। किसी विषय वस्तु पर अपना ध्यान आकर्षित करने से अभिप्राय है उस और ऊर्जा शक्ति का संचार केंद्रित करना। आकर्षण के सिद्धांत के मुताबिक आपके विचार भले ही जैसे भी हों आप वैसा ही महसूस करना आरम्भ कर देते हैं जैसा आप सोच रहे हैं। सकारात्मक सोचने का मतलब है सकारात्मकता का आपकी ओर बहना और यही नकारात्मकता पर लागू होता है। यदि आप बार बार संपन्ता के बारे में सोचते हैं तो संपन्नता आपकी ओर आकर्षित होगी । इस प्रकार जीवन में जो भी आप चाहते हैं उसे आकर्षित करने की कला आप अपनी सोच के माध्यम से विकसीत कर सकते हो। अतः आपसे प्रार्थना है कि आप गुस्से, डर, विकारों तथा हीन भावनाओं पर अपना ध्यान केंद्रित मत कीजिए इसकी अपेक्षा खुशी, संपन्नता तथा मौज मस्ती पर केंद्रित कीजिए तथा साधारण शब्दों में 'सोच बदलिए दुनिया बदलिए' ।

3. यथा पिण्डे तथा ब्रह्माण्डे :– जो एक कण में है वही समस्त संसार में हैं। हम सभी एक ही शक्ति के हिस्सा हैं तथा वही शक्ति समस्त ब्रह्माण्ड में असीमित रूप

से फैली हुई है। प्रकृति के सिद्धांतों के अनुसार हम सभी एक दूसरे से जुड़े हुए हैं तथा एक ही शक्ति का अटूट हिस्सा हैं। सभी अणु, परमाणु, धरती आकाश, सागर, पशु,पक्षी, मन तथा मनुष्य सभी एक दूसरे का अटूट हिस्सा हैं तथा अदृश्य

शक्ति से जुड़े हुए हैं जिसे आत्मिक प्रेम कहा जाता है परन्तु भ्रम के कारण हम एक दूसरे को अपने से अलग समझते हैं वो भी तब जब हम आत्मिक प्रेम को शारीरिक प्रेम में भ्रमित कर देते हैं तथा इसी अंधेपन में इंद्रिय प्रेमगत फिर एक दूसरे से मिलना चाहते हैं जबकि आत्मा से तो पहले ही दूर नहीं हैं। यदि हम इन विचारों से अपने आपको अलग कर दें कि हम एक दूसरे से अल्ग हैं तो हम जुड़े हुए हैं तथा विचारों में जुड़कर एक दूसरे का कल्याण कर सकते हैं न कि शारीरिक मिलन में एक दूसरे की ऊर्जा का नाश। जब हम चिंता करते हैं तो अंततः अल्गाव पैदा करते हैं जबकि आप चिंतन करते हो तो हार्मोनी पैदा करते हो। अतः अपने अंदर वसुदेव कुटुम्भकम् के भाव पैदा कीजिए तथा सभी को अपना अंश व अंग मानकर इस प्रकार प्रेम कीजिए जैसा आप अपने शरीर के साथ करते हैं तो आपको चारों और से सुःखों की बारिश होने लगेगी । आनंद लें।

प्रेम से ऊपजे स्वतंत्रता, स्वच्छंदता से खुशी ।
दौनों ही जीवन आधार, जिंदगी चाहो जैसी ।।2308।।

4. स्वतंत्रता और प्रसन्नता जीवन के आधार हैं:–| संसार में प्रत्येक प्राणी स्वतंत्र और प्रसन्न रहना चाहता है। जबकि दोनों ही इस बात पर आधारित हैं कि आप अपनी जिंदगी से कितना प्रेम करते हैं जो कि समस्त पवित्र भावनाओं पर आधारित है। जितना अधिक प्रेम आप स्वयं से करते हैं आप उतने ही खुश रहते हैं तथा यहि प्रसन्नता की चाबी है। अपने चारों और से गुस्से, चिड़चड़ेपन तथा अभाव के विचारों को निकाल दीजिए तथा प्रकृति, मानव तथा अपनी आत्मा के प्रति प्रेम के भाव पैदा कीजिए तथा स्वयं से उतना प्रेम कीजिए जितना आप किसी ओर से करना चाहते हैं तो आपके लिए प्रसन्नता तथा स्वतंत्रता के दरवाजे खुलने लगेंगे क्योंकि दूसरे से प्रेम करने का मतलब है परतंत्रता और स्वयं से प्रेम का मतलब है स्वतंत्रता।

5. जब जागे तभी सवेरा :– भूत तथा भविष्य का त्याग कर जो इनसान वर्तमान में जीवन व्यतीत करता है वही समझदार तथा ज्ञानी कहलाता है। अतः सदैव सजग होकर जीवन व्यतीत करें । जो भी आपके समक्ष है वही वर्तमान है उसका पूरा लाभ

उठाईये तथा अपनी आत्मा को खुशी से भरपूर कीजिए। अपने अच्छे विचारों तथा सद्भावनाओं के साथ उस क्षण का पूरा मजा लीजिए जो आप जी रहे हैं। जो भी आपके विचार हैं उनसे उन क्षणों को पैदा कीजिए जिनमें आप खुश तथा निश्चिंत रह सकते हैं। यदि आपके विचारों में सुंदरता है तो आप अपने चारों और सुंदरता पैदा कर सकते हैं और इसी सुंदरता को इसी क्षण में स्वीकार कीजिए तथा प्रसंसा कीजिए ताकि आपका यह क्षण बेकार न जाने पाये। यदि आप ऐसा नहीं करते तो सुंदरता आपके जीवन से नष्ट हो जायेगी अतः जो भी आपके आस पास घटित हो रहा है इसी क्षण में जागकर घटित होते हुए को स्वीकार कर प्रसंसा कीजिए जिससे आपके क्षणों की कीमत बढ़ती जायेगी और इसी से आपके भविष्य का निर्माण सुंदर होगा, घटित को भूलाकर ही सुंदर भविष्य का निर्माण किया जा सकता है। अतः अभी और इसी क्षण जागिए तथा जीवन में खुशियों को भरना आरम्भ कीजिए !

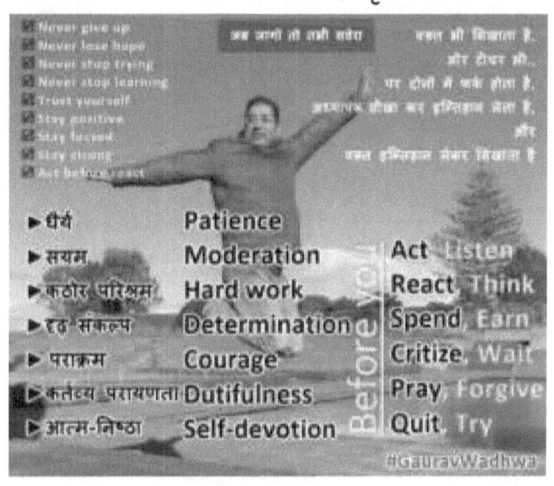

6. आपका मन ही सर्वशक्तिमान सत्ता है :– यह समस्त संसार, सृष्टि तथा ब्रह्माण्ड सभी एक ही सर्वशक्तिमान सत्ता से प्रेरित तथा संप्रेरित हैं। यही सत्ता हर ह्दय में शक्ति बन कर बैठी है तथा मन के द्वारा समस्त संसार को नियंत्रित कर रही है। इस प्रकार समस्त शक्तियों का आधार हमारे भीतर से ही बाहर की ओर फैल रहा है तथा हम शक्तियों को बाहर देख कर डर कर बैठे हैं। अतः उठिए जागिए और चलिए सभी कुछ ही तो परमात्मा ने आपके भीतर ही छिपाकर रख दिया है। यदि आप यह सोचते हैं कि आपके ऊपर भी कोई सत्ता है तो आप अपनी शक्तियों का हनन करते हैं। हाँ अहंकार के विनाश के लिए अपने से ऊपर ब्रह्म सत्ता को स्वीकारना कोई बुरी बात नहीं है परन्तु अपनी शक्तियों को न पहचानना भी तो एक नादानी है। अतः अपनी मन की शक्ति को पहचान कर जीवन के समस्त वैभवों को प्राप्त कीजिए तथा विश्व कल्याण हेतु जागकर अपना तथा अपने आसपास के समस्त प्राणियों का कल्याण कीजिए यही एक मात्र आपके जीवन का उद्देश्य है। अपनाईये !

मन ही ब्रह्म है, मन ही भ्रम, मन भरमाये जीव भरमता।
मन की बातें मान मान कर, मन से ही माया में है रमता ।।2308।।

7. सत्त्य सदैव स्वयं सिद्ध है :– जीवन अनंत संभावनाओं से परिपूर्ण है। आपका उद्देश्य जो भी हो परन्तु इसे प्राप्ति की संभावनायें तथा तरीके अनेको हैं। परन्तु आपको इसकी प्राप्ति के लिए केवल और केवल सर्वमान्य तथा सैद्धांतिक तरीकों का ही प्रयोग करना चाहिए अन्यथा इसके परिणाम विनाशकारी तथा अप्रसन्नता दायक हो सकते हैं। उदाहरण के तौर पर शाँति प्राप्त करने के लिए आपको अहिंसात्मक साधनों का उपयोग करना चाहिए। शाँति प्राप्ति के लिए यदि आप हिंसा का उपयोग करते हैं तो परिणाम भी अनुपयोगी ही होंगे। यदि आप जीवन में सुख, आनंद और खुशी चाहते हैं तो आपको बाहर भी इन सभी को फैलाना होगा जो कि कर्म का सिद्धांत बतलाता है।

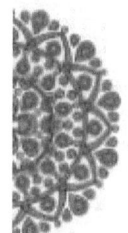

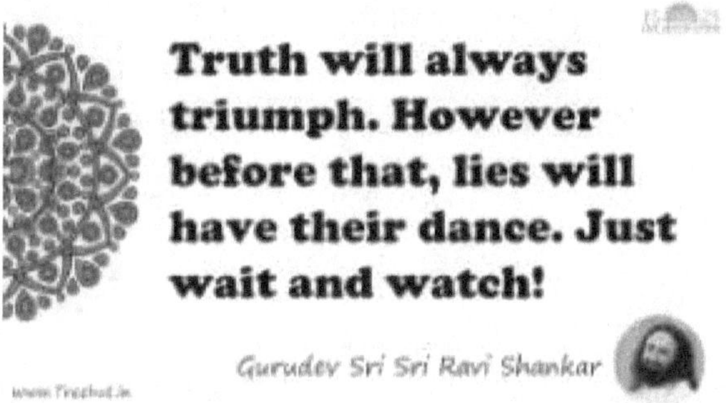

Truth will always triumph. However before that, lies will have their dance. Just wait and watch!
Gurudev Sri Sri Ravi Shankar

प्रकृति का यह नियम है कि प्रत्येक क्रिया की समजातीय प्रतिक्रिया होती है। अतः आप दूसरों के बारे अच्छा सोचिए एक दिन वे आपके बारे जरूर अच्छा सोचना शुरू कर देंगे यह प्रकृति का अडिग नियम है। श्रीमद्भागवत गीता में स्पष्ट तौर पर कहा गया है कि जो व्यक्ति निष्कपट भाव से निस्वार्थ होकर धर्मार्थ यदि कोई गलत कार्य भी करता है तो परम तत्त्व परमात्मा उसके पापों को भी हर लेता है। निश्चेष्ट, निष्काम भाव से कार्य करता हुआ प्राणी जल्द ही अपने परम उद्देश्य "मुक्ति" को प्राप्त कर लेता है। अतः मनुष्य को हमेशा ही धर्मार्थ तथा परमार्थ के कार्यों में अपने जीवन का समय बिताना चाहिए। दृष्टिपूतं न्यसेत्पादं, वस्त्रापूतं जलं पिबेत्। शास्त्रपूतं वदेद्पूतं, मनःपूतं समाचरेत्। नियमानुसार वाणी का प्रयोग करना चाहिए तथा मन को बांधकर अथवा काबू में रखकर ही अपना आचार–व्यवहार निर्धारित करना चाहिए। यदि मनुष्य इस प्रकार आचरण का पालन करता है तो उसके जीवन मार्ग में आने वाली अनेकों बाधाएँ स्वयं ही मार्ग से हट जाती हैं तो जीवन सफर सुहाना तथा मधुर बन जाता है। भारतीय दर्शन शास्त्रों में बड़ी ही कुशलता के साथ मनुष्य के आचरण को कम से कम शब्दों में बांधकर निर्धारित कर दिया गया है। श्री भर्तृहरिः द्वारा रचित नीतिशतम् का उपरोक्त श्लोक हमें बतलाता है कि मनुष्य को अच्छी प्रकार से देख–सोच कर ही अपना अगला कदम बढ़ाना चाहिए, कपड़े से छानकर पानी पीना चाहिए, शास्त्रों में बतलाए

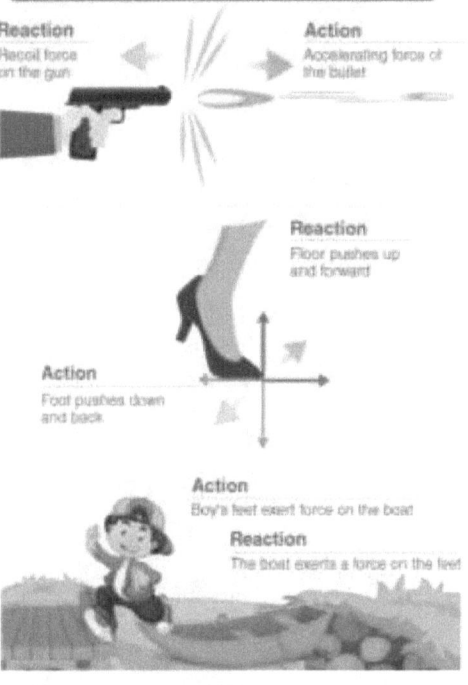

गए नियमानुसार वाणी का प्रयोग करना चाहिए तथा मन को बांधकर अथवा काबू में रखकर ही अपना आचार–व्यवहार निर्धारित करना चाहिए। यदि मनुष्य इस प्रकार आचरण का पालन करता है तो उसके जीवन मार्ग में आने वाली अनेकों बाधाएँ स्वयं ही मार्ग से हट जाती हैं तो जीवन सफर सुहाना तथा मधुर बन जाता है। मनुष्य का मानसिक, बौद्धिक तथा तात्त्विक विकास उसके द्वारा की जाने वाली मानसिक, शारीरिक तथा वचनात्मक क्रियाओं पर पूर्णतया आधारित है। साधारण शब्दों में यों कहा जा सकता है कि मनुष्य मन, वचन तथा कर्म से जो सोचता है, जो बोलता है तथा जो वह कार्य करता है इन सभी की संयुक्त इकाई के रूप में वह सामाजिक स्तर पर विकसीत प्राणी माना जाता है। इस प्रकार मनुष्य द्वारा निष्पादित कार्य ही उसके व्यक्त्तित्त्व की आधारशिलायें हैं। इस प्रकार मनुष्य जो सुनता है, जो देखता है तथा जो सोचता है उन सभी से उसके व्यक्तित्त्व का विकास होता है। भारतीय संस्कृति का दर्पण मानी जाने वाली भगवत् गीता का भी यही मानना है कि मनुष्य क्या खाता है, क्या सोचता है, क्या बोलता है, क्या देखता है तथा क्या सुनता है इन सभी पर उसका व्यक्तित्व आधारित है। दूसरे शब्दों में यही आधार मनुष्य की प्रवृत्तियों के प्रर्वतक माने गये हैं। देखने से शरीर में काम, बोलने से अहम्, सुनने से क्रोध, चखने से लालच तथा स्पर्श से मोह का विकास होता है। इस प्रकार मनुष्य में पैदा होने वाले पाँचों विकारों का संबंध उसके द्वारा निष्पादित हर एक बाह्य शारीरिक क्रिया से है जो उसे सोच समझ कर करनी चाहिए।

मन पैदा करता है विकार, विकार उभारते जीव तस्वीर ।
ठहराव प्रकटाता अहसास, विश्वास संवारता है तकदीर ।।1194।।

अंतहीन हैं खवाहिसें, अनन्त ही संभावनायें हैं।
गहरे जितने विचार, उतनी अनंत विधायें हैं।।1244।।

आप वह भी आकर्षित करते, जो आप नहीं चाहते ।
विचार ही बदल दीजिए, विचार ही भाग्य बनाते ।।1180।।

सही विचारों को चुनना, अपनी अंतर्रात्मा को सुनना ।
ताना बाना जहन बुनना, सफल होने से बड़ा गुण ना ।।1252।।

'छवि' बना कर विचारों में, मन चाहा आकर्षित कीजिए।
वास्तविकता में बदलने को, ऋणात्मक विकर्षित कीजिए।।1253।।

विचारों के परिणाम से, बच पान अति मुश्किल है।
विचारो के बलबुते पर, खुश रह पाना मुमकिन है।।1432।।

विचारों को 'पीढ़ी दर पीढ़ी', सदैव बढ़ाते चलो ।
बुरा है या अच्छा है विचार, बुरा मिटाते चलो ।।1435।।

विचार से विचार निकलता है, अच्छे हों तो निकालते रहिए ।
बुरे विचारों से बचकर स्वयं को, अच्छे विचार संभालते रहिए ।।2309।।

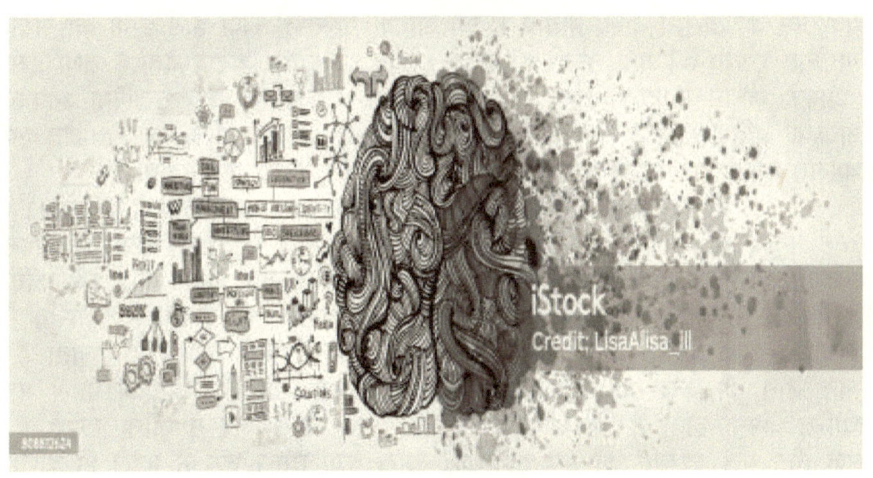

अध्याय–6

जीवन का यथार्थ :– आपका नजरिया

मनुष्य जीवन की यह सबसे बड़ी सच्चाई है कि जीवन वृत्त एक अबाध रूप से चलने वाली प्रक्रिया है जो एक जीवन से दूसरे जीवन में परिवर्तित होते हुए निरन्तर चलती रहती है। वास्तविक सच्चाई यही है कि हमारा भौतिक स्वरूप बदलता रहता है परन्तु इसको चलाने वाला अंतरत्त्मा कभी नहीं बदलता। वह कपड़ों की तरह शरीरों को बदलता रहता है परन्तु उसका वास्तविक स्वरूप सदैव अबदल, निर्पेक्ष, निर्लिप्त, निश्चिल एवं अखण्ड रहता है। उसका अपना डाटा कम्प्यूटर की हार्डडिस्क की तरह सदैव विद्यमान रहता है जिसे आपकी प्रकृति का नाम दिया गया है। इसी प्रकृति के मूल में आपकी यादें समाई हुई हैं जो किसी भी स्थिति, व्यक्ति अथवा निर्णय लेने की आपकी क्षमता को निर्धारित करती हैं, जिन्हें जीवन के प्रति आपका नजरिया कहा जाता है। आपका नजरिया जीवन जीने तथा इसकी दशा तथा दिशा निर्धारण करने में अति–महत्त्वपूर्ण भूमिका अदा करता है, यही नजरिया आपकी हार्डडिस्क अथवा मन को चलाने वाला प्रोग्राम है जो आपके मस्तिष्क रूपी हार्डडिस्क को सदैव क्रियान्वित रखता है। यही नजरिया आपके जीवन को उतार चढ़ाव देता है तथा इसी से आपके जीवन में दुःखों तथा सुःखों का आगास होता है। यही नजरिया आपका समाज के प्रति नित्यप्रति व्यवहार, आचार तथा मूलतः आपके चरित्र को निर्धारित एवं संचालित करता है। **नजरिया जीवन का बदल, जीवन बदला जा सकता है।**

इस कुंजी को प्राप्त करके, मनचाहा जीव पा सकता है।।1589।।

प्रत्येक मनुष्य की जीवन के प्रति अपनी विशेष धारणा पाई जाती है, किसी ने जीवन को फूलों की स्टेज कहा है तो किसी ने इसे दो धारी तलवार कहा। कोई इसे कांटों भरी तस्तरी मानता है तो कोई इसे भव सागर के नजरिये से देखता है। वास्तव में जीवन को आप किसी नजरिये से देखते हैं वैसा ही आपका जीवन बन जाता है। जीवन जीने की कला का एक प्रारूप है जिसे समझने के लिए आपको पहले यह निर्धारित करना होता है कि आप अपने जीवन को किस रूप में जीना चाहते हैं। इसके तीन मूल स्वरूपों को हम सात्त्विक, रजस् तथा तमस् रूप में पहले ही वर्णित कर चुके हैं। **जीवन ठीक वैसा है, जैसा आपका नजरिया है।**

दुख सुख दौनो इसमें, जो चुना वही जरिया है।।1590।।

अतः जीवन को किस रूप में लेना है यह स्वतंत्र रूप से आपके जीवन के प्रति नजरिये पर टिका है। जीवन का हर स्वरूप हमारे चारों तरफ बिखरा पड़ा है परन्तु उसमें से चुनना क्या है यह पूर्णतया आपकी सोच पर आधारित है। यही नजरिया आपको जीवन में विजय अथवा हार का निर्धारण करता है। आप जीत कर भी सबकुछ हार सकते हैं तथा हार कर भी सबकुछ जीत सकते हैं यह सब आपकी सोच पर टिका है कि परिस्थितिजन्य परिणाम को आप किस नजरिये से स्वीकार

अथवा अस्वीकार करते हैं। परिणाम के मूलतः दो ही स्वरूप हैं हार या जीत, परन्तु उस हार अथवा जीत को आप पोजिटिव लेते हैं अथवा नगैटिव लेते हैं आपकी खुशी अथवा गम इसी पर आधारित रहता है।

हार अथवा जीत, दोनों ही परिस्थितियाँ अपरिहार्य हैं।
नजरिया आपका, करता निर्धारण क्या 'अनिवार्य' है।।1588।।

व्यक्ति जीवन की वर्तमान परिस्थितियों अनुसार जीता है तथा उन्हीं परिस्थितियों में उसका जीवन के प्रति नजरिये का निर्माण होता है तथा अन्य व अनन्य परिस्थितियों में यह नजरिया भी समयानुसार बदलता रहता है। परन्तु सबसे महत्त्वपूर्ण बात यह है कि हर एक परिस्थिति को वह किस नजरिये से लेता है। परिस्थितियाँ समयानुसार निरन्तर बदलती रहती हैं परन्तु बुद्धिमान पुरूष का जीवन के प्रति नजरिया सदैव एक समान रहता है। उसके लिए जीवन में हार, जीत, पैसा, शिक्षा, उतार, चढ़ाव, ऊँच, नीच तथा सुःख और दुःख से ज्यादा महत्त्वपूर्ण यह होता है कि वह जीवन के विभिन्न पहलुओं को किस नजरिये से देखता है। वह परिस्थितियों में दुःखी रहता है अथवा सुःखी रहता है या इससे भी परे वह निश्पक्ष भाव से न दुःखी और न ही सुःखी रहकर समता में अपना जीवन गुजारता है। तीनों स्थितियों में से तीसरी अथवा समता की स्थिति को सर्वोत्तम माना गया है। इसी स्थिति को श्री भगवत् गीता में भी सर्वोत्तम माना गया है तथा ऐसे व्यक्ति को 'संत' की श्रेणी में रखा गया है जिसे दूसरे शब्दों में सर्वोत्तम इनसान माना जाता है।

सुःख दुःख से लिप्त नजरिया, जीवन के हैं उतार चढ़ाव ।
'निर्लेप' समता' पूर्ण नजरिया, बदलने न दे 'हाव व भाव'।।2310।।

इससे भी महत्त्वपूर्ण विषय यह है कि हमारा नजरिया विषय, वस्तु एवं परिस्थिति अनुसार दिनो दिन निरन्तर बदलता रहता है। अपने नित्यप्रति अनुभवों अनुसार मनुष्य अपने नजरिये में निरन्तर परिवर्तन लाता रहता है। यहाँ तक कि एक ही विषयवस्तु अनुसार हमारा नजरिया दिनों दिन बदलता है। हम अपना भूत, भविष्य और दूसरों का हमारे प्रति रवैया नहीं बदल सकते हैं परन्तु हम हमारी सोच में परिस्थितिजन्य बदलाव ला सकते हैं और वही हमारा देश, काल, व्यक्ति, वस्तु एवं परिस्थिति अनुसार नजरिया कहलाता है। हमारे जीवन में दस प्रतिशत वह होता है जो हमारे साथ अनायास घटित होता है परन्तु इसके विपरीत नब्बे प्रतिशत वह होता जिसे हम प्रतिक्रिया स्वरूप अपनी ही सोच से पैदा करते हैं। इस प्रकार हम जीवन के विजेता स्वयं हैं परन्तु हार को स्वीकार करने में हिचकिचाहट के चलते हार की स्थिति से दुःखों का संपादन कर बैठते हैं। इसके विपरीत जब हम हार को हृदय से स्वीकार कर ऐसी परिस्थिति में और अधिक अच्छा करने की प्रेरणा लेते हैं तो हमारे

लिए हार विजय का आधार बन जाती है और अगले समय वही हार जीत को गले लगाने के लिए हमारी प्रेरणा बन हमें उत्त्साहित करने का कार्य करती है।

हार ही विजय स्तम्भ है, नजरिया और अनुभव चाहिए।
हार को बना कर प्रेरणा, सदैव मनचाहा ही फल पाइए ।।1591।।

आपकी बढ़ती आयु तथा जीवन की हर परिस्थिति में आपका अनुभव आपको जीवन में अपना नजरिया बनाने तथा बदलने में आपकी सहायता करते हैं। दोनों ही परिस्थितियों में आपका नजरिया परिपक्व तथा आपके लिए महत्त्वपूर्ण होता जाता है। याद रहे नजरिया आप पर थौंपी गई कोई विधा नहीं है बल्कि परिस्थितिजन्य इसे आपने स्वीकार किया है तथा उस परिस्थिति में वह आपकी चाहत अथवा च्वाईश है। क्या हुआ, क्या होगा और क्या नहीं हुआ ये सभी प्रश्नवाचक स्थितियाँ हैं परन्तु वास्तविकता वह है जिसे आपने परिणाम के रूप में अपने दिमाग से स्वीकार कर लिया है।

मन के हारे हार जितने से जीत, सुःख–दुःख की नहीं आहट ।
हार व जीत स्वीकृत प्रतिफल, परिस्थितिजन्य है चाहत ।।2311।।

मनुष्य मस्तिष्क की संरचना एक बगिया की संरचना से मेल खाती है जिसे अच्छी प्रकार से तैयार करके खूबसूरत तथा मनभावन जंगल में परिवर्तित किया जा सकता है। परन्तु यदि इसे किसी भी तरह से तैयार न किया जाये तो भी इसमें विभिन्न प्रकार की घास तो स्वयं ही पैदा होगी ही चाहे वह खूबसूरत लगे अथवा न लगे। इसी प्रकार यदि हम अच्छी सोच अथवा नजरिये के साथ जीवन में कार्य करते हैं तो इसके परिणाम दूरगामी तथा सुःखदायी होंगे अन्यथा कोई न कोई कार्य तो स्वतः होते ही रहते हैं क्योंकि मनुष्य मस्तिष्क सदैव किसी न किसी रूप में सक्रिय तो रहता ही है। धनात्त्मकता तथा ऋणात्त्मकता इसके दोनों ध्रुव हैं जिनके मध्य यह पैंडुलम के रूप में निरन्तर सक्रिय रहता है, परंतु किसी एक कौने पर ज्यादा देर टिक नहीं सकता क्योंकि निरन्तर प्रवाह, ऊर्जा का एक सैद्धाँतिक गुण है। यह जीवन के दोनों पहलुओ धनात्त्मकता पर भी जायेगा तथा तुरंत वहाँ से लौटकर ऋणात्त्मकता पर भी जरूर लोटेगा जिन्हें दूसरे भाव में हम सुःख व दुःख मानते हैं, परंतु सुःख व दुःख के भाव की अनुभूति ही आपका नजरिया है कि आप इनको किस भाव से अनुभूत करते हैं। इससे अच्छे परिणाम लेना आपकी चाहत है जिसे आप अम्ल में लाईये अथवा न लाईए ।

भला भलाई करता चले, चित्त नहीं लावे परिणाम ।
जिसको चाहिए मख्खन, 'छाजन' संग क्या काम ।।1531।।

आप जीवन में हर सफलता प्राप्त कर सकते हैं बशर्ते कि आप अपना दिमाग उसमें लगाईये जो आप चाहते हैं। दिमाग को लगाने के लिए आपको अपना चरित्र तथा नजरिया भी वैसा ही विकसित करना होगा जैसा आप परिणाम चाहते हैं। जब आप उचित नजरिये के साथ आरम्भ करते हैं तो आपके आसपास के लोग इसकी सराहना भी करते हैं और कुछ लोग इसकी नींदा भी करते हैं परन्तु आप जिंदगी को अपने नजरिये से लीजिए और अपना सर्वश्व उस दिशा में लगा दीजिए जो आपने चुनी है। सावधानी पूर्वक अडिग नजरिये के साथ चलते रहिए तथा दुनियां एक दिन आपके साथ खड़ी होगी तथा आपके कार्य की सराहना करेगी। परन्तु जब आप अकेले पड़ते हैं तथा आपकी आत्मा आपको आवाज देती है कि आपका नजरिया सही है तो अपने आपको हमेशा बताते जाईये कि मैं सही हूँ, सही था तथा सही रहूँगा तथा परिणाम की चिंता किए बगैर अपनी और से सर्वोत्तम कीजिए, अडिग रहिए तथा परमात्मा पर विश्वास रख लगे रहिए।

सब्र करे सब होत है, टूटे सब्र सब ही जात ।
वक्त पड़े रूत बदले, मन चाहा फल खात ।।1592।।

सकारात्मक नजरिये ये अभिप्राय है कि आप असंभव को संभव करने के लिए अपना सर्वश्व ही अर्पित कीजिए। सर्वश्व वह नहीं है जो आपने दुनिया से एकत्रित किया है, दुनियाँ के कितने लोग अथवा सगे संबंधी आपके साथ खड़े हैं, कितने दोस्त मित्र आपने अपनी सहायता के लिए इक्कठे किए है। सर्वश्व वह आत्मचिंतन अथवा आत्मशक्ति है जिसके बलबूते पर आप अपनी समस्त इच्छाशक्ति, आत्मशक्ति, आत्मबोध व आत्मबल का प्रयोग कर सकते हैं। आप समूह में रहकर भी ओर अकेले होते हुए भी अपने निर्धारित लक्ष्य से किस प्रकार जुड़े रह सकते हैं। जीवन में यह ज्यादा महत्त्वपूर्ण नहीं है कि धनी परिवार में जन्में अथवा नहीं, आपके साथ सहयोगियों की फौज खड़ी है अथवा नहीं बल्कि सबसे महत्त्वपूर्ण विषय यही है कि आप अपने उद्देश्य के प्रति कितने संजीदा हैं तथा उसके लिए कितना त्याग करने के लिए आप तत्पर हैं।

आत्म विश्वास द्वारा ही, सफल होना सीखा जाता है।
धनात्मक 'व्यवहार' से, 'समाज' को जीता जाता है।।1566।।

आपके लिए यह अधिक महत्त्वपूर्ण नहीं है कि लोग आपके बारे में क्या सोचते हैं बल्कि यह अधिक महत्त्वपूर्ण है कि आप अपने बारे में क्या सोचते हैं, आपने अपने बारे क्या सोचा है ?यदि आप इस बारे में स्वयं निर्धारित नहीं कर पायेंगे तो आपके लिए यह निर्धारित भी किया जा सकता है परन्तु वह निर्धारित किया गया आपको अंतर्मन से स्वीकार्य है इसी पर आपकी सफलता अथवा विफलता का पैमाना आधारित है। सफलता या विफलता दो महत्त्वपूर्ण सामाजिक पैमाने हैं परन्तु दोनों

की महत्त्वता इस बात पर टिकी है कि आप किस पैमाने को महत्त्वपूर्ण मानते हैं। सफलता आपके लक्ष्य में आपके निहित विश्वास का पैमाना है। यदि आप अपनी सफलता के प्रति आशवस्त ही नहीं हैं तो सफलता दूर की कौड़ी लगती है जबकि अविश्वास अथवा द्वंद की अवस्था में सफलता आधार से ही डगमगाई दिखती है।

संतान से हार कर भी, सुःख महसूस किया जा सकता है।
जीत के 'अहसास' में भी, दुःख महसूस लिया जा सकता है।।2311।।

अतः कभी भी बिना आत्मविश्वास और एकजूटता के कदम मत बढ़ाइए, जब तक आपका आत्मविश्वास ही डगमगाया होगा तो ऐसी सफलता प्राप्ति पर भी आपको वो खुशी नहीं दे सकती जो पूर्ण विश्वास के बाद असफलता आपको आगे बढ़ने का हौसला तथा हार में भी जीत की खुशी प्रदान करती है। अपने आप पर भरोसा रखना सीखिए तथा जीवन को वह सबकुछ दीजिए जो आप इससे प्राप्त करना चाहते हैं। आपसे जाने अनजाने यदि गल्तियाँ होती भी हैं तो निर्भिक होकर उन गल्तियों से आगे बढ़ते जाइए। आपके लिए गल्तियों को पकड़कर बैठना महत्त्वपूर्ण नहीं हैं बल्कि हर एक गल्ति से सीखकर आगे बढ़ना अधिक महत्त्वपूर्ण है। प्रत्येक गल्ति से व्यक्ति हमेशा कुछ न कुछ सीखता है, परन्तु आप ये सोचकर हमेशा गल्ति दोहराते न जाइए कि आप कुछ सीख रहे हैं बल्कि हर गल्ति के पश्चात् आत्मनीरिक्षण कीजिए कि गल्ति से आपका क्या नुकशान या फायदा हुआ। गल्तियों में भी फायदा ढूढ़ने की आदत बनाईये ताकि आपके लिए आपकी गल्ति ही फायदेमंद हो।

मत बैठिए माथा पकड़, हर एक ही गल्ति पर ।
दाने टूटकर आटा बनें, चक्की सदा चलती पर ।।

सदा सर्वदा अपने दिमाग को हौसला देते रहिए कि दुनियाँ में असंभव कुछ भी नहीं हैं, यदि कुछ समय के लिए कुछ असंभव भी लगता है तो उसके लिए प्रकृति ने अधिक मेहनत अथवा परिश्रम का निर्धारण किया है। जीवन में असफलता का पैमाना अधिक सरल है जबकि सफलता का पैमाना थोड़ा कठिन अवश्य है परन्तु सदा सर्वदा संभव है। सफलता सदैव आपकी परीक्षा लेती है जबकि असफलता बिना परीक्षा के भी सर्वथा संभाव्य है। जिस प्रकार झूठ को सत्त्य प्रमाणित करने में समय तथा धन की बर्बादी हो सकती है उसी प्रकार असफलता को सफलता में बदलने के लिए केवल समय, श्रम तथा धैर्य की बली तो देनी ही पड़ती है। बुराई आपको हमेशा आकर्षित करती है जबकि अच्छाई पाने के लिए आपको मेहनत और धैर्य की बलि देनी पड़ती है। यही प्रकृति का नियम है कि जिस वस्तु को आप पाना चाहते हैं वह आपसे दूर जाती है जबकि जब आप उससे मूंह फेर लेते हैं तो वही आपके

पास आने के लिए आतुर दिखाई देने लगती है इसी धैर्य को हम त्याग कह सकते हैं। अतः हौसला रखिए !

जीवन की कठिनाईयाँ, परीक्षा है पालन हार की ।
पास फेल नहीं तेरे हाथ, समीक्षा है तारण हार की ।।344।।

इस प्रकार जीवन में सबसे महत्त्वपूर्ण विषय यह है कि आप जीवन को किसी नजरिये से लेते हैं और वही नजरिया आपकी सफलता, असफलता तथा गमी तथा खुशी का पैमाना है। वास्तविक नजरिये से देखा जाये तो आपका जीवन तो एक निर्धारित सफर है जिसपर एक नियंत्रित गुड़िया की तरह आपको परमात्मा की इच्छानुसार नाचना है परन्तु गुड़िया में वह चेतना शक्ति नहीं पाई जाती जो एक जीवित इनसान में पाई जाती है। हमें उस गुड़िया की तरह नाचना भी जरूर है परन्तु नाचने की कला में गुणवत्ता पैदा करना तथा कला को ही अपनी सफलता का हथियार बना लेना हमारी चैतन्य शक्ति का स्वाभाविक गुण है। इस को हम दूसरे शब्दों में इस प्रकार भी वर्णित कर सकते हैं कि नाचना हमारी मजबूरी अवश्य है परंतु मजबूरी में से अपनी मजदूरी निकालना अथवा नचाने वाले को प्रसन्न कर उसकी आत्मा में उतर जाना हमारी कला है। इस प्रकार गुणवत्ता का पैमाना निर्धारित करना हमारी अपनी स्वतंत्र सत्ता है जबकि उसका फल अच्छा या बुरा देना परमात्मा के हाथ है। हम कर्म करने में स्वतंत्र हैं तथा कर्म अच्छा करना हमारा स्वभाव है परन्तु कर्म का फल कब और कैसे मिलेगा यह परमात्मिक सत्ता है। परन्तु हमें कर्म को दिल, दिमाग अथवा मन की सत्ता से परिपूर्ण करने की स्वतंत्रता है और इसका निर्धारण हमारा नजरिया करता है कि हम सौंपे गए कार्य को किस स्तर व भाव से समाप्त करना चाहते हैं वही हमारी सफलता का पैमाना निर्धारित करता है। दिल से किया गया कार्य सफलता के साथ खुशियाँ लाता है। इस नजरिये में आप अपना सर्वश्व लगाकर दूरगामि परिणाम लाते हैं। जबकि दिमाग द्वारा किया गया कार्य आपके लिए अंदर से ही प्रश्नवाचक स्थितियाँ पैदा करता है जिसमें आपको कभी संपूर्णता का बोध पैदा नहीं हो सकता। इसी प्रकार मन के स्तर पर किया गया कार्य सदा सर्वदा कपट एवं अर्ध सत्त्य आधारित होता है तथा ऐसा कार्य आपको कभी आत्मविभौर सफलता नहीं दे सकता, इसका परिणाम घातक एवं दुःखदायी रहता है।

मंजिलें वही पार करते हैं, जो शुरूआत करते हैं।
चलने का हौसला रखिए, रास्ते इंतजार करते हैं।।347।

अब हम जीवन में नजरिये को बदलने के उपायों पर विस्तार से चर्चा आरम्भ करेंगे तथा जानेंगे कि हम अपने नजरिये में किस प्रकार बदलाव ला सकते हैं। कुछ लोगों

के लिए नजरिया बदलना अत्त्यंत आसान हो सकता है परन्तु कुछ के लिए यह मुश्किल और कुछ के लिए नजरिया बदलने में अभ्यास करना आवश्यक है।

आदमी आदतों के वसीभूत, अनुशासन में चलती कुदरत ।
शीलवान सदैव सबसे मुक्त, नजरिया कहलाता है फितरत ।।2210।।

आपका नजरिया आपको जीवन में खुशहाली व सफलतायें ला सकता है परन्तु यह भी आप पर ही निर्भर करता है कि आप अपने नजरिये में परिवर्तन लाना चाहते हैं या नहीं। नजरिया आपकी च्वाईश है इससे चुनना या न चुनना आपका अधिकार है। जीवन के प्रति आपका नजरिया आपके बिस्तर त्याग के साथ ही शुरू हो जाता है। बिस्तर त्याग करते ही आपके जहन में तीन तरह के भाव उठ सकते हैं जैसे कि :–

1. हे परम् पिता परमात्त्मा आपका लाख लाख शुक्रिया कि आपने मुझे गहरी नींद से जगाया। इस नींद ने मुझे मानसिक, शारीरिक तथा संसारी आराम दिया, मुझे दुनयावी झंझावातों से छः से आठ घंटे के लिए दूर रखा। परमात्त्मा आपका धन्यवाद मुझे सदैव आज ही की तरह नवीन, प्रवीण तथा आपके चरणों का संवादी बनाए रखना। धन्यवाद! धन्यवाद! धन्यवाद!

2. हे परमात्त्मा प्रणाम। आज की नींद अच्छी रही। सबका कल्याण करो ! सारी दुनियाँ को तरो ताजा रखना। आपका शुक्रिया, शुक्रिया, शुक्रिया !

3. क्या परमात्त्मा। अभी तो नींद आने लगी थी अभी से आपने जगा दिया। सारी रात तो सो ही नहीं पाया !

नींद तो अच्छी तरह लेने दिया करो...... आदि – आदि ....

उपरोक्त भाव आपका जीवन के प्रति क्या नजरिया है तथा आपके मनोभाव किस प्रकार सत्त्व, रजस व तमस प्रवृति के हैं। जिस भी भाव से आपके दिन की शुरूआत होती है वैसा ही आपका दिन जायेगा इसमें कोई शंशय नहीं हैं। अच्छी शुरूआत के लिए आपका जीवन के प्रति नजरिया भी उतना ही महत्त्वपूर्ण है जिस प्रकार एक सात्त्विक, राजसिक एवं तामसिक आहार। अतः नजरिये में आमूल परिवर्तन के लिए कुछ उपाय नीचे बतलाये जा रहे हैं जिन्हें आप अपनी जीवन चर्या में आसानी से ढ़ाल सकते हैं :–

1. अपने मन व शरीर को साधिए :– आपका मन संभावनाओं का अपार समुंद्र है इसके आगोस में आपकी समस्त कल्पनाओं के समाधान समाए हुए है। अभी तक आपने केवल इसकी अधिकतम दस प्रतिशत क्षमता का उपयोग किया है तथा नब्बे प्रतिशत बिना उपयोग अभी भी बाकि है अथवा इतना कचरा इसमें आपकी भूतकाल की यादें भरी पड़ी हैं। अतः सर्वप्रथम अपने जंग की सफाई का अभियान छेड़ कर

इसे साफ कीजिए। मन की सफाई के लिए मुख्य उपयोगी समाधानों को निचे बतलाया गया है :–

1.1 अपने कार्यस्थल अथवा घर में अपने लिए एक शाँत स्थान ढूढ़िए:– अपने लिए कम से कम 10 मिनट का समय निकाल कर त्राटक व आत्मनिरीक्षण का अभ्यास कीजिए तथा अपने उठते हुए विचारों को शाँत कीजिए। धीरे धीरे मन की गहराईयों में झांक कर दबी कुचली यादों, उत्कंठाओं तथा भावनाओं को निष्क्रिय कीजिए। हो सके तो नदिया, तालाब, समुंद्र के किनारे जाकर अपने समस्त नैगेटिव भावों को समुंद्र में बहा दीजिए। दस मिनट से आधे घंटे तक मैडीटेशन का अभ्यास कीजिए।

मनोशाँति है आत्मिक खुराक, शाँत स्थान में इसे तलासिये ।
मन आपका जीवनीय रचनाकार, शाँति से इसे स्वयं तरासिये ।।2311

1.2 सांयकाल सोते समय अपने दिन के कार्यों को लिखिए अथवा मन की गहराईयों से देखिए तथा समस्त सुःखों के लिए परमात्मा का धन्यवाद दीजिए। दिन के दौरान किसी भी परेशानी के लिए अपने आप से अथवा परेशानी के कारण से क्षमा मांग लीजिए तथा इसे फिर से न दोहराने के लिए उचित विचारों को मन में लाइए तथा आदेश दीजिए की ऐसा फिर नहीं होना चाहिए।

लिखतम् आगे वक्तम् क्या, लिखकर आत्मिक इंप्रिंट दीजिए ।
मांग कर स्वयं से क्षमादान, लिखा हुआ सब अग्न भेंट कीजिए।।2312।।

1.3 सुबह उठते समय अच्छी नींद के लिए परमात्मा का धन्यवाद कीजिए तथा दिन के लिए अपने लक्ष्य निर्धारित कीजिए। हो सके तो डायरी में अपना दिन का शड्यूल तैयार कीजिए व उसे प्राप्त करने के लिए मन को आदेश दीजिए तथा ऐसा महसूस कीजिए कि आपने जो लक्ष्य तय किए हैं उनके परिणाम आपको मिल चुके हैं।

मन को बनाईये दोस्त अपना, इसके गुलाम मत रहिए ।

स्वतंत्र रहकर जीवन में सदैव, वासनाओं को बाये कहिए ।।2313।।

1.4 बिस्तर से उठने से पूर्व वज्रासन, ताड़ासन अथवा शरीर को खिंचने वाले हल्के योगिक अभ्यास कीजिए। पेट सफाई उपरांत कम से कम आधो घंटे तक शारीरिक व्यायाम अथवा नित्त्य सैर का अभ्यास कीजिए ताकि मन शरीर तरो ताजा हों। कम से कम 10 मिनट सूदर्शन क्रिया तथा एड़ियों पर चलने का अभ्यास कीजिए।

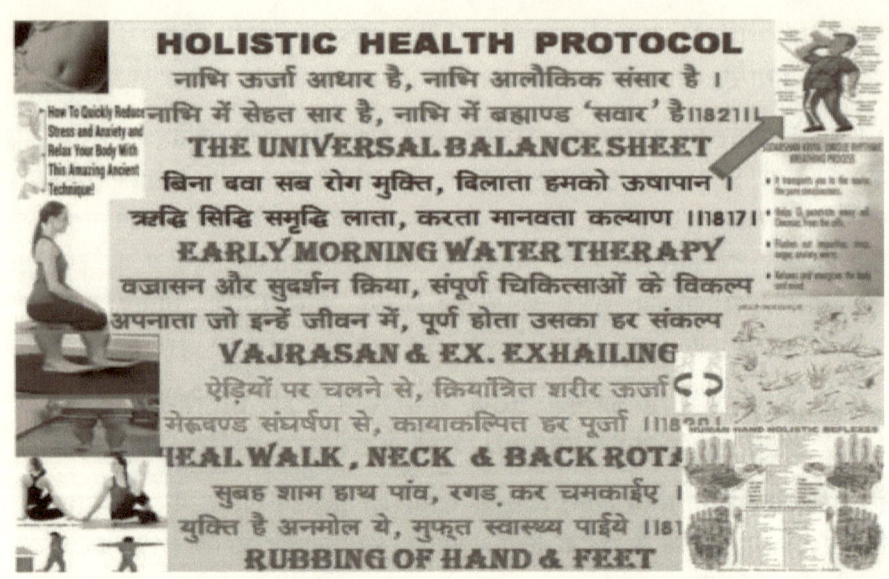

1.5 स्नान से पूर्व संनिग्ध तेल मालिश उपरांत पंच इंद्रिय स्नान के बाद स्नान कीजिए तथा हो सके तो गर्म–ठंडा स्नान कीजिए। स्नान से शरीर में संफूर्णा के साथ मन शांत होता है। हो सके तो धूप में रेत में अथवा मिट्टी में स्नान कीजिए ताकि शरीर को आध्यात्मिक तथा सामरिक ऊर्जा की प्राप्ति हो।

2. अपने आस–पास की सफाई करें :–समय निकालकर नित्त्य अपने आस पास के वातावरण को साफ कीजिए। अपने जीवन में बागवानी, बाथरूम की सफाई, जुत्तों की सफाई, घर आंगन की सफाई तथा जहाँ भी गंदगी दिखे वहाँ की सफाई की आदत डालें। इससे न केवल आप बिमारी से बच सकते हैं बल्कि आपके मन का कचरा भी उसी अनुपात में साफ होता है। जीवन में नित्त्य निम्न बातों पर ध्यान दीजिए :–

2.1 घर में सात्विक धूप बत्ती नित्त्य उपयोग करें । हो सके तो घर के हर एक कमरे अथवा बाथरूम में यह नित्त्य सुबह शाम दोहराईये। हो सके तो हवन कीजिए।

धूप बत्ती केवल धुंआ नहीं, वातावरण की सुद्धि है।
सात्विकता अनवरत वास, नित्य सुःखों की वृद्धि है ।।2313।।

प्रकृति से जो लिया है, उसे वापिस भी दीजिए।
और कुछ नहीं दे सकते, धूप बत्ती तो कीजिए।।2314।।

2.2 जीवन में यार दोस्त सोच समझ कर बनायें तथा केवल सात्विक तथा अच्छी सोच वाले लोगों के साथ मित्रता रखें। नैगेटिव सोच व फालतू में समय पास करने

वाले दोस्तों को जल्द से जल्द बाये बाये करते जायें। अपना मित्र सर्कल सोच समझ कर तय करें। समय–2 पर इस मित्र मंडली में कांट छांट करते चलें। सही मित्रों के चयन हेतु अपने मन की सलाह अवश्य लीजिए। जो मित्र संकट में काम आयें वही आपकी असली मित्र मंडली में शामिल होने चाहिऐं अन्य से मित्रवत् व्यवहार अवश्य रखें परन्तु दिल की बातें सिर्फ असली मित्रों के साथ शेयर करें।

सोच समझ कर बनायें दोस्त, केवल समझ है लगती ।
बेवकुफी एक समय की, सारी ऊमर है ठगती ।।2314।।

2.3 घर दफ्तर को हमेशा अल्ग रखें। घर की बातें घर में भूला दें तथा आफिस की बातें आफिस तक सीमित रखें। दोनों को मिक्स करने से आपका मन हमेशा अशाँत एवं अनिश्चय की स्थिति में रहेगा।

2.4 चेहरे पर हमेशा ही हँसी के भाव रखें। जब भी कोई अशाँत स्थिति प्रकट हो थोड़े समय के लिए आत्मनीरिक्षण अथवा मन की सफाई द्वारा निकाल बाहर फैंके । याद रखें हँसी वो वरदान है जो ह्रदय के लिए सदैव टोनिक का कार्य करता है। हंसी के माध्यम से शरीर की 72,72,772 नाड़ीयाँ साफ होती हैं। प्रतिदिन पांच से दस मिनट के लिए बच्चों, बजूर्गों, दोस्तो अथवा परिवार के साथ मिलकर हँसने से आपके आसपास खुशीयों का ओहरा बनता है जो सभी बलाओं से आपको बचाए रखता है। गल्ति मिलने पर अथवा गल्ति हो जाने पर हंसी के साथ माफी मांग लेने से मन का मैल तुरंत और त्वरित रूप से धुल जाता है। अतः हमेशा हंसिए और हंसाइये, फिक्र धुंये में उड़ाइये।

2.5 चलते फिरते उठते बैठते अपने लक्ष्य से जुड़े रहिए हो सके तो पोजिटिव विचारों पर सद् साहित्त्य पढ़ें तथा पढ़ने के उपरांत इसे आपस में बांट दें ताकि आपके इर्द गिर्द भी पोजिटिव विचारों का माहौल तैयार हो सके। वातावरण में जो भी वस्तु उपस्थित है चाहे वह जानदार है अथवा नहीं केवल सोच का पुतला है, उससे आदर भाव रखें। याद रहे ऊर्जा सजीव या नीर्जिव हमेशा प्रभावशाली है।

3. सकारात्मक स्वीकृत सूचि तैयार करना :– अपने लक्ष्यों, उद्भावों एवं सोच की नित्त्य, वीकली अथवा मासिक सूचि तैयार कीजिए तथा अपने विचारों को आदेश के तौर पर इसमें लिखते रहिए। उदाहरण के तौर पर आज मैं यह चाहता हूँ। आज के लिए आपको मेरा ये आदेश है। मेरी आज की जरूरते ये हैं। हो सके तो इन सूचियों को दिन के दौरान बार बार पढ़िये तथा जो आदेश पूरे हो चुके हों उन्हें टिक मार्क करते जाइये और उसके ठीक नीचे 'धन्यवाद' लिखते जाईये ताकि आपका मन भी साफ होता रहें अपने दोस्त मित्रों तथा आसपास के सभी लोगों को उनके सहयोग तथा सहायता के लिए कदापि धन्यवाद देना मत भूलिए।

परिस्थितिवश ऐसा न कर पायें हों तो दोबारा जाकर धन्यवाद दें अथवा फोन व पत्र लिखकर आप उनके सहयोग के लिए धन्यवादी हो सकते हैं।

अपनी सैर के दौरान पांच से दस मिनट उन यादों, सहयोग तथा खुशियों के लिए समर्पित कीजिए जिनसे आपका दिन, सप्ताह अथवा महीना अच्छा निकला हो। उन सभी लोगों का उनके सहयोग के लिए धन्यवाद दीजिए जिन्होंने आपके पलों में खुशियाँ भर दी हों। परमात्त्मा का हर सांस व जीवन देने के लिए नित्त्य धन्यवाद दीजिए। अपने असहज तथा चिंता जनक परिस्थितियों को याद कीजिए तथा दिल से उन क्षणों के लिए अपने आपसे, लोगों से तथा परमात्त्मा से क्षमा मांग लीजिए ताकि आप जल्द से जल्द उन कड़वी यादों से मुक्त हो सकें जो आपके मन की याद रूपी स्तह में जाकर बैठ गई हैं तथा आपको असहाय बना रही हैं अथवा विद्वलित कर रही हैं। इन्हें अपनी याद से निकालकर बहाते जाईये वरना ये फिर कभी आपके सामने आ खड़ी होंगी तथा आपको असहाय बना देंगी ।

हमेशा अपने आपसे बातचीत करने की आदत डालिए। अपने आपसे कहिए कि आप परमात्त्मा की सर्वोत्तम कृति हैं, आप सफलता के लिए पैदा हुए हैं और उसे हमेशा प्राप्त करते ही रहेंगे। सफलता पर आपका जन्म सिद्ध अधिकार है। अपने आप पर इस प्रकार नजर दौड़ाइयें जैसे आप शीशे के सामने खड़े हों तथा अपनी सुंदरता तथा आपकी अंदरूनी सुंदरता के लिए परमात्त्मा का धन्यवाद दीजिए।

4. स्वप्न दृष्टा बनिएः–जब कोई याद अथवा दृश्य हमारे मन पर गहन प्रभाव छोड़ जाता है तो मन आराम की अवस्था में उसे अपने चित्रपट पर उभरता हुआ देखता है इसे स्वप्न स्थिति कहा जाता है। आराम की अवस्था में अंतःकर्ण में छुपी हुई यादें उभकर जब मानस पटल पर आ जाती हैं तो हमें स्वप्न के रूप में दिखाई देने लगती हैं जिन्हें स्वप्न कहा जाता है। कुछ लोग जो जागते हुए भी अपने अंतःकर्ण की गहराई में झांकने का अभ्यास कर लेते हैं जिन्हें 'डे ड्रीमर' कहा जाता है, वे इन परिस्थितियों को वास्तिविकता में ढ़ालने के लिए सक्षम हो जाते हैं तथा स्वप्न दृष्टा कहलाते हैं। यदि आप जीवन में सफलता चाहते हैं तो आपको भी स्वप्न दृष्टा बनने की आवश्यकता है। वास्तव में यह संसार भी एक स्वप्न ही है जो ब्रह्मा रूपी हमारा मन निरन्तर देखता रहता है अतः हम जैसे स्वप्न देखते हैं वैसा ही जीवन भी संभाव्य है। कल्पनाओं की उड़ान जब स्वप्न बन जाते हैं तो हकीकत भी बनते हैं।

जो लोग इस दुनियाँ में सामान्य लोगों से हटकर काम करते हैं वह भी स्वप्नदृष्टा कहलाते हैं। अत्याधुनिक खोजों द्वारा सिद्ध हुआ है कि ऐसे लोग देखने में भले ही सुस्त दिखाई देते हों परन्तु इनकी बोधिक शक्ति अधिक पाई गई है। ऐसी स्थिति में थीटा तरंगे जब दिमाग में अधिक चलती हैं। ऐसी स्थिति में आपकी निर्णय तथा तर्क शक्ति हट जाती है तो मन की अनंत वह अथाह शक्तियाँ प्रयोग में आने लगती हैं।

शोध द्वारा यह भी प्रमाणित हो चुका है कि दुनियाँ के सबसे विश्मयकारी आविष्कार तभी संभव हो सके हैं जब तर्क हटा या काम नहीं कर पाया। सभी आविष्कार कल्पनाओं से शुरू होकर व्यवहार में शुरू किए गये हैं। यही कल्पना शक्ति हम सब में अथाह रूप में उपलब्ध है परन्तु कल्पना को व्यवहार में लाने से पूर्व हमें इसके लिए स्वप्न देखने जरूरी है। कल्पनाओं पर कभी भी निर्णय अथवा तर्क शक्ति काम नहीं कर पाती है अन्यथा कल्पनायें कभी व्यवहारिक ही नहीं हो पायेंगी क्योंकि नई तथा असंभव चीज हमेशा निर्णय तथा तर्क से परे होती है तथा व्यवहारिक होने से पहले हमारे मन के पागलपन से जुड़ी होती है जो इसकी सफलता से पहले कोई निर्णय तथा तर्क सुनने के लिए तैयार नहीं होता ।

स्वप्न दृष्टा हमेशा अपनी धुन के पक्के तथा दुनिया के उसूलों से हटकर कुछ नया करने के इरादे के साथ चलने वाले होते हैं। परन्तु अंततः दुनियाँ को वो देकर जाते हैं जिसकी कभी कल्पना भी संभव न हो सकती। 'दुनयावी विकास के लिए स्वप्न लेना भी अति आवश्यक प्रक्रिया है जिससे हमारा स्वयं का मानसिक विकास भी होता है। यह निरुद्देश्य कल्पनाओं को उजागर कर उन्हें सारगर्भित अंतदृष्टियों में परिवर्तित करती है जिससे अनंत संभावनाओं के दरवाजे खुलते हैं तथा हम अथाह संभावनाओं के संसार में प्रवेश कर जाते हैं।'

स्वप्न देखना जीवन विकास की भी एक आवश्यक प्रक्रिया है तथा हमारे मस्तिष्कीय विकास के लिए अपरिहार्य जीवन अमृत। इस प्रक्रिया में हम मन मस्तिष्क के बंधनों को तोड़ कर प्रत्येक ऊटपटांग विचार पर पहुंचकर उनमें से कुछ को चुनते हैं तथा फिर उसे व्यवहारिकता देने के लिए मस्तिष्क को ही आदेश देते हैं। इससे हमारी भावुकता तथा धारणा शक्ति तेज होती है। स्वप्न दृष्टा बनने के लिए निम्न बातों पर ध्यान दीजिए :–

4.1 अपना लक्ष्य निर्धारित कीजिए :– और उस लक्ष्य की प्राप्ति हेतु अपना नीजि कार्यक्रम तैयार कीजिए। सोते समय अपने अंतर्मन के अंदर झांकिए अथवा दिवार पर अपने लक्ष्य की तस्वीरे स्वप्न दृष्टा बनकर देखिए। नींद के दौरान अपने लक्ष्य संबंधी स्वप्न देखिए तथा ऐसा न होने की स्थिति में इसे दोहराते रहिए। सुबह उठकर अपने स्वप्नों को याद कीजिए तथा उससे संबंधी परिणामों के लिए अपने ईश्वर को धन्यवाद दीजिए।

4.2 अपने ऊपर भरोसा रखिए :– यह आवश्यक नहीं है कि आप एक दिन अथवा महीने भर में अपने स्वप्ने पुरे कर लेंगे। यह आपके विश्वास तथा भरोसे पर निर्धारित है कि आप इसका परिणाम कितना जल्द अथवा लेट चाहते हैं। केवल अपने आप पर भरोसा रखिए तथा स्वप्नों की महफिल सजाते रहिए आपको अवश्यमेव समाधान मिलेगा ऐसा भरोसा रखिए।

4.3 अपना दिमाग तथा आंखे खुली रखें :– स्वप्न देखते समय मन के भ्रमित करने वाले विचारों तथा मिलती जुलती घटनाओं के परिणामें से सावधान रहें। कई बार मन आपका ध्यान भटकाने के लिए ऐसे पर्पंच खेलता है क्योंकि वह आपकी दी हुई टास्क में खेलना नहीं चाहता बल्कि आपको अपनी टास्क से खिलाना चाहता है। अन्यथा मन के भीतर आपके वर्तमान लक्ष्य से मिली जुली यादें, हल छुपे होते हैं जो आपके गहराई से जोर देने पर उभर आते हैं। इसके अतिरिक्त यह भी संभव हो सकता है कि जिस प्रक्रिया से आप आज गुजर रहे हैं वह प्रक्रिया आपने पूर्वकाल में भी दोहराई थी परन्तु पुरा हल निकले बिना ही! तब परिणाम सामने आते हुए आपने फलानुसार संतुष्ट होकर अपने स्वप्न को अधुरा ही छोड़ दिया हो। आज आप उससे बेहतर परिणाम के लिए वर्तमान में स्वप्न देख रहे हों। अतः हर अवस्था में अपने दिमाग तथा आंखों को खुली रखें तथा वांछित परिणाम पाने तक स्वप्न देखते रहें।

4.4 हमेशा शाँत तथा स्वभाव में रहें :– स्वप्न आपकी जीवन की यात्रा, आपके अनुभवों तथा यादों से गहरा संबंध रखते हैं अतः स्वप्न देखते समय कई असहज तथा असमाजिक तथा डरावने स्वप्न बिन बुलाये आ सकते हैं। इन्हें सहजता से लें तथा अपने स्वभाव में बने रहकर बिना डर के इन्हें आने जाने दीजिए। यह मन की भीतरी सतहों में जमा यादों का छिड़ाव है जो आपके सामने आ रहा है। केवल और केवल देखते रहिए जब तक कि आपको अपनी समस्या अथवा लक्ष्य का समाधान न मिल जाये और वह भी शाँति के साथ।

4.5 जोखिम उठाना स्वभाव बनाईये :– अंग्रेजी की एक कहावत है 'नो पेन नो गेन' जिसे स्वप्लिन को हमेशा याद रखना चाहिए स्वप्ने लेना जितना आसान है उतना ही खतरनाक भी हो सकता है परन्तु बिना सावधानी। सावधानी हटी दुर्घटना बढ़ी। जीवन में कई बार ऐसे अवसर भी सामने आ सकते हैं जो हमारे स्वप्नों के ठीक विपरीत हों। ऐसी स्थितियाँ भी प्रकट हो सकती हैं जब हमें लगने लगे कि हमारा स्वप्न ही खराब था। ऐसी स्थिति में आत्मसंयम तथा विवेचना से काम लीजिए तथा स्वप्नों को जारी रखिए एक ना एक दिन वह समय जरूर आयेगा जब आपके स्वप्न पुरे अवश्य होंगे। रास्ते में थक हार कर बैठने वाले तथा लक्ष्य विहिन इनसान का स्वप्न कभी पूरा नहीं होता है। निरंतरता तथा अडिगता अपना स्वभाव बनाने वाले के ही स्वप्न हमेशा पूरे होते हैं। कायर कभी दिवा स्वप्न नहीं देखता। बहादुर ही तो समाज को बदलने की मशाल जलाते हैं। आप अपनी मशाल को थामे रखिए तथा दृढ़ता के साथ स्वप्न बुनते देखते रहिए ब्रह्म रूपी मन को एक न एक दिन आपके कार्य को पूर्ण करना ही है।

सुबह सुबह ब्रह्ममूहर्त (तीन से पांच) के बीच में उठिए, हो सके तो पेट साफ सफाई के बाद स्नान ध्यान से निवृत होकर त्राटक अवस्था में या सुप्तावस्था में उपरोक्त

मनो प्रोग्रामिंग द्वारा स्वप्नों को देखिए। कहा गया है कि ब्रह्ममूहर्त में देखे गये स्वप्न हमेशा सच्चे तथा साध्य होते हैं। याद रखिए आपके अंतर्मन के भीतर अथाह खजाने छुपे पड़े हैं आपको केवल स्वप्नों द्वारा इन खजानों की कुंजियाँ ही तो ढुँढ़नी है।

5. हृदय से डर हटायें सकारात्मकता लायें :–हमारा जीवन एक कभी न खत्म होने वाली सड़क है जिसमें खड्डे, ऊँच, नीच, मौड़ तथा चौराहे आते हैं। परन्तु हर अवस्था में आपको आगे बढ़ते रहना है तथा समयानुसार निर्णय लेते रहना है। डर कर किसी चौराहे पर बैठ जाना आपको नकारात्मकता में धकेल देता है तथा इसमें भी कोई गारंटी नहीं है कि आपको दुनिया चौराहे पर कितने दिनों तक बैठने देगी। इसी प्रकार जीवन की अधिकतर विधाओं में कहीं कोई गारंटी नहीं है। यह भी कोई गारंटी नहीं है कि आप अगले दिवस तक रह पायेंगे या नहीं। हर अवस्था में हमें कोई न कोई निर्णय लेना पड़ता है तथा निर्णय से पहले हम जिन संभावनाओं को देखते हुए निर्णय लेने के लिए डरते हैं उसे डर कहा जाता है। वास्तव में तो डर था ही नहीं परन्तु आपने स्वयं ही किसी अनजानी परिस्थिति को कल्पनावश पैदा कर दिया और अब आप उसी से डर रहे हैं। अर्थात् आप परिणाम की कल्पना से डर कर निर्णय न लेने की स्थिति में है। परन्तु आप वास्तव में तो परिणाम आने से पहले ही डर कर बैठ गये कि शेर आयेगा और आपको खा जायेगा, जबकि शेर तो अभी आया ही नहीं यह केवल आपकी कल्पना मात्र है।

भय तथा इच्छा एक ही सिक्के के दो पहलू हैं जो एक दूसरे से जुड़े हुए हैं। ये दोनों एक दूसरे के पूरक तथा पालक माने गए हैं। परन्तु भय का प्रभाव अधिक माना गया है क्योंकि वास्तव में भय से इच्छाऐं उत्पन्न होती हैं अतः भय रूपी शत्रु को मारना प्रथम तथा सर्वोपरि कार्य है। जब भय नहीं होगा तो इच्छाओं की प्रतिपूर्ति तथा प्रतिपूर्ति न होने से उपजने वाले भय की समाप्ति स्वयं ही हो जाएगी। जब भय नहीं होगा तो आपके लिए जीवन नन्दन वन बन जाएगा जिसके मीठे फल खाने के आप स्वयं ही अधिकारी बन जाएँगे। परन्तु सर्वोच्च सत्ता का भय अर्थात् परमात्मा का डर हमेशा आपके हृदय में रहना चाहिए ताकि आप अपने पथ से विचलित न हों क्योंकि परमात्मा का भय मन से निकल जाने पर अहंकार जन्म ले लेता है जो परम उद्देश्य की राह में सबसे बड़ी बाधा है। सब के साथ सम व्यवहार तथा निडरता रखना जीवन का अमूल्य उपहार है जो संस्कारों से उत्पन्न किया जा सकता है। एक परम सत्ता परमात्मा के डर को छोड़कर बाकि सब डरों को अपने जीवन की किताब से निकाल दीजिए तो सम्यक् भाव में रहना आपका स्वभाव बन जाएगा। जीवन के दुःखों का डर कर मुकाबला करने से वे आपका निरन्तर पीछा करते हैं परन्तु निडरता के आते ही सभी दुःख दुम दबाकर भाग जाते हैं ऐसा विद्वानों का मानना है। सच्चाई अपना उद्देश्य तथा निडरता अपना स्वभाव बना लेना चाहिए। एक

बार जो व्यक्ति झिझक रखता है वह सदा ही अप्रसन्न एवं दुःखी रहता है। बेवाक तथा एक बार का बुरा होना हमेशा के लिए सुखी कर देता है।

आपको प्रयत्नशील रहना होगा कि आप जो भी सोचते तथा समझते हैं वह सदैव सकारात्मक तथा कल्याणकारी हो तथा जो भी इसके विपरीत लगता है उसे अपने मन की यादों तथा अपनी छवियों से हटाते चलिए। जहाँ कहीं आपको ना शब्द अपना प्रभाव छोड़ता हुआ नजर आये उसे अपने दिमाग से बाहर फैंक दें अथवा उसे हाँ में बदल दें। विद्वज्जनों का तो यह भी मानना है कि यदि हम इस 'नहीं' शब्द को अपने जीवन रूपी शब्द कोष से निकाल देते हैं तो हमारा मस्तिष्क स्वयं ही पोजिटिव हो जायेगा। अपने आपको सकारात्मकता में ढ़ालने का प्रयास कीजिए ताकि यह आपके जीवन के नजरिये में परिवर्तित होकर आपके विश्वास को दृढ़ बना सके तथा जीवन में जो आप चाहते हैं वही पा सके।

चतुराई से अपने इर्द–गिर्द उन वस्तुओं को देखिए जो आपके पास हैं तथा उनके लिए धन्यवादी बनिए यह आपका घर, कार, खाना तथा बच्चों द्वारा भेंट की गई वस्तुयें हो सकती हैं। हम कई बार इन वस्तुओं को उनसे कम महत्त्व देते हैं जो अभी हमें मिली ही नहीं हैं जिससे इनसे पैदा होने वाली नैगेटिव वाईब्रेशन हमें अप्रकट अजात शत्रु की तरह हानि पहुंचाती रहती हैं और हम इनसे सदैव ही अनजान रह कर नैगेटिव और नैगेटिव होते जाते हैं। जब आप इनके प्रति संवेदित होते हैं तथा धन्यवादी रहते हैं तो यही वस्तुयें आपके जीवन में बहार पैदा कर देती हैं यह अक्सर हम सभी का अनुभव रहता है जब हम लोहे से प्यार करते हैं तो वही लोहा हमें लाभ देने लग जाता है और आपका यह छोटा सा नजरिया आपके जीवन को खुशियों से भर देता है।

इस प्रकार जीवन में नजरिया उस आत्मिक प्रेम का संचार करता है जिससे आपके चारों और खुशियाँ ही खुशियाँ भर जाती है। कभी अपने आस पास के पौधें से प्रेम कीजिए ये आपकी सारी की सारी नैगेटिव ऊर्जा को खींचकर आपकी झोलियाँ खुशियों से भर देगा। कभी अपने पालतू पशुओं को फालतू न समझकर प्यार कीजिए और फिर उस प्यार का एहसास कीजिए जो आपको वह उड़ेलता है क्या सिर्फ इसीलिए कि उसे आपसे कुछ लेना है। प्रकृति का शुक्रिया करना सीखिए जो अनंत तरीको से आपके लिए न्यौछावर है और देखिए आपके जीवन में कितने सौभाग्यशाली परिवर्तन आते हैं। जीवन उपयोगी कुछ उपाय यहाँ पर बतलाये जा रहे हैं जिन्हें आप जीवन में अपनाकर अपना नजरिया बदल सकते हैं :–

जीवन में तत्परता का अति महत्त्व है। अपने कार्य में तत्पर तथा समाज में जागृत रहना सबसे बड़ा धर्म है। श्री मद्भगवद् गीता में सद् कर्म पर इसीलिए अधिक जोर दिया गया है। सद्कर्मों में अपने को सदैव तत्पर तथा दुष्कर्मों में अपने को पीछे

रखने में ही व्यक्ति एवं समाज की भलाई है। जैसा व्यवहार आप अपने लिए दूसरों से अपेक्षा करते हो वैसा ही आप दूसरों के साथ करेंगे तो आपको अपेक्षित परिणाम प्राप्त होंगे। दूसरों की सहायता करने में हमेशा तत्पर रहें परन्तु सहायता के बदले में कोई अपेक्षा न रखें। "नेकी कर दरिया में डाल" वाली लोकोक्ति को अपने जीवन का आधार बनाने से मनुष्य कभी विचलित नहीं होगा। जिस प्रकार सहायता बिना मनुष्य सुखी नहीं होता, उसी प्रकार सब पर विश्वास करने वाला अथवा सभी पर संदेह करने वाला भी मनुष्य सुखी नहीं हो सकता है। अतः पात्र, कुपात्र का अवश्य ध्यान रखना चाहिए। सभी को यथायोग्य सम्मान देने से मनुष्य स्वयं सम्मान के योग्य बन जाता है अतः सम्मान का पौधा सदैव रोपित करते रहना चाहिए। प्रकृति का यह नियम है कि व्यक्ति जिस भी चीज अथवा गुण का त्याग करता है वही उसे बदले में प्राप्त होती है अतः यदि मनुष्य गुस्सा छोड़ता है तो उसे प्रतिक्रिया स्वरूप गुस्सा ही मिलता है जबकि प्यार, सदाचार, सच्चाई आदि दैविक गुणों को त्याग करने पर उसे इन्हीं गुणों की प्राप्ति होती है।

सम्मान और अपमान परिस्थितियों में से सदैव सम्मान का आदर करते रहिए आप एक दिन स्वयं सम्मानीय बन जाएंगे। केवल सम्मान के लिए किसी को सम्मान देना अपने लिए अपमान का प्रतिपादन करना माना गया है। सम्मान अपमान की इच्छा को त्याग कर जो मनुष्य दूसरों का सम्मान करता है उसका मार्ग अथवा सम्मान अपमान प्रभु स्वयं ही प्रशस्त करते हैं। कभी भी यह सोचकर परेशान नहीं होना चाहिए कि आपके बारे में दूसरे क्या सोचते हैं यद्यपि आपको इतना अवश्य सोचना चाहिए कि आप दूसरों के बारे में क्या सोचते हैं।

एक वैज्ञानिक परीक्षण अनुसार किसी के भी बारे में आपके द्वारा सोचे गए विचार उसी समय वातावरण में प्रसारित हो जाते हैं तथा 43 दिन के अंदर समस्त ब्रह्माण्ड का विचरण कर संबंधित व्यक्ति तक पहुँच जाते हैं। परन्तु यदि संबंधित व्यक्ति का ओहरा (विद्युत चुम्बकीय क्षेत्र) सोचने वाले व्यक्ति के ओहरे से अधिक बलवान है तो यह सोच उससे टकराकर वापिस अपने मूल स्थान तक पहुँचती है तथा प्रतिक्रिया स्वरूप सोचने वाले को हानि पहुँचाती है। इसकी विपरीत अवस्था में यह अपने गन्तव्य को हानि पहुँचाती है। प्रकृति का यह नियम है कि प्रत्येक क्रिया की समजातीय प्रतिक्रिया होती है। अतः आप दूसरों के बारे अच्छा सोचिए एक दिन वे आपके बारे जरूर अच्छा सोचना शुरू कर देंगे यह प्रकृति का अडिग नियम है। श्रीमद्भागवत गीता में स्पष्ट तौर पर कहा गया है कि जो व्यक्ति निष्कपट भाव से निस्वार्थ होकर धर्मार्थ यदि कोई गलत कार्य भी करता है तो परम तत्त्व परमात्मा उसके पापों को भी हर लेता है। निश्चेष्ट, निष्काम भाव से कार्य करता हुआ प्राणी जल्द ही अपने परम उद्देश्य; मुक्ति को प्राप्त कर लेता है। अतः मनुष्य को हमेशा ही धर्मार्थ तथा परमार्थ के कार्यों में अपने जीवन का समय बिताना चाहिए।

मनुष्य जीवन का मूल उद्देश्य महल अटारियाँ खड़ी करना नहीं माना गया है यद्यपि अपने आप को परम सत्ता परम प्रभु के कार्यों में सर्वांगीण रूप से समर्पित कर देना ही मनुष्य जीवन का मूल उद्देश्य है। जो मनुष्य इस उद्देश्य से हटकर अन्य किसी भी उद्देश्य के लिए अपने जीवन के प्राण रूपी खजाने को गंवाता है उसे अन्त में पछताना ही पड़ता है। अतः पश्चात्ताप की अग्नि में जलने तथा अपने परम उद्देश्य को भुलाकर अन्य मार्गों में भटकने से पहले ही मनुष्य को अपने मूल उद्देश्य की पहचान कर उसकी प्राप्ति में निरन्तर व सतत प्रयासरत रहना चाहिए। यही सर्व धर्मों का सार है तथा सब धर्मों का उद्देश्य है। किसी ने कितना सटीक कहा है:– चार वेद छः शास्त्र में बात मिली हैं दोय । सुख दिये सुख होत है, दुःख दीजे दुःख होय। सुखःदुख में समता भाव रखने वाला व्यक्ति योगी कहलाता है।

यदि मनुष्य अपने अंदर सद्गुणों का विकास करना चाहता है तो उसे मन–वचन–कर्म से अवगुणों को निकाल देना चाहिए। जो व्यक्ति दूसरों में अवगुणों को ताकता है उसे ईश्वरीय विधान के अनुसार अवगुण स्वयं ही प्राप्त हो जाते हैं। अतः सद्गुणी बनने के लिए दूसरों में गुणों को देखना आरंभ कर दीजिए, सद्गुण स्वयं ही आपके पास आ जायेंगे इसके लिए अन्य अतिरिक्त प्रयास करने की आवश्यकता नहीं है। अवगुण ताके अवगुण मिले, गुण ताके तो गुण ।

अतः मनुष्य को स्वयं के दोष देखकर दूसरों में हमेशा गुणों का अवलोकन करना चाहिए। छोटी–छोटी बात में दूसरों में मीन मेख निकालने वाला व्यक्ति कभी प्रसन्न नहीं रह सकता यह ईश्वरीय विधान है। जो मनुष्य परम सत्ता स्वरूप परमात्मा के विधान के विपरीत चलता है उसे रास्ते पर लगाने के लिए परम सत्ता एक दिन उसे दुःख रूपी डण्डा मारती है जिसे अपने कर्मों का फल समझकर सहर्ष स्वीकार कर लेना चाहिए तथा प्रकृति के विधान को समझ कर सदमार्ग निर्माण करना चाहिए।

मनुष्य को सदैव प्रयत्न करना चाहिए कि वह गुणग्राही बने। दूसरों के गुणों को देखकर हमेशा यही प्रयत्न करना चाहिए यह गुण मुझमें विद्यमान हैं या नहीं। यदि नहीं है तो उन्हें ग्रहण करने की चेष्टा करनी चाहिए तथा जिससे आपने वह गुण सीखा है उसके लिए उसका धन्यवादी होना चाहिए। यदि कोई आपके गुणों का व्याख्यान करे तो उसे ईश्वर दत्त गुण समझकर उसके लिए परमात्मा का हार्दिक धन्यवाद देना चाहिए जिसने आपके अन्दर उस सद्गुण का विकास किया है।

दूसरों द्वारा आपमें बताए गए दोषों को सहर्ष स्वीकार कर उसे निकालने के लिए सदैव प्रयासरत रहना चाहिए। अपने अंदर पाए जाने वाले अवगुणों की पहचान कर उन्हें दूर करने के लिए सदैव ईश्वर से प्रार्थना करनी चाहिए कि वह आपमें सद्गुणों का विकास करे। सदैव सद्गुणों को ईश्वर दत्त तथा अवगुणों को स्वयं प्रतिपादित समझना चाहिए। एक सर्वमान्य कहावत है कि:

"मान पूड़ी है जहर की, खाए सो पगला होए"
अपमान आपकी कुट कुट धुलाई, धुले सो उजला होए ।।2553।।

अर्थात् सम्मान रूपी विष से मनुष्य को सदैव ही दूर रहना चाहिए तथा सम्मान के समय मन में विचार प्रतिपादित करने चाहिएँ कि जो भी सम्मान हो रहा है मुझ अकिंचन के अंदर व्याप्त उस परम तत्त्व ही का हो रहा है। मैं सम्मान के योग्य नहीं हूँ जो भी हो रहा है उस परम तत्त्व के लिए हो रहा है जो सम्मान देने वाले के दिल में भी बैठकर सद्मार्ग पर चलने के लिए आपको उत्तेजित कर रहा है। यदि आप सम्मान को अपना मानने की भूल कर बैठते हैं तो उससे आपके मन में अहंकार रूपी विकार जन्म ले रहा है ऐसा तुरन्त विचार कर उसे दबाने की कोशिश करनी चाहिए वरना यही सम्मान आपके लिए एक दिन अपमान का कारण भी बन जाएगा।

अपमान की अवस्था में अन्तर्मन से प्रभु को धन्यवाद दीजिए कि वह आपकी किसी गलती को ठीक करने के लिए आपको अपमान दाता के माध्यम से प्रभु आपको सुधारना चाहते हैं। अपमान के लिए दूसरों को सदैव धन्यवाद दीजिए और सम्मान के लिए प्रभु को धन्यवाद दीजिए। विचार कीजिए कि सम्मान हो रहा है तो उस प्रभु का अपमान हो रहा है तो मेरा ताकि मैं अपनी भूल को सुधार सकूँ। अपमान दाता के प्रति दिल में द्वेष की भावना मत रखिए यदि आपको मालूम है कि वह बिना किसी कारण के ही आपका अपमान कर रहा है तो उसे नादान समझकर गौण कर दीजिए तथा धन्यवाद दीजिए कि वह अपना बुरा करके आपका भला कर रहा है क्योंकि यदि आप सच्चाई पर हैं तो वह आपका कुछ बिगाड़ नहीं सकता और यदि वह सच्चाई पर है तो वह अपनी वाणी को गंदा, व मन को मलिन कर आपकी भूल को सुधार रहा है। अतः मान अपमान की परिपाटी पर सदैव समत्त्व का भाव बनाए रखिए आप स्वयं ही महान् बन जाएँगे।

मनुष्य को सोच–विचार की एक मशीन माना गया है। जैसी जिसकी सोच होती है वह इन्सान उसी रूप में विकसित हो जाता है। कहा भी गया है कि संसार की समस्त शक्तियाँ मिलकर भी किसी व्यक्ति की सोच में परिवर्तन नहीं ला सकती हैं परन्तु व्यक्ति अपनी सोच बदलने में स्वयं अपना मालिक है। व्यक्ति की सोच ही उसके अन्तर्मन को बदल सकती है अतः व्यक्ति को महान बनने के लिए अपनी सोच को सही तथा उत्तम बनाना अति आवश्यक है। शास्त्रों में कहा गया है कि यदि आप स्वयं महान बनना चाहते हैं तो अपनी सोच अर्थात् विचारों को ऊँचा उठा दीजिए आप स्वयं ही महान बनने लगोगे। अतः व्यक्ति को अपनी दिनचर्या में महान् विचारों को सर्वोच्च स्थान देना चाहिए अपनी दिनचर्या के दौरान उत्तम तथा उन्नत्त विचारों की जुगाली करते रहना चाहिए ताकि अन्तर्मन रूपी कम्प्यूटर की फीडिंग को सही तोर पर बदला जा सके तथा उत्तम परिणाम की प्राप्ति हो सके।

कभी भी उद्यम से खाली नहीं बैठना चाहिए। किसी की सफलता पर ईर्ष्या नहीं करनी चाहिए। दूसरों की सफलता में प्रसन्न रहने वाला व्यक्ति कभी स्वयं भी दुःखी नहीं हो सकता है तथा दूसरों पर जलने वाला कभी सुखी नहीं हो सकता है। अतः खुशियाँ बाँटना अपना परम कर्तव्य तथा दुःखों का वहन करना अपना लक्ष्य मानें । जो मनुष्य दुःख सहना अपना स्वभाव बना लेता है उसके लिए सुख दाता स्वयं उत्तेजित रहता है कि वह उसे किस प्रकार से प्रसन्न रखे । दुःख दाता भी श्री हरि है तथा सुख दात्ता भी वही महामानव है जो इस संसार का पालन करता है। दुःख सुख के प्रत्येक पल को परमात्त्मा का प्रसाद समझकर जिसे ग्रहण करना आ गया, समझो उसे जीवन का सार अथवा अर्थ समझ आ गया ऐसा विद्वज्जनों का मानना है। दुःख और सुख में चित्त को सम रखने वाला इनसान परमात्त्मा का कृपापात्र माना गया है। किसी भी दुःख को उस परमात्त्मा का प्रसाद समझकर स्वीकार करना चाहिए तथा उस परमात्त्मा का धन्यवाद करना चाहिए कि उसने आपको इस प्रसाद के लायक समझा है। जो व्यक्ति सुखों को बाँटता है तथा दुःखों के सीने पर पाँव रखकर चित्त की समता बनाये रखता है वह इनसान कभी जीवन में दुःखी रह नहीं सकता बल्कि सुख उसका स्वभाव बन जाता है। सुख और दुःख एक सिक्के के दो पहलू हैं यदि आप सुखों की चाह रखोगे तो दुःख स्वयं ही बिना बुलाए चले आते हैं। इसी प्रकार दुःखों की कामना करने वाले के पास सुख भी स्वयं ही खींचे चले आते हैं। अतः सुख दुःख को आने जाने वाला महमान समझ कर मनुष्य को सदैव ही समत्त्व भाव से जीवन का विकास करना चाहिए।

हर बात में अपने भाग्य को कोसना तथा अपने को अभागा मानना मनुष्य की अपनी कमियों की पहचान है ऐसे व्यक्ति कभी जीवन में सफल नहीं हो सकते। शास्त्रों का मानना है कि मनुष्य अपने भाग्य का स्वयं विधाता है अतः अपने प्रयासों का उद्देश्य भी परम तत्त्व की शरण में रहते हुए ही निर्धारित कीजिए ताकि आपको आशानुरूप सफलता मिल सके। किसी फकीर ने कितने सुन्दर शब्दों में जीवन की ऊँचाइयों को छूने का माध्यम बतला दिया है कि"खुदी को कर बुलंद इतना कि हर तकदीर से पहले, खुदा बन्दे से पूछे, कि बता तेरी रजा क्या है !

इन शब्दों से तात्पर्य है कि किस्मत रूपी भविष्य का निर्धारण इनसान स्वयं अपने कर्म से करता है। अतः अपने कर्म रूपी शस्त्र को मनुष्य को इतना पैना कर लेना चाहिए कि अंधकार रूपी असफलता की गहराई को चीर कर प्रकाश रूपी सफलता कदम चूमने लगे। कहा गया है कि मनुष्य की सोच यदि धनात्मक है तो वह धनात्मक परिणाम दिलाती है तथा ऋणात्मक सोच असफलता प्राप्ति का साधन है। अतः मनुष्य को हर पहलू के धनात्मक पहलू को ही अपना उद्देश्य मानना चाहिए। लेखक का तो इतना भी मानना है कि यदि ऋणात्मक पहलू को जीवन से निकाल ही दिया जाये तो अच्छा है क्योंकि धनात्मकता की धारणा ही जीवन में सफलता का

मूल मंत्र है। मनुष्य को इतना अवश्य ध्यान रखना चाहिए कि ज्यादती अपेक्षित परिणााम दाायिनी नहीं हो सकती है परन्तु यदि सफलता से अहंकार को दूर रखा जाए तो सफलता आपका स्वभाव बन जाता है।

प्रकृति के विधान से यदि कभी असफलता भी मिलती है तो उसे हृदय से प्रभु का धन्यवाद समझ स्वीकार कीजिए वह असफलता भी आपकी सफलता में बदल जाएगी। मनुष्य की जीवन शक्ति का ह्रास या विकास हमारे जीवन जीने के ढ़ंग के अनुसार ही होता है अतः मनुष्य को अपना जीवन अति–उत्तम ढ़ंग से जीना चाहिए। श्री मद्‌भागवत् गीता में तो यहाँ तक कहा गया है कि जहाँ समता है वहीं योग है जहाँ योग है वहीं प्रभु श्री दुःखहारी विद्यमान हैं और जहाँ श्री प्रभु स्वयं विद्यमान हैं वहीं जीवन की सच्चाई है धर्म है और जहाँ धर्म है वहीं सत्य की विजय है। अतः हर परिस्थितियों में सम रहना ही सर्वोतम जीवन है। हर सफलता में मनुष्य को सम रहना चाहिए तथा हर विफलता को परम तत्त्व का प्रसाद समझकर स्वीकार करना चाहिए। सफलता के लिए प्रयास रत रहना हमारा पुनीत कर्तव्य है परन्तु कर्मों का फल देना परमात्मा का विधान है। अतः सफलता विफलता में सम रहते हुए निरन्तर कर्म रूपी प्रयास को जारी रखना चाहिए। यदि सफलता आती है तो समझें कि उस परम तत्त्व परमात्मा को आपका किया गया कार्य पसन्द आया होगा अतः आपको साहस देने के लिए सफलता रूपी प्रसाद दिया है। परन्तु यदि विफलता मिलती है तो समझें कि आप अभी उस परिपाटी पर खरे नहीं उतर पाए हैं जहाँ परमात्मा आपको सुसज्जित करना चाहता है अतः उसे पाने के लिए आपको और अधिक प्रयास करने की आवश्यकता है। सफलता विफलता के दोराहे पर खड़ा जीव जब सच्चे हृद्‌य से प्रभु की शरण ग्रहण कर लेता है तो उसका मार्ग प्रभु स्वयं प्रशस्त करते हैं ऐसा शास्त्रों का मानना है।

विद्वानों को विचारना चाहिए कि किसी समय भी किसी के जामिन न बनें, किसी की धरोहर न रखें, जहाँ जुआ होता हो वहाँ कभी न ठहरें। सदा सदाचार में तत्पर रहकर अपना दिन व्यतीत करें। सुखी और बुद्धिमान् व्यक्ति वह है जो अपने कार्य को तत्परता से निपटा कर दूसरों के कार्यों में हाथ बँटाता है। तत्परता के बिना व्यर्थ का बोझ उठाने वाला व्यक्ति हमेशा दुःखी रहता है। जीवन में कभी झिझक न रखें। दूसरों का भला करने वाले व्यक्ति का कभी बुरा हो ही नहीं सकता ऐसा सोचने से व्यक्ति प्रसन्नचित्त एवं स्वतंत्र रहता है। दूसरों की निंदा कभी भी अपने चित्त में न लायें व उनके अवगुणों में भी गुण को ढूँढ़ने से आपको प्रसन्नता मिलती है। वाणी तथा चेहरे से भले ही आपके विचार दूसरों को कड़वे लगते हों परन्तु आपके अन्तर्मन में यदि सामने वाले का भला छिपा होगा तो आपकी आवाज उसके अन्तर्मन तक अवश्य पहुँचेगी अतः विचारों में भी किसी का बुरा नहीं सोचना चाहिए। परिस्थितिवश कभी किसी को कटु वचन कहने भी पड़ें तो बेवाक तथा बेझिझक

प्रयोग कीजिए तथा अन्दर से क्षमा माँग लीजिए। ऐसा करने से सच्चाई की विजय अवश्य होगी तथा जो आपका परम उद्देश्य है उसमें आपको एक दिन अवश्य सफलता मिल जाएगी ऐसा प्रकृति का नियम है तथा परमात्मा का विधान भी । बाहर से शीतलता तथा अन्दर से कटुता रखना मानव का नहीं दानवी प्रवृत्ति का बोधक है अतः बाहर से भले ही कटुता लगे परन्तु अन्तर्मन से हमेशा ही दूसरों के प्रति सद्भावनात्मक तथा शीतलता एवम् सहिष्णुता के विचार अपने अन्दर प्रकट कीजिए इसमें आपका भी भला होगा तथा दूसरे का भी भला होगा।

शास्त्रों में कहा गया है कि मौन सबसे बड़ा तप है। अतः मनुष्य को व्यर्थ में कभी नहीं बोलना चाहिए। जो व्यक्ति अधिक बोलता है वह न केवल अपने लिए परेशानियाँ पैदा करता है बल्कि दूसरों के लिए भी उलझनें पैदा करता है। कहा भी गया है कि अधिक बोलने वाला कभी प्रसन्न नहीं रह सकता और कम बोलने वाला कभी दुःखी नहीं रह सकता। अतः मौन रूपी तप को धारण कर अपने उद्देश्य में सफलता प्राप्त करना व्यक्ति के लिए सर्वोत्तम उपाय है मौन में वह शक्ति छिपी है जो अनेकों सुखों की जननी है। मौन से अभिप्राय यह नहीं है कि आप किसी से बात करना ही छोड़ दीजिए। व्यर्थ की बातें करना, दूसरों की चुगली करना, एक दूसरे की छींटाकशी करना एवम् सुनने से बेहतर होता है मौन धारण करें । प्रभु चर्चा, कीर्तन तथा हरि शरण में रहकर किसी को सद् आचरण की ओर आकर्षित करना तथा प्रभु मार्ग पर लगाने में यदि वाणी का प्रयोग किया जाता है तो मौन रहना उचित नहीं हैं। अतः सद्कार्यों में वाणी का प्रयोग करना तथा सांसारिक कार्यों में वाणी पर ताला लगा लेना ही मौन का वास्तविक अर्थ है। गूँगे रहना तथा मन में व्यर्थ के विचारों की जुगाली करना मौन का वास्तविक अर्थ कदापि नहीं लगाया जा सकता है। दूसरों पर आश्रित रहने वाला व्यक्ति हमेशा अप्रसन्न तथा दुःखी रहता है जबकि दूसरों को आश्रय तथा सहारा देने वाला व्यक्ति हमेशा प्रसन्न तथा सुखी रहेगा यही परमात्मा का विधान है संसार में परमात्मा को छोड़कर किसी अन्य का भय हमारे दिल और दिमाग में नहीं होना चाहिए दूसरों का आदर करना हमारा परम कर्तव्य है परन्तु दूसरों द्वारा दिए गए अपमान से विचलित नहीं होना चाहिए उसे परमात्मा द्वारा आपके अभिमान को तोड़ने का एक नजरिया व प्रसाद समझकर स्वीकार कर लेना चाहिए।

विद्वज्जनों का कहना है कि पाँच मुख्य विकारों का प्रतिपादन शरीर में भय तथा इच्छा रूपी दो रूपों में होता है जिन्हें स्वास्थ्य की भाषा में रोगों का मुख्य कारण माना गया है। इच्छाओं से काम, क्रोध तथा अहंकार का विकास होता है तो डर से मोह तथा लालच का विकास होता है। अतः भय तथा इच्छा शब्दों को अपने जीवन के शब्दकोष से निकाल देने में ही परम उद्देश्य की साधना नीहित है।

शास्त्रों का तो यहाँ तक मानना है कि मृत्यु रूपी भय जिस मानव के हृदय से निकल जाता है उसका काल भी बाल बांका नहीं कर सकता है। इसी प्रकार जिस इनसान ने इच्छाओं का नाश कर दिया है उसके लिए इच्छा दासी बन जाती है तथा बिना इच्छा किए ही उसे वह सब कुछ मिलता है जो परमात्मिक विधान से उसको मिलना चाहिए ऐसे व्यक्ति की इच्छाएँ उसी प्रकार पीछा करती हैं जिस प्रकार साधारण पुरुष इच्छाओं का पीछा करते हुए अपना सारा जीवन भागदौड़ में ही गुजार देता है। अतः मनुष्य को भय तथा इच्छा रूपी दोनों शत्रुओं को अपने जीवन से निकाल देना चाहिए। व्यक्ति को अपने क्रोध रूपी शत्रु पर विजय अवश्य पानी चाहिए परन्तु अपना फुँकार रूपी सुरक्षा कवच कभी नहीं छोड़ना चाहिए। अपने चित्त को संभालना आपका परम कर्त्तव्य है न कि दूसरों से डर कर रहना। जिस प्रकार विषधर हर फुंकार के साथ अपना विष बाहर नहीं उड़ेलता है उसी प्रकार थोड़े-थोड़े क्रोध पर मनुष्य को अपना चित्त अशान्त नहीं करना चाहिए इच्छाओं को काबू रखकर जो भी व्यक्ति सादा जीवन व्यतीत करता है वह प्रसन्न तथा सम रहता है। व्यर्थ के तनावों तथा इच्छाओं में व्यक्ति अपने प्रसन्नता रूपी खजाने को गँवा देता है। अतः सब इच्छाओं, वासनाओं, कामनाओं, बाधाओं व सुखों का त्याग कर सिर्फ एक परमात्मा की शरण में चले जाने से जीवन का सब सुख हमें प्राप्त हो सकता है तथा इनसान परम पद की ओर अपना कदम बढ़ाता है जिसके आगे दुनिया के सब सुख छोटे पड़ जाते हैं।

शास्त्र कहते हैं कि दुनियाँ के सभी सुख मिलकर भी किसी एक व्यक्ति को प्रसन्न नहीं कर सकते परन्तु दुनिया के सभी दुःख मिलकर भी समत्व प्राप्त व्यक्ति का कुछ बिगाड़ नहीं सकते हैं। अतः मनुष्य का परम लक्ष्य परम ज्ञान की प्राप्ति होना चाहिए जिसके आगे इन्द्र का वैभव भी छोटा लगने लगता है। स्वस्थ मनुष्य, मधुर, तृप्त और उत्साही होता है। चिन्ताएँ उसे सताती नहीं हैं। चिड़चिड़ापन, क्रोध, उतावलापन, उदासी, निरुत्साह ये सब शरीर में नाना प्रकार के विकारों के द्योतक हैं। अशान्त चित्त, अशुद्ध विचारों से मुक्त मन, अतृप्त काम वासना से भरा हुआ अन्तःकरण मानसिक विक्षुब्धता के प्रतीक हैं। अहंकार एक प्रकार की मानसिक बीमारी हैं, चित की व्यग्रता, मिथ्या डर, कुत्सित कल्पनायें, कायरता आदि सब गिरे हुए स्वास्थ्य की निशानियाँ हैं। अतः अपने विचारों को महान तथा ऊँचा रखिए। अपने चित्त तथा मन में ऊँचे विचारों को स्थान देना ही विचारों में संतुलन पैदा करना है। आशा, उत्साह, उदारता, प्रेम, सहानुभूति तथा आत्मविश्वास ऐसे अमृत बीज हैं जिन्हें मानस (चित्त) भूमि में उगाने से चारों ओर सत्प्रकाश होता है। जो व्यक्ति सबसे मैत्री भाव रखता है, आशा और उत्साह से मन में जोश बनाये रखता है उसके जीवन में प्रफुल्लता और माधुर्य का अन्त तक समावेश बना रहता है। आशा,

प्रसन्नता, जोश, जिंदादिली ये चारों जब तक मनुष्य के साथ हैं तभी तक वह स्वस्थ है, संतुलित है और जवान है।

युवक अथवा स्वस्थ वह है जो विघ्न बाधाओं को रोंदता हुआ, निरन्तर कार्यरत् रहते हुए उन्नति के पथ पर अग्रसर होता है। उसे अतीत पर क्षोभ नहीं होता, पुरानी बातों को कुरेदता नहीं तथा न ही पुरानी गलतियों पर पछताता हैं। वह अपने उज्ज्वल भविष्य को निहारता है उसके नेत्रों में आशा की ज्योति होती है। हमारी इच्छाशक्ति और दैनिक जीवन की सूचनाओं का तीव्र प्रभाव हमारे शरीर पर भी पड़ता है। यदि हम संकीर्णता, निराशाजनक तथा कमजोर विचारों को हृदय में स्थान देंगे तो निराशाओं के काले बादल जीवन में छा जायेंगे इसमें कोई संदेह नहीं हैं। परन्तु संतुलित व विचारवान व्यक्ति के जीवन में इन काले विचारों के लिए कोई जगह नहीं होती। जिंदादिली उत्साह, माधुर्य, जोश व शक्ति ही उसके जीवन के आधार होते हैं।

हमारे शारीरिक व मानसिक विकास का आधार हमारी प्राण शक्ति है। इस जीवन शक्ति पर डॉ0 डायमण्ड ने अनेकों प्रयोग किए तथा पाया कि किन–किन कारणों से इस शक्ति का ह्रास तथा विकास होता है। इस विषय में उनकी खोजों का विस्तृत वर्णन लेखक की पुस्तक "शरीर संतुलन में सविस्तार बतलाया गया है। उपरोक्त के अतिरिक्त निम्न बिंदु भी जीवन में सकारात्मक नजरिया विकसित करने में सहायक हो सकते हैं :–

1. हमेशा सद् साहित्त तथा पुस्तकों का पठन पाठन करें ।
2. हमेशा पसन्न तथा निश्चिंत रहें।
3. हमेशा हर वस्तु में गुणों को देखने वाले बनें ।
4. हमेशा हर में हर की सुंदरता को निहारें ।
5. हमेशा बुराई से पहले अच्छाई पर गौर करें ।
6. हमेशा नारी की सुंदरता में बहन, माता व बजूर्गों का रूप निहारें।
7. हमेशा स्वयं से प्रेम करना सीखें ।
8. हमेशा मजाकिया बनें तथा फिक्र का धुऐं में उड़ाना सीखें ।
9. हमेशा दूसरों को कभी निचा न दिखाये, स्वयं नींवें पड़ जायें ।
10. हमेशा दूसरों के जीवन को बेहतर बनाने के उपाय सोचें ।
11. हमेशा दाता बनें भिखारी नहीं।
12. हमेशा दूसरों को दर्द न पहुंचायें ।
13. हमेशा हर समस्या में समाधान ढूढ़े ।
14. हमेशा अपने तथा दूसरों के लक्ष्य में सहायक बनें ।
15. हमेशा स्वस्थ, प्रसन्न तथा भरपूर महसूस करें ।

16. हमेशा धन्यवादी रहें।
17. हमेशा आसावादी रहें।
18. हमेशा परोपकारी रहें।
19. हमेशा अविकारी रहें।
20. हमेशा निर्लेप तथा संतुष्ट रहें।
21. हमेशा स्वच्छ, निर्मल तथा बेपरवाह रहें।

नजरिया आपका, जीवन की धार बदल सकता है।
संबल लिये विश्वास का, यह संसार बदल सकता है।।2210।।

नजरिये से जीवन में, नित्त्य नया पन लाया जा सकता है।
विश्वास कीजिए स्वयं पर, गुलशन खिलाया जा सकता है।।2211।।

बुलंद हों हौंसले अगर, हिमालय भी उठाया जा सकता है।
परिवर्तन लाकर नजरिये में, नया संसार बसाया जा सकता है।2580।।

विश्वास पर टिके नजरिये से, नूतन विश्व बनाया जा सकता है।
उन्नत सोच के दम पर, रब्ब को भी मनाया जा सकता है।।2581।।

प्रकृति खेलती है खेल अपने, आपके ही विश्वास पर ।
नजरिया यदि हो नूतन, सफलता टिक जाती श्वास पर।।2582।।

आशा और विश्वास, सफलता के दो सिरे हैं।
जब नजरिया टिकता इन पर, हर अरमान ही पूरे हैं।।2583।।

लेकर सहारा विश्वास का, सफलता गले लगाता जा।
चूमेगी हर चाहत कदम, बस स्वप्न अपने सजाता जा।।2584।।

अध्याय–7

आपका विश्वास ही सफलता निर्धारक है

अटूट विश्वास जीवन में, हर सफलता का आधार है।
ठहरा जब अंर्तआत्मा में, समझो बेड़ा आपका पार है।।1166।।

आपका विश्वास आपके स्वप्लिन संसार की रूप रेखा है, जिस पर आपकी सफलता की सीढ़ियाँ आधारित हैं। विश्वास सफलता की आधारशीला है। आप जो भी चाहते हैं विश्वास के बिना उसे पाना असंभव है। अपना विश्वास बदलना उस फिल्टर के समान है जिसके माध्यम से आप अपने स्वप्लिक संसार की कल्पना तथा निर्माण करते हैं। परन्तु इस फिल्टर की साफ सफाई के बिना आपकी सफलता का स्तर उसी प्रकार धीमा रहता है जिस प्रकार साफ फिल्टर के बिना आपकी गाड़ी उच्चत्तम गति नहीं पकड़ सकती। संक्षेप में आपके विश्वास पर ही आपकी सफलता का ग्राफ टिका है। जितना गहरा आपका विश्वास है उतनी ही आपके सफल होने की संभावनायें हैं। अतः किसी भी योजना के निर्धारण के पूर्व उसकी सफलता में आपका विश्वास होना अति आवश्यक एवं अपरिहार्य है। आप जो भी चाहते हैं विश्वास के बिना उसे पाना तथा संभाल पाना असंभव है।

विश्वास सफलता की कुंजी, अटूट मानसिक चित्रण कीजिए।
पा लिया मैंने एहसास अपना, सोच निश्चिंत विचरण कीजिए।।1248

विश्वास आपके अनुभवों का नीति निर्धारक है, जैसे आपके अनुभव हैं वैसा ही आपका जीवन के प्रति नजरिया विकसित होता है और यही नजरिया आपकी सफलता को स्तर प्रदान करता है अतः विश्वास आपकी सफलता की कुंजी है। एक बार आपको विश्वास रूपी यह सफलता की कुंजी प्राप्त हो जाये तो अपनी योजनाओं का ब्लूप्रिंट समझो आपके लिए तैयार हो चुका है तथा अब इसे लागू करने के लिए आपको अपना अगला कदम उठाना है। जब तक आपका विश्वास डगमगाता है तब तक आप किसी निर्णय पर पहुंचने में ही लगभग असफल होते हैं तथा आपकी

योजना ऐसी स्थिति में कभी सफलता की सीढ़ियाँ नहीं चढ़ सकती है। विश्वास प्राप्ति उपरांत आपको केवल योजना की सीढ़ियाँ चढ़नी हैं क्योंकि योजना की सफलता तो विश्वास के साथ ही पहले निर्धारित हो चुकी है अब आपको केवल और केवल निश्चिंतता के साथ अपने कदम बढ़ाते रहना है बाकि सब आपका विश्वास आपके लिए स्वयंमेव ही संभव बना देता है।

अटूट हो विश्वास आपका, यही सफलता का पैमाना है।
पाना और अच्छा सोचना, केवल इतना प्रण निभाना है।।1249।।

आपका अपना जीवन विश्वास की ऊपज है। आपके अधिकतर विश्वास आपके बचपन में ही विकसित हुए हैं तथा इन्हीं विश्वासों के आधार पर आप साल दर साल अपने जीवन की सीढ़ी चढ़ते चले आए हैं। यदि आपका विश्वास किसी भी स्तर पर डगमगाया है तो उसके साथ जीवन में भी आपको उतार चढ़ाव देखने पड़े हैं और गिरने के बाद फिर विश्वास के साथ आप उठे हैं तथा जिस भी मंजिल पर आज हैं वहाँ भी आपका विश्वास आपको टिकाये हुए है वरना् इसके उठते ही फिर जीवन में तूफान आ सकता है। मानव जीवन एक दौड़ती हुई मशीन है जिसके दिमाग में अनंत सूचनाओं की लगातार प्रोसैसिंग चलती रहती है परंतु जिस भी विचार पर हमारा विश्वास टिक जाता है उसी को अमल में लाकर हम जीवन में नये आयाम खड़े कर पाते हैं, यदि विश्वास न हो तो जीवन के सभी सिद्धांत चरमरा कर गिर जायेंगे व हमारा सामाजिक, आर्थिक एवं राजनैतिक ढ़ांचा चरमरा कर गिर जायेगा।

प्रेरणा पर रख विश्वास, अमल में इसे लाइए ।
यकीनन देता 'परिणाम, यकीन ठोस बनाइए ।।1178।।

मनोवैज्ञानिक सिद्धांतो के अनुसार जब हम किसी संफूर्णा पर अम्ल करते हैं तो इसका परिणाम सोचते ही मिलने नहीं लगता वरन् सृष्टि इसके लिए अपना समय लेती है जो कि जीवन की सार्थकता के लिए आवश्यक एवं अपरिहाय है। परंतु यह समय कितना होगा यह सब आपके विश्वास पर आधारित है। जितना गहरा आपका विश्वास है उतनी ही तीव्रता के साथ आपको परिणाम प्राप्त हो सकते हैं। इससे प्रमाणित होता है कि आपका विश्वास सफलता की समय सीमा भी तय कर सकता है जबकि समय अखण्ड स्वतंत्रता, निरंतरता एवं अबाध–गति का प्रतीक है परन्तु आपके मनोराज्य का विश्वास सफलता के समय निर्धारण में आपकी सहायता करता है तथा सफलता को आपके द्वारे पर ला खड़ा कर देता है। कहा भी गया है कि जो व्यक्ति समय की अवहेलना करता है, बिता हुआ समय कभी लौट कर नहीं आता परंतु अटूट विश्वास के साथ आप अपनी सफलताओं के नये आयाम तैयार कर सकते हैं जिससे भूतकाल में व्यर्थ गए समय की भी पूर्ति हो सकती है क्योंकि

आपका विश्वास उससे कहीं अधिक सफलता की सीढ़ियाँ पार कर सकता है जो अभी तक संभवतय ही भूतकाल से आरम्भ होकर भी अभी तक आपने तय की होती।

समय चलता तीन गति, आँख, मन, विश्वास।
जितना गहरा विश्वास, उतनी फलित आश।।2585।।

अतः आपका विश्वास समय सीमाओं को भी आपके लिए छोटी बना सकता है क्योंकि आप अपने विश्वास के साथ ही समय की सीमा भी निर्धारित करने में सक्षम हो जाते हैं। आपकी योजना का खाका ही आपको बतलाता है कि आपको अपनी योजना के परिणाम किस निर्धारित समय में चाहियें और उसी के अनुसार तथा आपके विश्वास के अनुकूल ही आपको परिणाम प्राप्त होते हैं ऐसा मनोविज्ञान का भी मानना है। इसके अतिरिक्त एक और सामाजिक लोकोक्ति है कि "जहाँ न पहुंचे रवि वहाँ पहुंचे कवि" अर्थात् कवि रूपी इनसान अपनी कल्पना में सूर्य से भी आगे निकल जाता है जो कि उसके मानसिक विश्वास के कारण ही संभव हो पाता है।

आप और सृष्टि के मध्य, समय तालमेल बिठाता है।
समय की सीमा क्या होगी, विश्वास आपका बताता है।।1172।।

संसार की प्रत्येक वस्तु, विषय अथवा क्रिया में आपका विश्वास ही कार्य करता है। और यदि आप कहीं पर भी बंधन, असफलता अथवा असंतोष अनुभव करते हैं तो यहाँ पर भी आपको अपने विश्वास पर कार्य करने की आवश्यकता महसूस होती है। इस प्रकार "जीवन में समस्त संभाव्य तथा संभावनायें विश्वास बदलने से ही आरम्भ होती है तथा सफलता में भी बदली जाती हैं"। गहन संवेदनायें हमारे आंतरिक, स्वयं बाधित बचकाना विश्वास तंत्र का आधार हैं तथा अनसुलझी भावनायें इन्हें हमारे अंतर्मन से जोड़ने का कार्य करती हैं जिससे हमारा बचपन सदैव हमारे साथ चलता रहता है। हर बार हमारी भावनाओं की अभिव्यक्ति पर अवचेतन मन बचपन के विश्वास तंत्र के साथ मिलान कर उन्हें सुलझाने का प्रयास करता है तथा तदोपरांत उसमें परिवर्तन भी लाता है। यही कारण है कि बड़े होने पर जब हमें भावुकता की स्थिति का सामना करना पड़ता है तो हमें लगता है कि कोई हमारी आहत भावनाओं से छेड़छाड़ कर रहा है और हम भावुक हो जाते हैं जबकि ऐसी अवस्था में हमें नये परिवर्तनों को अवचेतन मन में दृष्टा बन कर स्वीकार करना चाहिए।

विश्वास आपका अडिग रहे, यही सफलता की शुरूआत है।
बदलते जायें भाव निरन्तर, यह लकीर हटाने की बात है।।2211।।

यदि आपको लगता है कि आप निरंतर गर्त में जा रहे हैं तथा अपना आत्मविश्वास खोते जा रहे हैं तो केवल आपका आप पर लौटाया गया विश्वास ही इस गर्त से बाहर ला सकता है। "आत्म विश्वास स्वयं में ही नहीं अनंतता में विश्वास अभिव्यक्ति

की कला है। ऐसी कला जिस पर हमारा प्राकृतिक तथा शाश्वत अधिकार है तथा जिसके माध्यम से सफलता के नये आयाम तैयार किये जा सकते हों''। हमारा विश्वास तंत्र सैद्धांतिक मूल्यों से जुड़ा हुआ है जिनके आधार पर हम सबकुछ करते, कहते और विश्वास करते हैं। हमें लगातार अपने इस तंत्र को नवीन तथा अपग्रेड रखना पड़ता है ताकि हम वांछित और सुःखमय जीवन का आनन्द उठा सकें जिसके लिए निम्न सुझावों का वर्णन किया जा रहा हैः–

1. अपने जीवन में अनंतता का सिद्धांत अपनायें :– प्रकृति के आंचल में कोई सीमायें नहीं है। यह संसार अनंत संभावनाओं से भरा पड़ा है। हमने हर सीमा पर अपने लिए अपने ही बंधन खड़े किए हुए हैं। विश्वास कीजिए कि आप जीवन में वह सबकुछ पा सकते हैं जिसकी आप इच्छा रखते हैं। इसके विपरीत यह सोचना कि मैं इसके लिए काबिल ही नहीं हूँ अपने पांव में स्वयं कुल्हाड़ी मारने के समान है तथा अपने हाथों से अपना ही गला दबाने समान है अर्थात् आत्महत्त्या है अतः कभी भूलकर भी कहीं बंधन न लगायें । खुल कर जीयें, खुश होकर जियें तथा खुशियों के साथ जियें यही आपका जन्म सिद्ध अधिकार है जिसे परम् ने आपको बख्शा है तथा इसे आपसे कोई छीन नहीं सकता है विश्वास रखें ।

प्रकृति के आंचल अनंत, कहीं कोई सीमा ही नहीं।

सब आप पर करे निर्भर, कौन सी सीमा है सही ।।2586।।

2. अनंत संभावनाओं में जीना आरम्भ करें :– अपने आपको बंधन मुक्त कर अनंत के अनंत खजाने पर अधिकार समझें तथा ''मैनें पा लिया, मैं इसकी काबलियत रखता हूँ, मैं विश्वास रखता हूँ'' इत्यादि सकारात्मक शब्दों को अपने जीवन में महत्त्वपूर्ण स्थान दें। सभी नकारात्मक चीजों से दूर रहें। 'अनंतता' दीर्घ जीवी, स्थाई, अमिट खुशहाली है जिसे जीवन से प्यार कहा जा सकता है अतः सदैव अनंनता में रहें। इसे अपने जीवन का मूल मंत्र समझ कर सदैव इसको याद रखें तथा मनन करें ।

तौड़कर सभी दिमागी सीमायें, समय की अविरल चाल को पकड़ें।

आप ही स्वयं परमात्म ''तत्त्व'', किसी सीमा में स्वयं को न जकड़ें।।2587।।

3. आप सभी कुछ पाने के काबिल हैं :– जीवन में किसी भी प्रकार की 'ना' अपने ऊपर कदापि न थौंपे। यह मेरे भाग्य में नहीं है, मेरे कर्म में ऐसा कहाँ, मैं नहीं पा सकता' आदि शब्दों को जीवन के शब्दकोष से ही निकाल दीजिए। आप वह सब डिजर्व करते हैं जो इस सृष्टि के पास है तथा इसकी अनंत सीमायें तथा खजाने हैं। आप परम् की संतान हो, उसकी हर वस्तु पर आपका जन्मसिद्ध अधिकार है।

प्रकृति आधीन है परम् तत्त्व की, आप परम् के हैं अंश ।

परम् समः अधिकार आपका भी, तय करें सफलता वंश ।।2588।।

4. अपना आत्म सम्मान बढ़ायें :– आत्म विश्वास से बड़ी कोई सुंदरता नहीं हैं। यह सबसे शक्तिशाली तथा मनोहारी विशिष्टता है। आत्म विश्वासी सभी को आकर्षित करता है। इसे जगाना भी उतना ही आसान है क्योंकि यह अपने आपको स्वीकारने तथा अनुमोदन से आता है। जब आप स्वयं ही उठकर अपनी आत्मा की सुरक्षा करते हैं तो यह प्रमाणिक शक्ति संपन्नता कहलाती है। अपना आत्म सम्मान बढ़ाकर हम स्वयं का उत्थान कर सकते हैं तथा अपने आपसे प्रेम जगाकर अपने आपको जान सकते हैं। अपने लिए समय निकालिये तथा अपने को सम्मानित कीजिए तथा देखिए कि आप सम्मान पाकर कैसा महसूस करते हैं लेकिन सब अहंकार त्याग कर अपने लिए और अपनी आत्मा के लिए दूसरों का अपमान या अनदेखी करने से नहीं अपने आप में समाहित होकर केवल देखने मात्र से आपको अपने आपसे प्रेम अर्थात आप "मैं" से परे होंगे तथा अपना सम्मान करेंगे।

आत्म–सम्मान से बड़ा न कुछ, जगाकर शक्ति संपन्न बनिए ।

जगाकर स्वयं में आत्मसम्मान, स्वयं को सौभाग्यशाली कहिए।।2589।।

5. आत्मग्लानि से बचिए :– आत्मग्लानि वह कीड़ा है जो अंदर ही अंदर आपको काटता जाता है। जब आप विपरीत परिस्थितियों में अथवा बिना बात के ही छोटी छोटी बातों में विह्वलित हो रहें हैं, गुस्सा कर रहे हैं अथवा अपने व्यवहार के विपरीत कोई ऐसा कार्य कर रहे हैं जिससे आपकी छवि खराब हो रही है तो अपने अंदर झांकिए, आत्म निरीक्षण द्वारा पता लगाईये कि कहीं किसी प्रकार की आत्मग्लानि तो आपको खा तो नहीं रही है। इसका कारण जानने की कोशिश कीजिए तथा जितना जल्द हो सके अपने आपको इससे मुक्त करने का प्रयास कीजिए आप इसके कारण स्वयं को ही अनजाने सजा दे रहे हैं। बैठिए क्षमा दान के लिए प्रार्थना कीजिए तथा अपने आपसे प्रेम का भाव उत्पन्न कीजिए, क्षमा प्राप्त कर अपने आपमें धन्य महसूस कीजिए तथा परमात्मा का क्षमा के लिए धन्यवाद दीजिए यही आत्म पश्चाताप है तथा स्वयं को माफी का प्रावधान भी ।

आत्मग्लानि है अभिशाप, आत्मविश्वास में बदल दीजिए।

जगाकर केवल विश्वास, जीवन स्वरूप निश्चिंत कर लीजिए।।2590।।

6. अपने नकारात्मक विचारों को देखिए :– आपके विचार ही आपकी सामाजिक पहचान है। आपकी समाज में प्राथमिकतायें क्या हैं प्यार, पैसा या स्वास्थ्य । अपने स्तर पर इन सभी विषयों पर अपने विचारों को जानिए तथा उनका विश्लेषण कीजिए। क्या आपके जीवन में इन चीजों का कोई स्थान है, क्या ये सभी आपके लिए महत्त्वपूर्ण हैं तो इन्हें अपनी प्राथमिकताओं के अनुसार ह्रदय में स्थान दीजिए तथा अन्य साधनों की तरह इनका भी उचित उपयोग कर इन्हें बढ़ाइए। यदि आपके

इन सबके प्रति नकारात्मक विचार है तो उन्हें सकारात्मक विचारों द्वारा प्रस्थापित करें। जानिए आप में से और आपकी प्राथमिकताओं में से कौन सी वस्तु बड़ी है तथा उसे ही महत्त्व दीजिए और प्रसन्न रहिए।

नकारात्मक ही नर्क द्वार, इसे जल्द ही त्याग कीजिए।

पा कर के सकारात्मकता, स्वर्ग अनुभूति सदा लीजिए।।2591।।

7. अपनी खुशियों की पहचान कीजिए :–जीवन के प्रति आपका नजरिया, अंगीकरण, लचीलापन, स्वास्थ्य, धन तथा सामाजिक स्थितियाँ, उम्मीदें, आत्मस्थिति, महत्त्वकांक्षायें तथा स्वभाव आपकी खुशीयों के लिए आधारभूत गुण हैं। इन सभी में आपकी स्थिति का आंकलन आपको अपनी खुशी का पैमाना तैयार करने में सहायता करती है। खुशी हर परिस्थिति में निश्चिंत रहने की कला है इसे बढ़ाईये।

पैदा कीजिए समृद्धि प्यार, खुशी के एहसास के साथ ।
संपन्ता आनंद दौनो मिलें, जीवन का चहुंमुखी विकास ।।1187।।

आपको यह भी ध्यान में रखने योग्य बात है कि खुशी शरीर का विषय न होकर आपकी आत्मा का विषय है तथा यह परमात्मा की ओर से आपको बख्शी गई ऐसी नेमत है जिसपर आपका जन्मसिद्ध अधिकार है परन्तु स्थिति यहाँ ठहरती है कि आपका मन जो संसार को डील करता है इस विषय को किस प्रकार ग्रहण करता है। यह हर परिस्थिति में भी खुश रह सकता है और सुःख में भी दुःखी रह सकता है यह सब आप पर निर्भर करता है कि आपने अपने मन की ट्यूनिंग किस प्रकार से की है तथा जीवन में आपकी प्राथमिकतायें क्या हैं जिन्हें यह भी पसंद करे।

मन की खुशी व शांति, अर्न्तआत्मा की आवाज है।
जिस पल जगे एहसास, समझें नवजीवन आगाज है।।1184।।

जीवन में संपन्नता लाने के लिए आपको केवल सेवा, सिमरण तथा समर्पण भाव से अपने जीवन के कार्यों में लगे रहना है बाकि सभी कुछ आपका विषय ही नहीं है। फिर भी जीवन में खुशीयाँ पाने के लिए आपके मन को ट्यून–अप करते रहिए :–

तारिफ करना प्रभु की, भक्ति का एक सौपान है।
समर्पित को देना खुशी, परम् का अटूट विधान है।।1267।।

हर हाल में खुश रहने से बहुत सारे नैगेटिव विचार एवं बलायें आपसे दूर रहते हैं तथा आपका हंसमुख चेहरा आपकी खुशियों को चौगुणा करता रहता है। खुश रहने के 10 उपाय निम्न हैं:–

आपकी प्रसन्नता सौभाग्य, दूसरों को ईर्षालु बना देते हैं।
सदैव रहिए आप खुश–प्रसन्न, चेहरों पर खुशीयाँ ला देते हैं।।1380।।

7.1 धनात्मक सोच की शक्ति :– आपकी सोच का नजरिया ही आपके जीवन में खुशियाँ भर सकता है अतः सदैव नैगेटिव विचारों का त्याग कर सकारात्मक सोच पर ध्यान रखें तथा सदैव अच्छा सोचे तभी आप अपने चारों और धनात्मक ऊर्जा पैदा कर पायेंगे तथा खुशीयाँ फैलती ही जायेंगी ।

सकारात्मक सोचना, हर परिस्थिति में रहना खुश ।

जीवन के दो सोपान, हर मुसीबत कर देते हैं ठुश।।2592।।

7.2 अपने जैसे ही लोगों को चुनें :– अपने इर्द–गिर्द सकारात्मक लोगों को ही चुनिए तभी आप अपनी ऊर्जा को मल्टीप्लाई कर पायेंगे। नैगेटिव ऊर्जावान लोगों से दूर रहें तथा उनके नैगेटिव गुणों को अपने आप पर कभी भी हैवी न होने दें। हंसमुख लोगों का समूह तैयार करें तथा सभी में खुशियाँ बांटते चलें।

जरब कीजिए अपनी ऊर्जा, अपने जैसी संगत अपनाकर।

संगत पहचान इनसान की, कुसंगतियों को रखें दौड़ाकर।।2593।।

7.3 स्वीकृतिसूचक सकारात्मक कथनों को चुनें :– मैं सदैव प्रसन्न हूँ, मैं परम् का पुत्र हूँ, परम् मेरे सहाई, सखा व दोस्त हैं। मुझे खुशियाँ बांटनी हैं और इस धरा पर प्रेम फैलाना है आदि सकारात्मक कथनों से सदैव अपनी दिनचर्या को परिपूर्ण रखें तथा धन्यवाद देते रहें।

मानकर सौभाग्यशाली स्वयं को, प्रसन्नता का दामन थामे रखिए ।

करते हुए धन्यवाद उस प्रभु का, खुशियाँ बांट दुःखों का बाये कहिए।।2594।।

7.4 अपने चरित्र में प्रसन्नता लायें :– खुशी संपन्नता का एहसास है इसे कभी अपनी दिन चर्या से निकलने न दें। लोगों से हंसकर मिलें, उनके तनावों को हंसी से दूर करें, हंसी का जादू अपने चारों और फैलायें। खुशी आपका वो इनाम है जो आपको अच्छे चरित्र से उपलब्ध होता है अतः

सदैव 'हंसते रहिए, मुस्कुराते ही रहिए।

ये खुदा का प्रसाद है, सदैव लुटाते रहिए।।2212

7.5 खुश रहने की कला सीखिए :– खुश रहने के लिए आप दो तरह की तकनीक का इस्तेमाल कर सकते हैं। एक सोचात्मक तथा दूसरी मूल्यात्मक। अपने आप पर भरोसा रखें तथा अपने अंदर ही मैडीटेशन, ध्यान साधना द्वारा खुशियों को तलाशिए। सारा का सारा खजाना आपके हृदय की गहराईयों में डूबा पड़ा है इसे खोज निकालिये तथा इसके उपरांत ही आपको अपना मूल्य पता चल पायेगा कि आप परम् के कितने अमूल्य उपहार हैं जिसे प्रकृति को खुशियाँ फैलाने के लिए सौपा

गया है। हमेशा सोचिए कि आप प्रकृति की अमूल्य कृति हैं। खुशी का कोई मूल्य, दुकान तथा सोर्स नहीं है जहाँ से इसे ग्रहण किया जा सकता है। यह आपके भीतर ही आपके स्वयंभू विचारों से उत्पन्न होती है अतः इसे पैदा करना सीखिए।

खुशियाँ आपके ही भीतर, झाँकना अंदर सीखिये ।

जानकर स्वयं की कीमत, अनत में जरा भीगिये ।।2595।।

7.6 खुशीयों का पराभौतिक विज्ञान :–यह हमारे विश्वास तंत्र पर टिका है जो कि हमारी सबसे शक्तिशाली आत्मिक संपत्ति है। विश्वास की योग्यता के साथ लगभग सभी असंभव कार्य कर सकते हैं। जितना अधिक विश्वास आप अपने आप में कर सकते हैं उतना अधिक असंभव कार्य आप निपटा सकते हैं। प्रसन्नता उन लोगों को ही नसीब होती है जो अपने आप में विश्वास रखते हैं जो कि अतिव आसान है। जितनी कठिन परिस्थितियों का हम सामना करते हैं, हमारा विश्वास उन्हें उतना ही आसान बना देता है। अतः समस्याओं का समाधान ढूढ़ने की अपेक्षा अपने विश्वास में उतरिये तथा लग जाईये हर समस्या अंततः समाधान से ही जुड़ी होती है आपको केवल विश्वास के साथ कदम आगे बढ़ाने हैं।

विश्वास से सफलता असफलता, गहराई में छुपा हुआ खजाना ।

सभी कुछ निर्भर करता आप पर, आपको है आखिर क्या पाना।।2596।।

7.7 खुशियों की नींव विश्वास तंत्र :– हमारा विश्वास तंत्र दो पायों पर खड़ा हुआ तंत्र है जिसका एक पाया सकारात्मकता है तो दूसरा नकारात्मकता। एक हमें सफलताओं के झुले झुला सकता है तो दूसरा जमींदोष कर सकता है परन्तु यह सब केवल हम पर निर्भर करता है कि हम इन में से किस पाये पर खड़ा करते हैं।

बनाईये अपने को संतुलित, दामन थाम सकारात्मकता।

खुशियाँ भर लीजिए दामन, त्याग कर नकारात्मकता।।2597।।

7.8 स्वयं पर विश्वास तथा प्रेम ऐसी चाबी है जो हमारे लिए अंतर्मन की खुशियों के रास्ते खोलती हैं तथा हमारे विश्वास की दृढ़ता से हमारे अंदर से ही खुशियों के फव्वारे प्रस्फुटित हो उठते हैं जिससे हमारे सौभाग्य के दरवाजे खुल जाते हैं। अतः स्वयं पर विश्वास, प्रेम उतना उड़ेलिये जितना आप उड़ेल सकते हैं।

अपनाकर विश्वास स्वयं पर, ह्रदय में प्रेम भर लीजिए ।

दृढ़ता है सफलता की कुंजी, बस स्वयं से प्रेम कीजिए ।।2598।।

7.9 वास्तविकता और भौतिकता में अंतर :– हमारी खुशियाँ इस बात पर भी निर्भर करती हैं कि हम किसको अधिक महत्त्व देते हैं उसको जो हमारे पास उपलब्ध हैं अथवा जो होना है, जो व्यक्ति दोनों में समानता रखता है तथा वर्तमान को संवारकर भविष्य में काल्पनिक उड़ान भरता है वह ज्यादा खुशियाँ बटोर सकता है। हमेशा खुशी रहने वाला आज भी संवार सकता है तथा भविष्य में भी उसके लिए दरवाजे सदैव खुले हैं, थे और रहेंगे। जो भी उसी में मस्त, धन्यवादी तथा प्रसन्न रहिए आपका कल अवश्यमेव सुखदायी होगा।

आज में जीना 'सीखकर, वर्तमान को संजोये रखना।

भूत बनाकर खुशी आधार, भविष्य में कल्पना भरना ।।2599।।

7.10 साधारण में भी खुशियाँ ढुंढ़िए :– हर साधारण तथा खाश में खुशियाँ ढुढ़िए आपके लिए खुशियों के दरवाजे अपने आप खुलने लगेंगे। जब आप किसी से मिलते हैं, बात करते हैं तथा पास से गुजरते हैं तो हंसिए, नमस्ते कहिए। हवा की खुशबु, सूरज की तपन, चंद्रमा की शीतलता तथा बच्चों की हंसी को सराहिऐ, धन्यवाद कहिए तथा खुशियाँ फैलाइये आपके लिए खुशियों की बारिश होने लगेगी झोली फैलाकर भर लिजिए तथा अपने अंदर समेट लीजिए ताकि आप सदा के लिए खुशियों से भर जायें ।

खुशियाँ मिलती नहीं दुकान, ढुढ़िऐ इन्हें ह्रदय द्वारे।
खुशियों की झोली भरते ही, धुल जायेंगे पाप हमारे ।।2600।।

8 कचरा छाँटते चलिए :– कुछ ऐसे विश्वास, विचार तथा भावनायें हो सकते हैं जो आपके लिए किसी काम के नहीं हो अतः उनके त्याग का हौसला रखें तथा इन्हें नये, ऊर्जावान तथा सात्त्विक विचारों से रिप्लेस करें यह आपके लिए थोड़ा बहुत कष्टदायी हो सकता है परन्तु उत्साह तथा विश्वास से उनको हटाइये जो आपके लिए इस समय कोई महत्त्व नहीं रखते। जो आपके लिए अच्छा नहीं है उसे त्याग में ही भलाई छिपी है। अतः विचारों में नवीनता तथा तिव्रता पैदा करने के लिए अवांछित विचारों को भूलते जाईये इसी में सदैव नयापन छूपा हुआ है कचरा छाँटने की आपकी कुशलता ही आपको सदैव तरोताजा रखने में सहायक होगी। याद रखिए प्रकृति सदैव नित्त्य नवीन के सिद्धाँत से जुड़ी हुई है तथा नवीनता इसमें यौवन, गुणवत्ता तथा सृजन का विकास करती है अतः आप भी अपने विचारों के कचरे को हटाकर नवीन बनते जाईये इसी युक्ति में आपका जीवन विकास छुपा है तथा लक्ष्य की उन्मुकता तथा परिवर्तन का सिद्धाँत जुड़ा हुआ है।

सफाई खुदा से अगली नेमत, सफाई से नित्त्य ही नवीनता ।

सफाई से होता है मन साफ, सफाई से ही मन में प्रवीणता ।।2601।।

9. नवीनता की खोज जारी रखें :– नये आयामों, अर्थों तथा संभावनाओं के लिए अपने हृदय के दरवाजे हमेशा खुले रखें। यह खोज आपमें हमेशा खतरों से खेलने का हौसला तथा उत्साह भरती जायेगी तथा आप जीवन में नये आयामों की ओर बढ़ते जायेंगे यही जीवन के चलायमान होने का रहस्य है जिससे यह सदैव नवीन बना रहता है। यही इसे ज्ञान से अनुमान की यात्रा की संज्ञा देता है। वेद में कहा गया है कि चरोवती अर्थात् हमेशा चलते रहिए अर्थात् नवीनता की खोज में लगे रहिए, रूकना मौत का नाम है जबकि चलता हुआ जीवन ही अनश्वर कहलाता है।

खोजिए नित्य ही नया, यही आपका 'आत्मिक' स्वभाव है।
खोज न पाये जो नया, वह चेतन नहीं जड़ निर्गुणाभाव है।2315।

10. महत्त्वपूर्ण गुणों को जीवन में स्थान दें :– बांटना, विचार विमर्श करना, दूसरों की भावनाओं का आदर करना तथा प्रशंसा को विनयपूर्वक स्वीकार करना, आदर देना तथा दूसरों में भी उतना ही विश्वास कायम करना जितना आपको आप में नजर आता है। ये सभी ऐसे गुण है जो जीवन में नवीनता के साथ–साथ तरोताजगी लाते हैं जिससे अभिभूत होकर आप विश्वास से भरपूर रहते हैं तथा जीवन में खुशियों का विकास करते हैं। प्राकृतिक सिद्धांतों के अनुसार आप जो भी हैं सभी कुछ आंतरिक चेतना शक्ति का प्रतिबिंब तथा प्रसार मात्र हैं। आपका विश्वास इस चेतना का आधार तथा इसकी सीमाओं के लिए ईंट पत्थर का कार्य करता है। जब आपका विश्वास आपके स्वप्नों तथा इच्छाओं का आधार बन जाता है तो आपके स्वयं में एक नया तथा उत्त्तम इनसान नजर आता है तथा आप स्वयं ही नये आयामों की ओर कदम बढ़ाने लग जाते हैं। परन्तु आंतरिक परिवर्तनों के बिना बाह्य स्तर पर अधिक समय के लिए परिवर्तन नहीं लाये जा सकते।

बनने के लिए गुणवान, गुणग्राही होना जरूरी हैं।
गुणों को देखते देखते, होती हर 'इच्छा' पूरी है ।।2316।।

आपके मन में विचारों, भावनाओं, प्रेरणाओं, आदेशों तथा योजनाओं का निरंतर प्रवाह चलता रहता है तथा यह आपके चारों और इच्छित और अनचाही चीजों को प्रकट करता रहता है जिनमें से कुछ आपके लिए शुभ होते हैं जबकि कुछ अशुभ होते हैं परंतु फिर भी आपको इन्हें स्वीकार करना ही पड़ता है यही हमारे दुःखों एवं सुःखों का कारण है। इस वैचारिक प्राकट्य में आपका विश्वास महत्त्वपूर्ण ब्रह्मास्त्र है जिसे हम अपनी जरूरत अनुसार चुन सकते हैं तथा अपने जीवन को अपनी इच्छा अनुसार ढ़ाल सकते हैं।

वर्तमान समय क्योंकि अर्थ–प्रधान समय है अतः हर खुशी धन पर आकर ठहर जाती है। विश्वास आधारित वैश्विक सिद्धांत अनुसार वास्तव में आप धन पर आधारित नहीं हैं बल्कि धन आप पर आधारित है। ये आपकी खुशी है जो धन को पैदा करती है न

कि धन आपके लिए खुशियाँ लाता है। केवल और केवल आपकी उन्नति में बाधा डालने वाले विश्वासों को हटाकर आप अपने लिए अनंतता के दरवाजे खोल सकते हैं। परंतु हमारा दुर्भाग्य यह है कि धन के बारे में समाज में विभिन्न नकारात्मक विश्वास सदियों से फैले हुए हैं तथा धर्म के चार पायों में से एक माना जाने वाला यह क्षेत्र अति महत्त्वपूर्ण होते हुए भी दुर्भावनाओं से ग्रसित हो गया है।

आपने अपने माता पिता से लेकर समाज के लगभग हर वर्ग में यह अवश्य सुना होगा कि पैसा कमाने के लिए मेहनत करनी पड़ती है और मेहनत करने पर जो पैसा आता है उसे जोड़ कर रखिए ताकि आपकी हर मुसीबत में पैसा आपका सहाई हो सके। परंतु वास्तविकता कुछ और है जिसे जानने से पूर्व हमें पैसा कैसे पैदा होता है यह जानना भी अति आवश्यक है। आईये अब पैसे की प्रकटता संबंधी कुछ सच्चाईयों पर प्रकाश डालें ।

पैसा आपका साधन है जबकि आप स्वयं साध्य हैं :– पैसा बनाने और कमाने की जितनी भी कलायें आप सीखना चाहते हैं वे सभी कलायें पहले ही आपके अंदर विद्यमान हैं आपको केवल उन्हें प्रकट करना है तथा उनसे जुड़े भावनात्मक प्राकृतिक अनुनाद को अनुभव करना है। अपने आपको केवल खुशियों में डुबा दीजिए तथा इस अनुनाद से जुड़िये जिसे आप सिद्दत से चाहते हैं। आपका वांछित लक्ष्य स्वयं ही मूर्तरूप में प्रकट होने लगेगा। जीवन अंतर्मन से प्रकट होकर बाहर की और आकृति लेता है तथा आपको अपने स्वप्नों को मूर्तरूप देने के समस्त साधन प्रदान करता है। परंतु प्रकट होने का समय आपके भाव की गहराई पर टिका है। आपको जो भी धन चाहिए उसके उद्भव स्थान भी आप ही हो। परंतु हम में से अधिकतर इसी मिथ्या विश्वास में जीते हैं कि पैसा बाहर से तथा मेहनत से कमाया जायेगा। आप ये भूल जाते हैं कि समस्त विश्व के नियंता भगवान का अभिन्न अंग लक्ष्मी रूपी शक्ति है जो सदैव उनके चरणों में सदैव सेवा भाव से विराजमान रहकर समग्र भाव से पूजनीय एवं वंदनीय मानी जाती है।

इसी तरह आप अपने घर में शंकर, विष्णु तथा ब्रह्मा के रूप में स्थापित भगवान के अंश मात्र हैं, जब आप यह मानने को तैयार हो कि सबकुछ आपकी इच्छा मात्र से संभव है तथा सभी भीतर से बाहर को आता है तथा हम स्वयं पहले अंदर से शुरू हुए हैं और हमारा उद्भव भी अंदर यानि हमारी माता के गर्भ से ही हुआ है तथा आज हमारी माता अंतर्मन में आत्मशक्ति बनकर बैठी है जो सभी साधनों का समाधान समेटे है। जब आप इस सच्चाई को जान गये हैं कि संसार आपके अंदर समाया है तथा आपसे बाहर आकर ही यह फैल गया है तो आपको समझ आ जायेगा कि आप स्वयं इसके साध्य हैं साधन नहीं है तो आपका पैसे के प्रति नजरिया बदल जाना चाहिए। आपका विश्वास आपके विचारों, आस्थाओं तथा

अनुभवों के आधार पर बनता है और जब आप अपने अनुभव को बदलते हैं तो आपका विश्वास स्वयं ही बदलना आरम्भ हो जायेगा। अतः आपको अपने कड़वे तथा नकारात्त्मक अनुभवों को सिर्फ और सिर्फ खुशी के साथ बदलना है और यह आप अति आसानी से कर सकते हैं कि केवल और केवल खुशीयों के बारे में सोचना आरंभ करें तथा किसी को खुश देखकर स्वयं में खुशी का अहसास जगाये तो आपके जीवन में केवल खुशी के अनुभव पैदा होने लगेगें तथा आप खुश हो जायेंगे।

जब हम किसी भी भौतिक वस्तु को तोड़ते हैं तो यह अंततः ऊर्जा में बदल जाती है। इसी प्रकार परा भौतिक विज्ञान यह साबित कर चुका है कि हमारे विचार तथा भावनायें ऊर्जा की तरंगें हैं जिनकी सहायता से हम अपनी सोच को आसानी से बदल सकते हैं। और उस सोच का निचौड़ है हमारी 'चाहत'। जब हमें अपनी चाहत अनुसार मिलना शुरू हो जाता है तो हमें अंततः खुशी ही महसूस होती है तो हम पहले से ही क्यों न खुशी के साथ रहना आरम्भ करें तथा वह सबकुछ अपने इर्द–गिर्द होने दें जो हम वास्तव में चाहते हैं तो इस एहसास के साथ आपके जो भी पुराने विश्वास हैं स्वयं ही नये एहसास से बदल दिये जायेंगे और आपके लिए खुशियों का संसार बनना आरम्भ हो जायेगा।

खुशी नहीं मिलती हाट, खुशी न खरीदी जाती ।
यह उस हृदय प्रकटती, जिसको है खुशी भाती ।।2317।।

अब आपको यदि पैसा चाहिए तो सर्वप्रथम विचार कीजिए कि आपको कितना पैसा चाहिए, फिर सोचिए कि आपको वह पैसा मिल चुका है, यह पैसा मिलने के बाद आप उसे कैसे खर्च करना चाहेंगे उदाहरण के तौर पर गाड़ी, घर, गहने, वस्त्र अथवा यह ...वह । अब सोचिए कि जो भी आप चाहते हैं वह सबकुछ आपको मिल चुका है तो इसके उपरांत आप क्या कीजिएगा, आराम, सेवा, धार्मिक कार्य अथवा अन्य जो भी कुछ आपके मन में भाव आता होगा। आपका इच्छित सब कुछ मिलने के उपरांत अंततः आप केवल और केवल एक ही भाव में आकर ठहर जायेंगे वह है खुशी। इस प्रकार से इच्छाओं की पूर्ति उपरांत अंत तक आते आते आप केवल और केवल खुशी तक पहुंच पाये हैं और यही अनुभव हमारे जीवन की कहानी का होता है जो हम सबकुछ करने के उपरांत प्राप्त कर पाते हैं तो वह है खुशी। परंतु यदि आप और अधिक समझदार बनना चाहते हैं तो क्योंकि न आरंभ ही खुशी से किया जाये आप अपने अंतर्मन को आदेश दीजिए कि 'मैं खुश रहना चाहता हूँ' बाकि सब भुलाकर कि मैं क्यों खुश रहना चाहता हूँ तो आपका मन खुशियाँ पैदा करना आरम्भ कर देगा। इसमें कोई शक नहीं है कि भौतिक प्रधान समाज में खुशियों का माध्यम ही पैसा होगा । अतः अपने विश्वास में मजबूती तथा बिना शक खड़े होकर अपने लिए वह भविष्य बनाना आरंभ कीजिए जो आप अपने लिए तय करते हैं। अपने मन

को वह योजनायें दीजिए जिस तरह आप अपने भविष्य को बनाना चाहते हैं। परन्तु ध्यान रहे इन योजनाओं में 'शक' कहीं नहीं ठहरना चाहिए केवल और केवल आपका विश्वास व चाहत। शक आपके विश्वास में वह सुराख है जो नींव को कमजोर कर देता है तथा घड़े को हमेशा ही खाली बनाये रखता है। बिना किसी शक और प्रश्न के अपने दिमाग से वो मांगिए जो आप इससे लेना चाहते हैं, पैसा, वैभव अथवा खुशी चाहत आपकी है और इसे पैदा करना तथा आपके जीवन में लाना बाकि सभी कुछ आपके मन रूपी जिन का कार्य है आप केवल और केवल डिमाण्ड रखिए और पूर्ण विश्वास के साथ इसके पूरा होने की प्रतिक्षा कीजिए और इस प्रतिक्षा के समय में वांछित को पाने के लिए योजनाओं द्वारा अपने मन की सहायता कीजिए। यदि आप उसकी सहायता भी नहीं करना चाहते तो कोई बात नहीं उसके पास अनंत की समस्त योजनायें तथा शक्तियाँ मौजूद हैं आप केवल और केवल सिद्दत के साथ इंतजार कीजिए और स्वप्नों में पाई हुई वस्तु के लिए एडवांस में धन्यवाद दीजिए।

मन आपका जादूगर, जादूगर को विषय दीजिए ।
आप चिंतन में खोकर, जादू का बस मजा लीजिए ।2318 ।

परन्तु उपरोक्त सभी विचारों, भावनाओं तथा योजनाओं में सबसे महत्त्वपूर्ण है आपका विश्वास जो सभी संभावनाओं के आधार का काम करता है यदि यह डगमगाया हुआ तथा किसी भी आशंका, शंशय तथा नकारात्त्मकता से ग्रस्त है तो आपको कदापि वह परिणाम नहीं मिल सकता जो आप चाहते हैं। विश्वास आपके स्वप्नों को पंख लगाता है तथा इनके लिए सफलता का आधार तैयार करता है। फोकस, कल्पना तथा चित्रांकन आपके सहायक हैं जो आपके विश्वास को मजबूत करने तथा आपके जल्द लक्ष्य प्राप्ति में सहायक होते हैं परन्तु यदि आपका विश्वास समरूप नहीं है तो आपकी सफलता की संभावनायें कमजोर पड़ जाती हैं अतः इसका आपकी इच्छाओं के अनुरूप होना भी आवश्यक है ताकि आपकी संभावनाओं को उड़ान मिल सके तथा असफलता का साया इनके आस पास न पहुंच सके। अपने लक्ष्य के साथ विश्वास से लगातार चिपके रहना ही आपकी सफलता का मजबूत आधार है। अपनी बुद्धिमत्ता के साथ अपने लक्ष्य को टुकड़ों में बांट सकते हैं व छोटी छोटी सफलताओं के साथ आपका विश्वास और अधिक मजबूत होता जाता है। परन्तु अपने विश्वास को लगातार दोहराते रहना चाहिए ताकि आपका अवचेतन मन आपके चेतन मन के साथ एकरूप हो सकें तथा आपके लिए सुःखदायी परिणाम हासिल कर सके।

चिंता डगमगाती विश्वास, विश्वास डगमगाता आश।
आशा को ढ़ाल चिंतन में, जगाईये सफलतम् अहसास।।2319।।

धन आपकी खुशियों का साध्य नहीं है। जैसा कि पहले बतलाया जा चुका है कि आप अपनी इच्छापूर्ति के लिए सर्वोपरी साध्य हो आपके द्वारा ही सभी खुशियों को

पैदा किया जाना है परन्तु जब तक आप धन को अपनी खुशियों, भावनाओं, इच्छाओं तथा कामनाओं से अल्ग नहीं करते तभी तक आप सफलता का पूर्ण आनंद उठाने में असमर्थ रहेंगे क्योंकि धन इन सभी का न तो लक्ष्य है और न हीं धन के द्वारा इन्हें पैदा किया जा सकता है क्योंकि धन आपकी खुशियों का साध्य नहीं है ये साधन अवश्य है परन्तु जब तक आप धन के चक्कर में अपने आप को चिंतित रखोगे तब तक किसी भी परिणाम की उम्मीद नहीं रखी जा सकती है क्योंकि चिंता के माध्यम से आपकी चेतना और अवचेतना के मध्य संतुलन नहीं बना सकेंगे जो कि आपकी सफलता के अति आवश्यक एवं अपरिहार्य स्रोत हैं और इनमें संतुलन कायम करती है आपकी खुशी जो हमारी चेतना का स्वाभाविक गुण है जिसके बिना आप अनंतता में प्रवेश ही नहीं कर सकेंगे।

खुशी खरीदी नहीं जाती, हृदय में प्रकटती है।
जीना सीख लिया हृदय से, खुशी दर पर भटकती है ।2322।

यह शोध द्वारा प्रमाणित हो चुका है कि धन आपको खुशियाँ नहीं दे सकता परन्तु आपकी खुशी धन को अवश्य पैदा कर सकती है। अध्यात्म शास्त्र भी मानते हैं कि चिंता से सफलता को प्राप्त नहीं किया जा सकता परंतु चिंतन से आप सफलता समेत संसार की समस्त खुशियों को पैदा कर सकते हैं तो इसमें धन कहाँ आया केवल आपका परमात्मा में समर्पण ही समस्त धन वैभवों को पैदा करने में स्मर्थ है और इसी समर्पण का दूसरा नाम विश्वास है जो आपको अपनी सफलता, लक्ष्य तथा कल्पनाओं में होना चाहिए।

प्रसन्न व्यक्ति अपने जीवन में अनन्यों की अपेक्षा अधिक सफलता तथा धन प्राप्त करता है अतः आप अपनी प्रसन्नता को अपना लक्ष्य बनायें न कि धन को। अपने आपमें बेहतर जीना आरम्भ कीजिए तथा उसे अधिक प्यार कीजिए जो आपको खुशियाँ देता है। अपने जीवन को अपने हृदय से जीने की कला सीखिए तथा देखिए कि अनन्त प्रकृति आपके लिए अनंत के दरवाजे खोल देगी। आप इस दुनियाँ को स्वयं से बढ़कर कोई उपहार नहीं दे सकते तथा अपने आप से प्यार के इलावा इस दुनियाँ का बेहतर उपहार आपके लिए हो नहीं सकता अतः अब से और आज से अपने आपको प्यार करना सीखिए तथा देखिए कि इसकी प्रतिक्रिया स्वरूप आपको अनंत का कितना प्यार मिलता है। सिर्फ एक नजरिया आपके जीवन में परिवर्तन के लिए अधिकता से कहीं अधिक है इसे अपना कर देखिए!

स्वयं को स्वयं से, जब भी प्यार हो जायेगा।
समस्त 'दुनयावी', प्यार आपमें उमड़ आयेगा।।2320।।

आप वही कीजिए जिससे आप प्यार करते हैं तथा जो आप करते हैं उसी से प्यार कीजिए, अभिप्राय यह है कि जो भी करें अपने हृदय से करें आपको सफलता अवश्य

मिलेगी। आपका ह्रदय प्यार का दरिया है जो हर अच्छी वस्तु को समेट लेता है तथा अनंत में परिवर्तित कर देता है। अतः इसमें स्वयं से प्यार का निशंक बीज बोना ही आपके लिए सफलताओं के दरवाजे खोलने के समान है। अपने कार्य में मन लगा देना ही आपके जीवन में अधिक पैसा पैदा करने का रहस्य है। अपनी कल्पनाओं तथा इच्छाओं से दुनियाँ को रौशन कीजिए तो आपका जीवन स्वयं ही रोशन होने लगेगा। प्यार अनंत के खजानों की राहें रोशन करता है जो कि माया के उस पार हैं परन्तु माया आपके मन की मैल मात्र है।

ह्रदय प्यार का सागर है, अनन्त संभावनायें जगाईये।
लगा डुबकी इस सागर में, मन चाहा फल पाईये।।2321

इसलिए पहले अपना मन टटोलिए, मन के उस और ह्रदय की सीमायें शुरू होते ही अनंत के खजाने बिना किसी ताले कुंजी के पड़े हैं उन्हें ग्रहण कीजिए तथा अपने गरीबी के बोर्ड को जीवन से हटा दीजिए और अनंत का बोर्ड लगा लीजिए किस ने रोका है, केवल अपना ह्रदय खोलिए। जानिए पहचानिये कि आप किससे प्यार करते हैं तथा उसका आनंद लीजिए तथा उसे अपने जीवन में और अधिक पैदा कीजिए। इस प्रेम से प्राप्त ऊर्जा आपके लिए अनंत के खजाने पैदा कर देगी इसमें कोई शंशय नहीं है। आप और हम सभी एक ऐसी सृष्टि में रहते हैं जो अनंत, भरपूर और सीमाओं से रहित है। आपके ह्रदय में इस अनंतता की चाबी छुपी हुई है जो सदा से थी, है और रहेगी परन्तु आपको इस चाबी के लिए केवल और केवल स्वयं से प्रेम करना है क्योंकि आपको प्रेम के ह्रदय रूपी साम्राज्य में प्रवेश तो स्वयं से प्रेम के सहारे ही करना है।

अब यह सब आप पर ही निर्भर करता है कि क्या आप विश्वास करते हैं कि आपकी सफलता की कुंजी आपके ह्रदय में छुपी है अथवा आपकी मेहनत के महलों में कहीं बाहर छुपी है। जब आपका विश्वास अटल हो जायेगा तभी आपके लिए अनंतता के दरवाजे खुल जायेंगे। अब आपको इन सबके लिए योजना बनाने, धन को नियंत्रित करने तथा प्रबंधन करने की आवश्यकता पड़ती है तो उसके लिए सांसारिक योजनायें तैयार कीजिए पर पहले विश्वास जगाईयें कि धन बाहर नहीं अंदर है उसे पाईये और अपने सपने साकार कीजिए।

कदम दर कदम बढ़ते जाईये :– यह कदापि आवश्यक नहीं है कि आपके द्वारा तय किए गए धन की मात्रा सोचते ही आप तक पहुंचनी आरम्भ हो जाएगी यद्यपि इसके लिए आपके पास संसाधन, साधन तथा लोग एवं योजनायें आनी आरम्भ होंगी जिन पर आपको अपने ह्रदय से विचार करने की आवश्यकता होगी। आपको बिना संलिप्पता के इन संभावनाओं का स्वागत करना है। आपको धन को पैदा करने के जो संसाधन उपलब्ध हुए हैं उनका उपयोग करना होगा तथा आत्मविश्वास के साथ बढ़ते रहना होगा।

कदम दर कदम, अपने अभिष्ट की ओर बढ़ाते चलिए ।
जगाकर विश्वास, सफलता की लौ सदैव जलाते चलिए ।।2335।।

अपना ह्रदय खोलकर आप उन रास्तों पर चलते रहें जो आपके लिए अनंत खोल रहा है केवल और केवल आपको यही करना है कि संभावनाओं को भूनाना शुरू कीजिए। अपने बारे और धन दौलत के विषय में आपके जो मिथक व झूठे विश्वास हैं उनको अपने दिलो दिमाग से हटाकर केवल और केवल अपनी खुशी को इसमें जगह दीजिए तथा देखिए कि आपको अनंत कितनी खुशियों की बारिश करता है।

तोड़ कर दुर्भावनाओं की दिवार, संभावनाओं पर केंद्रित रहिए ।
आप स्वयं अनंन्त के मालिक हैं, अपने मन को बार–2 कहिए ।।2336।।

धन कमाने के भी बहुत सारे साधन, रास्ते और विकल्प हैं जिन्हें अभी तक आपके लिए कभी से खुल जाना था परन्तु पैसे के बारे में आपके विचारों ने आपको अंधा बनाकर रख दिया है जिसे अपने चारों और अपार संभावनाओं के बारे में पता होते हुए भी वह उन्हें छुने में असमर्थ है। अनन्त का अंश होकर भी अनंत की अनंन्तता को पहचान नहीं पाए हैं। कभी बैठकर सोचिए कि परमात्मा प्रकट न होते हुए भी कितनी बड़ी सृष्टि की पालना निरंतर और अनंत काल से करता चला आ रहा है, आपकी इच्छायें क्या भगवान के नित्त्य बजट से पार की हैं।

आपकी नकारात्मक सोच ने आपको पैसे के प्रति कंजुस तथा मौका परस्त बना दिया है। इसी स्वार्थ ने आपकी लुटिया को अभी तक डुबो कर रखा है तथा तब तक रखेगा जब तक कि आप अपनी ही स्वार्थ प्रियता से बाहर निकल कर अनंत संभावनाओं को मुक्त ह्रदय से गले नहीं लगा लेते ।

'कृष्ण' लोभी लालची, हैं मतलब के सब यार ।
जिन छोड़ दिया स्वार्थ, उसे ही मिलता अपार ।।88।।

आपके विश्वास की बदौलत आपके लिए जब संभावनायें आपकी ओर कदम बढ़ाती हैं तो आपको भी अपनी कल्पना शक्ति को ओर अधिक मजबूत करने की आश्यकता है तथा इस के साथ और अधिक शक्तिशाली संभावनाओं का जन्म होता है जिसके लिए आपको ओर अधिक खर्च करने अथवा छलांग लगाने के लिए भी तैयार होना होगा क्योंकि बिना जोखिम के अधिक लाभ असंभव होता है। आपका जोखिम भरा विश्वास आपके लिए नये आयामों तथा बहुमुखी संभावनाओं को जन्म देगा जिन्हें आपको खुले ह्रदय से स्वीकार करना है तथा निर्बाध, निशंकोच तथा निडरता से आगे बढ़ते ही रहना है यही आपकी खुशियों को कई गुणा बढ़ाने का मूल मंत्र है याद रखिए ज्यों ज्यों खुशियाँ बढ़ती जायेंगी त्यों त्यों आपका धन स्वयं ही बढ़ता जायेगा क्योंकि खुशियाँ 'मन' से आती हैं खुशीयाँ 'धन' से खरीदी नहीं जा सकती

बल्कि 'धन' अपने साथ चिंताओं को अवश्य लाता है परंतु खुश इनसान इनकी परवाह नहीं करता है तथा अपने अभिष्ट लक्ष्य की ओर निरंतर बढ़ता ही जाता है।

कृष्ण खुशियाँ बांटना, होता है परम् का काम ।
खुशियाँ बांटता सदैव, होता जो सच्चा इनसान ।।2211।।

आसक्तियों को हटाना :– इच्छा और आसक्ति दोनों ही एक दूसरे के विरोधी हैं। इच्छा अभिव्यक्ति आपका नई संभावनाओं को जन्म देना है जबकि आसक्ति इसके विपरीत प्रतिकर्षण है। आसक्ति हमें केवल और केवल अपनी वासनाओं की पूर्ती की ओर आकर्षित करती है जिसमें समाज तथा देश का कल्याण विलुप्त रहता है जबकि इच्छा हमारी खुशियों से जुड़ी होती है जिसके माध्यम से हम 'मैं' को छोड़कर 'हम' को पोषित करते हैं। इच्छा हमें खुशियाँ पाने के बाद उसे बांटने को बाध्य करती है। जबकि आसक्ति का आरम्भ भी इच्छा से ही हो सकता है परन्तु यह व्यक्ति विशेष को स्वार्थपूर्ति व केवल 'मैं' के पोषण की ओर ले जाती है जिससे उसी का चहुमुखी विकास रूक जाता है तथा व्यक्ति स्वार्थ के गर्त में जाकर खुशियों की अपेक्षा दुःखों का गले लगाना आरम्भ कर देता है जिसे 'उल्टी गंगा बहाना कहा जाता है'।

'स्वार्थ' का जमाना है, स्वार्थी हर इनसान है।
हर कोई मतलबी यहाँ, बना'स्वार्थ' इमान है।।2337।।

अपनी डफली अपना राग, हर कोई है बजा रहा ।
एक प्रतिस्पर्धा की होड़ में, एकदूजे को सता रहा ।।2338।।

परवाह नहीं है यहाँ किसी को, किसी के भी दुःख दर्द की ।
चली हुई है आँधी 'आज' यहाँ,'बस' बेमेल और बेफर्ज की ।।2339।।

निर्मूल हुई मर्यादा आज, विश्वास और सहयोग की ।
चमचा गिरी के दौर में,'धूम' स्वार्थ व वियोग की ।।2340।।

स्वार्थ से है दोस्ती आज,'स्वार्थ' के सब रिश्ते हैं।
'स्वार्थ' की ही आड़ में, बने हुए लोग फरिश्ते हैं।।2341।।

आँखें खोलो कान खोल लो, जीवन का सिद्धाँत बना लो।
स्वार्थ डुबोए लूटिया एकदिन, इसे छोड़ इनसानियत अपनालो ।।2342।।

आपकी सोच इच्छा प्रेरित है अथवा आसक्ति ग्रस्त है यह आप स्वयं ही स्वयं के आकलन से पहचान सकते हो। अनुभव आपको बतलाता है कि यदि आपकी इच्छा दुःखों, घृणाओं तथा आकांक्षाओं को जन्म दे रही है जिससे आप खुश न होकर चिंतित हो रहे हैं तो यह आपका स्वार्थ है जो इच्छा बनकर आपको सता रहा है। आप जब किसी वस्तु की कमी महसूस करते हैं जिससे आपको अपने जीवन यापन

में कठिनाई आ रही है तो यह आपकी आसक्ति है जबकि इसके उल्ट जब आप अपनी इच्छा समाज के बेहतर निर्माण तथा कल्याण के लिए समर्पित करते हैं तो आप अंदर से प्रफुल्लित तथा उत्त्साहित महसूस करते हैं तथा प्रकृति आपके सहयोग में स्वयं ही आगे बढ़ती नजर आती है। आप दिन दौगुनी तथा रात चौगुनी उन्नति के पथ पर बढ़ने लगते हैं यह आपका उन्नत तथा प्राक्रत प्रयास है जिसे हृदय से स्वीकार कीजिए तथा निसंकोच आगे बढ़ते जाईये।

इच्छा जननी दुःखों की, इच्छा छोड़ कल्याण अपनालो ।
चिंतन में बदल चिंतायें, इस जीवन को सफल बना लो ।।2343।।

अपनी आसक्ति को पकड़कर बैठने से आप धन ऊर्जा के प्रवाह में बाधा डालते हैं। इस ऊर्जा का प्राकृतिक स्वभाव है हमेशा फैलना और आगे बढ़ते जाना। अब आप स्वयं अंदाजा लगाईये कि आप इस अनंत के स्वभाव में कब तक बाधा उत्पन्न कर सकते हैं। यह तो एक न एक दिन सीमाओं को लांघकर चलती ही जायेगी परन्तु इसके सीमा लांघने से आप अहित के दायरे में आ खड़े होगे तथा यह बलात् आपकी सीमाओं को लांघकर आगे बढ़ जायेगी और आप दुःखी और व्यथित होना आरम्भ कर देंगे। इसके विपरीत इसका सदुपयोग करने तथा हाथ फैलाकर बांटने से यही सिद्धांत आपके लिए वरदान हो जायेगा क्योंकि खाली किए गए स्थान में समान ऊर्जा का स्थान लेना भी स्वाभाविक है। अतः खुशियों को ग्रहण कीजिए तथा बांट दीजिए ताकि नई और ताजगी भरी ऊर्जा इसका स्थान ले सके तथा आपको नये आयामों भरी खुशियों से खुशहाल बना सके।

प्रेम ही कुंजी सब कष्टों की, प्यार लूटाना सीख जरा ।
मिट जायेंगे तेरे कष्ट सभी, दिल तड़फाना सीख जरा ।।306।।

ध्यान दीजिए अनंतता अपने दरवाजे अनंन्त के लिए ही खोलती है। इसकी पहचान इसी में है कि आप स्वयं में कितने अनंन्त महसूस करते हैं। जब आपके पास धन है तो क्या आप चिंतित हैं, इसके प्रबंधन के लिए लालायित हैं अथवा इसे संभालने में अपना सुःख दांव पर लगा रहे हैं अथवा अपनी जरूरत के लिए आप धन के प्रति मारे मारे घुम रहे हैं अथवा किसी भी तरह धन पाने के लिए अपने हृदय की अच्छाईयों तथा सद्भावनाओं का त्याग कर रहे हैं तो जान लिजिए आप सिक्के की गल्ति दिशा को देख पा रहे हैं तुरंत अपने विश्वास तंत्र में बदलाव लाने के प्रयास कीजिए तथा सबकुछ छोड़कर पहले अपने हृदय की खुशी को पाना आरम्भ कीजिए आपको धन अवश्य मिल जायेगा जो आपको चिंतन, खुशी तथा अनंतता प्रदान करेगा इसी को अपने विश्वास की पहचान समझिए तथा फिर से खुशियाँ बांटना आरम्भ कीजिए आपकी झोलियाँ स्वयं ही भरनी आरंभ हो जायेंगी अपने हृदय तथा मन की विशेषताओं में विश्वास कीजिए तथा अनंत में अपना विश्वास जगाईये आपको उत्त्तर अवश्य

मिलेगा तथा आपकी झोली अवश्य भर दी जायेगी इसी विश्वास की गहराई में उतर जाईये। अपने दरवाजे खुले रखिए। खुशियाँ आपके घर आने को बाध्य हैं।

अपने विश्वास तथा नये विचारों की ऊर्जा के साथ निरंतर अपने हृदय के कपाटों को खुले रखिए तथा अनंत की अनंन्त ऊर्जा को इसमें समाहित होने दीजिए। अपने जीवन में चारों ओर से फैल रही अनंन्त की ऊर्जा धन्यवादी हृदय से ग्रहण कीजिए तथा इसकी खुले विचारों से प्रशंसा कीजिए। जब तक आप प्राप्त ऊर्जा का आदर नहीं करेंगे तो ये आपके पास ठहरेगी कैसे क्योंकि ऊर्जा में आकर्षण तथा विकर्षण के गुण विद्यमान हैं अर्थात् अच्छी गुणों वाली ऊर्जा अच्छे हृदय में ही प्रवेश कर सकेगी और यदि आपका हृदय अच्छाई से भरपूर होगा तभी वह प्राप्त होती ऊर्जा के लिए आदर भाव पैदा कर पायेगा । अतः अनंन्त ऊर्जा के स्वागत के लिए अपने हृदय के दरवाजे पर हमेशा कृतज्ञ भाव के साथ तत्पर रहिए।

आपकी यह कृतज्ञता अनन्त को अनंन्तता प्रदान करने के लिए बाधित कर देगी और आप अनन्तता से भरते जायेंगे यही आपका नित्त्यप्रति कर्म है तथा भगवान की कृपा ग्रहण करना सर्वोत्तम धर्म है इसी धर्म को निभाते जाइये आपके लिए अनंत अपने दरवाजे खोलते जायेंगे। यह ग्रहण करने की क्षमता आपके लिए जीवन में वो लाकर खड़ा कर देगी जो आपकी कल्पनाओं तथा संभावनाओं से भी परे का हो सकता है।

कीजिए ग्रहण हाथ जोड़, कृतज्ञता धन्यवाद के साथ ।
अनंत की माया अनंत है, भरती रहती झोलियाँ निर्बाध ।।2213।।

लगातार चैतन्य रहते हुए अपने लिए इच्छित धन को अपने लिए आने दीजिए। अपनी इच्छा को बार बार दोहराईये तथा इसे अपना मनो मंत्र बना लीजिए। आप धन पाकर जिन खुशियों को प्राप्त करेंगे उसके बारे में सोचिए। लगातार सोचिए कि धन का अथाह दरिया आपको तथा आपके हृदय को खुशियों से भर रहा है जिसकी धरा विपुल, सुखदायी तथा सीमाओं से रहित है। आप उस धन को पाकर जो खुशियाँ महसूस कर रहे हैं उन खुशियों से बड़ी कोई दुनियाँ की खुशी नहीं है। आप अनंत का धन्यवाद दीजिए, स्वागत कीजिए तथा उनके धन्यवाद में उत्सव मनाईये ताकि वह आपके दरवाजे पर वही खुशियाँ बार बार छोड़ता रहे जिनके लिए आप लालायित हैं धन्यवादी है।

खुशियों से हो भरपूर हृदय, महारास करा देगा अनंन्त ।
आप तो मनाते रहिए उत्सव, खुशियाँ बरसा देगा अनंत ।2214

देना आरम्भ कीजिए :– इस दुनियाँ में आपका आविर्भाव लेन देन का हिसाब चुकाने के लिए हुआ है इसलिए जब आप को खुब मिल रहा है तो आप भी बिना किसी लगाव, लालच एवं स्वनिष्ठा के देना आरम्भ कीजिए। अपने आपको बीच से हटा

दीजिए और अनंन्त की प्रवाह गंगा को लोक कल्याण हेतु बहने दीजिए। जब आप सामने वाले का कल्याण करते हैं तो आपका कल्याण स्वयं ही होने लगेगा अतः इस कल्याण की गंगा को बहने दीजिए इसके प्रवाह को रोकने की कभी मत कोशिश कीजिए यदि आप अपना कल्याण ह्रदय से चाहते हैं। यदि आप इस प्रवाह को रोकते हैं तो आपकी ओर बहने वाली कल्याण गंगा भी स्वयं ही रूक जायेगी।

लूटाना सीखो दोनों हाथों से, लूटाने से कोई लूटता नहीं है।
इस जीवन का प्रवाह यही है, छोड़ो जिसे वो 'छूटता' नहीं है।।2215

देने के साथ साथ देने वाले के प्रति शुक्रगुजार होना तथा लेने वाले के प्रति अहसान मंद होना आपके भाग्य में चार चांद लगा देगा। इस व्यवहार को बुद्धिमानी के साथ लेना और देना कहा जाता है जहाँ आप अपने आपको बीच से निकालकर अनंन्त की माया के भागीदार बन जाते हैं और जब आप अनंन्त के ही भागीदार हो गए तो अब आप समझ सकते हैं कि आपने क्या कर दिखाया है कि जिसे आप कभी ऊपर वाला या भगवान या अंतर्आत्मा या ईश्वर या अल्हा या वाहेगुरु या जिस भी नाम से पुकारते थे वह आपका भागीदार हो गया है यह आपके भाग्यशाली होने की प्रथम पहचान है जिसके लिए आप परमात्मा का तहदिल से धन्यवाद दीजिए तथा उसकी लीला के अहसानों को देखते जाईये :–

खोलता अनन्त दरवाजे, सदा सदैव सभी के लिए।
सोच कर आनन्द मनायें, मेरे भी खुले हैं सभी के लिए।।2216

जब आप परमात्त्मा का दिया हुआ प्रसाद उसके ही अहसानमंद होकर बांटते हैं तो आपको परम् का और अधिक आशीर्वाद प्राप्त होता है और प्राप्त कृपा को ही बहुमुखी बनाकर और अधिक ग्रहण करना आरम्भ करते हैं यही बांटने की विशेषता है। यह आपकी बुद्धि तथा ह्रदय को सकारात्मकता तथा आपके प्यार पर फोकस करता है और इस प्रकार आप और अधिकता को अपने जीवन में प्रवेश करने को बाध्य करते हैं चाहे ये खुशियाँ हो, भाग्य हो, धन हो वह सबकुछ जो आप चाहते हैं। इसी प्रकार जब आज किसी कमी को महसूस करते हैं तो परमात्त्मा से अपने किए हुए कर्मों के लिए मुआफी मांगना शुरू कीजिए तथा अपनी जाने अनजाने की गई गल्तियों को मुआफी देने के लिए एडवांस में धन्यवाद देना आरम्भ कीजिए तो आपकी मुसीबतों के पहाड़ आपके जीवन से रफूचक्कर हो जायेंगे तथा परम् आप पर क्षमा रूपी दान की वर्षा किए वगैर नहीं रह सकता यही उसका स्वभाव है। परम् कुछ और नहीं केवल और केवल ऊर्जा की पवित्रतम् ईकाई है जो सिद्धांततः कल्याण के अपने स्वभाव से जुड़ी हुई है तथा करने को बाध्य भी है।

अहसानमंद रहकर परम् के, उसका अहसान नहीं भूलिए।
जीवसंसार का दाता वही है, कृपा में उसकी सदैव झूलिए।।1268।।

अब हम जब इस नतीजे पर पहुंच चुके हैं कि पैसा कुछ नहीं है बल्कि ये आपके मन के विचारों की उपज है जो संसार में सभी वस्तुओं के आदान प्रदान का एक सर्वमान्य साधन है। ये आप हैं जो पैसे को पैदा करते हैं तथा इसे महत्त्व प्रदान करते हैं अतः पैसा प्राप्ति के लिए आपको केवल और केवल उत्तम विचारों की फसल आपके मन तथा हृदय में लगानी है तथा उसकी सफलता के आयाम भी आपको ही तय करने हैं अपने आप पर पूर्ण विश्वास तथा ईश्वर पर पूर्ण आस्था के साथ। आस्था आपका वो भक्ति साधन है जो परमात्मा को अवतरण के लिए बाध्य कर देता है। परन्तु आस्था से पूर्व आपका अपने आप पर विश्वास होना अति आवश्यक है जब तक आपका विश्वास ही अटूट नहीं है तब तक आप आस्था के रास्ते पर नहीं जा सकते क्योंकि आस्था अन्य रूप में विश्वास का ही बाह्य स्वरूप है जो हम ईश्वर को बाह्य अथवा सुपर ऊर्जा समझकर स्वयं को ही आश्वस्त करवाते हैं अन्यथा आप ही ब्रह्म हो तथा आप द्वारा ही ब्रह्म चेतना सर्वत्र व्यापत है। आओ अब जानें कि विश्वास कैसे बनता है तथा हम इसको अपने जीवन में किस प्रकार विकसित कर सकते हैं :–

अटूट विश्वास आपका, रोपित करता बीज आस्था।
आस्था रूपी मशाल ही, सुपर पावर को पाने का रास्ता ।।2216।।

1. हृदय से बिना संकोच स्वीकार कीजिए कि आप वही हैं जैसा आपका विश्वास है। यह चाहे किसी भी नजरिये से है जैसे परमात्मा, खुशियाँ हों या धन। सभी कुछ इस पर टिका है कि आपका विश्वास किस गहराई तक टिका हैं। अतः अटूट विश्वास जीवन में लाईये तथा मनचाहा फल खाईये किसने रोका है।

गहराई विश्वास की, सफलता की कुंजी है ।
टिके रहिए विश्वास पर, यही आप की सर्वोत्तम पूंजी है।।2217

2. आप अपने जीवन में सर्वोत्त्म गुण अगर पैदा कर सकते हो तो वह आपका स्वयं में विश्वास है जो बिना किसी शंशय के जीवन में हर सफलता ला सकता है।

गुणों को देखते हुए, गुणग्राही बन जाईये।
गुणों से महकता जीवन, देख देख इन्हें जगाईये ।।2218।।

3. वास्तव में हर व्यक्ति विशेष के पास जीवन में अदभूत रचने की शक्ति मौजूद है परंतु वह अविश्वास पैदा कर अपनी प्रतिभा को कुंठित कर देता है। आज से और अभी से अपने आप को इस कुंठा से मुक्त कीजिए।

प्रकृति की अद्भूत रचना आप, अद्भूत रचित कीजिए।
रचते हुए अद्भूत इस जीवन में, अदभूत आनंद लीजिए।।2219।।

4. जब हमें जीवन में वांछित पड़ावों से कम सफलता मिलती है तो हम हमेशा के लिए उस स्तर को अपना लेते हैं तथा हर बार उसी स्तर पर आकर खड़ें हो जाते हैं यही हमारे लिए सीमाओं का निर्धारण है। हम हर बार भूल जाते हैं कि यहाँ तक पहुंचने की सीमा भी हमने ही कभी न कभी अपने मन में तय की थी जो आज हमें याद नहीं है परन्तु आज उस सीमा पर आकर वह अटक गया है तो हम आज पश्चाताप् में डूबकर रो रहे हैं जबकि हर बार यह सीमा हम स्वयं ही तय करते हैं और भूल जाते हैं अतः आज और अभी से इस सीमा को तौड़ दीजिए तथा आगे बढ़िए आपको कोई नहीं रोक सकता आज स्वयं ही सीमा निर्धारक मत बनिए।

निर्धारित कर स्वयं सीमायें, क्षमता अपनी भूल गया ।
उठाते असफलता बोझ, निराशा में तू झूल गया है।

5. हम में से सभी की उच्चत्तर इच्छायें, स्वप्न तथा उम्मीदें हैं परन्तु हम ही में हमारा अविश्वास और शंकायें हमारी सफलताओं को ग्रहण लगा देते हैं। अतः इन्हें बदलिए और अधिक उत्साह के साथ सभी सीमाओं को तोड़ दीजिए आपका ऊपर वाला सदा, सदैव निरंतर आपके साथ है, था और रहेगा।

शंकाये जननी निराशा की, ग्रहण उपजाता अविश्वास,
पा ही लेती सफलता, आशा से जुड़ी हुई श्वास ।2221।

हम सभी में कहीं न कहीं किसी स्तर की हीन भावनायें मन की गहराईयों में छुपी हुई हैं जो सदियों से हमारा पीछा करती चली आ रही हैं कि हम अपने आपको उतना बेहतर नहीं समझ पाते हैं जितना हम दूसरों को समझते हैं। बैठिए तथा अपने विश्वास तंत्र इन सभी भावनाओं को उखाड़ फैंकिए। अपने आपको संसार की उत्त्तम रचना समझकर आगे बढ़ना आरम्भ कीजिए तथा हीन भावनाओं को हटा दीजिए। अपने आपसे प्यार कीजिए तथा परम् का धन्यवाद दीजिए कि उसने आपको सर्वोत्त्म जीवन प्रदान किया है तथा हर वस्तु के लायक आपको बनाया है।

मन की गहराईयों में छुपी हीनता, बदल डालिये इन्हें विश्वास में ।
भूल गया तू अरे "औंकार" छूपा है, तेरी हर आती जाती श्वास में ।।2222।।

7. अपने जीवन में हम ज्यादातर यह ही महसूस करते हैं कि हम बहुत सारी सुविधाओं सुःखों तथा खुशियों के लिए डिजर्व ही नहीं करते क्योंकि ऐसा हमारे भाग्य में नहीं लिखा है तथा आपने यह सबकुछ आपके समाज से ही सुनकर पक्का किया है। इस मित्थ को तौड़ दीजिए तथा अनन्त सभी कुछ प्राप्त कीजिए बिना किसी अनुग्रह के।

कोसत कोसत भाग्य के, क्यों किस्मत अपनी फोड़ डाली।
कूंजी' मिली अनंत की, दुर्भाग्य समझ वो भी तोड़ डाली ।।2223।।

8. विश्वास संबंधी वैश्विक नियम बतलाता है कि भावुकता भरे विश्वास से हम जो भी मांगते हैं वह हमारा हो जाता है। परन्तु दुर्भाग्य से जो हम देखते हैं उसमें विश्वास नहीं करते तथा जो हम विश्वास करते हैं वही हम देखते हैं। अतः सभी दुर्भावनाओं को त्याग कर जो आप चाहते हैं उसमें विश्वास करना आरम्भ कीजिए आपकी दुनिया ही बदल जायेगी।

लगा भावुकता विश्वास से, किस्मत का ताला खोल लो ।
'चाहत मिला' .'विश्वास से, भाग्य मनचाहा तुम तौल लो ।।2224।।

9. जैसा हमारा विश्वास है वैसी ही दुनियाँ हम अपने मन के पर्दें पर देखते हैं तथा कोई भी ऐसा चित्र इस पर्दें से गुजरते देखना नहीं चाहते जो हमारे विश्वास से मेल न खाता हो यही विश्वास हमें अनंत से दूर ले जाता है जबकि हमें पर्दें पर केवल वही लाना है जो हम चाहते हैं अतः अपनी कहानी वैसी ही लिखिए जैसी आप देखना चाहते हैं न कि चलती फिल्म को देखकर अपना विश्वास डगमगाईये।

जैसा है विश्वास आपका, वैसी दुनयावी परणीति है।
विश्वास मिलाऐं चाहत से, यही सफलतम् रणनीति है।।2225।।

10. अपने विश्वास के चलते हम बहुत समय वास्तविकता से भी मूंह फेर लेते हैं परन्तु सच्चाई से मुंह फेरने से आप इसे बदल नहीं सकते ऐसे में अपने विश्वास पर गौर कीजिए तथा हो सके तो किसी नकारात्त्मक विश्वास को बदल दीजिए इसी में आपकी भलाई है यह विश्वास आपका नहीं आपके 'अहंकार' से जुड़ा हो सकता है।

वास्तविकता से मूंह मोड़ना, आपका अहंकार है ।
नकारात्त्मक विश्वास आपका, स्वयं एक हीन विकार है।।2226।।

11. स्वयं को बंधन में रखने वाले तथा कुंठाओं से ग्रसित विश्वास आपके लिए हानिकारक हैं अतः इनसे जितना जल्द हो सके पीछा छुड़ाईये जैसे कि आप अच्छी शिक्षा ग्रहण नहीं कर पायेंगे क्योंकि आपके पास इतना पैसा ही नहीं है। बैठिए और अपनी इच्छा पूर्ण विश्वास के साथ परम् को बतलाईये और वह पढ़ना आरम्भ कर दीजिए जो आप चाहते हैं देखिए अनन्त कैसे आपकी फिस भरवाने के रास्ते खोलता है। देखिए जरूर जनाब !

कुंठायें जीवन का, 'निकृष्ट' आयाम है।
बंधन आशाओं से, सर्वोपरी व्यायाम है ।।2227।।

अपनी इच्छा को दबाना तथा इच्छा शक्ति का न होना ही आपके लिए असली बंधन हो सकते हैं वरना किसी भी इच्छा पूर्ति के लिए कहीं कोई बंधन नहीं है बशर्ते कि वह सामाजिक, चारित्रिक एवं भावुकता की परिधि में आती हो। बंधन इनसे परे भी

नहीं है परन्तु सामाजिक प्राणी होने के नाते हमें कुछ सावधानियों का अवश्यमेव ख्याल रखना चाहिए कि आपकी इच्छा असामाजिक व नैतिक न हो।

अनिच्छा आपकी, किस्मत बांध देती है।
'स्वेच्छा' आपकी, भाग्य को लांघ देती है।।2228।।

13. सकारात्मक विश्वास पैदा करने के लिए आपको स्वयं ही तय करना है कि आप अपनी इच्छाओं के साथ जीवन में कहाँ, कैसे और कब, क्यों और किसलिए रूकना चाहते हैं।

रूक जाना विश्वास से, जीवन की बेड़ियां समान है।
चाहत और विश्वास से, आशा भरपूर आसमान है।।2229।।

14. जितनी स्पष्टता आपको अपने लक्ष्य के प्रति है उतना ही जल्द आपके लिए आपका अपना विश्वास तथा एक्शन प्लान बदलना भी संभव है। यही आपके लिए आपका भाग्य भी सुनिश्चित करता है तथा सफलता का स्तर भी लक्ष्य की स्पष्टता के साथ ही निर्धारित हो जाता है कि आप किस प्रकार की इच्छा प्राप्ति रखते हैं।

लक्ष्य प्रति स्पष्टता से, कार्य योजना में बदलाव संभव है।
लक्ष्य की अस्पष्टता में, लक्ष्य भेदन भी असंभव है। 2230।।

15. अपने विश्वास तंत्र को नित्य जीवन में ढ़ालने के लिए आपको ठीक वैसा ही अपने आपको ढ़ालना होगा जैसे कि आप पहले से ही ऐसे ही थे जैसा अब और आज की परिस्थिति में चाहते हैं तथा भविष्य में भी वैसे ही रहेंगे ।

"आज में हरपल जियें", और घूंट सफलता पीयें।
'ढ़ाल' स्वयं विश्वास में, 'चाहतों' में अपनी जीयें ।।2231।।

16. जब आपने एक सफल व्यक्तित्त्व को अपने लिए तय कर लिया है तो, उससे संबंधित जीवन मूल्यों, गुणों तथा चरित्र को भी अपने जीवन में उतारिए ताकि वे आपके लिए सदैव निर्धारित योग्यतायें बनी रहें तथा जीवन में अथाह संभावनाओं को निरन्तर आपकी इच्छा अनुसार पैदा करती रहें। यह चरित्र आपके जीवन में और अधिक विश्वास पैदा करेगा तथा आपके जीवन में इसका सकारात्मक प्रभाव आरंभ होकर प्रतिक्रिया स्वरूप और अधिक सात्त्विक गुणों को आपके जीवन में भर देगा।

चरित्र आपका जीवन को, गुणों से संपन्न कर देगा ।
सफलता का नित्यप्रसाद, जीवन में आनंद भर लेगा ।।2232।।

याद रखिए सफल व्यक्तित्त्व कोई विशेष शक्तियाँ धारण किये हुए नहीं होते हैं। वे आपसे अधिक ओर विभिन्न नहीं हैं परन्तु उनका विश्वास सदैव अटूट होता है कि वे

सभी सफलताओं को प्राप्त कर सकते हैं तथा वह सबकुछ पा सकते हैं जो वह अपने जीवन में चाहते हैं।

अटूट विश्वास आपका, सफलता की कुंजी है कहलाता ।
'एहसास' से जुड़ी हो चाहत, गारंटी सफलता है बन जाता ।।2233।।

आप आज से ही और अभी से एक सुपर व्यक्तित्त्व हैं। अपने आपको परमात्मा की सर्वोत्तम तथा अदभूत कृति के रूप में स्वीकार कीजिए तथा विश्वास के साथ सफलताओं के सफर पर निकल पड़िये जो आपका इंतजार कर रही है। किसी भी तरह का बंधन चाहे वह भावुकता का हो या आपके दकियानुसी विश्वास का उसको हटा दीजिए तथा नया सफर आरम्भ कीजिए।

सर्वोत्तम कृति इनसान परम् की, हृदय से कहावत अपना लीजिए।
सफलता आधारित विश्वास पर, राह पकड़ सफलता पा लीजिए।।2234।।

जब आप अपना विश्वास पा लेते हैं तथा अपने विश्वास अनुसार प्लान बना चल पड़ते हैं तो विश्वास कीजिए आपका भविष्य असीमित, संभाव्य तथा संभावनाओं से परिपूरित है, था और सदैव रहेगा आप बढ़िये और इसे गले लगाईये ।

अपना कर विश्वास अपना, प्लान सफलता बना लीजिए।
दृढ़ता से चलकर मार्ग पर, सफलता को अपना लीजिए।।2235।।

20. मैं यह प्राप्त कर सकता हूँ यह आपका केवल विचार नहीं वरन् विश्वास होना चाहिए। अनंन्त में अटूट विश्वास कभी भी और कदापि मिट नहीं सकता और न ही कोई ऐसा इस धरा पर पैदा हुआ है जो अनंत विश्वास को मिटा सके। सोचिए और बढ़िये तथा जीवन में नये रास्तों को खोलकर अनन्त के आशीर्वाद का धन्यवादी रहिए।

प्राणी मात्र का कल्याण, लक्ष्य है भगवान का ।
स्वयं का बनना मालिक, लक्ष्य है इनसान का ।।707।।

बन नहीं सकते मालिक, सेवक तो बन जाईये ।
डूबकर अनंन्त भक्ति में, मनचाहा फल खाईये ।।2323।।

सूना है भक्त के बस में है भगवान, तो भक्त ही बन जाईये ।
वो नाचता है 'भक्त की भक्ति' वश, भक्त बनकर "नचाईये" ।।2324।।

भक्त नहीं बन सकते अगर, सेवा में लग जाईये ।
मानकर सबरी अपने आपको,'राम' रटन लगाईये ।।2325।।

सेवा नहीं अगर कर सकते, चिंतन में आप डूब जाईये ।
सोचते सोचते कल्याण की, सभी 'मैं परम् छवि' पाईये ।।2326।।

अध्याय–8

दस कदम सफलता के !

1. अपना लक्ष्य निर्धारित करें।

मालिक बनना स्वयं का, यही तुम्हारा लक्ष्य हो।
'कल्याण करो सभी का, ताकि जीवन अक्ष्य हो।।706।।

लक्ष्य निर्धारित करना आसान है परन्तु सफलता फोकस रहने पर ही प्राप्त होती है। साथ ही अच्छी शुरूआत कार्य की आधी समाप्ति है। परन्तु हमारे चारों और फैले हुए वातावरण में फोकस रहना कोई आसान कार्य नहीं है। लक्ष्य निर्धारण के लिए आपके पास एक मजबूत उद्देश्य चाहिए तथा उस उद्देश्य की पूर्ती के लिए आपके दिमाग का फोकस होना आवश्यक है। जब आप अपने उद्देश्य के प्रति सौ प्रतिशत सचेत हैं तो यह उपजाऊ भूमि में अच्छी किस्म का बीज रोपने के समान है जो समय पाकर पौधा बन उभर आयेगा तथा उस समय फोकस रहकर आपको उसकी रक्षा करनी है ताकि आप अपनी मेहनत का फल प्राप्त कर सके। परन्तु यह सब तभी संभव हो पायेगा जब आप अपने लक्ष्य के प्रति सचेत हैं।

सार्थकता जीवन की, जीने का लक्ष्य जान।
चित्तवनी आगाज से, सार्थक करो पहचान।।690।।

लक्ष्य प्राप्ति के लिए सचेत तथा फोकस रहना जरूरी है। जब हम आसानी से बिना किसी तनाव के फोकस होते हैं तो हमारी चेतना को हमारे आदेश स्पष्ट तौर पर प्राप्त होते हैं। हमारी इच्छायें कोई कागजी आदेश नहीं होते बल्कि ये हमारे दिमाग को बार बार प्राप्त होती हुई सूचनायें हैं जो प्यार, समझौता, उत्साह तथा हौसलों से भरपूर होती हैं तथा हमारे शरीर की प्रत्येक कोशिका समूहों से प्राप्त होती हैं जिसे आज के परिपेक्ष में संपूर्ण पहुंच कहा जाता है। जो इच्छायें अहंकार तथा स्वार्थ पोषित होती हैं उन्हें हमारा अंतःकर्ण कभी स्वीकार नहीं करता व अंततः ये इच्छायें जीवन के अलावा मन में भी द्वंद्वता भर देती हैं यद्यपि ये इच्छायें भी अधिकतर लोगों की मन द्वारा पूरी की जाती हैं परन्तु इनकी कीमत भी उतनी ही अधिक प्रतिक्रिया के रूप में चुकानी पड़ती है जिसके फलस्रूप आज का समाज घृणा, प्रतिस्पर्धा, अपराध एवं प्रतिशोधों से भरा हुआ है। इसके विपरीत खुशी, प्यार, सुंदरता,

शुक्रगुजारी तथा प्रशंसा से भावयुक्त इच्छायें स्वयं ही हमारे मन द्वारा पूरी कर ली जाती हैं क्योंकि हमारा मन प्रकृति और हमारे बीच एक कड़ी का कार्य करता है। जब इसे प्रकृति संवत कोई कार्य सौंपा जाता है तो यह केवल उसे पुरा करना ही अपना कर्त्तव्य समझता है।

यही लक्ष्य है जीवन का, जियो और जीने दो।
रह कर सदा चरित्रवान, दंभ पियो व पीने दो।।537।।

हम अपना प्रत्येक लक्ष्य चेतन तथा उद्देश्यपूर्ण फोकस रहते हुए योजना पूर्वक कदम दर कदम चलते हुए निश्चित तौर पर प्राप्त कर सकते हैं। परन्तु साथ ही हमें किसी भी व्यवधान से सावधान रहने की आवश्यकता है। जब हमें अपने लक्ष्य पथ पर इन व्यवधानों की आहट होती है तो हमें इन्हें सचेत इच्छुक तथा लक्षित रहते हुए दृढ़ता से इन्हें नकारना है तथा अपने को अपने कार्य में फोकस रखना है। जब हम ऐसा बार–बार करते हैं तो मन इसके प्रति सचेत होकर अपने कार्य के प्रति फोकस हो जाता है अन्यथा प्रतिक्रिया करना तथा विपरीत चलना भी इसका स्वभाव होता है। जब आप फोकस रहते हैं तो आपकी भावना, इच्छा तथा लक्ष्यों की तरंगों के साथ आपका मन भी समन्वय कायम कर लेता है व अपनी लक्ष्य प्राप्ति में लग जाता है।

बनाईये मन को दोस्त, बार बार समझाते हुए।
प्राप्त करें निर्बाध लक्ष्य, मन अपना रिझाते हुए।।2236

इस प्रकार हम आकर्षण के सिद्धांत को अपने जीवन में नित्त्य प्रयोग में ला सकते हैं तथा वांछित लोगों, साधनों तथा परिस्थितियों को अपने लक्ष्य भेदन में सहायक बना सकते हैं। अपने लक्ष्य प्राप्ति के लिए हमें निम्न तीन बातों पर गौर से ध्यान देने की आवश्यकता है :–

1.1 अपना लक्ष्य पहचानिये :– सर्वप्रथम बैठकर पहचान कीजिए कि आप चाहते क्या हैं तथा इसे एक कागज अथवा डायरी में लिखना आरम्भ कीजिए। आज से पांच साल पहले और अब आपकी इच्छायें क्या हैं इस भेद को समझिए तथा अपने लक्ष्य की पहचान कीजिए। अब इन लक्ष्यों को प्राथमिकता आधार पर बांट कर क्रमबद्ध कीजिए ताकि आपको साफतौर पर पता हो कि आपका सर्वप्रथम, माध्यमिक अथवा अंतिम लक्ष्य क्या है। अपने आप में संतुष्ट हो जाईये कि आपकी स्पष्ट और प्रथम चाहत क्या है। यही आपके लक्ष्य की पहचान है।

पहचान कर लक्ष्य, टार्गेट इसे बनाईये।
प्राप्ति को लक्ष्य, कर्म अपने में लग जाईये।।2346।।

1.2 लक्ष्य प्राप्ति के लिए योजना बनाईये :– आप इस लक्ष्य को किस प्रकार प्राप्त कर सकते हैं इसका एक खाका तैयार कीजिए। इसमें आने वाले सभी क्या, क्यों,

कैसे, कब और किस लिए को अपनी शब्दावली से निकाल कर सिर्फ और सिर्फ अपने चुने हुए लक्ष्य के बारे में योजना बनाईये। भले ही आपको ये योजना मुंगेरी लाल के हसीन स्वप्न लगे परन्तु अपनी योजना को बिना किसी शक के आगे बढ़ाईये। इस योजना को बार बार पढ़िये तथा इसमें आने वाले व्यवधानों को हटाते जाईये। जहाँ आपको नकारात्मक भाव अथवा योजना लगे उसे हटाते जाईये तथा उसकी जगह सकारात्मकता को इसमें जगह दीजिए।

योजना बनाकर, लक्ष्य प्राप्ति में लग जायें।
छोड़कर इसे हरि चरण, मन चाहा फल पायें।।2347।।

1.3 अपनी चेतना को संदेश दीजिए :– अपनी योजना पर निर्णय लेने के उपरान्त इस योजना को शाँत भाव से बैठकर बिना किसी प्रश्न के अपने मन को बताईये इस प्रकार जैसे आपका मैनेजर आपके सामने बैठा है तथा आपको उसको आदेश देते हैं कि आपकी योजना को इस प्रकार से लागू किया जाये। हो सके तो इसे बार बार दोहराईये एकांत में बैठकर इसे पढ़कर अपने कानों से बार बार सुनने की कोशिश कीजिए तथा लक्ष्य प्राप्ति के रास्ते पर बढ़ने से पहले संभवतया से दोहराईये। अपने मन को बतलाईये कि आप इस योजना पर अम्ल के लिए तैयार हैं तथा इस योजना को जल्द से जल्द समाप्त करना चाहते हैं। आप जो भी सोचते हैं आपका मन उसे प्रकट करने में समर्थ हैं अतः अपने आदेशों को लिखकर तथा पढ़कर तथा स्वयं सुनकर उसे आदेश पहुंचाईये इससे उसे जल्द कार्य करने के लिए आप सक्षमता देते हैं। जैसा पहले बतलाया जा चुका है कि किसी भी चीज को बार बार दोहराने मात्र से प्रकृति के लिए यह मंत्रशक्ति का कार्य करता है तथा हमारा मन इसकी अनुपालना में स्वयंमेव लग कर इसे पूरा करने लगता है।

क्हा जाता है कि दिवारों के भी कान होते हैं इसी प्रकार आपके शरीर की मूल ईकाई प्रत्येक कोशिका के भी दो कान होते हैं तथा प्रकृति में विद्यमान प्रत्येक सूक्षम कण पर भी यह सिद्धांत लागू होता है जिसके कारण आपके चारों और फैला ब्रह्माण्ड आपकी इच्छानुसार क्रियाशील होकर आपके लक्ष्य की परिणिति में लग जाता है। अतः अपनी चेतना को संदेश देते रहिए तथा इसे पा लेने का अहसास अपने अंदर जगाते रहिए।

1.4 मानसिक तरंगों को मजबूत कीजिए:– जब आपके आदेश मन तक पहुंच जाते हैं तो यह इस पर कार्य करना आरंभ कर देता है परन्तु हमारे मन का स्वभाव है कि वह जिस आदेश को पकड़ता है उसके ठीक उल्ट भी सोचता है जिसे हम तुलनात्मक प्रतिक्रिया कहते हैं परंतु स्वभाववश इस प्रतिक्रिया को पकड़ कर हमें भ्रमित करने की कोशिश करता है। इस प्रवृति से निजात पाने के लिए हमें अपने आदेश को मंत्र का रूप देना होगा अर्थात् इसे शक्तिशाली बनाना होगा और वह हम

इसे बार बार संदेश भेजकर कर सकते हैं। अपने आदेश को लगातार दोहराते रहिए तथा फोकस रहिए ताकि आपका मन आपको भी अपने लक्ष्य से भ्रमित न कर दे। यही निरंतरता आपके आदेश को जल्द से जल्द लागू करने के लिए मन को बाध्य करती है। आप स्वयं आदेश देकर भूल गए तो मन भी इसे तुरंत भुला देगा तथा अन्य शक्तिशाली संवेदनाओं को ग्रहण कर उन पर कार्य करना आरम्भ कर देगा। अतः लक्ष्य का निर्धारण एवं इसकी पूनार्वृत्ति अपरिहार्य एवं आवश्यक है।

बना लीजिए लक्ष्य को मंत्र, मन इस मंत्र से तर जायेगा।
मंत्र जाप में खुद रह व्यस्त, लक्ष्य आपका पार लगायेगा।।2237।।

1.5 अपने लक्ष्य की प्राप्ति पर फोकस कीजिए :– उपरोक्त प्रक्रियाओं के उपरांत आपको अपने लक्ष्य की प्राप्ति के बाद की अपनी भावनाओं को लगातार व्यक्त करना है जिसे हम एहसास की स्थिति बोलते हैं। एहसास कीजिए कि आपने अपने लक्ष्य को प्राप्त कर लिया है जो भावनायें विजेता की होती हैं वैसी भावनायें अपने मन में पैदा कीजिए। समझ लीजिए आपने अपने लक्ष्य को पा लिया है तथा उसकी सफलता आपके हाथ में सुरक्षित हैं। मन को धन्यवाद दीजिए चाहे अभी तक वह कार्य पूरा हुआ नहीं है परन्तु फिर भी फोकस रहिऐ और सफलता का आनन्द लेते रहिए। याद रखिए अपने लक्ष्य के बारे में चिंतित रहने की अपेक्षा आपका खुशी का भाव व निरंतर मानसिक चिंतन मन को आपका कार्य तीव्रता से पूरा करने के लिए बाधित करेगा क्योंकि खुश रहना हमारी आत्मा का स्वभाव है तथा आत्मा की प्रसन्नता हमारी अपनी प्रसन्नता है जो सफलता की पहली और अंतिम सीढ़ी है इसे पा लिया तो समझें सबकुछ ही आपने पा लिया।

सौंपकर अपना लक्ष्य मन को, चादर ओढ़ सो जाइयेगा।
देखकर स्वप्न मुंगेरी लाल के, मन को साथ सुलाइयेगा।।2238

अपने आपको फोकस करने के लिए निम्न सुझावों को बतलाया जा रहा है ताकि आप इन्हें अपने जीवन में उतारकर शाँति से फोकस रह सके। इनके प्रयोग से आपकी बुद्धि शक्ति व ध्यान शक्ति बढ़ेगी तथा आप आसानी से ज्यादा सोचने के काबिल हो पायेंगे।

1.5.1 अपने विचारों को निहारिए :– आप कदापि सोचना बंद नहीं कर सकते हैं जबतक कि आप ध्यान की स्थितियों को प्राप्त नहीं कर पाते जैसे पहले अध्यायों में सविस्तार बतलाया जा चुका है। सामान्यतः जब आप बिना सोचने पर जोर देते हैं तो यही सोचने पर जोर देते हैं कि कैसे सोचा नहीं जाये। अपने विचारों को आते जाते हुए इस प्रकार निहारिये जैसे आप अपने घर की खिड़की में बैठे सड़क पर चलने वाले मुसाफिरों को बिना किस लगाव के निहारते हैं परन्तु उनसे कोई संबंध

नहीं रखते हैं तो आपके विचारों का तांता शाँत होकर आपका मन और अधिक गहराई से सोचने के लायक हो जाएगा।

निहारना आते जाते विचारों को, दृष्टाभव की पहचान है।
मुसाफिर विचारों को समझिए, ये आते जाते मेहमान है।।2239।।

1.5.2 अपने विचारों को गिनिए तथा भूलते जाईये :– यदि उपरोक्त तरीका आपको कारगर न लगे तो अपने मन के विचारों को गिनना आरम्भ कीजिए तथा इसकी गिनती के साथ अपने सांसों को भी गिनना आरंभ कीजिए। अपनी सांसों पर ध्यान दीजिए तथा विचारों से अपना ध्यान हटाते जाईये। एक स्थिति में मन शाँत होगा।

विचारों को गिनना और भूलना, स्वभाव अपना बना लिजिए।
पाकर मनोशांति व फालतु भूलकर, पंख लक्ष्य को लगा दीजिए।।2240।।

1.5.3 अपने आपको कार्यों में व्यस्त रखिए अपने लक्ष्य पर निरंतर विचार करते रहिए इससे आपके व्यर्थ के विचारों का तांता हटकर आप फोकस रहना शुरू कर देंगे। सदैव अपने लक्ष्य को प्राथमिकता में रखिए, सभी फालतू विचारों को भूलते जाईये।

रखते हुए व्यस्त स्वयं को, लक्ष्य अपना लक्षित रखिए।
बाज नजर रख लक्ष्य पर, स्वाद व्यवस्तता सदा ही चखिए।।2241।।

1.5.4 अपने मन को खाली आसमान समझें :– जब भी विचार आयें सिर उठाकर आसमान में देखिए, मन को खाली स्थान की तरह निहारिये जो विचारों, कामनाओं तथा संघर्षों से रहित है। यदि ऐसा संभव नहीं है तो खाली स्थान, बोर्ड, कैनवास पर अपना ध्यान लगाकर इसे खाली ही देखते रहिए। मन अवश्य शाँत होगा।

मन आपका आसमान, सदा इसे निहारिये।
हो जायेगा शांत मन, खाली रख पुचकारिये।।2242।।

1.5.5 अपने शरीर को स्थिर कीजिए :– जहाँ तक संभव हो सके अपने शरीर को स्थिर करने की कोशिश कीजिए। समस्त अंगों को खींचिए तथा शाँत रहने के लिए आदेश दीजिए तथा इसे शाँत होते हुए निहारिए। आपका मन शाँत होने लगेगा।

स्थिरता व स्थिलता शरीर की, मन में शाँति भर देगी,
अंगो से निरंतर वार्तालाप, जिंदगी आपकी सफल कर देगी।।2243।।

1.5.6 अपने मन को स्थिर कीजिए :– अपने मनचाहे दृश्यों, प्राकृतिक संसाधनों तथा फिल्म इत्यादि देखते समय मन को वहीं लगाकर रखिए जहाँ यह विलिन होना चाहता है। सिर्फ और सिर्फ उसी दृश्य पर अपने विचार केंद्रित कीजिए जो यह उस समय देख रहा है अन्यथा इधर उधर जाते हुए इसे रोकिए तथा इसे स्थिर करने की कोशिश कीजिए।

त्राटक से होता मन केंद्रित, इसको स्थिरता का स्वाद चखाईये।
स्थिर होते ही मन बलवान, 'लक्ष्य भेदन कला इसे सिखलाईये।।2244।।

1.5.7 मन को संलिप्त कीजिए :– ऐसा कार्य प्राप्त कीजिए जो आपके मन के लायक हो। जीवन में नये संस्कारों, आदतों, कार्यकल्पों के माध्यम से मन की ऐसी इच्छाओं की पूर्ति कीजिए जो सात्त्विक भाव लिए हों। सेवा का भाव जगाईये तथा यथा योग्य स्थानों पर जाकर दीनहीन, असहाय तथा बजूर्गों की सहायता कीजिए आपका मन न केवल शांत होगा बल्कि आपके लिए सफलताओं के दरवाजे खोल देगा।

मन आपका रचनाकर, शांत होकर रचना रचता।
सात्त्विकता में लगा हुआ, घर भंडार आपका भरता।।2245।।

लक्ष्य प्राप्ति में आने वाली बाधायें।

हमारे जीवन में चारों और बाधाओं की बाढ़ है परन्तु यही हमें अपने लक्ष्य की ओर भी ले जाने में सहायक है क्योंकि बाधायें हमें बार बार याद दिलाती हैं कि आप गल्त रास्ते पर हैं। कुछ बाधायें हमारा मन स्वयं पैदा करता है जिन्हें हम नकारात्मक विचार कहते हैं जैसे डर, शंशय, द्वंद्व। कुछ बाधायें बाह्य वातावरण से आती हैं। इनमें लोग, टी0वी0, कंप्यूटर खेल, यातायात संबंधी शोरगुल इत्यादि हैं जिनसे हम अक्सर बाधित रहते हैं। ये बाधायें हमारे स्वभाव को उत्तेजित करती हैं तथा कई मायनों में ये हमारे सहायक के रूप में भी कार्य करती है जैसे इनके कारण कई बार हम अपना कार्य छोड़कर आराम कर लेते हैं।

जब आप अपने लक्ष्य की ओर अग्रसर हो रहे होते हैं तो ये बाधायें आपको असंतुलित करती हैं परन्तु आपको अपने लक्ष्य के लिए अडिग रह इन सभी बाधाओं से पार पाना है। आप या तो इनसे असंतुलित न हों अथवा यथायोग्य इन्हें यदि हटाया जा सकता है तो हटायें। जैसे शोरगुल में कान के प्लग पहनें। अपने परिवार वालों से बातचीत के द्वारा रास्ता निकालें कि वे अपने लक्ष्य के लिए होने वाले कार्य में वे बाधक न बने। प्रत्येक दिन कुछ समय के लिए मौन, शाँत रहें एवं योग, मैडीटेशन द्वारा आराम फरमायें।

बाधाओं का अंबार, जीवन में चहूं और है।
यह भी मत भूलिए, अंधियारी निशा बाद नित्य ही भौर है।।2246।

कार्य करते हुए हल्का मधुर संगीत सुनें जिससे आपका ध्यान अपने कार्य में बना रहता है। मंत्र शक्ति व अभिष्ट वाक्य के माध्यम से अपने आपको केंद्रित रखें। अपने लक्ष्य की प्राप्ति के लिए जो भी संभव प्रयास हो आप कर सकते हैं। हमेशा याद रखें कि बाधायें आपको तभी परेशान कर सकती हैं जब आप उन्हें ऐसा करने की शक्ति प्रदान करते हैं। जब तक आप अपने लक्ष्य के लिए अडिग हैं व एकाग्रता से अपने

रास्ते पर चले हुए हैं तो बाधायें आती जाती रहती हैं परन्तु आप निरंतर आगे बढ़ते रहते है। यही लक्ष्य भेदन का मूल मंत्र है।

बाधा को न दीजिए तूल, लक्ष्य आपका हिला देगी।
अडिगता लक्ष्य पर, सफलता हमें दिला देगी।2247।

जब तक आप अपने लक्ष्य के प्रति समर्पित नहीं हैं तब तक आपकी सभी और बाधायें नजर आती हैं। अडिगता के बिना आप जल्द ही अपने लक्ष्य से भटक जायेंगे अथवा कारणों का बहाना बनाकर आपको परिलक्षित कर दिया जायेगा। बिना समर्पण के आप अपना लक्ष्य साध ही नहीं सकते अतः किसी भी स्थिति में अपने लक्ष्य के प्रति समर्पित रहिए। अपने जनून को पहचानिए तथा इसकी प्राप्ति से पहले हर असुविधा, असफलता तथा असंतोष को अपनी डायरी के पन्नों से निकाल दीजिए। जितना आप अपने लक्ष्य के प्रति संवेदनशील रहेंगे उतना ही आप अपने लक्ष्य के करीब पहुंच सकते हैं। अपने लक्ष्य के प्रति संवेदना आपको ब्रह्माण्डीय संवेदनाओं के करीब पहुंचाकर आपके जीवन में चमत्कारिक रहस्यों को प्रकट करना आरंभ कर देंगी। आकर्षण की शक्ति से आप सफलता को स्वयं ही आकर्षित करना आरंभ कर देंगे। समर्पण तथा अडिगता दो ऐसी शक्तियाँ हैं जो आपको अपने लक्ष्य पाने में सर्वोत्तम सहायक हैं। अतः लगे रहिए। अपने मन और इंद्रिय संवेदनाओं को भी नियंत्रित नहीं कर पायेंगे क्योंकि आपका एहसास आपके मन का भोजन है तथा जैसा भोजन आप खाते हैं वैसी ही आपकी ऊर्जा शक्ति का विकास होता है जो अंततः आपके जीवन की दिशा तय करती है।

समर्पण और अडिगता, लक्ष्य पाने में सर्वोत्तम सहायक।
संवेदनशीलता लक्ष्य से, सफलता की उत्तम विनायक।।2248

लक्ष्य यदि भेदना है तो, अर्जुन को केवल आँख दीखनी चाहिए।
हटाकर समस्त 'बाधाऐं, एहसास में सात्विकता सिंचनी चाहिए।।2249।।

2. सफलता की शुरूआत है आपका एहसास

अडिग एहसास आपका, सफलता की मात्र शुरूआत है।
एहसास सफलतम् मार्ग, लक्ष्य से आपकी मुलाकात है।।2250।।

आपके मन में ज्योंहि सोच पैदा होती है उनमें में से कुछ विचारों को आप अपनी जीवन दशा अनुसार कुछ समय के लिए चुन लेते हैं तथा मन उन विचारों पर मनन उपरांत उन्हें अनुशंषा हेतु बुद्धि को स्थानांतरित कर देता है। ठीक उसी तरह जिस प्रकार क्लर्क अपनी टिप्पणी अनुसार फाईल अधीक्षक को भेजकर अपने अन्य कार्यों में लग जाता है। परन्तु यदि उसका कोई लगाव अथवा हित उस फाईल के साथ जुड़ा हुआ हो तो आपका एहसास उसी समय काल में उपजने वाला मन का वह

विचार है जब मन विचारों में यह सोचना आरम्भ कर देता है कि अधीक्षक की अनुशंषा तो मात्र एक औपचारिकता भर है मुझे फाईल वापिस आने के उपरांत की समस्त योजनाओं पर विचार कर निर्णय को लागू करने की योजनायें बनानी हैं क्योंकि 'काम तो अब हो ही चुका है, यही विचार आपका एहसास कहलाता है जब मन स्वयं ही आश्वस्त हो जाता है कि काम हो चुका है अब मुझे आगे की योजना तैयार करनी है। विचारों के अनुसार सफलता पाने के लिए आपको अपने सोचे हुए एहसास के साथ मन तथा आत्मा से जुड़ना अत्यंत जरूरी है आप फैवीकोल के मजबूत जोड़ की तरह अपने एहसास से जुड़ जाइये आपको सफलता पाने से खुदा का बाप भी नहीं रोक पाएगा बस इसी में इस रहस्य ही सफलता छुपी हुई है:–

अटूट विश्वास जीवन में, हर सफलता का आधार है।
टीका हो जब ये अंर्तआत्मा में, समझना सदैव बेड़ा ही पार है।।1166।।

आपका एहसास सकारात्मक अथवा नकारात्मक दोनों ही प्रकार का हो सकता है। यदि मन किसी भी प्रकार से निश्चिंत हो जाता है कि उसके द्वारा सोचा हुआ विचार अब किसी भी परिस्थिति में अवश्यमेव पूरा होगा तो यह उसकी सकारात्मक अप्रोच है जबकि शंशय के साथ सोचना कि पता नहीं अधीक्षक उसकी टिप्पणी से सहमत होगा या नहीं उसकी नकारात्मक अप्रोच है जिसमें सफलता की संभावनाओं पर भी शंशय की काली छाया रहती है तथा मन स्वयं ही द्वंद्व की स्थिति में रहता है। यही स्थिति हमारे लिए सबसे अधिक घातक कहलाती है जब हमारा अंतर्मन ही हमारा साथ छोड़ जाता है। यदि मन अपने एहसास के साथ हमारा साथ निभाता है तो इसे हम हमारी अंतर्दृष्टि कहते हैं और इसके साथ हमारा मन ही हमारे लिए एक कारगर हथियार के रूप में कार्य करता है। इसके विपरीत की परिस्थिति को मन की अंतर्द्वंद्वता कहा जाता है जो हमारे लिए सिर्फ और सिर्फ असफलताओं के ही दरवाजे खोलता है। आपका एहसास बुरा या अच्छा दोनों ही प्रकार का हो सकता है। इच्छाओं से जुड़ा एहसास अंततः दुष्परिणाम लाता है जबकि सर्वकल्याण से जुड़ा एहसास अनन्तता। जीवन में सफलता कदम दर कदम आपके साथ चलती है परन्तु सफलता प्राप्त करने के लिए आपके विचारों की दृढ़ता तथा अपने विचार अथवा एहसास के साथ चिपके रहने पर ही आपका भाग्य जुड़ा होता है। अपने एहसास को वास्तिविकता में प्रकट होने की कल्पना करना तथा उन कल्पनाओं को मूर्तरूप देते रहना ठीक वैसा ही है जैसे माली बीज तो जमीन में दबा देता है परन्तु बीज को जमीन खा गई अथवा कीड़ा खा गया उसके दिमाग में कतई नहीं आता वह केवल इंतजार करता है कि बीज पौधा बनकर सतह पर आने वाला है उसी तरह आपको अपने एहसास की सफलता के लिए इंतजार करना है यही आपकी परीक्षा है यदि इस बीच आपके दिमाग में लक्ष्यविहीन अथवा असफलता के विचार आते हैं तो उनसे

अपनी सोच को दूर कीजिए तथा उस चीज पर जोर दीजिए जैसा आप सफलता का परिणाम चाहते हैं।

विचार बनाये जिंदगी, विचार उच्च बनाइए।
जीवन स्वरूप बदलेगा, विचार आगे बढ़ा..इए।।1229।।

समझ कर लक्ष्य, एहसास जगा दीजिए।
सफलता दौड़ी आयेगी, मन रूपी बछड़ा रंभा दीजिए।।2350।।

2.1 अपना एहसास जगायें, मन वांछित फल पायें।
सफलता के एहसास से, जीवन पुष्प महकायें।।2351।।

एहसास हमारी भावनाओं तथा सोच का एक अभिन्न हिस्सा है जो हमारे मस्तिष्क के इन्सूलर कोर्टक्स में उत्पन्न होता है। प्यार, नफरत, प्राथमिकता तथा इनकार सभी कुछ हमारे एहसास के साथ जुड़े हुए हैं। ये हमारे मस्तिष्क के पथपर्दर्शक हैं जो हमें एक सामाजिक प्राणी में परिवर्तित करते हैं। एहसास हमारे अंदर से उठता है जबकि बाह्य वातावरण से इसके जगाने के लिए संवेदनाओं का प्रसार होता है और यह हमारी सोच पर आधारित है कि हम इस संवेदना का प्रतिउत्त्तर देते हैं अथवा नहीं। हमारे दिमाग के पास ऐसी अदभूत शक्ति है जो हमारे अनुभवों, संदेशों व भावनाओं को स्वरूप प्रदान कर देता है जिसे हम देख भी सकते हैं और महसूस भी कर सकते हैं। इस प्रकार मन तक जैसी भी भावनायें हम पहुंचाते हैं यह वैसा ही अनुकूल या प्रतिकूल उत्त्तर इसके लिए तैयार कर लेता है। इसकी इसी खुबी के कारण हम स्वयं को हर परिस्थिति में जुड़ा हुआ अथवा अलग महसूस कर सकते हैं। जब हम किसी संवेदना का उत्त्तर देते हैं तो यह चेतना द्वारा संवेदित है जबकि प्रतिक्रिया हमारे अवचेतन कार्य है जो कि हमारे भूतकाल से जुड़ा रहता है।

अब हमें जब यह पता चल चुका है कि हमारी भावनायें हमारे अंदर से आती हैं तो हमें इसके नियंत्रण की चाबी भी मिल जाती है जिसकी जिम्मेदारी आप स्वयं ले सकते हैं। ऐसी अवस्था में हमें प्रतिक्रिया को उत्त्तर में परिवर्तित करना भी भलीभाँति आ सकता है। अतः आप अपने मन की कार्यप्रणाली में बदलाव लाने में सक्षम हैं और यही आपकी अपनी वास्तविक सत्त्ता है जिसे पाकर आप स्वयं में जाग सकते हो। जब हम किसी को क्षमा दान देते हैं तो हम अपने मन से वास्तविकता को हटा लेते हैं जिसे दूसरे शब्दों में अहंकार से परे हटना अथवा मन को मारना भी कह सकते हैं और यही क्षमादान हमें वास्तव में सिखलाता है। परन्तु क्षमादान यदि केवल मानसिक स्तर पर होता है और इसे हम अपनी यादों से नहीं हटा पाते हैं तो इसकी प्रतिक्रिया भी हमारे लिए दुःखदायी होती है। अतः हमें अपने एहसास को ह्रदय में ही प्रकट करना चाहिए तथा ह्रदय से ही हटाना चाहिए तभी इसकी प्रक्रिया संपन्न कहलाती

है। जीवन को संपूर्णता से जीने के लिए आपको अपने मन के अंदर झांकने तथा अच्छा ध्यान रखने की आवश्यकता है क्योंकि खुशियाँ या दुःख, स्वतंत्रता या बंधन सभी इसके अंदर मौजूद हैं। यद्यपि इससे संबंधित विवरण हम 'मनोराज्य' संबंधी अध्याय– में बतला चुके हैं फिर भी मन की इन अवस्थाओं को हम चार दृष्टिकोण में संक्षेप में बांट सकते हैं :–

1. एहसासः– सोचना+एहसास=भविष्य। एहसास दो प्रकार के होते हैं आशावादी तथा निराशावादी। **आशावादी :** खुशी, उमंग, समृद्धि तथा प्यार।

निराशावादी : उदासी, भूख, प्यास व भावुकता।

एहसासों की दुनिया=भरपुर विश्वास। अच्छा महसूस करना=समृद्धि की सीढ़ि।

2. प्रत्यक्ष ज्ञानः–शब्दों, विचारों, भावनाओं तथा कल्पनाओं की मानसिक तस्वीरें जो सदैव ही मानसिक पर्दे पर परिस्थितिजन्य दिखाई जाती है।

3. संकल्पनाः– विचारों तथा संकल्पनाओं संबंधी मानसिक संज्ञान।

4. चेतनाः– पहचानने तथा मनन की शक्ति।

एहसास मन की कार्यप्रणाली में महत्त्वपूर्ण भूमिका अदा करता है क्योंकि यह शारीरिक तथा मानसिक संवेदनाओं के मिलन बिंदु पर पैदा होने वाली प्रतिक्रिया है जिसे हम खुशी, दुःख, गुस्से तथा प्रसन्नता के रूप में महसूस करते हैं। इस प्रकार साधारण शब्दों में एहसास मन तथा शरीर के संबंधों द्वारा उत्पन्न प्रतिक्रिया है। इन दोनों में संबंध न होने की अवस्था में कोई भावना अथवा एहसास नहीं पैदा हो सकता जिसके कारण ये दुनियाँ भावना रहित तथा संवेदनहीन हो जाएगी। इसलिए एहसास हमारे मनोभौतिक जीवन के विकास में महत्त्वपूर्ण भूमिका अदा करता है और प्रमुख तौर पर अंतर्मन की दुनियाँ के लिए। एहसास मन का भोजन है तथा भावनाओं पर आधारित रहते हुए मन कई दिशाओं में अपने आपको विकसित करता है। उदाहरण के तौर पर जब कोई दर्द की स्थिति पैदा होती है तो मन इसे दो तरह से ग्रहण करता है एक शारीरिक स्तर पर तथा दूसरे मानसिक स्तर पर। इस प्रकार जब आप एक नियंत्रित जीवन व्यतीत करना चाहते हैं तो आपको अपने एहसास पर नियंत्रण करना पड़ता है तथा इससे मन पर पड़ने वाले प्रभाव से मन को निरस्त करना पड़ता है। यद्यपि दोनों में से किसी एक स्तर पर आप अपनी भावनाओं एवं संवेदनाओं की अभिव्यक्ति को रोक नहीं पा सकते हो जैसे गुस्से को आप पी सकते हैं परंतु चेहरे पर इसके भाव अवश्यमेव प्रकट हो जाते हैं या आपके कान लाल हो जाते हैं। इसी तरह बाह्य दृश्यों अथवा खुशी को देखकर आप हंस पड़ते हैं परन्तु मन को नियंत्रित कर आप अपनी शारीरिक उछल कूद रोकने में कामयाब हो सकते हैं।

हाव भाव प्रकट हो चेहरे पर, मन का एहसास दर्शाते।
क्या चल रहा मन भीतर, भाव हमें बतलाते।2351।

परन्तु सामान्य तौर पर बलशाली बाह्य संवेदनायें तथा एहसास हमारे आंतरिक स्तर पर उद्वेग पैदा करते हैं। आपकी आदतें तथा लत आपके इन्हीं एहसासों के कारण पैदा होती हैं जिनके कारण आप जीवन में बार बार गिरते पड़ते हैं तथा इनके गुलाम बनकर जीवन व्यतीत करते हैं। जब आप इनको बार बार दोहराते हैं तो यही आपकी जीवनचर्या बन जाती है। इस प्रकार यदि आप अपनी ही आदतों को दबाने और नियंत्रित करने में सफल नहीं हुए तो निश्चित तौर पर आप सफलता की प्राप्ति तक प्रकृति को वह विचार देने के लिए धन्यवाद दीजिए तथा सफलता की अटूट कामना के साथ जुड़े रहिए केवल इतना सा काम आपका है क्योंकि मन आपका आपको हमेशा उल्टी तरफ ले जाएगा परन्तु बुद्धि में टीके रहना ही आपका लक्ष्य तथा सफलता का मूल मंत्र है। याद रखिए प्रकृति में घास उगने के लिए किसी प्रकार की मेहनत नहीं करती वह स्वयं ही प्रकृति के सहारे उगती है क्योंकि उसके समग्र विकास के लिए प्रकृति ने पहले से ही व्यवस्था बना रखी है उसका काम केवल उगना तथा संपूर्णता को पाना है। उसी तरह हमारी किस्मत में क्या है अथवा नहीं है आप इन विचारों से अपने को हटा कर वहाँ पर केंद्रित कीजिए जो आप करना चाहते हैं तथा पाना चाहते हैं।

सुनना सीखो अंर्तआत्मा को, रास्ता स्वयं मिल जायेगा।
विश्वास भरा एहसास है तो, 'भाग्य' चल स्वयं आयेगा।।1168।।

आत्मा की आवाज सुनने वाला कभी असफल नहीं हो सकता क्योंकि उसके दिमाग में अपने लक्ष्य की धुन सवार रहती है यहि सफलता का मंत्र है। अभी से अपने आपको प्रकृति की श्रेष्ठ रचना मानकर उन्नत जीवन तथा उन्नत विचारों में जीने की कला को अपना लिजिए आपका भाग्य अभी से बदल जाएगा। आपका जीवन ठीक वैसा ही है जैसे आपके विचार हैं अतः अपने आसपास भूत को मत देखिए अपने परिवार अथवा समाज की गरीबी के बारे मत सोचिए अगर सोचना है तो वह सोचिए जैसा आप अपने आपको बनाना चाहते हैं।

जैसी है सोच आपकी, वैसा ही जीवन बन जाता।
गरीबी अमीरी पैमाना, सोच से ही तो आंका जाता।।1222।।

आपका भाग्य किसी ज्योतिष किताब में नहीं बल्कि आपके विचारों के पुलिंदे में कही छीपा है अतः उन्नत विचारों को अपने जीवन में स्थान देना आरम्भ कीजिए आपका भाग्य स्वयं ही सुधरना आरम्भ हो जाएगा उसके लिए भगवान से प्रार्थना आरम्भ कीजिए आपने मुझे उन्नत विचार दिया है तो अब से मैं उन्नत जीवन ही जीना

आरम्भ कर रहा हूँ मुझे विश्वास ही नहीं अटूट भरोसा है मुझे आज से वही मिलना आरम्भ हो जाएगा जिसकी मैं कल्पना करता हूँ।

सोचना और पाना, यही है जीवन का रहस्य।
धन दौलत समृद्धि, मिलते सबही बिना व्यय।।1280।।

यदि आप अपने आपको उस भगवान की श्रेष्ठ कल्पना या कृति मानते हो तो वैसा सोचने में आपका क्या लगता है केवल विचारों को सही दिशा देना आरम्भ कीजिए और सुबह सांय अथवा दोपहर जब भी समय मिले अपने विचारों को अपने एहसास के साथ जोड़कर उसके पूर्ण होने की कल्पना कीजिए सोचिए कि मैं भगवान की बेटी अथवा बेटा हूँ परन्तु अपने ही विचारों एवं कर्मों से इनसान का बेटा बनकर रह गया हूँ मैं आज से सर्वश्रेष्ठ का पुत्र हूँ तथा श्रेष्ठता में जीना मेरा जन्म-सिद्ध अधिकार है। यदि मैं गरीब हूँ तो अपने विचारों से गरीब हूँ न कि देश जाति व धर्म से गरीब हूँ मेरी जाति, देश व वर्ण मानव के बनाए हुए परिहास हैं, मैं इन सबसे ऊपर भगवान की सर्वश्रेष्ठ रचना हूँ तथा सर्वश्रेष्ठता में जीना मेरा स्वभाव धर्म एवं मानवीय जाती है।

लायें सिर्फ चेतना में बदलाव, जीवन संवर जायेगा।
परेशानियों से भरे जीवन का, बोझ ही उतर जायेगा।।1174।।

यदि आप प्यार चाहते हैं तो प्यार की बातें अथवा प्यार का एहसास कीजिए, नफरत भरे एहसासों अथवा विचारों से आप नफरत के सिवाय कुछ और प्राप्त कर नहीं सकते। आपके विचारों और सृष्टि के बीच में केवल आपका विश्वास ही समय का काम करता है जितना गहरा आपका प्रकृति में विश्वास होगा उतनी जल्द परिणाम हासिल होंगे।

आप और सृष्टि के मध्य, समय तालमेल बिठाता है।
समय की सीमा क्या होगी, विश्वास आपका बताता है।।1172।।

विज्ञान के नजरिये से हमारा एहसास हमारे व्यवहारिक चक्र में पड़ने वाली एक विशेष परिस्थिति है जहाँ हमारा मन परिणाम के बारे में पहले से ही आश्वस्त हो जाता है और उसकी यह स्थिति जब तक चलती रहती है जब तक किसी विचार पर बुद्धि अपना निर्णय नहीं ले लेती है। उदाहरण के तौर पर भूख लगना हमारी इच्छा है जबकि भूख मिटाने के लिए किस प्रकार का भोजन कहाँ और कैसे लिया जायेगा यह हमारे मन का एहसास है जो इसे आगे बढ़ने के लिए प्रेरित करता है। यदि एहसास नहीं होगा तो मन की प्रक्रिया रूक जाती है। इस प्रक्रिया को मन दो प्रकार से आगे बढ़ाता है। पहली प्रक्रिया में वह परिणाम के प्रति आश्वस्त होता है जबकि दूसरी प्रक्रिया में यह परिणाम को होते हुए देखता है।

अपने एहसास की सफलता के लिए हमें जीवन में निम्न विचारों को ध्यान में रखते हुए आगे बढ़ना चाहिए।

1. कभी भी एहसास का त्याग न करें। यदि आप जीवन में सफलता चाहते हैं तो इच्छाओं का बीज बोयें तथा उसमें चिंतन की खाद जरूर डालें। प्रकृति को अपनी इच्छायें अर्पित कर उसकी सफलता का एहसास अपने अंतर्मन में पैदा करें। किसी भी परिस्थिति में कभी भी सफलता के एहसास का त्याग न करें भले ही आपको स्थितियाँ विपरीत क्यों न दिखाई दें। अपने एहसास से जुड़े रहिए यही आपको सफलता दिलवायेगा।

एहसास गऊ का बछड़ा, बछड़े से जुड़ी है माता।
एहसास ही दूध दिलाता, एहसास ही सफलता लाता।2352

2. हमेशा प्रश्नात्मक रहें :– जब भी आपको अपने एहसास में कमी लगे अपने आपसे पूछिए कि यह कार्य किस प्रकार मेरे लक्ष्य में सहायक हो सकता है? मैं इसे जल्द, आसानी, खुशी से अधिक बेहतर ढ़ंग से कैसे कर सकता हूँ ? एहसास में प्रश्नवाचक बने रहना उस बच्चे के समान है जो अभी बड़ा हो रहा है परंतु आसपास की समस्त प्रकृति से अपनी पहचान बनाकर उसे अपने अनुकूल बना लेने को आतुर रहता है जिससे उसकी बुद्धि का निरंतर विकास होता है तथा वह अपने वातावरण के साथ अपनी पहचान छोड़ता जाता है ताकि उसके भविष्य में यही वातावरण उसे वही निश्चिल दुलार उसके ऊपर उमड़ाता रहे जिस निष्कपट संकल्प या भाव के साथ वह आज जुड़ रहा है। याद रहे बच्चे में आत्मबोध सबसे पहले सात वर्ष की आयु तक होता है जबकि बौधिक विकास अर्थात् मन का विकास 7–14 के मध्य में रहता है। अतः हमें अपनी सर्वोत्तम माता प्रकृति के साथ सदैव प्रश्नवाचक बने रहना चाहिए, ताकि वह हमारे उन्नत भाव को पहचान कर हमारे जीवन को श्रेष्ट बनाने में हमारी सहायक होकर अपना दैविक प्रेम हमें प्रदान करे।

लाखों ही प्रश्नों से गुजर, संभव हो पाता मनुष्य का विकास।

जुड़े रह अपनी प्रकृति से, रोक लीजिए जीवनी शक्ति ह्रास।।2601।।

3. अपनी कमजोरियों को स्वीकार करें :– कभी भी अपने आपको झूठे एहसास के साथ धोखा न दीजिए। कभी मत सोचिए कि केवल एक आप ही इस दुनियाँ में हैं जो परेशानियों द्वारा ग्रसित हैं। अपनी कमजोरियों को स्वीकार कीजिए तथा उन पर ध्यान देने में अपनी ऊर्जा समाप्त करने की बजाय उनके हल पर अपना ध्यान दीजिए तथा कमजोरियों को ही अपना साथी बनाने के उपाय सोचिए उन्हें मिटाने के नहीं। जब आप निश्चिल हृदय से अपनी गल्तियों को स्वीकार कर उनके लिए अपने आपको दोषी मानकर प्रकृति अथवा परमात्मा से क्षमा मांग लेते हैं तो आपके अपने

ये दोनों माता पिता आपको माफ करने में क्षणमात्र भी समय नहीं लगाते तथा इससे आपके भाग्य में आने वाली समस्त बाधायें तुरंत समाप्त हो जाती है। इसीलिए कहा गया है कि सॉरी तथा थंक्यू अंग्रेजी साहित्य की सर्वोत्तम पूजन पद्वतियाँ हैं तथा आपके भाग्य के सूक्ष्म निर्माता हैं। हिंदी साहित्य में इन्हें कर्मबंधन काटने की कुंजी कहा गया है तथा अहंकार के नाशक शब्द माना गया है, जब आप न जानते हुए भी अपनी गल्ति उस परम् पिता के आगे स्वीकार करते हैं तो ये धर्म के दौनो माता पिता अर्थात् परमात्मा व प्रकृति आपके अप्रकट कर्मों से भी आपको माफ कर देते हैं तथा आपके मार्ग में आने वाली समस्त बाधायें समूल नष्ट होकर आपकी जीवन यात्रा को सुगम्य, निष्कंटक व सफलताओं भरा बना देते हैं तो यही बाधापूर्वक जीवन मार्ग सुगम्य, सुगंधित तथा भाग्यवान लगने लगता है।

स्वीकार कीजिए ह्रदय से गल्ति, अहंकार का त्याग करके ।

माफी के लिए एडवांस धन्यवाद, आए सौभाग्य भाग करके ।।2602।।

4. कभी भी सीखना मत छोड़िये :– आपका मस्तिष्क निरंतर चलने वाली मशीन है जो कभी भी किसी भी स्थिति में खाली नहीं बैठ सकती है अतः इसे सदैव किसी न किसी कार्य में व्यस्त रखिये हमेशा सीखते रहिए। प्रतिदिन कुछ नया सीखने का अभ्यास कीजिए तथा अपने जीवन को निरंतर बेहतर तथा ज्ञानवान बनाते जाईये। याद रखिए मन वो सैतान है जो कभी खाली नहीं बैठ सकता है अतः इसे सदैव सीखने के क्रम में डाले रखिए ताकि आपके लिए कुछ न कुछ सृजनात्त्मक होता ही रहे तथा जीवन संपन्न होता रहे।

नूतन नवीन यह दूनिया, नवीनतम् सदा ही विचार ।

नित्त्य नया ही सीखकर, ज्ञानवान सा रखो आचार ।।2803।।

5. जैसा आप चाहते हैं वैसा एहसास जगायें :– यह जीवन का सिद्धांत है कि आप जो भी बोयेंगे वही तो काटेंगे। इसलिए उस पर ध्यान दीजिए कि आप चाहते क्या हैं। तथा वैसा ही अनुभव कीजिए जैसा आप चाहते हैं। क्या, क्यों, कब, कैसे व किसलिए आदि प्रश्नवाचक स्थितियों से अपने आपको दूर रखकर जो आपकी चाहत है उसको पा लेने का एहसास जगायें तथा उसे पाने के प्रयास में लग जायें।

उन्नत बनने का एहसास, जीवन बगियॉ महका देगा।
असफल होने की परिस्थिति, जीवन से आपके भगा देगा।।2353।।

6. कभी भी भूतकाल में न रहें :– अपने जीवन को निहारिये तथा पता लगाईये कि कहीं आपका भूतकाल आपको प्रभावित तो नहीं कर रहा है। अपने वर्तमान पर ध्यान दीजिए और भविष्य के लिए अच्छा एहसास जगाकर आज को रौशन कीजिए।

भूत में जीना है प्राणघातक, भविष्य की सोच है मारक।
जीना सीखकर आज में, बनिए जीवन के स्वयं तारक।।2354।।

7. उत्त्मत्ता को चुनिये :– अपने जीवन में अच्छे गुणों का विकास करें। ऐसा कीजिए जिससे आपको सफलता मिले। शाँत रहिए तथा कदम बढ़ाइये। उत्साही, कर्त्तव्य परायण, सतर्क, अडिग तथा चरित्रवान बनिए। कभी किसी परिस्थिति से घबरायें नहीं तथा निरंतर आगे बढ़ते जाइये परिस्थितियाँ आपके लिए नहीं है बल्कि इनके लिए आप पैदा हुए हैं तथा इनसे पार पाने में ही तो जीवन का आनंद है इन्हें खुशी से गले लगाईये।

उत्त्मत्ता को अपनाकर, जीवन उन्नत्त बना दीजिए।
उत्त्मत्ता के सहारे से, असफलता को भगा दीजिए।2355।

8. अपने आपको अनुग्रीहित कीजिए :– अपने आप पर कृपा करनी आरम्भ कीजिए और अपने लिए अभ्यास, योग, मैडीटेशन, सैर तथा अन्य सामाजिक कार्यों के लिए समय निकालिए ताकि आप अपने आप को पोषित कर सकें तथा स्वयं को प्रसन्न करने के उपरांत ही आप समाज का कल्याण कर पायेंगे। अपने परिवार तथा बच्चों को पोषित कीजिए तथा उत्त्तम विचारों द्वारा अपनी पारिवारिक बगिया को महकाना आरंभ कीजिए।

दूसरों पर कृपा से पहले, स्वयं पर ही कृपा कीजिए ।

बेहतरीन पोषण स्वयं का, जीवन का ही मजा लीजिए।।2604।।

9. अपने भीतर गुणों का विस्तार कीजिए :– जीवन धर्म, अर्थ, काम और मोक्ष के आधार पर खड़ा पुष्प है जो सात्त्विक, राजसिक व तामसिक प्रवृत्तियों द्वारा सुगंध धारण करता है। इन गुणों में से सत्त्व सर्वोत्तम तथा सर्वकल्याणकारी है इसे धारण कीजिए। अपने आधार को जानिये, इसे समझ कर एक उत्तम पुरुष स्वरूप में अपने आपको ढ़ालिऐ। धर्म द्वारा अर्थ, काम और मोक्ष तीनों ही कि प्राप्ति संभव है अतः धर्मार्थ व्यवहार अपनाकर इस जीवन पुष्प को महकाईये, हो सके तो इसकी खुशबु बाहर तथा अंदर दोनों और फैलाइये। अपने द्वारा किए गए अच्छे तथा बुरे कार्यों का विवेचन कीजिए तथा और अधिक अच्छा करने के लिए सदैव तत्त्पर हो जाईये।

गुणग्राही बनने में आनंद है, अवगुण दुःखों के हैं प्रणेता।

सात्त्विकता अपनाकर 'आप, स्वयं सतयुगी हो विजेता।।2356।।

10. अपने स्वरूप की पहचान कीजिए :– अपने आपको पहचानिये तथा अपने वास्तविक स्वरूप को जानिये तथा सोचिए कि क्या आप यहाँ क्रोध, क्षोभ, लालच तथा काम की अग्नि में तपकर भश्मीभूत होने के लिए आए हैं अथवा गुलाब की तरह

महकने के लिए आऐ हैं। अपने आपको पहचान कर अपने जीवन लक्ष्य को जानिए तथा यथायोग्य उस ओर कदम बढ़ाइए, डगमगाना कायरों का कार्य है वीर कभी पिछे मुड़कर नहीं देखता। विस्तर पर जाने से पहले अपने नित्त्य के कार्यों द्वारा स्वयं का स्वयं के द्वारा विश्लेषण कीजिए। 'ममैवआंशु जीवलोका' की लोकोक्ति को अपने हृदय में धारण कीजिए जहाँ परमात्त्मा आपके स्वरूप को अपना ही अंश मानकर घोषणा करते हैं कि आप स्वयं परम् प्रभु के अंश है तथा उसी के सात्त्विक पुत्र हैं जिसकी रक्षा, पालन एवं शोषण का भार भी आवश्यकतानुसार समय समय पर वह स्वयं उठाता है तथा धर्म की ग्लानि होने पर स्वयं प्रकट भी होता है।

महकाईये जीवन को, सात्त्विकता अपनाकर।
खुशबू चहुँ और फैलाइये, सदगुण हृदय में बसाकर।।2357।।

11. अपने आपको क्षमा कीजिए तथा आगे बढ़िये :– जब आपको लगता है कि आपका अभिष्ट अभी नहीं हो पा रहा है तो सर्वप्रथम अपने आपको क्षमा कीजिए तथा आगे बढ़ने की सोचिए। अपने गुनाहों तथा गल्तियों के लिए परमात्त्मा से क्षमा मांगिए तथा उन्हें भविष्य में फिर न दोहराने की कस्म उठाईये तथा नये उत्साह के साथ अपने लक्ष्य की ओर पग बढ़ाइये।

क्षमा व प्रार्थना, ईश्वरीय दो 'वरदान' हैं।
जब सभी फेल, हर रोग के ये निदान हैं।।2358।।

क्षमा से सफलता, प्रार्थना से आशीर्वाद।
दोनों मिले साथ तो, समृद्धि आये निर्विवाद।।2359।।

12. अपने अच्छे और बुरे गुणों को देखिए :– आपकी पहचान के बिना न तो आपके गुणों को देखने वाला है और न हीं अवगुणों को। अपने आपको बीच में हटाने मात्र से इनकी वास्तविकता समाप्त हो जाती है। ये केवल अच्छी या बुरी किस्में हैं जिनमें से बुरे को दबाने तथा अच्छे को बढ़ाने की आवश्यकता है। गुणों के साथ आप अपनी कीमत बढ़ाते हैं जबकि अवगुणों के साथ अपनी कीमत घटाते हैं अब यह आप पर निर्भर है कि आप अपनी कीमत घटाना चाहते हैं या बढ़ाना।

अच्छा देखते देखते, बुरे से स्वयं को हटाईये।
बुराई छुपा आकर्षण, अच्छे लिए परीक्षा पाईये।।2360।।

यह जीवन की वास्तिविकता है कि जैसा आप देखते हैं वैसा ही आपकी और आकर्षित होता है अतः यदि आप अपने जीवन में गुणों का विकास करना चाहते हैं तो सिर्फ दूसरों में गुणों को देखना आरंभ कर दीजिए उनके समस्त गुण आपमें स्वयं ही संफूर्ण होने आरंभ हो जायेगें। इसके विपरीत जीवन का यह भी नियम है कि बुराई आपको अपनी और आकर्षित करती है जबकि अच्छी चीजों को पाने के लिए

आपको परीक्षा से गुजरना पड़ता है। गुणवान व्यक्ति के इर्द–गिर्द वो सभी सुविधायें स्वयं ही उपलब्ध हो जाती हैं परंतु उसे उनकी उपलब्धि के लिए परीक्षाओं के दौर से अवश्य गुजरना पड़ता है। चरित्र तथा अच्छे गुणों का होना स्वयं में आपके लिए ऐसे शस्त्र हैं जिनकी उपलब्धि आपको जीवन की हर दुविधाओं से लड़ने में सक्षम बना देते हैं। गुणवान व्यक्ति स्वयं ऐसा हीरा होता है जिसके इर्द–गिर्द चमक का होना उसकी अपनी कीमत को दर्शाता है। उसके लिए सर्वोत्तम् धन उसका चरित्र है जिसकी उपस्थिति में बाकी सब धन फीके पड़ जाते हैं। जीवन में आई धन संबंधी समस्याओं का समाधान यही है कि वह अपनी आवश्यकताओं के लिए अपना सर्वस्व समाज तथा परम् तत्त्व को ही समर्पित करता रहे, तथा इस पुस्तक में बतलाई गई विभिन्न धन प्राप्ति की विधियों को अपनाये जिसकी उसकी धन संबंधी आवश्यकतायें स्वयं ही पूरी होती जायेंगी। उसका कार्य है स्वयं को समाज के लिए समर्पित कर देना है जबकि अपने समस्त लक्ष्यों को भगवान के चरणों में अर्पित करता रहे भगवान उसके संकल्पों की गारंटी स्वयं अपने आप पूरी करने में पूरी कायनात को लगा देता है तथा सृष्टि का हर कण उसके सहयोग में आकर स्वयं को गिलहरी प्रयास के रूप में देखना आरंभ कर देता है तथा गुणवान व्यक्ति और चरित्रवान तथा महान होना आरंभ हो जाता है। यह सब ठीक उसी प्रकार घटित होता है जिस प्रकार हीरे पर जितनी सुनार की हथोड़ी अथवा आरी चलती है वह उतना ही चमकता है।

दुःखों का 'टूटता पहाड़, गुणवान व्यक्ति की परीक्षा है।
पाने को कुछ अधिकतम्, परम् की ये मात्र 'समीक्षा' है।।2361।।

13. अपने आपको नित्त्य संवारिये :– आपके अंदर अनंत की अपार दुनियाँ का वास है। इसके विस्तार तथा संभावनाओं को पहचानिए तथा अपने आपको अपने ही द्वारा प्यार कर इस दुनियाँ में सुगन्ध फैलाईये। आपका यदि कोई अंग बिमार है अथवा कमजोर है तो नित्त्य उससे संपर्क बनाईये तथा उससे उतना ही प्यार कीजिए जितना आप अपने आप से प्यार करते हैं। उसे भरोसा दीजिए कि उसके अनंत आप हैं तथा उसकी तकलीफ को समझते हैं।

जीवन एहसासों की दुनियाँ है, एहसास अपना जवान रखिए।
बढ़ता रहे एहसास निरंतर ही, सीने में जिंदा इनसान रखिए।।2249

3. मानसिक प्रत्यक्षीकरण – विज्यूवेलाईजेशन।

हमारा मन एक प्रिज्म की भाँति है जिसके माध्यम से हम अपने जीवन को देखते हैं। जब इसकी सतह पर शंशय, गुस्से, नकारात्मकता तथा अविश्वास के विचार उभरते हैं तो हमारी सोच तथा संभावनायें धुमिल हो जाती हैं। इसीलिए देखने का सर्वप्रथम नियम प्यार से जुड़ा हुआ है। जिस मन में निशंक तथा निश्चिल प्रेम पैदा होता है

वह कुछ भी विकृत नहीं करता तथा प्रत्यक्षीकरण होने नहीं देता। दिमाग अवचेतन मन की सुचनाओं को प्रत्यक्षीकरण के लिए उपयोग में लाता है जिसे हम सच्चाई समझकर संसार को वैसा ही समझना अथवा देखना आरम्भ कर देते हैं जबकि यह हमारे मन की कल्पनाओं की तस्वीर होती है जिसे वह अपने पिछले अनुभवों के आधार पर तैयार करता है।

मन आपका ब्रह्मा, लक्ष्य की खींचता तस्वीर।
उभरते ही तस्वीर के, आप बन जाते हैं कर्म–वीर।।2361।।

इस प्रकार जो भी तस्वीर बनती है उसके लिए हम ब्रह्म स्वरूप बाह्य कारणों को ही इसका कारण मानना आरम्भ कर देते हैं तथा वैसा ही व्यवहार करने लगते हैं जैसा हमें हमारा मन दिखा रहा है इसलिए हम सभी कुछ बदलने के लिए लग जाते हैं जबकि अपने मन को बदलने की सोचते नहीं क्योंकि उसे हम सच्चा मानते हैं जो कि ऐसी अवस्था में एक नक्ली प्रिज्म की तरह कार्य करता है तथा सच्चाई को छुपाता है। इस तरह झूठ के बादलों से ढ़का मन अपने आपको असहाय और शक्तिविहीन महसूस करता है। इस प्रकार हम स्वयं से ही स्वयं को कष्ट पहुंचाते हैं और सोचते रहते हैं कि कोई दूसरा हमारी शक्तियों को हमसे छीन रहा है। यही हमारी जिंदगी का सच्च है और स्वयं का स्वयं से छुपाव है। इसीलिए हमें मन की नित्त्य सफाई की आवश्यकता पड़ती है तथा आत्मचिंतन द्वारा सच्चाई जानने की भी। वास्तव में हमारी ब्रह्म रूपी सोच मन की शरण आते ही भ्रम में बदल जाती है तो लक्ष्य की तस्वीर धुंधली नजर आने लगती है।

मनोस्थित ब्रह्म फैलाता है भ्रम, चिंतन में यह पार ब्रह्म।
चिंता छोड़ स्थित चिंतन में, श्रमिक बनता परात् ब्रह्म ।।2604।।

विज्ञान की दृष्टि से भी मानसिक प्रत्यक्षीकरण अपने चारों और, अपने विचारों, भावनाओं, उत्कंठाओं, मनोभावों तथा अन्य शारीरिक संवेदनाओं को उभरती हुई तस्वीर के रूप में देखना है। इस दशा में हम नित्त्य अपने अनुभवों को जोड़ते रहते हैं तथा चैतन्य शक्ति को भी इसमें सम्मिलत करते हैं। हमें अपनी चेतना को आंख, कान, नाक, संवेदना वाहियों व सक्रिय इंद्रियों में प्रोग्राम करना है, इनकी प्रत्येक जानकारी को देखना है। रचनात्मक प्रत्यक्षीकरण फल की इच्छाओं से परे भी जाता है व आगे और बेहतर करने में हमारी सहायता करता है। इसका कोई अंत नहीं है।

इस विषय में महान वैज्ञानि की टिप्पणी कितनी सटीक बैठती है देखिए :– "Imagination is more important than knowledge. For knowledge is limited to All we now knowAnd understand, while imagination embraces the entire world, And All there ever will be to knowAnd understand." -Albert Einstein

आओं हम अब इसके अभ्यास की कलाओं की बात करते हैं :–

3.1 समय निकालना :– अपने नित्त्य के क्रिया कलापों पर विचार कीजिए तथा विजुएलाईजेशन के लिए कुछ समय निर्धारित कीजिए। इसके लिए वह समय तथा स्थान उत्त्तम है जब आप बिना किसी व्यवधान के बैठ सकते हो। सांयकाल सोते समय तथा सुबह उठते समय आप अपना उचित समय निकाल सकते हैं। जब तक आपको इसका अभ्यास नहीं हो जाता तब तक आपको कम से कम दस से प्रंद्रह मिनट का समय चाहिए जिसे आप अपने लक्ष्य तथा सुविधानुसार आधे घंटे तक भी बढ़ा सकते हैं। सभी प्रकार के बंधनों से मुक्त होकर केवल जो आप चाहते हैं उस पर ध्यान केंद्रित करना तथा उसे घटित होते हुए देखना ही आपका काम है। कोई किंतु, परंतु अथवा चिंतन नहीं होना चाहिए।

3.2 अपना लक्ष्य निर्धारित करना :– बैठने से पहले अपना लक्ष्य निर्धारित कीजिए जिसके बारे में आपको पूर्ण जानकारी हो तथा आपके दिमाग में इसकी साफ पिक्चर उभरनी चाहिए। किसी भी प्रकार का शंशय हो तो इसे इस प्रक्रिया से पहले अपने दिमाग से भली भाँति निकाल दीजिए तथा केवल और केवल अपने लक्ष्य पर ध्यान केंद्रित कीजिए तथा चिंतन के माध्यम से इसे चैतन्य शक्ति को समर्पित कीजिए।

– अपने गोल के बारे में लिखना तथा इसे पढ़ना एक बहुत अच्छी तकनीक है। जो भी आपके दिमाग में आता जा रहा है उसे सिर्फ साफ–साफ लिखते जाईये। यदि आपको लगता है कि आपने लिखने में बहुत सारी गल्तियाँ की हैं तो इसे दोबारा से लिखिए तथा धारा प्रवाह उसी प्रकार आपके दिमाग में विचार आ रहे हैं। आप इसकी एक अच्छी कहानी भी बना सकते हैं जितना अच्छा आपका प्रत्यक्षीकरण होगा उतनी ही जल्दि आपको सफलता मिलेगी।

– लिखते समय यदि कुछ प्रश्न, शंकाये आपके दिमाग में आती हैं तो इनके उत्त्तर भी आपको स्वयं ही ढूढ़ने होंगे तथा समाधान के साथ आगे बढ़ना होगा। यदि आपको एक ही दिन में इसका समाधान नहीं मिलता तो अपने दिमाग पर बार बार जोर दीजिए तथा हल का उत्तर आने तक प्रोसैस को बढ़ाते रहिए।

– जब आपका लिखने अथवा प्रत्यक्षीकरण का कार्य पूरा हो चुका हो तो अब इसी के आधार पर अपने गोल को पाने की योजना तैयार कीजिए जो आपकी इसी सोच पर आधारित हो जो आपने इस दौरान तैयार की हो। यदि आप गोल पाने की योजना तैयार कर नहीं सकते तो इसकी विचारों की जुगाली आरंभ कर दीजिए

– अब गौर कीजिए कि आपकी योजना का अंतिम परिणाम क्या होगा। इसके लिए आप अपना विजन बोर्ड भी तैयार कर सकते हैं जिसमें आपके गोल से संबंधित

तस्वीरों तथा प्लान का नक्शा भी हो सकता है। जैसे शुरूआत कैसे होगी, कहाँ आप बीच में होंगे तथा कहाँ अंत होगा इत्यादि इत्यादि संबंधित चित्र व वाक्यांश।

– जब आपकी योजना तथा विजन बोर्ड तैयार हो तो अब सोचिए कि आप अपने गोल तक पहुंचने के लिए अपनी और से क्या क्या कदम उठायेंगे तथा किन कदमों के लिए आपको किसी बाह्य सहायता की आवश्यकता हो सकती है। इन बिंदुओं को योजना के संबंधी बिंदु अथवा काल पर चिपकायें अथवा इसके लिए योजना लिख लें। महसूस कीजिए कि आप अपनी योजना के रोड़ मैप पर चल रहे हैं तथा आप उत्साहित तथा निश्चिंत हैं कि आपका लक्ष्य आपकी पहुंच की सीमा में है। इस स्तर पर यदि आपको किसी कठिनाई का अनुभव होता है तो आप उसके लिए सोचने में अपना समय लगा सकते हैं तथा हल के लिए अपनी भविष्य की योजना तैयार कीजिए। आपकी इस स्तर पर छोटी छोटी बारिकियों में नहीं घुसना है बल्कि धीरे धीरे अपने गोल की ओर बढ़ना है। इसी क्रम को धीरे–धीरे प्राकृतिक तौर पर आगे बढ़ने दीजिए। अपने दिमाग में उस परिणाम का खाका तैयार कीजिए जो आप चाहते हैं। यदि आप इस दौरान कोई गल्ति करते हैं तो इसे ठीक करने का समय निकालिये और ठीक कर आगे बढ़िये। यदि आपको लगता है कि कोई वस्तु ठीक ढ़ंग से नहीं हो रही है तो रूकिए और गोल को दोबारा से देखना आरम्भ कीजिए। इस स्तर पर अपने आप से निम्न प्रश्न पूछिए :–

– अपना लक्ष्य पाने के उपरांत मैं किन भावनाओं की अभिव्यक्ति चाहता हूँ

– इस लक्ष्य की प्राप्ति से मेरे जीवन में क्या बदलाव आयेंगे ?

– यह लक्ष्य प्राप्त कर क्या मैं संतुष्ट हो पाऊँगा ?

अपने लक्ष्य की ओर बढ़ते हुए आपको निम्न बातों का ध्यान रखना है।

– अपने लक्ष्य की सफलता के अपना सर्वश्व न्योछावर कीजिए।

– अपने मस्तिष्क को अपने लक्ष्य की सही सही जानकारी दीजिए। यदि आपकी इसकी धुंधली तस्वीर पेस करते हैं तो परिणाम भी धुंधला ही होगा।

– पिक्चर दिखाई देने पर परेशान न हों अपनी शक्तियों की पहचान कीजिए तथा पूर्णरूप से फोकस होने की कोशिश कीजिए इसके उपरांत बाकि सब स्वयं होने लगेगा।

जब आप पहली बार प्रत्यक्षीकरण प्रक्रिया में बैठेंगे तो हो सकता है जैसा आप चाहते हैं वैसा पहली बार में न हो। कई बार आपको अपने आपको बार बार बताना पड़ सकता है कि मेरा लक्ष्य क्या है और मैं क्या चाहता हूँ तो ऐसी स्थिति में पहले मौखिक प्रत्यक्षीकरण को अपनाईये तथा उन स्थितियों में जाने की कोशिश कीजिए

जो आप चाहते हैं। इस प्रक्रिया में भी आपको एडवांस सहायता मिल सकती है। जब आप अपने मन को बार–बार अपने लक्ष्य की ओर आकर्षित करते हैं तो एक स्थिति में यह आपके खाली स्थानों को भरना आरम्भ कर देता है अर्थात् आपका मन आपके साथ स्वयं चलना आरम्भ कर देता है लेकिन आपको अडिग रूप से अपने मार्ग पर चलते रहना ही होगा बाकि सभी कार्य आपका मन धीरे–2 करता चलेगा ऐसा विश्वास भी अपने ऊपर रखिए।

साकार मानकर प्रत्यक्षीकरण, छवि मन में निहारते रहिए।
तस्वीर एक दिन होगी प्रकट, सदैव बुहारते संवारते रहिए।।2362।।

एक बार आपकी चेतना में आपका लक्ष्य चला जाने पर आपको लगेगा कि आपका मन समस्याओं को हल करने में आपके साथ चल रहा है इस स्तर तक लाने के लिए आपको इसे बार बार समझाना बुझाना अर्थात् चांस देना होगा। इस प्रक्रिया को आप अपने लक्ष्य अनुसार जितना लंबा चाहें खीच सकते हैं।

3.3 विज्यूवेलाईजेशन को दोहराना :– इस प्रक्रिया में महारत हासिल करने के लिए आपको अपने गोल को नित्त्यप्रति दोहराना होगा। यह प्रक्रिया आपको अपनी प्लान को वास्तिविकता में लाने से पहले उठने वाली परेशानियों से निजात दिलाने में सहायता करेगा। इसके नित्त्य अभ्यास से आपका गोल आसान होता जायेगा तथा आप स्वयं को शशक्त महसूस करने लगेंगे। यह आपके अभ्यास का प्राकृतिक प्रकटीकरण है जो आपके दोस्त आपके मन व आपके गोल के प्रबंधक, आपकी बुद्धि, को आपकी सहायता में खड़ा कर देगा। इस प्रक्रिया को आपके दिमाग, शरीर, आत्मा में पहुंचाने के लिए आपको इसका निरन्तर अभ्यास करना ही होगा। यह किसी अन्य तकनीक के विकसित करने के समान है। इस प्रक्रिया को दोहराते हुए आप अपने दिमाग को किसी भी स्थिति में तुरंत कदम उठाने के लिए अभ्यस्त कर रहे हो। यह वैज्ञानिक तथ्यों द्वारा भी सिद्ध हो चुका है कि जो लोग इसका लगातार अभ्यास करते हैं वह अत्यधिक तेजी, चमत्कारिक रूप से इस प्रक्रिया द्वारा परिणाम हासिल करते हैं। इस दौरान आपको निम्न तथ्यों को ध्यान में रखना है।

– विज्यूवेलाईजेशन को दोहराते समय आप बहुत बार पायेंगे कि आपके लक्ष्य की परफैक्ट पिक्चर बहुत बार बन नहीं पाती है, अतः इस प्रोसैस को लगातार तब तक दोहराते रहिए जब तक आपको अपना मनोवांछित सर्वोत्तम ब्लूप्रिंट प्राप्त नहीं हो जाता। आप इसके लिए अपने लक्ष्य की तस्वीर भी निहार सकते हैं।

– बहुत बार आपको अपना विज्यूवेलाईजेशन बोर्ड पर लगा हुआ चित्र भी बदलना पड़ सकता है तथा इसमें दिखाई देने वाली गल्तियों को भी सुधारना है।

– यदि आप अपने विज्यूवेलाईजेशन को इस प्रोसैस के दौरान बदलना चाहते हैं तो इसे बदलते रहिए।

– विज्यूवेलाईजेशन को दोहराने का अभिप्राय है आप इस संदर्भ में गंभीर हैं तथा दिल से चाहते हैं।

– विज्यूवेलाईजेशन आपकी मानसिक तस्वीर है, मन में कभी द्वंद्व को भारी न पड़ने दें तथा अपने वांछित लक्ष्य पर अडिगता से चलते रहिए ।

3.4 प्रगति का विश्लेषणः–इस प्रक्रिया में कई बार परिणाम इतने प्राकृतिक होते हैं कि आपको इसका एहसास ही नहीं होता है। आप अपनी नित्त्य की प्रगति रिपोर्ट तैयार कर सकते हैं जहाँ आपको लगता है कि कुछ नहीं हो पा रहा है आप वह भी लिख सकते हैं तथा अपने आपको पिछे खींचकर दोहरा भी सकते हैं। इस प्रक्रिया में आप अपना दिन प्रतिदिन का लक्ष्य भी तय कर सकते हैं। जब आप अपनी प्रगति पर ध्यान देते हैं तो इसके निम्न लाभ आपको प्राप्त होते हैं :–

– यह प्रत्यक्षीकरण की आदत को बढ़ावा देती है।

– यह प्रक्रिया में आपकी सफलता का आंकड़ा तैयार करने में सहायक है।

– यदि आप इस प्रक्रिया में अपने गोल तक पहुंचने में मुश्किल महसूस कर रहे हैं तो आपको पुनः आंकलन का मौका मिलता है तथा प्रत्यक्षीकरण को अपनी स्थितियों में ढ़ालने का अवसर भी प्राप्त होता है।

3.5 प्रत्यक्षीकरण को दोबारा से शुरू करना :– लक्ष्य के पुनआंकलन के द्वारा परिणाम न देने वाली प्रक्रिया को या तो आप बदल सकते हैं अथवा कुछ बदलावों के साथ दोबारा शुरू किया जा सकता है। ऐसी अवस्था में आपको सावधानी पूर्वक कुछ विवरणों को व्यवस्थित करना होगा क्योंकि इस प्रक्रिया में आप हर बार पूर्ण सफलता प्राप्त नहीं कर सकते बल्कि आपको अपनी कमजोरियों को पहचान कर उनमें परिवर्तन लाना होगा। मानसिक अनुमान एक अभ्यास मात्र है ताकि आप जो प्राप्त करना चाहते हैं उसे पहले ही देख पा सके। अतः आपको एक जोखिम की तरह नहीं यद्यपि निरंतर चलते रहना है तथा यदि आप कोई उन्नति कर भी नहीं पा रहे हैं तो भी स्थितियों को बदलते हुए लगे रहिए। यदि आप इस प्रक्रिया में कोई गल्ति भी कर रहे हैं तो भी आप सीख ही पा रहे हैं कि किन चीजों से बचा जाये तथा किन के साथ आगे बढ़ते जायें।

ब्लूप्रिंट आपकी मानसिकता, मानसिकता को मजबूत कीजिए।
मन खेलता रहता अठखेली, बारबार दोहराकर मजबूर कीजिए।।2363।।

आप जिस भी लक्ष्य की प्राप्ति करना चाहते हैं उसके लिए अपना कीमती समय लगाना ही होगा यही अभी तक गोल प्राप्ति के लिए आपकी खर्च की गई राशि है। इस प्रक्रिया के द्वारा ही आप अपने लक्ष्य की मानसिक तस्वीर बनाने में सफल हो सकते हैं,आगे बढ़ने की योजना बनाने में सफल हो सकेंगे। आपको याद रखना होगा कि ''विजेता वो नहीं होते जो अल्ग–अल्ग चीजें करते हैं बल्कि वही विजेता होते हैं जो चीजों को दूसरों से अल्ग ढंग से करते हैं''। इसके अतिरिक्त 'अभ्यास की निरन्तरता से मूर्ख भी ज्ञानी हो सकता है, परन्तु उचित अभ्यास से ही असफलता सफलता में बदल जाती है'। अतः अपना लक्ष्य बदलने से मत डरिए, वापिस कदम उठा दोबारा शुरू करें।

अल्ग अल्ग करने में समय, कभी मत बर्बाद कीजिए।

निर्बाध लगे अडिगता से, लक्ष्य अपना आबाद कीजिए।।2605।।

3.6 इस प्रक्रिया के साथ अपना विश्वास जगायें :– अपने अभ्यास से जुड़े रहते हुए अपने अंदर विश्वास जगाईये की प्रत्यक्षीकरण आपके लिए काम कर रहा है। आप महसूस कीजिए कि आप अपने वांछित लक्ष्य की ओर धीरे से ही सही पर बढ़ रहे हैं क्योंकि परिणाम हमेशा त्वरित नहीं आते हैं। अपने पर विश्वास रखते हुए अपने लक्ष्य की प्राप्ति के लिए निरंतर अभ्यास में लगे रहें तथा समय समय पर अपने विश्वास को कायम रखने के लिए अपनी अंतर्आत्मा के साथ जुड़े रहिए। जब भी आप अपने लक्ष्य पर केंद्रित होते हैं तो प्रतिक्रिया स्वरूप कुछ संदेह खड़े होते हैं जिन्हें आपको सावधानी पूर्वक हटाते रहना होगा। प्रत्यक्षीकरण आपको इन संदेहों को खत्म करने में सहायता करेगा अतः निरंतरता के साथ लगे रहिए।

अडिगता और विश्वास, लक्ष्य भेदन की हैं कुजियाँ ।

जुड़े अपने अंतर्मन से, ढुंढ़िये अंतर्आत्मा की पुंजियाँ।।2606।।

सभी लक्ष्य केवल सोचने मात्र से कुछ ही दिनों में प्राप्त नहीं किए जा सकते, कई बार इन्हें पाने के लिए महीनों तथा सालों का समय भी लग सकता है। परन्तु महत्त्वपूर्ण विषय यह है कि आप किस सिद्दत के साथ अपने लक्ष्य से लगातार जुड़े रहते हैं क्योंकि बड़े लक्ष्य में कई बार आपको अपनी सफलता का भी एहसास नहीं होता है। अतः प्रत्येक छोटी बड़ी सफलताओं को अपने लिए उत्साह के रूप में ढ़ालिए और इसे प्रेरणा का श्रोत समझ इसे महत्त्व दीजिए। प्रत्यक्षीकरण में अत्यधिक सफलता पाने हेतु निम्न बिंदुओं पर भी ध्यान देना आवश्यक है :–

– प्रत्यक्षीकरण अभ्यास किसी ऐसे स्थान पर कीजिए जो आपके लिए सुविधाजनक तथा शाँतिदायक हो तथा आपको लक्ष्य भेदन में सहायक बनता हो।

– प्रत्यक्षीकरण से पहले हमेशा ही तालबद्ध प्राणायाम को अभ्यास करें। अपने स्वास को नाभी में केंद्रित कीजिए अथवा भृकुटी में स्थापित कीजिए।

– अपना लक्ष्य स्वयं तक लक्षित करें। लोगों को बताने से पूर्व पहचान कीजिए कि ये लोग नकारात्त्मक प्रवृति के तो नहीं हैं।

– एक समय में एक ही लक्ष्य पर अपना ध्यान केंद्रित कीजिए।

– इस दौरान अपने नजरिये पर नजर रखिए। ऐसे बोलिए, चलिए तथा एक्ट कीजिए जैसे आप अपने लक्ष्य प्राप्ति के नजदीक हैं।

– शारीरिक तथा मानसिक अभ्यासों द्वारा अपने आपको फिट रखिए क्योंकि शारीरिक संतुलता से आपका आत्म विश्वास सदैव उच्च स्तर पर रहता है।

– प्रक्रिया के दौरान पैदा होने वाले समस्त नकारात्त्मक विचारों को अभ्यास आरम्भ करने से पहले अपने दिमाग से हटाने की कोशिश कीजिए तथा हर रोज अपने दिमाग को धोते तथा साफ करते रहिए।

– सुबह सांय, खाते, पीते, चलते फिरते अपने लक्ष्य को सदैव ही लक्षित रखें तथा परमात्त्मा के चरणों में रखी विनती द्वारा अपनी सफलता हेतु प्रार्थना कीजिये।

– प्रार्थना का सहारा लेते रहिए ताकि आप अपनी अंतर्आत्त्मा की सहायता प्राप्त करते रह सके तथा अपने लक्ष्य को अपनी आत्त्मा में स्थिति दिला पायें।

प्रार्थना वो ब्रह्मास्त्र है, जिसे स्वयं ब्रह्म ने निर्माण किया है।
पाकर इसे इनसान ने, हटाने का बाधायें आह्‌वान किया है।।2363।।

4. विश्वास धारण करें

जब आप आत्त्मविश्वास के साथ अपनी सोच पर भरोसा करते हो यह इसे बाह्य संसार में स्वरूप प्रदान कर देता है। आप अपने संसार के आत्म दृष्टा हो तथा इसे अपने विश्वास अनुसार बनाते हो तथा चलाते हो। जबकि विश्वास उम्मीदों व आशाओं पर आधारित है परन्तु फिर भी कुछ चीजें इसके विपरीत घटित होती हैं।

परन्तु जब आपकी हार्दिक इच्छा भावनाओं, चेतना तथा आत्त्म अवलोचना पर टिकी होती है तो यह विश्वास में बदल जाती है। दूसरे शब्दों में विश्वास भविष्य में घटित होने वाली घटनाओं में पूरा भरोसा अथवा अंध श्रद्धा है। परन्तु समय के साथ आपके नजरिये में परिवर्तन के साथ आपका विश्वास बदलता रहता है। आपका विश्वास सीमित या असीमित दोनों तरह का हो सकता है जो कि इस बात पर पूर्णतया निर्भर करता है कि आप अपनी इच्छाओं को कहाँ ठहराते हो।

स्वप्नों की सुंदरता, भविष्य आपका संवार देगी।
विश्वास पर टिकी इच्छा, नैया को पार उतार देगी।।2250

इससे यह अभिप्राय निकलता है कि प्रकृति में कहीं कोई सीमा नहीं है उसके अतिरिक्त जो आप अपने लिए निर्धारित कर बैठते हो। एक बार आपको जब यह ज्ञात हो जाता है कि आपका सीमा निर्धारण में बहुत बड़ा योगदान है तो आपके लिए अनंत सीमाओं के द्वार खुल जाते हैं और आप अपने आपको अपनी अभिष्ट इच्छा प्राप्ति के लिए स्वंभु तथा सर्वसमर्थ समझने लगते हो। इन्हीं मान्यताओं के आधार पर हम जीवन में नये आयाम निर्धारित करते और उन्हें तोड़ते जाते हैं जो कि सब हमारे विश्वास पर टिका हुआ है जिसके भरोसे आप जीवन में वो सभी कुछ कर सकते हो जो आप अपने हृदय की गहराईयों से चाहते हो।

'सोच' पर टिकते हुए, स्वयं पर 'विश्वास' कीजिए।
करते हुए कार्य अपना, प्रार्थना से सफलता लीजिए।।2251

"Throw yourself into some work you believe in with All your heart, live for it, die for it, And you will find happiness that you had thought could never be yours." ~ Dale Carnegie

"Nurture your mind with great thoughts; to believe in the heroic makes heroes." ~ Benjamin Disraeli

4.1 अपने विश्वास की प्रतिस्थापना कीजिए :– अपने जीवन काल में बचपन से आरंभ कर अभी तक आपने अपने बारे, लोगों के बारे, धन के बारे तथा अन्य बहुत सारे महत्त्वपूर्ण विषयों के बारे में अपने आस पास के वातावरण में बहुत सारे अनुभवातीत धारणाओं को सुना होगा और उन पर अम्ल करते हुए आप उस जगह हैं जहाँ आप अपने जीवन में खड़े हुए हैं। आज से और अभी से इन सब चीजों को देखने समझने तथा विश्वास करने का अपना नजरिया विकसित कीजिए। भूल जाईये कि दूसरे क्या कहते हैं अपने विश्वास को परखिए तथा उस पर हृदय से अटल रहकर विश्वास कीजिए तथा सभी पुरानी मान्यताओं को अपनी नयी संफूर्णा तथा नये विश्वास द्वारा प्रतिस्थापित कर डालिए आज और अभी से।

4.2 अपने विश्वास का अडिगता से पीछा कीजिए :– पुरानी दुर्भावनाओं को त्यागने के उपरांत अपने आप में भरोसा जगाईये अपने मन को बार बार सूचना दीजिए कि जो मैं चाहता हूँ वह मैं कर सकता हूँ। अपने विश्वास को बार बार परखिए तथा यदि परखने के उपरांत भी आपको लगता है कि अभी और परखने की जरूरत है तो इसे अपने हृदय से लगाईये तथा अपना सारा प्यार अपने कार्य पर उड़ेल दीजिए आपको सफलता अवश्य मिलेगी। श्रद्धा और विश्वास के साथ असंभव को भी संभव

बनाया जा सकता है। आप सभी मान्यताओं, आधारों, परखों, अनुभवों तथा लोगों के कहने को भूलाकर सिर्फ और सिर्फ इस बात पर ध्यान दीजिए कि आपका अपना मन क्या कहता है, आपका विश्वास कहाँ पर ठहरता है। अपने पर भरोसा रखिए तथा निरंतर अपने विश्वास का पीछा कीजिए सफलता मिलने से आपको कोई नहीं रोक सकता।

4.3 नये व्यवधानों के लिए अपना दिमाग खुला रखिए :— किसी भी सफलता का आधार आपका विश्वास है परन्तु जब आप असंभव को संभव बनाने का बीड़ा उठाते हो तो मानसिक, शारीरिक तथा सामाजिक व्यवधानों के लिए अपने दिमाग को सदैव खुला रखिए। असंभव कार्य आसानी की प्लेट पर रखे नहीं होते, यदि ऐसा होता तो शायद आप चैलेंज को हाथ में भी लेना चाहते। अतः उन प्रतिक्रियाओं, असफलताओं तथा व्यवधानों के लिए अपने दिमाग को खुला रखें जो आपकी सफलता के लिए नींव के पत्थर बनने वाले हैं। व्यवधानों को एक एक कर हटाते जाईये तथा सफलता के लिए संपूर्ण समर्पण, विश्वास तथा श्रद्धा के साथ आगे बढ़ते जाईये। जब तक आपको सफलता न मिले तब तक पीछे मुड़कर देखने का प्रश्न ही मन से निकाल दीजिए। **सफलता हर कदम साथ—2 चलती है। सफलता को कदम बढ़ाने वाला चाहिए। सफलता आपकी बन कर रहती है सदा। सफलता को कोई निभाने वाला चाहिए। सफलता को केवल और केवल कोई पाने वाला चाहिए :— श्रीकृष्ण**

4.4 विश्वास तंत्र का विकास करें :— आपका विश्वास आपकी आंतरिक तथा बाह्य दोनों ही सृष्टियों को बदलने की शक्ति रखता है क्योंकि जो भी आपका आत्मविश्वास है वही आपके बाहर घटित होता जाता है। अब प्रश्न उठता है कि आपका विश्वास टिकता कहाँ है ? आपके विचारों, भावनाओं तथा जीवन के अनुभवों के आधार पर आपका विश्वास बनता है तथा समयानुसार यह टूटता भी है तथा बदलता भी रहता है। किसी भी समय तथा एक स्थिति में आपका विश्वास सौ प्रतिशत हो सकता है परन्तु बाद में उसी वस्तु पर आपका विश्वास खत्म भी हो सकता है। परन्तु जैसा कि पहले के अध्यायों में बतलाया जा चुका है कि जीवन के कुछ ऐसे सिद्धांत तथा परिस्थितियाँ हैं जहाँ हमें अपने विश्वास को आधार बनाकर ही चलना पड़ता है तथा हर परिस्थिति में यदि आपका विश्वास डगमगाता ही रहेगा तो आप जीवन का वैसा आनंद नहीं उठा पायेंगे जैसा अन्य लोग आपको उठाते हुए दिखते हैं क्योंकि वे अडिगता से अपने लक्ष्य को पीछा करते हैं।

जीवन के हर पहलू में आपको प्रतिस्पर्धा से दो दो हाथ करने पड़ते हैं जहाँ आपका आत्म विश्वास ही दूसरों से भिन्न रखता है तथा श्रेष्ठ तथा कमजोर की उपाधि देता है। अतः अपने विश्वास तंत्र का विकास आपके लिए उतना ही आवश्यक एवं अपरिहार्य है जितना कि आपका जीवन में जीना। बेहतर जीवन यापन के लिए भी

आपको हर स्तर पर विश्वास की आवश्यकता पड़ती है। अतः जीवन के हर क्षेत्र को बेहतर ढ़ंग तथा उत्त्तम स्थिति में जीने के लिए अपने विश्वास तंत्र का विकास करना आपके लिए अतिआवश्यक एवं अनिवार्य है जिसकी उपस्थिति आपके लिए अनेक सफलताओं के द्वार खोल सकती है। विश्वास तंत्र को विकसित करने के कुछ उपायों पर विचार करें !

4.5 अपने आप पर भरोसा करना आरम्भ करें :– याद रखिए आपका अपना चहुमुखी विकास तभी संभव होगा जब आप अपने आप पर भरोसा करना शुरू करते हैं। विश्वास से आपके मस्तिष्क का विकास होता है तथा जैसा भी आपका विश्वास है वैसा ही आप पाते हैं। ये आप ही हैं जिसे कुछ पाने के लिए स्वयं ही अगला कदम बढ़ाना है परंतु यदि आप कदम बढ़ाने से पहले ही डरने लग जाते हो कि पता नहीं आगे क्या होगा तो आप आगे बढ़ ही नहीं सकते हैं अतः प्रत्येक शुरूआत आप से ही होनी है और वह शुरुआत है "हाँ मैं यह कर सकता हूँ"। इसी विश्वास के साथ आपको कदम बढ़ाना है बाहर दुनियाँ आपके स्वागत के लिए बाहें फैलायें अनन्त संभावनाओं के साथ आपका इंतजार कर रही है। वास्तव में तो कोई जोखिम है ही नहीं है परन्तु प्रकृति ने कुछ नियम तय किए हैं जिनका अनुपालन करते हुए आपको सावधानी पूर्वक आगे बढ़ना है। इन नियमों का अनुपालन ही हमारा मन जोखिम मानता है तथा अनुशाशित रहने में अपनी मृत्यु का आभाष करता है।

हौसले बुलंद रखिए, जीवन जोखिम भरा सफर है।

कदम आपके बढ़ते ही, जिंदगी स्वयं 'सुहानी' डगर है।2252

4.6 सकारात्मक विचार धारा अपनायें :– जैसा आपका विश्वास है वैसी ही जीवन से आश है। जैसा भी आपका विश्वास आपने अपने जीवन में विकसित किया है वैसे ही लोग, सफलता, विफलता तथा चमत्त्कार आपके जीवन में दिखने और मिलने लग जायेंगे। यदि आप समझते हैं जीवन कांटों भरा ताज है तो आपको हर कदम पर कठिनाईयाँ खड़ी मिल सकती हैं। यदि आपका विश्वास है कि जीवन तो मौज मस्ती की पाठशाला है तो आपको चहुं और वही मिलना आरम्भ हो जायेगा। यदि आपको लगता है जिंदगी एक नरक है तो आपको वैसा ही नित्त्य प्रति होने लगेगा। हाँ यदि आपने अपने विश्वास को इस बात पर टिका लिया है कि जिंदगी हर वो चीज देने के काबिल है जो मैं इससे मांगता हूँ तो आपके साथ वैसा ही होने लगेगा। विश्वास कीजिए कि आप जीवन को किस नजरिये से लेते हैं आपको जीवन वैसा ही मिलेगा। अतः जीवन को केवल और केवल सकारात्त्मक ढ़ंग से जीना आरम्भ कीजिए आपको चारों और सकारात्त्मकता नजर आयेगी यही आपके विश्वास तंत्र की विशेषता है तथा परमात्त्मा के चरणों में अडिग विश्वास के साथ लगे रहना आपकी सफलता की कुंजी है तथा सफलता पाने का त्वरित एवं सुगम मार्ग।

4.7 विश्वास कीजिए सबकुछ चलता है :– आपके चारों और फैली हुई सृष्टि के नायक आप ही हैं तथा यहाँ जो कुछ भी आपके साथ हो रहा है वह सब कुछ आप ही की इच्छा से हो रहा है तथा इसे आपने जाने अनजाने कहीं न कहीं अपने विश्वास तंत्र में स्वीकार किया है। यदि आपको लगता है कि यह मेरी इच्छा नहीं है तथा मैं ऐसा नहीं चाहता तो अपने विश्वास को जरा गौर से निहारिए तथा अपने आपको इससे अल्ग करके देखिए तो आपको पता चलेगा कि यदि कुछ हो रहा है तो वह सबकुछ मेरे सोचने के बाद ही आरम्भ हुआ है। यदि आप चाहते हैं कि यह बदल दिया जाये तो वह भी संभव है विश्वास कीजिए जीवन का चक्र सदैव चलायमान है यहाँ उल्टा, सीधा, खरा, खोटा, छोटा, मोटा सब ही कुछ चलता है तो आप पर भी कोई बंदिश नहीं हैं आप जैसा चाहते हैं वैसा कीजिए सब चलेगा। केवल और केवल अपने विश्वास तंत्र से "ना" निकाल दीजिए फिर वह सभी कुछ होगा जो आप चाहते हैं तथा जिसको साधने में चिंतन सहित लगे हुए हैं।

4.8 अपने भविष्य के प्रति सजग रहें :–जीवन आपके विश्वास तंत्र पर खड़ा महल है यह सभी कुछ आपके विश्वास पर निर्भर करता है कि आप इसको कितना सुंदर तथा भव्य बनाना चाहते हैं। आप इसकी कमियों को दूसरों पर थौंपना चाहते हैं या स्वयं ही जिम्मेदारी लेकर उन कमियों के लिए स्वयं को दोषी मानकर उन्हें स्वयं ही दूर हटा देने में अपनी समझदारी समझते हो। सभी कुछ और मैं इसे दोबारा दोहराना चाहूंगा "सभी कुछ" तो आप पर निर्भर है परन्तु –आप कहाँ हैं और क्या चाहते हैं –क्या दूसरों पर अपनी जिम्मेदारी सौंपकर स्थितियों को और बिगाड़ देना चाहते हो या आगे बढ़कर गल्तियाँ सुधारकर दूसरों को इसका अवसर ही लेने देना चाहते हो। विश्वास कीजिए भविष्य भी आपकी सोच में है, कल भी आपकी ही सोच से था और आज भी आपकी सोच पर खड़ा है। आप स्वयं को ढुढ़िये और शुरूआत कीजिए आप क्या चाहते हैं तथा आपकी प्रवृति कहाँ तक टिकती है।

4.9 अपना आत्म–विश्वास जगायें :–अपने स्वप्नों में विश्वास कीजिए कि वे सच्चे हो सकते हैं, स्वयं में विश्वास कीजिए कि स्वप्न सच्चे होंगे। आपके जीवन में आपका आत्मविश्वास बहुत महत्त्वपूर्ण है जिससे आप में योग्यतायें पैदा होती हैं। इसे उठाना तथा सीखना आरंभ कीजिए जो केवल और केवल सदगुणों, सकारात्त्मक सोच तथा भरोसे से पैदा होगा। सर्वप्रथम तो असफलता के बारे में सोचना बंद कीजिए और यदि यह आती भी है तो समझें आपकी सफलता दौगुणी होने के लिए प्रथम असफलता मिली है सत्यतः जब आप अगली बार सफलता प्राप्त करते हैं तो यह दो गुणी ही है पहले असफलता की सफलता और दूसरी सफलता का स्तर बढ़ने की सफलता। अपने आपको सफलता से परे सोचना आरंभ कीजिए सफलता आपकी बपौती बनकर रहेगी। हर परस्थिति तथा परीक्षा में सर्वोत्तम की कामना रखें तथा अडिग विश्वास के साथ लगे रहिए आपको सर्वोत्तम ही मिलेगा खुश रहिए। चिंता

ऐसा कीड़ा है जो आपके मस्तिष्क या सोच को चाट जाता है अतः चिंता को छोड़कर चिंतन में लगें तथा अडिगता से अपने लक्ष्य का पीछा कीजिए।

'आत्मविश्वास' आपका, सृष्टि को कदमों में झुका देगा।
चिंता का है कीड़ा ऐसा, मस्तिष्क आपका भिड़ा देगा।।2252

दूसरों के हाथ में अपनी सत्ता कभी मत सौंपिये आप जो भी महसूस करते हैं उसी में भरोसा रखिए व आगे बढ़िए। अपने आपसे प्यार कीजिए, बाहर प्यार फैलाने की अपेक्षा अंदर प्यार फैलाइये। विश्वास कीजिए दूसरे आपको वो खुशियाँ कदापि नहीं दे सकते हैं जो आप स्वयं को दे सकते हो। दूसरों द्वारा प्रदान की गई खुशियाँ आपके लिए भिक्षा है जो कभी भी आपसे वापिस मांगी जा सकती है जबकि आपसे अपने को दी खुशी सदा के लिए आपकी है इसे आपसे कदापि कदाचित कोई छीन नहीं सकता। दूसरे लोगों का विचार आपके विषय में क्या है इस बात पर बिल्कुल ध्यान मत दीजिए। सारा दिन दूसरों के बारे में सोचने वाला कभी अपना कैसे बन सकता है। प्रत्येक व्यक्ति की सोच अल्ग है, विचार अल्ग हैं व नजरिया तथा विश्वास अल्ग हैं तो फिर हम अपने ऊपर दूसरों के विश्वास को क्यों थोंप लेते हैं। 'आप सुनो सभी की और करो अपने मन की' यही स्वतंत्रता का मूल मंत्र माना गया है इसीमें चिंतन में यदि आपका आत्म विश्वास जाग जाता है तो आपको केवल और केवल अपनी सुनने की आवश्यकता है तभी दूसरे भी आपको स्वयं ही मानना आरम्भ कर देंगे। इस अहंकार का त्याग कीजिए कि आप ही सबकुछ हो हाँ आप सर्वश्रेष्ठ अवश्य हो सकते हैं और वह भी आपको आपका विश्वास ही बना पायेगा।

4.10 सर्वप्रथम अपने ही दोस्त बनिए :– अपने आपको प्यार दीजिए, हौसला दीजिए, स्वप्ने दीजिए, अच्छे विचार दीजिए, खुशी दीजिए, धैर्य तथा सर्वोत्म अनुकंपा दीजिए। जीवन के प्रति आपका नजरिया आपकी योग्यता से कहीं ऊँचा है। अपने आपको सदैव सर्वोत्म अच्छा तथा उन्नत दीजिए आपका हृदय इनको पाकर स्वयं ही धन्य हो जाएगा। अपना दोस्त आप बनिए तथा अपने फैसले स्वयं लेना आरम्भ कीजिए। योजना बनाईये, विचार कीजिए तथा स्वयं से स्वयं को ही प्रश्न पूछिए जो अच्छा लगता है उस पर बैढ़ने के लिए हौसला जुटाईये और चल दीजिए। अपना साथ स्वयं ही दीजिए। अपने सर्वोत्म आप स्वयं है कोई दूसरा कदापि नहीं। शंशय, आत्मग्लानि तथा दूसरों की केवल नींदा आपको केवल और केवल आपका दुश्मन बनाते हैं तथा स्वयं में आत्मविश्वास तथा प्रेम आपको न केवल अपना दोस्त बनाते हैं यद्यपि आप सवप्रिय बनने की राह पकड़ना आरम्भ कर देते हैं।

आप स्वयं के हो भाग्य विधाता, आपका आपसे बड़ा दोस्त नहीं ।
आप 'न' चाहें किस्मत बदलना, परिवर्तन ला दे ऐसा पोस्त नहीं ।।2363।।

5. उचित अवसर आकर्षित कीजिए ।

जिंदगी हर अवसर को, कदमों में आपके रखती है।
सभी निर्भर है आप पर, इच्छा अनिच्छा परखती है।। 2253

प्रकृति ने हर इनसान को हर तरह से समानता का अधिकार प्रदान किया है परन्तु हम सभी की चाहत व इच्छायें हमारी अपनी पसंद हैं। यह सब हमारे अपने नजरिये पर निर्भर करता है कि हम किसे सफलता मानते हैं और किसे असफलता। हमारे लिए अनन्त के सभी दरवाजे सदा के लिए खुले हैं परन्तु सभी संभावनाओं तथा अवसरों का लाभ उठाना या न उठाना यह सब आपकी सोच का नतीजा है। मनुष्य अपने जीवन में कभी असफल नहीं होता क्योंकि उसके पास सफल होने की योग्यता ही नहीं है। हम अपने जीवन में संपूर्ण योग्यता का अधिकतम दस प्रतिशत ही तो प्रयोग में लाते हैं। हमें अपने अंदर सोई हुई बाकी नब्बे प्रतिशत शक्ति को उठाना चाहिए व इसका अधिकतम उपयोग अपनी व सामाजिक सफलताओं में लगाना चाहिए यही हमारे जीवन की सफलता का पैमाना हो सकता है। परन्तु दुर्भाग्य यही है कि हम स्वयं की अधिकतम योग्यता का प्रयोग ही नहीं करते हैं तो फिर असफल कहाँ हुए बल्कि हमने अपनी अधिकतम् शक्ति, सीमाओं का उपयोग ही नहीं किया

साथ निभाने को जिंदगी, हर कदम साथ चलती है।
यह भी इच्छा है आपकी, कौन सी चाहत फलती है।।2254।।

यह भी विडंबना ही है कि हम बिना पुरी हुई इच्छाओं, अपूर्ण स्वप्नों तथा ख्वाहीसों की पूर्ति के बिना ही जीवन व्यतीत कर देते हैं क्योंकि संभावनाओं के लिए हम अपने ही दरवाजे बंद रखते हैं। जीवन की समस्या यह नहीं है कि हम जीवन में गुणों का विकास नहीं करते बल्कि यह है कि हम में ये सब गुण पहले से ही विद्यमान हैं परन्तु हम इन्हें विकसित होने का मौका ही नहीं देते हैं तथा नवीनता के लिए अपने दरवाजे बंद रखते हैं व उसी में प्रसन्न रहते हैं जो किस्मत हमें बख्श दे तथा अपनी मेहनत के बलबुते पर जो हम प्राप्त कर लें।

मुझको बख्श की खुदा ने 'नेमतें, मैं अभागा किस्मत को ही रहा देखता।
इंतजार में उसी के सोता रहा मैं, आकर नींद से उठाएगा कोई 'देवता'।।2255

अतः हमें अपनी सोई हुई शक्ति को जगाकर संभावनाओं को गले लगाने की आदत डालनी होगी जिसके लिए हमें सकारात्मक मानसिक नजरिये की आवश्यकता है। और वह भी केवल और केवल इतना कि "उठो जागो और बढ़ो"। हमें अपने मन का, तन का तथा धन का साथ निभाना है जो परमात्मा ने हमारे हृदय के भीतर ही छुपा दिए हैं। हमें केवल इनको ढुढ़ना है और प्रयोग में लाना है न कि इनकी तलाश में बाहर धक्के खाने हैं। केवल और केवल अपने अंदर खुशी का भाव जगाईये और देखिए आपके विचार आपके लिए क्या क्या आपके दरवाजे पर लाकर

खड़ा कर देते हैं। याद रखिए आपकी सोच आपका हथियार है परंतु तब जब इसे आप प्रयोग में लायेंगे वरना लाखों विचार आते हैं और चले जाते हैं।

गले लगाकर संभावनाओं को, सकारात्मक नजरिया अपनाईये।
अपना कर सकारात्मक सोच, जीवन पुष्प अपना आप ही महकाईये।।2256।।

इसी प्रकार खुशी देना परमात्मा का आशीर्वाद है केवल उठिए और खुशी के साथ ग्रहण कीजिए और बांट दीजिए ताकि ये और बढ़ती रहें आपका काम केवल और केवल प्रसन्न रहना और दूसरों को रखना है कम से कम विचारों से तो रहिए। किसी भी क्षेत्र में सफलता प्राप्ति के लिए हमें लगातार प्रसन्नता के साथ आगे बढ़ने की आवश्यकता है परन्तु हम कितनी तेजी से इस और बढ़ते हैं यह महत्त्वपूर्ण नहीं है बल्कि यह ज्यादा जरूरी है कि हम किस दिशा से सफलता की और बढ़ते हैं। दुःखों के रास्ते से अथवा सुःखों के रास्ते से। प्रत्येक सफलता अंततः हमें खुशी ही देती है परन्तु यदि हम इसे खुशी के साथ प्राप्त करते हैं तो इसका महत्त्व और अधिक बढ़ जाता है जबकि रोते रोते प्राप्त की गई सफलता अंततः दुःख ही पैदा करती है। यद्यपि मेहनत द्वारा प्राप्त की गई सफलता का महत्त्व अधिक होता है परन्तु मेहनत भी वही कर पाते हैं जिनकी कल्पना इसके अंत में सुख प्राप्ति की हो तथा जिन्हें स्वयं में विश्वास हो। ऐसे लोग मौके की तलाश में रहते हैं तथा मौका आने पर यथायोग्य मेहनत के साथ आगे बढ़ने की योग्यता रखते हैं। सफल व्यक्ति परिस्थितियों से जूझकर सफलता का स्वाद चखता है जबकि असफल व्यक्ति सिर धुन कर सफलता को ब्लेम करता है। सफल व्यक्ति सफलता के साथ आनंद मनाता है जबकि असफल व्यक्ति असफलता के दामन में मातम।

खुशी परम् का प्रसाद है बांटते रहिए,
बांटने से यह सदैव कई गुणा बढ़ता है।
किस्मत अपनी भी इसी से चमकाईये,
प्रसाद आपको लेकर मंजिले नई चढ़ता है।।2363।।

संभावनायें आपके दरवाजे पर बार बार दस्तक नहीं देती यद्यपि आपको उठकर उन्हें ग्रहण करना है जब वे दरवाजे पर आयें। परन्तु हम में ये अधिकतर ऐसे हैं जो संभावनाओं से ही डर कर भाग जाते हैं और इन्हें ग्रहण करने की हिम्मत ही जुटा नहीं पाते और यही कारण है कि हम केवल असफल ही नहीं अभागे भी हो जाते हैं। जो लोग हौसले रखते हैं वे इन संभावनाओं में सफलता तलाश कर भाग्यशाली कहलाते हैं। संभावनायें आपका अभिच्छित एक ही बार में आपको सौपने के लिए आती हैं जबकि इनका त्याग कर हम छोटी छोटी चीजों में अपना जीवन व्यर्थ गंवा देते हैं, इससे बड़ा दुर्भाग्य क्या हो सकता है। संभावनायें स्वीकार करना भी हमारे जीवन का एक बहुत बड़ा चैलेंज हो सकता है परन्तु यदि सही समय पर हम सही अवसर ग्रहण कर लेते हैं तो यह जीवन की सबसे बड़ी सफलता भी हो सकती है।

शुभ अवसर को किस प्रकार ग्रहण किया जा सकता है तथा इसका भरपूर फायदा किसी प्रकार उठाया जा सकता है आईये अब इस पर प्रकाश डालते हैं :–

संभावनायें ईश्वरीय प्रसाद हैं, इन्हें जाने मत दीजिए।
'खुशी से स्वागत कर इनका, मन चाहा फल लीजिए।।2257।।

संभावनाओं को अपनाने के लिए सदैव तत्पर रहें :– प्राकृतिक सिद्धांतों के अनुसार हर इनसान के जीवन में कोई न कोई अवसर अवश्य आता है। जो इसे बहादुरी से ग्रहण कर लेता है सफल हो जाता है जबकि जो इससे मुंह मोड़ लेता है बाद में पछताता ही रहता है। इस प्रकार यह सब हमारे नजरिये पर निर्भर करता है कि हम कितने तत्पर हैं। जो व्यक्ति रिस्क उठाना जानता है उसका इनाम भी वही पाता है। जो इससे पीछा छुड़ाता है उससे संभावनायें भी पीछा कर जाती हैं। अतः हमें अपने जीवन में तत्परता तथा निर्णय लेने की क्षमता का विकास करना चाहिए तथा अवसरों के लिए अपनी झोली हमेशा खुली रखनी चाहिए और यह तभी संभव हो सकता है जब हम अपने मन की शक्ति तथा निर्णय क्षमता का विकास इसे साफ रखकर, केंद्रित रखकर एवं चिंता रहित रखकर कर सकते हैं। याद रखिए विकार हमारे मन की खुराक हैं जबकि गुण आत्मा की शक्तियाँ हैं।

जितना भी अधिक है जोखिम, लाभ की अधिकता उतनी बड़ी है ।
जो उठाने को तैयार जोखिम, सफलता उसी के दरवाजे खड़ी है।।2258।।

जीवन को सुधारने का बीड़ा उठाइये :–यदि आप चाहते हैं कि आपका जीवन अभाव तथा अज्ञान से रहित हो तथा जो जीवन आप जी रहे हैं वह आपके लायक स्तर नहीं है तो आज से ही इसके बदल डालने की धारणा बनाईये। अपनी डायरी में अपने जीवन की सभी कमजोरियों को लिख कर चुन लिजिए कि आप इनमें से सबसे पहले कौन सी कमजोरी को छोड़ना चाहते हैं तथा उसके लिए अपनी एक प्लान बनाईये तथा अपनी यादों से इसे भुला दीजिए तथा अपनी डायरी पर भी इसे काट दीजिए तथा जीवन में इसे दोबारा याद न करने की सौगंध लीजिए।

जीवन है आपका, आपके बदलने से ही बदलेगा।
जब आप चाहेंगे, सूरज उसी दिन नया निकलेगा।।2259।।

दूसरी तरफ उन खुबियों की लिस्ट तैयार कीजिए जिन्हें आप जीवन में धारण करना चाहते हैं। इन्हें अपने जीवन में उतारने के लिए कोई समय सीमा तय कीजिए तथा अपने मन के साथ इन्हें प्राप्ति की तालिका तय कीजिए। हमारे जीवन का यह कटु सत्त्य है कि हमें दूसरों में खुबियाँ नजर आती हैं तथा हम सदैव ही नीच भावना से अपने को ग्रस्त रखते हैं अतः आज और अभी से विशेषताओं को धारण कीजिए तथा अवगुणों को मिटाने को साहस जगाईये। धारणा कीजिए की उधार का जीवन जीना

बंद कर दिया जायेगा, सभी प्रकार के ऋणों से मुक्ति ले ली जायेगी। कस्म उठाइयें की मैं अपना कार्य दिलों जान से करने के लिए तैयार हूँ तथा बाकि सभी कार्य आप अपने सहायक रूपी 'मन' पर छोड़ दीजिए। उसके साथ बैठिए, प्लान तैयार कीजिए, प्लान के अनुसार चलने का मादा जगाईयें तथा जीवन को सुधार दीजिए। जो व्यक्ति उधार का जीवन जीता है वह कभी पूर्णतः खुश नहीं रहता।

अवगुण देखत 'कृष्ण मुआ, गुण की हुई न पहचान।
जिस दिन देखा रूप मुआ, सो दिन हुआ मैं महान।।2260।।

संभावनाओं को पहचानिए :– संभावनाओं को पहचानने तथा न पहचानने की नौबत तभी आती है जब हम यही नहीं जान पाते हैं कि हमें परिस्थितियों को कैसे फेस करना है। यदि हम अपने जीवन की संभावनाओं पर गौर करते हैं, अपने जीवन के प्रति नजरिये में परिवर्तन लाते हैं तथा संभावनाओं को पहचान पाते हैं तो हम इन्हें ग्रहण भी कर सकते हैं तथा इनके लिए अपने दरवाजे खुले रख सकते हैं। ज्यादातर लोग संभावनाओं को न तो पहचानते हैं और न ही इनको कोई तव्वजो देते हैं यदि महत्त्व भी देते हैं तो इतने सुस्त और ढ़ीले ढ़ाले नजरिये के साथ कि तब तक कोई दूसरा इन्हें ग्रहण कर चुका होता है। संभावनायें आपके जीवन में ऐसे नहीं आती हैं कि कोई आपके दरवाजे पर धन की ढ़ेरी लगा कर चला जायेगा और आप इसे उठाकर अंदर कर लेंगे अन्यथा संभावनायें आपको मौका देती हैं कि आप उनसे लाभ उठायें। जैसे यदि कोई बिना शर्त आपको सहायता के लिए आगे आता है तो इसे ह्रदय से स्वीकार करें। यदि आपको कोई व्यक्ति आपको अपना हिस्सेदार बनाना चाहता है जिसके पास बहुत सारा धन है परन्तु उसके लिए धन के मायने इतने महत्त्वपूर्ण नहीं है जितने आपके लिए तो इसे निशंशय स्वीकार कीजिए। आपको लगता है कि किसी परिस्थिति, जिसका आप सालों से इंतजार कर रहे थे वह आपकी झोली में आकर गिर रही है, तो इसे संभालिए तथा यथायोग्य अपनी मेहनत के बल पर आगे बढ़ते रहिए। कभी जिंदगी में चमत्कार होने की प्रतिक्षा मत कीजिए वरन् चमत्कार करने के लिए सदैव तत्पर रहिए क्योंकि मेहनत करने वाले के लिए एक दिन मेहनत को भी झुकना पड़ता है।

पहचानिये संभावनाओं को, वो आती हैं और जाती हैं ।
जैसा है नजरिया आपका, वैसी ही आपको केवल भाती हैं।।2261।।

अपनी आत्मा की आवाज सुनिए :– आपका व्यवहार तथा जीवन के प्रति अच्छा रवैया आपके लिए सौभाग्य के दरवाजे खोलता है। अपनी सोच को सदैव रचनात्त्मक एवं सौभाग्यशाली बनाए रखने के लिए अपने जीवन, साल, माह तथा दिन के अच्छे अनुभवों को लिखना शुरू कीजिए तथा इनके साथ मिलकर अपनी आत्त्मा की प्रसन्नता तथा उस समय की खुशीयों को महसूस कीजिए जब ये क्षण आपके जीवन

में घटित हुए हों। अपने बचपन से लेकर अभी तक के सभी अनुभवों का एक वृत्तचित्र तैयार कीजिए तथा इन खुशीयों को अपने मन को बतलाईये कि मैं अपना समय इस प्रकार बिताना चाहता हूँ। तदोपरांत इन क्षणों का अपना एक लक्की गार्डन तैयार कीजिए तथा इनसे अच्छे क्षणों का खाका अपने मन को दीजिए। सदैव महसूस कीजिए की सौभाग्य सदा आपके साथ है आपके इर्द-गिर्द है तथा अच्छी संभावनाओं, लोगों तथा अवसरों को हाथ बढ़ाकर स्वागत कीजिए। याद रखिए खुशी और प्यार दो ऐसी बड़ी संभावनाये हैं जिनसे आप विश्व विजेता भी बन सकते हैं। अपने मन को इन दो बड़े एहसासों की अनुभूति लगातार देते रहिए।

'खुशी और प्यार' आपकी, संभावनाओं व भविष्य के उड़ते हुए पंख हैं, जितने ये दोनों मजबूत हैं, जिंदगी उतनी मजबूत, वरना आप रंक हैं।।2262।।

उपरोक्त के अतिरिक्त निम्न बातों पर गौर कीजिए तथा इन्हें अपने जीवन में अपनाईये :–

— अपने जीवन में नित्य नवीनता को अपनाईये और हर रोज कुछ नया कीजिए।
— अपने आपको हमेशा खुश तथा सौभाग्यशाली महसूस कीजिए।
— हर एक छोटी घटना पर अपना ध्यान केंद्रित कीजिए और हल कीजिए।
— उन चीजों को बार बार कीजिए जिनके आप दिवाने हैं।
— ऐसे लोगों से संबंध बनाईये जो आप में विश्वास और रूचि रखते हैं।
— जब आप समर्थ हैं तो दूसरे लोगों की सहायता कीजिए, बिना किसी मतलब।
— जांच परख कर और सोच समझ कर हमेशा जोखिम उठाने को तैयार रहिए।
— भूत भविष्य को भूलाकर वर्तमान पर ज्यादा ध्यान दीजिए।
— सदैव सभी स्थितियों में कुछ न कुछ सीखने की कोशिश कीजिए व सहज रहिए।
— अपने गोल पर सदा गिद्ध दृष्टि रखिए तथा मेहनत करते रहिए।
— हमेशा अच्छे सौभाग्य तथा सकारात्मक परिणाम की आश रखें।
— समस्याओं में उलझना नहीं उनका समाधान कीजिए।
— सभी सामाजिक संबंधों से अच्छे की ही आश रखें।
— अच्छे तथा सौभाग्यशाली लोगों से मिलने की उम्मीद रखें।
— नये अनुभवों एवं संभावनाओं को सदा आमंत्रित करते रहिए।

बुरे समय में प्रभु का, हमेशा शुक्रियादा कीजिए।
'अहसानमंद' रहकर, आशीर्वाद अनंत से लीजिए।।1271।।

'नाम' मंत्र मुक्ति का, जान सके तो जान।
अंत समय पछताएगा, जब छुटन लगे प्राण।।54।।

जिंदगी की ऊँचाइयाँ, तालमेल आप और सृष्टि में।
समयरूपी देरी लगती, विश्वास है जितना दृष्टि में।।1152।।

'कृष्ण' प्रभु से दोस्ती, सब यारों पर है भारी।
बुरे समय में टूटे नहीं, सुख दुःख लागे प्यारी।।202।।

कृष्ण मौन ही तप है, सीख सके तो सीख।
अंत समय पछताएगा, जब मृत्यु देगा चीख।।11।।

जीवन की गाड़ी रूक–रूक, करती रोज इशारे।
आने वाला समय ठीक नहीं, समझा करो इशारे।।559।।

खाना अपनी पसंद का, पहनावा दूसरो की पसंद।
समय अनुसार व्यवहार, करता सदैव 'अक्ल मंद'।।1482।।

तीस साल बाद में आधा, पचास साल में हो चौथाई।
तीनों समय 'खाना' नहीं, 'प्राक्रत' नियम है मेरे भाई।।1483।।

छूट गया जो 'मौका', सिर धुन कर 'पछतायेगा' ।
बाकी सब मिल जावे, पर अवसर हाथ न आयेगा ।।2364।।

6. भूत भविष्य भूलाकर वर्तमान लक्षित करें।

खण्डहरों के सीने पर ही, विकास दोहराया जाता है।
गुजरा हुआ भूला कर ही, भविष्य सजाया जाता है।।2365।।

जब आप बीती हुई बातों पर अपना ध्यान केंद्रित करते हो तो आप भविष्य को नकार रहे हो और भविष्य को नकारने का अभिप्राय है अपनी जिम्मेवारियों से मूंह मोड़ना। इसके विपरीत जब आप अपनी खुशहाली की सोचते हो तो आप अपनी जिम्मेवारियों को स्वीकार कर रहे हो जो आपकी आपके लिए सर्वोपरी है। जब आप कष्ट, भय, दुःखों, वासनाओं व अन्य नकारात्त्मक ऊर्जा के क्षेत्र प्रभाव में होते हैं और अधिक नैगेटिव महसूस करते हैं और जो आप महसूस करते हैं वातावरण से वैसा ही आकर्षित करते हैं और दलदलों के महासागर में धंसते जाते हैं तथा अपने इर्द गिर्द के वातावरण को भी वैसा ही बनाते चलते हैं जैसे आप स्वयं है। इसके विपरीत यदि आप यह तय करते हैं कि आप अपने अनुभवों के आधार पर कुछ ऐसा करना चाहते

हैं जिससे आपकी तरह और कोई सफर न करे तथा आप इसकी नई मिशाल बनना चाहते हो तो आप उन सभी के लिए एक प्रेरणा स्त्रोत भी हो सकते हैं तथा उन्हें परेशानियों से बाहर निकालने का कार्य भी उसी खूबी के साथ कर सकते हैं जिस तीव्रता से आप अपने आप को सताने के लिए तैयार थे।

अनुभवों से सीखकर ही, कदम आगे बढ़ाता चल।
हौसलों को बना 'आधार, रौशनी 'तू' फैलाता चल।।2263

ऐसे समय में यदि आप अपने बुरे अनुभवों को दुनिया के साथ बांटना भी नहीं चाहते तो भी अच्छा है। परंतु जब आप अपराध बोध से मुक्त होकर क्षमा का दान बांट रहे होते हैं तो एक नई आशामयी दुनियाँ का निर्माण अपने इर्द गिर्द कर रहे होते हैं जिसके एहसास आपको न होकर आपकी अपनी अंतर्आत्मा तथा समाज को अवश्य होता है। यहाँ आपकी संवेदनाओं में बदलाव आने से आपके चारों और भूत को भूलाकर भविष्य की ओर देखने की चेतना फैल रही होती है जिससे आपका ही नहीं समस्त जगत का कल्याण होता है। 'गुस्से में रहना अपने हाथों में जल्ता हुआ कोयला लेकर चलने के समान है वह भी दूसरों को जलाने के इरादे से और इससे आप स्वयं भी धधकते रहते होः–

क्षमा वीर का गहना, क्षमा धरते हैं धीर।
क्षमा से तृप्त आत्मा, क्षमा से शीतल शरीर।।2264।।

मनुष्य रूपी कंचन काया आपको शंकाओ, अपराधों, कुसंगतियो, वासनाओं, वैमनस्व, धोखों, पछतावों एवं विरोधों की अग्नि में तपने के लिए नहीं बल्कि ममता, सुःख, शांति एवं धर्म मय संसार का निर्माण करने के लिए प्रदान की गई है। अतः जब जागे तभी सवेरा की युक्ति को धारण कर भूत का चोला छोड़कर सपूत का चोला धारण करो ओर आज को संवारो :–

छोड़ कर सब हरि चरण, शुद्ध, बुद्ध, ज्ञानी हो जा।
त्याग कर भूत का चोला, आज ही ध्यानी हो जा।।2265।।

अपने आज से कल को हटा दीजिए :–बैठिए और तीसरे पक्ष के तौर पर जो भी आपके साथ अच्छा बुरा हुआ उसे लिख दीजिए तथा तब तक लिखते जाईये जब तक आपके मन मस्तिष्क में इसका कोई अंतिम कचरा भी न बचे। इसमें आप कितना समय लेते हैं यह सब आप पर निर्भर है। अब इसे स्वयं ही पढ़िये परन्तु अपने आपको तटस्थ रखते हुए। यह आप पर निर्भर करता है कि आप इसे बार बार पढ़ना चाहते हैं या भविष्य के लिए समेट कर रखना चाहते हैं। परन्तु हमारा संदेश यही है कि इसे लिखने पढ़ने के बाद जितना जल्द हो सके जला दीजिए यह समझ कर कि मैंने अपने आज से कल के लिए कल को मिटा दिया है आज मैं एक नये

तथा सुलझे हुए इनसान के रूप में अवतरित होकर मेरे जैसे झुलसे तथा भुले भटके लोगों के लिए नई शुरूआत करूंगा।

कल कल करते कृष्ण मुआ, कल तो गया और आया।
मेरी बुद्धि 'कृष्ण' तब हुई, जब मुझे केवल आज है भाया।।2266।।

अपने बीते हुए अनुभवों तथा कुंठित भावनाओं का सहारा लेकर आप अपने कल को कल से भी बदल सकते हैं अर्थात् भूत को भविष्य के संवारने के लिए भी उपयोग में ला सकते हैं। अपने भूत को अपना आज और आने वाला कल मत बर्बाद करने दो। अपने अनुभवों को याद कर अपने अनुभवों को आज के लिए आधार बनाकर नये फैसले लीजिए तथा आगे बढ़ने की सकारात्मक योजना बनाईये सोचिए कि आपने बुरे समय में स्वयं को कैसे संभाला तथा इस तरह के अनुभवों से आपको आगे के लिए क्या शिक्षा मिली तथा उसी आधार पर वर्तमान में आप बेहतर कैसे कर सकते हैं तथा बुरे एहसास को ह्रदय से निकाल कर नये और सकारात्मक एहसास से बदल दीजिए। याद रखिए जीवन रूकने का नाम नहीं है यह चलने का नाम है और भूतकाल की ओर देखने का मतलब रूकना और पीछे देखना, जो व्यक्ति पीछे देखकर चलता है उसके लिए दोनों ही तरफ मुसीबते हैं। आप कम से कम अगला संवारने की तो समझदारी दिखलाईये क्योंकि बिता हुआ तो वापिस नहीं आ सकता। हाँ आगे देखने से आप बीता हुआ संवार जरूर सकते हैं।

छोड़ कृष्ण पीछे देखना, आगे देख मंजिले तय कर।
बुद्धि स्थित हो आज में, दूर हृदय से कल का भय कर।।2267।।

6.1 जिम्मेदार बनिए जिम्मेदारी लीजिए :– जब तक आप किसी जिम्मेदारी को दूसरों के कंधें पर थौंपते हैं तब तक सदैव डांवांडौल स्थिति बनी रहती है। वस्तुतः आप इस क्रिया द्वारा अपना भार दूसरों पर डाल रहे हैं जिन्हें स्वयं का भार भी आपके साथ उठाना है तो कदम तो हमेशा ही लड़खड़ाते ही रहेंगे। अपनी अथार्टी से काम लिजिए तथा जिम्मेदारी स्वयं उठाने का हौसला पैदा कीजिए ताकि आप द्वंद्वता से छुटकारा पाईये। आप इस स्थिति में ऐसे रहते हैं जैसे दो चालकों को यदि एक साथ आगे बिठा दिया जाये तो चाहे चालक सीट पर बैठा चालक गाड़ी अपने ढ़ंग से ठीक व सुरक्षित चला रहा हो परन्तु साथ बैठे चालक को हमेशा ही कोई न कोई आशंका बनी रहती है जो कि चालक के लिए भी किसी न किसी रूप में घातक ही होती है। अतः सदैव अपने अंतर्मन में स्वयं पर विश्वास कायम रखिये।

अपना कंधा अपना 'विश्वास, भरोसा स्वयं में कायम कीजिए।
उठाकर जिम्मेदारी स्वयं की, स्वपनों को अपनी उड़ान दीजिए।।2268।।

आशंका चाहे छोटी हो अथवा बड़ी सदैव ही भय से ग्रसित रहती है तथा अपने इर्द गिर्द भी भय का वातावरण क्रिएट करती है। अतः आप इस स्थिति से बाहर आकर केवल सोचिए कि सभी परिस्थितियों के आप स्वयं ही जिम्मेदार थे दूसरे लोगों ने आपकी लापरवाही का केवल फायदा मात्र उठाया है। अब आप उन्हें यह फायदा उठाने नहीं देगें अथवा आपके शब्दों में आगे और धोखा नहीं खायेंगे और फायदे के काम में ही भविष्य में हाथ डालेंगे। आपकी इतनी सोच ही आपको तथा दूसरों से अपराध से मुक्ति दिला देती है।

आशंका भय की जननी, भय प्रकटाता हर विकार।
विकार व्याप्त मायाजाल, माया से कुंठित ये संसार।।2269।।

सोचिए कि कभी लूटाने वाले लूटते नहीं और लूटने वालों के घर कभी दिये नहीं जलते। क्योकि उस अंधियारी रात में वे तो आपके घर का चिराग बूझाने में ही व्यस्त थे। लूटाने वाले ही सदैव आबाद होते हैं लूटने वाले कभी आबाद नहीं होते। आपने जो कभी लिया था सो दे दिया अब कर्ज से मुक्ति मिल गई है तो दुःख कैसा। दुःख दिया था सो ले लिया, धोखा दिया था सो ले लिया या अन्य किसी भी स्थिति अनुसार अपने आप को संतुष्ट कीजिए। आज नहीं तो कल सिर धुन कर, समय बर्बाद कर, बेबश तथा विवश होकर ऐसा कभी न कभी तो करना ही पड़ेगा अतः जिम्मेदार बनिए और आज से ही दुःखों के बोझ को उतार फैंकिए तथा नए भविष्य में हल्के फुल्के खुशी के साथ जाने की तैयारी कीजिए। आपके अंदर यह क्षमता भी सदा थी, है और रहेगी फिर डर कैसा चलिए और भविष्य बदल दीजिए।

हर परिस्थिति की स्वीकारोक्ति, जब हृदय को भा जायेगी।
समझ लेना उसी दिन से तुझे, जिंदगी 'जीनी' आ जायेगी।।2270।।

6.2 जो आप आगे चाहते हैं उस पर ध्यान दीजिए :– भूतकाल से अपने आपको खाली करने के बाद तथा अपने जिम्मेवारी स्वयं उठाकर, अब आज यह सोचिए कि आगे क्या करना है? अनुभव आपके पास है, हौंसला आपके पास है अब इसमें नई प्लानिंग का मिक्सचर डालकर नया भवन खड़ा कर दीजिए और गर्व से लिख दीजिए कि यह लूटे हुए हौंसला युक्त लोगों की नई इमारत है जो अब भी शान से खड़ी है, थी और रहेगी। कुछ समय के लिए तूफान आया परन्तु वह हमारे हौंसलों को कहाँ तौड़ पाया, हवा आई और चली गई परन्तु मेरा नया भवन आज भी उसके स्वागत के लिए तैयार खड़ा है बिना किसी भेदभाव, कुशंका, वासना एवं लालसा के साथ इसी भावना के साथ कि यह इबादतें भविष्य में भी यों ही बढ़ती रहेंगी। मैं यहाँ न कुछ लाया था और न ही लेकर जाऊँगा जो यहाँ था उसी को बेहतर और बेहतर किया व आगे भी बेहतर करने का संकल्प लेता हूँ प्रभु मेरे पुण्य कार्य में मेरे सहायक बनना तथा मुझे आपकी ही तरह भला करने का आशीर्वाद दे दीजिए।

अपनी चाहत को स्वप्न बनाईये, उसी स्वप्न से इमारते सजाईये,
आपके स्वपनों का ये संसार है, जैसा चाहो भवन वैसा सजाईये।।2271।

6.3 अपना आत्म विश्वास प्राप्त कीजिए :– अपने आप पर भरोसा कायम कीजिए। अपने लक्ष्य में विश्वास कीजिए। विश्वास कीजिए की अनन्त अपने दरवाजे आपके लिए खोल रहा है तथा आपको प्रभु का दिया हुआ कार्य ही पूरा करना है। स्वीकार कीजिए जो हुआ आप बदल नहीं सकते थे परन्तु आज उसे भूलाकर आगे बढ़ा जा सकता है तथा समय पाकर उसे भी प्राप्त किया जा सकता है।

प्रकृति ने चुना है आपको, आप प्रकृति का हैं आशीर्वाद।
विश्वास से व्याप्त 'सृष्टि', लक्ष्य हासिल हो निर्विवाद।।2272

6.4 अपने नये लक्ष्य में अपना दिल लगाईये, हंसिये, गाईये, खेलिए, मुस्कुराईये तथा सकारात्मक विचारों को इकट्ठा कीजिए। उत्साहवर्धक साहित्य पढ़िये और सबसे महत्त्वपूर्ण यह कि अपने आप से प्रेम कीजिए, जिंदगी से प्रेम कीजिए यही प्रत्येक दिन को खत्म करने का सबसे बेहरत उपाय है। जीवन को नये तथा उन्नत मन की आंखों से निहारिए तथा जो भी सुदर दिखता है उसे गोदी में भर लीजिए। अपने लिए प्रयुक्त किए जा रहे किसी भी शब्द में रचनात्मकता तथा सृजन तलाश कीजिए आपको अवश्य मिलेगा क्योंकि यह भी प्रकृति का सिद्धांत है कि हर चीज के दो पहलू होते हैं आपका पहलू केवल सकारात्मकता है नकारात्मकता नहीं।

शब्दों में ढूढ़िए खुशियाँ, स्वयं का स्वयं से प्रेम जगाईये।
'लक्ष्य' में डूबोकर ह्रदय, हंसिये गाईये तथा 'मुस्कुराईये।।2273।।

उदाहरण के तौर पर यदि आपको परतंत्र बोला गया है तो इससे अभिप्राय है कि बोलने वाला आपको स्वतंत्र करना चाहता है। यदि आपको भावुक कहा जाता है तो आपमें अपने आत्म सम्मान की रक्षा के लिए अपमान को सहन न करने की शक्ति बाकी है। यदि वे कहते हैं आप अधिक शहनशील है तो समझें आप उनके गुस्से का शिकार नहीं बन सकते। उनके अपमान को उन लोगों से मिलान कीजिए जो आपको सम्मान और आतिथ्य देते हैं। इस प्रकार के संतुलन द्वारा आप अपने लिए आत्मनिरीक्षण का भी रास्ता खोल सकते है। यह आत्मा और मन के लिए एक संतुष्टि भरा रास्ता खोल सकते हैं। अपनी विशेषताओं को एक कागज पर लिख कर उन्हें ह्रदय में धारण कीजिए तथा अपने खोये हुए आत्म विश्वास को वापिस लाकर जीवन में एक नई अलख जगाईये यही आपका धर्म, कर्म, पूजा तथा पाठ है।

धारण कर हृदय में खुबियाँ, भाग्य अपना जगा दीजिए।
मिटा 'परतंत्रता' जीवन से, अल्ख सफलता जगा लीजिए।।2274

6.5 सच्चाई तथा कृत्घनता स्वीकार कीजिए :– इस सच्चाई को हृदय से स्वीकार कीजिए कि जीवन में हार और जीत सिक्के के दो पहलू हैं। इन दोनों के बिना जीवन का आनन्द कदापि नहीं उठाया जा सकता। हार के बिना जीत का औचित्य हीं नहीं बनता। अपने नये लक्ष्य की ओर ध्यान केंद्रित करते हुए अपने आप को हार और जीत दोनों ही अवस्थाओं के लिए तैयार कीजिए। धीरे धीरे आगे बढ़ते जाईये, याद रखिए एक दिन और रात से सृष्टि नहीं बनती जीवन सालों, सदियों तथा युगों तक चलता है। सभी कुछ समय पर आधारित है तथा समय तथा स्थान अनुसार जो भी घटित होगा वह आपके लिए सबसे अच्छा ही होगा ऐसा विश्वास अपनी अंतर्आत्मा में जगाईये। अपने हाथो, मन तथा शरीर के द्वारा कुछ न कुछ दूसरों के भले के लिए दान कीजिए ताकि आप उनके जीवन में खुशियाँ लौटाकर स्वयं उनके लिए सौभाग्यशाली बन सके तथा स्वयं का भी सौभाग्य बना सकें।

हार जीत सिक्के के दो पहलू, जीवन की सच्चाई अपना लीजिए।
छोड़ समय सहारे जीवन डोर, विश्वास अंतर्मन लगा लीजिए।।2275।।

जब आप अपने आपको तरोताजा महसूस करते हैं तथा भूतकाल को भूलाकर भविष्य की और देखने लग जाते हैं तो अब कृत्घनता का समय है। जिन लोगों, दोस्तों तथा मित्रों ने आपकी बुरे समय में सहायता की हो उनका तह दिल से शुक्रिया कीजिए। परमात्मा का धन्यवाद कीजिए जिसने आपको बुरे समय से निकाल कर आज वहाँ ला खड़ा किया है जहाँ से आप आगे बढ़ने के लिए तैयार हैं। उन लोगों का भी शुक्रिया कीजिए जिन्होंने आपकी खींचाई की तथा आपको इस योग्य बनाया कि आप उस खींचाई का हिस्सा बने बिना आगे बढ़ गये।

– जो भावनायें आपको कष्ट देती हैं बार बार लिखिए और फाड़ दीजिए और इन्हें अपने मन तथा दिमाग से भी भूलने का प्रयास कीजिए।

– धन्यवाद कीजिए कि आप जिंदा है व आगे बढ़ने के लिए भी तैयार हैं।

– अपने आप को मजबूत तथा जिंदादिल समझें तथा इसे कायम रखें।

– अपने गुजरे हुए समय को बाये बाये टाटा कह कर भूल जाईये।

– भूतकाल में घटित अच्छी चीजों को याद कीजिए तथा धन्यवाद दीजिए।

धन्यवादी होकर सभी का, दिल से धन्यवाद दीजिए ।
कृत्घन्ता हटा कर हृदय से, आशीर्वाद सभी से ही लीजिए।।2365।।

7. अपनी अंतर्प्रेरणा अर्थात् जनून जगायें।

मनुष्य का शरीर एक संक्षेप ब्रह्माण्ड की तरह से है जिसमें सभी कुछ सूक्ष्म रूप में हुबहु वही समाया हुआ है जो बाह्य जगत में देखा, सुना, सूंघा, परखा व अनुभूत किया जा सकता है। इसी प्रकार 36 तत्त्वों द्वारा निर्मित 'मन' अपने अंदर समस्त ब्रह्मांडीय शक्तियों को समेटे हुए महातत्त्व का अतिसूक्ष्म रूप है। इसकी मूलतः सोलह अवस्थायें हैं जिनके माध्यम से यह जीवन रूपी साम्राज्य में अपना शाशन चलाता है। परन्तु इनमें से दस अवस्थायें भौतिक हैं दो अवस्थायें पैरा भौतिक हैं तथा चार अवस्थायें परा भौतिक हैं। इनमें से आज का भौतिक विज्ञान 12 अवस्थाओं तक पहुंचने में सफल हो चुका है जिन्हें हम 12 ग्रह ऊर्जाओं के रूप में जानते हैं जबकि अभी चार अवस्थाओं तक पहुंचने में समय लगेगा। परन्तु वैदिक विज्ञान इन सभी अवस्थाओं से जुड़ा हुआ है तथा इसका ज्ञान भी रखता है। अब क्योंकि 'मन' वेद विज्ञान का विषय है अतः हम यहाँ पर इसी तक सीमित रहेंगे।

उपरोक्त 12 ग्रह ऊर्जायें हमारी धरती पर विद्यमान हैं तथा इनका संचरण भी हमारे जीवन को प्रभावित करता रहता है जिसे वृहद रूप से भारतीय ज्योतिष विज्ञान में राशियों के नाम से जाना जाता है। इनमें से नौ ऊर्जायें मूल हैं तथा तीन गौण रह कर इन नौ की सहायता करती हैं। संपूर्ण चिकित्सा विज्ञान की दृष्टि में यही बारह राशियाँ हमारे अंगों प्रत्यंगों तक फैल कर शरीर तंत्र को चलाती हैं। कभी नौ रस हैं, कहीं ये छः परिवार हैं, कहीं तीन मुख्य दोष हैं, कहीं ये पंच महाभूत हैं, कहीं महा तत्त्व हैं और अंततः फैलकर वैदिक फिजियोलोजी के 36 तत्त्व एवं चार वेद हैं। इस बारे में विस्तृत जानकारी भविष्य में संपूर्ण चिकित्सा विज्ञान में संपूर्ण एनाटोमी, फिजियोलोजी एवं कैमिस्टरी आदि किताबों में की जायेगी। यहाँ हमारा मुख्य उद्देश्य है कि हमें अपनी अंतर्प्रेरणा की जानकारी होनी चाहिए ताकि हम सफलता से अपने जीवन का निर्वाह कर सकें तथा मन को साथी बनाकर संसार विजय अर्थात पूर्ण ज्ञान की प्राप्ति कर सकें।

छत्तीस तत्त्व की काया माया, चार धर्म के हैं पाये ।
जान जाता जो 'स्वयं स्वरूप', उसी के हैं वारे न्यारे।।2366।।

पूर्व वर्णित पैराग्राफ आपको अतिशियोक्ति की सीमाओं से परे की बात लग सकती हैं परंतु संपूर्ण चिकित्सा विज्ञान का यह एक सुःखद भविष्य है जिसकी ओर हम धीरे–धीरे बढ़ रहे हैं। आओ अब हम बात करते हैं मूल बारह तरह की ऊर्जाओं के बारे में जो कि दूसरे शब्दों में हमारे तारामण्डल के उपग्रह हैं। ज्योतिष विज्ञान की सहायता से सबसे पहले तो हम अपनी ऊर्जा को जानेंगे, उसके उपरांत अपने मूल तत्त्व को जानेंगे तथा तदोपरान्त इन्हें संतुलित करने के मूल मंत्र अर्थात् हमारी अफ्मेशन (प्रतिज्ञान) की जानकारी हासिल करेंगे जिसे दूसरे शब्दों में जीवन को

चलाने वाली चाबी अर्थात् अंतर्प्रेरणा का नाम दिया जा सकता है। इसी अंतर्प्रेरणा की जानकारी के उपराँत हम पुस्तक का पूरा फायदा उठा पायेंगे।

अंतप्रेरणा जीवन की कुंजी, दिला सकती है संपूर्ण पूंजी।
धारण कर इसे पूर्ण 'हृदय, पा लो संपूर्ण ज्ञान सह कुंजी।।2367।।

यह ज्ञान अभी तक एक रहस्य के रूप में केवल ज्योतिष विद्या तक सीमित है परंतु अन्य ज्ञान के साथ मिलने से यह आपके सामाजिक जीवन में परमोत्त्थान का कार्य करेगा तथा आने वाली पीढ़ियों के लिए भविष्य के सुनहरे कपाट खोलने में सहायक होगा।सबसे पहले आप अपनी इन तीन महाशक्तियों को अपने नाम तथा जन्म तिथि के मुताबिक किस प्रकार जान सकते हैं यह तरीका हम यहाँ पर जानेंगे। लेकिन उससे पहले हमें अपनी जानकारी प्राप्त करने के लिए निम्न तालिकाओं के माध्यम से अपने गुणों को जानना अति आवश्यक है। आपकी जन्म तिथि मूल रूप से तीन विषयों के इलावा अन्य प्रभावों को निम्न क्रम में अपने में समेटे है और वे हैं:–

परिवार तालिका

पैतृक अंग	मातृ अंग	तत्त्व का नाम	पोषक तत्त्व	प्रतिद्वन्द्वी अंग	स्थिति
यकृत	पिताशय	आकाश	**पानी**	**वायु**	**पितामह**
फेफड़े	बड़ीआँत	वायु	पृथ्वी	अग्नि	पिता
पैंक्रियाज	आमाशय	पृथ्वी	अग्नि	आकाश	माता
गुर्दे	मूत्राशय	पानी	वायु	पृथ्वी	पुत्री
हृदय	छोटीआँत	अग्नि	आकाश	पानी	पुत्र

मानव शरीर में है ब्रह्माण्ड समाया, अज्ञानी मन सब समझ नहीं पाया ।
माया से रहता मानव मन भरमाया, जीवन रहस्य कभी रास नहीं आया ।।2368।।

आकाश तत्त्व :– खोजी, कार्य में लगे रहना, घाटे से व्यथित, उत्साही, सदा प्रसन्न, सर्वोत्तम व्यक्तित्व, कलाकार, दृष्टिगोचरता, ऊर्जामय, पालनहार, कार्य को पूरा करने की क्षमता। परम् सत्ता में अटूट विश्वास तथा पर कल्याण की भावना।
नकारात्मकता :– असंयमी, गुस्सैल, बदले की भावना तथा कन्फयूजन।
वायु :– विश्वसनीय, उत्साही, सावधान, अव्यवस्था विरोधी, प्रसन्नचित्त, कोमलता, ऊर्जित, संदेशवाही, अच्छे व्यवस्थापक, स्वतंत्र, स्वयं प्रसन्न, सहज ज्ञानी तथा रुचिवर्धक। हौसलों से बुलंद एवं पर कल्याण में स्वयं को झौंकने वाला ।
नकारात्मकता:– विनाशक, खतरनाक, उदास, अड़ियल, गंभीर एवं मरने मारने वाला
पृथ्वी :– चालबाज, स्वार्थी, ध्यान न देने पर बिगड़ जाना, साधन सम्पन्न, संतुलित तथा समन्वित, कलाकार, बुद्धिमान, सहायक, कृतज्ञ, अन्तर्ज्ञानी, भरोसेमंद।

नकारात्मकता :– गंभीर, बहमी, मनोग्रस्त, कसूर निकालने वाले तथा कुंठाग्रस्त

पानी :– चतुर, चालबाज, शांतिप्रिय, सहनशील, सुंदर तथा कलात्मक, पालनहार, अच्छे संदेशवाहक, उद्बोधक, स्थित–प्रज्ञ, उत्तम समझौतावादी, नरम स्वभाव, व्यापक संदर्भता, सामाजिक तथा संवेदनशील।

नकारात्मकता :– अति–चतुर, संवेदनशील, जल्दी थकान, डरपोक, गंभीर तथा अति–कोमल, कामुक, धोखेबाज, मौकापरस्त, रंग बदलू, दल–बदलू।

अग्नि :– सदा प्रसन्न, भावुक, इरादे के पक्के, साहसी, खुश–मिजाज, नवीनता प्रिय, कार्यशील, सम्मान तथा समानता के लिए अडिग, नेता, उत्साही तथा हौसला देने वाले, परिवर्तनात्मक तथा न्यूनता लाने वाले। खिन्न, गंभीर होना पसन्द नहीं।

नकारात्मकता :– असंयमी, दूसरों का शोषण तथा उनकी आवश्यकताओं की ओर ध्यान न देना, गुस्सैल, विनाशक तथा लड़ाके।

परिवार तालिका पैतृक अंग ऊर्जा संचरण समय मातृअंग ऊर्जा संचरण समय

यकृत	प्रातः 1 बजे से 3 बजे तक	पित्ताशय	रात 11 बजे से 1 बजे तक
फेफड़े	प्रातः 3 बजे से 5 बजे तक	बड़ी आंत	प्रातः 5 बजे से 7 बजे
आमाशय	प्रातः 7 बजे से 9 बजे तक	पैंक्रियाज	प्रातः 9 बजे से 11 बजे
हृदय	प्रातः 11 बजे से 1 बजे तक	छोटी आंत	सांय 1 बजे से 3 बजे
गुर्दे	सांय 3 बजे से 5 बजे तक	मूत्राशय	सांय 5 बजे से 7 बजे तक
दिमाग	सांय 7 बजे से 9 बजे तक	कमर	सांय 9 बजे से 11 बजे तक

जन्म वर्ष का अंतिम अंक	जन्म का समय	संबंधित तत्त्व	संबंधित दिशा
0	मध्याह्न 03 से 05 बजे	वायु	नैऋत्य, पश्चिम
1	सांय 05 से 07 बजे	वायु	पश्चिम
2	रात्रि 09 से 11 बजे	जल	वायव्य, उत्तर
3	रात्रि 11 से 01 बजे	जल	उत्तर
4	रात्रि 03 से 05 बजे	आकाश	ईशान, पूर्व
5	प्रातः 05 से 07 बजे	आकाश	पूर्व
6	प्रातः 09 से 11 बजे	अग्नि	आग्नेय, दक्षिण
7	मध्याह्न 11 से 01 बजे	अग्नि	दक्षिण
8	रात्रि 01 से 03 बजे	पृथ्वी	उत्तर, ईशान
9	मध्याह्न 01 से 03 बजे	पृथ्वी	दक्षिण, नैऋत्य

Family	Element	Colour	Defect	Personality	Time	Reflexion	Centre
Liver + G.B.	Ether	Green	Vaat + Pitt	Confused Depressed	11-03AM	Oily	Nail
Lungs L.Ints.	Air	White	Cough	Anger	03-07AM	Dried	Nose
ST + Spleen	Earth	Brown	Pitt	Serious	07-11AM	Humid	Lips
Kidney UB	Water	Black	Cough	Fear	11-03PM	Cold	Eyrish
Heart SI	Fire	Red	Pitt	Emotional	03-07PM	Hot	Tongue

आपके जन्म वर्ष का अंतिम अंक		यिन/यंग Yin/Yang	मातृ/पितृ	आपका संबंधित तत्त्व
0	धनात्मक	फेफड़े	पितृ	वायु
1	ऋणात्मक	बड़ी आँत	मातृ	वायु
2	धनात्मक	किडनी	पितृ	जल
3	ऋणात्मक	मूत्राशय	मातृ	जल
4	धनात्मक	लिवर	पितृ	आकाश
5	ऋणात्मक	पिताशय	मातृ	आकाश
6	धनात्मक	हृदय	पितृ	अग्नि
7	ऋणात्मक	छोटी आँत	मातृ	अग्नि
8	धनात्मक	आमाशय	पितृ	पृथ्वी
9	ऋणात्मक	अग्नाशय	मातृ	पृथ्वी

अंक	अंग्रेजी अक्षर	अंक	अंग्रेजी अक्षर	अंक	अंग्रेजी अक्षर
1	A I J Q Y	2	B K R	3	C G L S
4	D M T V	5	E H N X	6	U W
7	O Z	8	F P	9	th tz

आपका जनून तथा उससे संबंधित विशेषतायें

नम्बर एक :— यह स्थान कैरियर का प्रतीक है। यह निर्बाध जीवन में स्वतंत्र निर्णय क्षमता को दर्शाता है। इसके प्रबल रहने पर घर में धन की प्राप्ति, उसका सदुपयोग होता है। परन्तु गायब रहने पर घर में किसी के बीमार रहने की ओर संकेत करता

है खाशतौर पर मानसिक तथा नर्व विभेद। सरकारी नौकरी एवं उच्चस्थ पद अधिकारी बनने की प्रबल संभावनायें।

देवता :– इस नंबर के देवता भगवान सूर्य को माना जाता है। जिसकी मुख्य विशेषता है जीवन में अनुशाशन एवं भरपूर दान। राजा बली तथा कर्ण इस नंबर के प्रमुख व्यक्ति जाने जाते हैं। अड़ियल, जिद्दी तथा अपनी बात के धनी तथा थौंपने वाले इसके नकारात्मक गुण।

कार्यक्षेत्र :– इस नंबर संबंधी मुख्य कार्यों में राजयोग संबंधी कार्य, उच्च अधिकारी, चिकित्सक, इंजीनियर, गूढ़ ज्ञान एवं मौसम विज्ञान, स्पेश साईंस, मनोविज्ञान तथा स्वर्ण संबंधी व्यापार एवं विज्ञान प्रमुख तौर से शामिल हैं। मिल्ट्री, पुलिस तथा प्रशासन इसके प्रमुख क्षेत्र है जो इस नम्बर का पैशन कहलाता है। बिना परवाह लगे रहना भी इनका धर्म है तथा अपनी धुन के पक्के इनका कर्म है। ये लोग स्वयं आधारित एवं कर्म के पक्के होते हैं।

इन लोगों की किस्मत इस बात पर निर्भर है कि ये कितना कुछ दान करते हैं जितना त्याग उतना ही बढ़ावा, बिना मांगे इन्हें सभी कुछ मिल जाता है। इनके जीवन में बहुत कम उतार चढ़ाव देखे जाते हैं परन्तु बुरा समय आता जाता रहता है। राजा बनकर महलों तथा आलीशान घरों में रहना इनकी इच्छा होती है। ये ज्यादातर अपनी ही सुनने वाले होते हैं दूसरों पर इनका कम विश्वास होता है परंतु यदि करते हैं तो अंधविश्वास। जैसी दोस्ती निभाते हैं वैसी दुश्मनी में भी पक्के रहते हैं। ये लोग प्यार की अपेक्षा अनुशाशन प्रिय अधिक होते हैं तथा ज्यादातर समय में एक ही से प्यार पसंद करते हैं।

ऐसे लोगों से अपने से छोटे लोगों से ज्यादा प्यार होता है, समान लोगों में इनकी कम ही पटती है अथवा उन्नीस इक्कीस का आंकड़ा सदैव बना रहता है। ये लोग अपने पत्नि से तभी प्रेम करते हैं जब इनकी परवाह की जाये ये प्यार करना नहीं कराने में ज्यादा विश्वास रखते हैं। अनुशाशित मित्र व पत्नि इनके प्रिय होते हैं।

वचन के धनी एवं दुश्मनी के भी पक्के ये लोग हमेशा अपनी मनवाकर ही दम लेते हैं। इन्हें फोलो करना नहीं फोलो करवाना पसन्द होता है। इस चरित्र को जानने के लिए सूर्य संबंधी चरित्रों का ज्ञान एवं भगवान विष्णु, सूर्य, नानक, ईसामसीह, अल्हा एवं धर्म के नम्बर वन की पूजा ही सबसे बड़ा धर्म है।

आगे बढ़ने के लिए अनुशाशन एवं दान का सर्वोत्त्म सहारा है। देंगे तो मिलेगा वरना नहीं अतः जीवन में लेन देन का संतुलन सर्वोत्त्म उपाय है जो इनके लिए सर्वोत्त्म जीवन कला भी है।

नम्बर दो :– चंद्रमा का यह नंबर द्वंद्वता का प्रतीक है। ऐसे लोगों के जीवन में उतार चढ़ाव का हमेशा ही महत्त्व बना रहता है। ये लोग समर्पित होते हैं परन्तु धोखेबाजी में भी माहिर होते हैं ऐसे लोगों पर भरोसा करना खतरे से खाली नहीं है। इन लोगों की प्रवृति डरपोक किस्म की होती है तथा दूसरों को डराना या धमकी देना इनका फैशन होता है। कार्य कुछ दिन दिल लगाकर करते हैं फिर बोर हो जाते हैं। काम करना इनके लिए जनून है तथा काम में डूबे रहना इनकी कला है। ये लोग हाथ के अच्छे कलाकर, सुंदरता के धनी तथा डूबे रहने में माहिर होते हैं, जितनी देर मन लगाते हैं उतने ही समय उखड़े रहते हैं।

इन लोगों का मन चंचल होना इनका सबसे बड़ा दोष है अतः त्राटक के द्वारा इसे हमेशा शाँत रखना चाहिए। दिमागी कार्यों में इनकी महारत होती है और यही इनकी ताकत है। चंद्रमा क्योंकि मन का कारक होता है अतः अपनी कमजोरियों के कारण ये अक्सर स्वयं में ही खोये रहते हैं तथा बिना बतलाया डर इनके हमेशा जहन में रहता है। पोलिटिक्स खेलना, चुगलियाँ करना तथा पीठ पीछे मजाक उड़ाना भी इनकी मन की खुराक है जो इन्हें अच्छे दोस्त बनने से हमेशा रोकती है तथा लोग इन पर भरोसा कम करते हैं, इनके साथ राजनीति ज्यादा करते हैं। स्वभावतः बातूनी होने के कारण ये लोग किसी बात को कम ही छूपा पाते हैं परन्तु डर के कारण अक्सर चुप भी रह सकते हैं। अच्छे बातूनी होने के कारण ये अक्सर प्रेम में सफल हो जाते हैं परन्तु अधिक समय तक टिकने वाले नहीं होते। चापलुसी करना तथा मख्खन लगाना इनकी विशेषताये हैं जो अक्सर थोड़े समय के लिए काम आती हैं।

कार्यक्षेत्र :– कला, विज्ञान, मनोविज्ञान, शरीर, शौंदर्य, कागज तथा दवा के क्षेत्र इन लोगों के जनून माने जाते हैं। दूसरे स्तर पर इंजिनियरिंग व स्पेश साईंस, बायोटैक्नोलोजी तथा अन्य खोजी क्षेत्र जो मानव विकास से संबंधित हों जैसे नक्शा नवीस तथा एकाऊँटैंसी।

इन लोगों का जीवन चक्र चंद्रमा से प्रभावित होने के कारण उतार चढ़ावों से भरपूर होता है तथा अक्सर एक बार की गई गल्तियाँ ये दोहराते रहते हैं। कलाओं के क्षेत्रों में ईंटैलीजैंट होते हैं परन्तु सामाजिक स्तर पर अक्सर बुद्धु ही कहलाते हैं तथा आशंका इनका मनोराज्य हो जाये तो ज्यादातर शक्की मिजाज भी होते हैं परन्तु शालीनता इनका स्वभाव होता है। दूसरों को कष्ट पहुंचाने की अपेक्षा ये स्वयं को अधिक कष्ट पहुंचाते हैं। अक्सर इस भावना का लोग गल्त इस्तेमाल करते हैं तो इन्हें जीवन में धोखा खाना ही अच्छा लगता है।

दो नंबर आपसी संबंधों का प्रतीक है जो सुखद वैवाहिक जीवन का संकेत करता है। प्रबल रहने पर स्त्रियां पुरूषों से सुखद स्थिति में रहती है जबकि क्षीण रहने पर महिलाओं को अनेक कठिनाइयों का सामना करना पड़ता है। ऐसे लोगों को भगवान

शंकर की तीसरी आँख पर त्राटक करना चाहिए तथा मन को काबू करना इनका जीवन का सबसे बड़ा हथियार है अगर यह इसमें सफल हो जाते हैं तो जीवन के हर क्षेत्र में सफलता पाकर ये लोग बहुत ही रफ्तार से आगे बढ़ सकते हैं ध्यान, योग एवं शरीर सौष्ठव के द्वारा मन, शरीर आत्मा को तृप्त रखें।

नम्बर तीन :– भौतिक, सांसारिक तथा आध्यात्मिक संम्पंन्ता को समेटे यह नंबर सबसे लक्की व सौभाग्यशाली है। प्रथम वंदनीय गणाध्यक्ष इसके अधिष्ठाता देव हैं। ऋद्धि, सिद्धि तथा समृद्धि का यह नंबर सभी नंबरों में सौभाग्यशाली है। परन्तु संतान के मामले में इस नंबर को पहले तीन पुत्रियाँ आती है अथवा सिद्धि अवस्था में तीन औलाद इसके विपरीत स्थिति भी हो सकती हैं।

समस्त वैभवता का यह नम्बर जातक को भरपूर देता है। विपरीत अवस्था में जातक गरीबी से ही दबा रहता है। ऐसे लोगों को निस्संकोच गणेश जी का आश्रय लेना चाहिए अथवा मातृपितृ भक्ति में आश्रय लेना चाहिए। खानदानी रिवायतों को तौड़ना तथा मातृवर्ग को सम्मान देना तथा मातृप्रिय होना इसके गुण हैं।

यह बुजुर्गों का संकेतक है। प्रबल रहने पर सफलता प्राप्त होती है जबकि क्षीण रहने पर कार्यक्षमता की कमजोरी एवं जीवन में स्फूर्ति में कमी को दर्शाता है। इस नंबर के जातक खाने पीने के शौकीन होते हैं तथा पेट पूजा के उपरांत ही इनकी बुद्धि कार्य करती है। ये लोग अत्यंत आलशी, परावलंबी तथा आश्रित रह कर दूसरों का कल्याण ज्यादा करते हैं। मन, वचन तथा कर्म से अति चतुर तथा बातूनी होते हैं। इन्हें अपना काम निकालना आता है जिसके लिए ये शाम, दाम, दण्ड व भेद कोई भी निति अपना सकते हैं। परंतु सोच में प्रखर होने के कारण कोई न कोई रास्ता निकाल कर ही दम लेते हैं। इन्हें धीमे अधिकारी कहते हैं।

कार्यक्षेत्र :– दूध का कारोबार, हल्वाई, फूडचेन, इंजिनियरिंग, वकालत, खेल कुद, लेखन, ज्योतिष शास्त्र, पशु विज्ञान,जीव विज्ञान, कागज व दूध संबंधी व्यवसाय, मैडीकल, खाता एवं बही लेखन एवं राजनितिक तथा प्रबंधन तथा मानवीय साईंस, मनो विज्ञान आदि विषय हैं जो इनके लिए जनून का कार्य करते हैं तथा ये अपना कार्य निपटा कर ही दम लेते हैं। शरीर इनकी कमजोरी होती है अतः ये मेहनत से अक्सर कतराते हैं परन्तु एक बार शुरूआत के बाद थकने का भी नाम नहीं लेते हैं अतः ऐसे लोगों को उत्साह तथा चापलुसी से काम में लाना ही बुद्धिमतता है। ये स्वामी भक्त तथा ईमानदारी के साथ साथ दोस्ती निभाने में भी सदैव आगे तो नहीं पीछे जरूर रहते हैं। इनकी कमजोरी है इनका पेट जिससे ये अक्सर पीड़ीत रहते हैं तथा जिव्हा के स्वाद के कारण इन्हें जीवन में कठिनाईयों का भी सामना करना पड़ता है। शुगर, मोटापा तथा लीवर संबंधी रोग इनको घेरे ही रहते हैं।

संबंधों में ये लोग रोमांटिक होते हैं। इन्हें अक्सर अपने कार्यों तथा सोच में अचानक सफलता मिलती रहती है। सबकुछ समझने के बाद ही ये आगे कदम बढ़ाते हैं। इनमें काफी सहन शक्ति होती है तथा दूसरों का आदर पाना, आदर देना तथा कुछ नया करना इनका स्वभाव होता है।

नम्बर चार :– सौभाग्य के निरन्तर प्रवाह एवं संपत्ति का प्रतीक है। कार्य में पदोन्नति तथा, सहयोगियों द्वारा प्रशंसा और व्यापार में पहचान ये सब चार नम्बर के सूचक हैं। प्रबल रहने पर यह व्यापार में सफलता एवं सौभाग्य दर्शाता है। जबकि क्षीणता लगातार दुर्घटना, कानूनी अड़चनों एवं हानि की सूचक है। इस नम्बर का सबसे बड़ा दोष है इसकी गल्त संगत तथा गल्त आदतों की ओर लगातार झुकाव। इनके जीवन में दोस्तों की कमी नहीं होती तथा इनको सहायता भी किसी न किसी रूप में मिल ही जाती है। जोखिम उठाना तथा पैदा करना इस नम्बर का स्वभाव है। अपनी इच्छाओं की पूर्ति के लिए ये कोई भी कदम उठाने को तैयार रहते हैं तथा हूक एवं करुक इनका तुरप का पत्ता होता है। ये लोग कानून को तोड़ना तथा जोड़ना खूब अच्छी तरह जानते हैं। विपरीत अवस्था में जुआरी, चोर तथा मर्डर ही इन लोगो के लिए हथियार होता है अतः ये खतरों के खिलाड़ी भी माने जाते हैं।

देव– राहू/बुध तथा विष्णु

कार्य क्षेत्र :– वकालत, जज, टूर एवं ट्रैवल, नशा विज्ञान, प्रबंधन, सीए, फोरंसिक साईंस, फिल्म इंडस्ट्री, कंप्यूटर, मैथ, इंजिनियरिंग विज्ञान, परा भौतिक तथा खोज, अंक विज्ञान जादूगिरी, काला जादू तथा मानवीय प्रबंधन इनके जनून के क्षेत्र हैं। किसी के अधिकार क्षेत्र में इनके लिए कार्य करना मन मारने के बराबर होता है अतः ये हमेशा स्वतंत्र प्रभार पसन्द करते हैं तथा दोस्तों के साथ शुरू किए गए व्यापार में घाटा खाने के उपरांत भी दोस्ती को छोड़ना पसन्द नहीं करते हैं। अच्छे दोस्तों को चुनना ही इनके लिए विशेष सावधानी है।

नम्बर पाँच :– यह अंक निष्क्रिय संकालू व मध्य स्थित माना गया है। परन्तु गुरु तत्त्व से जुड़ा होने के कारण इसे सबसे महत्त्वपूर्ण स्थान हासिल है। इस अंक का व्यक्ति अधिक कंफ्यूजन स्वयं सदैव ठीक होने का दावा व कंजूसी की स्थिति से ग्रस्त रहता है। गुरु तत्त्व को ज्योतिष विज्ञान में सबसे बड़ा सम्माननीय पद मिला है अतः यह सीधे भगवान शंकर अथवा अन्य धर्मों के ईष्ट से जुड़ा होता है। इस तरह के लोग सम्मान के पात्र एवं प्रतिष्ठा को अधिक महत्त्व देते हैं। हर कार्य में श्रेष्ठता ढूंढ़ना, प्राप्त करना इनका स्वभाव होता है। यद्यपि ये हर तरह से आलराऊंडर होते हैं तथा जैक आफ आल मास्टर आफ नन की युक्ति इस नंबर पर बिल्कुल सही बैठती है। बाल की खाल खींचना इनका खोजी कार्य है। विषय की गहराई में डूबते

हुए ये अक्सर अवसरों को गंवा देते हैं तथा शंका के कारण किस्मत के धनी नहीं हो पाते हैं। शक करना ये अपना जन्मसिद्ध अधिकार समझते हैं।

कार्यक्षेत्र :– गुरुत्त्व, शिक्षा, चिकित्सा, गूढ़ ज्ञान, ज्योतिष, वकालत, पैरा भौतिक, मनोविज्ञान, वास्तु विज्ञान, इंजिनियरिंग तथा धर्म ज्ञान इनके मूल विषय हैं यद्यपि ये अपनी इच्छा तथा मानसिक शक्ति के बल पर किसी भी क्षेत्र में सक्षम होते हैं। मेहनत के सिवाय इन लोगों को ज्यादा कुछ मिलने की उम्मीद तभी की जा सकती है जब ये आध्यात्मिक क्षेत्र में पदार्पण करें तथा सेवा के द्वारा फल हासिल करें। लक्ष्मी इनसे दूर भागती है या सेवा में आकर अथाह भण्डार भर देती है। इनका कंजूसी स्वभाव ही इनके लिए घातक है।

इन लोगों का काम है आशीर्वाद देना और फिर जिसे दिया उसी से कुछ मिलने की आश रखना और यही इनके लिए घातक विष का कार्य करता है। अतः इन्हें सुधार का ठेका छोड़कर अपनी आत्मा में स्थित होकर ही परिस्थितियों को बदलना चाहिए। भगवान विष्णु इनके तारणहार होते हैं तथा अहंकार का त्याग इनका सर्वोत्त्म त्याग है। इन्हें कभी भी मेहनत से अधिक कुछ भी प्राप्त नहीं होता, परंतु गुरू तत्त्व के कारण अंतिम क्षणों में स्वयं प्रकृति अथवा ईष्ट इनके सहायक के रूप में अवतरित हो जाते हैं।

भक्ति, शक्ति तथा मुक्ति में से मोक्ष इनका सर्वोत्त्म विकल्प है। ये लोग ज्यादा संसारी न होकर मनोविकारी होते हैं तथा चरित्र इनके लिए सर्वोत्त्म गहना है जिसे इसे धारण करना चाहिए तथा जोगी बनकर रहने में ही इनकी मनोशाँति है। ये लोग स्वभावतः भावुक होते हैं तथा अक्सर भावनाओं को ठेस पहुंचती रहती है तथा नकारात्त्मक स्थितियों में चिंतायें इनका पीछा नहीं छोड़ती परंतु यह समयानुसार इन्हें दबाते अथवा कंट्रोल करते रहते हैं। ईष्ट चरणों में अहं त्याग सबसे बड़ा त्याग है और इसके सिवाय इनकी जिंदगी में कोई अन्य समाधान नहीं है। किसी की भी सहायता करने में इन्हें कभी पीछे नहीं हटना चाहिए।

नम्बर छ :–यह दैवीय शक्तियों द्वारा संचालित नम्बर है। शुक्र प्राणी होने के कारण यह प्रेम तथा सृजन का नम्बर भी माना जाता है अतः चरित्र नियंत्रण इस नंबर के लिए सबसे बड़ा वरदान है। यह सृजनात्मकता, सहायक मित्रों, अच्छे पड़ोसियों, सहयोगी कर्मचारियों का प्रतीक है। प्रबलता मददगारी एवम् कमजोर लोगों की सहायता का सूचक है जबकि क्षीण होने पर व्यक्ति सहयोगियों, मित्रों तथा कर्मचारियों द्वारा पीड़ित रहता है। सैक्स प्रधान तत्त्व होने के कारण इन लोगों को काम एवं वासनाओं से अपने आपको बचाए रखना चाहिए।

इस नंबर के व्यक्ति निर्णय क्षमता में कमजोर होने के कारण अक्सर जीवन में पीछड़ जाते हैं क्योंकि शरीर इनकी कमजोरी होता है जिसे कष्ट पहुंचाने में इनको

तकलीफ होती है। विपरीत सैक्स की पीड़ा इनके लिए घातक रहती है तथा ऐसी स्थिति में ये हीनभावना से ग्रसित भी हो जाते हैं तथा अच्छी भली राह को छोड़कर विपरीत दिशा में चल पड़ते हैं। इन लोगों को किसी गाईड की आवश्यकता नहीं होती परंतु ये अपने स्वभाव के कारण भी इन्हें कोई ऊंगल पकड़कर चलाये ऐसा सोचते रहते हैं। आत्मविश्वास इनका सर्वोत्तम गहना है तथा विश्वास पर टिके रहकर अपने भरोसे पर अडिग रहना इनकी ताकत है।

कार्यक्षेत्रः– शिक्षा के लगभग सभी क्षेत्र, चिकित्सा, शरीर सौष्ठव विज्ञान, कला विज्ञान, गणित एवं सांख्यिकी, समुद्र मंथन, प्रबंधन, कंप्यूटर, उड़ान क्षेत्र, एवियेशन, मैडीकल ट्यूरिज्म, होटल तथा वाणिज्य। इन लोगों का मूल क्षेत्र शिक्षा तथा गर्भ विज्ञान से जुड़ा है। संपादन, लेखन तथा लाईफ कोचिंग इनके लिए अच्छे क्षेत्र हैं। इस नंबर के लोगों को अपनी सेहत का विशेष ध्यान रखने की आवश्यकता है। जो भी हानिकारक है उससे बचना चाहिए। हर क्षेत्र में निर्णय पूर्वक विचार करना आवश्यक है। इन्हें कुछ भी प्राप्त करने के लिए मूल्य चुकाना ही पड़ेगा चाहे वह मेहनत ही क्यों न हो। मूलरूप से ये लोग स्वावलंबी न होकर परावलंबी होते हैं। शुक्र प्राणी होने के साथ साथ माता वैष्णैवी तथा गायत्री इनके तारक देव हैं।

नम्बर सात :– रचनात्मक कार्यों, संतान, परियोजनाओं, कला एवं नवजीवन का संपादक है। प्रबल रहने पर व्यक्ति सुखी एवं उत्तम जीवन व्यतीत करता है। क्षीणता की स्थिति में व्यक्ति को अपनी खुशी के लिए भी धन संचय करने में कठिनाइयों को सामना करना पड़ता है। ये लोग किस्मत के धनी कहें जा सकते हैं जिन्हें कम सफलता में अधिक मिलता है। ये स्वार्थी तथा आत्मसंकोची स्वभाव के होते हैं। दिखावा करना व फ्लर्ट करना इनका स्वभाव माना जाता है। ये लोग प्रेमी होते हैं लेकिन विश्वास के लायक नहीं होते हैं।

मुख्य क्षेत्र :– ये लोग पक्के व्यापारी तथा मौकों का भरपूर फायदा उठाने वाले होते हैं। अतः व्यापार इनका मुख्य क्षेत्र है। व्यापार प्रबंधन, विधि लेखन, कामर्स, वकालत, मैडीकल, नर्सिंग, दवा तथा फार्मेसी ऐसे क्षेत्र हैं जहाँ ये अपना जनून ढूंढ़ लेते हैं। इन लोगों का व्यापार सुदूर क्षेत्रों में फैला होने के कारण हीरा, सोना, चांदी तथा हौजरी भी इनके अच्छे क्षेत्र माने जा सकते हैं। फैशन एवं डिजाईनिंग भी इनके अधिकार क्षेत्र में पड़ते हैं। मानसिक तौर पर ये लोग डरपोक, संकोची एवं आत्मघाती होते हैं। केतु द्वारा संचालित ये लोग अक्सर गुप्त रोग पीड़ीत रहते हैं।

नम्बर आठ :– यह ज्ञानार्जन का प्रतीक है। प्रबल होने पर पारिवारिक विषाद एवं तनाव पैदा करता है तथा परिवार का प्रत्येक सदस्य स्वार्थी हो जाता है। क्षीणता की स्थिति में संतानोत्पत्ति में कठिनाई का कारण बन सकता है। अपनी बात मनवाना तथा अडिग रहना इनका पैतृक स्वभाव होता है। नित्त्यप्रति की समस्याओं को

सुलझाने में सफल रहते हैं। इनका स्वभाव सदैव मूडी रहता है और अक्सर ऐसी स्थिति में हर कोई इनका दोस्त नहीं हो सकता। इनके लिए अपना स्वभाव ही सबसे बड़ा विरोधी होता है।

कार्यक्षेत्र :– इनके कार्यक्षेत्रों में वकालत, गहन रिसर्च वर्क, काला जादू, नैतिकता, मैडीकल, इंजिनियरिंग तथा कला विज्ञान के साथ सघन क्षेत्रों का विशेष शोधकार्य भी शामिल होते हैं। जिनमें एस्ट्रो फिजिक्स, तथा शरीर तंत्र शामिल हैं। इसके अलावा ज्योतिष, समूद्र विज्ञान एवं खनन इत्यादि के क्षेत्र भी इनका जनून होते हैं। इनका केवल एक ही क्षेत्र नहीं होता वह है किसी अधिकार क्षेत्र में कार्य नहीं करना। ये अहंकारी तथा स्वावलंबी होते हैं। अपनी हर बात को मनवाने की जिद्द इनकी मूल कमजोरी मानी जाती है। स्वाभिमानी एवं स्वावलंबी रहना ही स्वभाव है। इनके ईष्ट शनि महाराज होते हैं तथा इसी कारण जीवन के प्रति ये काफी संवेदनशील होने के साथ साथ आसानी से फ्लर्ट भी किए जा सकते हैं। अपनी प्रशंसा सुनना ही इनकी खुराक है तथा उसके लिए ये अपनी हदें पार कर लेते हैं। इन लोगों में हर समय गुस्सा ही समाया होता है तथा हर समय खुशी या गमी के माहौल में रहना चाहते हैं। इनके संपर्क में रहने वाले लोग इन्हें अक्सर हिटलर का खिताब देते हैं। एडजैस्ट इनको करना नहीं आता जिसके लिए इन्हें अपने स्वभाव को बदलने की विशेष जरूरत होती है। यदि संतुलन जीवन में आ जाये तो ये औरों से कहीं अधिक आगे बढ़ते हैं तथा समाज के उद्धारक एवं अभिनेता बनते हैं। किसी भी ग्रुप को लीड करना तथा केवल अपनी बात रखना इनका स्वभाव है।

अच्छे प्रबंधक, कार्यकुशल तथा बिना डिस्टर्बड रहने वाले मिजाजी होते हैं। इनका प्रमुख वाक्य होता है "मैं यह नहीं चाहता" मेरी खुशी ही सर्वोपरी है। यही कारण है कि ये अपने कार्य को स्वयं निपटाने में अधिक प्रसन्न रहते हैं तथा दूसरों के कार्य इन्हें कम ही पसन्द आते हैं। इन लोगों में भी नंबर चार की भाँति दोस्ती के प्रति झुकाव होता है लेकिन ये दोस्त सोच समझ कर ही बनाते हैं। इनके जीवन में अच्छे दोस्तों की कमी इसीलिए रहती है कि ये अपना अहं सर्वोपरी रखते हैं। इन्हें सूनने वाला चाहिए सुनाने वाला नहीं। इन लोगों के लिए किस्मत अपना दरवाजा खोलती है परन्तु इसी शर्त के साथ की इन्हें चरित्र तथा अनुशाशन में अडिग होना चाहिए। मेहनत इनका स्वभाव होता है परन्तु परिणाम को जल्द पाने के एवज में कई बार नुकशान भी उठाते हैं। यदि ये जीवन में अनुशाशन तथा धैर्य से काम लेते हैं तो ये भाग्य के दरवाजे स्वयं निर्मित कर सकते हैं। धैर्य का गुण इनके लिए शक्तिवर्धन का कार्य करता है तथा जीवन का सर्वोत्तम गहना है।

नम्बर नौ :– यह आत्म–साक्षात्कार का प्रतीक है। स्वयं को प्रकाशित करना तथा प्रकाश दूसरों में फैलाना इस अंक का स्वभाव है। ये लोग जन्म से दूसरों के लिए सहायक तथा बिन मांगे सहायता देने वाले होते हैं। इस अंक के प्रबल रहने पर व्यक्ति की प्रसिद्धि होती है तथा उसे समाज में सम्मान मिलता है। यदि यह अंक

कमजोर हो तो व्यक्ति दूसरों के विचारों द्वारा ही प्रभावित रहेगा तथा उसमें आत्मविश्वास की कमी हमेशा रहेगी। भगवान हनुमान के रिप्रेंजैंटटेटिव होने कारण ये ब्रह्माण्ड नायक कहलाते हैं तथा स्वभाव से जिद्दी होने के साथ साथ किस्मत के धनी होने के साथ साथ अष्ट सिद्धियों तथा नव निधियों के स्वामी होते हैं।

कार्य क्षेत्र :– कला, साहित्त्य, रक्षा तथा संगीत इसके मूल क्षेत्र हैं। इसके अतिरिक्त इंजिनियरिंग, मनोविज्ञान, शरीर विज्ञान, युद्ध एवं प्रबंधन, एडवंचर, गाईड तथा तीर्थारटन इनके विशेष क्षेत्र हैं। राजनीति तथा धर्म विज्ञान में भी इनकी विशेष रूचि होती है। धुन के पक्के होने के कारण समस्त प्रशासनिक कार्य इनके अधिकार क्षेत्र में आते हैं। घर से दूर रहकर ऐसे लोग ज्यादा खुश व प्रगतिशील होते हैं। स्वभाव से जिद्दी होते हुए भी इनके दोस्त मित्रों का दायरा अच्छा होता है तथा सहायता लेना तथा करना इनका स्वभाव होता है। स्वभावतः एवं संस्कारवश ये दुनियाँ के सबसे अच्छे दोस्त, सहायक तथा दिलो जॉन लूटाने वाले होते हैं।

इस नंबर के ईष्ट देवता हनुमान जी होने के कारण व्यापार में भी इनकी अच्छी चलती है तथा लक्की कहलाते हैं। नौ नंबर स्पैक्ट्रम का दूसरे सिरे का महत्त्वपूर्ण नंबर होने के कारण ये लोग अधिकतम महत्त्वाकांक्षी होते हैं तथा जीवन में लगभग वो मुकाम हासिल कर ही लेते हैं जो यह हासिल करना चाहते हैं। अपने ही मथन के होने के कारण ये अपने कार्य को पूरी तल्लीनता के साथ पूरा करते हैं तथा क्वालिटी पर विशेष जोर देते हैं। किसी भी कार्य में डूबना तथा मूलतः हृदय लगाना इनका स्वभाव माना जाता है।

उपरोक्त तथ्यों एवं जानकारियो के आधार पर आपकी जन्म तिथि मूल रूप से तीन विषयों के इलावा अन्य प्रभावों को निम्न क्रम में अपने में समेटे है और वे हैं :–

क्रम	**विषय**	**जन्म तिथि**	**जन्म का मास**	**जन्म का वर्षः–**
1.	जीवन काल	वर्तमान	भूतकाल	भविष्य
2.	त्रिदोष	मूल दोष	पैतृक	तात्त्विक
3.	ऊर्जा	दैविक	पैतृक	तात्त्विक
4.	दोष	वात	कफ	पित्त
5.	प्रवृति	राजसिक	तामसिक	सात्त्विक

उपरोक्त तालिका अनुसार इसमें जन्म तिथि जातक के पैतृक देवता को दर्शाता है। मास के अनुसार उसके वर्तमान कुल में हुए जन्मों को दर्शाता है। जन्म वर्ष का अंतिम अंक जातक के तत्त्व को दर्शाता है। अब हम किसी भी एक जन्म तिथि का आंकलन उपरोक्त आधारों के आधार पर करेंगे तथा जातक के जनून को जानने के बाद उसे अपना जनून जगाने की सलाह देंगे।

जन्म तिथि :– 14 नवम्बर 1964

दिनांक (जन्म तिथि) = 'वर्तमान' 1+4= 5 जनून (गुरुत्त्व)

यह जातक की पर्सनल्टी तथा देवता का नम्बर है जो गुरु वृहस्पति (शिव) ऊर्जा दर्शाता है।

जन्म मास = (भूतकाल) 1+1 = 2 दूसरा/11 वां जन्म अथवा (योनि) का जन्म
वर्ष का अंतिम अंक = भविष्य = 4 आकाश तत्त्व (पारिवारिक संस्कारों से जुड़ाव)
नाम के साथ जनून जानने का तरीका।

1	2	3	4	5	6	7	8	9
A	B	C	D	E	F	G	H	I
J	K	L	M	N	O	P	Q	R
S	T	U	V	W	X	Y	Z	

उदाहरण :– नाम: श्रीकृष्ण शर्मा

Name And Last Name:

S	H	R	I	K	R	I	S	H	A	N
1	8	9	9	2	9	9	1	8	1	5

= 62 = 6+2= (8)

S	H	A	R	M	A	
1	8	1	9	4	1	= 24 = 2+4=(6)

TOTAL OF SHRIKRISHAN SHARMA = (8)+(6) = 14 = 1+4=(5)

इस प्रकार जातक का जनून तथा भाग्य नंबर पांच है जो उसे बतलाता है कि उसको अपनी रूचियों, कार्यों तथा जीवन को किस प्रकार से नियंत्रित करना चाहिए तथा जीवन में किस प्रकार आगे बढ़ने के लिए प्रयत्न करने चाहिऐं। कई अवस्थाओं में ये नंबर अल्ग अल्ग भी हो सकते हैं जहाँ जातक का नामकरण तिथि अनुसार न किया गया हो तो ऐसी अवस्था में उसे अपने जीवन के तथ्यों को निहारते हुए स्वयं इसका निर्धारण करना चाहिए इसमें उसे कोई शंशय लगे तो नाम तथा जन्म तिथि दोनों को जोड़ने के उपरांत जो नंबर आता है उसी पर संतोष कर स्वीकार करना चाहिए। जैसे उपरोक्त उदाहरण में 5+5=10=1 आता है जो सूर्य से संबंधित ऊर्जा का द्योतक हुआ। जन्मतिथि की अनुपस्थिति में नाम का मूलांक भी कार्य करता है।

अपने जनून को शक्तिशाली बनायें :– अब जब आपको यह पता चल चुका है कि आपका जनून क्या है इसे शक्तिशाली बनायें ताकि आप वो परिणाम प्राप्त कर सकें जो आप चाहते हैं परन्तु वो आपको उस तरह नहीं मिल रहे हैं जिस गति तथा स्तर में चाहते हैं। इस स्थिति में आपको अपने जनून के साथ प्यार बढ़ाना होगा। यदि आपको अपना जनून अच्छा लगता है तथा आप उसे अपनाना चाहते हैं तो जो भी आप करते हैं उससे प्यार कीजिए इसे केवल अपनी दिनचर्या का हिस्सा इसलिए न बनने दीजिए कि आप सिर्फ समय काटना चाहते हैं अथवा आपका मन नहीं मानता पर क्या करें किसी कारण या परिस्थितिवश बस करना पड़ता है तो इसे त्याग कर

तुरंत वो कीजिए जिससे आप दिल से करना चाहते हैं। आधे हृदय से किया गया कोई भी कार्य आपको आधे ही परिणाम लायेगा। अतः अपने ध्यान को वहाँ लगाईये जहाँ आप दिल से चाहते हैं। साधारण हल यही है कि जनून के देवता को जानकर उसके मंत्र का जाप कीजिए यही सर्वोत्तम उपाय है। अपने आप से पूछिए कि मैं जो कर रहा हूँ क्या वह मुझे मिल पा रहा है यदि नहीं तो सर्वप्रथम वर्तमान–भूतकाल–भविष्य का ध्यान रखते हुए बैठिए और अपने आप से अपना जनून पूछिए अथवा जानिए तथा जानने के बाद अपने अंतरमन के साथ लग जाईये। इसे बार बार बताईये कि मैं यह चाहता हूँ तथा इतने समय में चाहता हूँ। अपने आपको बतलाईये कि मैं इससे प्यार करता हूँ तथा यह और इतने समय में पूरा करना चाहता हूँ। बैठिए तथा लिखिए तथा अपने आपको वहाँ लगाईये जो आपको करना अच्छा लगता है तथा जो आपका हृदय चाहता है उसे पूरा करने के लिए प्रकृति स्वयं आपके साथ चल देती है।

अंक विज्ञान से मिलान करने के उपरांत हम अपने जनून के सहायक अंक (माता) अथवा देवता की भी पहचान आसानी से कर पाते हैं ताकि अपने जनून को और अधिक बलशाली तथा कारगर एवं तुरंत फलदायक बनाया जा सके। उदाहरण के तौर पर उपरोक्त जनून–स्वयं–वात (5) में इसका कंडक्टर अथवा सहायक देव (मैतृक)–कफ, हुआ अंक (3) जो कि समान अंक तालिका में पांच से पहले आता है तो आपके सहायक देव हुए गणपति अथवा आपके धर्मानुसार जो भी देवता तीन नंबर का प्रतिनिधित्त्व करता है। इसी विभाजन को तृदेवों, शक्तियों, प्रकृतियों व प्रवृतियों में गुणानुसार उपरोक्त दर्शाये अनुसार विभाजित कर सकते हैं।

अब बारी आती है लक्षित देव (पैतृक) अथवा आपके ड्राईवर की जो कि समान अंक तालिक के अनुसार पांच से अगला अंक हुआ (7) जो कि केतु (शिव)–पित्त, हुये क्योंकि केतु को ज्योतिष में शिव की छाया माना गया है तथा इसकी धड़ न होने के कारण चंद्रमा का दक्षिण कोना अथवा छाया ग्रह माना गया है जो कि मोक्ष का कारक है क्योंकि मोक्ष दाता भगवान शिव ही हैं इसलिए केतु शिव की छाया मात्र हैं। इस प्रकार उपरोक्त गणनाओं के अनुसार आपके जीवन का शक्ति त्रिभूज हुआ शिव, विष्णु तथा गणपति आधारित एवं आपका मूल मंत्र भी विष्णु संबंधित होगा जबकि गणेश तथा शिव संबंधित मंत्र आपके सहायक एवं जीवन लक्षित मंत्र होंगे। इनमें आपका जनून ही सर्वोपरी माना जायेगा जबकि अन्य मंत्र आपके जीवन की दिशा, दशा एवं दक्षता बदलने में आपके सहायक का कार्य करते हैं। इनको आप इस तरह भी समझ सकते हैं कि जनून आपके व्यक्तित्त्व का प्रतिनिधि है, सहायक

अंक आपके भूतकाल अथवा कर्मों का प्रतिनिधित्त्व करता है जबकि ड्राईविंग अंक आपके भविष्य को लीड करेगा।

जैसा कि पहले बतलाया जा चुका है कि यहाँ हमारा लक्ष्य किसी धर्म विशेष को बढ़ाना न होकर केवल आपकी ऊर्जा को पहचान कर उसे फलिभूत तथा गुणकारी बनाना है ताकि आप अपना जीवन सुख, सौहार्द तथा पूर्णता के साथ व्यतीत कर पायें तथा अपनी ऊर्जा को मल्टिप्लाई कर भरपूर संपन्न एवं उद्देश्यपूर्ण जीवन व्यतीत कर पायें वह भी अपनी कुंठाओं, परेशानियों तथा नित्त्यप्रति परेशान करने वाली बाधाओं से ऊपर उठकर तथा स्वयं की सत्ता में स्थापित होकर प्रकृति के पूर्ण सानिध्य में रहते हुए। आप अपने धर्म की मान्यताओं अनुसार भी अपने ईष्ट, सहायक एवं स्वयं की पहचान कर सकते हैं तथा अंकों की विशेषताओं अनुसार जीवन में उपयोग में ला सकते हैं। अपने जनून को गुणात्मक बनाने के लिए निम्न उपाय बतलाये गये हैं।

अपने जनून का पीछा कीजिए :– जीवन में यह जनून समय तथा परिस्थिति अनुसार बदलता है तथा हम अपना नजरिया भी बदलते हैं। अपने जनून का पीछा करने के लिए आपको केवल इसे बार बार याद करना है, लिखना है तथा इस तरह से फोलो करना है जिस प्रकार एक प्रेमी अपने प्रेम को फोलो करता है और इसको अंततः फोलो तो आपके मन को ही करना है अतः अपने मन को खुश कीजिए। सैर के लिए जाईये, खुश होने के लिए अलग अलग चीजें कीजिए तथा हर एक कदम पर इसे अपने जनून के बारे में बतलाईये तथा इसे पूरा करने का बार बार आदेश दीजिए। कई परिस्थितियों में आपको लगेगा कि यह आपको फोलो नहीं कर रहा है परंतु धैर्य के साथ इसे बार बतलाईये कि आप क्या चाहते हैं जब तक यह आपको परिणाम न देने लगे बार बार याद दिलाईये। यह आपको कहीं ओर ले जायेगा परंतु अपने आपको याद दिलाईये कि आप क्या चाहते हैं।

जब आप बार बार अपने जनून का पीछा करते हैं तो आपके अंदर बैठा आपका अंतर्मन जो कि मन को कंट्रोल करता है तथा अहंकार से परे रहता है उसे आपकी इच्छा का पता चलता है तथा वह आपको सृष्टि के साथ जोड़ता है सृष्टि आपके लिए वह सब कुछ करना आरंभ कर देती है। यह शक्ति आपके तथा आपके अभिष्ट के बीच की दुरियों को मिटाना आरंभ करती है तथा वांछित लोग, ऊर्जा तथा संसाधनों को आपके कदमों में लाकर रखना आरंभ कर देती है यही आपका सृष्टि के साथ आंतरिक संबंध है जो आपके लिए खुशियों के अंबार खड़े कर देगा। वास्तव में यही सफलता की शुरूआत है इससे पहले सभी कुछ खाली मेहनत। जबकि मेहनत को आवश्यकता रहती है ऊर्जा तरंग की जो कि आपके जनून का मंत्र

कहलाता है तथा इसके अतिरिक्त प्रकृति सानिध्य की जो कि आपके साथ है, थी और भविष्य में भी सदैव आपकी युक्तियुक्त सहयोगी रहेगी।

अपने जनून को पक्का कीजिए :– अपने जनून को जानने, पीछा करने के बाद यह समय है कि आप अपने अंतर्मन को बताईये कि आपको पता है कि आप क्या चाहते हैं, आपने अपने जनून को खोज लिया है तथा आपका जनून यह है जिसे आप अपने अंतर्मन द्वारा फोलो करवाना चाहते हैं। अब आप इसे बतलाईये कि मैं यह करना चाहता हूँ तथा इसके लिए मैं तैयार हूँ। बैठिये और बार बार सभी बातों को फोलो कीजिए जो आपको ऊपर बतलाई गई है। जनून को पक्का करना ठीक उसी तरह से है जैसे आपने किसी काम को करने के लिए आज ही पूरा करने की सोची परंतु दूसरे कार्यों में व्यस्त होते ही जो आपने सोचा था उसे ही भूल गए। दूसरी तरफ इसे याद रखने के लिए अपने फोन में अलार्म लगाते हैं, डायरी में लिखते हैं तथा बार बार इसे याद रखने की कोशिश करते हैं तो आप अपना कार्य समय पर पूरा करने में सफल हो जाते हैं। जब आप अपने जनून को बार बार पक्का करते हैं तो आपके अंतर्मन के साथ आपकी अच्छी समझ बननी आरंभ होती है तथा यह आपकी इच्छा को समझ उस पर सिद्दत से कार्य करना आरम्भ कर देता है। यही आपके लिए सफलता की शुरूआत है।

अपने जनून को लिखिये :– इसे ट्रैक पर वापिस आना माना जाता है। अपनी सोच को लगातार अपने जनून से जोड़ दीजिए तथा अपने मन को बार बार बोलिए कि मैं यह करना पसंद करता हूँ तथा आपका अपनी सहायता के लिए बहुत बहुत धन्यवाद। वीक एंड तथा अवकाश के समय अपने आप से बात कीजिए तथा इसे बतलाईये कि जो भी चल रहा है आप उससे प्यार करते हैं, पसंद करते हैं तथा इसे करते हुए आप प्रसन्न हैं तथा ऐसा ही करना तथा रहना चाहते हैं। अपनी सोच को वहाँ लेकर जाईये जो आप करना चाहते हैं तथा इसे करते रहिए।

जनून के साथ खुशियाँ मनाइये :– जैसा कि बार बार कहा जा चुका है कि किसी भी सफलता का आधार है आपकी खुशी यदि आप ऐसा नहीं कर पा रहे हैं तो सभी कुछ छोड़कर अपने आपको खुश रखने के लिए घुमने जाईये, लंबे समय के लिए व्यर्थ के कार्य करना छोड़कर अपनी खुशियों का पीछा कीजिए क्योंकि इस आधार के बिना आपकी सफलता भी अधुरी है अथवा कभी पूरी ही नहीं हो सकती है। अपने जनून के साथ जुड़े हुए अनुभवों, भावनाओं तथा सोच के साथ खुशी का भाव मिला दीजिए तथा पहले स्तर पर अपने आपको खुश रखने की कोशिश कीजिए। आपका जनून यदि आपको खुशी, प्रसन्नता तथा शाँति नहीं दे सकता तो समझ लीजिए आपका जनून पूरा नहीं है अथवा आपके जनून अथवा आपकी उसके साथ जुड़ने में

कोई कमी है उस पर ध्यान दीजिए तथा किसी भी तरह से अपने आपको स्वतंत्र कर खुशी प्राप्त कीजिए।

खुशी हो या मन की शाँति, इच्छाओं की पूर्ति या विश्रांति।
सब है आपके नजरिये पर, मन की द्वंद्वता हो अथवा भ्राँति।।2276।।

दीजिए जनुन को बढ़ावा, ठहर कर विश्वास में।
'सफल' सीढ़ी चढ़िए,सफलता बसी आश में।।2277

8. निष्ठा के साथ लगे रहें।

निष्ठा और विश्वास से, सबकुछ ही पाया जा सकता है।
लगे रहो एक निष्ठ हो, सफलता ले परम् आ सकता है।।2181

उपरोक्त सभी गुण केवल एक निष्ठा के बिना अधुरे हैं। हमारी सोच, विश्वास, नजरिया, चरित्र तथा व्यवहार सभी तब तक अधुरे हैं जब तक हम सभी को साथ लेकर एक निष्ठा के साथ सफलता की प्राप्ति के लिए लगातार लगे नहीं रहते हैं। यह आपकी वह योग्यता है जिसमें आप अपने लक्ष्य प्राप्ति तक बिना किसी असफलता के लगातार लगे रहते हैं। आपकी इस योग्यता में आपके 'मन' का बहुत बड़ा हाथ है क्योंकि आपकी अंतर्मन निष्ठा ही आपकी बाह्य निष्ठा को प्रकट करती है। अब तक वर्णित किए गए सभी उपरोक्त गुण आपकी अंतर्मन के ही गुण हैं जो हमें बेहतर जीवन जीने के लिए गुणातीत बनाते हैं। परन्तु बहुत बार हम अपने सामाजिक दायित्त्वों के चलते वह नहीं कर पाते हैं जो अभी तक वास्तव में कर दिया होता। अतः हमें अपनी अंतर्मन निष्ठा तथा बाह्य निष्ठा में लगातार संतुलन बनाए रखने की आवश्यकता है। बहुत बार इन दोनों निष्ठाओं में असंतुलन हमारे सामाजिक, मानसिक तथा आध्यात्मिक व्यहार में कुंठाओं, कुविचारों तथा कुमान्यताओं का प्रवेश करवाता है जिससे हमें असंतुलन का सामना करना पड़ता है। उदाहरण के तौर पर किसी भिखारी को पैसे देना सामाजिक मान्यताओं के अनुसार गल्त हो सकता है परन्तु आपकी आध्यात्मिक मान्यता सभी पर सामान रूप से दया तथा त्याग का भाव रखने को बाधित करती है व ऐसा न करने पर आपका अंतर्मन आपको आत्मग्लानि की ओर ले जा सकता है। हमारे अंतर्मन में यही द्वंद्व की स्थिति हमें हमारे लक्ष्य से भटका भी सकती है तथा हमारी सफलता की राह में कठिनाईयाँ भी उत्पन्न करती है क्योंकि एक ही समय में बहुत बार हम इसी दो राहे पर आकर खड़े हो जाते हैं तथा हाथ आई सफलता को हाथ से कई बार जान बूझकर जाने देते हैं जो अन्यथा बाद में हमारे पछतावे का भी कारण बन सकती है।

हमारे मन को किसी प्लान को बनाना, प्रबंधन करना तथा उसके लिए आवश्यकताओं की पूर्ति करना बहुत आसान है परन्तु इसे लागू करने पर आकर यह अटक जाता है

क्योंकि इस स्थिति तक हमारे मन में बहुत सारे अच्छे या बुरे विचार पैदा हो चुके होते हैं जिन्हें हम अनजाने में या तो खत्म नहीं कर पाते हैं अथवा चुन नहीं पाते हैं। हमारा मन बिना सोचे विचारों की शरणास्थली है। हर एक के पास अपना मूड रूपी हथियार है, सभी के अपने विचार, खाना, सामाजिक दायित्त्व तथा अन्य हजारों कारण हैं जो निरन्तर बदलते तथा उभरते रहते हैं। इन उभरते विचारों, कामनाओं भावनाओं तथा मजबूरियों से लक्ष्य प्राप्ति से पहले कैसे विचार किया जाये इसके लिए हमें विभिन्न तथ्यों एवं उपायों पर विचार करने की आवश्यकता है :–

मन खेलता लगातार अठखेलियाँ, इसको भी देखना सीख जरा।
सामाजिकता में दबा बोझ तले है, इसे 'द्वंद्व' से बाहर खींच जरा।।2282।।

अच्छा अच्छाई करता रहे, सब संसाधन जुटाकर।
सभी स्थानों पर आ जाकर,सभी रास्ते ही अपनाकर।।1400।।

सदैव अच्छा ही कीजिए, सर्वदा करते ही जाईऐ।
जबतक शरीर में हैं प्राण, प्रण अवश्यमेव निभाइए।।1401।।

आपकी 'महानता', दयालुता से जुड़ी है।
शालीनता के पीछे, ज्ञान, शिक्षा खड़ी है।।1402।।

कर्तव्य निष्ठा भूषण महान का, प्राण देकर निभाता है।
प्राणों की भी जिसे न हो परवाह, वही महान कहलाता है।।1403।।

9. समय समय पर मूल्यांकन कीजिए तथा संपूर्णता में जीना सीखीयेः–

आपका मूल्यांकन आपके भीतर ही छुपा है, व्यक्ति अंततः इस निष्कर्ष पर कभी न कभी अवश्य पहुंचता है कि वह स्वयं ही अपनी सभी जिम्मेदारियों तथा जीवन में उतार चढ़ावों के लिए जिम्मेदार है। कोई दूसरा उसके उत्थान या पतन के लिए जिम्मेदार नहीं है। और यह वह स्थिति है जब वह स्वयं स्वीकार करता है कि जो भी उसने पाया है वह उसके अपने विश्वास तंत्र की ऊपज है इसमें उसके संस्कारों, परिस्थितियों तथा अन्य कारणों का कोई हाथ नहीं है बल्कि उसका अपना विश्वास उसके लिए जिम्मेदार है।

पाया जो भी मैंने, मेरा अपना ही कर्म था ।
खोया अगर कुछ भी, वो मेरा ही श्रम था ।।2370।।

व्यक्ति जीवन में अपनी असफलताओं तथा परेशानियों के लिए अपने परिवार, संबंधियों, दोस्तों तथा अन्य परिस्थितियों को जिम्मेदार ठहराता है परन्तु सच्चाई यही है कि आप स्वयं ही हर परिस्थिति के लिए स्वयं जिम्मेदार हो। अन्य परिस्थितियों को भी आपने स्वयं ही अपने ऊपर लादा है तथा उन्हें अपने आप पर हैवी होने के

लिए स्वीकृत किया है। ऐसा तभी संभव हो पाया है जब आपने किसी दूसरे को अपने विश्वास तंत्र में घुसने की इजाजत दी है तथा उसके विचारों को आपने अपने ऊपर हैवी होने दिया है अन्यथा कोई दूसरा आपके दिमाग में कैसे घुस सकता है ? अंततः जब ये सारे दबाव हट जाते हैं तो आपकी अंतर्आत्मा आपको सच्चाई स्वीकारने के लिए बाध्य करती है क्योंकि आपका मूल्यांकन आपके भीतर ही आपकी अंत्तर्आत्मा में ही छुपा हुआ है जो समय पाकर प्रकट हो जाता है।

मूल्यांकन अपने कर्मों का, भीतर अपने ही ढूढ़िये।
आत्मविवेचना माध्यम से, खुद से खुद को पूछिए।।2371।।

अपनी आत्मशाँति की प्राप्ति के लिए अपने आदर्शों को सदा के लिए अपने दिमाग में स्थापित कीजिए तथा उनसे किसी प्रकार से समझौता मत कीजिए तथा अपने जीवन मूल्यों को पाने के लिए सदैव प्रयास रत रहिए। यही सफलता का सच्चा मार्ग है। जो भी आपके विश्वास तंत्र का हिस्सा है वह सीधे तौर पर आपके आत्मचिंतन से जुड़ा है तथा प्रत्येक व्यक्ति में जीवन में ऊपर उठने की शक्ति छिपी है जिसके पनपने पर वह बहुत आगे बढ़ सकता है। परन्तु जब मनुष्य दूसरों के विश्वास तंत्र के सहारे चलने की कोशिश करता है तो आशंकित और भयभीत हो जाता है। जबकि आत्मशाँति केवल अपने ऊपर नियंत्रण से प्राप्त की जा सकती है। पूर्ण सफलता अपने अंदर से ही पाई जा सकती है। जब भी आप बाहर इसे ढूढ़ने का प्रयास करेंगे तो किसी समस्या में पड़ जायेंगे जो आपका लंबे समय तक पीछा नहीं छोड़ेगी। अपने आप में अच्छा अनुभव करना आपके लिए अमृत रस का कार्य करता है। अतः अपने आपसे सदा पूछिए कि आप स्वयं क्या चाहते हैं। दूसरों से अपने आपको भिन्न कीजिए तथा 'होना चाहिए' की अपेक्षा 'मैं चाहता हूँ' पर ध्यान दीजिए तथा पूछिए कि आपके लिए कौन सा महत्त्वपूर्ण है। आपने जब भी कभी सफलता का स्वाद चखा था तो उस समय पर ध्यान दीजिए और पूछिए कि उस समय क्या क्या आपने किया था तथा आपका विश्वास कहाँ टिका था ? तो आपको संभवतः आपके भीतर से ही आपका मूल्यांकन मिल जायेगा, आप वही करना आरम्भ करेंगे जो आपके लिए पहले ही सफलता का आधार रहा हो। अतः अपना मूल्यांकन स्वयं कीजिए तथा दूसरों के घरों में झांकना बंद कीजिए वरना तो क्या होगा आप जानें!

जोड़कर सबकुछ ही स्वयं से, केवल अपना मूल्यांकन कीजिए ।
छोड़कर सब हवाले परम् के, आत्मिक आनंद सदैव ही लीजिए ।।2371।।

स्वयं को भरपूर दीजिए और पाईये :– प्रकृति अपने संचरण में सिद्धांतों से जुड़ी हुई है तथा भरपूर लेने और देने का सिद्धांत भी इन्हीं में से एक है जिस पर मानव जीवन की यह सोच आधारित है कि आप जो भी आकर्षित करते हैं वही आपको मिलना आरम्भ हो जाता है अब यह आपके विश्वास पर निर्भर करता है कि आप

अपने लिए कितना आकर्षित करना चाहते हो। प्रकृति ने कहीं पर भी बंधन नहीं लगाये हैं उसके आंचल में सभी कुछ भरपूर अनंत तथा अनावरत है। यह सिद्धांत ऊर्जा के इस सिद्धांत पर भी आधारित है कि जब तक ऊर्जा को स्थान नहीं मिलता वह उस और आकर्षित नहीं होती तथा स्थान बनाने के लिए आपको उसे प्रत्यारोपण भी करना पड़ता है और यही है लेन–देन। अर्थात् आप जब तक अपने आपको भरपूर नहीं देंगे तब तक आप आगे भरपूर दे नहीं पायेंगे। इसी ऊर्जा संचरण पर हमारे जीवन की संपन्नता आधारित है।

संपन्नता जीवन भर की, लेन–देन में छुपी है।
तेरा–तेरा कहकर उड़ाईये, नानक गिरी इसी में घुसी है।2372

दूसरे शब्दों में जो हम बोते हैं वही हम पाते हैं और यह अभी तक हमें साफ हो चुका है कि जीवन पुष्प विचारों की खेती है और इसमें हमने अच्छे विचारों, इच्छाओं, आचरण तथा विश्वास को भरपूरता से बोना है तथा काटना भी है। तो क्यों न इसे स्वयं से ही आरम्भ करें क्यों हम दूसरों से आरम्भ करें फिर अपनी ओर आने की उम्मीद रखें। जैसा पहले सिद्धांत में बतलाया जा चुका है कि हमें अपने विश्वास तंत्र में बदलाव लाने की आवश्यकता है दूसरों से आरम्भ की गई शुरूआत अंततः कष्टदायी और असंतोष कारी होती है और अपने से आरम्भ की गई हर वस्तु में आपकी अपनी आत्मसंतुष्टि छुपी रहती है। अब क्योंकि धन हमारे विश्वास के विनिवेश का आधार है तथा धन ही अंततः हमें खुशियाँ प्रदान करता है। अतः आज और अभी से हमें अपने आपको भरपूर खुशियाँ देनी आरम्भ करनी चाहिए। जिसका मूल मंत्र है 'मैं खुश हूँ' तथा इसी खुशी को अपने चेहरे, कर्मों तथा भावनाओं द्वारा अपने चारों तरफ फैलाना आरम्भ कीजिए वह भी बिना किसी सीमा के, बिना किसी शंशय के तथा बिना किसी नजरिये के, अंततः आपको भरपूर खुशियाँ मिलनी आरंभ हो जायेंगी। यदि आपका विश्वास धन पर टिका हुआ है तो वह भी आप अपना सकते हैं ध्यान रहे पैसा आपकी खुशियों के लिए साधन मात्र है यह कभी साध्य नहीं हो सकता। यह सिद्धांत दो नियमों पर टिका है:–

1. भरपूर मानसिकता :– प्रकृति का यह नियम बतलाता है कि आप अपनी आवश्यकताओं तथा सीमाओं से अधिक धन वैभव पैदा कर सकते हैं परन्तु इसे आप केवल अधिष्ठाता के रूप में ही रखेंगे तथा दूसरों की सहायता में आवश्यकता अनुसार बांटते रहेंगे। भरपूरता का यह सिद्धांत केवल भौतिक तथा धनिक वस्तुओं पर ही लागू नहीं होता बल्कि आपकी व्यक्तिगत योग्यताओं तथा ज्ञान भण्डार पर भी लागू होता है तभी कहा जाता है कि ज्ञान जितना फैलाओगे अथवा बांटोगे उतना ही आपका ज्ञान का घड़ा बढ़ता जायेगा। जितना आप इसे सीमाओं में बांधने की कोशिश करेंगे आप पर भी वही सीमायें लागू हो जायेंगी।

ज्ञान न खेत में उपजे, खुशी न हाट बिकाये ।
उसको उतना ही मिलता, जितना रहा वह उड़ाये।।2373।।

2. सेवक नेतागिरी :– विश्व के महान नेता वही हुए हैं जिन्होंने अपने ज्ञान को बांटा तथा अपने चाहने वालों को भरपूर देने की कोशिश की है तथा उन्हें जीवन में भरपूर होने तथा आगे बढ़ने के हौंसले दिए हैं। सच्चे नेता अपने चहेतों में चेतना की चिंगारी जलाने में सफल होते हैं। वे ज्ञान को ऊर्जा के साथ रोपित करते हैं ताकि उनका जीवन उन्नत बन सके। वास्तव में जो भी भरपूर तथा अनंत है उसका सीधा सा संबंध आपके विश्वास के साथ है। भरपूरता हर जगह है हवा में, पानी में, अग्नि में, पृथ्वी में तथा आकाश में। यदि आप यह कहीं पहचान पाये हैं तो भी आपके विश्वास में और यदि नहीं है तो भी आपके विश्वास में। यह सब आपकी मनोस्थिति पर निर्भर है कि आपको भरपूरता कहाँ नजर आती है और कहाँ नजर नहीं आती है। इसी विश्वास को पक्का करने के लिए आपको नित्त्यप्रति चार चीजें करनी चाहिए तथा विश्वास के साथ अपने मस्तिष्क में धारण करनी चाहिऐं :–

– मैं हर तरह से भरपूर हूँ।

– मेरे लिए असिमित धन कमाने, जोड़ने, खर्चने, बांटने, कई गुणा करने के लिए भरपूर है।

– मेरी भरपूरता सभी को अच्छा कर रही है।

– मैं भरपूरता को गले से मिलता हूँ, भरपूरता मुझसे गले मिलती है।

क्या आप इन शब्दों से निकली शक्ति को महसूस करते हैं ? विश्वास करते है? यदि आपको इन्हें स्वीकार करने में दिक्कत है तो इन्हें समय दीजिए परन्तु अभ्यास जारी रखिए। यदि आपको ऐसा करने में दो से चार सप्ताह भी लगते हैं तो जारी रखिए ताकि एक दिन ये आपके लिए संभाव्य कहावते बन जायें तथा आप अपने इर्द गिर्द भरपूरता को महसूस करने लग जायें यही भरपूरता आपसे चाहती है और आप भरपूरता से। अपने मन से भरपूरता के प्रति सभी नकारात्मक विचारों को निकाल दीजिए तथा विश्वास कीजिए हर जगह भरपूर है परन्तु इसे आपका विश्वास नकार रहा है अभ्यास कीजिए और इसे विश्वास में लेकर आईये भरपूरता अनंत की थी, है और रहेगी परन्तु आपको इसका आनंद आपके विश्वास के साथ उठाना है, लोगों ने उठाया, उठा रहे हैं और उठाते रहेंगे आप केवल अपने विश्वास की परिपक्कवता के कारण इससे अछूते मत रहिए, विश्वास जगाईये और भरपूरता में ही पाईये।

विश्वास में लाईये भरपूरता, जीना आसान हो जायेगा ।
जीवन का 'सिद्धाँत' यही है, जिसने खोजा वही पायेगा ।।2373।।

यदि आपको अभी भी शंशय लगता है तो पैन उठाईये और लिखना शुरू कीजिए कि कहाँ आपको अपनी और से कमी नजर आती है और लिखते लिखते आप पायेंगे कि हमारे चारों और असीमित खजानों का भण्डार है परन्तु हम अपनी मानसिक विकृतियों के कारण अपने आपको उनसे दूर किए बैठे हैं। भरपूरता को पाने और जानने का यही रहस्य है कि आप सीखना शुरू कीजिए क्या भरपूर नहीं है ? खुशी भरपूर नहीं है! भरपूरता हमारे बैंक खाते में नहीं है ! भरपूरता हवा में नहीं है ! आदि आदि ! भरपूरता यदि नहीं है तो हमारी सोच में नहीं है क्योंकि सबकुछ होते हुए भी हम कुत्ते की तरह दुम उठाकर दर दर भटकते हैं तथा हर आए दिन ऐसा करने के लिए बाध्य हैं जबकि हाथी भरपूर खाता है परन्तु दर दर नहीं भटकता वह अपना पेट भरने का प्रबंध अपने जीवन चक्र में कर ही लेता है और वह भी नित्य बिना किसी भटकन और मनो–विश्रांति के साथ, फिर हम ऐसा क्यों नहीं करते ?

    हाथी से बड़ा दिमाग तो है, परंतु उस जैसी दूर दृष्टि नहीं है।
    जैसी है 'दृष्टि' वैसी 'सृष्टि, भरपूरता की कहीं वृष्टि नहीं है । ।।2374।।

एक कहावत है "जो दिखता है उसी में विश्वास टिकता है"। कृपया इस पर जरा जोर दीजिए क्या हम हर पहलू पर विश्वास करने से पूर्व इसे देखते और छुते हैं ? परन्तु जिस वस्तु पर हम अपना ध्यान ही नहीं लगाते उसमें विश्वास कैसे हो सकता है ? परन्तु जब हम अपना ध्यान लगाते हैं तथा इस पर विचार करते हैं तो हमारा विश्वास जाग जाता है तथा उस स्थिति में यह हमें चारों और दिखाई देती है। उदाहरण के तौर पर जब आप कोई नई गाड़ी खरीदते हैं तो आपको लगता है कि यह नया माडल है परन्तु जब आप इसे खरीद कर बाहर सड़क पर निकलते हैं तो आपको इस जैसी बहुत सारी गाड़ियाँ दिखाई देती है क्योंकि आपका गाड़ी में विश्वास बैठ चुका है तो आपकी वैसी ही गाड़ी ज्यादा दिखाई देती हैं जो आपको भरपूरता की ओर ले जाता है। अतः यदि हम विश्वास करते हैं कि मैं हर तरह से भरपूर हूँ तो आपको पता चलेगा कि आप वास्तव में भरपूर हैं। अतः इसी कहावत में भरपूरता का दूसरा रहस्य छूपा है और वह है "जिसमें विश्वास टिकता है वही दिखता है" अपना विश्वास भरपूरता में टिकाईये तो आपको चारों ओर ही भरपूरता दिखाई देने लगेगी। अतः अपने वर्तमान विश्वास को ध्यान से देखिए तथा इसे भरपूरता में टिकाकर भरपूरता ग्रहण कीजिए। भरपूरता पर कहीं कोई ताले नहीं है यह आपके चारों ओर अनन्त का आवरण मात्र है।

    भरपूरता टिकी दृढ़ विश्वास पर, आनंद इसकी 'अभिव्यक्ति' है।
    आनंद जब 'भा' जाये जीवन में,वही मूल्यांकित नवदा भक्ति है।।2375।।

जब हम अपने विश्वास में दृढ़ता प्राप्त कर लेते हैं तो भरपूरता हमारे जीवन में प्रवेश करने लगती है और हमारा ही हिस्सा बन जाती है। अब क्योंकि यह हमारे विश्वास

में है तो हमारे स्वयं में स्थित है, हमारे अंदर है तो इसे पाना और भी आसान है क्योंकि जो हमारे अंदर है उसको ढूढ़ना कहाँ ? विश्वास कीजिए आप भरपूर हैं ! परन्तु यह सब कुछ बाहर फैलाने के लिए आपको एक 'भरपूर मनोवृत्ति' की आवश्यकता है। यह मनोवृत्ति बहुत सारे उतार चढ़ावों के उपरांत ही आपको भरपूरता के सफल मार्ग पर दृढ़ता दिला सकती है। यदि यह आसान तथा चुटकी बजाकर संभव होता तो अभी तक दुनियाँ में सभी लोग करोड़पति होते। परन्तु धैर्य रखिए अभ्यास, विश्वास और निरंतरता आपको असंभव को संभव बनाने में सदैव आपके साथ हैं तो डर काहे का। आपका मन संतुष्ट, धैर्यवान, उद्देश्यपर्क तथा कपट रहित होते ही आपका यह विश्वास कि आप अपना लक्ष्य प्राप्त कर रहे हैं ये सभी बातें आपकी सफलता की कहानी लिखने के लिए पर्याप्त हैं आप केवल चलते रहिए तथा निम्न बातों को सदैव ध्यान में रखिए :–

1. भरपूर व्यक्तित्त्व वाला व्यक्ति कभी यह नहीं समझता कि उसके पास किसी चीज की कमी है। वह हमेशा इसी मनोदशा के साथ चलता रहता तथा जीवन व्यतीत करता है कि उसके पास परम् का दिया गया सबकुछ है। वह शिकायतों में नहीं बल्कि कल्पनाओं में जीता है तथा वह कल्पना उसका हार्दिक विश्वास बतलाती है। वह सबकुछ परम् पर छोड़कर अपनी कल्पना का दायरा बढ़ाता चलता है।
2. ऐसा व्यक्ति हमेशा ही विकास की संभावनाओं को तलाशता रहता है। वह बुराई में भी अच्छाई को देखता है। क्योंकि वह इस विश्वास से भरपूर होता है कि बुराई और अच्छाई मात्र एक देखने का नजरिया भर है यद्यपि हर पल में संभावनायें छुपी हैं। उसे अपने ऊपर तथा परमात्त्मा की अनंत शक्तियों में पूर्ण विश्वास होता है कि यदि मेरा पिता अखिल ब्रह्माण्डों का मालिक है तो मैं भी वही हूँ। अनंत का पुत्र अनंत की शक्तियों से परिपूरित तथा भरपूर है।
3. ऐसा व्यक्ति छोटी छोटी तथा अनावश्यक परिस्थितियों से ऊपर उठ जाता है। वह हमेशा शाँत एवं निश्चिंत रहता है तथा किसी भी स्थिति में आवश्यक कदम उठाने में चुक नहीं करता।
4. ये अपने काम का स्तर सदैव बढ़ाते रहते हैं यद्यपि इनके पास भरपूर होता है। वह हमेशा उत्साह में जीते हैं तथा समय से पहले वह सब पाना चाहते हैं जिसके लिए लोग बैठकर किस्मत का इंतजार करते हैं तथा दूसरों की झोली में अपना भाग्य तलाशते हैं, इसके विपरीत यह स्वयं भाग्य बुनता है।
5. ये अपना समय परिवार तथा अपने कार्य के मध्य बांट लेते हैं। ये परिवार को यह सोचने का मौका नहीं देते हैं उन्हें उपेक्षित समझा जाता है। इसके अतिरिक्त अपने व्यापार की समृद्धि तथा सुरक्षा एवं कानूनी दांवपेच के लिए व्यापारिक कुशलों को भी समय देते हैं।

6. ये अपना काम इस सोच के साथ निबटाते हैं कि उनके पास भविष्य के लिए समय हो, न कि यह सोचकर की भविष्य सुखद हो। छोटी छोटी चीजों में समय बर्बाद करने की अपेक्षा ये समय के साथ तालमेल बैठाकर बहुतायत में हासिल करते हैं।
7. ये अपने आपको ही बार बार खोजते हैं तथा भरपूरता के नये साधनों को अपने साथ जोड़ते रहते हैं। ये एक नहीं अनेक क्षेत्रों में निपुणता प्राप्त करते हैं ताकि हर गुण इन्हें महानता की सीढ़ियों पर लगातार चढ़ाता चले। एक पौड़े पर बैठना व समय बर्बाद करना इन्हें नहीं सुहाता।
8. ये किसी भी किमत पर नकारात्त्मकता पर ध्यान नहीं देते। जैसी भी बदतर स्थिति हो ये अपनी सकारात्त्मक सोच के साथ उन्हें बदलने का मादा रखते हैं। यह परिस्थितियाँ बदलने में नहीं बल्कि अपने आपको परिस्थितियों अनुसार ढ़ालने एवं बदलने में विश्वास रखते हैं। ये परिस्थितियों से लड़ने में अपना समय बर्बाद नहीं करते बल्कि स्वयं मनोवांछित परिस्थितियों का स्वयं ही निर्माण करते हैं।
9. ये व्यापार पर नहीं बल्कि संबंधों के निर्माण पर ज्यादा जोर देते हैं। ये एक से दस बनाने की कला में निपुण होते हैं न कि अनेक से केवल एक धन। ये अपने संबंधों के बल पर सदैव विजेता बने रहते हैं।
10. ये अपने समय की कीमत को अच्छी तरह पहचानते हैं तथा अनुशाशन, समय का पालन, नित्त्यकर्म की निष्ठा तथा उसके क्रियांकन पर पुरा समय व्यतीत करते हैं तथा उसे ह्रदय से अनुपालन भी करते हैं।
11. ये अपने व्यस्त समय में से अपने लिए तथा अपनी शाँति तथा सेहत के लिए समय निकाल लेते हैं। तथा खेल, ध्यान एवं मनोरंजन द्वारा अपने आपको सदैव ताजा रखते हैं। हँसना इनका स्वभाव होता है तथा ऐसा कर यह अपने मन में आए कचरे को निकालते रहते हैं तथा अपने आपको तरोताजा रखते हैं इससे मन की कार्यप्रणाली तेज होती है।
12. ये नित्त्यप्रति अपने आपको माफ करते हैं तथा की गई गल्तियों को दोबारा न दोहराने की कोशिश करते हैं। गल्तियों से सीखकर आगे बढ़ना ही इनका ध्येय होता है इसी कारण ये पश्चाताप के द्वारा सिर पिटने की अपेक्षा आगे बढ़ने के रास्ते निकालते हैं तथा बढ़ते हैं।
13. ये हमेशा अपने सैट गोल के प्रति सचेत रहते हैं तथा इसे बार बार दोहराते रहते हैं। वे अपनी नित्त्य की प्राप्ति का आंकलन करते हैं तथा कमियों को त्याग कर आगे बढ़ने के लिए नित्य नई योजना का निर्माण करते हैं ताकि अपने गोल को तीव्र गति से प्राप्त कर सके।
14. यह हमेशा हर स्थिति में विचारशील रहते हुए भी अपने आपको चिंता में नहीं चिंतन में लगाए रखते हैं तथा नये विचारों को ग्रहण कर उनसे नये आयाम खड़े करने की योजना बनाते रहते हैं।

15.सर्व हिताय: सर्व सुखाय: इनके जीवन का सिद्धांत होता है। ये किसी का फायदा नहीं उठाते बल्कि दूसरों को फायदा पहुंचाने में विश्वास रखते हैं। सभी का हित एवं दूसरों की हर स्थिति में सहायता करना इनके लिए आत्मिक खुराक का कार्य करता है।

10. सफलता पाने की राह पकड़ें।

मनुष्य का जीवन एक अनंत सफर है जो विभिन्न पड़ावों से गुजरता हुआ अंततः मृत्युशैया पर शारीरिक दृष्टि से खत्म हो जाता है परन्तु इसका मानसिक तथा आत्मिक सफर निरंतर जारी रहता है। इस सफर में मनुष्य अपने आपको लगातार बेहतर करने की कोशिश में रहता है तथा इसी क्रम में उसे सफलता तथा असफलता का सामना करना पड़ता है। सफलता तथा असफलता का स्तर निर्धारित करने के लिए उसे स्वयं अथवा समाज के साथ मिलकर विभिन्न धरातलों पर प्रयास करने पड़ते हैं। 'सफलता इन प्रयासों का परिणाम है जिसका स्तर वह अपने दिमाग में निर्धारित करता है कि उसे क्या चाहिए'। सफलता प्राप्ति के लिए मनुष्य अपनी कल्पना शक्ति, शारीरिक क्षमता न्यौछावर कर कुशल व्यवहार के द्वारा समाज से सहायता भी ग्रहण करता है। अपनी क्षमता से अधिक देने तथा लेने की कला उसे सफलता में दक्षता हासिल करने योग्य बनाती है तथा एक स्तर पर यह उसका स्वभाव बन जाता है।

सफलता और विफलता, मात्र सामाजिक पैमाने हैं।
ये सब आप पर निर्भर है, दोनों के क्या ठिकाने हैं।।2286

यह पहले भी बतलाया जा चुका है कि सफलता तथा विफलता हर मनुष्य की अपनी चाहतों का एक पैमाना है कि वह किसे सफल मानता है तथा किसे असफल। किसी कार्य को सही ढ़ंग से पूरा करना तथा उसके स्तर को निरंतर ऊपर उठाने का प्रयास ही सफलता का पैमाना कहा जा सकता है। यह हमारा विश्वास तथा नजरिया निर्धारित करता है कि सफलता तथा विफलता में भेद क्या है। हमारे चारों और अनंत के अनंत खजाने फैले हुए जो बिना किसी सीमा तथा स्तर पर आधारित हैं परन्तु केवल मनुष्य ने अपनी सोच क्षमता अनुसार हर जगह की सीमायें निर्धारित की हुई हैं। इसी प्रकार सफलता तथा असफलता शब्द मात्र हैं तथा हमारे विश्वास पर आधारित सीमायें हैं जहाँ पहुंचने तथा न पहुंचने पर हम अपने आपको सफल तथा असफल घोषित करते हैं। यह केवल एक दिमागी सीमाओं का निर्धारण मात्र है वरना् विश्व का हर कण सदा से ही सदैव संचरण में है तथा एक निर्धारित चक्र में घुमता हुआ अंततः अपने मूल तक पहुंचता है, दोबारा फिर संचरण में आ जाता है।

सफलता और विफलता, सिक्के के दो पहलू हैं।
यह सब आप पर निर्भर, किस पक्ष के चहलू हैं।2187

सफलता का वास्तविक स्तर इस बात पर आधारित है कि किसी भी प्रयास की समाप्ति पर आपको आंतरिक शाँति अथवा संतुष्टि प्राप्त हुई अथवा नहीं। यह तभी

संभव हो सकता है जब कोई मनुष्य अपना जीवन अपनी अंतर्आत्मा की आवाज के साथ जीता है तथा जीवन में आदर्श जीवन के मूल्य निर्धारित करता है। हम यहाँ पर जीवन के उन मूल सिद्धांतों का वर्णन करेंगे जिनके माध्यम से वह अपने जीवन का सफलता पूर्वक तथा आंतरिक मूल्यांकन के साथ शाँति से निर्वाह कर सकता है तथा अपने जीवन का बेहतर ढ़ंग से प्रबंधन कर सकता है ताकि उसकी आत्मिक शाँति सदैव ही कायम रह सके।

1. समय प्रबंधन ही जीवन प्रबंधन है :– समय प्रबंधन का मूल उद्देश्य है आंतरिक संतुष्टि एवं शाँति की प्राप्ति परंतु यह तभी संभव हो सकती है जब हम समय प्रबंधन की सोच को बंद कर घटित क्षणों को नियंत्रित करना आरंभ करें क्योंकि आत्मिक शाँति आपके जीवन में स्थिरता, संतुलन तथा समरसता की पराकाष्ठा है जो कि घटनाओं के उचित प्रबंधन द्वारा ही संभव हो सकती है। बहुत सारे लोग उन घटनाओं का प्रबंधन करते समय निरूत्साहित हो जाते हैं जिनपर उनका अपना कोई नियंत्रण नहीं होता तथा अंततः अपनी आत्मिक संतुष्टि से कम पर ही समझौता कर जीना सीख लेते हैं। कुछ लोग ऐसे हैं जो अपना जीवन यह सोच कर गुजार देते हैं कि भविष्य में समय अच्छा आने पर वह बिना बाधाओं के अच्छा कर पाने में सफल हो पायेंगे। वास्तव में समय प्रबंधन की प्रमुख चाबी इसी में है कि आप उन स्थितियों पर नियंत्रण पा सकें जो आपके जीवन में अधिक महत्त्वपूर्ण हैं। इसी से आप अपने जीवन में संतुष्ट हो पायेंगे तथा इसी से आपका आत्मविश्वास जाग पायेगा। इसलिए समय प्रबंधन की अपेक्षा अपने आप से यह पूछिए कि:– 1. मेरी प्राथमिकतायें क्या हैं तथा 2. इनमें से मैं किसको अधिक महत्त्व देता हूँ ?

प्राथमिकताओं को पहचान कर, समय का प्रबंधन कीजिए।
जो भी है महत्त्वपूर्ण प्राथमिकता, उसे समय अधिक दीजिए।।2288

एक बार आप यह पहचानने में सफल हो जाते हैं तो इसके बाद यह विषय महत्त्वपूर्ण है कि आप अपनी प्राथमिकता को कैसे नियंत्रित करते हैं। इस प्रकार समय प्रबंधन एक साधारण खेल बन जाता है जिसे खेलते खेलते आप अधिक कुशल बनते जाते हैं तथा यह मात्र आपकी प्राथमिकताओं पर अधिक समय गुजारने भर का अभ्यास बन जाता है। इस प्रकार समय प्रबंधन में रहस्य यही है कि अपनी प्राथमिकताओं को पहचानना तथा उन पर अधिक समय व्यतीत करना ताकि वे प्रभावी ढ़ंग से पूरी की जा सके। यही वास्तव में समय प्रबंधन का लक्ष्य है कि आप हर वस्तु को किस प्रकार और कितना महत्त्व देते हैं तथा उसे पहचान कर उसे प्राथमिकता से पूरा करते हैं। वैसे तो जीवन में अनेक प्राथमिकतायें हैं परन्तु आपके लिए कौन सी ज्यादा महत्त्वपूर्ण है इसका फैसला आपको अपनी आवश्यकताओं के आधार पर करना है तथा उसे पहले पूरा करना है।

समय का पहिया चलता रहता, अनवरत तथा अनंत काल से।
यह सब आप पर निर्भर करता, चलाना चाहते किस चाल से। ।2289

इस प्रकार समय प्रबंधन ही जीवन प्रबंधन है जो कि हमारी प्राथमिकताओं के साथ अविभक्त रूप से जुड़ा है तथा हमारा जीवन इन्हीं प्राथमिकताओं की एक अटूट लड़ी है जिसमें एक के पूरी होते ही दूसरी स्वयं ही आरम्भ हो जाती है तथा हम सभी को एक एक करके निपटाते जाते हैं तथा अंततः इसे अधूरा छोड़कर अगले जीवन की राह पकड़ लेते हैं। जीवन की प्राथमिकताओं को जो जितने कुशल ढ़ंग से लड़ीबद्ध कर पाता है वही सफल प्रबंधक कहलाता है तथा सफलता के आयाम समाज में निरंतर इसी प्रकार पैदा होते चलते हैं।

प्रबंधन जीवन का, कर्म बंधन है कहलाता ।

जो जितना है सक्षम, जीवन में सफल बन जाता। ।2376।

2. आपकी प्रबंधन कला ही आपकी इच्छापूर्ति का आधार है :–प्रत्येक मनुष्य अपना जीवन अपने विचारों, भावनाओं, विश्वास, नजरिये तथा चरित्र के आधार पर जीता है। परन्तु यह हमारा दुर्भाग्य है कि इनमें से कौन सा हमारे लिए विशेष महत्त्वपूर्ण है तथा जिसके आधार पर हम हमारा जीवन बेहतर और अधिक शाँतिपूर्वक एवं संपन्नता से जी सकते हैं। इसके लिए आपको अपनी और अपने चरित्र की पहचान करनी होगी तथा यह तब तक संभव नहीं हो सकता है जब तक आप स्वयं पर अपनी ही प्रस्तावना लिखें तथा आपकी प्रस्तावना में पड़ने वाले प्रत्येक महत्त्वपूर्ण विषय पर अपने विचारों को लिख नहीं पाते। यह सब इसलिए कि आपको अपना महत्त्वपूर्ण नजरिया चुनना है। इन चारित्रिक विशेषताओं को आपकी जानकारी के लिए निम्न तौर पर वर्णित किया गया है।

1. पत्नि 2. धन 3. स्वास्थ्य 4. परिवार 5. धर्म 6. सफलता 7. ईमानदारी 8.संतुष्टि 9. सेवा 10. शिक्षा 11. अहं 12.जिम्मेवारी 13.नेतागिरी 14. आत्मबल 15. स्वतंत्रता 16. ज्ञान 17. समझदारी 18. उच्च जीवन 19. खुशीयाँ 20.मौजमस्ती 21. चरित्र 22. चाहत 23.स्मर्थता 24.संभावनायें 25. क्षमा 26. समानता 27. अधिकार 28.स्र्वसंभाव 29. सुंदरता 30. हौसला

समाजिक नजरिये से देखा जाये तो उपरोक्त में से कोई भी संज्ञा कमजोर नहीं है तथा आप सभी पर एक समय में काम भी नहीं कर सकते हो। अतः समय प्रबंधन के नजरिये से आपके लिए यह भी आवश्यक है कि आप इनमें से किसी एक पर एक समय में अधिक समय के लिए काम करें अथवा उसे विकसित करें। परन्तु यह सभी कुछ आप पर निर्भर करता है कि आप किस को प्राथमिकता देते हैं तथा किसे आप जीवन में सबसे पहले पूर्ण करना चाहते हैं।

खुशी में है आनंद समाया, जो जीवन का श्रेष्ठ उद्देश्य।
खुशियाँ पा कर जीवन में, पा लो सब कुछ यही रहस्य।।2290।।

लेखक के नाते मैं आपको यही सुझाव दे सकता हूँ इन सब में सर्वोच्च प्राथमिकता हमारी खुशी है जिसमें बाकि सभी वैल्यूज समाहित हैं। जैसा कि पहले वर्णन किया जा चुका है कि जीवन के प्रत्येक प्रबंधन के पीछे आत्मशाँति छुपी है और यह हमें जब तक प्राप्त नहीं हो सकती जब तक हम बाह्य और आंतरिक स्तर पर खुश नहीं होंगे। अतः आप अपने जीवन की प्राथमिकता 'खुशी' को चुनें तथा केवल इसी पर अपना सारा ध्यान, मन तथा हृदय लगाकर संसार में प्रत्येक व्यवहार करेंगे तो आप अंततः स्वयं भी खुश रह सकेंगे तथा वही आप अपने आस पास फैला सकेंगे। यही परमात्मा का सर्वोत्तम गुण है। इसे आप भी धारण कीजिए तथा जीवन का सफल बनाईये यही आपकी सर्वोत्तम जीवन प्रबंधन कला है।

पैदा कीजिए समृद्धि प्यार, खुशी के एहसास के साथ।
संपन्ता आनंद दौनो मिलें, जीवन का चहुंमुखी विकास।।1187।।

3. आपका एहसास आत्मशाँति दायक है :– जब आपकी दिनचर्या में आपका एहसास झलकता है तो आपके लिए आत्मशाँति के दरवाजे खुलने लगते हैं। अतः आपके जीवन के उद्देश्य के साथ आपका एहसास भी मेल खाना चाहिए तभी आपकी सफलता का पैमाना बढ़ता है तथा आपकी सफलता आपको खुशीयाँ देती हैं। इसके विपरीत आप बेशक सफलता प्राप्त कर सकते हैं परन्तु आपका हृदय प्रसन्न नहीं हो सकता है ऐसी अवस्था में आपके लिए सफलता का महत्त्व भी घट जाता है। ऐसी सफलता में आप सफलता को नहीं यद्यपि असफलता को ही गले से लगाना चाहेंगे क्योंकि आत्मशाँति आपके लिए सबसे बड़ी चीज है। अतः आपको अपनी प्राथमिकताओं का पुनर्प्रबंधन कर यह देखने की आवश्यकता है कि आपका एहसास किस प्राथमिकता के साथ मेल खाता है भले ही समयानुसार यह आपकी पहली प्राथमिकता न हो। उदाहरण के तौर पर आपके सामने किसी भी गल्त कार्य के माध्यम से परिवार के भरण पोषण की आपकी प्राथमिकता पूरी होती है परन्तु आप फिर भी इसका त्याग कर मेहनत करना पसंद करते हैं क्योंकि यह आपको आत्मसंतुष्टि तथा खुशी दोनों ही प्रदान करता है।

आत्मसंतुष्टि से बड़ा, जीवन का 'ध्येय' नहीं हो सकता।
सबकुछ सह लेता है, आदमी आत्मग्लानि नहीं ढ़ो सकता।।2291।।

अतः अपनी प्राथमिकताओं को पहचानना, उनका क्रमबंधन तथा अपने एहसास के साथ इसका मेल करना ही आपकी जीवन प्रबंधन कला का उचित उदाहरण है। इसके माध्यम से आप आत्मग्लानि से बच सकते हैं तथा आपके गोल के साथ इनमें टकराव की स्थिति पैदा होने से भी बच जाती है। ऐसी स्थितियाँ अधिकतर जब पैदा

होती हैं जब आपके एहसास, प्राथमिकता के साथ आपका कार्यक्षेत्र मेल नहीं खाता तथा आप असंतोष, अशांति तथा ग्लानि से लड़ना ही अपना जीवन धर्म बना बैठते हैं जबकि इससे आपको संतुष्टि बोध मिलना चाहिए। इन सभी परिस्थितियों से बचने के लिए आपको निम्न बिंदुओं पर ध्यान देना चाहिए:

1. आपके प्रोजैक्ट की लंबे समय की प्राथमिकतायें क्या हैं।
2. कब तक, कैसे और किसके द्वारा इसको पूरा किया जायेगा।
3. इसका कितना हिस्सा किसी दूसरे द्वारा पूरा किया जायेगा।
4. क्या यह प्रोजेक्ट अन्य प्राथमिकताओं से ज्यादा महत्त्वपूर्ण है ?
5. यदि यह प्रोजैक्ट पूरा नहीं हुआ तो बुरा क्या होगा ?
6. क्या मैने अपने और अपने परिवार को इस प्रोजेक्ट के दौरान समय दिया है ?
7. क्या कोई प्राथमिकता इस प्रोजेक्ट को पूरा करने के दौरान मुझसे विपरीत है ?

उपरोक्त प्राथमिकताओं को आपकी सुविधा के लिए तैयार किया गया है न कि किसी प्रकार की अनावश्यक असुविधा एवं तनाव पैदा करने के लिए। आत्मशाँति की प्राप्ति आपके एहसास तथा प्राथमिकताओं में संतुलन के माध्यम से ही प्राप्त किया जा सकता है। यदि आपके साथ अपने गोल की प्राप्ति में ऐसा नहीं हो पा रहा है तो बैठिये तथा इस पर दौबारा से समय प्रबंधन के नजरिये से प्रकाश डालिए तथा अपने गोल को दोबारा से सैट कीजिए।

4. महत्त्वपूर्ण उद्देश्य की प्राप्ति के लिए सुविधाओं का त्याग कीजिए :– आप जब किसी भी महत्त्वपूर्ण एवं वांछित उद्देश्य की प्राप्ति के लिए कदम बढ़ाते हैं तो आपकी अपनी सुविधाओं के संसार से बाहर आना पड़ता है क्योंकि उचित, वास्तविक व पाने योग्य गोल आपकी दिनचर्या तथा प्राथमिकताओं के मध्य पुल का कार्य करता है। यदि आप अपनी सुविधा को छोड़ने के लिए तैयार नहीं हैं तो आपके लिए आपका गोल प्राथमिकता नहीं रह सकता है। ज्यादातर गोल वर्तमान स्थिति से हटकर ही प्लान किए जाते हैं। किसी गोल की प्राप्ति से पहले आपको वर्तमान परिस्थितियों से निकलकर नई परिस्थितियों में ढ़लना पड़ता है।

परन्तु बहुत सारे लोग अपनी वर्तमान सुःखों का त्याग करना ही नहीं चाहते भले ही ये आपकी योजना से कहीं अधिक कम क्यों न हों और इस कारण कभी उच्चाईयों को छुने का हौंसला भी कायम नहीं कर पाते हैं और यही कारण है कि वे जीवन में कोई महत्त्वपूर्ण उन्नति नहीं कर पाते हैं। उनकी दिनचर्या तथा प्राथमिकतायें उन्हें ऐसा करने से रोकती रहती हैं। प्रभावकारी गोल को निम्न आधारों पर आंका जा सकता है :–

उद्देश्यपूर्ण गोलः– साफतौर पर तय किया जाता है कि क्या प्राप्त किया जाना है?
आंकने लायकः– उन्नति दिखाने के लिए दिन तथा कार्य निर्धारित होते हैं।

कार्य आधारित:– क्या–2 किया जाना है साफतौर पर तय किया जाता है।
वास्तविक :– मेहनत तथा समय लगाने पर प्राप्ति लायक होना चाहिए।
समयावधिक :–निश्चित समय अवधि में प्राप्त करने योग्य होना चाहिस।
ज्यादातर लोग निम्न क्षेत्रों में अपनी प्राथमिकतायें निश्चित करना चाहते हैं:
– शारीरिक तथा मानसिक भलाई हेतु।
– परिवार तथा पत्नि की भलाई हेतु।
– आध्यात्मिक तथा मानवीय भलाई हेतु।
– धन की प्राप्ति हेतु।
– व्यापार अथवा रोजगार हेतु।
– समाज भलाई अथवा राजनीति हेतु।
– शिक्षा तथा व्यक्ति विकास हेतु।
अपनी सुविधाओं के त्याग में निम्न मुख्य तीन बाधायें आड़े आती हैं :–
1. **परिवार का दबाव :–** आप सोचते हैं कि आपके परिवार वाले, दोस्त मित्र तथा समाज क्या सोचेगा और इस प्रकार अपने की अपेक्षा उनकी प्राथमिकताओं के दबाव में अपनी आत्म संतुष्टि को दांव पर लगा देते हैं।
2. **पुराने अनुभव :–** कई बार आपकी पुरानी गल्तियाँ तथा अनुभव आपको आगे कदम बढ़ाने से रोकते हैं व आप अनजाने में डर कर अपनी सुविधाओं का त्याग करना नहीं चाहते।
3. बदलाव का डर :– इस डर के कारण मनुष्य कोई नया जोखिम उठाने का हौसला नहीं करता तथा नये बदलाव तथा अस्थाई कठिनाईयों से डर कर कदम नहीं बढ़ाता है।
4. बढ़े हुए फोकस के साथ अपनी दिनचर्या तय कीजिए :– यदि आप अपना दिन दस से पंद्रह मिनट योजनाबद्ध तरीके से शुरू कर पाते हैं तो यह आपके लिए एक वरदान का कार्य करेगा तथा आपको अपने लिए सभी कुछ मनमाफिक गुजारने में कोई कठिनाई नहीं होगी इसी दिनचर्या के साथ दिन आरम्भ करने का लाभ है। अपने दिन की शुरूआत निम्न योजनाओं के साथ आरम्भ कीजिए :–
4.1 अपने लिए एक शाँत तथा सुविधायुक्त जगह की तलाश कीजिए।
4.2 अपनी लंबे समय की योजनाओं को रिव्यू कीजिए।
4.3 अपने लिए कुछ खाली समय भी निकालिये तथा ध्यान कीजिए।
4.4 अपने नित्त्यप्रति के गोल का खाका तैयार कीजिए।
4.5 अपनी नित्त्य की प्राथमिकताओं को क्रमबद्ध कीजिए।
आप अपने दिनचर्या प्लान में प्राथमिकता आधार पर मुख्य, अमुख्य अथवा एक, दो, तीन नंबर भी मार्क कर सकते हैं ताकि इन्हें पहली अथवा दूसरी प्राथमिकता अनुसार खत्म कर सके। इसके अतिरिक्त आप इन्हें पहली, दुसरी तथा तीसरी सूचि अनुसार भी क्रमबद्ध कर सकते हैं। यहाँ तक आप अपने आने जाने के रूट के मुताबिक इन्हें

निपटाने की प्लान भी तैयार कर सकते हैं जिससे आप अपना किमती समय तथा ईंधन भी बचा सकते हैं तथा एक ही रूट पर बार बार आने जाने की असुविधा से भी बच सकते हैं।

याद रखिये जितना अधिक समय हम अपने दिन की प्लानिंग में खर्च करते हैं उतना ही अधिक समय हम अपनी दिनचर्या से प्लान के द्वारा बचा सकते हैं। इसके अतिरिक्त जब आपकी यह आदत बन जाती है तो कार्यों को त्वरित ढ़ंग से खत्म करने तथा तनाव इत्यादि की स्थितियों से बचकर अपने आपको ऊर्जावान तथा हौसला युक्त भी हम रह सकते हैं। अतः दिनचर्या की प्लान किसी भी तरीके से घाटे का सौदा नहीं है। यदि आपका दिन सुंदर है तो आपका कल सुंदर होगा, कल सुंदर होगा तो धीरे –2 सप्ताह सुंदर होगा तथा सप्ताह सुंदर होते ही मास भी सुंदर होना आरम्भ हो जायेगा। सारे साल में एक महीने की खुशी आपके वर्ष भर को बिताने के लिए बहुत अधिक है।

इसी प्रकार एक वर्ष की सुंदरता आपके सारे जीवन के कष्टों को समेटने में स्मर्थ है और इसी तरह एक एक दिन जोड़कर आप अपना जीवन सुंदर बना सकते हैं इसमें कोई अतिशियोक्ति नहीं है। याद कीजिए अपने बचपन के वो सुःखद एहसास जो आज भी आपको जीवन जीने के लिए सदैव उत्त्साहित करते हैं। वो माँ के कहे गये हौसला भरे शब्द तथा दोस्तों के साथ बिताये हँसी तथा मस्ती के पल आज भी तब उभर कर आपको आगे बढ़ने में सहायक होते हैं जब आप चारों तरफ से विपरीत परिस्थितियों में डूब चुके होते हैं। अतः सुबह उठकर अपनी सुंदर तथा सुःखदायक योजना को मत छोड़िये तथा अच्छी शुरूआत से अच्छा भाग्य जगाईये यही आपके जीवन का बेहतर समय प्रबंधन है। कीजिए दिन की शुरूआत, खुशियों के एहसास के साथ होगा दिन आपका बेहतर अडिग विश्वास के साथ और देखिए अपने जीवन को बदलते हुए।

5. आपका व्यवहार आपके विश्वास का आईना है :–आपका जो भी सामाजिक व्यवहार है वह सीधे तौर पर आपके हृदय से जुड़ा हुआ है। जो भी मनुष्य करता है उसका सीधा संबंध उसके विश्वास तंत्र से पाया जाता है। परन्तु जब उसकी कथनी और करनी में अंतर पाया जाता है तो हमें समझना चाहिए कि उसके मन में कहीं न कहीं द्वंद्व का भाव छुपा है जो कि उसके द्वारा किए गए कार्यों के परिणाम में छुपा हुआ दिखाई देता है। यदि आपको सफलता नहीं मिल पा रही है तो आपका विश्वास यहाँ नहीं है जहाँ आप कार्य करते हैं। यदि कार्य के उपरांत आत्मिक शाँति नहीं मिल पा रही है तो आपकी प्राथमिकताओं में विभेद पाया जा सकता है। अतः आपको अपने व्यवहार पर भी काम करने की आवश्यकता है।

यदि आपको अपने कार्य के उपरांत भी क्लेश तथा असंतुष्टि आदि परिस्थितियों से गुजरना पड़ता है तो आपके प्रबंधन में कोई कमी हो सकती है। जिनके प्रबंधन इत्यादि के कई सिद्धांत हैं जिनका वर्णन यहाँ पर कहीं न कहीं दिया जा रहा है। वास्तव में हमारा जीवन जरूरतों पर टिका हुआ है तथा जरूरते हमारे अंदर उन्हें पूरा करने का विश्वास पैदा करती हैं इसके उपरांत हम इसकी प्राप्ति के लिए योजना अथवा नियमों को फोलो करते हैं जो हमारे व्यवहार तंत्र की स्थापना करता है तथा हमें परिणाम तक पहुंचाता है। परिणाम हमें सफलता तथा असफलता के पैमाने पर फीडबैक के रूप में मिलते हैं जो पुनः हमारी आवश्यकता को जन्म देते हैं। यही क्रम हमारे व्यवहार तंत्र की आधारशीला है। जीवन के सफल प्रबंधन के लिए आपको अपना ऐसा व्यवहार बदलना होगा जो आपके लिए विपरीत परिणाम दायक है। इसके लिए आपको अपने विश्वास तंत्र में सुधार लाना होगा वह भी जब तक कि आप परिवर्तनों को अपने हित में स्वीकार नहीं कर लेते।

एक बार स्वीकारोक्ति के उपरांत आप स्वयं अच्छे निर्णय लेने लगेंगे तथा उचित कारणों के लिए अपने व्यवहार में बेहतर बदलाव भी लाने लगेंगे। आपका विश्वास आपके व्यक्तिक मूल्य तंत्र का प्रतिबिंब है इसमें इसका कोई महत्त्व नहीं है कि यह विश्वास नैतिक मूल्यों के आधार पर सही है या गल्त क्योंकि प्रत्येक मनुष्य अपने को सही मानते हुए ही व्यवहार करता है और इसी आधार पर नियमों का पालन होता है तथा व्यवहार की स्थापना होती है। व्यवहार तंत्र की शुरूआत के लिए यह विश्वास सबसे जरूरी तत्त्व है ताकि मानवीय जरूरतों को पूरा किया जा सके। जब आपका विश्वास डगमगाता है तो आपका व्यवहार भी डगमगा जाता है। अतः विश्वास को कायम कर आप अपना व्यवहार बदल सकते हैं तथा व्यवहार का स्तर हमें अपने अभिष्ट परिणाम की ओर ले जाता है। यही क्रम हमें अपने जीवन में आवश्यकताओं की पूर्ति के लिए अपनाना चाहिए तथा जिस भी स्तर पर परिवर्तन की आवश्यता पड़े उसे बदल कर परिणाम की ओर बढ़ना चाहिए ताकि हमारी सफलता का स्तर ऊँचा उठाया जा सके।

व्यवहार तंत्र के द्वारा हम अपने जीवन में अधिक संतुलन तथा हार्मोनी कायम कर सकते हैं क्योंकि आत्मिक शाँति तभी प्राप्त होती है जब हमारे विश्वास और कर्म में संतुलन होगा। यदि आपका व्यवहार इनसे मेल नहीं खाता है तो आपको इस पर पूनर्विचार करना होगा।

6. आप अपनी जरूरतो को तभी पूरा कर पाते हैं जब आपका विश्वास वास्तविकता से मेल खाता हो :– यद्यपि यह बार बार कहा जा चुका है कि प्रकृति के आंचल में असंभव जैसी कोई वास्तविकता नहीं है परन्तु यह सभी कुछ आप पर निर्धारित है कि आप इस वास्तविकता में विश्वास कायम कर पाते हैं अथवा नहीं। यदि आपकी

जरूरतों पर आपका विश्वास है कि आपकी जरूरते वास्तविकता के दायरे में आती हैं तो आपको इसकी सफलता से कोई भी ताकत नहीं रोक सकती है। आपका व्यक्तिगत उत्थान इसी बात पर निर्धारित है कि आप लगातार अपने विश्वास तंत्र में परिस्थितिजन्य कितना परिवर्तन ला पाते हैं। इसमें पहला कदम यही है कि आप स्वीकार कीजिए कि आपके विश्वास तंत्र में कमजोरियाँ हैं तथा उन्हें सुधारने की आवश्यकता है जो कि आपकी परिपक्कवता को दर्शाता है।

7. आपको अपने जीवन में समूल परिवर्तन लाने के लिए पांच मूख्य नियमों को अपनाने की आवश्यकता है:–

7.1 अपने व्यवहार तंत्र को पहचानिए जो आपको जीवन में अभिष्ट परिणाम लाने में बाधक है तथा जिसके कारण आपके जीवन में सभी कुछ गल्त हो रहा है तथा प्लानिंग के मुताबिक परिणाम नहीं मिलते हैं।

7.2 अपने उस व्यवहार को पहचानिये जिसके कारण आप ऐसा व्यवहार कर रहें हैं जो आपको उस सफलता स्तर से दूर ले जा रहा है जो आप चाहते हैं।

7.3 यदि आप वर्तमान व्यवहार के साथ चलते रहोगे तो आने वाले परिणामों की कल्पना कीजिए तथा निर्णय लीजिए कि क्या आप वैसा जिंदगी में चाहते हैं।

7.4 उन वैकल्पिक विश्वासों पर विचार कीजिए जो आपके लिए भविष्य में बेहतर परिणाम ला सकते हैं तथा आपके जीवन को सुंदर बना सकते हैं।

7.5 इन विकल्पों को जीवन में लागू कीजिए तथा विश्वास कीजिए कि उनसे बेहतर परिणाम आपको आने वाले समय में मिल सकते हैं। अब यदि आपको लगता है कि आप किसी दूसरे व्यक्ति के विश्वास तंत्र में परिवर्तन लाना चाहते हैं तो आपको निम्न बातों को ध्यान में रखते हुए चलना होगा :–

- सर्वप्रथम आप उसकी समस्या को अपने नजरिये से देखते हुए अपनी समस्या बताकर उसके आगे तब रखिए जब वह आपको सुनने के लिए तैयार हो।
- उसे बतलाईये कि उसके विश्वास के कारण आपको उस समस्या से कुछ दिक्कते आ रही हैं जिनका निवारण आप उससे करवाना चाहते हैं।
- आप उसी से उस समस्या समाधान के लिए उसके विश्वास को उजागर करवाईये।
- अब आप उसके समाधान को अपने विश्वास से मेल करवाईये तथा यदि आपको लगता है कि वह वही समाधान दे रहा है जो आप चाहते हैं तो ठीक है वरना उसे सुझाव दीजिए कि क्या इस समस्या का ये बेहतर समाधान नहीं हो सकता जो आप चाहते हैं।
- उसकी सहमति उपरांत आप उसको सुझाव दीजिए कि यह समस्या आपसे शुरू होती है और आपके अनुसार इसका बेहतर समाधान भी यह है। आप फोलो अप के लिए कहिए।

8. नकारात्मक व्यवहार को उचित विश्वास से बदला जा सकता है :– किसी व्यक्ति के व्यवहार में परिवर्तन लाने के लिए हमें उसके अनुचित विश्वास स्तर में भी बदलाव लाना होगा क्योंकि जब तक उसका विश्वास गल्त पैटर्न पर टिका हुआ है उसके व्यवहार में परिवर्तन लाना मुश्किल होगा। हम ऐसा अपने जीवन में व्यवहार को मधुर बनाने तथा सफलता के स्तर को ऊपर उठाने के लिए भी कर सकते हैं क्योंकि हमारे विश्वास पर ही सारा कुछ निर्धारित है जो कि अपनी आवश्यकताओं को गल्त ढ़ंग या विश्वास के साथ पूरा करने में ही विकसित होता है जो कि वास्तविकता से परे होता है। ऐसे विश्वास से वो तर्कसंगत परिणाम, व्यवहार नहीं उपज सकते जो हमारी जरूरतों की पूर्ति के साथ साथ हमारी अंतर्आत्मा को संतुष्टि पहुंचा सकें, इससे केवल नकारात्मक व्यवहार व परिणामों में ही बढ़ोतरी हो सकती है जिन्हें अभ्यस्त होने के बाद बदलना अधिक कठिन और दुःखदायी होता है।

हमारा नकारात्मक व्यवहार भी तभी तक कायम है जब तक हमारा विश्वास उसे पनाह दिए हुए है। एक बार आपने यह दृढ़ निश्चय किया कि मैं अपनी जरूरतों को पूरा करने के लिए किसी भी गल्त रास्ते अथवा साधन का उपयोग नहीं करूंगा तो उसी समय आपका व्यवहार आपके विश्वास की शरणागति हो जाता है तथा उसके पास बदलने के सिवाय दूसरा कोई विकल्प ही नहीं रह जाता है। उदाहरण के लिए आपको नींद आने में कठिनाई होती है तो आपके पास दो विकल्प हैं 1. ध्यान तथा उचित आहार 2. नशे की गोलियाँ। अब यदि आपका विश्वास इस बात पर टिका है कि मैं अपने असूलों से समझौता किए बिना कोई भी अप्राकृतिक उपाय अपनी नींद के लिए नहीं अपना सकता तो आप पहले विकल्प को प्राथमिकता देंगे जो कि आपके लिए सुःखद नींद की व्यवस्था कर देगा। अन्यथा आप दूसरा विकल्प चुनेंगे तथा हमेशा के लिए सुःखद नींद से दूर हो जायेंगे। अब फैसला आप पर है!

हमारे इस तरह के व्यवहार से कुछ समय के लिए तो परिणाम अच्छे हो सकते हैं परंतु इनका भुगतान हमें लंबे समय तक करना पड़ता है। जैसे कि ज्यादा खाने की आदत, अधिक मेहनत, नशे की आदत, अधिक सोना, बच्चों तथा पत्नि के साथ अत्याचार और काम की अधिकता से हम कुछ देर के लिए अच्छे परिणाम हासिल करते हैं परंतु अंततः हमें इनसे हुए नुकशान को भी वहन ही करना पड़ता है।

इसकी खाना पूर्ति के लिए हमारे लिए सर्वसाध्य तथा साधारण उपाय यही है कि हम अपने विश्वास तंत्र में बदलाव लायें तथा गल्त व्यवहार को बदलने के लिए कदम उठायें जिससे हमारा व्यवहार स्वयं ही बदल जायेगा। इसके लिए हमें छोटे लाभों की अपेक्षा बड़े लाभ की ओर सोचना होगा और विश्वास बनाना होगा कि मैं अपनी आवश्यकताओं की पूर्ति के लिए अपने असूलों से समझौता नहीं कर सकता। विश्वास तंत्र को बनाये रखना अथवा तौड़ना यह केवल और केवल आपके हाथ है कि आप

कितनी परिपक्वता के साथ अपने विश्वास पर कायम रह सकते हैं। कोई दूसरा आपका विश्वास तब तक नहीं बदल सकता जब तक आप इसकी आज्ञा न दें। दूनियाँ आपके विश्वास की प्रयोगशाला है, आप अपने अनेक विश्वासों के साथ सफलता तथा असफलता के माहौल में जीवन यापन करने के लिए स्वतंत्र हैं लेकिन आपका अडिग विश्वास समस्त असफलताओं के बावजूद आपको सक्षम बनाता है कि आप स्वयं किस प्रकार की सफलता में विश्वास रखते हैं तथा उसकी प्राप्ति हेतु कितनी अडिगता के साथ अपने विश्वास के साथ जुड़े हुए हैं। आपका विश्वास आपकी सफलता की गुणवत्ता को निर्धारित करता है, वास्तिविकता यह है कि आपका विश्वास किस प्रकार की सफलता के साथ जुड़ा हुआ है क्योंकि सफलता के भी तीन पैमाने है 1) सात्त्विक 2) राजसिक 3) तामसिक।

सात्विक सफलता उसे कहा जाता है जहाँ आपकी सफलता के साथ विश्व का कल्याण जुड़ा होता है, जहाँ आपकी सफलता आपके लिए कोई मायने नहीं रखती बल्कि उससे कितने लोगों का कल्याण हो रहा है यहि सबकुछ मायने रखता है। यदि आपको इस सफलता से विश्व कल्याण का एहसास नहीं होता है तो ऐसी सफलता के आपके लिए कोई मायने नहीं होते। सात्त्विकता में छुपा विश्व कल्याण, आप साधक हैं साध्य नहीं है जबकि आपकी साधना आपके लिए कतई लाभकारी नहीं है परंतु इसमें विश्व कल्याण छुपा है।

राजसिक सफलता में आप केवल स्वयं के हित की साधना करते हैं तथा जो भी अच्छा या बुरा हो रहा है उससे आपको क्या मिल रहा है आप केवल उस सफलता को ही अपनी सफलता मानते हैं यदि उस सफलता से आप के कारण समाज का हित हो रहा है तो वह सफलता भी आपके लिए कोई मायने नहीं रखती जब तक आपका अपना हित साध्य नहीं होता है।

जैसे कोई भी राजा युद्ध में अनेकों लोगों की जान ले लेता है परंतु वह अपने राज्य का विस्तार करने में ही अपनी सफलता को अपना धर्म मान बैठता है परन्तु हजारों मृत आत्मायें न तो उसे चैन से सोने देती हैं तथा न वह स्वयं ही स्वयं को माफ कर पाता है चाहे वह ऐसा अपने आखिरी वर्षों में ही क्यों न अनुभव करें परंतु उसकी युद्धों में सफलता उसे आत्मविवेचना के लिए अवश्य बाध्य करती हैं। सम्राट अशोक द्वारा अंतिम समय में युद्धों से ग्लानि होना तथा अहिंसा परमो धर्म की स्थापना इसका एक ज्वलंत उदाहरण है। इसी प्रकार सिकंदर महान् द्वारा अंत में अपने द्वारा मारे गये लाखों लोगों के संहार का पश्चाताप करना राजसिक सफलता का उदाहरण है।

तामसिक सफलता वो सफलता होती है जिसमें न तो सफलता पाने वाले को खुशी मिलती है, न ही हारने वाले को कोई खुशी मिलती है तथा न ही इससे समाज का

कोई कल्याण होता है। यह केवल हिंसा पर आधारित सफलता मानी जाती है जैसे कि आपका किसी निर्जीव प्राणी की हत्या उपरांत उसका माँस भक्षण अथवा गला काट प्रतियोगिता में आपकी विजय। रावण ऐसी सफलता का सर्वोत्तम उदाहरण है जिसने अपनी केवल जिद्द पूरी करने के लिए समस्त लंका को विनाश की अग्नि में धकेल दिया तथा कुल सहित स्वयं भी नष्ट हो गया। हम आज भी राम की विजय पर पठाके जलाते हैं परंतु रावण की मृत्यु पर मातम नहीं खुशियाँ मनाते हैं क्योंकि यह एक तामसिक सफलता थी जिसने मर्यादाओं को तार तार कर डाला।

सोचकर समझ कर सफलता का,
पैमाना आप तय किजिए ।
सफलता की प्रवृति समझ,
मेहनत अपनी व्यय कीजिए।।2376।।

सफलता को बना लीजिए पूजा,
सफलतम् प्रसाद मिलता रहेगा।
सफलता आपका स्वभाव बनेगा,
जीवन चक्र सफलता से हिलता रहेगा।।2606।।

सफलता दासी एहसास की,
एहसास विश्वास की कुंजी ।
अडिगता विश्वास की जननी,
सफलता जीवन की पुंजी।।2607।।

सफलता को यदि,
अपना स्वभाव बनाओगे ।
इसमें कोई शक नहीं,
सफलता को द्वार खड़ी पाओगे।।2608।।

अध्याय–9

आपकी खुशी ही आपकी आत्मिक खुराक है।

खुशी वो एहसास है, जो कहीं से भी खरीदा नहीं जा सकता ।
प्रकटता पवित्र हृदय, होता है महसूस पर बेचा नहीं जा सकता।।2376।।

खुशी आपकी आवश्यकता पूर्ति हेतु प्रकट हुआ आपका मानसिक एहसास है जो प्रतिक्रिया स्वरूप भावनाओं में झलकता है। इससे आपमें हौंसला तथा संतुष्टि की अनुभूतियाँ पैदा होती हैं। परन्तु दुर्भाग्य से ऐसी अवस्था थोड़ी देर के लिए उत्पन्न होती है तथा फिर धीरे–धीरे धीमी पड़ जाती है जिससे हमारे अंदर अर्थहीन शून्यता का भाव प्रकट होता है जो हमें असाधारण अवस्था में ले आता है जहाँ हम खुशी के लिए छटपटाते हैं। वस्तुतः खुशियाँ चार प्रकार की होती हैं 1. शारीरिक 2. मानसिक 3. आत्मिक 4. परमात्मिक। आपकी पहली दो प्रकार की खुशियाँ अस्थाई होती हैं जबकि बाद की दोनों खुशियाँ स्थाई होती हैं जिनकी प्राप्ति के उपरांत संसार की बाकी सभी खुशियाँ स्वयंमेव ही मिलनी आरंभ हो जाती हैं। इसका कारण यह है कि मनुष्यों की चाहतों का कोई अंत नहीं है, जितनी चाहते हैं उनके पूर्व व उपरांत उसे खुशी प्राप्त होती है। यदि सांसारिक खुशियों का अंत होता है तो मनुष्य आंतरिक खुशियों की तलाश में लग जाता है यह तलाश ऊमर भर के लिए जारी रहती है।

इच्छा दुश्मन खुशीयों की, प्रकटती इसके आगे पीछे।
नई इच्छा खा जाती पुरानी, खुशियों को ले आती है नीचे।।2377।।

साधारणतयः ऐसा लगता है कि आत्मज्ञान की प्राप्ति पर सारी खुशियाँ प्राप्त हो जाती हैं तथा उस समय हमारे मन में एक सुरक्षा का एहसास पैदा होता है। तो क्या खुशी आनंद की स्थिति से पहले की स्थिति है ? नहीं ऐसा नहीं क्योंकि खुशी का एहसास तो स्थिति तथा शर्तों के अनुसार व्यक्तित्त्व से जुड़ा है जबकि आनंद की स्थिति व्यक्तित्त्व से ऊँची स्थिति है जो स्वयं में जागने की स्थिति है जो कि किसी

भावना तथा संभावना के साथ प्राप्त नहीं की जा सकती है। क्योकि आनंद की प्राप्ति के पश्चात् कुछ पाना भी बाकि नहीं रह जाता है अतः इस स्थिति में खुशियाँ हमारा आत्म एहसास बन जाती हैं जो स्थायित्त्व की संकल्पना है।

खुशी है इच्छा पूर्ति का एहसास, जो कर्म की प्रवृति पर है टिका ।
इच्छा हो मायावी तो है दुःख, परकल्याण माथे सजा टीका ।।2390।।

खुशी के एहसास से अभिप्राय है आपका व्यक्तित्त्व पूर्णतया दुःखों, बिमारियों से स्वतंत्र है तथा पूर्णतया तृप्त अवस्था में हैं जबकि यह अवस्था भी आपकी अपनी भावनाओं पर आधारित है कि आप ऐसा महसूस करते हैं। कुछ लोग खाली इसी में खुश रहते हैं कि उनको खाने के लिए मिल गया तथा सिर पर रहने के लिए छत है। इसके अतिरिक्त कुछ ऐसे लोग भी हैं जो लगातार यह सोचते रहते हैं कि और कुछ अधिक इकट्ठा होना चाहिए जिससे उन्हें और खुशियाँ मिल सके। उनके लिए यही खुशी है चाहे यह थोड़े समय के लिए ही क्यों न हो तथा उसके बाद यह खुशी की अगली लहर की प्रतिक्षा में लग जाते हैं।

वास्तव में हम में से अधिकतर लोगों की यही स्थिति है जिसमें हर आने वाली खुशी को नये अनुभव के तौर पर लेते हैं तथा इसका स्वागत करते हैं और फिर अगले स्वागत के लिए लग जाते हैं। जैसे कैसे यह आनंद की स्थिति तो नहीं कही जा सकती है परन्तु हमारी मनोस्थिति अवश्य ऐसी ही स्थितियों में हमें उलझाये रखती हैं जहाँ हम निरंतर खुशियों की तलाश में रहते हैं। परन्तु हमारा यहाँ उद्देश्य कम से कम उस स्थिति को तो पाना ही है जहाँ हम निरंतर खुशी की मनोस्थिति के साथ इस अवस्था में रह सकें जहाँ हमारी खुशियों की तलाश तो जारी रहे परन्तु कुत्ते की तरह दुम उठाकर खुशियाँ के लिए भटकने की स्थिति तो खत्म हो।

साधारण व्यक्ति के लिए खुशी का पैमान इतना ही बहुत है कि भविष्य की चिंता खत्म हो तथा नये अनुभवों की तलाश निरंतर जारी रहे ताकि हम हर नये पल को नये उत्साह के साथ स्वागत कर सके। अंततः आपको अपनी परिस्थितियों से उभरते जीवन से संतुष्टि का एहसास तो पैदा होना ही चाहिए। दूसरे शब्दों में हर बदलते क्षणों में संसार के साथ आपका अदभूत अनुभव ही अपने आप में सुंदर अवस्था है जो आपको खुशी देने के लिए पर्याप्त है बशर्ते कि आप इसका लाभ उठाना जानते हों। हर पल आपको जबरदस्त रोचक अनुभव देता है यह आप पर निर्भर करता है कि आप इसे खुशी के एहसास के साथ तौलते हैं अथवा गमी में माथा पकड़ कर इसका स्वागत करते हैं।

खुशी हो आत्मिक प्रसन्नता, तो खुशी बढ़ती जाती है।
खुशी आधारित हो मनोरंजन, निरंतर ही घटती जाती ।।2391।।

जैसा कि पहले कहा जा चुका है कि खुशी मनोरंजन के साधनों में नहीं है यद्यपि यह एक मनोस्थिति है जो कि आपकी आत्म संतुष्टि, प्यार, मोहब्बत, शाँति तथा पूर्णता के एहसास के साथ जुड़ी हुई है। यह सकारात्मक भावनाओं एवं क्रियाओं का समूह है। मार्टिन सैल्गिमन अनुसार खुशी सकारात्मक भावनाओं, अनुबंधों तथा मंसूबों में आलोप हो जाती है। यह आपकी चाहत है जो आपको पैदा करनी ही पड़ती है। यह वह स्वयं स्थिति है जो आप हर क्षण में स्वयं ही पैदा करते हो। यद्यपि यह विलासिता नहीं है आपके हृदय से उठी हुई एक संतुष्टि की झलक है जबकि विलासिता का साधन बाह्य होता है। खुशी आपके मन से ऊपजा हुआ विश्वास है।

खुशी आपका मानसिक एहसास, खुशी हृदय की संतुष्टि ।
खुशी है आपकी आत्मिक खुराक, मनोबल की करता पुष्टि।।2378।।

इस विषय में अब्राहम लिंकन ने कहा है कि हम में से अधिकतर लोग उतने प्रसन्न हो जाते हैं जितना हम अपने दिमाग से चाहते हैं। यह मन की प्राकृतिक स्थिति है तथा जो भी लोग इस धरा पर जिये हैं उनका यह जीवन का अंतिम उद्देश्य रहा है। वास्तव में खुशी वह स्थिति है जो सभी अप्रसन्तादायक भावनाओं से पीछा छुड़ाने के बाद बचती है। यह सभी उन उटपटांग इच्छाओं की पूर्ति का परिणाम नहीं है जो आप अंधे होकर पूरा करने की कोशिश करते हैं। यह वह स्थिति भी नहीं है जहाँ आप अपनी उदासी से पीछा छुड़ा लेते है। यह निर्विरोध प्रसन्नता की स्थिति है जो कि बिना किसी आत्मग्लानि और जुर्माने के प्राप्त की जाती है। यह केवल तर्कसंगत स्थितियों में संभाव्य है। यह जीवन की लंबे समय तक चलने वाली खुशी है जिसको जीवन से ही प्यार है तथा यह जीवन के साथ सदैव ही कदम दर कदम चलती है तथा विपरीत स्थितियों में भी हमारा साथ नहीं छोड़ती है।

यह हम पर थौंपी गई स्थिति नहीं है बल्कि हमारे द्वारा चुनी गई तथा हृदय से धारण की गई स्थिति है जो हमें खुशियों का अनन्त एहसास दिलाती है जिस पर किसी अन्य वस्तु, स्थिति अथवा समय का नियंत्रण नहीं होता। यह हमारे हृदय के उस स्थान से उठती है जहाँ से हमारा मन और आत्मा दोनों ही तृप्त हो जाते हैं तथा हमारे लिए खुशियों का वह रास्ता खोल देते हैं जिसकी प्राप्ति के बाद हमें खुशियाँ पाने की नहीं बल्कि बांटने की आवश्यकता पड़ती है।

खुशी प्रकटने का एहसास नहीं, यह तो सभी में बांटने का एहसास है।
जो भी खुशीयाँ 'सर्वांगमयी' हो, स्वयं ही बाँट दीजाती यह विश्वास है।।2379।।

अब हम आपके लिए खुश रहने के कुछ ऐसे रहस्यों का सविस्तार वर्णन करेंगे जिनके माध्यम से आप स्वयं भी खुश रह सकेंगे तथा समाज को भी प्रसन्न रखने का प्रयास कर सकेंगे तथा समाज में खुशी का प्रसाद बांटने में समर्थ होंगे :–

बाँटकर 'खुशियाँ' सभी में, सर्वोत्तम धन संजोईये ।
पवित्र आत्मिक खुराक है, इसे समाज में बोईये ।।2380।।

1. संतुष्टि सर्वोत्तम धन है :–जो भी आपके पास है उसी में संतुष्ट रहना ही आपकी खुशियों का आधार है। यदि आप इसे प्राप्त नहीं कर पायेंगे तो खुश भी नहीं रह पायेंगे। शोधों द्वारा प्रमाणित हो चुका है कि खुश मिजाज लोगों की इच्छायें तथा संभावनायें बहुत संतुलित स्तर की होती हैं। वो इतना ही पाने की इच्छा रखते हैं जो वह आसानी से प्राप्त कर सकते हैं। जबकि इसके विपरीत दुःखी लोग जो चाहते हैं वह उन्हें कभी नहीं मिलता। खुश मिजाज लोग दुःखों को टालना तथा उनका सामना करना जानते हैं। उन्हें आश्चर्यचकित कर देने वाली खुशियों को पैदा करना भी खुब अच्छी तरह आता है क्योंकि वे सदैव संभव गोल के लिए प्रयास करते हैं तथा अपने प्रयासों पर भरोसा करते हैं।

जबकि असंतुष्ट लोग सदैव ही शिकायते करते रहते हैं व इस स्थिति में उन संभावनाओं को अपने हाथ से नहीं खिशकने देते हैं जो उनके हाथ में आई होती है जो कि अंततः समय तथा ऊर्जा की बर्बादी है। खुश रहने के लिए हमें सदैव संतुष्ट रहना चाहिए क्योंकि इसके मिलने पर खुशियाँ स्वयं ही हमारे पाले में दौड़ी चली आती हैं और हमें उन्हें मात्र गले से लगाकर स्वागत करना होता है।

गौ धन, गज धन और रत्न धन खान ।
जब आवे संतोष धन, सब धन धूनि समान ।।

2. जो भी आप करते हैं ह्रदय से कीजिए :– खुश लोग वही करते हैं जो उन्हें भाता है तथा जो वह करते हैं उसी में आनंद उठाते हैं। यह सब वह सोहरत और दौलत पाने के लिए नहीं बल्कि अपनी आत्मिक संतुष्टि के लिए करते हैं। वास्तव में उस कार्य को करने का कोई फायदा नहीं है जिससे आप नफरत करते हैं अथवा आपके दिल को भाता नहीं है। यह अंततः आपको तथा जिसके लिए आप यह कर रहे हैं दोनों के लिए असंतुष्टि एवं दुःख का कारण बन सकता है।

ह्रदय से जो भाता है, वही आत्मविचार कहलाता ।
जिससे मिलता अपार, वही तो व्यवहार कहलाता ।।2381।

हम सारी ऊमर लगाकर धन दौलत कमाते हैं कि वह अंततः हमें खुशी देगा परन्तु बेमन तथा बेईमानी से कमाया हुआ पैसा उसी शरीर को संभालने में खर्च होता है जिसे कष्ट देकर हमने यह कमाया था हम इसे खुशियाँ मनाने के लिए खर्च नहीं करते बल्कि खुशियाँ बचाने के लिए यह सब खर्च हो जाता है जो कि केवल भ्रम है खुशियाँ नहीं।

धोखे से धन कमाया, आया न कोई काम।
नाली में धन गया, काया मिली न राम।

3. खुशियों को अपनी प्राथमिकता बनाईये :– किसी भी स्थिति, समय तथा कार्य में अपना लक्ष्य खुशियाँ पाना तथा बांटना होना चाहिए जिसके लिए अपने दिमाग को हमेशा ही खुला रखें तथा अपनी प्राथमिकताओं में खुशियों को सर्वोच्च प्राथमिकता बनायें। बिना किसी डर, झिझक एवं वासना के अपनी इस स्वतंत्रता को बनाए रखिए। याद रखिए परिस्थितियों के निर्माता आप हैं, ये आपसे हैं बल्कि इनसे आप नहीं हैं। हर परिस्थिति में अपनी प्राथमिकता को बनाए रखना आपकी आत्मिक खुराक है तथा इस खुराक को आप छोटी छोटी प्राथमिकताओं के लिए त्याग नहीं कर सकते वरना् ये आपको त्याग देगी, याद रखिए !

प्राथमिकता निर्धारित कर, खुशीयों का आधार बनाईये।
बाकी सबकुछ छूट जायेगा, खुशीयों का व्यापार लगाईये।।2183।।

4. वर्तमान में जीना सिखिए :– भूत भविष्य का त्याग कर इस क्षण का आनंद लेने वाले हमेशा खुश एवं प्रसन्नचित रहते हैं। भगवान की वाणी का सार श्री मद्भागवत गीता का सार भी इसी उक्ति पर टिका है कि वर्तमान में रहकर केवल आज में जीना आरम्भ कर दीजिए आप स्वयं ही खुशी में जीना सीख जायेंगे। अपना नजरिया सकारात्मक बनाते हुए आज को अपनी झोली में भरने की कोशिश कीजिए। अपने आज और अब के क्षणों को भविष्य तथा भूत पर कभी भी कुर्बान न कीजिए वरना् आपका भविष्य तो बिगड़ेगा ही साथ भूत आपका पीछा नहीं छोड़ेगा तथा आपको कभी खुशियों में नहीं रहने देगा। इसलिए वर्तमान में जीना सीखिए।

जीवन 'अभी' में चलता है, आज में ही जीना सीखिये ।
कल का कोई आधार नहीं, खुशीयों से जीवन सींचिये ।।2184।।

5. अपने आपको सदैव व्यस्त रखिए :– कहा जाता है कि खाली दिमाग सैतान का घर होता है अतः इसे सदैव किसी न किसी कार्य में व्यस्त रखना चाहिए वह भी ऐसे कार्य में जिसका आप लुत्फ उठाते हों तथा जो आपके ह्रदय से जुड़ा हुआ हो। यदि आप इसे खुशी न होते हुए भी खुश रख सकते हैं तो इससे बड़ी कला आपको नहीं मिल सकती है। खुशियों में व्यस्त रहने वाला मन आपके लिए सफलताओं के अपार अवसर पैदा कर देता है। माना गया है मन की केवल एक ही कमजोरी है कि यह केवल व्यस्त रहना चाहता है चाहे वह धर्म में हो अथवा अधर्म में। धर्म इसकी सात्त्विक खुराक है जबकि अधर्म इसकी राजसिक खुराक है जो केवल थोड़ी उच्च अवस्था के प्राणी ही हज्म कर पाते हैं। जबकि अधिकतर लोग तामसिक प्रवृति के होने के कारण मायावी संस्कारों में लिप्त रहते हैं, इन्हीं संस्कारों अथवा एहसासों के व्यक्ति ही इस कलयुगी युग में चारों तरफ पाये जाते हैं।

व्यस्तता आपके मन की खुराक है, जितनी हो सके इसे खिलाईये ।
विचारों का 'जंगल' है आपका मन, खुशियों के जंगल यहाँ उगाईये ।।2185।।

6. **अपने रिश्तों को महत्त्व दीजिए :—** अपनी खुशियों के लिए उन रिश्तों को सदैव त्याग दीजिए जो आपकी खुशियों में आड़े आते हैं तथा उन रिश्तों को सदैव महत्त्व दीजिए जो आपकी खुशियों में बढ़ौतरी करते हैं तथा आपके लिए महत्त्वपूर्ण हैं। पैसे धन अथवा सोहरत के लिए अपने रिश्तों को कभी दाव पर मत लगाईये। याद रखिए लोगों से ही हमें खुशियाँ मिलती हैं तथा उन्हें वापिस लौटाना भी हमारा आत्मिक दायित्त्व है क्योंकि हम भी उनके लिए वही लोग हैं जो वो हमारे लिए है। संसार लेन देन का व्यापार है और इस व्यापार में आपके रिश्ते खुशियों की चाबी हैं अतः हो सके तो सभी से मधुर संबंधों का विकास कीजिए तथा अपने लिए महत्त्वपूर्ण लोगों का चुनाव कर उन्हें महत्त्व दीजिए ताकि वे आपको महत्त्व दे सकें यही सामाजिक संबंधों एवं खुशियों का आधार है।

रिश्ते जो हों मधुर, जीवन सफर मधुर हो जाता है।
सामाजिक प्राणी है मनुष्य, सबको अच्छा साथ भाता है।।2186।।

7. **अपने आपकी दूसरों से समानता न करें :—** उचित महत्त्वाकांक्षायें लोगों को आगे बढ़ने तथा खुश रखने में सहायता करती हैं। परन्तु प्रतिस्पर्धा की महत्त्वाकांक्षा आपके संबंधों को बिगाड़ने तथा आपके लिए दुश्मनों की फौज भी खड़ा कर सकती है। इसके अतिरिक्त अपने आपकी दूसरों के साथ तुलना करना आपकी महत्त्वाकांक्षाओं का गला भी दबा सकती है। ये आपके लिए तभी महत्त्वपूर्ण हैं जब आप इनसे कुछ सीखते हैं तथा जीवन में खुशियाँ पैदा करते हैं। अपने लक्ष्य को केंद्रित रखते हुए आगे बढ़ना यदि आपकी महत्त्वाकांक्षा है तो बिना किसी की परवाह किए इसके लिए आगे बढ़ते रहिए ताकि आप इनका तथा इनके परिणाम का भरपूर लाभ उठा सकें तथा अपने आपको प्रसन्न रख सके।

प्रतिस्पर्धा भरी महत्त्वाकांक्षा, खुशियों में आग लगा देगी।
थोड़े समय की खुशी, आज नहीं तो कल दगा देगी।।2187।।

8. **अपने आपे में रहिए :—** यदि आपको दूसरों के साथ अपने आपको तुलना भी नहीं करनी है तो दूसरों के विचारों को अपने ऊपर थौंपना भी नहीं हैं। दूसरों के विचारों के द्वारा अपने विचारों को प्रभावित होने देना अपनी दाढ़ी दूसरों के हाथों में देने के समान है अतः दूसरे आपके बारे में क्या सोचते हैं इसकी प्रवाह किए बगैर उस पर ध्यान दीजिए जो आप अपने बारे में सोचते हैं तथा पूरा करना चाहते हैं और मस्त हाथी की तरह आगे बढ़ते रहिए।

स्वयं को ही बना अपना दोस्त, स्वयं की स्वयं से ही सहायता लीजिए।
आपका आपसे बड़ा नहीं दोस्त, पक्का विश्वास अपने ह्रदय में कीजिए।।

मनुष्य जीवन की यही सबसे बड़ी कमजोरी है कि वह अपने आपको सामाजिक प्राणी तो स्वीकार कर लेता है परंतु अपने आपको उस झुंड का हिस्सा मान बैठता है जिसके लीडर में लीड करने की क्षमतायें ही गायब होती है। लकीर का फकीर बनकर वह अपनी असली फकीरी को भूल जाता है तथा झूंड में अंदर से अकेला रहते हुए भी झूंड को ही फोलो करता रहता है।

परंतु जब तक उसे अपने लीडर होने का एहसास पैदा होता है अथवा स्वयं का साम्राज्य बनाने की बुद्धि उसमें पैदा होती है तब तक गंगा में बहुत पानी बह चुका होता है तथा उसी झुंड में उसको चुनौती देने वाले कई अन्य खिलाड़ी पैदा हो चुके होते हैं जिससे वर्तमान जीवन उसके लिए जीने का जंजाल बन चुका होता है। उसकी अपनी आत्मा उसे स्वीकार नहीं करती परंतु उसमें जीवन जंजाल को तोड़ने की क्षमता भी रिश्तो, भावनाओं तथा अनेक प्रकार की कुंठाओं के नीचे दब चुकी होती है। कई बार उसे अपनी क्षमताओं पर भी अविश्वास होता है कि अब कुछ नया करने का समय बीत चुका है, अब तो जो चल रहा है उसी में जीना उचित है।

मनुष्य सामाजिक प्राणी है, पर उसकी भी अपनी आकांक्षायें है।
शेर के पीछे पड़ा सवाशेर, हर शेर की अपनी ही 'उपेक्षायें' है।।2491।।

अपने अंदर बैठे इस शेर को जगाने का उत्त्तम तरीका यही है कि आप झूंड में रहते हुए भी अपने आपे में रहिए, एक दिन समय आकर आपकी संचित की गई आत्मशक्ति जाग जायेगी तथा आपका अभिष्ठ आपके सामने आ खड़ा होगा। इसे संघर्ष टालने तथा समय का इंतजार करते हुए शक्ति संचयन की कला कहा जा सकता है। परंतु इसमें छुपी हुई देरी को यदि आपने खत्म करना है तो अपने 'जनून' से जुड़ जाईये तथा अपना ट्रीगर प्वाईंट (मंत्र शक्ति) ढूढ़कर अपने आत्मविश्वास को जगाईये। इस छोटे से ऊपाय से आपका लक्ष्य सफलता सहित आपके अंतर्मन में स्वयं प्रकट हो जायेगा तथा आप स्वयं ही वो हो जायेंगे जो आप बनना भी नहीं चाहते थे परंतु नियति आपके कदमों में अनगिनत संभावनाओं को लाकर खड़ा कर देगी।

आप स्वयं ही हैं नियंता, स्वयं को जरा पहचानिये।
आपकी चाहत है 'क्या', अंतर्मन से तो इसे जानिये।।2492।।

जगाकर लौ अल्ख की, अपनी मस्ति में सदा मस्त रहिए ।
ना औरों से बुरा सुनिए, ना आप बुरा किसी को कहिए ।।2388।।

9. परेशानियों का भार उतार फैंकिए :– आपकी परेशानियाँ आपकी खुशियों के मार्ग में पांव में पड़ी भारी बेड़ियों के समान है। अतः इन्हें जितनी जल्द हो उतार फैंकिए और आगे बढ़ने की सोचिए। ज्यादा चिंता तथा व्यर्थ का चिंतन भी आपकी खुशियों में लगा हुआ दीमक है जो आपके अनजाने पन में आपकी खुशियों को चट करता रहता है। आपके जीवन का नब्बे प्रतिशत भार तो इन्हीं परेशानियों से ग्रसित होता है अतः इन्हें त्याग कर आगे बढ़िए तथा उस पर अपना ध्यान केंद्रित कीजिए जो आप आज चाहते हैं।

परेशानियाँ आपका भूतकाल है तथा भूतकाल में रहना समझो अंधेरे में टक्कर मारने के समान है। परेशानियाँ मन का नकारात्मक एहसास है जिसकी अनुभूति से आपका अंतर्मन कभी स्वीकार नहीं करता है। यह मन की द्वंद्वता की वह स्थिति है जिसमें वह परिणाम की स्थिति से चिपका रहता है तथा अपने आपको परिज्म बनाकर धनात्मकता तथा ऋणात्मकता के बीच में निरंतर झूलता रहता है। न उसे सफलता मंजूर होती है और न ही असफलता। सफलता का एहसास उसे इसलिए मंजूर नहीं होता क्योंकि वह आने वाले बदलावों को संभालने में अपने आप को असमर्थ महसूस करता है जबकि असफलता का डर उसके अहंकार पर चोट मारता है जिसके कारण वह निरन्तर द्वंद्व की अवस्था में पैंडुलम बना रहता है।

भूतकाल अंधेरा है, ना ये तेरा है ना मेरा है।
जीवन चलता आज में, भूत परेशानियों का घेरा है।।2389।।

10. अपने आपको व्यवस्थित कीजिए :– जीवन में खुश रहने वाले लोग सदैव ही अपने आपको व्यवस्थित तथा प्लान रखते हैं। उनका अपना गोल तथा प्लान ही होता है जो उन्हें दूसरों से अल्ग तथा खुश बनाता है। परन्तु जब तक आपके जीवन में सावधानी, व्यवस्था तथा अनुशाशन नहीं है तब तक आप अपनी खुशियों को लंबे समय तक कायम नहीं रख पायेंगे तथा एक एक कर खुशियाँ आपका दामन छोड़ती जायेंगी। अपने आपको व्यवस्थित करने के निम्न लाभ हैं जो आपकी खुशियों में इजाफा करते हैं :–

- यह आपके गोल की प्राप्ति में सहायक होती है। जिसके लिए आप यह जानते हुए कदम बढ़ाते हैं कि आपको हर कदम पर क्या करना है ? यह गोल को साफ, छोटा तथा साध्य बनाती है।
- यह बाधाओं तथा विपत्तियों को कम से कम बना देती है। जिससे समय बचता है।
- यह आपसी संबंधों को बढ़ावा देती है।
- यह आपका उत्साह वर्धन करती है।
- यह आपका धन तथा समय बचाती है।

– यह आपका अपनी खुशियों पर नियंत्रण कायम करती है।
– यह आपको नया करने के लिए उत्त्साहित करती है।
– यह आपका भविष्य सुरक्षित तथा उज्जवल बनाती है।

11. सकारात्मक सोच बनाए रखिए :– यही आपका इस पुस्तक के माध्यम से मूल उद्देश्य है अतः इसे बनाए रखिए तथा सदैव सकारात्मकता से जुड़े रहिए। खुश लोग हमेशा सिक्के की चमकीली स्तह की ओर देखते हैं तथा अंधेरों में जाकर अपना समय नष्ट नहीं करते। हमेशा अपनी विजय पर अपनी आँख को केंद्रित रखिए।

हमारा मन ऐसी शक्तियों से परिपूरित है जो हर समय, दूरियों व अवरोध के बिना समस्त ब्रह्माण्ड में व्याप्त सकारात्मकता से निरंतर जुड़ा रहता है। हम इनका उपयोग सदैव सकारात्मक रह कर ही कर सकते हैं। सकारात्मकता आपको अपने भीतर की इन शक्तियों के करीब लाकर उनका दोहन करने में सक्षम बनाती हैं तथा आपको भरपूर बनाकर सदैव प्रसन्न रहने में सहायक रहती है। सकारात्मकता आपका वह एहसास है जो सदैव सात्त्विकता से जुड़ा रहकर जीवन को भरपूरता प्रदान करता है।

जुड़िये सदा रौशनी से, अंधेरों में भी घिरकर ।
चमकता है सूरज सदैव, बादलों को चीर–कर ।।2293।।

12. खुशियों का सम्मान कीजिए :– जो खुश लोग होते हैं वे सदैव ही खुशियों का सम्मान करते हैं तथा उनकी कीमत पहचानते हैं। जबकि बदनसिब लोग खुशियों को अपने दरवाजे से लौटाते हैं तथा उनके लिए अपने दरवाजे बंद कर देते हैं। याद रखें जिंदगी हमेशा आपको भरपूर अवसर प्रदान करती है तथा दुःख व सुःख दोनों बराबर रूप से जीवन में आते जाते रहते हैं परन्तु खुशनसीब लोग खुशियों को गले लगाकर गमों को भी खुशी से बाये बाये बोल देते हैं जबकि इसके विपरीत ज्यादातर लोग खुशियों को पहचानते ही नहीं हैं तथा जीवन में केवल कष्टों से घिरे रहकर कष्टों को पहचानना जान पाते हैं। अतः अपने नजरिये को बदलिये तथा हर पल में खुशी की पहचान व सम्मान को महत्त्व दीजिए फिर देखिए कि आपका जीवन किस प्रकार बदलने लगेगा तथा खुशियाँ आपको पहचान देने लगेंगी।

स्वागत कीजिए खुशियों का, अवसरों को सदा भूनाकर।
लौट न जायें कभी ये स्वयं, दरवाजे आपके थप–थपाकर।2294।

अब हम आपको अपने दिन को प्रसन्न बनाने के लिए कुछ ऐसे टिप्स बतला रहे हैं जो बहुत ही साधारण, संभाव्य एवं प्रतिदिन के लिए क्रियान्वयन लायक हैं।

1. सुबह उठकर उठते ही अपने दोनों हाथों को रगड़ कर अपनी आँखों चेहरे कानों तथा गले सरवाईकल क्षेत्र में लगाईये इस भाव के साथ की आप ईष्ट के चरणों की धूल को अपने अंगों में समाहित कर रहे हों। दूसरे भाव में आप भगवान को धन्यवाद देते हुए ऊर्जा रूपी प्रसाद को ग्रहण कर रहे हो।

धूल प्रभु चरणों की, भाग्य आपका संवार देगी ।
लगाईये इसको माथे, किस्मत आपकी उभार देगी ।।2295।।

2. अपने भाव से परमात्मा का धन्यवाद दीजिए कि उसने आपको अज्ञान नींद्रा से उठाया तथा अब सुबह के प्रकाश के साथ आपको ऊर्जा से भर रहा है। अच्छे दिन की कामना के साथ अपना दिन आरम्भ कीजिए। कामना कीजिए आपका दिन सुःख, शाँति से भरा हो तथा आप इसका आनंद लेंगे।
3. सुबह उठकर दो से चार गिलास कुन–कुना पानी धारण करें। इस विषय की अधिक जानकारी के लिए लेखक की पुस्तक उषापान अथवा शरीर संतुलन पढ़ें यह क्रिया उषापान कहलाती है।
4. शौच एवं स्नान ध्यान उपरांत नंगे पांव घास पर चलें व ठंडी उष्मा को शरीर में धारण करते जायें।
5. अपने आपको शाँत, स्थिर तथा प्रसन्न मनो स्थिति में स्थापित कीजिए। अपने आपको अंदर की स्थिति में ले जायें तथा बाह्य स्वरूपों से अलग महसूस करें। खुश रहिए तथा औरों को रहने दीजिए।
6. आराम से बैठकर चाय, सूप अथवा फल रस अथवा गर्म जल का सेवन करें।
7. अच्छा संगीत, साहित्य सुनें, पढ़ें अथवा ग्रहण करें।
8 शरीर की तेल, गर्म तेल अथवा शुद्ध तेल की मालिश कीजिए।
9. लंबे समय तक फव्वारे, तालाब अथवा नदी में बिना कैमिकल स्नान कीजिए।
10 अपने धर्म, स्वभाव अथवा जाति अनुसार भगवान की पूजा आराधना करें। अपने तथा अपने परिवार, मित्रों तथा देश अथवा विश्व कल्याण हेतु प्रार्थना कीजिए।
11. उगते, डूबते सूर्य का ध्यान कीजिए तथा अपने स्वास्थ्य की कामना के साथ सूर्य के प्रकाश को हर सांस के साथ समस्त शरीर में धारण कीजिए। खुशी का अहसास जगायें तथा रूग्णित अंगों पर इसे अधिक समय के लिए रखें।
12. समूद्र, नदि अथवा तालाब के किनारे चलिए।
13. बगिया, बाग अथवा अच्छे सुगंधित क्षेत्रों में सैर कीजिए खुशबू अंदर धारण कीजिए।
14. योग, शरीर अभ्यास एवं नाड़ियों में खींचाव के बाद आराम दीजिए।
15. अपने परिवार के साथ अच्छा समय व्यतीत करें। बच्चों के साथ खेलें, मौज लें।
16. अच्छा सुःखद एवं स्वस्थ नाश्ता, लंच तथा डीनर लें जो आपके लायक हो।
17. संगीत, डांस व मित्र मंडली में मजाक के द्वारा अपने आपको तरो ताजा रखिए।
18. स्पताह अंत में अपने आपको भरपूर आराम दें तथा अपनी चेतना से जुड़े।
19. अपने आस पास सफाई अभियान चलायें।
20. अच्छे गुणवान एवं प्रज्ञावान लोगों से मिलें तथा आशीर्वाद ग्रहण करें।
21. अपनी इच्छा अनुसार अच्छे प्राकृतिक स्थानों पर जायें तथा मौज मस्ती लें।
22. खेतों, चरागाहों, क्लब अथवा खुले तथा सुदूर स्थानों पर घुमने के लिए जाईये।

23. एकांत स्थान में गाना गाईये, हंसिये तथा अपने आप से बातें कीजिए।
24. बारिश में तथा धूप में स्नान कीजिए।
25. अपने बच्चों तथा बजूर्गों के साथ समय बिताईयें उनके साथ खेलें, गप्पे लगायें तथा खेल खेल में उनके साथ बच्चा अथवा बजूर्ग बनने की स्थिति में आयें।
26. अनाथालयों, वृद्धाश्रमों तथा गऊशाला इत्यादि में सहायता के लिए जायें।
27. अपनी इच्छा तथा स्वाद अनुसार रसोई में सूप अथवा पकवान बनाईये खाईये।
28. लेटकर चंद्रमा, सितारों तथा ग्रहों को अंतर्मन से निहारिये।
29. सागर किनारे रेत के महल अथवा योजनायें बनाईये।
30. पानी में तैरिये, स्नान कीजिए तथा खुब डुबकियाँ लगाईये।
31. दोपहर को संभवतया कम से कम समय के लिए नींद लीजिए।
32. सागर तल के किनारे बैठकर घंटों तक निहारिये।
33. दोस्तों के साथ रेस्तरों में बैठकर काफी, चाय का मजा लीजिए, गप्पे हांकिए।
34. गर्म स्नान, वायु स्नान तथा अंधेरा स्नान कीजिए।
35. गुब्बारे, हवाई तथा लंबी दूरी की ड्राईविंग के लिए जायें।
36. कार्य की थकान के बाद योग निद्रा द्वारा अपने आपको आराम दीजिए।
37. अपने आपको चुस्त दुरूस्त रखने के लिए अपनी दिनचर्या पर्ची को चैक कीजिए।
38. आंधी, तूफान अथवा अच्छी बारिश में बाहर आकर प्रकृति का आनंद लिजिए ।
39. परिवार के साथ फिल्म अथवा खेल देखने जाईये।
40. खेल के मैदान में जाकर अपना प्रिय खेल खेलिए।
41. अपने बच्चों को खेलते हुए आराम से बैठकर देखिए।
42. अपनी दिनचर्या अथवा जीवन की डायरी अच्छे पैन के साथ लिखिए।
43. अपने बजूर्गों अथवा बड़े तथा असमर्थ लोगों को उनकी दिनचर्या में सहायता कीजिए।
44. बर्फीले तथा प्राकृतिक स्थानों में जाकर आत्मिक संतोष ग्रहण कीजिए।
45. झुले झुलिए तथा आनंद लिजिए।
46. मछलियों अथवा पशु पक्षियों को अपने प्राकृतिक वातावरण में निहारिये।
47. जगरातों, प्रार्थना सभाओं तथा चिंतन सभाओं में भाग लिजिए।
48. अपने लिए समय निकालकर घंटों ध्यान तथा मनन कीजिए।
49. ध्यान, मग्न तथा संगीतमय रहकर अपने आपको खोजने का प्रयास कीजिए।
50. अपने अंतर्मन को टटोलिए तथा अपनी विशेषताओं तथा कमियों को ढुंढ़िये।
51. जीवन के हर क्षण को आनंद लिजिए तथा खुशी को अपनी पहली पसंद बनाईये।

अध्याय–10

हौंसलों से मंजीले नजदीक आती है

जिंदगी कदम दर कदम, मंजिलों भरी ऊँचाई है।
लांघता इसे वही इनसान, जिसने हिम्मत जुटाई है।।1153।।

हम में से प्रत्येक व्यक्ति के जीवन में कभी न कभी ऐसा समय भी आता है जब हम किसी बुरे समय काल से गुजरते हैं। परन्तु ऐसी परिस्थितियों में जो हिम्मत से काम लेता है तथा बुरे समय को अच्छे बुरे की परिधि से ऊपर उठकर देखता है उसके लिए बुरा समय भी गुजर जाने वाला बन जाता है। जो हौसलों से काम लेकर विपरीत परिस्थितियों में भी समय को बदलने की हिम्मत रखता है वही मनुष्य श्रेष्ठ कहलाता है। कहा भी गया है जो परिस्थितियों से हार जाये वह कायर कहलाता है तथा कायरता मनुष्य जीवन की सबसे विकृत स्थिति है जबकि हौसला रखना श्रेष्ठत्तम स्थिति है क्योंकि जिसके पास यह गुण है वह कठोरत्तम स्थिति में हौसला नहीं छोड़ता है तथा अपने अभिष्ट की प्राप्ति के लिए निरंतर प्रयासशील रहता है।

दुनिया भी मिट जाये तो क्या, हौसले कदापि मिटते नहीं हैं।
हार कर कभी परिस्थितियों से, हिम्मती कभी टिकते नहीं हैं।372

जैसा कि पहले कहा जा चुका है कि कठिनाई कोई परिस्थितिजन्य स्थिति नहीं है तथापि आपके मन के द्वारा तैयार की गयी ऋणात्त्मक स्थिति है जिसे हमने स्वीकार कर लिया है वरना इस विश्व में हर वस्तु आगे की ओर ही बढ़ रही है तथा तभी इसे चरावेति चरावेति की संज्ञा दी गई है जिसे साधारण शब्दों में ज्ञान से अज्ञान की जीवन यात्रा का नाम दिया गया है और अज्ञान की ओर कदम बढ़ाने के लिए आपको सदैव हौसले की आवश्यकता पड़ती है अतः यदि जीवन में विकास तथा ज्ञान की बढ़ोतरी की ओर कदम बढ़ाना है तो भी हमें हिम्मत से ही काम लेना पड़ेगा। इसकी अनुपस्थिति में विकास भी संभव नहीं है।

कठिनाई मूर्खों का डर, पुरुषों के लिए प्रेरणा ।

जिंदगी उसे सलाम करे, आ जाये जिसे है झेलना ।।727।।

मनुष्य मन की प्रवृत्ति तमोगुणी है तथा यह अहं (रज्स) के साथ मिलकर हमारे शरीर के सुःखों के साथ सदैव विलुप्त रहता है अतः बार बार प्रयास करने पर भी बुद्धि के नियंत्रण में नहीं जाना चाहता क्योंकि यहाँ इसे अपनी मौत नजर आती है। अतः जब आपको संपन्नता की ओर कदम बढ़ाना है तो भी आपको हिम्मत से ही काम लेना होगा क्योंकि मन को जब आप ऊपरी स्थितियों में लाना चाहेंगे तो इसके लिए आपको ज्ञान रूपी ऊर्जा का उपयोग करना ही होगा लेकिन उससे पहले आपका मन ही आपके रास्ते में 'डर' खड़ा करेगा ही क्योंकि यह वैदिक सिद्धांत है और संतुलन हेतु क्रिया की प्रतिक्रिया होती ही है। इसके विपरीत जब आप अपने मन को ऊपर उठाने की कोशिश करते हो तो इसका दूसरा पलड़ा जो कि संसार की ओर झुका हुआ है वह भी ऊपर उठने की कोशिश में लग जाता है। इसीलिए कहा गया है कि :– **कष्टों को सहकर भी जो, उफ. नहीं किया करते हैं।**

अल्हा की दरगाह में 'वही, देवता बन जिया करते हैं।।338।।

कष्टों से जो घबरा जाये, वो बहादुर नहीं है कायर है।
चलती हुई जीवन नैया के, दुखःसुख दोनों ही टायर है।।340।।

यह जीवन का कटु सत्त्य है कि जब भी आप कुछ बदलने के लिए कदम बढ़ाते हैं तो बदलाव के परिणाम स्वरूप इसमें बाधायें पैदा होना स्वाभाविक है जिसका अंतिम और प्रथम उपाय यही है कि आपको केवल और केवल हिम्मत के साथ लगे रहना है। मन को जब भी आप किसी कार्य में लगाऐंगे तो यह तब तक विघ्न पैदा करता ही रहेगा जब तक कि आप हिम्मत का चापू थामकर इसे अपने लक्ष्य में संलिप्त नहीं करा लेते हो तब तक आपका गोल प्राप्त नहीं होगा क्योंकि सफलता अपने अंतिम लक्ष्य तक पहुँचने के लिए हिम्मत का बलिदान लेती ही है।

हिम्मत का 'चापू' थामकर, जीवन नैया पार लगा लो ।
कल्याण भरा है भक्तिपथ, 'संशय' को दूर भगा लो ।।341।।

मनुष्य जीवन अबाध रूप से निरंतर चलती हुई पतवार है जिसे समुद्र रूपी विघ्नों की लहरों से पार होकर जाना होता है परन्तु जब तक इसका खेवनहार मनुष्य हिम्मत का चापू थामकर लहरों के पार जाने का हौसला नहीं जुटा लेता तब तक यह केवल एक ही किनारे अटकी रहेगी। इसके विपरीत हम हिम्मत न जुटा कर कठिनाईयों को अपने कर्म का लेखा जोखा मानते रहेंगे तो जीवन की यह पतवार रूकी ही रहेगी परन्तु जब हम हिम्मत के साथ इसके खेवन की जिम्मेदारी लेते हैं तो यह हमें अपने लक्ष्य तक पहुंचा सकती है।

जीवन की कठिनाईयाँ, कर्मों का सब लेखा जोखा ।
कोस रहा है ईश्वर को, मोह माया से खाकर धोखा ।।342।।

जीवन का सबसे बड़ा सत्य यही है कि एक दिन सभी को यहाँ से छोड़कर जाना है तथा मृत्यु का भय जीवन का सबसे बड़ा भय है। परन्तु जब मनुष्य हिम्मत का सहारा लेता है तो वह इसी भय को भूलाकर जीवन में मृत्यु से बड़ी ऊँचाईयों को छू जाता हूँ। हमें प्रत्येक लक्ष्य की प्राप्ति के आरंभ में यदि मृत्यु का भय ही सताने लगेगा तो हमारे लिए जीवन में कोई भी कदम उठाना ही संभव नहीं हो पाएगा परन्तु हम सदैव ही हिम्मत के सहारे इस डर को भूलाकर जीवन में निरन्तर आगे बढ़ते रहते हैं।

जिंदा-दिली जिस दिन, जिंदा दिल में उतर आएगी ।
उसी-दिन इनसान तुझे, मौत कभी नहीं डरा पाएगी ।।361।।

श्री भागवत गीता हमें जीवन के उतार चढ़ावों में समभाव में रहना सिखलाती है। इस महान ग्रंथ के मूल में यही शिक्षा समाई है कि मनुष्य को हर परिस्थितियों में समता का दामन नहीं छोड़ना चाहिए जिससे अभिप्राय यही है कि सुःख के समय भी अधिक लम्पट नहीं होना चाहिए तथा दुःखों में भी सदैव माथा पकड़ कर बैठ नहीं जाना चाहिए यद्यपि हिम्मत का दामन थामकर दोनों ही परिस्थितियों में सदैव सम रहना चाहिए।

दुःख सुख की समता, जिसे भी दिल से भा जाती है।
मोह-मायावी मुश्किलें, सुलझानी उसको आ जाती है।।363।।

जीवन में आपका नजरिया यह निर्धारित करता है कि आप अपने लक्ष्य को कितना बेहतर तरीके से कर सकते हैं जबकि आपकी योग्यता निर्धारित करती है कि आप क्या कर सकते हैं। आपका उत्साह यह निर्धारित करता है कि आप कैसे प्रयास करते हैं - श्री लोऊ होल्ट

दुनिया भी मिट जाये तो क्या, हौसले कदापि मिटते नहीं हैं।
हार कर कभी परिस्थितियों से, हिम्मती कभी सिमटते नहीं हैं।।372।।

हार और जीत जीवन रूपी सिक्के के दो अभिन्न पहलू हैं जिनका एक दूसरे के बिना कोई अस्तित्त्व नहीं है। प्राकृतिक नियमानुसार सफलता विफलता के बिना कदापि प्राप्त नहीं की जा सकती है। यदि आप अपनी बुद्धि पर विश्वास रखते हैं तो हर कार्य विफलता से ही शुरू होता है यदि यह सफलता से ही प्रारंभ होता तो दुनियावी चक्र ही समाप्त हो जाता, इस जीवन के समस्त रहस्य व प्रारंभ तथा अंत ही समाप्त हो जाता।

हार कर ही चखा जाता है, सदा स्वाद सफलता का ।
कायरों को केवल भाता है, रोना सदा विफलता का ।।373।।

मनुष्य जीवन उतार चढ़ावों से भरा हुआ है जो इसमें विवधताओं का संचार करता है। यही विविधता मनुष्य को जीवन जीने के लिए लालायित करती है तथा इसमें नित्त्य नवीनता का संचार करती है तभी इसे जीने का मजा आता है। अतः हमें परिस्थितियों को सदैव नये चैलेंज के नजरिये से देखना चाहिए तथा उनका स्वागत करने के लिए हमें सदैव तत्पर रहना चाहिए। हमारा यही नजरिया हमें सफलता प्राप्ति के लिए तैयार कर देता है जिसमें असफलता ही हमारे लिए सफलता का आधार बन जाती है।

जूझ–कर परिस्थितियों से, जीने का मजा ही कुछ और है।
काली अंधियारी निशा बाद, आती इस जीवन में नई भौर है।।374।।

भौर की रश्मियाँ सदैव ही निराली होती है,
पानी से भरी बदलियाँ सदा ही काली होती हैं ।

चरित्रवान व्यक्ति की, हर शाम कवाली होती है,
खुशदिल व्यक्ति की हररोज दिवाली होती है ।।2390।।

सांसारिक माया का अमिट विधान भी यही कहता है कि आप जो भी कार्य आरंभ करते हैं उसमें विघ्न आना स्वाभाविक है क्योंकि माया रूपी आपका मन माया के आधीन रहकर आपको अपने वश में रखना चाहता है न कि आपकी इच्छाओं की पूर्ति के लिए अपने अस्तित्त्व को खत्म नहीं करना चाहता क्योंकि आपकी एक सफलता इसकी हजार चालों को निरस्त कर देती है तथा अपनी हार को देखते हुए यह आपके सामने सफलता से विमुख करने के विकल्प रखना आरंभ करता है जो कि आपके नकारात्त्मक विचार हैं। जब आप इन विचारों के जाल में गल्ति से फँस जाते हो तो आपका विफलता का सामना करना पड़ता है जो कि आपके लिए अपने लक्ष्य से भटकने का संकेत मात्र है। ऐसी स्थिति में अपने विवेक से काम लीजिए तथा अपने नकारात्त्मक विचारों को हटाते जाईये ताकि आप सफलता के मार्ग से विचलित न होने पायें। अपने अडिग साहस का सहारा लिजिए तथा इसे संतोष की मशाल बनाकर सफलता के मार्ग से अपने आपको विचलित न होने दीजिए यही आपकी सफलता का राज है।

प्रभु मैं था एक मटियारा हीरा, रोशनी ने तेरी चमका दिया ।
देकर जिंदगी में उतार–चढ़ाव, जीना मुझे सिखला ही दिया ।।375।।

जीते जी स्वर्ग नहीं, मरने पर स्वर्ग कहाँ ।
जिंदादिली के आगे, झुकता सदा ये जहाँ ।।710।।

मानव इतिहास गवाह है कि संसार में जिस भी मानव ने हौसलों, बुलंदियों, जिंदादिली से काम लिया है सफलता ने उसका दामन थामा है तथा वह व्यक्ति

संसार में सफल होकर ही जिये हैं जबकि इसके विपरीत जिन लोगों से इन गुणों से काम नहीं लिया उनके कार्य कदापि ही सफल हुए हैं तथा इतिहास या तो इन्हें कायरों के रूप में पहचान करता है जबकि अधिकतर का तो इतिहास भी गवाह नहीं बनता है। हिम्मत और हौंसलों से ही दुनियाँ आबाद हुई है क्योंकि प्रकृति के कण कण में ही रहस्य छुपा है तथा इस रहस्य से पर्दा उठाना ही इसके विकास का आधार है परन्तु पर्दा उठाने के लिए हमें सृष्टि के विकास के लिए हिम्मत तो जुटानी ही होगी तभी आगे बढ़ने के रास्ते तय हो सकेंगे या दूसरे शब्दों में हम इसे यों भी कह सकते हैं जीवन का प्रवाह संभव हो पायेगा।

होते वही मर्द जमाने में, किस्मत आप लिखा करते हैं।
बुझदिल कहलाते हैं वो, खुदा से गिला किया करते हैं।।1123।।

प्रकृति का छोटे से छोटा कण अपने आपमें संपूर्ण विश्व के रहस्यों को समेटे हुए है तथा मानवता विकास का प्राकृतिक चक्र भी इन्हीं रहस्यों से पर्दा उठाने पर ही संभव हो सकता है परन्तु रहस्योद्घाटन हेतु हमें ज्ञान के सहारे सफलताओं की सीढ़ी चढ़नी ही पड़ती है। अतः धीर पुरूष सदैव इस प्रौसैस को समझते हुए सफलता असफलता में भेद कर अपना समय बर्बाद नहीं करते बल्कि असफलता को विकास के रास्ते में आने वाले मिल पत्थर का कार्य लेते हैं तथा इन पत्थरों को आधार बनाकर ही सफलता प्राप्त करते हैं।

गिरकर उठना तो, हर एक किसी को ही आता है।
साहसी उसे कहते, दूसरों को भी चलना सिखाता है।।1124।।

हमें जिंदगी में कभी भी मायूसी का दामन नहीं थामना चाहिए क्योंकि यह बहादुर इनसान के लिए मौत का ही दूसरा नाम है। मरना जितना आसान है इसका खौफ उतना ही भयानक होता है परन्तु साहसी मनुष्य सदैव मृत्यु को खुशी से गले लगाता है। उसे मृत्यु का खौफ सताता नहीं है तथा वह हर परीक्षा की घड़ी में उसे गले लगाकर आगे बढ़ता है।

मायूसी नाम है मौत का, किसी को भी प्यारी नहीं है।
बहादुर इनसान के लिए, ये खुश नुमा खुमारी नहीं है।।1125।।

बहादुर व्यक्ति मौत से गिला नहीं करते बल्कि वह उसके आने का इसी प्रकार इंतजार करते हैं जिस प्रकार वह हर कष्ट को सफलता की सीढ़ी बनाने के लिए स्वागत करने को सदैव तत्पर रहता है। वह हर परीक्षा की घड़ी को अपने लिए सक्षम बनाने की स्थिति के रूप में देखता है तथा उसके द्वारा प्राप्त अनुभव को अपनी सफलता का हथियार बनाता है।

मत गिला करो किस्मत से, हमने स्वयं ही तो इसे लिखा है।
कल बोया था जो हम ही ने, वही तो कर्म बन कर दिखा है।।1127।।

साहसी मनुष्य कभी किस्मत के सहारे हाथ जोड़ कर बैठा नहीं रहता बल्कि वह अपने कर के माध्यम से कर्म को कारण बना कर इसके द्वारा अपनी किस्मत के दरवाजे खोलने के लिए सदैव तत्पर रहते हैं। वह कभी नहीं इंतजार करता है कि जो कर्म में होगा मिल जायेगा यद्यपि वह कर्म के बल पर अपने भविष्य की खेती बोने में विश्वास करता है तथा वर्तमान को कर्म के माध्यम से सफलता का आधार बनाकर भविष्य का आधार तैयार कर लेता है तथा अपनी ही किस्मत को अपने हाथों से लिखने में विश्वास रखता है।

जोड़ कर हौसले, कायम मुकाम कर लो ।
बांट रहा सरेआम, किस्मते दुकान भर लो ।।1128।।

जब मनुष्य तर्कों एवं सिकवों द्वारा सफलता से अपना मूंह मोड़ता है तो यह सफलता का कसूर नहीं बल्कि उसकी अपनी बुद्धि का दिवाला है। जिन्हें अपने लक्ष्य से प्यार होता है उन्हें रास्ते में अपने लक्ष्य के अतिरिक्त जो भी मिलता है वह उसे अपने रास्ते से हटाते चलते हैं तथा उत्साह एवं विश्वास के साथ निरंतर आगे बढ़ते हैं एवं लोजिक अथवा बहानों में अपना समय कदापि बर्बाद नहीं करते हैं। जब तक इन्हें सफलता नहीं मिल जाती इनके लिए रास्ते में विश्राम करना तथा व्यर्थ की बातों में समय बिताना कदापि स्वीकार नहीं होता है। ये केवल अपनी सफलता पर अपनी आंख रखकर अंदर से परमात्मा का धन्यवाद देते हुए लगे रहते हैं तथा केवल और केवल सफलता पर अपना लक्ष्य साधे हुए रहते हैं।

न गिला करो न सिकवा, धन्यवाद खुदा का करो ।
जो दिया उसमें सब्र कर, साधुवाद से झोली भरो ।।1129।।

बहादुर व्यक्ति सदा मुसीबतों को अपनी परीक्षा तथा परमात्मा की परीक्षा के रूप में स्वीकार करते हैं। उन्हें अपने अंर्तमन में सत् प्रतिशत अपनी सफलता पर भरोसा रहता है तथा उनका विचार सदैव इस बात पर टिका रहता है कि सफलता की प्राप्ति में जो भी बाधायें अथवा मुसीबते आ रही हैं वह उनके सफलता के परिणाम को और अधिक मीठा बनाने अथवा सफलता के स्तर को उच्च स्तरों पर ले जाने के लिए परम् का ही विधान है। इसी विधान को स्वीकार करते हुए वह मुसीबतों को अपना अस्त्र ही स्वीकार करते हैं तथा इनसे अनुभवों को ग्रहण करते हुए आग बढ़ते हैं तथा मुसीबतों से कभी भी विचलित नहीं होते हैं क्योंकि वे जानते हैं कि:–

देता न खुदा मुसीबतें, तो जीना हमें नहीं आता ।
खुशियों भरे दामन में, कभी आनंद नहीं समाता ।।1130।।

अगर गिराया है रब्ब ने, उठाया भी उसी ने है।
हंसना सिखाकर हमको, रूलाया भी उसी ने है।।1131।

कायरता अभिषाप है, ये बुझदिलों का अहसास है।
सफलता चुमती कदम, मेहनत में जिन्हें विश्वास है।।1347।।

स्वप्नों की दुनियाँ से परे, हकीकत भरी आशायें हैं।
'हौसले' अगर बुलन्द हों, संभावी संसारी विधायें हैं।।371।।

अब हम कुछ ऐसे उपायों पर विचार करेंगे जिनके पालन के माध्यम से आप सदैव ही उत्त्साहित रह कर अपने लक्ष्य की ओर निरंतर अग्रसर रह सकते हैं :–

1. सदैव उत्त्साहित रहें :– यदि आप जीवन में कुछ हट कर करना चाहते हों तो अपने हर कार्यों में उत्त्साहित रहें तथा सजगता के साथ आगे बढ़ते जायें। ऐसा तभी संभव हो सकता है जब आप सफल व्यक्तियों के जीवन तथा उनकी सफलताओं की कहानियों को पढ़ेंगे तथा उनसे प्रेरणा ग्रहण कर आगे बढ़ते रहेंगे। इसके अतिरिक्त आप अपने आसपास के लोगों से भी अपनी योजनाओं पर विचार ले सकते हैं। सबसे महत्त्वपूर्ण है मनो प्रत्यक्षीकरण के माध्यम से अपने लक्ष्य की सफलता को अपने दिमाग, स्वपनों तथा विचारों में देखिए तथा सफलता के एहसास को महसूस कीजिए तथा लक्ष्य के मार्ग में सदैव सोचते रहिए कि आपने अपना लक्ष्य तो पहले ही हासिल कर लिया है। विजय अभियान तो मात्र औपचारिकता मात्र है।

थाम कर दामन हौसलों का, सजगता को हथियार बनायें ।
सफलता चुमती सदैव कदम, सफलता को व्यापार बनायें ।।2391।

2. संभावनाओं का निर्माण कीजिए :– अपने लक्ष्य निर्धारण उपरांत उसके लिए शुरूआत की तिथि, पूर्णाहुति की तिथि तथा प्लान के मुताबिक विभिन्न पड़ावों की तिथि का निर्धारण करें तथा उसी समय में कार्यों की पूर्ति के लिए संभावनाओं पर दिन, महीनों तथा सालों अनुसार विचार करें तथा इसे नित्त्य दोहराते रहें। ध्यान रहे आपका लक्ष्य आपकी सोच के अनुसार तभी पूरा उतर सकता है जब आप इस पर पूर्ण विश्वास अनुसार अपना सत् प्रतिशत न्योछावर करते हैं। लक्ष्य निर्धारण में यदि किन्हीं विपरीत परिस्थितियों का सामना करना पड़ रहा है तो सदैव अपने आपको उत्त्साहित रखते हुए निष्ठा के साथ लगे रहें।

निष्ठा विश्वास की जननी, विश्वास प्रेरित हैं संभावनायें ।
संभावनाओं की पूर्ति 'हेतु, धैर्य निरंतरता दोस्त अपनायें ।।2392।।

3. उतार चढ़ावों में समानता बनाए रखें :– उत्साह समय अनुसार हमेशा ऊपर नीचे होता रहता है क्योंकि संसार समय, संभावना तथा देश काल पर आधारित है जो कि सदैव संभावनाओं तथा असंभावनाओं के भरे पड़े हैं। अतः आपको उतार चढ़ाव की स्थिति में अपने आपको सदैव समता के भाव में बनाए रखें। जिंदगी में परिस्थितियाँ बदलती हैं परन्तु विश्वास बनाये रखिए कि ऐसा कदापि निरंतर नहीं हो सकता कि

समय एक ही जैसा रहेगा अतः विचार कर विपरीत समय को जाने दीजिए तथा मौके के अनुसार अपने लक्ष्य में लगे रहिए। लक्ष्य को छोटे छोटे समय काल में बांटकर अपने लक्ष्य मार्ग पर निरंतर चलते रहिए।

उतार चढ़ाव भरा है जीवन, निरंतरता ही इसका है स्वभाव ।
खुशीयाँ भर देता है जीवन, समानता का यदि न हो अभाव ।।2393।।

4. हमेशा उचित परिस्थितियों को लक्षित करें :– समयानुसार अनुकूल तथा प्रतिकूल स्थितियाँ बदलती तथा चलती रहती हैं आप अपना तात्त्कालिक लक्ष्य केवल सकारात्मक एवं अनुकूल स्थितियों को ही बनाए रखिए। हम ज्यादातर अपने लक्ष्य के दौरान अधिक कठिन चीजों पर ही ध्यान देना अपना धर्म समझते हैं तथा इन कठिनाईयों को सुलझाने में अपना अधिक समय बेकार में गुजारते हैं। ऐसी स्थितियों में हमें कठिनाईयों की अपेक्षा इससे प्राप्त होने वाले परिणाम को प्राथमिकता देनी चाहिए तथा इससे प्राप्त होने वाले परिणाम के फलों को सदैव अपने मस्तिष्क को निरंतर प्रसारित करते रहना चाहिए ताकि हम परिणामों की सफलता के कारण सदैव उत्त्साहित रह सकें। यह सच्चाई ठीक उसी तरह से हमें प्रभावित करती है जिस तरह हमें युद्ध की अपेक्षा शाँति के प्रचार प्रसार से ही लक्ष्य प्राप्त होता है।

समय चक्र चलता निरंतर, अच्छे बुरे को पहचान लीजिए।
परिस्थिति अपनी जानकर, भविष्य निर्माण कीजिए।।2394।।

5. नकारात्त्मकता को सकारात्त्मकता से बदलते रहिए :– आपके लक्ष्य अनुसार आपको जो भी प्लान, विचार, संभावनायें तथा सुझाव नकारात्त्मक हों उन्हें समय समय पर सकारात्त्मकता से बदलते रहिए। नकारात्त्मकता पर अधिक देर तक ठहरना तथा सकारात्त्मकता को लंबे समय तक नैगलैक्ट करना असफलता की ओर लगातार बढ़ते हुए कदम हैं अतः इस प्रकार के अभ्यास से जितना जल्दी पीछा छुड़ाया जा सके उतना ही अच्छा है क्योंकि किसी भी अधिकता में आपका मन आपसे दूर होने लगता है तथा ऐसी स्थितियाँ आपके अपने लक्ष्य से दूर भी ले जा सकती हैं और मन डिप्रैशन का शिकार भी हो सकता है।

मन एक नैचरल पैंडुलम, घुमता सदैव दोनों ही 'ध्रुव' ।
ऋणात्त्मकता त्याग कर, कीजिए केवल पोजिटिव प्रूव ।।2395।।

6. असफलता अंत नहीं है :– जब आप अपने लक्ष्य की ओर बढ़ रहे होते हैं तो यह आपका सीखने का काल है जिसमें आपको क्या कार्य करना है तथा क्या कार्य नहीं करने का पता चलता है। हम सदैव कार्य आरम्भ से पहले ही संपूर्ण प्रफैक्शन की उम्मीद करते हैं तथा छोटी सफलताओं को कदापि महत्त्व नहीं देते हैं जबकि हमें छोटी छोटी सफलताओं को आधार बनाकर संपूर्ण सफलता की ओर बढ़ना चाहिए।

जब भी आपको मार्ग में असफलता मिलती है तो माथा पकड़ कर बैठने की अपेक्षा हमें आगे बढ़ने पर विचार करना चाहिए क्योंकि असफलता विश्व का अंत नहीं है जबकि यही सफलता की शुरूआत है। असफलता एक पड़ाव है जो आपको सफलता के लिए प्रेरित करती है तथा प्राकृतिक दृष्टिकोण से सफलता का स्वाद चखने के लिए तैयार भी करती है।

असफलता के बिना सफलता अहंकार पैदा करती है, जबकि असफलताओं की सीढ़ियों को पार प्राप्त की गई सफलता आपको ऐसा व्यक्तित्त्व तैयार करती है जिसका स्वभाव ही सफलता बन जाता है। अर्थात् आप सफलता तथा असफलता में भेद जान सकते हैं तथा दोनों में से बेहतर को चुनने में सक्षम होते हैं। अन्यथा अधिकतर लोग असफलता को ही सफलता समझकर व्यर्थ में जीवन व्यतीत कर इस दुनियाँ से चले जाते हैं जबकि सफलतम् व्यक्ति जीवन को कैसे जिया जाये यह सिखलाकर इस जीवन से चला जाता है और उसके बाद भी वह अपने विचारों द्वारा इस दुनियाँ में अपना स्थान बनाए रखता है।

असफलता जीवन का अंत नहीं, न ही सफलता को आघात है।
स्वीकारिये ह्रदय से इसे, यही तो सफलता की शुरूआत है।।2396।।

7. सफलता की इच्छा महत्त्वपूर्ण नहीं बल्कि सफलता की तैयारी महत्त्वपूर्ण है :–सदैव इस युक्ति को ध्यान में रखते हुए सफलता की तैयारी में तत्पर रहिए। आपकी इच्छा आपको सफलता के मार्ग पर ला सकती है परन्तु सफलता का स्वाद हमेशा आपकी आत्मसंतुष्टि से जुड़ा हुआ है अतः इसके लिए सदैव तत्पर रहना तथा निरंतरता के साथ लगे रहना अति आवश्यक एवं अपरिहार्य है। अतः उत्साहित रहना तथा लगे रहना बहुत जरूरी है।

वास्तव में सफलता के लिए तैयारी करना ही आपका सफलता का पैमाना है तथा सफलता का अहसास आपकी तैयारी का पैमाना है। जब ये दोनों पैमाने बराबर आ खड़े होते हैं तो सफलता आपके दरवाजे दस्तक देना आरंभ कर देती है। यदि आप सफलता का स्वाद चखना चाहते हैं तो इसके लिए आपको तैयारी भी करनी है तथा सफलता के परिणाम को भुगतने के लिए अपने आपको तैयार भी रखना चाहिए, क्योंकि कई बार आपकी सफलता किसी और की असफलता का परिणाम भी हो सकता है तथा असफल व्यक्ति प्रतिक्रिया भी कर सकता है जिसके लिए हमें खुले दिल से स्वागत के लिए तैयार होना है।

क्रिया तथा प्रतिक्रिया, दोनों समान व विरोधी हैं।
सफलता के लिए रहे तैयार, उसी का नाम पुरोधि है।।2397।।

8. अपना उत्साह पहचानिये :– हम में से हर व्यक्ति का उत्साहित होने को अपना अपना तरीका है जिसे हमें उसके जनून से जोड़कर देखना चाहिए। इसके विषय में विस्तृत जानकारी आपका जनून जानिये संबंधी अध्याय–में बतलाई जा चुकी है। आपका उत्साह आपके तत्त्व में छुपा होता है जो कि आपके जन्म वर्ष का अंतिम अंक कहलाता है। जैसे 1964 में चार अंक आकाश तत्त्व का प्रतीक है जिसकी प्रेरणा है गुरु तत्त्व अर्थात साहित्य पठन पाठन या गुरु सहायता से इनको उत्साह मिलता रहेगा। अब हम पाठकों की सहायता के लिए तत्त्व की दृष्टि उनकी प्रेरणाओं में संक्षेप में बतला रहे हैं। जन्म वर्ष का अंतिम अंक ही आपके उत्साह के सोर्स को दर्शाता है तथा संबंधित उत्साह की गहनता का भी संकेतक है।

संबंधित जन्म वर्ष	**सात्विक तत्त्व**	**उत्साही विशेषतायें**
0–1	वायु तत्त्व	मंत्रशक्ति, कथा, मित्र, शत्रु, सलाहकार, पर्यटन, सैर, ध्यान व नवधा भक्ति एवं, सिद्धियाँ।
2–3	पानी तत्त्व	दवा, तरल पदार्थ, नशा, स्नान, फ़ैशनस, मौजमस्ती
4–5	आकाश तत्त्व	गुरुमंत्र, आशीर्वाद, पठन पाठन, साहित्य, संगोष्ठि
6–7	अग्नि तत्त्व	मित्र सलाह, गोष्ठि, शोध, उत्साहवर्धन, मातृ आशीर्वाद
8–9	पृथ्वी तत्त्व	इंतजार,भक्ति,अतिरिक्तसोर्स,खाद्यमिट्टी,मेहनत,धैर्य

9. जोखिम उठाने को तत्पर रहें :–धरा उन लोगों के रहने के लिए उत्त्तम स्थान है जिनकी सोच में यह विश्वास आ गया है उड़ने में खतरा है। जबकि इसके विपरीत उड़ने वाला मनुष्य इससे परे भी कई धाराओं एवं संभावनाओं को देखता है तथा उड़ने का साहस जुटाता है। सफलता उनको अच्छी लगती है जो जीवन में उत्त्मता चाहते हैं। जितना अधिक जोखिम उठाया जाता है लाभ होने की उतनी अधिक संभावनायें बढ़ जाती है। इसी प्रकार मनुष्य अपने स्वभाव अनुसार जोखिम उठाते हैं परन्तु अनंतता का सिद्धांत बतलाता है कि जितना अधिक आप बायेंगे उतना ही काटेंगे। दूसरों से अधिक स्वप्न लेने वाला ही अधिक सोच सकता है। अधिक की चाहत ही आपको अधिकता में स्थिति दे पायेगी। अतः उत्त्साहित रहते हुए सदैव जोखिम उठाने को तैयार रहिए ताकि अधिक सफलता प्राप्त की जा सके।

जितनी है बड़ा जोखिम, सफलता भी उतनी बड़ी है।
तैयार रहिए उठाने को जोखिम, यही लाभ की कड़ी है।।2398।।

10. सदा स्वयं में स्थित रहिए :– यद्यपि आपको दुनियां में परस्पर सहयोग की आवश्यकता पड़ती है परंतु आपको सफलता की प्राप्ति के लिए सदैव अपने आप पर भरोसा रखते हुए निरंतर आगे बढ़ते रहने की आवश्यकता है क्योंकि परतंत्रता अपने आप में अभिशाप है। यह जीवन ही कर्म तथा निरंतरता पर आधारित है अतः किसी भी स्थिति में सदैव आगे बढ़ते रहिए यदि आपको किसी सहायता की जरूरत महसूस होती है तो बेझिझक मांगिये और आगे बढ़ने को अपना उद्देश्य समझकर आगे बढ़ते जाईये इसी में आपका भला है। परन्तु हमेशा याद रखिए कि ब्रह्माण्ड में आपका अपने से अच्छा कोई और चिंतक एवं दोस्त नहीं है अतः स्वयं पर भरोसा रखते हुए अपने लक्ष्य के साथ जुड़ते हुए स्वयं की सहायता करने के लिए आतुर रहिए। ध्यान रखिए अति विश्वास घातक होता है परंतु स्वयं पर विश्वास आपका सबसे बड़ा सहायक भी है। यदि परिणाम आपको आत्मग्लानि एवं अभिशाप से ग्रसित करता है तो आप अति विश्वास के पीड़ीत हैं जबकि आत्मविश्वास आपको खुशियाँ संतोष एवं उत्प्रेरणा से ओतप्रोत रखता है व आगे बढ़ने का हौसला देता है।

स्वयंभु से भी बड़ा है स्वयं, पहचानना इसको सीखिये।
स्वयं में पहचान कर स्वयं, आशीर्वाद से स्वयं को सींचिये।।2399।।

11. उम्मीद का दामन कभी न छोड़ें :– सफलता असफलता को कभी भी अपना उद्देश्य स्थापित न करें। उम्मीद के सहारे ही मंजिलों पर विजय पाई जा सकती है। सदैव विजेताओं के साथ रहें तथा उनकी विजय के किस्सों को सुनें एवं अपनी विजय की उम्मीद का दामन कभी न छोड़ें। याद रखिए असफलता के ठीक दूसरी ओर सफलता छिपी होती है। अपने प्रयासों को सदैव जारी रखिए। सफलता अवश्यमेव हाथ आयेगी।

उम्मीद पर दुनियाँ कायम, उम्मीद हौसलों की उड़ान ।
थामकर उम्मीद का दामन, भर लो तुम सफल उड़ान।।2400।।

आपकी सफलता को कोई दूसरा या तीसरा नहीं रोकते हैं यद्यपि आप स्वयं ही उसको पाने के हकदार हो। अपने आप पर विश्वास कायम कीजिए आप अपने गोल के स्वंभू देवता केवल ओर केवल आप ही हैं। दूसरे इससे सहमत भी हो सकते हैं और असहमत भी अतः स्वयं से शुरूआत कीजिए आपको अपने गोल तक पहुंचाने वाले भी आप ही हैं और यदि फेल हुए तो जिम्मेवार भी आप ही होंगे।

उत्साह आपका हथियार है इसे कभी दूसरों के पास नहीं बल्कि स्वयं के पास महसूस कीजिए यह आपके अंदर से उत्पन्न होने वाला है भले ही कहानियाँ, किस्से आपको दूसरों के पढ़ने पड़ें। केवल और केवल जो आप करना चाहते हैं उसके लिए इच्छा का जिन्न जगाईये और वह है आपका उत्साह जो आपकी सफलता की चाबी है। दूसरों के किस्से कहानियाँ पढ़ने की बजाए अपने निर्माण कीजिए।

12. विजेता कभी पीछे नहीं हटते, हटने वाले कभी जितते नहीं :–यह उक्ति आपको बतलाती है कि यदि आपने अपना लक्ष्य सोच समझ कर ही तय किया है तो आपको अपने लक्ष्य की प्राप्ति से पूर्व किसी भी परिस्थिति में इसका परित्याग नहीं करना है तथा लक्ष्य को मानसिक प्रत्यक्षीकरण, बारंबार दोहराकर, स्वप्नों द्वारा, लिखकर, विश्वास, पा लिया आदि क्रियाओं द्वारा अपने लक्ष्य से जुड़े रहिए।

उत्साह विश्वास से ही पैदा होता है अतः इसे विपरीत से विपरीत परिस्थितियों में भी बनाए रखिए अपने आपको हौसला युक्त रखिए लगे रहिए। युद्ध काल की परिस्थितियों में माना जाता है कि पीछे हटना मौत की निशानी है। इसी प्रकार सफलता मार्ग पर अडिग रहकर जो आगे बढ़ता जाता है वही सफलता का स्वाद चखने के लायक होता है। छोटी–मोटी परेशानियों से हार कर अथवा थककर यदि आप अपना मार्ग बदल लेते हो तो अन्य मार्ग पर भी आपको असफलता हाथ लगने की संभावनायें अधिक रहेंगी।

विजेता कभी पीछे नहीं हटते, हटने वाले कभी भी जितते नहीं ।
सफलता का यही 'दस्तूर' है, हारने वाले जबड़ों से खींचते नहीं।।2401।।

13. कार्य में विलंबन आत्महत्त्या समान है :–अपने आपको सदैव ऊर्जावान एवं उत्त्साहित रखिए। ऐसे लोग सदैव अपने कार्य में निरंतर लगे रहते हैं तथा कभी कार्य में विलंबन पसन्द नहीं करते हैं। वे स्वयं को भी समय प्रबंधन द्वारा अपने लक्ष्य के नजदीक रखते हैं क्योंकि लक्ष्य में विलंब स्वयं आपके लक्ष्य की हत्त्या समान है अतः कभी भी इसमें देरी मत कीजिए तथा तुरन्त आरंभ कीजिए तथा सदैव इसकी समाप्ति के लिए तत्पर रहिए। अपनी योजना के शैड्यूल को हमेशा अपने सामने रखें तथा जहाँ देरी संभाव्य हो उस पर गहराई से गौर कीजिए तथा योजना अनुसार अपने प्रयासों में लगे रहिए।

प्रयास सदैव होते सफल, न करना तो आत्महत्त्या है।
विलंब किसी भी सफलता में, अपने लक्षय की ही ब्रह्महत्त्या है।।2402।।

14. आपकी सफलताये ही आपका उत्साह है :–जब भी आप कोई गोल तैयार करते हो तो इसकी योजना, योजना के स्तर तथा योजना की सफलता पर अपने आपको धन्यवाद दीजिए तथा इसकी सफलता के अहसास को अपने हृदय के साथ लगाने के लिए किसी न किसी पार्टी का आयोजन करें ताकि आपकी सफलता आपके लिए यादगार बन सके। जब भी आप किसी परिस्थिति में विचलित हों तो अपनी पुरानी सफलताओं को याद कीजिए जिससे आपका आत्मविश्वास लौट सके। हो सकता है पुरानी सफलता आपके गोल से छोटी हो परन्तु यह आपके लिए सकारात्त्मकता से परीपूर्ण है तथा आपकी सफलता का प्रमाणपत्र भी है जो आप पहले भी प्राप्त कर चुके हैं। जब कोई सफलता आपका अनुभव बन जाती है तो इससे आपके अंदर एक

नवीन उत्साह पैदा होता है तथा यही उत्साह आपको नया अथवा अगला कदम उठाने के लिए प्रोत्साहित करती है।

अनुभव आपका आता है काम, नई शुरूआत के लिए आधार।
सफलता करती हौसले बुलंद, विश्वास से है सफलता आपार।।2403।।

15. अपने लक्ष्य के गर्भ में जाईये :– आपके लक्ष्य का गर्भ है 'क्यों'। जब भी आप विपरीत परिस्थिति से घिरे हों तो सदैव अपने लक्ष्य के गर्भ में जाकर इसका समाधान ढुंढ़िए जो कि आपने इसके निर्धारण के समय ही अनजाने में छुपाकर रख दिया था। कहा भी जाता है कि हर समस्या अपने समाधान से जुड़ी होती है तथा वह समाधान इसके इर्द गिर्द नहीं बल्कि इसके मूल में समाया होता है। अपने लक्ष्य से जुड़िये तथा इसके सभी पहलुओं 1. क्या 2. क्यों 3. किसलिए 4. किस प्रकार तथा 5. कैसे पर ह्रदय से गौर करना आरम्भ कीजिए अंततः आपको समाधान अवश्यमेव मिलेगा इसमें कोई अतिशियोक्ति नहीं है कि आपका समाधान भी बिना फेल मिलेगा। केवल और केवल अपने आने वाले विचारों पर मनन कीजिए तथा देखते रहिए इन्हीं में से किसी विचार में आपका समाधान छुपा हुआ मिलेगा ।

हर समस्या जुड़ी समाधान से, गर्भ में इसके समाधान है समाया ।

डूबकर समाधान निकालिये। विचलित मन इसे समझ न पाया।।2404।।

याद रखिए 'हौंसले कायम नहीं रहते कायम किए जाते हैं और इन्हें कायम रखने वाले केवल और केवल आप हैं अन्य इसमें सहायक अवश्य हो सकते हैं परन्तु इसको कंधा तो आपको ही देना होगा'। किसी भी समस्या का सर्वोत्तम समाधान आपके आत्मचिंतन में छुपा है तथा यही समस्त विश्व की समस्याओं को अपने में समेटे हुए है।

अतः सप्ताह अंत में अथवा सुबह शाम अथवा जब भी आप विपरीत परिस्थिति से घिरे हों तो समय निकाल कर आत्मचिंतन में बैठिए तथा यदि एक बार में ऐसा समाधान न मिले तो ध्यान साधना अथवा मैडीटेशन, चिंतन एवं क्वांटम जंपिंग आदि विधियों का सहारा लेकर आगे बढ़ने की कोशिश कीजिए आपको अपनी 'क्या' क्यों, कब, कैसे और किसलिए का जवाब अवश्यमेव मिलेगा इसमें कोई शंशय नहीं है।

हल छुपा है सोच में, जरा ध्यान तो लगाईए ।
हर समस्या का हल, गहन सोच से ही पाइए ।।1220।।

समस्या आपके जीवन की ईकाई है :–विफलता आपकी सफलता के रूपी पुरष्कार के फल को और अधिक मीठा करने में सहायता करती है। इसके उत्पन्न होने से अभिप्राय है कि आपकी सफलता अब अवश्यंभाव्य है न कि असंभव।

हर समस्या जुड़ी हुई, किसी न किसी समाधान से ।
बना लो जीवन सरल, कुदरत के इसी ही विधान से ।।1219।।

समस्याओं को देखने और समाधान करने के मुख्य दो नजरिये हैं। यदि आप इसे अपने ऊपर हावि होने देते हैं तो यह आपको खा जायेगी। और यदि आप इस पर हावि हो जाते हैं तो यह आपको सफलता तक पहुंचा देगी। अतः समस्याऐं आने पर अपने आपको धन्यवाद दीजिए कि आप जिंदा इनसान है, मूर्दो के सामने समस्या नहीं आती बल्कि उसे 'खा' चुकी है। यदि आप समस्या का सामना कर रहे हैं तो आप समझें कि आप जिंदा हैं। समस्या आपके जीवन का एक हिस्सा है। ज्योंहि आप अपने उद्देश्य की स्थापना करते हैं प्रकृति के नियमों के अनुसार इसमें से समान तथा विरोधी प्रतिक्रिया पैदा होती है।

यदि हम इस सिद्धांत की तुलना कोशिका विकास से करेंगे तो हम इस निष्कर्ष पर पहुंचते हैं कि दो स्पर्म मिलकर एक भ्रूण का निर्माण करते हैं यह टूटकर दो में परिवर्तित होता है तथा दो से तीन में और फिर आठ में वास्तव में यह क्रम केवल कोशिका विकास से ही नहीं जुड़ा है यद्यपि जीवन के हर पहलू पर यह विकास क्रम लागू होता है। इसी क्रम में आपका उद्देश्य तथा इसकी सफलता भी जुड़ी हुई है। आप अपने विचारों को मिलाकर अपने लिए एक उद्देश्य की तलाश करते हैं। उद्देश्य को आरोपित करते ही समाधान तथा तथा समस्या दो क्रिया तथा प्रतिक्रिया इसके प्रभाव से पैदा होती हैं जो इसके विकास का द्वितीय क्रम है तृतीय क्रम में इसके लिए नियम बनते हैं, चतुर्थ में इसको आगे बढ़ाया जाता है तथा इसके बाद परिणाम तथा फिर नया उद्देश्य। इस प्रकार हम समझ सकते हैं कि समस्या आपके समाधान का ही दूसरा पहलू है जिसे हम अपने नजरिये के अनुसार स्वीकार करते हैं जबकि समस्या से अपने आपको बिना जुड़ा हुआ महसूस करते हैं।

समस्या जीवन क्रम विकास, विकास प्रगति का है आधार।
विकास से बढ़ता जीवन, विकास से जीव साकार।।2405।।

जिस व्यक्ति के जीवन में कोई समस्या ही नहीं उसे मूर्दा ही कहा जा सकता है। हर समस्या के समाधान हेतु आपको ज्ञान चाहिए क्योंकि यही समस्या से समाधान हेतु आपकी शक्ति है। अतः इस शक्ति के रहते आपको समस्या से डरने की कोई आवश्यकता नहीं। समस्या सदैव अपने समाधान से जुड़ी होती है। विचलित होने से समस्या का समाधान नहीं होता बल्कि मन को शाँत रखने से हर समस्या का समाधान संभव है आपके भीतर हर समस्या का समाधान छुपा हुआ है आवश्यकता है तो केवल शाँतिपूर्वक भावनामुक्त होकर विचार करने की। वास्तव में समस्या का उठना आपकी चिंतन शक्ति को बढ़ाने वाली प्रतिक्रिया है ताकि आप क्रिया की प्रतिक्रिया से बचने के लिए अपने आपको तैयार कर सको। समस्या कठीन अवश्य

हो सकती है परन्तु असंभव कदापि नहीं होती। जीवन का नाम ही असंभावनाओं से भरी पिटारी है जिसके स्तर से कब क्या उठ कर सामने आये हमें आभाष ही नहीं होता, परंतु अंततः इसी पिटारी में समाधान छुपा है।

हमें कभी भी जीवन के उतार चढ़ावों से घबराना नहीं चाहिए। यद्यपि कायर पुरूष मौत से पहले कई बार मरता है परन्तु साहसी पुरूष मौत के सिर पर पाँव रखकर आगे बढ़ता रहता है। अतः जीवन में डर से कभी भयभीत नहीं होना चाहिए क्योंकि यह कदापि सदैव रहने वाला ही नहीं है बल्कि आपको सफलता का रास्ता दिखाने के लिए आपकी सहायतार्थ स्वयं पैदा हुई परिस्थिति है जिससे आप समस्या के समाधान की कुंजी पाते हैं जो समस्या के मूल में स्थित होती है। हर समय डरते रहने से केवल और केवल डरपोक नजरिया ही विकसित होता है जो आपको हर परिस्थिति में चोक कर देता है जबकि ये स्थितियाँ जीवन में आने और जाने वाली होती हैं परन्तु हम अपने नजरिये के कारण इन्हें जीवन में निश्चित स्थान प्रदान कर देते हैं जो हमारे तथा हमारे जीवन के लिए घातकता से बढ़कर है।

हमें ऐसी स्थितियों में केवल दृष्टा भाव रखकर आगे बढ़ने की तैयारियाँ करनी चाहिए। अपनी महानताओं को अपने भीतर ही तलाश कीजिए अपने अंदर के भय को निकालकर अपना सर्वोत्तम दोस्त बनिए। अपनी योग्यताओं को पहचान कर उन पर अपने 'मन' की शक्तियों का सहारा लीजिए। असफलता मनुष्य जीवन की विशेषतायें हैं जो हमें खुशियों की कीमत बतलाती हैं। जीवन में चोटी पर चढ़ने का अहसास तभी तक नहीं हो सकता जब तक हम पर्वतों की गहराईयों से गुजरे ना हों। जिस प्रकार वर्षा के बाद ही इंद्रधनुष का नजारा दिखाई देता है उसी प्रकार मुसीबतों के बाद ही खुशियों का आनंद मनाया जाता है। मुसीबतों का फायदा उठाकर उनके पीछे छुपे हुए संभावनाओं को तलाशिए ये किसी को बाह्य तौर पर तौड़ती हैं तो किसी दूसरे को रिकार्ड तौड़ने के लिए प्रेरित भी करती हैं क्योंकि मुसीबतों का फल सदैव मीठा होता है बेशर्तें की आप इन्हें चैलेंज के तौर पर लें। याद रखें डर आपको डराता है परन्तु जब आप इससे डरते नहीं हैं तो ये डर जाता है और आपको अपने आप पर हंसी आती है कि कैसे आप इसी डर से डर रहे थे जो अब आपसे डर रहा है। क्या होगा ?

डर कोई व्यवधान नहीं, बल्कि परिस्थिति जन्य बाधा है।
मिटते ही ह्रदय से डर, रह जाती समस्या स्वयं आधा है।।2406।।

यही 'क्या' हमारे लिए डर का विषय है परन्तु जब हम अपने ह्रदय में यह धारण कर लेते हैं कि 'जो होगा अच्छा होगा' तो आपका यह 'क्या' उसी समय खत्म हो जाता है। मनुष्य जन्म जीने के लिए मिला है न कि समय गुजारने के लिए अतः इसे हर पल दिल से जियो। अपने जीवन की संभावनाओं को सकारात्मक नजरिये से देखिए

तो ये आपके लिए हल, हौसलों तथा सफलताओं का अंबार लगा देंगी। अपने आत्मविश्वास को कदापि डिगने न दें तथा इसकी सहायता से मुसीबतों का निराकरण कीजिए।

जीवन कांटों भरी स्टेज ऐसा सोचने की अपेक्षा जीवन को फूलों की सैया समझिए तथा इसकी खुबियों का भरपूर आनंद उठाईये । आप अपने जीवन में स्थितियों को अपनी इच्छा से पैदा होने के लिए बाध्य यदि नहीं कर सकते हो तो इन्हें आप इन्हें संभाल लेने वाला अपना नजरिया अवश्य विकसित कर सकते हो जिससे समस्यायें स्वयं ही स्वाह हो जाती हैं और वह नजरिया शुरू होता है आपके भीतर से अतः बिना किसी देरी के शुरूआत कीजिए तथा अपने अंतर्मन की शक्ति को जगाकर जीवन की धरा को बदल दीजिए यही आपके जीवन का लक्ष्य है।

परिस्थितियाँ संभालने की हिम्मत, जिस दिन भी आप में आ जायेगी ।
परिस्थितियाँ होंगी 'खुशी' प्रर्वतक, प्रकृति स्वयं समाधान ले आयेगी ।।2407।।

17. सदैव आशावादी बने रहिए :–आशावादी मनुष्य सदा ही सर्वोत्तम संभाव्य दुनियाँ में जीता है जबकि निराशावादी ऐसा सोचकर ही डरता है। आशावादी जब समस्याओं का सामना करता है तो इसे सुलझाने की तकनीक के बारे में सोचना आरंभ करता है जबकि निराशावादी इसे देखते ही अपने हाथ खड़े कर देता है तथा चिल्लाता है कि मैं ऐसा नहीं कर सकता तथा समस्या से दूर भागता है। वह अपने आपको शक्तिविहीन तथा असहाय महसूस करता है। जबकि आशावादी इसके विपरीत कदम आगे बढ़ाते हुए सोचता है कि यदि फेल हुए तो क्या होगा ?ज्यादा से ज्यादा दोबारा प्रयास कर लेंगे और यदि कुछ बुरा नहीं हुआ तो सफलता तो संभाव्य ही है। आशावादी केवल संभाव्य पर अपना ध्यान केंद्रित करते हैं न कि उस पर जो हो नहीं सकता है।

आशा से उत्पन्न संभावना, संभावनाओं से सफलता।
जब नहीं आश ह्रदय में, संभाव्य भी असफलता।

आशावादी सदैव अपनी मंजीले प्राप्त करते हैं क्योंकि वे इससे पहले कभी समझौता नहीं करते हैं तथा इस ओर लगातार अथक बढ़ते रहते हैं। उनका ध्यान इस ओर नहीं रहता है कि दूसरे क्या कहते हैं जबकि वे इस बात पर ज्यादा जोर देते हैं कि वह स्वयं क्या चाहते हैं ? वे हमेशा प्रसन्न तथा आगे बढ़ने के लिए तत्पर रहते हैं और उनके इस नजरिये के कारण उन्हें निराशावादी लोगों की अपेक्षा कम कठिनाईयों का सामना करना पड़ता है। आशावादी अपने व्यवहार से दूसरों को भी उत्त्साहित करते हैं तथा अधिक पाने के लिए हौंसला बढ़ाते हैं। इसके विपरीत निराशावादी न केवल अपने रास्तें में कांटे बिखेरते हैं बल्कि दूसरों को भी आगे बढ़ने से रोकते हैं तथा अपनी निराशावादी भावनाओं से दूसरों का भी हौंसला परस्त करते

हैं तथा उनमें असफलता के भाव पैदा करते हैं जबकि आशावाद सभी कुछ बदल कर संभावनाओं की मंजिले खड़ी करते हैं ताकि जीवन में सफलता ही सदैव स्वभाव बना रहें ऐसा केवल बैठकर सकारात्मक सोचने से ही नहीं होता बल्कि अपने सभी प्रयास करने से ही हो पाता है। प्रत्येक समस्या, स्थिति तथा समय काल में आशावादी बने रहना ही स्वभाव होना चाहिए ताकि ध्यान उस अवस्था पर रहे जब उसके परिणाम हमारे सामने होंगे। इसे समस्या पर अपना ध्यान आकर्षित करना नहीं बल्कि समाधान पर अपना ध्यान आकर्षित करना कहा जाता है। जबकि इसके विपरीत निराशावादी सदैव अपना ध्यान समस्या के समाधान की अपेक्षा असफलता से लड़ने पर ही केंद्रित करते हैं तथा अपने आपको असहाय तथा कुछ न कर पाने की स्थिति में पहले ही खड़ा कर देते हैं। वे इसका समाधान इसलिए नहीं पा सकते क्योंकि वह इसकी ओर अपना ध्यान ही आकर्षित ही नहीं करते। आशावादिता सफलता से जुड़ा बोध है जो लक्ष्य के सिवाय कुछ नहीं देखता।

आशावादी हमेशा ही इस विश्वास के साथ आगे हाथ बढ़ाता है कि परिस्थितियों को बदला जा सकता है तथा भविष्य के लिए उपयोगी भी। वे हार की स्थितियों को सदैव सफलता में बदलने के लिए केंद्रित करते हैं व जीवन रहते हार मानना स्वीकार करना नहीं जानते। जबकि निराशावादी हार को अविजयी मानते हैं तथा इसे बदलने की हिम्मत ही नहीं जुटा पाते हैं तथा इसे विजय में परिवर्तित कर पाने का साहस ही नहीं जुटा पाते हैं। उनके लिए ऐसा साहस करना समय की बर्बादी तथा अपने परिश्रम को व्यर्थ में गंवाने के समान है।

आशा से जुड़ी सफलता, निराशा से असफलता बोध।
मिटाकर डर ज्ञान से, मिटता मन का शोध।

निराशावादी अपने अनुभवों तथा भूतकाल से कुछ नया सीखने का प्रयास नहीं करते बल्कि अपने भविष्य के लिए भी पहले से ही निराशा की भावनायें पैदा कर लेते हैं। यही कारण है निराशावाद में कुछ वास्तिविक और कठिन नहीं होता बल्कि अवास्तिविक और कायरता का स्वरूप है क्योंकि इसमें कुछ प्रयास नहीं करना पड़ता केवल नकारात्मकता ही इसकी वास्तविकता है।

निराशा में दोनो गए, माया मिली न राम।
निराशावादी के जग में, कहाँ बनते हैं काम। ।2408

इसके विपरीत आशावाद आपको कुछ बदलने के लिए शक्ति संपन्न बनाता है तथा आप अपना भविष्य संवारने के लिए सदैव तत्पर रहते हैं तथा वास्तविकता आपका स्वभाव रहता है तथा आप जीवन को बदलने तथा बेहतर बनाने के लिए सदैव तत्पर रहते हैं एवं दूसरों को भी ऐसा करने के लिए उत्त्प्रेरित करते हैं। उपरोक्त अनुभवों के आधार पर आपको केवल और केवल आशावाद को अपनी जिंदगी में

सर्वोत्तम स्थान देना चाहिए। इसके लिए आप अपने विचारों पर निरंतर अपना ध्यान केंद्रित कीजिए तथा जब भी आपके दिमाग में कोई नकारात्मक विचार आते हैं तो इन्हें वहीं पर न्यूट्रल कीजिए तथा इसके विपरीत इसी के साथ जुड़े हुए सकारात्मक भाव को अपना लक्ष्य बनाईये तथा इसका चुनाव कीजिए। यही क्रिया बार बार दोहराते जाने से एक दिन सकारात्मकता आपका स्वभाव बन जायेगा तथा आपका जीवन सुःखमय होने लगेगा।

सुखःमय जीवन की यही कहानी है, मन में प्रभु सिमरण है,
ह्रदय में आशा की नई किरण नई कहानी है।।2408।।

इस प्रकार हम निर्णय कर सकते हैं कि आशावाद या निराशावाद कोई परिस्थिति नहीं है जिसके वसीभूत होकर मनुष्य अपना व्यवहार बदल देता है बल्कि यह हमारे विचारों का चुनाव मात्र है हमने सकारात्मकता को चुना है तो हमारा स्वभाव आशावादी होगा जबकि नकारात्मकता को चुनने से हमारा स्वभाव निराशावादी बन जायेगा। अब यह सब आप पर निर्भर करता है कि आप इसे परिस्थिति जन्य समझ कर स्वीकार करते हैं अथवा अपने आपका चुना हुआ संकल्प जो आपके जीवन में सफलता अथवा असफलता की स्थितियाँ पैदा कर रहा है।

निम्न चक्र हमें समझाता है कि मनुष्य के जैसे विचार होंगे उसका विश्वास वैसा ही पनपेगा तथा विश्वास के बलबूते पर वह अपने जीवन में पोजिटिव अथवा नैगेटिव नियमों का प्रतिपादन करता है जिससे उसका जीवन में व्यवहार निर्मित होता है। सकारात्मक व्यवहार सकारात्मक परिणाम प्रतिपादित करता है तथा नकारात्मक व्यवहार आपको नकारात्मक परिणाम दिलाता है, यही जीवन में सफलता विफलता का पैमाना है जो कि हमारे विचारो की रचनात्मकता पर निर्भर करता है। विचार रचनात्मकता चक्र को हम यहाँ पर विचार रचनात्मकता पैटर्न के रूप में प्रस्तुत कर रहे हैं :–

विचार रचतात्मकता चक्र

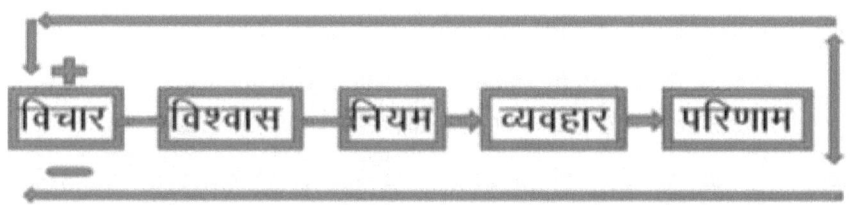

अध्याय–11

खुशहाल बच्चे और आत्मविश्वास

सुधरेगी औलाद तभी, जब सुधार स्वयं में लाओगे ।
जैसा चाहोगे बनाना, स्वयं को पहले तो बनाओगे ।।291।।

बच्चों में आत्मविश्वास उनके जीवन की सामाजिक, आर्थिक तथा मानसिक खुशियों का आधार है। यह जीवन भर उनकी सफलता के लिए पासपोर्ट का कार्य करता है क्योकि जैसा आप स्वयं में महसूस करते हैं वैसा ही आप व्यवहार करते हैं। प्रसन्नता का अहसास आपको प्रसंनता से भर देता है तथा आपकी सफलता में चार चांद लगा देता है। बच्चे हमेशा उसे ही पसन्द करते हैं जो वह शीशे की तरह जीवन में देखते हैं। जब वह खुशी से भरपूर होते हैं तो मन की अनुपस्थिति में अपने अंदर छांकते हुए अपनी अंतर्मन की स्थित में प्रसन्न रहते हैं और यही कारण है कि हमें उनके इर्द–गिर्द खुशियाँ नजर आती हैं। उनका सबसे बड़ा आत्मविश्वास यही है कि उनसे सभी प्यार करते हैं तथा वह जो भी देखता है सभी कुछ करने के काबिल है। इस आत्मविश्वास की प्रथम खाद उसे अपने माता–पिता से प्राप्त होती है। यदि हम पहले अध्याय–10 में दर्शाये गये रचनात्मकता चक्र पर गौर करेंगे तो पायेंगे कि यही आपका व्यवहार चक्र भी है जहाँ विचार रूप में बच्चे की मांग को रख दिया जाये तो अंततः जो प्राप्त होगा उससे पहले आपका व्यवहार निर्मित होता है। इस प्रकार माता पिता का सबसे पहला कर्त्तव्य यही है कि वह अपने बच्चों के आत्मविश्वास के बीज को पहचाने तथा उनमें इसका प्रत्यारोपण करें और वह है प्यार तथा आत्मविश्वास। आत्मविश्वास आपके जन्म वर्ष का अंतिम अंक ही है जिसकी जानकारी जनून संबंधी अध्याय–8 में सविस्तार बतलाई जा चूकी है।

बच्चे आपका भविष्य है, अगली पीढ़ी हैं कहलाते।
जैसा 'आचरण' आपका, देख वैसे ही हैं ढ़ल जाते।।2409।।

मूलतः आत्मविश्वास की कमी ही बच्चों में व्यवहार संबंधी समस्यायें पैदा करती है। इसके विपरीत इसकी अधिकता भी उनके लिए व्यवहार संबंधी समस्यायें पैदा कर सकती है। अतः इसमें संतुलन कायम करना भी माता पिता के लिए दूसरी बड़ी

चुनौती है क्योंकि बच्चों की अधिकतर समस्याऐं उनके अनुवांशिक स्वभाव से जुड़ी होती हैं। सामाजिक दृष्टि से हम इसे अनुशाशन कहते हैं। बच्चों का जिद्दी होना, अनुशाशन का पालन न करना, दूसरों के साथ मिलनसार न होना, अपने आप में केंद्रित रहना तथा दूसरों को स्वीकार न करना आदि आदि समस्याऐं माता पिता के लिए सीधा सीधा सा संकेत है कि बच्चे के व्यवहार चक्र में कहीं न कहीं कोई दोष है चाहे वह किसी भी स्तर पर नकारात्मक रूप से बच्चे को प्रभावित क्यों न कर रहा हो।

आत्म–विश्वास मानव की पूंजी, अतिः हमेशा आत्मघाती।
संतुलन दोनों जीवन में रखकर, जिंदगी फूल फल पाती।।2410।।

आत्मविश्वास से अभिप्रायः यहाँ आत्मप्रशंसा तथा दबंगई से संबंधीत नहीं हैं बल्कि आत्मसंतोष, खुशी तथा आत्मकल्याण के द्वारा अपने आपको कष्टो से परे रखने तथा परकल्याण से संबंधित है। जिससे अभिप्राय है कि बच्चा स्वयं तो खुशहाल तथा सुरक्षित महसूस करता है इसके अतिरिक्त वह अपने आस पास के वातावरण को भी उसी स्थिति में रखने का प्रयास करते हुए स्वयं में निश्चिंत तथा विश्वासी है। इससे अभिप्राय है अपनी शक्ति तथा कमजोरियों का उचित ज्ञान होना तथा उसके अनुसार अपनी समस्याओं का समाधान करना। ज्ञान का होना आपका मानसिक पक्ष है जबकि समस्या समाधान इसका व्यवहारिक पक्ष है और इन दोनों पक्षों में अनुशाशन के द्वारा संतुलन बनाए रखने की कला ही आपके बच्चे का आत्मविश्वास है जो उसके लिए संपूर्णता युक्त जीवन जीने की कला है।

जीवन के उतार चढ़ावों में बच्चा सकारात्मक तथा ऋणात्मक विश्वास बढ़ाने वाली तथा घटाने वाली दोनों ही परिस्थितियों का सामना करता है ऐसी स्थिति में माता पिता को उसे सकारात्मकता के रास्ते पर अंगुल पकड़ कर चलाना है जबकि ऋणात्मक विचारों से सुरक्षित रहने की कला सिखानी है ताकि वह दोनों ही स्थितियों में से समय तथा स्थिति अनुसार चयन कर सके तथा इनमें संतुलन कायम कर पाये। माता पिता के लिए बच्चा एक कच्चे घड़े के समान है। इस घड़े की मिट्‌टी आपके हाथों में सुरक्षित है तथा इसी सुरक्षा के अहसास के साथ वह आपसे सबसे अधिक लगाव महसूस करता है। अब यह माता पिता पर आधारित है कि वह अपनी इस मिट्‌टी को कौनसा स्वरूप देना चाहते हैं। गुणों का घड़ा, दुःखों से भरा घड़ा या विश्व का सर्वश्रेष्ठ घड़ा। आपकी जानकारी के लिए पहले सात वर्ष में बच्चा वही करता है जो उसे अच्छा लगता है तथा अपने आसपास होने वाली घटनाओं के प्रति बड़ो से अधिक सचेत रहता है क्योंकि उसमें डर का अधिकत्‌म भाव रहता है। यह मूलाधार केंद्र तथा शारीरिक विकास का काल है जिसमें हमारी स्वास्थ्य की रक्षक रोग प्रतिकारक शक्ति का विकास होता है।

> सीखता है केवल देख परख, सात वर्षों तक का बच्चा।
> जो भी सीखाना चाहते उसे, कीजिए स्वयं समझ कच्चा।।292।।

सात से चौदह वर्ष की आयु में बच्चे में 'मन' का विकास होता है तथा आसपास घटित होने वाली सभी घटनाओं को देखकर अपनी सोच को विकसित करता है। इस स्थिति में वह सामाजिक दायरे में अपने पंख फैलाना चाहता है तथा माता पिता के अतिरिक्त और भी कुछ संबंधों को विकसीत करता है जिसमें वह वैरायटी को वरियता देते हुए अपनी जानकारी को अत्यधिक स्तरों पर ले जाना चाहता है। यही वह स्थिति है जहाँ माता–पिता को सबसे अधिक ध्यान देना चाहिए तथा वही कुछ अपनी जिंदगी में बच्चे के सामने करना चाहिए जो वह उससे बड़े होने पर करवाना चाहते हैं। यहाँ सबसे महत्त्वपूर्ण है कि आपके घर का माहौल कैसा है उसी के अनुसार वह संपूर्ण संसार के प्रति अपना दृष्टिकोण विकसित करता है। संपूर्ण स्वास्थ्य की दृष्टि से इस काल में सोच संबंधी मनोमय शरीर विकसित होता है जिसमें 'क्या' छिपा है।

> सात से चौदह के बीच में, होती है मन की स्थापना।
> भावनाओं का ख्याल रख, व्यवहार कीजिए महापना।।293।।

इससे अगला काल हमारे विज्ञानमय शरीर के विकास का काल कहलाता है। इस काल में बुद्धि का विकास होता है तथा हर बात में 'क्यों' छुपा रहता है अतः इस काल में इन्हें हर समाधान लोजिकली चाहिए। यह बच्चों का इन्नोवेशन काल कहलाता है। हर संभावनाओं को पाने तथा समाज में परिवर्तन की भावना इस काल में प्रबल रहती है। अतः माता पिता को इनके हर प्रश्न को दबाने की नहीं बल्कि समाधान देने की आवश्यकता रहती है वरना इस काल में इनके मूडी तथा टैंशन ग्रसित रहने की संभावनायें बहुत बढ़ जाती हैं। यह काल इनके पंख फैलाने, उड़ने तथा जवानी का भरपूर आनंद लेने का है अतः ऐसे समय में इनकी संगत को देखना तथा उनके क्रियाकलाप पर नजर रखना तथा फिसलने पर मित्रवत् समझाना माता पिता का मूल कर्त्तव्य है।

> चौदह से इक्कीस के बीच, समय है बुद्धि के विकास का।
> विद्या–ज्ञान प्राप्ति करवायें, है जीवन संचित पूंजी ह्रास का।।294।।

उपरोक्त के इलावा जीवन के मुख्य चार पड़ाव और हैं जिन्हें सात वर्ष के पड़ावों में बांटा गया है जो इक्कीस से लेकर उन्नचास वर्ष तक निम्न रूप से संक्षेप में पाठकों के ज्ञानार्थ दिया जा रहा है।

> इक्कीस से अट्ठाईस के बीच, जीवन आधार है संसारी।
> चरित्र व मर्यादा सीखता यहीं, दोस्ती दुनिया से न्यारी।।295।।

अट्ठाईस से पैंतीस बीच, होता पारिवारिक विकास ।
अपनी सृष्टि की रचना से,अगली पीढ़ी का हो न्यास ।।296।।

पैंतिस से ब्यालिश बीच, कांता शक्ति का विकास ।
उड़ना चाहे आकाश में, ज्ञान का फैलता है प्रकाश ।।297।।

ब्यालिश से उन्नचास में, सुनना चाहें सब आत्मराग ।
आत्मराग की मस्ति में, संसार से उपजे है अनुराग ।।298।।

उन्नचास से छप्पन के बीच, कहलाता सन्यासी काल ।
परमृतत्व की राह चलें सब, बिगड़ जायेंगे वरना हाल ।।299।।

छप्पन से ऊपर केवल प्रभु, उसका नाम ही उसकी सेवा ।
करे सबका कल्याण प्राणी, पाए जीवन की असली मेवा ।।300।।

साठ से 'ऊपर' का काल, ब्रह्म तत्त्व की सुनता वाणी ।
आशीर्वाद से होती रचना, जीवनसफर यादें हैं सुनानी ।2411।।

सत्तर से 'ऊपर' जीवन काल में, पालन–हार का धारण रूप ।
बाँटना चाहे सब–कुछ जो पाया, जीवन लगता कारण स्वरूप।।2412।।

अस्सी से ऊपर है शंकर, बालक का ले धारण स्वरूप ।
शब्द ही लगते आशीर्वाद, प्रकृति ज्यों चलती अनुरूप ।।2413।।

इस प्रकार आत्मविश्वास स्वयं का स्वयं से मूल्य निर्धारण है जो कि दिन प्रतिदिन स्थिति, आयु तथा समयानुसार बदलता रहता है परन्तु इसका अधिकतर विकास बचपन में विकसित होता है और जवानी तक परिपक्कवता में आ जाता है परन्तु इसकी सभी प्रतिक्रियाऐं प्यार पर आधारित हैं जो कि बचपन रूपी पौधे के लिए खाद का काम करता है। उदाहरण के तौर पर जब बच्चे को पुरूस्कार मिला परन्तु यदि इसके बाद उसको माता–पिता से प्यार रूपी शाबासी नहीं मिलती तो उसका आत्मविश्वास कमजोर पड़ता है। इसके विपरीत उसकी शरारतों पर आपकी चुप्पी तथा सुधारने की क्रिया न करना उसके लिए जहर है।

आत्मविश्वास जगाईये बच्चों में, इससे बढ़िया आशीर्वाद न कोई ।
पर आपके 'आशीर्वाद' के बिना, बच्चों की ऊर्जा रह सकती सोई ।।2414।।

इसके विपरीत यदि वह प्यार प्राप्त करता है परंतु अपनी योग्यता में उसका विश्वास नहीं होता है तो भी उसका आत्मविश्वास कमजोर पड़ता है। इन दोनों ही स्थितियों में संतुलन कायम रखना ही आत्मविश्वास की पहचान है जो कि माता पिता की देखरेख में बचपन में स्वयं ही विकसित होता है परन्तु बाद में इसे विकसीत करना थोड़ा कठिन होता है। परन्तु उत्साह तथा उचित व्यवहार चक्र के द्वारा इसे बाद में

भी विकसीत किया जा सकता है। हमारी यह पुस्तक यदि बच्चे के साथ साथ बचपन से लागू की जाये तथा उसे अपने 'मन' की शक्तियों से परिचित करवा कर केवल मात्र निडर तथा खुश रखने मात्र से युवकों में भी आत्मविश्वास विकसीत किया जा सकता है।

प्रेम ही प्यार की कुंजी, जीव परिवर्तन की है कला ।
मिलती चाबी समय पर, करती जीव का ये है भला।।2415।।

बढ़ते बच्चों में आत्मविश्वास घटता बढ़ता रहता है क्योकि यह बच्चे के निर्णय नये अनुभवों तथा संभावनाओं द्वारा प्रभावित रहता है अतः इसे भी परिस्थिति अनुसार घटाया या बढ़ाया जा सकता है। उदाहरण के तौर पर कमजोर आत्मविश्वास के बच्चे कुछ भी नया करने में हिचकिचाहट महसूस करते हैं। उनके बहाने निम्न प्रकार से सामने आते हैं जैसे मैं ही मूर्ख हूँ, मैं ऐसा कभी नहीं करूंगा, इसको करने का क्या लाभ है ?मेरा कोई ख्याल नहीं रखता, शहनशक्ति कमजोर होना, कुंठाग्रस्त एवं हताश रहना, परावलंबन तथा झुंझलाहट एवं अपने आपको कोसना इनके लक्षण होते हैं। ऐसे बच्चे छोटे–छोटे गतिरोध को भी स्थाई मान कर नकारात्त्मक हो जाते हैं जिससे उनके मानसिक तथा शारीरिक रूप से पिछड़ने का भय रहता है। जबकि इसके विपरीत आत्मविश्वासी बच्चे दूसरों से बातचीत में आनंद उठाते हैं वे सामाजिक कार्यकलापों में जल्दी से सैट हो जाते हैं, ग्रुप कलाओं का मजा उठाते हैं। इन्हें जब भी किसी चैलेंज का सामना करना पड़ता है तो बेझिझक इसमें कूद पड़ते हैं तथा किसी को नीचा दिखाए वगैर इसका हल निकालते हैं।

इनको अपनी कमजोरियों तथा शक्तियों का आभाष होता है तथा वे इन पर विजय पाना भी जानते हैं तथा इसके लिए सदैव सकारात्मक प्रयास में लगे रहते हैं। उत्साही, कर्मठ तथा होनहार बच्चे की सबसे बड़ी पहचान यही है कि वह कभी विजय पर अतिउत्साहित नहीं होगा बल्कि दूसरों को वह गुण सिखलाने के लिए आतुर होगा तथा अपने साथ दूसरों को भी विजयी बनाने की कला का विकास निरंतर करता ही रहेगा। ऐसा बच्चा विजेता होने के साथ साथ सभी को विजेता देखना चाहता है। स्वयं संतुष्ट होगा तथा दूसरों में भी संतुष्टि का भाव देखना चाहेगा तथा ऐसे ही दूसरे बच्चों के साथ अपनी संगती को पसंद करना चाहेगा।

इस गुण को त्वरित, तुरंत पैदा करने के लिए बच्चे के जनून को जानकर उससे संबंधित ऊर्जा का विकास बचपन में ही करने से माता–पिता का काम अति आसान हो जाता है जब बच्चे के इर्दगिर्द केवल जनून की मंत्र ध्वनि अथवा इससे संबंधित संगीत को उसे बचपन में ही ओतप्रोत कर दिया जाये। यदि इसके साथ–2 उसके अत्मिविश्वास को भी संवेदित कर दिया जाये तो यह उसके बौधिक, आत्मिक, सामाजिक विकास में सोने में सुहागे की लोकोक्ति का प्रतिपादन करना कहलाता है।

जनून तथा विश्वास, बच्चे में इनसानियत जगा देते हैं ।
मिलते उचित समय, सारी ही 'हैवानियत' भगा देते हैं ।।2416।।

इस प्रकार दुनयावी झंझावातों में आत्मविश्वास बच्चे का हथियार है जो यह इनसे लड़ने के लिए अपनी इच्छानुसार प्रयोग में लाते हैं। इस हथियार के प्रयोग हेतु हमें बच्चे को कभी भी डर का आश्रय नहीं देना चाहिए जबकि शोधों के अनुसार साधारणतया हम बच्चों के लिए हजारों तरह की 'ना–ना' का उपयोग हम अपने नित्य कर्मों में करते हैं। याद रहे केवल मात्र एक डर के प्रवाह से मनुष्य में पांच विकार पैदा होते हैं। सबसे पहले जब बच्चा पैदा होता है तो उसकी नाल काटकर उसमें डर का सृजन कर दिया जाता है, थोड़ा बड़ा होने पर 'ना–ना' सुनकर, उसके बाद उसको समाज के सहारे छोड़कर अनुशाशन के नाम पर फिर से डर पैदा किया जाता है। डर सबसे पहले कोध का सृजन करता है, क्रोध के वसीभूत वह अपनी बुद्धि का त्याग करता है तथा क्रोध को दबाने के लिए प्यार की तलाश में काम की ओर आकर्षित होता है। काम से मोह पैदा होता है तथा मोह से लोभ में फंसता है तथा अंततः अहंकार में फंसकर फिर क्रोध के रास्तें में चलता है तथा इसी मायाजाल चक्र में फंसकर चरावेती के संचरण चक्र में जीवन भर चलता ही रहता है।

उपरोक्त मायाजाल चक्र से हम बच्चे के निर्णय लेने व बदलने के व्यवहार को समझ सकते हैं तथा उसके अनुसार उसके बढ़ते कदमों को पहचान कर किसी भी स्थिति में प्यार रूपि हथियार का ब्रेक लगाकर उपरोक्त चक्कर को काट सकते हैं क्योंकि प्यार रूपि मैगनट हमारे स्वभाव को किसी भी स्थिति में बदलने के लिए सक्षम है और मातापिता इस जादूई प्रभाव को किसी भी स्थिति में चिपकाने और परिस्थिति का कोण बदलने में सक्षम हैं। अतः बच्चे के स्वभाव की हर स्थिति को पहचानते हुए उसे प्यार के साथ हौसला, उत्त्साह, धैर्य, विश्वास तथा आत्मविश्वास के साथ आगे बढ़ने की शक्ति दीजिए तथा फिर देखिए कि आपके बच्चे में एक नया आत्मविश्वास पनपने लगेगा तथा वह नित्य नये आयाम पार करने लगेगा।

परन्तु हमेशा अतिविश्वास से बचकर चलिए। आपका बच्चा ज्योंहि बड़ा होने लगता है उसकी योग्यता को पहचान कर उसे उत्साहित कीजिए उन सभी मान्यताओं को पीछे छोड़कर जो संभवतया आपके बचपन के साथ आपके अपने स्वभाव से जुड़ी हों तथा आप भी उन परिस्थितियों से न गुजरे हों। परन्तु ख्याल रखिए की कहीं आप अपने बुरे अनुभवों से बच्चे को निराशाजनक परिस्थितियों में तो नहीं डाल रहे हैं। उसके कार्यों की प्रशंसा उसकी अपनी इमेज बढ़ाने में सहायक होती है तथा इसी प्रकार उसके अन्य कार्यों में उसकी अपनी कर्मठता का बोध बढ़ता जाता है तथा बच्चा नवीन तथा उच्चस्थ परिस्थितियों को उत्त्साह एवं हौसलों के साथ प्राप्त करने लगता है।

छुपाया हुआ अक्ष है, औलाद रूपि आईने में ।
ढूँढ लो अक्ष अपना, कर्मों के इस काईने में ।। 443।।

औलाद अपने कर्मों का, प्रत्यक्ष लेखा और जोखा है।
सुबह–शाम मिलाते रहो, कितना शुभ और धोखा है।।123।।

औलाद इस दुनियाँ में, आपकी सच्ची सुच्ची कमाई है।
सामने खड़े परख लो, जिंदगी सफल हुई या गवांई है।।1411।।

इस प्रकार अब हम उन बिंदुओं पर विचार करेंगे जिन से हम बच्चों में विश्वास जगाने में सफल हो सकते हैं तथा समय रहते उन्हें सही दिशा में मार्गदर्शन भी दिया जा सकता है।

बच्चों में आत्मविश्वास जगाईयेः–बच्चों का आत्मविश्वास अपने माता पिता की गोद में उनकी आंखों के माध्यम से, आवाज के द्वारा, आपकी शरीर की भाषा, आवभाव एवं व्यवहार से विकसित किया जा सकता है। आपके शब्दों की उकसाहट तथा हौसला उनको आगे बढ़ने में प्रेरणा का कार्य करता है। छोटी से छोटी हौसला बजाई उन्हें गौरवान्वित करती है। उन्हें स्वतंत्रता से कार्य करने देना तथा स्वतंत्र रूप से कार्य करने देना उनमें बल एवं बुद्धि का संचार करता है।

इसके विपरीत उनका दूसरों के साथ कैंपरिजन करना व उनके सामने दूसरों का गुणगान उनमें हीन भावना का विकास करता है। वे अपने आपको ही निर्गुण एवं प्रतिभा विहीन समझने लगते हैं। अपने शब्दों का उपयोग कभी भी बाण के रूपमें उपयोग न करें। अपने शब्दों को चुनकर उपयोग में लायें तथा सदैव मित्रवत् व्यवहार कीजिए। उनमें एहसास जगाईये कि गल्तियों से व्यक्ति हमेशा सीखकर आगे बढ़ा जा सकता है, गल्तियाँ अनुभवों की जननी होती हैं परन्तु गल्तियाँ से सीखकर आगे बढ़ना चाहिए न कि गल्तियों को दोहराते रहिए। आप भले ही उनके व्यवहार से प्रेम न करें लेकिन आपका उनके प्रति वास्तिविक प्रेम सदैव बना रहना चाहिए इसलिए उनकी सहायता, मार्गदर्शन एवं प्रेरणा के लिए सदैव सजग एवं आतुर रहें वह भी बिना किसी नकारात्मक सोच के तथा निरूत्साहितता के साथ।

गोद में अपने बच्चे को, सहलाईये सदा प्यार से ।
'आत्मविश्वास जगाईये, शब्दों भरे आत्मदुलार से।।2417।।

2. उनकी अच्छाईयों को पकड़िएः– बच्चों की हर बुराई पर पैनी नजर रखने की अपेक्षा उनके अच्छे कार्यों को पकड़ना आरंभ कीजिए तथा उनके लिए उन्हें शाबाशी दीजिए तथा प्रशंशा कीजिए। उदाहरण के तौर पर वह समय से सुबह उठा तथा उसने अपना बिस्तर स्वयं से ठीक किया–शाबाश आज आपने बहुत अच्छा किया, इसे आगे भी ऐसे ही करते रहिए। दिन के दौरान ऐसे ही अच्छे कार्यों के लिए दो

से चार बार शाबाशी दीजिए एवं हो सकता है तो उसे इसके लिए छोटा मोटा तोहफा भी दीजिए जैसे उसका माथा चूमना, छप्पी मारना, थपकी देना, साथ में रहकर उसका हाथ बंटाना। परीक्षा इत्यादि में अच्छा परिणाम लाने पर किसी मनचाही वस्तु विशेष का प्रबंध करना, पिक्चर दिखाने ले जाना, किसी दर्शनीय स्थल पर घुमाने के लिए लेकर जाना। इस प्रकार छोटे–छोट प्रयासों से आप बच्चों में चमत्कारिक परिवर्तनों तथा उसे नित्य ही मैच्यूर होता हुआ देख सकते हैं।

प्रशंसा बच्चे की टॉफी, सबको ही अच्छी लगती ।
पकड़िये बच्चे के गुण, भूला–कर उसकी गल्ति ।।2418।।

3. अनुशाशन की प्राथमिकता को सिखलायें :–जीवन में अनुशाशन अपरिहार्य एवं अनिवार्य है। मनुष्य एक सामाजिक प्राणी है, उसे समाज में सभ्य रहते हुए बहुत सारी चीजों को मर्यादा में रहते हुए करना पड़ता है।

अनुशाशन शब्द से अभिप्राय है सामाजिक मान्यताओं का अनुकरण जो कि लाखों वर्षों के अनुभवों के आधार पर एक सामाजिक द्वारा स्वीकृत मान्यता है जिसका अनुपालन हर सामाजिक प्राणी को एक सीमा तक अवश्यमेव निर्वाहन करना है। यह वह मर्यादा है जिसकी पालना में पालनहार को कष्ट भी उठाना पड़ सकता है परंतु समाज की भलाई के लिए इतना भी सहन करना हर एक व्यक्ति का सामाजिक दायित्त्व है। दूसरे शब्दों में इसे शाशन का अनुकरण भी कहा जाता है अर्थात् राज्य अथवा शाशक द्वारा निर्धारित सामाजिक बंधनों में बंधकर समाज की भलाई के लिए व्यवहार करते हुए जीवन का संभरण करना ही अनुशाशन है।

अनुशाशन देता प्रेरणा, ईमानदारी का परिचायक ।
मेहनत से पाया जाता, सकारात्मकता 'विनायक' ।।2419।।

अनुशाशन बच्चों में स्वीकार्य व्यवहार तथा स्वयं पर नियंत्रण की भावना पैदा करता है। यद्यपि बच्चों में अनुशाशन स्वीकार्य व्यवहार नहीं होता क्योंकि उन्हें सीमाओं में रहना पसंद नहीं होता परंतु सामाजिकता के नाते उन्हें उचित व्यवहार तो सीखना ही होगा जो वह बड़े होने पर स्वयं पसंद नहीं करेंगे। घर में ही कुछ साधारण नियमों का पालन करना जैसे गृह कार्य समाप्त करने से पहले टी0वी0 न देखना, परीक्षा के दौरान टी0वी0 देखने की अपेक्षा परीक्षा की तैयारी में समय लगाना, ये सभी कार्य उसे अपने विवेक तथा प्राथमिकता के आधार पर स्वयं ही तय करना है। बच्चों में आपसी लड़ाई, एक दूसरे को सताना तथा टिजिंग करना इत्यादि ऐसे स्वाभाविक उत्कंठायें हैं जिन्हें वह स्वयं के साथ पसंद नहीं करता परंतु दूसरों के साथ करने में वह मजा लेता है। ऐसे में मातापिता का यह प्रमुख कर्त्वय है कि उन्हें किसी शारीरिक चोट की सीमा तक करने दें, पीड़ीत बच्चे की शिकायत पर उच्छृंखल बच्चे को यदि प्यार से डांटना भी पड़े तो कतई हिचकिचायें नहीं। ऐसा

आप तुरंत तथा सत् प्रतिशत तो नहीं करना चाहते परंतु कुछ न कुछ तो उन्हें स्वयं भी फोलो करने दीजिए तथा एक वाचडोग की तरह उन्हें देखिए तथा उन्हें इसमें से आनंद भी उठाने दीजिए।

प्रशिक्षित होकर बच्चा अनुशाशन से, भावनाओं को रखता नियंत्रण ।
लक्ष्य की अडिगता बच्चा सिखकर, समय पर मानव करता नियंत्रण।।2420।।

4. अपने बच्चों के लिए समय निकालिए:– सात साल तक बच्चा आपको इर्द–गिर्द देखना चाहता है जो कि बच्चों की आपसे सबसे बड़ी ख्वाहिश है अतः आपको उनके पास रहने का अधिकत्तम समय निकालना चाहिए। इक्ट्ठे बैठकर नाश्ता, लंच व डिनर लेना आपके परिवार को जोड़ने की एक कड़ी के रूप में कार्य करता है। इस दौरान हल्के फूल्के मजाक करना तथा एक दूसरे की समस्याओं पर विचार विमर्ष करना बच्चों में लगाव का एक ऐसा एहसास भर देता है जो सारा जीवन उनमें आपसी प्यार जगाए रखता है। सांयकाल में बच्चों के साथ टहलना, खेलना, डीनर पार्टी में जाना, परिवार का सप्ताहंत में धार्मिक स्थल अथवा पिकनिक सर्पोट पर जाना बच्चों में पारिवारिक भानाओं को पैदा करता है।

उचित समय पर लगा मरहम, घाव सभी पूर्णतः भर देता है।
समय अनुसार लालन पालन, बच्चों को उन्नत कर देता है।।2421।।

बच्चों के साथ बैठकर टेबल गेम खेलना, रूठना, मनाना एवं उनकी शर्तों को मानना तथा जानबूझकर गेम में हारना व सप्ताहंत में उनके बाल सखाओं के घर जाना एवं उनको अपने घर बुलाना तथा घर से खाना इत्यादि बनाकर ग्रुप में एक दिन के लिए रहना बच्चों में आपस में मिलने जुलने व वातावरण में घुल जाने की भावना पनपती है। बच्चों को आपसी अफेयर को स्वयं ही मैनेज करने दें तथा बच्चों के आसपास पनपते खतरों पर भी अपनी पैनी नजर रखते हुए संपूर्ण जानकारियों का विश्लेषण करते रहिए तथा बच्चों को भी इनसे आगाह करते रहिए। बच्चों के साथ बैठकर उनकी समस्त भावनाओं तथा कुंठाओं का निवारण करना भी आपका मूल कर्तव्य है। हर बात में टिका टिप्पणी की अपेक्षा अपने समय से मिलाना भी बच्चों में हीन भावना पैदा करता है। बच्चे प्रकृति के ऐसे फूल हैं जो खुले आसमान में निर्विरोध बढ़ना चाहते हैं तथा इन्हें सहारा देकर फलने फुलने देने में ही आपका सर्वोत्तम हित छिपा है अतः माली की भूमिका में रहकर इन्हें स्वाभाविकता में पालते रहिए कभी भी उसके भाग्यविधाता बनने की कोशिश न कीजिए।

माली बनकर बगियॉ सींचीये, ऋतु आए पौधे फल फूल जायेंगे।
माली बन 'बच्चों' को पालिये, तभी बच्चेपूर्ण इनसान बन पायेंगे।।2422।।

5. लगाव की भूमिका निभायें:–जब एक बच्चा चिल्लाता है तथा दूध के लिए रोता है तो ऐसी अवस्था में कभी भी अपने बच्चों को इग्नोर मत कीजिए।उसके साथ लगाव की भूमिका में रहिए, उसकी आवश्यकताओं की पूर्ति कीजिए उसको अपनी गोदी में बैठाईये तथा उसे आत्मिक प्यार के साथ प्यार से सहलाईये। इससे बच्चे में अपनेपन का एहसास पैदा होता है तथा अपना मूल्य समझने की सैंस एवं बढ़ते बच्चों में कंपीटीशन की भावना पैदा करता है। उसे कभी ऐसा एहसास न होने दें कि दूसरे बच्चे का ज्यादा ख्याल रखा जाता है जबकि उसी समय में उसे इग्नोर किया जाता है। हमेशा ध्यान रखें कि बच्चा हर परिस्थिति में कैसा अनुभव करता है तुरंत उसके मूढ़ को भांपकर स्थिति को क्लीयर करने का प्रयास कीजिए अथवा बड़े बच्चे में छोटे के प्रति दया का भाव पैदा कीजिए तथा छोटे में बड़ों को फोलो करने तथा सम्मान का भाव पैदा कीजिए। जैसे वह आपके सानिध्य में बढ़ते हैं उन्हें एक दूसरे साथ सहायता से उठने दीजिए ताकि उनमें आपसी लगाव पैदा हो सके ।

लगाव ह्रदय के लिए मरहम, समय समय लगाते रहिए ।
अबोध बच्चा प्यार का भूखा, बैठा गोदी सहलाते रहिए ।।2423

प्रथम दो वर्षों में बच्चों का दिमाग बहुत तेजी के साथ विकसीत होता है तथा उसमें अपने प्रति लगाव की भावना बहुत तेजी से फैलती है। उदाहरण के लिए यदि बच्चा दूध के लिए रोता रहता है तो उसमें भाव पैदा होता है कि आपके लिए उसका लगाव कम है अथवा उसकी सहायता के लिए आप नहीं कोई और अन्य आयेगा, इससे आपके प्रति उसका लगाव घटता है जो समय के साथ उसके स्वभाव का हिस्सा बन जाता है। आपके आसपास रहने पर यदि बच्चा हाथ उठाता है आप उसे तुरंत उठाते हैं तो उसका दिमाग आपके प्रति संवेदनाओं से भर जाता है जो समस्त जीवन के लिए उसकी यादें बन जाती हैं तथा जब कभी बड़ा होने पर आपको उसकी सहायता की आवश्यकता पड़ती है तो वही याद उसे आपकी सहायता को बाध्य करती है तो वह आपकी सेवा में लग जाता है। सकारात्मक बच्चे का दिमाग भी समाज में भावात्मकता को फैलाने मे सहायता करता है जबकि नकारात्मकता पैटर्न उसे बाद में अमिलनसार मानव विकसित करता है।

6. संवाद की भूमिका में रहिए:–मातापिता के हर शब्द एवं भाषा का प्रभाव बच्चों के हृदय पटल पर गहरा पड़ता है। उनकी विकसित अवस्था (7–14) में आपके हर शब्द को पकड़ते हैं, दोहराते हैं तथा अपने स्वभाव का एक हिस्सा बनाते हैं। यदि घर में गाली गलौच का माहौल रहता है तो बच्चा उन्ही शब्दों को अपने सर्कल में दोहराता है जो धीरे धीरे उसके व्यक्तित्व का हिस्सा बन जाते हैं। बच्चा सौलह से बीस घंटे घर में बिताता है तो घर की हर परिस्थिति पर उसकी पैनी नजर रहती है। माता–पिता होने के नाते आपकी भूमिका अत्यधिक ब्रढ़ जाती है कि बढ़ते बच्चों

को आप कैसा वातावरण प्रदान करते हैं। बच्चों की उपस्थिति में हर शब्द तौलकर उपयोग में लायें तथा अपने भाव ऐसे बनायें जैसे आप अपने बच्चों से उम्मीद रखते हैं। हर समय आप बच्चों से यह उम्मीद मत कीजिए कि जैसा आप चाहते हैं वैसा ही वह फोलो करें बल्कि आप स्वयं अपने व्यवहार में ऐसा धारण कीजिए जो आप अपने बच्चों से उम्मीद रखते हैं।

अपने आत्मिक संवाद के माध्यम से बच्चों की हर कुंठा का समाधान खोजें व उनको भी अपने भाव स्वतंत्र एवं निष्पक्ष भाव से प्रकट करने दें। यदि कहीं बच्चा आपसे आनाकानी करता है तो समय निकालकर उसकी कुंठाओं को उभार कर उनको विचारों को दूरूस्त कीजिए। बहुत सारी स्थितियों में बच्चे सही होते हैं और हम गल्त। अतः उसे स्वतंत्रता से स्थितियों के बारे में सोचने दीजिए। हर विचार को बच्चों पर थौंपना उनके लिए अत्याचार के समान है। अपनी चाहतों को खुले मन से उनके सामने रखिए तथा हो सके तो उनके दोस्त बनकर उनसे बांटिए।

कुंठायें ह्रदय की दीमक, छूपकर करती भावनायें विनाश ।
'भाव' प्रकटाता परमात्मा, करते सब भव–रोगों का ह्रास।।2424।।

बच्चों में कभी हीन भाव एवं शब्दों को न पनपने दें। ऐसे शब्दों का कभी उपयोग न करें जिससे उनके भाव नकारात्मक हों तथा उसे अच्छाई का रास्ता त्याग कर गल्त रास्ते पर न जाने दें। शब्दों का भाव तथा उनका बच्चों के लिए क्या महत्त्व हो सकता है, उसे स्पष्ट तौर पर उनके सामने रखें तथा इस बात का सदैव ध्यान रखें कि बच्चा कहीं उन्हें उल्टा तो नहीं समझता। ऐसी स्थिति में उसे सही मार्ग चुनने में भी आपकी सहायता अति आवश्यक है।

शब्द ही ब्रह्म कहलाते, शब्दों से व्यापक संसार ।
शब्द से ही ह्रदय शाँत, शब्दों से दुनियावी रार ।।2425।।

7. रोल माडल की भूमिका निभायें :– बढ़ते बच्चों की दुनियाँ आपका घर है इसी घर में रहकर वह सभी कुछ सीखता है जिसकी सहायता से उसे बाहरी दुनियाँ के साथ निपटना है और वह सीखने का जरिया होते हैं बच्चे के मातापिता जिनकी हर हरकत को बच्चा अपने व्यवहार में कापी करना चाहता है। बच्चे का दिमाग व आंखें लगातार आपके हर व्यवहार पर टिके रहते हैं अतः आप बच्चे के सामने केवल वही कीजिए जो आप उससे फोलो करने की उम्मीद रखते हैं। औलाद आपके कर्मों का रिफलैक्टर अथवा आईना हैं अतः आप अपने कर्मों के आईने में जो भी देखना चाहते हैं आप बच्चों के सामने ठीक वैसा ही व्यवहार कीजिए क्योंकि आप बच्चों के लिए एक रोल माडल की भूमिका में है जिसे बच्चे हुबहु कापी करना चाहते हैं।

दीवारों के भी होते कान, हर पल प्रतिबिंबित इनसान ।
कर्म कीजिए सोच समझ, चित्रगुप्त रहते हर क्षण मेहमान।।2426।।

आप यदि बच्चों से दया, करूणा, मित्रता, आदर, ईमानदारी, सहनशीलता तथा अनुशाशन की उम्मीद रखते हैं तो इन सभी को उनके सामने अपने व्यवहार व

आचरण में प्रकट कीजिए ताकि वे आपकी अच्छी चीजों को बिना किसी परीश्रम के कापी कर सकें। आपको इन गुणों को उसके व्यवहार में भरने के लिए किसी पाठशाला की आवश्यकता नहीं बल्कि आपके रोल माडल बनने की आवश्यकता है। जैसा आदर, सम्मान अथवा व्यवहार आप दूसरों से अपने लिए चाहते हैं वैसा सर्वप्रथम अपने बच्चों के साथ कीजिए। कदापि यह मत समझें कि वह तो बच्चे हैं इन्हें कुछ नहीं आता यद्यपि उनमें चतुर चालाक लौमड़ी जैसा गुणवान एवं अपने बजूर्गों जैसा सम्मान देने की कोशिश कीजिए, वही आपको वापसी में मिलना तय हो जायेगा। **सदाचार की चासनी में, अपने आपको पकाईये।**

बच्चों में भी पैदा कर, दोनों जीवन सफल बनाईये ।।2427।।

याद रखिए औलाद आपके वर्तमान कर्मों का आईना है जो आपके सामने खड़ा हुआ आपसे ही हिसाब मांग रहा है। अतः खुशी से इसे स्वीकार कर आगे के लिए अच्छा बोना आरंभ कर दीजिए आपका तथा आपके बच्चों का भविष्य तो स्वयं ही सुधर जायेगा। क्या आप बच्चों के सामने गुस्सा करते हैं, उनके सामने भद्दे मजाक करते हैं, उनके सामने गल्त हरकतें करते हैं ? उनके सामने झूठ बोलते हैं ? याद रखिए जो भी आप जो भी बच्चों के आसपास होने दे रहे हैं वह किसी छुपे हुए राडार तथा चित्रगुप्त की भाँति सभी कुछ बच्चे के दिमाग में कापी होता रहता है। समय आने पर वह सबकुछ आपके सामने ही अपने व्यवहार द्वारा प्रकट कर देता है जो आप आज उसके सामने अपने व्यवहार द्वारा प्रकट कर रहे हैं।

जब आप उसके सामने रचनात्मक, सकारात्मक तथा जीवन उपयोगी कार्य करते हैं तो भी वह उन्हें सीखता है तथा इसके विपरीत जब आप उसके सामने नकारात्मक, छलावा, झूठ–कपट आदि के भाव प्रकट करते हैं तो भी वह उन्हें देखकर तेजी के साथ कंप्यूटर की तरह पकड़ता है। बच्चे का मन अति संवेदनशील एवं कच्चा होने के कारण हर संवेदना को तुरंत पकड़ता है तथा उसी तरह से प्रतिक्रिया व्यक्त करता है। वह आपके गुस्से के भावों को भी आपकी आंखों में झांककर समझ सकता है तो प्यार के भावों को भी आसानी से समझने में स्मर्थ होता है। बात बात में उसे डांटना उसे सदा के लिए लापरवाह बना सकता है तो गुस्से से एक बार देखना ही उसके लिए संकेत की तरह काम करता है। याद रखिए बच्चा दूसरा शरीर नहीं बल्कि आपकी अपनी प्रतिमूर्ति अथवा आत्मा का हिस्सा है जिसे आप आत्मिक स्तर पर इच्छानुसार ढ़ाल भी सकते हैं परंतु पहले आपको स्वयं भी वैसा ही बनना पड़ता है जैसा आप उसे देखना या सुधारना चाहते हो।

भाव का भूखा है इनसान, भाव से प्रकटें स्वयं भगवान ।
शुभ भाव जगा जीवन में, बन जाईये उन्नत इनसान।।2428।।

8. अपना व्यवहार लचीला रखिएः–आपकी भूमिका एक माली की है तथा आपके बच्चे बगिया में खिला हुआ एक कोमल फूल है जिसे आपको हर परिस्थितियों से गुजरते हुए बचाना, संवारना, खुशबुदार बनाना है। माली समयानुसार खुरपा भी चलता है, खाद–पानी भी समय पर डालता है। इसी तरह जब पौधे पर अतिरिक्त झाड़ आता है तो उसकी टहनियों को काटने में भी माली कोई गुरेज नहीं करता। धूप, सर्दी, गर्मी अनुसार उसे छाया, धूप व बारिश में भी रखता है।

अतः आपको भी अपने व्यवहार को परिस्थितिजन्य बनाना होगा ताकि जैसी भी स्थिति का निर्माण होता है आप वैसा ही व्यवहार लागू कर सकें। ध्यान रहे ज्यादातर स्थितियों में प्यार, दुलार एवं पुचकार ही ऐसे हथियार हैं जो हर मौसम में लागू रहते हैं। बच्चे 80 प्रतिशत से अधिक वातावरण से अधिक सीखते हैं अतः उचित वातावरण का निर्माण करना एवं चौकीदार की भूमिका में रहते हुए उचित निर्णय लेना ही आपकी प्राथमिकताओं में से सर्वोपरी है। ज्यों–ज्यों आपके बच्चे बढ़ते हैं उनकी प्राथमिकतायें भी बदलती एवं बढ़ती रहती हैं, आपको भी इन बदलती परिस्थितियों में स्वयं को बदलना सीखना है न कि अपने अनुभवों पर अडीग रहना है क्योंकि कभी उसे डांट की खुराक भी चाहिए तो उसके तुरंत बाद उसे प्यार, दुलार एवं पुचकार भी चाहिएगा। अतः दोनों ही तरफ व्यवहार में लचीलापन अपना कर परिस्थितिजन्य व्यवहार कीजिए इसी में आपका तथा बच्चे का हित छुपा है।

बच्चे फूल हैं फैमली के, सदगुणी बगिया महकाईये।
सुगंधित कर वाटिका, चहुंदिशाओं में फैलाईये ।।2429।।

9. बच्चों के साथ बच्चा बनकर खेलिएः– खेल बच्चे को स्वस्थ, सुडौल एवं मानसिक तौर पर परिस्थितियों से लड़ने में सहायता करते हैं जो समयानुसार बदलते भी रहते हैं। खेल के दौरान आप अपने तथा बच्चे के व्यवहार के बारे में बहुत कुछ जान सकते हैं। खेल–खेल में बच्चों में "मैं सदा आपके साथ हूँ, मैं आपके नियमों को मानता हूँ, मैं आपकी कदर करता हूँ, हार–जीत में हम दोनों साथ हैं, हम दोनों ही जीवन में कुछ नियमों से बंधे हुए हैं, परस्पर प्रतिस्पर्धा" आदि भावों का बच्चे में विकास होता है। खेल में जो आपका समय बर्बाद होता है उसे आप बच्चे के लिए अपनी ईन्वैस्टमैंट समझें जो बड़ा होने पर एफ0डी की तरह ब्याज सहित वापिस आएगी। इसके अतिरिक्त उसे एक बेहतर इनसान बना कर आप न केवल उसका भाग्य संवारते हैं बल्कि अपने ही कुल को श्रेष्ठ हाथों में सौंपकर सामाजिक दायित्व का भी निर्वहन उत्तम तरीक से कर पाते है।

बच्चा बनकर बच्चों में खेलिए, बचपने को अपने ही दोहराईये ।
अनुभव को अपने अपना करके, बेहतरीन इनसान इन्हें बनाईये ।।2430।।

बच्चों के साथ खेलते समय उस पर नियमों का बोझ डालने से परहेज कीजिए वरन् खेल के सारे नियम एवं अनुशाशन उसे स्वयं ही तय करने दें ऐसा करने से आप उसमें अनुशाशन एवं मैनेज करने के गुणों का प्रतिपादन करते हैं जो उसके भविष्य की नींव को मजबूत बनाने में सहायक की भूमिका निभाने में लाभकारी एवं संभाव्य नींव का काम करते हैं। खेल के दौरान अपना सारा ध्यान खेल पर नहीं बल्कि अपने बच्चे पर लगाईये ताकि उसे लगे कि उसका ख्याल रखा जा रहा है, मैं विशेष बच्चा हूँ, मेरे पापा हार–जीत दोनों ही परिस्थितियों में मेरे साथ हैं आदि भाव विकसीत होते रहें। इन सब भावों का फल आपको भी बुढ़ाने में ब्याज सहित मिलने वाला है। इस प्रकार आप एक तीर से दो निशाने साधने में सफल रहते हैं क्योंकि वर्तमान तथा भविष्य दोनों का ही निर्माण आप खेल खेल में करने में सफल हो जाते हैं। इसके अतिरिक्त बच्चों के साथ खेलने से आपको दिमागी शुकुन तथा आत्मिक आनंद प्राप्त होता है जो किसी भी सुख की कल्पना मैं आपके अपने स्वास्थ्य के लिए अति उत्तम औषध ही माना जायेगा। इस सुख को आप करोड़ों रूपये खर्च करने के बाद भी कहीं से खरीद नहीं सकते। अतः अपने बचपन में जाईये और अपने बच्चों के साथ बच्चा बनकर खेलिए।

ब्याज जैसा प्यारा है, आपका अंश दुलारा है।
बच्चे से चच्चा मिला, दूगना लाभ तुम्हारा है।।2431।।

10. अपने बच्चों को सफलता की राह पर चलायें :–मानसिक दृष्टि से सफलता आंतरिक खुशी का अहसास मात्र नहीं है बल्कि सामाजिक तौर पर यह सामाजिक प्रतिस्पर्धा एवं बौधिक विकास का आधार है। जीत–हार जीवन की वह परिस्थितियाँ हैं जो हमें हर परिस्थिति में "समता" का भाव पैदा करती हैं। हार व जीत दोनों ही परिस्थितियों में बच्चा कैसी प्रतिक्रिया प्रकट करता है यही मुख्यतः नोट करने वाली बात है। जीत में बच्चा सुखद महसूस करे तो हार में वह जब अच्छा करने की सोचे तो समझो की वह सही स्वभाव में स्थित हो रहा है। हार की स्थिति में रोना तथा जीत में दूसरों को नीचा दिखाना बच्चे के लिए चिंता की स्थिति है। अतः ऐसी स्थिति में उसे हर परिस्थिति में और अच्छा करने तथा आगे के लिए सावधान रहने का भाव पैदा करें। उसे दोनों ही स्थितियों में निश्चिंत रहकर भविष्य में हार से सीखना तथा जीत में सफलता का पैमाना बनाए रखने की शिक्षा देना ही आपका मूल कर्तव्य बन जाता है। जब बच्चा हर परिस्थिति में समता का भाव सीख लेता है, वास्तव में वही जीवन का विजेता बनकर उभरता है तथा अपने भविष्य का निर्माण करने में स्वयं सक्षम होता है।

हार–जीत में समता, बच्चे का है बौधिक विकास ।
दोनों में ही विषमता, निरंतर इनसानियत का ह्रास।।2432।।

हर कार्य में बच्चे की सहायता करना उसमें योग्यता के गुण बढ़ाता है परंतु ध्यान रहे कि ऐसा करने में आप उसे आप पर निर्भर तो नहीं बना रहे हैं। ऐसी अवस्था में आप उन कार्यों में ही उसका साथ दें जिसमें आपको लगता है कि उसे उस स्थिति में आपकी सहायता की आवश्यकता है, यदि आपको लगता है कि वह बार–बार गल्ति करने पर भी अवश्य सफल हो सकता है तो उसे वह कार्य स्वयं ही पूरा करने दें क्योंकि सफलता का अहसास उसमें निपुणता, प्रयास एवं अनुशाशन को बढ़ावा देता है। यदि आपको किसी विषय में महसूस होता है कि बच्चा कमजोर है तो सहायता द्वारा उसमें आगे बढ़ने तथा हौसले के साथ सफलता पाने के गुणो का निवेश करें। सहायता द्वारा उसमें आगे बढ़ने का हौसला बढ़ता है जबकि प्रयास उसे सफलता का स्वाद चखने की चाहत पैदा करता है।

ऐसा करने के लिए परिणाम की चिंता किए बिना उसे आँखों के इशारे, टच एवं ध्यान केंद्रित कर जीत प्राप्ति के लिए हौसला बढ़ाने का प्रयास कीजिए। ऐसा करते समय उसे महसूस होने दीजिए कि आप उसके साथ सफलता प्राप्ति के लिए नहीं वरन् उसके प्यार के लिए उसके साथ खड़े हैं। उसकी विजेता स्मार्कों को अपने घर की मुख्य जगहों पर स्थान दीजिए अथवा एलबम बनाकर बार बार देखते हुए अपने बच्चे की प्रशंसा द्वारा प्रेरित कीजिए।

प्रशंसा का भूखा इनसान, प्रशंसा से बनते काम ।
प्रशंसा अपने बच्चे की कीजिए, बनाने को उन्नत इनसान।।2433।।

11. बच्चे को गल्तियों का राजा समझने की अपेक्षा उसे घर का राजकुमार घोषित करें:– हम अपने बच्चों को गली मौहल्ले में खेलने के लिए इसलिए भेजते हैं कि उसे अल्ग अल्ग परिस्थितियों एवं बच्चों में अपने आपको एडजैस्ट करने की क्षमता का विकास हो तथा वह अपनी इच्छानुसार अपने दोस्तों को चुन सके। परंतु याद रहे यह जहाज को बिना कैप्टन के समुंद्र में भेजने के समान है जो किसी भी परिस्थिति में डूबने के सिवाय और कुछ भी नहीं कर सकता।

अतः स्वयं समय निकालकर कुछ समय के लिए उसके आसपास के वातावरण की समीक्षा के लिए अवश्य जायें तथा देखें की बच्चा किन–किन बच्चों के साथ खेलता है, उसका वातावरण कैसा है, दोस्तों के साथ उसका व्यवहार कैसा है, उसकी अपनी पसंद क्या है तथा वह कैसे गेम खेलना पसंद करता है। इन सब जानकारियों को समय पाकर उसके साथ भी मंत्रणा करें ताकि आप बच्चे की पसंद, नापसंद तथा रूचियों की जानकारी हासिल कर पायें तथा स्थितियों अनुसार उसे निर्देशित एवं गाईडलाईन उपलब्ध करा पायें। समयानुसार या विशेष अवसरों पर अपने दोस्तों को आपके घर लेकर आने के लिए प्रेरित करें। कभी कभी बच्चा पार्टी का आयोजन कर उसे स्वयं की महत्त्वता जानने के लिए उत्त्साहित कीजिए। ऐसे में उसके दोस्तों

को अपने बच्चे की रूचि–अरूचि व विशेषताओं की जानकारी दीजिए तथा बतलाईये की वह आपके घर का न केवल बच्चा है बल्कि वह आपका राजकुमार है जिसकी हर बेहतर इच्छाओं को पूरा किया जाता है। उसकी ना–पसंद एवं पसंद को भी बच्चों के साथ साझा कीजिए ताकि ग्रुप की अवस्था में अन्य बच्चे भी उसका ख्याल रख सकें। बच्चों के ग्रुप में यदि आपको कोई गल्त बच्चा नजर आता है तो उसे सावधान कीजिए व सुधार न आने की अवस्था में हो सके तो उसके मातापिता तक अवश्य वह कमजोरी पहुंचाये अथवा परिवार पार्टी में सारी बातें डिस्कश कर लें।

आपका बच्चा है आपकी जिम्मेदारी, जो नहीं किसी भी स्थिति में भारी ।
खेलखेल में ही सुधारें बच्चे को, हर सुधार के हैं माता–पिता प्रभारी ।।2434।।

बच्चे का आत्मविश्वास तथा हौसला अपने घर के वातावरण तथा आसपास के माहौल से निर्मित होता है। जो बच्चे अपने माता पिता से ज्यादा अटैच होते हैं वे बाहर के वातावरण में भी बहुत जल्द घुल–मिल जाते हैं व परिस्थितियों को सही तरीके से बेहतरीन ढ़ंग से मैनेज करने में सक्षम होते हैं। ऐसा होने के लिए उन्हें स्वयं में विश्वास तथा हर परिस्थिति में माता–पिता का साथ मिलने का अटूट विश्वास होना अति–आवश्यक एवं अपरिहार्य है। बच्चे के साथ आपका मित्रवत् व्यवहार तथा घर में उसका राजकुमार की भूमिका में स्थित होना उसे बहुत सारी परिस्थितयों को स्वयं हैंडल करने का बल प्रदान करता है तथा वह दोस्तों की कमियों तथा खुबियों को भी आपसे खुले दिल से बतला सकता है।

माता–पिता का साया, बच्चे के लिए वरदान है।
इस साये की छाया में, बनता सर्वोत्त्म गुणवान है।।2435।।

साधारण परिस्थितियों में बच्चा चेतना से अवचेतना की ओर विकसित होता हुआ मानव पुँज है तथा वह नये अनुभवों को सीखना तथा उससे स्वयं जूझना चाहता है परंतु उसकी नादानी उसके आड़े आती है ऐसी स्थिति में अच्छे बुरे की पहचान के लिए आपके साये की आवश्यकता रहती है जो आप अपने राजकुमार को उसका साया बनकर नहीं बल्कि उचित वातावरण प्रदान कर पूरी कर सकते हैं। शर्मींदा, उच्छृंखल होना बच्चे का अवगुण नहीं बल्कि बच्चे का नई परिस्थितियों में अपने आप को ढ़ालने के लिए लगने वाला समय मात्र है। ऐसे में बच्चा बहुत अधिक संबंधों की अपेक्षा चुने हुए एवं निकट संबंधों को ही प्राथमिकता देता है तथा पसंद करता है। अतः आप परिस्थितियों में बच्चे को बार–बार सामना करने दें आप केवल सपोर्ट सिस्टम की तरह उसके इर्दगिर्द रहें ताकि उसके मनोभाव आहट न होने पायें।

आहट हुआ बच्चे में मनोभाव, बच्चे में हीनभावना ला देगा ।
पर बच्चे का आत्म–विश्वास, लगा पंख परवान चढ़ा देगा।।2436।।

बच्चे का बहाने बनाना तथा बार–बार बिमार होना दर्शाता है कि वह आपसे अधिक अटैचमैंट की अपेक्षा रखता है अतः बार बार चिकित्सक के पास पहुंचाने की अपेक्षा उसके तनाव को अपनी छाती से लगाकर प्यार से स्नेह द्वारा उसकी भावनाओं तथा अपेक्षाओं का आप स्वयं ही इलाज कीजिए। भावनाओं के माध्यम से बिमारी शरीर में प्रवेश करती हैं परंतु इनका इलाज भावुकता से ही संभव है। परंतु ऐसा उसका स्वभाव भी न बनने दें जब बच्चा बार–बार आपका प्यार पाने के लिए बिमारी का बहाना बनाए तो ऐसे में चिकित्सक द्वारा लगाये जाने वाले टीके की याद दिलाकर भी आप उसकी गैर जरूरी भावना दबा सकते हैं। परंतु ऐसा करते समय ध्यान में रखें कि कहीं उसकी निर्मल भावनाओं पर कुठाराघात तो नहीं हो रहा है तथा बच्चा किसी भी प्रकार से हीन भावना अथवा कुंठाओं का शिकार तो नहीं हो रहा है तथा अधिक बिमार होता जा रहा है।

माता पिता का आत्मिक दुलार, हर बिमारी का इलाज है।
गोदी में पल बढ़ कर ही बच्चे, हर मंजील के सरताज है।।2437।।

12. अपने बच्चे पर पड़ने वाले स्कूल के प्रभावों को जानें:–आपका बच्चा स्कूल में तो चार से छः घंटे ही गुजारता है परंतु स्कूल का प्रभाव उसके व्यक्तित्त्व पर लगभग साठ से अस्सी प्रतिशत तक रहता है। जितना प्रभावित वह अपने टीचर से होता है उतना प्रभावित माता–पिता से नहीं रहता क्योंकि उसकी ज्ञान पिपासा, अनुशाशन में रहने की जिज्ञासा तथा अंततः हम ऊमर के बच्चों की संगत उसके व्यक्तित्त्व को गहराई से प्रभावित करती है। परंतु स्कूल का प्रभाव उसके लिए घातक भी हो सकता है, ऐसी स्थिति में घर का माहौल सही रहने पर वह स्कूल के गल्त माहौल को भी अपने आप एडजैस्ट कर लेता है।

अतः माता–पिता के नाते आपका कर्तव्य है कि बच्चा कोई नकारात्मक सोच लेकर तो घर में नहीं आ रहा है। यदि वह किसी बात को लेकर परेशान है अथवा स्कूल जाने में बहाने बाजी अथवा आना कानी करता है तो आपको समझना चाहिए कि स्कूल का वातावरण उसके स्वभाव के विपरीत है। ऐसी स्थिति में आपको उसके टीचर से मिलकर अथवा स्कूल में जाकर जानकारी लेनी चाहिए कि बच्चा क्यों परेशान है। यदि बच्चा किसी तनाव में है तो उसे गुस्से, चिड़चिड़ेपन अथवा बहानों में प्रकट करता है वह भी तब जबवह स्कूल से लौटकर घर आता है अथवा सुबह स्कूल जाते समय उसका व्यवहार बदलने लगता है।

इसके निराकरण के लिए आप उसे प्यार से समझा बुझाकर उसके साथ खेल कर उसका मन टटोलने की कोशिश कीजिए। ध्यान रहे ऐसी अवस्था में ना तो अधिक रिएक्ट करने की आवश्यकता है और न ही अधिक लापरवाह हो जाना है। बच्चे को अपने स्तर पर समझा बुझाकर उसे नये अथवा पुराने माहौल में एडजैस्ट करने की

कला सिखलाईये अथवा टीचर से कहकर समस्या का निराकरण करने की कोशिश कीजिए। ऐसी स्थिति में उसे स्कूल संबंधी अपनी यादें ताजाकर उन क्षणों की कहानी सुनाईये जिन्हें आपने स्वयं खूब इन्ज्वाये किया हो अथवा परिस्थितियों से सीखकर आपने अपने जीवन में सुःखद अहसास प्राप्त किया हो।

बच्चे का 'स्कूल' उसका साधना केंद्र है, घर उसका परवरिश स्थान ।
गहराई से जान बच्चे का नित्य व्यवहार, दोनों जगह पर दीजिए ध्यान ।।2438।।

बच्चे को स्कूल में जाकर आनंद उठाना सिखलाईये ताकि वह अपनी सोच शक्ति से अपनी सुःखद बीलिफ वैल्यू का विकास कर पाये तथा स्कूल में एडजैस्ट भी हो जाये। बच्चे का मन एक कच्चे घड़े की तरह होता है जो हर परिस्थिति में लचकीला होने के साथ–साथ अग्नि में पकने को भी तैयार रहता है, परंतु उसे पकने के लिए भी कुम्हार को अच्छी तरह तह में सुरक्षित लगाना होता है। इसी तरह बच्चे के मन को माता–पिता जैसा न कोई जान सकता है तथा उचित समय पर उचित सहारा पाकर बच्चा मैच्योर होने में भी देरी नहीं करता है।

बच्चे के लिए यदि माली हैं आप, तो उसको घड़ने वाले टीचर कुम्हार है।
बच्चा आपका है कोमल सा फूल, बेहतर इनसान बनाता उसे सद्‌विचार है।।2439।।

13. अपने बच्चे को जिम्मेदारियाँ सौपिएः–बच्चा सदैव बच्चा नहीं रहेगा अपितु वह आपका और अपना दोनों भविष्यों को भी निर्माण करेगा। उसका दिमाग शैतान के दिमाग जैसा होता है जो कभी भी निट्‌ठला नहीं बैठना चाहता है, उसे हर समय कोई न कोई चेष्टा चाहिए। अतः उसकी योग्यता को समझते हुए नित्यप्रति कोई जिम्मेदारी उसे सौंपिए तथा पूरा होने पर उसे छोटा–मोटा इनाम भी देते रहिए। कई बार नए कार्य में वह कुछ नुकशान भी कर सकता है,ऐसी स्थिति में उसके किए नुकशान के लिए मैंटली तैयार भी रहिए ताकि उसे यह एहसास न होने पाए कि आप उसके जिम्मेदारी में फेल होने पर गुस्सा हैं यद्यपि आप उसकी कमजोरियों को ऊजागर कर अगली बार के लिए उसे मानसिक तौर पर तरोताजा एवं परिपक्व कीजिए ताकि अगले समय वह अपनी जिम्मेदारी को खुशी खुशी पूरा कर पाये।

इससे बच्चे में स्वावलंबन एवं नेतृत्व क्षमता के गुण का विकास होता है। जिम्मेदारी का एहसास उसे स्वयं ही जिम्मेदारी उठाने के समर्थ बनाता है। याद रखिए गैर जिम्मेदार बच्चा आपकी तो क्या अपनी भी जिम्मेदारियाँ उठा नहीं पायेगा। बागवानी, घर के बर्तनों की सफाई, अपने सामान को व्यवस्थित रखना, अपने जुतों की सफाई, अपने आसपास साफ सफाई का वातावरण बनाये रखना एवं डस्टिंग इत्यादि ऐसे कई कार्य होते हैं जिन्हें बच्चों की स्मर्थता अनुसार सौंप देने चाहिऐं। कार की सफाई, स्कूटर अथवा साईकिल की सफाई इत्यादि से बच्चा अपने आपको मातापिता के कार्य में भागीदार समझता है तथा गर्व का अनुभव उसे सामर्थ्यवान बनाता है।

बनाईये गौरववान बच्चों को, जिम्मेदारियाँ उसे सौंपते हुए ।
कहीं गुजर न जाये जिंदगी, सुधार के लिए ही भौकते हुए।।2440।।

14. बच्चों को अपने विचार प्रकट करने दें:– अपने विचार प्रकट करने से बच्चों में हास्यवृत्ति (सैंस आफ ह्यूमर) का विकास होता है तथा डर की भावना नष्ट होकर उसके संपूर्ण व्यक्तित्त्व का विकास होता है। अतः बच्चे जब अपने विचार प्रकट करते हैं तो उन्हें ध्यान से जब तक सुनते जाईये तब तक वह स्वयं चुप होकर आपसे इन विचारों के बारे सहमति न मांगे। उचित समय आने पर अथवा उसके पूछने पर आप उसकी शंकाओं का निष्पक्ष निराकरण कीजिए। ध्यान रहे किसी भी स्थिति मे अपने विचारों को उनपर थौंपने की गल्ति मत कीजिए यदि बच्चा ऐसा महसूस करता है तो उस स्थिति को टाल दें एवं उसके विचारों को पूर्ण समर्पण के साथ सुनते रहिए तथा ऐसी स्थिति का इंतजार कीजिए जब वह सुनने के मूड में हो तथा ऐसे लोग मौजूद हों जहाँ वह अपनी तारिफ सुन सकता है उन्हीं विचारों को किसी संबंधित कहानी के जरिये से प्रस्तुत कीजिए तब वह अपने अपने विचारों में अवश्यमेव परिवर्तन के लिए तैयार होगा।

बोलने से पैदा होती 'हास्यवृत्ति, हास्यवृत्ति से वाकपटुता ।
वाकपटुता से बुद्धि का विकास, बुद्धि विकास से साधुता ।।2441।।

बच्चों में सामाजिक मैच्योरिटी का विकास धीरे–धीरे तथा अनुभवों के साथ पैदा होता है। भावनाओं को व्यक्त करने से बच्चे में बूरी अथवा अच्छी स्थिति में एडजैस्ट करने की कला का विकास तुरंत होता है तथा उसे अच्छे बुरे का एहसास होने के साथ सत्त्य तथा असत्त्य को पहचानने की कला का संपादन होता है। क्योंकि जो वह कहता है उसे स्वयं भी सुनता है तथा उसका अबोध मन उसको सच्चाई और बुराई का निरंतर अहसास कराता रहता है। आपको केवल परिस्थितिजन्य प्रतिक्रिया को सुधारना है न कि उसकी अभिव्यक्ति को। जो बच्चा अपनी भावनाओं को व्यक्त नहीं करता है वह रिजर्व हो जाता है तथा यदि अधिक व्यक्त करता है तो वह वायलैंट हो जाता है अतः आपको दोनों ही स्थितियों में संतुलन कायम करने का कार्य करना है तथा अपनी स्वयं की मैच्यूरिटी का परिचय देते हुए उसे अपनी भावनाओं को व्यक्त करते हुए स्वयं प्रतिपादित परिणाम तक उसे पहुँचने देना है न कि लंबी चौड़ी व्यवस्थाओं का जाल बिछाकर उसे काबू करना है। ध्यान रखिए उसका रिएक्ट करना भी दबी भावनाओं का प्रकटीकरण है जो हर अवस्था में न्यूनतम होना ही चाहिए। भावनाओं को दबाना न तो बच्चे के लिए उचित है, न ही आपके लिए और न ही आप दोनों के आत्मिक संबंधो के लिए।

भावनाओं का दबना घातक, दबी भावना मनो विनाशक ।
उभरने दिजिए स्वछंद इसे, बनने दीजिए मन प्रकाशक ।।2442।।

भावनाओं को दबाने से बच्चा समझता है कि उसकी अभिव्यक्ति से माता–पिता की भावनायें हर्ट होती हैं अन्यथा आप उसकी भावनाओं का सम्मान नहीं करते, दोनों ही स्थितियों में बच्चा समझता है कि भावनाओं को व्यक्त करना ही गल्त है तथा ये भावनायें अनसूलझी पहेली की तरह उसके दिमाग में यादों का रूप धारण कर लेती हैं जो उसे ताउम्र परेशान रखती हैं क्योंकि बच्चे के नजरिये से यदि उनकी भावनाओं का आदर नहीं है तो घर में भी उनकी कोई कीमत नहीं है। यही याद उनको माता–पिता से दूर कर देती है तथा बच्चा किसी ऐसे वातावरण की तलाश करने लगता है जहाँ उसे सुना जाता है तथा उसकी भावनाओं की कदर होती हो, भले ही यह वातावरण उसके जीवन के लिए घातक ही क्यों न हो।

बच्चे का मन एक शाँत झील की तरह होता है जो बाहर के प्रभावों से प्रभावित होकर थोड़े समय के लिए लहरों में परिवर्तित हो जाती है परन्तु बाह्य स्थितियों के बदलते ही स्वयंमेव ही शाँत हो जाती है। इसी प्रकार बच्चे के मन में बाह्य परिस्थितियों के कारण जो ज्वार पैदा हुआ है उसे शाँत करने के लिए इसकी अभिव्यक्ति आवश्यक है जिसके पूर्ण होते ही वह स्वयं शांत हो जाता है। विपरीत अवस्था में प्रश्नों एवं कुंठाओं की प्रतिक्रिया उसके मानस पटल पर निरंतर अबाध रूप से चलती रहती है जब तक कि उसे उसका समाधान प्राप्त नहीं होता। मातापिता को ऐसी स्थितियों में वाचडोग बनकर बच्चे से उनकी कहानी उसी प्रकार से सुननी चाहिए जैसे उत्सुकतावश वह आपकी कहानी सुनता है। ऐसे में उसकी आंखों में आंखे डालकर गौर से देखते रहिए तथा अंत में अपना विचार व्यक्त कीजिए कि अगर मैं ऐसी स्थिति में रहता तो ऐसा करता व वैसा करता। यदि फिर भी लगता है कि अभी उसकी उत्कंठा शाँत नहीं हुई है तो उसे बार बार सुनने का मादा रखिए तथा अपने निश्कर्ष को पोजिटिव तरीके से बदलते रहिए, तब तक जब तक कि उसकी उत्कंठाओं का निराकरण न हो, यही आपकी तपस्या है।

बच्चे को सुनना है साधना, निराकरण समस्याओं का तप ।
सुनते–सुनाते बालको को, करते रहिए 1 भलाई का जप ।।2443।।

हर भावना की अभिव्यक्ति तथा उसके पीछे छुपी हुई संभावनाओं को आप स्वयं भी अपने स्तर पर हल कर सकते हैं, यदि आपको लगता है कि अभी समाधान नहीं मिल पाया है तो आप इसके लिए किसी विशेषज्ञ अथवा घर के अन्य सदस्यों की सहायता पाने में कभी हिचकिचाहट न बरतें। यह भी आवश्यक नहीं है कि हर बात में कोई बड़ी गंभीर समस्या ही छुपी हो अथवा कई बार छोटी समस्या भी गंभीर हो सकती है। परंतु आपका इन समस्याओं की ओर ध्यान जाता है यही अति आवश्यक एवं अपरिहार्य है।

15. अपने बच्चे के कर्णधार बनें:– आपका बच्चा आपकी अपनी कृति एवं आपका भविष्य होने के साथ साथ आपका अपना डी0एन0ए0 है तथा भगवान ने आपको माली की भूमिका में बैठाकर उसकी हर समस्याओं का समाधान भी आपके पास छोड़ दिया है जो समय पाकर आपके अंदर ही स्वयं घटित होता रहता है। आवश्यकता केवल इतनी है कि आप अपने बच्चों के साथ आत्मिक स्तर पर जुड़ना स्वयं भी सीखीये तथा इसे अनुभव के स्तर पर जीवन के हर पड़ाव में लागू कीजिए। हर समस्या का समाधान डांट डपट से परे आत्मचिंतन में नीहित छूपा हुआ है अतः अपने बच्चों से मानसिक स्तर पर जुड़ना सीखिए। इसका स्पष्ट एवं प्रत्यक्ष उदाहरण है कि जब दूर होते हुए भी बच्चे को कुछ होता है तो ममतामयी माँ का हृदय जोर से धड़कने लगता है तथा उसे किसी अनहोनी का एहसास हो जाता है।

हृदय की गहराई में, जब बच्चा 'खुशहाल' खेलने लगेगा ।
कर्णधार आप स्वयंभु, संसार में वह सुरक्षित टहलने लगेगा।।2444।।

हर रोज समय निकालकर किसी भी ध्यान अवस्था में बैठकर अपने बच्चे का चेहरा अथवा हाव भाव अपने सामने लेकर आयें तथा विश्वास करें कि परमात्मा ने आपके बच्चे के रूप में एक जिम्मेवारी आपको सौंपी है। आप उसी परमात्मा रूपी शक्ति से प्रार्थना कीजिए कि आपकी जिम्मेवारी सौंपने के लिए आपका धन्यवाद। मैं स्वयं आपका बच्चा हूँ तथा आपकी जिम्मेदारी को आपके आशीर्वाद अथवा अनुकंपा के बिना पूरी नहीं कर सकता। हे ईश्वर मुझे ऐसी शक्ति एवं आशीर्वाद प्रदान करें जिससे मैं आपके आशीर्वाद रूपी बच्चों को संपूर्ण दायित्व एवं आपकी चाहत अनुसार पाल सकूँ तथा इसके सुखद भविष्य का निर्माण आपके आशीर्वाद से कर पाऊँ।

हे प्रभु दीजिए साहस, आपके विश्वास पर पूरा उतरूँ ।
स्वयं को संभाल सकूं, जिम्मेदारियों के भी पर कुतरूँ।।2445।।

बच्चा बन भगवान से, आशीर्वाद सदा लीजिए।
पिता बन आशीर्वाद, बच्चों को अपने दे दीजिए ।।2446।।

यदि आप मंत्र शक्ति में विश्वास रखते हैं तो परमात्मा से संकल्प कीजिए कि आपका नाम लेना मेरा काम, परंतु मेरे परिवार का भरण पोषण एवं उन्नत जीवन प्रदान करना आपकी जिम्मेवारी, आप तो समस्त संसार के पालक एवं रक्षक हो इसलिए मेरे परिवार की सुरक्षा, भरण पोषण आपके लिए केवल मात्र खेल है परंतु यही कार्य मेरे लिए ऐसा बोझा है जिसको मैं निरंतर संभाल नहीं सकता। अतः हे ईश्वर आपका नाम लेना मेरी जिम्मेवारी और मेरा परिवार आपकी। बस इतनी सी प्रार्थना के द्वारा आप अपने परिवार के कर्णधार बन सकते हों जिसे हम आज की भाषा में स्मार्ट लिविंग कह सकते हैं तथा चिंता को छोड़कर चिंतन के साथ बच्चे पालना कहते हैं।

जीना सीखिए रब से, उसे जीना जिलाना आता है।
आश्रित रहें परम तत्त्व के, उसे संसार चलाना भाता है।।2447।।

इन दोनों ही तरीकों में जीवन जीने की कला छुपी है। माना जाता है कि भक्ति मंत्र के वशीभूत है तथा भगवान भक्त के वशीभूत है। अतः आप मंत्र के द्वारा भगवान को साधकर इस संसार में सर्वोतम जीवन का निर्वाहन कर सकते हो, इसमें कोई संदेह नहीं है, क्योंकि हम कलियुग के अंतिम चरण में है तथा समय की गति अनुसार अढ़ाई मिनट की मानसिक प्रार्थना आपके लिए काफी होने के साथ–साथ तुरंत फलदायी एवं भक्ति शक्ति और मुक्ति की संवाहक है।

इसके अतिरिक्त हम कंप्यूटर युग में जी रहे हैं जहाँ हर गति विधि में त्वरण की गति छुपी हुई है। अतः आप भी मंत्र रूपी डिकोडिंग के द्वारा अपने समस्त उत्तदायित्वों का तर्पण कीजिए। केवल आपके कर्मों की गठरी खुलने में समय लगता है परंतु परमात्मा की शरणागति से हर एक कार्य पलक झपकते होना आरम्भ हो जाता है। परंतु अंततः यह अनुभव का विषय है जो अभ्यास, निरंतरता एवं भाव के साथ भगवान को भी प्रकट करने का सामर्थ्य रखता है। परंतु अपने बच्चों के लिए मांगने के लिए आप सर्वदा ही सक्षम एवं संपूर्ण हैं। कहा भी जाता है कि अपने लिए भिख मांगना मुश्किल कार्य है परंतु दूसरों की भलाई के लिए वही कार्य समाज सेवा बन जाता है।

आप अपने परिवार के लिए भी हर रोज समय निकालकर आत्मिक स्तर पर अपने परिवार तथा भगवान से मिलना आरंभ कीजिए तथा अपना एवं अपने बच्चों के भविष्य का भाग्य विधाता बनकर उज्जवल जीवन का निर्माण करना आरंभ कीजिए।

आत्म तत्त्व को स्वंभु–आत्मा में, अपनी सदैव ही पहचान कर।
कीजिए भविष्य अपना निर्माण, परम् को अपना पिता मानकर।।2448।।

अपने आपको भगवान का दूत समझकर पहले तो भगवान की शक्ति, भक्ति तथा मुक्ति कलाओं का आह्वाहन कीजिए तथा भगवान के साथ पिता–पुत्र का रिश्ता कायम कर असीम संभावनाओं में से जो आपके मन को भाता है अथवा आपकी तुरंत आवश्यकता है उसे मांगना आरंभ कीजिए। यदि आप बच्चे के सु:खद भविष्य का निर्माण करना चाहते हैं तो अपनी चाहत अनुसार उसे अपने ध्यान में हंसता खेलता देखना आरम्भ कीजिए। ध्यान अवस्था में बैठकर अथवा पूरे परिवार अथवा बच्चे की फोटो पर त्राटक अवस्था में फोकस कर आप वह सोचना आरंभ कीजिए जो आप चाहते हैं, यहाँ सावधानी यही रहेगी कि आप जो मांग रहे हैं वह परमात्मा रूपी शक्ति से मांग रहे हैं तथा वे आपकी इच्छाओं की पूर्ति के लिए आपके मनचाहे स्वरूप में विद्यमान हैं।

चाहत आपकी छोटी–बड़ी हो, भगवान के घर उसकी कोई सीमा नहीं है।
तुरंत सुनता है 'प्रभु' प्रार्थना, उसका कोई भी कार्य कभी धीमा नहीं है।।2449।।

यदि आपका बच्चा पढ़ाई लिखाई में कमजोर है तो भावना कीजिए कि भगवान आपके माध्यम से दुनियाँ भर का ज्ञान उसमें भर रहे हैं अथवा आपकी भृकुटी एवं आंखों द्वारा वह ज्ञान बच्चे में अभिमंत्रित हो रहा है। यदि आपका बच्चा किसी विषय विशेष में कमजोर है तो उस विषय का संपूर्ण ज्ञान आपके बच्चे के दिमाग में परम् कृपा से न केवल संपादित हो रहा है बल्कि आपका बच्चा उस विषय में अत्यधिक नम्बर भी ला रहा है। यह केवल आपने सोचना ही नहीं है बल्कि इसको घटित होते हुए भी अपने बच्चे में देखना है क्योंकि प्रार्थना रंग लाती है तभी जब हम उसे मूर्तरूप देने में सक्षम होते हैं अन्यथा घटित होते हुए आपका जीवन छोटा पड़ सकता है। अतः सोच को घटित भी होने दीजिए तथा उसके लिए परमात्मा को धन्यवाद भी दीजिए तथा पारिवारिक भलाई के चिंतन में डूबे रहिए।

कीजिए धन्यवाद प्रभु का, सदैव अपने परिवार की भलाई के लिए ।
मांगकर सर्वस्व का भला, अर्पण कीजिए सर्वोच्च कमाई के लिए।।2450।।

इस प्रकार आप जो भी इच्छा रखते हैं अथवा चाहते हैं पहले स्तर पर उसको भगवान के चरणों में समर्पित कीजिए तथा मनोभाव में पक्का कर लीजिए कि आपकी प्रार्थना परमात्मा द्वारा स्वीकार कर ली गई है अब अगले स्तर पर अपने आपको भगवान द्वारा अवतरित दूत मानकर उस प्रार्थना को अपने बच्चे में रोपित कीजिए तथा शक्ति संचरण द्वारा अपने बच्चे को वैसा करते, होते अथवा हो गया समझ कर भगवान का धन्यवाद दीजिए। इस प्रार्थना को आप अपनी सोच अनुसार बिमारी, इच्छापूर्ति, स्मरणशक्ति व बच्चे के भविष्य से जुड़े किसी भी विषय के लिए उपयोग में ला सकते हैं चाहे यह आपकी सोच से परे क्यों न हो। अडिग विश्वास, भाव एवं प्राकट्य क्षमता द्वारा आप किसी भी विषय में अपना अभिष्ट प्रकट कर सकते है।

अंश आप स्वयं भगवान के, सृष्टि में स्वयं आप अवतार हैं।
केवल प्रभु का नाम सहारा, हर विधा को करते साकार हैं।।2451।।

आप जो भी गुण अपने बच्चे में देखना चाहते हैं प्रथम उन गुणों को अपने भीतर घटित होने दें अथवा अपने जीवन में उन्हें अपनाकर या उपरोक्त मानसिक प्रत्यक्षीकरण द्वारा उन गुणों को बच्चे में संचारित करते रहिए, एक ना एक दिन ये गुण आपके बच्चों में प्रवाहित होकर रहेंगे ऐसा अनुभवों द्वारा अनेकों बार देखा गया है तथा भारतीय परिपेक्ष में यह कार्य हम संतों के हवाले कर दक्षिणा देकर अपनी जिम्मेदारियों से पल्ला झाड़ लेते हैं। अतः संत भी आप हैं, पंथ भी आप हैं, अपनी क्षमता को पहचान कर अनंत से निरंतर जुड़े रहिए।

आपका बच्चा यदि किसी भी शारीरिक कमजोरी से ग्रस्त है तो आप उसे स्वस्थ देखना आरंभ कीजिए अथवा मनोराज्य द्वारा उसमें दवा के रूप में शक्ति का संचार करना आरंभ कीजिए तथा उसे ग्रसित अथवा विशेष बच्चे का टैग लगाना बंद कर उसी में छुपे हुए किसी विशेष विजेता अथवा चैंपियन को देखना आरम्भ कीजिए तथा अहसास जगाईये कि वह वास्तव में ऐसा है। ऐसा केवल तभी घटित होगा जब आप केवल और केवल परमात्मा का प्रतिनिधि बनकर सारी व्यवस्था को अपने अंतर्मन की गहराई से करते हैं तथा सबकुछ उस परमात्मा को समर्पित करते हुए उसका लगातार धन्यवाद अर्चन करते रहते हैं, यही कार्य आप उसके दूर जाने अथवा रहते हुए भी उसकी फोटो के साथ आसानी से दोहरा सकते हैं अथवा समस्त परिवार को ही परमात्मा की गोद में अर्पित कर नींद में जा सकते हैं तथा सुबह उठते हुए धन्यवाद सहित उठ सकते हैं। सोने से पहले की गई प्रार्थना आपकी समाधि में जाने के बराबर मानी जाती है अर्थात् जितने घंटे आप सो रहे हैं उतने घंटे वह प्रार्थना निरन्तर चलती है। जिस प्रकार आपके मरते समय परमात्मा का ध्यान करना तथा अपने सदगुणों का प्रतिफल स्वर्ग में प्राप्त करना।

यह अनुभव आपको रोमांचित कर देगा तथा ऐसा भी संभव है कि परीक्षा के दौरान आप उसको समस्त प्रश्नों के उत्तर भी प्रेषित कर सकते हैं लेकिन यह सब आपकी ध्यान की अवस्था पर निर्भर करता है जिन्हें आरंभ के अध्यायों में सविस्तार समझाया जा चुका है। यहाँ केवल आपको बच्चे का कर्णधार अथवा भाग्यविधाता बनाने की बात की गई है। अतः सदैव इसी भूमिका में स्वयं को देखते रहिए।

"एक मजबूत सकारात्मक मानसिक नजरिया कई आश्चर्यजनक दवाओं से अधिक प्रभावकारी, चमत्कारी तथा परिणामकारी होता है :– पैटरिसिया नील

बच्चा आपका भविष्य, आप बच्चे के हैं कर्णधार।

समझकर पालिए बच्चा, दोनों की है एक ही पतवार।।2452।

अध्याय–12

सकारात्त्मक सोच द्वारा स्वास्थ्य निर्माण

'सोच' विचारों की है जननी, विचारों से ही कर्म महत् ।
सकारात्त्मक सोच से समृद्धि, सोचते रहिए आप सतत्।।2453।।

अब तक हमें सपष्ट हो चुका है कि मनुष्य का शरीर मानसिक वासनाओं का विस्तार मात्र है। शरीर ज्ञान इन्द्रियों, कर्म इन्द्रियों तथा पंचमहाभूतों का कर्मक्षेत्र है जबकि हमारा मन इन सबको भरमाने वाले अदृश्य नियंता का नियंत्रण क्षेत्र है। शरीर संबंधित समस्त जानकारियाँ तुरन्त दिमाग को प्रेषित कर दी जाती है जहाँ इसके बारे में प्राप्त जानकारी का विश्लेषण कर इसका त्वरित हल निकाला जाता है। दिमाग अधिकतर समस्याओं को अपने स्तर पर ही हल कर लेता है परंतु विकट समस्याओं के लिए मन बुद्धि की सहायता लेता है जिनका संबंध हमारे कर्मों से माना जाता है। स्वास्थ्य संबंधी समस्त रोगों में पीड़ित अंग का सीधा संबंध जब मन से टूट जाता है तो उसका समस्त भरण पोषण बाधित हो जाता है और यह कमजोर होकर रोगी हो जाता है जबकि संबंध कायम रहने की अवस्था में यह जल्द ही रोग प्रतिरोधक शक्ति द्वारा इसे स्वस्थ कर दिया जाता है।

जो बोया सो काटना, रहा मन ही हमें भरमाय।
मन ही है चिकित्सक, कर्म बंधन छूट न पाये ।।2453।।

इसके अतिरिक्त यदि आपका मन स्वयं स्वस्थ है अर्थात् यह किसी अन्य विषय में उलझा हुआ अथवा चिंतित अवस्था में नहीं है तो शरीर की रोग प्रतिरोधक शक्ति का स्तर भी उन्नत रहता है यही हमारी सोच की सकारात्त्मक अवस्था है। हम में से बहुत सारे लोगों का यही अनुभव रहता है कि सु:खद स्थिति, अच्छे दिनों अथवा सकारात्त्मक सोच की अवस्था में हम अपने आपको मानसिक तथा शारीरिक तौर पर अधिक स्वस्थ तथा प्रसन्न महसूस करते है तथा समस्याओं को सुलझाने में भी हमारी

स्थिति अच्छी रहती है एवं सफलता का स्तर भी बढ़ा रहता है। इसके अतिरिक्त जब हम टैंसन में रहते तथा चिंतित अवस्था में रहते हैं तो हमारे सभी उपरोक्त स्तर निम्नता को छू रहे होते हैं। हँसते रहना, प्रसन्न रहना, सकारात्मक मानसिक नजरिया आदि ऐसे उपाय हैं जो हमें सकारात्मक, स्वस्थ, सफलता के अधिक नजदीक रखते हैं तथा हमें खुश, संतुष्ट तथा जीवन को बेहतर ढ़ंग से जीने व इसकी उलझनों को सुलझाने में स्मर्थ रखते हैं।

मनोविज्ञान हमें जीवन की समस्याओं को तकनीकी ढ़ंग से सुलझाना सिखलाता है। इसका महत्त्व और भी अधिक बढ़ जाता है जब हम जीवन में किसी बुरे समय के दौर से गुजरते है। ऐसे समय में मनोविज्ञानी आपके बुरे विचारों से ही आपका पीछा छुड़ाता है तथा आपको नये सुझाओं के माध्यम से नये आयामों की ओर अग्रसित करता है। इसके परिणाम तब और भी जादुई तौर से बढ़ जाते हैं जब व्यक्ति सकारात्मक तथा स्वयं की इच्छा से ऐसा करने के लिए तैयार होता है। मानसिक स्तर से आरम्भ होकर ये परिणामस्वरूप संपूर्ण शरीर में फैलते हैं।

मन आपका स्वयं ही ब्रह्म, भरमाते इसको माया–काया ।
तौड़ भ्रम का माया–जाल, स्वस्थ रहती इनसानी काया ।।2454।।

अत्याधुनिक शोधों द्वारा प्रमाणित हो चुका है कि जो आपके मन में चल रहा होता है वही आपके शरीर में भी चल रहा होता है, चाहे वह मोलिक्यूलर स्तर पर ही क्यों न हो। यह प्रमाणित हो चुका है कि यदि आप मानसिक तौर पर दौड़ रहे हैं तो शरीर भी दौड़ रहा होता है। इसी प्रकार आप मन को किसी भी रोग को ठीक करने के लिए आदेश देते हो तो वह उस रोग को ठीक भी करना आरंभ करता है। परंतु आपको सावधानी पूर्वक पीड़ीत अंग तथा आपके मन के बीच सामंजस्य स्थापित करना होता है जो स्वयं अपने आप में एक कला है जिसे आधुनिक भाषा में मनोचिकित्सा अथवा मनोविज्ञान कहा गया है। मानसिक, शारीरिक एवं समस्त भौतिक रोगों से लड़ने में आपकी सोच एक महत्त्वपूर्ण भूमिका अदा करती है यह आधुनिक विज्ञान भी मानता है। इतिहास गवाह है कि जबसे मनुष्य अपने अंदर की गति को त्याग कर बाह्य संसार में दौड़ना आरम्भ किया है तभी से सभी रोगों का तांता इस संसार में लगा है तथा तभी से हम बिमार होना आरम्भ हुए हैं। इसका मूल कारण यह है कि प्रकृति में जो कुछ भी फैला है उसका प्रतिरूप मानव शरीर है इसलिए जो भी परिवर्तन हमें बाह्य वातावरण में नजर आते हैं वही निरन्तर हमारे भौतिक शरीर में भी चलते रहते हैं क्योंकि परिवर्तन ही संसार का नियम है। विज्ञान का मानना है कि एक क्वांटम किसी भी दूरी, स्थिति अथवा परिस्थिति से परे संसार के किसी भी दूसरे कोने पर स्थिति दूसरे क्वांटम से लगातार संवाद में है तथा निरंतर जुड़ा हुआ है जो प्रकृति का अडिग, अकाट्य व सर्वमान्य नियम है।

जब मनुष्य अपने चिंताओं के कारण इन संवादों तथा परिवर्तनों को आत्मशात नहीं करता है तो शरीर व प्रकृति के मध्य लगातार संघर्ष की स्थिति पैदा हो जाती है जिसका परिणाम हमें रोगों की अनुसूचि के रूप में देखना पड़ रहा है। पहले इस स्थिति या संघर्ष को रोकने के लिए मनुष्यों अथवा परमात्मा द्वारा प्रकृति के समता मूलक उपयोग के लिए आयुर्वेद का आविष्कार हुआ जो धीरे–धीरे समयानुसार आधुनिक चिकित्सा विज्ञान का रूप ले चुका है। त्वरित प्रभावों एवं कैमिकल आधारित होने के कारण इसके साईड इफैक्ट सामने आने लगे हैं जिन्हें हम रोगों की संज्ञा प्रदान कर देते हैं। यदि हम इन सब चीजों को ऊर्जा की ईकाई के रूप में देखते हैं तो ऊर्जा को आकार देने अथवा आकार में तरंगों की तिव्रता, गति एवं घनत्त्व में मूलभूत परिवर्तनों द्वारा उन सभी उद्देश्यों को प्राप्त किया जा सकता है। भूतकाल में हमारे ऋषि मुनियों ने भौतिकि सिद्धाँतों को ध्यान के द्वारा परम् ऊर्जा स्त्रोत से जुड़कर संभव बनाया था जिसके कारण हम मन को शाँत कर बौधिक स्तर को प्राप्त कर पाते हैं जहाँ हर कण, अंग एवं कोशिका निश्चिंत, स्वस्थ तथा परिपूरित अवस्था को प्राप्त हो जाते हैं तथा ऊर्जा का रचनात्त्मक स्तर मिलता है।

प्रकृति से तार–तम्यता, सभी कष्टों का निवारण है।
जुड़िये जरा भीतर से, विच्छेद ही तो रोग कारण है।2455

समस्त मानसिक, शारीरिक एवं भौतिक रोगों के निदान के लिए मनुष्य की सोच बहुत प्रभावी भूमिका अदा कर सकती है आवश्यकता है तो केवल एक सकारात्मक सोच की तथा मन एवं शरीर के बीच एक सौहार्दपूर्ण वातावरण तैयार करने कि जो कि मानसिक विज्ञान एवं मनोराज की कला को जानकर आसानी से निर्मित किया जा सकता है। मन तथा शरीर के मध्य में अटूट संबंधों के दोहन द्वारा मन तथा शरीर के असंतुल को आसानी से दूर किया जा सकता है। दूसरे शब्दों में मन एवं शारीरिक अंगों के बीच पैदा हुए संचार व्यवधान को पूर्नस्थापित कर शरीर में पैदा हुए तनाव व रोगों को आसानी से दूर किया जा सकता है। याद रहे तनाव ही रोग हैं जिन्हें आधुनिक विज्ञान ने समझने व समझाने के लिए अनंत नामों से संबोधित कर दिया है, परन्तु मूलतः इस तनाव का कारण कब्ज है जिसे आधुनिक भाषा में डिटोक्स कहा जाता है। इस तनाव के कारण रोगी अंग में विक्षोफ पैदा होता है जिसे आधुनिकता में गैस तथा आयुर्वेद में वात कहा जाता है। मूलतः कब्ज रोगों की नानी है तो गैस रोगों की माँ परंतु हम इन मूल कारणों को अनदेखा कर अन्य अनन्य कारणों को दबाते रहते हैं जिसका परिणाम प्रतिक्रिया (साईड इफैक्ट) के रूप में देखा जाता है तथा रोगी निरोगी होने के अपेक्षा क्रोनिक रोगी होता जाता है।

कब्ज रोगो की नानी, गैस रोगों की है 'मां' ।
चिकित्सक कहे 'हाँ', रोगी अंजान कहे ना ।।2022।।

मनोविज्ञान का मानना है कि सोच से संसार बदला जा सकता है क्योकि सोच का तरीका व्यक्ति के व्यवहार को बदल देता है तथा व्यवहार के प्रभाव से चिकित्सीय परिणाम बदल जाते हैं। जो बिमार लोग अधिक सकारात्त्मक सोच के होते हैं वे उन लोगों की अपेक्षा जल्द ठीक हो जाते हैं जो नैगेटिव सोच के होते है। सकारात्त्मक सोच से ही सकारात्त्मक चिकित्सीय परिणाम प्राप्त किए जा सकते हैं क्योंकि सकारात्त्मक सोच मन व शरीर दोनों को ही सही दिशा में चलने को बाध्य करते हैं जिससे सही परिणाम जल्द एवं त्वरित रूप से प्राप्त होते हैं। चिकित्सीय परिणामों को प्राप्त करने से भी ज्यादा महत्त्वपूर्ण है चिकित्सा परिणामों पर केंद्रित रहना, यह मानव मन का स्वभाव है कि वह एक स्थिति को प्राप्त करने के बाद तुरंत विपरीत स्थिति में जाना चाहता है जो उसकी चंचलता की निशानी है, यदि इसकी इस चंचलता को चिंतन द्वारा समाप्त नहीं किया जाता है तो यह तनाव की स्थिति में आ जाता है जिसके कारण रोग दोबारा त्वरित गति से बढ़ते हैं।

अत्यधिक तनाव से दिमाग को खून का स्तर बढ़ने लगता है जिससे उसके सोचने की क्षमता एवं चंचलता भी बढ़नी आरम्भ हो जाती है। ऐसी स्थिति में मन को शाँत रखना तथा स्वस्थता की स्थिति को बनाए रखने की चिंतन की स्थिति को बनाए रखना ही रोगी का व्यवहार माना जाता है। डर की स्थिति में वह अपनी सोच को निकृष्ट स्थितियों में ले आता है जिससे ठीक होते होते वह और अधिक बिमार होना शुरू हो जाता है। बार–बार बिमारी आने का यही कारण है कि हम बिमारी का गुणगान अधिक करते हैं तथा स्वास्थ्य की चर्चा बहुत कम करते हैं। सामाजिक वातावरण में बीमारियों के फैलने का मुख्य कारण यही है कि नकारात्त्मक सोच के कारण हम बीमारी की चर्चा अधिक करते हैं जिसे मन अपनी एक टास्क समझ कर पैदा करने लगता है। सकारात्त्मक सोच के कारण मरीज सकारात्त्मक व्यवहार करता है तथा बिमार का गुणगान करने की अपेक्षा स्वास्थ्य की चर्चा करने लगता है तो इसी सोच के कारण वह अच्छा महसूस करने लगता है, रोग पर विजेता बनने तथा चिकित्सा में सहयोग देने एवं रिकवरी पिरीयड को प्रसन्नता से गुजारने आदि भावों से लबालब रोगी रोग की अपेक्षा अपने स्वास्थ्य पर अधिक ध्यान केंद्रित होने के कारण रोग से मुक्त होकर अपनी स्वास्थ्य यात्रा को जल्द अपनाता है।

चिंता ही भव रोग की जननी,'चिंतन' से तर जाता इनसान ।
छोड़ रटना भव रोगों का, शुभ चिंतन द्वारा स्वास्थ्य से भर जाता इनसान।।2456।।

आपका सकारात्त्मक व्यक्तित्व आपकी स्वस्थ स्थिति तथा जीवन जीने के तरीकों में विशेष भूमिका निभाता है तथा जीवन को सही तरीके से जीने में आपके सहायक का काम करता है। यही कारण है कि एक सकारात्त्मक व्यक्ति संपूर्ण संसार को बदलने में सक्षम होता है क्योंकि वह कभी अकेला नहीं होता, अकेला होते हुए भी वह

सकारात्मक सोच के कारण (हम) डबल की भूमिका में रहता है। इतना ही नहीं जिन लोगों को वह अपनी सोच से प्रभावित करता है, उन लोगों के आत्मिक विचार अथवा यों कहिए उनका अदृश्य आशीर्वाद अथवा शुभ चिंतन भी उसके साथ हो लेते हैं तथा वह हजारों हाथों, दिमागों तथा सोचों का मालिक बन जाता है। खुश, संपन्न तथा बेपरवाह लोग हमेशा दूसरे लोगों की अपेक्षा अधिक लंबा जीवन जीते हैं। अतः सकारात्मक सोच के साथ तनाव रहित जीवन जीना भी अपने आप में एक जीवन जीने की उत्तम कला है जिसे किसी विद्यालय की डीग्रीयों के द्वारा प्राप्त नहीं किया जा सकता, यह कला आपके अंतर्मन से ही उपजती है जिसे साधारण स्थितियों में साधारण से साधारण तरीकों से बिना किसी मेहनत के केवल सोच बदल कर ही हासिल किया जा सकता है। यह जीवन दर्शन की एक कला है जिसे हमने विकासवाद के प्रभाव में कहीं खो दिया है।

सोच आपकी सर्वोत्त्म औषध, सब रोगों की है एक दवा ।
तेरा हल छुपा तेरे ही भीतर, क्यों रहते हो खफा–खफा।।2457।।

यह एक सर्वविदित तथा सार्वजनिक विषय है कि नकारात्मक तथा उदासी भरे विचार हमें बिमार बनाते हैं क्योंकि तनाव बराबर है विश्वास डगमगाना। बिमारी बराबर है मन व शरीर के बीच संचार व्यवस्था में व्यवधान पैदा होना। असफलता बराबर है निर्णय क्षमता की कमजोरी। अशाँति बराबर है भूतकाल की चिंताओं का दबाव। द्वंद्वता बराबर है नजरिये में दोष। बिमारी बराबर है आपकी लापरवाही। झगड़ा बराबर है आपका अत्यधिक लगाव। इस प्रकार इन सब भावों से हमारा बिलिफ पैटर्न विकसीत होता है तथा सफलता, असफलता, निश्चिंतता, तनाव, भय, निर्भय एवं रोग व निरोग की स्थितियों की नींव शरीर में रख दी जाती है।

शोधों द्वारा प्रमाणित हो चुका है कि विश्वास लौटते ही तनाव खत्म हो जाता है जिसके कारण व्यक्ति सुरक्षित तथा स्वस्थ महसूस करने लगता है। शरीर की रोग प्रतिरोधक क्षमता जागकर सोच को भी दूरूस्त कर देती है। यह सब दवाओं के अतिरिक्त प्रभाव के रूप में देखा गया है जब सकारात्मक अवस्था में दोनों ही नर्वस सिस्टम (सिम्पेथैटिक, पैरासिम्पेथैटिक) संतुलितता में कार्य करना आरम्भ कर देते हैं तो तनाव के कारण पैदा हुई सोजन व तनाव पैदा करने वाले हार्मोन कोर्टिसोल के स्तर को कम करने का कार्य करते हैं। इसके अतिरिक्त मनोशाँति की अवस्था में 'डोपामाईन' हार्मोन (अल्फा) उत्पन्न होता है जो कि खुशी तथा संतुष्टि के भाव पैदा करता है। इसके अतिरिक्त समयानुसार 'सिरोटिन' (थीटा) के पैदा होने से रोगप्रतिरोधक शक्ति पैदा होने से सिम्पेथैटिक तथा पैरासिम्पेथैटिक एक्टिव होते हैं जिससे आराम तथा पाचन की शारीरिक क्रियाऐं बढ़ती हैं जिससे एडरीनेलाइन हार्मोन (बीटा) का स्तर घटने से रोगों का स्तर भी घटना आरम्भ हो जाता है।

सोच बदल विश्वास जगाईये, विश्वास जगा तनाव भगाईये ।
तनाव से बढ़ता दर्द बदन में, सोच बदल तीनों को दबाईये।।2458।।

व्यक्ति विशेष का जीवन इस बात पर निर्भर नहीं होता है कि वह किस कुल, जाति अथवा वर्ण में पैदा हुआ है अथवा उसका सामाजिक परिवेश कैसा है बल्कि उसका समस्त जीवन उसके जीवन जीने के नजरिये पर निर्भर करता है। इस नजरिये का नवीनीकरण, विकसित एवं निर्माण भी किया जा सकता है जिसके लिए एक विशेष परीक्षण की आवश्यता पड़ती है। परन्तु व्यक्ति विशेष की सोच का इसमें महत्त्वपूर्ण स्थान हासिल है। व्यक्ति का जीवन स्तर इस बात पर कम आधारित है कि जीवन आपको क्या देता है, बल्कि इस बात पर ज्यादा आधारित है कि आप जीवन को किस नजरिये से देखते हैं। जब कभी आपके चारों और सबकुछ अच्छा चल रहा होता है तो सकारात्मक सोच का विकसित होना स्वाभाविक है। परन्तु असली परीक्षा तब आरम्भ होती है जब चारों और दुःखों की स्थिति बनी हो तथा आप बुरे समय से जुझ रहे होते हैं। ऐसी स्थितियों में आपका सकारात्मक नजरिया आपके काम आता है तथा दुःख व सुख दोनों ही स्थितियाँ आपको आने जाने वाली लगती हैं। सकारात्मक सोच न केवल दुःखों से लड़ने की क्षमता पैदा करती है बल्कि आप उपलब्ध संसाधनों को वांछित तरीके से प्रबंधन करने में सक्षम हो जाते हैं। जैसे कि एक्सिडैंट की स्थिति में दवा का अपना रोल है परंतु जल्द से जल्द ठीक होने में आपका नजरिया अधिक रोल अदा करता है। कहा भी जाता है कि आप जैसा सोचते हैं वैसे ही आप बन जाते हैं परंतु इससे भी अधिक महत्त्वपूर्ण है कि आप अपनी सोच को सही तरीके से कैसे लागू कर पाते हैं यही आपका किसी चीज के इस्तेमाल करने का तरीका ही आपका नजरिया कहलाता है।

सोच आपकी निर्णय क्षमता, प्रबंधन क्षमता ही नजरिया ।
नजरिये से रंगीन विश्वास, विश्वास से रौशन चौपड़िया।।2459।।

जीवन में सर्वोत्तम नजरिया वही है कि आप अपने जीवन को किस स्तर का जीना चाहते हो, परन्तु यदि आप वैसी सोच ही नहीं रखते अथवा वैसे कार्य ही नहीं करते जिससे आपका जीवन बेहतर बन सके तो ऐसे नजरिये से कैसे परिणाम निकल सकते हैं, यदि आप किसी विषय पर सोच विचार के साथ परिणाम में भरोसा ही नहीं जता पायेंगे तो सफलता की सीढ़ी कैसे चढ़ पायेंगे। यह भी जीवन का कडुआ सच्च है कि हमें सोचते ही तो सबकुछ ही नहीं मिल जाता, परन्तु जो मिलता है वह सोचने से ही मिलता है तथा उस दिशा में आपको कदम भी बढ़ाने पड़ते हैं तथा मन में विश्वास जगाना पड़ता है कि जो मैनें सोचा है वह मुझे मिल गया है क्योंकि जीवन के भोग हमारी सोच तथा कर्मों का शेषफल है। उदाहरण के तौर पर यदि आप शरीर को स्वस्थ तथा तंदरूस्त रखना चाहते हो तो इस पर ही विचार कीजिए

तथा वह भी करना आरम्भ कीजिए जो आप इसे स्वस्थ रखने के लिए कर सकते हो अथवा करना चाहते हो। यदि आप कर्म में विश्वास ही नहीं रखते तथा खाली सोच से ही सबकुछ पाना चाहते हो तो सकारात्मक सोच को कायम रखिए तथा मानसिक प्रत्यक्षीकरण एवं अपने ट्रीगर (जनून) का सहारा लीजिए। समय आपसे स्वयं ही वो करवा देगा जो आप नहीं करना चाहते थे। यही आपकी सोच का परिणाम होगा चाहे उस समय अपनी सोच को कहीं और व्यस्त कर चुके होंगे क्योंकि जीवन तो विचारों का एक बहता हुआ दरिया है, परन्तु जिन विचारों के साथ आप चिपक जाते हैं वे लहर बनकर जीवन रूपि दरिया में उथल पुथल पैदा करते हैं अन्यथा विचार बहकर दरिया के साथ समुंद्र में विलिन हो जाते हैं।

सोच ही शुभ कर्म की चाबी, सोच से ही चलता दिमाग ।
सोच कर बनाईये स्वास्थ्य, सोच सफलता से अनुराग ।।2295।।

आप सामाजिक वातावरण के दुष्प्रभावों के कारण पोजिटिव व्यक्तित्त्व नहीं हो सकते हो परंतु ऐसा बनने के लिए आपको जीवन का नजरिया बदलना होगा तथा समय निकालकर पोजिटिव लेखों, विचारकों, पुस्तकों का सहारा लेना होगा। समयानुसार आप अपने आपको सकारात्मकता में परिपक्व पायेंगे तो आपकी समस्यों में ही आपको संभावनायें नजर आने लगेंगी तथा आपके सैटबैक आपके लिए सुलझे हुए चैलेंज बन जायेंगे। आपके विचार तथा भाषा शैली बदलकर आप स्वयं अनन्त संभावनाओं में जीना आरम्भ कर देंगे। ऐसी अवस्था में नकारात्मक विचार उठेंगे परन्तु इन्हें देखने और बहने देना ही आपका स्वभाव बन जायेगा। कई संभावनाओं में नकारात्मक विचार परिवर्तन की ओर भी संकेत करते हैं, यदि आपको ऐसा लगता है कि यह परिवर्तन का समय है तो परिवर्तन भी संसार का नियम है, सोच विचार कर या तो अपने विचारों से जुड़े रहिए अथवा परिवर्तन के साथ विचारों में नये विचारों को भी जोड़िए तथा आगे बढ़ते जाईये। दूसरे नजरिये से यदि आपको सफलता भी मिल रही है तो इस अवस्था में भी सकारात्मक रह पाना भी कई बार मुश्किल होता है। ऐसी अवस्था में संयम एवं धैर्य से काम लें तथा ध्यान में रखें कि सभी को आसानी से सफलता नहीं मिलती है, आप स्वयं को भाग्यशाली समझें तथा परमात्मा को सफलता प्रदान करने के लिए धन्यवाद दें। यद्यपि परिस्थितयों के अनुसार सफलता पाने के लिए योजना बदलनी पड़ती है जो कभी कभी आपके लिए आवश्यक हो सकती है।

परिवर्तन नियम है संसारी, अपनाना इसे भी सीखिये ।
समय अनुसार ढ़लकर के, जीवन को आनंद से सींचिए।।2460।।

यह शोध प्रमाणित हो चुकी है कि जो सोच आपका मन रखता है वह शरीर में भी घटित होना आरम्भ हो जाता है, जिसमें विज्यूवेलाईजेशन इसकी एक मिसाल है।

इस प्रक्रिया में आप अपने विचारों द्वारा मन को वही आदेश देते हैं जो आप अपने शरीर से करवाना चाहते हो तथा शरीर इन क्रियाओं के प्रति संवेदनशील होकर इन क्रियाओं को शरीर में करना आरंभ कर देता है। आधुनिक विज्ञान में इन्हीं शोधों के आधार पर मन की तरंगों को बदलने के लिए बायोफिडबैक तकनीक के द्वारा यह जान लिया जाता है कि मन को शरीर का कौन सा अंग कौन सी तरंग भेज रहा है तथा इसकी वार्तालाप की फ्रिक्वैंसी किस स्तर की है जिससे मन प्रभावित होकर विचलित हो रहा है। ऐसी अवस्था में इन्हीं तरंगों को स्वास्थ्य तरंगों में बदलकर दिमाग तथा पीड़ित अंग के मध्य में चल रहे वार्तालाप को संतुलित कर दिया जाता है तो पीड़ीत अंग भी स्वस्थ हो जाता है तथा तरंगों के कारण विचलित दिमाग भी शाँत होकर फिर से अपने कार्यों में लग जाता है।

इसी विधा को हमारी संस्कृति में संगीत की तरंगों के माध्यम से ठीक किया जाता था जब सारे दिन का थका हारा इनसान सांयकाल घर आता था तो संख, नगाड़े तथा घंटियों की आवाजों से मंदिर में आरती द्वारा मन और शरीर के मध्य पैदा हुए तनाव को संतुलित किया जाता था। इसी प्रकार रात्रिकाल में अनिंद्रा अथवा अनन्य कारणों से पैदा हुए असंतुलन को सुबह की प्रार्थनाओं द्वारा संतुलित कर समस्त दिन के तनावों के लिए तैयार कर दिया जाता था ताकि वह हौसलों के साथ अपना दिन आरम्भ कर सके। संपूर्ण स्वास्थ्य चिकित्सा में बायोफिड टैक्नोलॉजी में बायोप्लाज्म मशीन ऐसा करने में सक्षम है तथा डिजिटल हैल्थ टैक्नालॉजी में ही हिलिंग का भविष्य माना जाता है जिसे विकसीत किया जा रहा है।

तनाव रहित मन शक्तिपूंज, नये विचारों का है अधिष्ठाता ।
'तनाव' में होकर के कुंठित, रोगों को ही सदैव प्रकटाता ।।2461।।

अब हम धनात्मक मानसिक सोच द्वारा रोगों के नियंत्रण की विधियों का उपयोग तथा चिकित्सीय दृष्टिकोण सीखेंगे ताकि आपका मन ही आपका चिकित्सक होः–

मानसिक प्रत्यक्षीकरण द्वारा स्वास्थ्य लाभः– आप अपनी ही एक फोटो, जैसा कि आप अपने आपको देखना चाहते हैं अथवा अपने विचारों को लिखकर एक दिवार पर लटका दें तथा अपने मन को बार बार आदेश देना आरंभ करें कि आप अपने शरीर को लिखे हुए विचारों जैसा अथवा सामने लगी फोटो जैसा बनाना चाहते है। मानसिक प्रत्यक्षीकरण भी ऐसी ही विधि है जिसमें आप अपनी भृकुटी अथवा भौहों के बीच उसी छवी को देखिए जैसी आप अपनी छवी देखना या बनाना चाहते हैं तथा विज्वेलाईज कीजिए की मैं ऐसा हूँ, मुझे ऐसा ही अपने आपको विकसित करना है। इसके इलावा क्वांटम जंपिंग, जिसमें आप अपने आपको संसार में जैसा देखना चाहते हैं वैसा ध्यान अवस्था में देखिए, व मन को बार–2 आदेश दीजिए की मैं ऐसा बन चुका हूँ, मेरे शरीर के हाव भाव भी वैसे ही हैं जैसा मैं बनना चाहता हूँ ।

जैसा आप देखते वैसा ही बन जाते, जैसा आप सोचते वैसा ही तो पाते।
अपने आपको देखिए केवल वैसा ही, जैसा अपने आपको हैं बनाना चाहते।।2462।।

यह प्रयोग आप न केवल स्वयं के लिए कर सकते हैं वरन् दूसरों के लिए भी कर सकते है। परंतु ध्यान रहे आपको एक समय में केवल एक ही विचार पर ध्यान आकृष्ट करना है जब तक कि आपको विचारानुसार महसूस होना न शुरू हो जाये। निरन्तरता, विश्वास तथा धैर्य ऐसे भाव हैं जो आपकी सफलता में चार चांद लगा सकते हैं अतः इनसे हमेशा के लिए जुड़े रहिए एक दिन ऐसा आयेगा जब आपका विचार मूर्तरूप अवश्यमेव जगह लेकर आपके सामने प्रकट होने लगेगा।

3. **ऊर्जा संप्रेषण द्वारा स्वास्थ्य प्राप्तिः–** ध्यान, मैडीटेशन, रिकी, विज्वूलाईजेशन, योगनींद्रा, हिप्नोटिज्म, त्राटक ध्यान, बायोप्लाज्म, रंग चिकित्सा, लेजर थैरेपी इत्यादि अनेकों विधियाँ हैं जिनसे आप अपने शरीर के रोगी अंग पर ऊर्जा का संप्रेषण कीजिए तथा उसे ठीक होता हुआ महसूस कीजिए अथवा अपनी बीमारी अथवा दिमाग को ऊर्जा संप्रेषित कीजिए कि आप उसे वह ऊर्जा पीड़ित अंग तक पहुंचाने के लिए भेज रहे हैं जिसे रोग अनुसार शरीर को पहुंचा दी जाये। ऐसी अवस्था में अपने पीड़ित अंग में स्वस्थता महसूस करें अथवा ऊर्जा की उष्मा को महसूस करें।

यहाँ पर अंगों के रंग को भी प्रकाश के साथ जाता हुआ देख सकते हैं। उदाहरण के तौर पर सिर से छाती तक सूर्य का प्रकाश अर्थात भगवां रंग, छाती से नाभी तक हरा रंग, नाभी से गुप्तांगों तक बैंगनी रंग, गुप्तांगों से घुटनों तक नीला एवं घुटनों से पैरों तक मटियाला रंग। यदि आप इंद्रधनुष के सातों रंगों पर एक ही समय ध्यान कर सकते हैं अथवा तेज रोशनी के साथ दुधिया अथवा सिल्वर रंग का ध्यान करते हैं तो इनसे सर्वमान्य नतीजे ग्रहण किए जा सकते हैं। पीला रंग दर्द के लिए, बैंगनी तनाव के लिए, सफेद साधना के लिए तथा लाल रंग किसी भी अवस्था को बढ़ाने तथा हरा रंग शाँति के लिए उपयोगी माने गये हैं।

पीड़ीत अंग को दीजिए ऊर्जा संप्रेषण, रंगों को दवा समझकर ।
पीड़ीत अंग को कीजिए आत्म दुलार, बिमार 'बच्चा' समझकर ।।2463।।

3. तनाव की स्थिति पैदा कर स्वास्थ्य प्राप्तिः– कहा जाता है कि जो जैसा है उसे वैसा ही भाता है। इसी प्रकार रोगी अंग को खींचिए तथा छोड़ दीजिए ऐसा करते समय अंग में से तनाव पैदा होता हुआ महसूस कीजिए परन्तु उच्चस्थ अवस्था उपरांत इसी तनाव को जाता हुआ महसूस कीजिए तथा स्वस्थ होने का भाव महसूस करते रहिए। यदि आप इस क्रिया में सांसों को भी मिला देंगे तो और भी त्वरित परिणाम हासिल होते हैं। जैसे खींचते समय सांसों को अंदर खींचिए तथा सांसों को रोगी अंग तक पहुंचने तक अंदर बनाए रखिए। सांसों को छोड़ते समय भावना

कीजिए कि आप पीड़ित अंग से रोग को खींचकर बाहर फैंक रहे हैं तथा रूग्णित अंग स्वस्थ अथवा तनाव रहित होता जा रहा है।

तनाव से पीड़ीत अंग को, तनाव की ही घुंटी दीजिए ।
तनाव को जाता देख, सुःखद एहसास पीजिए ।।2464।।

4. मानसिक तथा शारीरिक स्वस्थता :–बेहतर है कुछ हल्के फुल्के व्यायामों द्वारा शुरूआत की जाये ताकि आपके दिमाग तक शारीरिक संवेदनाओं की जानकारी पहुंचे तथा आपका दिमाग तनाव को दूर करने के लिए तैयार हो पाए। हर क्रिया में दिमाग को एनर्जी से परिपूरित कीजिए ताकि यह आपके शरीर का सबसे बड़ा चिकित्सक सदैव स्वस्थ एवं ऊर्जा संचरित रहें इसको सदैव ही खुशी का भाव संप्रेरित करते रहिए। हर चुनौती आपके लिए तथा आपके मन के लिए केवल मात्र क्षणिक परीक्षा काल है जिसे आप समय रहते स्वयं ही पास कर लेंगे ऐसा विचार अपने मन में बनाए रखिए खासतौर पर ऐसे समय में जब आप संक्रमण काल से गुजर रहे हों। हर परिस्थिति में इसे संतुष्ट, शाँत एवं निश्चिंत रहने के आदेश देते रहिए, भले ही इन आदेशों को आपको बार–2 दोहराना क्यों न पड़ता हो, इसे दोहराते रहिए तब तक कि आपका जीवन एक सुंदर पुष्प में न बदल जाये।

बातों को ही दोहराना, मन के लिए गुरू मंत्र है।
मन जिससे तर जाये, ऐसा ही मनोविचार तंत्र है।।2465।।

अपने आप को शीशे के सामने देखिए तथा समस्त शरीर पर अपनी नजर उस दृष्टि से डालें जैसा आप उन्हें स्वास्थ्य की नजर से देखना चाहते हैं। सहायता के लिए इसके एक कोने में आप अपनी चाहतों का माडल तस्वीर अथवा लिस्ट भी चिपका सकते हैं। इस अभ्यास को अपने दिमाग पर भी डालिए तथा आपकी इच्छानुसार परिणाम आने तक दोहराते रहिए तथा अपने विचारों, कुंठाओं, रोगों को दबाते रहिए। संपूर्णता में दिमाग से बड़ा आपका कोई चिकित्सक नहीं व स्वयं से बड़ा कोई दोस्त नहीं। इसलिए हर स्थिति में 'आपो दीपो भव' की भूमिका में रहें ।

5. सर्दी जुकाम से सुरक्षाः– सकारात्मकता आपकी सर्दी जुकाम से लड़ने की शक्ति बढ़ाती है। दिमाग अथवा माथे पर सिल्वरकलर की रोशनी को संवेदित कीजिए। इस तेज रोशनी की उष्मा को नाक, कान एवं माथे पर महसूस कीजिए तथा भावना कीजिए कि आप जुकाम से मुक्ति पा रहे हैं। जिस भी नासिका में आपको श्वास–प्रश्वास में कठिनाई महसूस होती है, उसकी विपरीत दिशा की नाक को बंद कीजिए तथा थोड़ी देर के लिए बंद नासिका से ही सांस लेने का बारंबार अभ्यास कीजिए। यदि ऐसा करने में बहुत अधिक कठिनाई आती है तो दूसरी और से सांस लीजिए तथा बंद की ओर से बाहर फैंकिए। इस अभ्यास को गिनती के हिसाब से कम से कम सौ बार दोहराईये। ऐसा कम से कम दो से दस दिनों तक करते

रहिए। आप देखेंगे कि ऐसा करते करते आपका जुकाम कहीं गायब हो गया है। अपने दोनों हाथों को जोर से रगड़िये तथा गर्म हो जाने पर नासिक के दोनों और रखते जाईये तब तक आपको घर्षण की उष्मा मिलती रहे, ऐसा दस से पचास बार दोहराईये तथा स्वास्थ्य की प्राप्ति कीजिए। ध्यान कीजिए कि सूर्य की प्रथम किरणें आपके साईनस, सिर की चोटी, छाती एवं नाभी क्षेत्र में पड़ती हुई आपके शरीर अंगों में गरमाहट पैदा कर रही हैं। आप ऊर्जा से परिपूरित हो रहे हैं तथा समस्त शरीर में रोग प्रतिरोधक शक्ति का संचार हो रहा है, खाश तौर पर चेहरे तथा भृकुटी पर गर्मी महसूस कीजिए तथा लंबे सांस लेकर जुकाम से राहत महसूस कीजिए। स्मरण रहे कि जुकाम शरीर में विटामिन डी की कमी तथा विटामिन सी की अधिकता का परिचायक है, अतः त्रिफला जो कि सुबह सुबह शहद में लिया जायेगा तो लाभकारी रहेगा। पेट की सफाई तथा गर्म एवं ठण्डे पानी का स्नान दोनों ही जुकाम को जड़ों से खत्म करने में प्राकृतिक उपाय हैं। जुकाम का मूल कारण है शरीर की रोग प्रतिरोधक क्षमता में कमी होना। इसके इलावा यह गर्मी लगने अथवा ठंठक की अधिकता के कारण भी शरीर में पनप सकता है। पेट सफाई इसको समूल नाश करती है। गर्म पानी नासिका द्वारा पीना भी कारगर है।

जुकाम है कफ दोष का बढ़ना, विटामिन डी की कमजोरी ।
पूर्ण विश्राम से सदैव है घटता, शरीर ऊर्जा की 'कमजोरी' ।।2466।।

जुकाम का वायरस आपके बायें कान में निवास करता है तथा नासिका में आ कर विकसित होता है। अतः सुगंधित तेल अथवा तुलसी का रस कान एवं नाक में अवश्य डालिए। गर्म जल द्वारा जलनेती द्वारा नाक की सफाई कीजिए तथा सुबह सुबह गर्मजल पीकर पेट की सफाई अवश्य कीजिए। जुकाम तभी पैदा होता है जब कब्ज के कारण शरीर में आमवात बढ़ जाता है तथा नस नाड़ियों के भर जाने पर यह नासिका में बूँद बूँद कर टपकने लगता है तथा संक्रमण का कारण बनता है। सेहत का राज इसी में छुपा है कि पेट साफ है तो सबकुछ ही साफ है। कब्ज से वात् पित्त तथा कफ तीनों ही दोष पैदा होते हैं। अतः सोच एवं शौच दोनों को संभाल कर संपूर्ण स्वास्थ्य रूपी प्रथम सुःख को अनुभूत कीजिए। शोध द्वारा प्रमाणित हुआ है कि जो लोग गुस्सैल, चिड़चिड़े, शर्मीले तथा अति उत्साहित होते हैं वे जुकाम व साईनस इत्यादि बिमारीयों से जल्द तथा ज्यादा ग्रसित रहते हैं। अतः मन से शाँत तथा तन से विश्रांत रहना जीवन के दो ऐसे महत्त्वपूर्ण कार्य हैं जो आपके लिए सेहत का खजाना छुपाये हुए हैं।

6. हृदय रोगों का इलाजः– हृदय मानव शरीर में परमात्मा का घर है। आप यदि हृदय से जीना जानते हैं तो सफलता से आपको कोई नहीं रोक सकता। अपने शाँतिप्रिय स्वभाव के द्वारा आप हृदय के समस्त रोगों से बच सकते हैं तथा जीवन

को आसान बना सकते हैं। हृदय के लिए हँसना सबसे बड़ी दवा है जो इसके साथ 72 हजार नाड़ियों की सफाई का अति उत्तम साधन है। शोध द्वारा प्रमाणित हुआ है कि हंसने के साथ साथ अच्छी सैंस आफ ह्यूमर द्वारा हृदय अटैक से बचा जा सकता है। शोध द्वारा यह भी प्रमाणित हुआ है कि हृदय रोगी अन्य लोगों की अपेक्षा 40 प्रतिशत कम हंसते हैं तथा इसीलिए उनके हृदय घात के अवसर बढ़ जाते हैं। अतः यदि आप हृदय रोगों से सुरक्षित रहना चाहते हैं तो हंसते रहिए। इसके अतिरिक्त खाने के तुरंत बाद चाय की अपेक्षा गर्म पानी पीने से खाना अच्छी तरह हज्म हो जाता है तथा हृदय के लिए खतरा माने जाने वाले सभी तैलीय पदार्थ पिंघल जाते हैं। खाना चबाकर खाना तथा खाने के साथ पानी का त्याग आपको हृदय रोगों से सुरक्षित बना देता है। इसके अतिरिक्त हृदय रोगों से बचने के लिए आपको केवल गैस से बचना है तथा पेट की सफाई रखना आवश्यकता है। नंगे पांव हरी घास पर चलना हृदय रोगों के लिए अमृत का कार्य करता है। अदरक के छोटे टुकड़े को सवेरे शाम चबाकर खाने से रक्त सफाई होती है।

ह्रदय आपका है ऊर्जा स्थान, 'शाँत' इसे सदा रहने दीजिए ।
स्वयं का स्वयं से कर संवाद, मन के भावों को बहने दीजिए।।2467।।

हृदय की मानसिक चिकित्सा हेतु अपने दोनों हाथों को हृदय पर रखते हुए नीले अथवा भगवां रंग पर ध्यान दीजिए तथा भाव कीजिए कि हृदय में नीले रंग का संचार हो रहा है। नीले रंग का ध्यान उच्च रक्तचाप वाले रोगियों को करना चाहिए तथा निम्न रक्तचाप वाले रोगियों को भगवां रंग पर ध्यान केंद्रित करना चाहिए। शोध द्वारा प्रमाणित हुआ है कि लगातार मैडीटेशन अभ्यास करने वाले लोगों में हृदयघात कम होता है जबकि इसके विपरीत लोगों में हृदयघात अधिक पाया जाता है। सिरशाशन तथा सर्वांगासन ह्रदय रोगों की संपूर्ण चिकित्सा का कार्य करते हैं।

मांगिये खुदा से इच्छायें, दोनों हाथ ऊपर उठाकर।
लीजिए जीवन 'आनन्द, फिक्र को धुंवे में उड़ाकर ।।2468।।

7. तनाव संबधी रोग :—सकारात्मक प्रकृति के लोग या तो कभी तनाव में आते ही नहीं यदि कभी परिस्थिति जन्य तनाव में आते भी हैं तो ऐसी अवस्था से तुरन्त निकलने में भी समर्थ होते हैं। ऐसे लोग तनाव को दबाने में औरों की अपेक्षा अधिक समझवान तथा समर्थ होते हैं। खुश, शाँत तथा निश्चिंत व्यक्ति तनाव की स्थिति में बहुत कम आता है जबकि उसका नर्वस सिस्टम तनाव संबंधी हार्मोन्स को दबाने में भी सक्षम होता है। तनाव की स्थिति आपके दिमाग, ग्रंथियों तथा नर्वस सिस्टम से विभिन्न हार्मोन्स पैदा होते हैं जिनकी जानकारी पाठकों के लिए दी जा रही है। तनाव की अवस्था में सबसे पहले कोर्टिसोल हार्मोन्स एडरीनल ग्रंथी द्वारा खून में छोड़ा जाता है। इसके छोड़ने का कारण होता है हृदय नाड़ियों में बढ़ा हुआ तनाव।

इस हार्मोन के छोड़ने से रक्तचाप तथा ग्लूकोज का स्तर बढ़ जाता है जिससे नाड़ी तंत्र अवरूद्ध होता है। कोर्टिसोल तथा हाइडरोकार्टिसोन न केवल तनाव की अवस्था में छोड़े जाते हैं बल्कि दिनचर्या के तौर भी हमारे शरीर की आंतरिक आवश्यकताओं अनुसार इनका निर्माण होता है इसके अतिरिक्त परोलैक्टिन, एडरीनालाइन, नोरेपाईनफाईन, सीरोटोनिन आदि हार्मोन्स भी तनाव की अवस्था में महत्त्वपूर्ण भूमिका अदा करते हैं। हाइडरो–कार्टिसोन तनाव स्तर से पहले रिलिज होता है जो कि सामान्यतः सुबह के समय अधिकत्तम होता है तथा हमें अपनी दिनचर्या में सहायता करता है। बढ़ा हुआ ग्लूकोन तथा तनाव की अवस्था में लगातार अधिक कोर्टिसोल स्तर हमारी सेहत को बहुत हद तक प्रभावित करते हैं जो इसे लगातार तनाव में रखते हैं। शरीर की सारी ताकत इससे लड़ने में ही व्यस्त रहती है जिससे अन्य शरीर के अंगों पर इसका विपरीत प्रभाव पड़ना आरंभ हो जाता है तथा कमजोर अंग बिमार होना शुरू हो जाते हैं।

नोरपैनेफ्राईन एक संज्ञानात्मक हार्मोन है जो न्यूरोटरांसमीटर का कार्य करता है। यह डोपामाईन (अल्फा किरणों) से समन्वित होता है तथा ऐडरीनल मैडुला से खून में छोड़ा जाता है। दिमाग में यह नोराडरेनर्जिक न्यूरोन्स द्वारा छोड़ा जाता है जो कि केंद्रिय तथा सिंपेथैटिक नर्वसिस्टम में न्यूरोट्रांसमीटर के रूप में कार्य करता है। यह दिमाग के उन हिस्सों को प्रभावित करता है जो ध्यान तथा उससे संबंधित क्रियाओं से है। एपिनेफाईन के साथ मिलकर यह तनाव रिस्पौंसिज जैसे हृदय गति बढ़ाने, ग्लूकोज जारी करने तथा दिमागी क्षेत्रों को खून का दौरा बढ़ाने का कार्य करता है। तनाव मानसिक उपद्रवों का मुख्य कारण है। सिरोटोनिन तथा नोरेपैनेफ्राईन मुख्यतः तनाव की अवस्था में जिम्मेवार माने जाते हैं जिससे हमारी भावनाओं पर भी विशेष प्रभाव पड़ता है। जब हम आँखें बंद करके गहन ध्यान की अवस्था में जाते हैं अथवा जागृत अवस्था में केवल आंखें बंद रखते हुए बिना किसी शारीरिक गतिविधि के निश्चिंत भाव से किसी भी परमात्मिक नाम का मानसिक जाप करते हैं तो उपरोक्त सारी क्रियाओं की प्रक्रिया मन में आरम्भ होती है जिससे तनाव समाप्त होना आरंभ हो जाता है तथा बिना किसी दवा के हमें रोग से मुक्ति मिल जाती है। तनाव मुक्ति के लिए मन डिटोक्स कीजिए।

'तनाव मुक्त' रहने की कला, जिस दिन भी आपको भा जायेगी।
जिंदगी आपकी अपनी होगी, मन–मस्तिष्क में शाँति छा जायेगी।।2469।।

– ध्यान साधना, कीर्तन तथा भजनों को सुनना आरंभ कीजिए।
– सोचिए वर्तमान समस्याऐं विधाता की परीक्षा मात्र है, दिन आए हैं कल चले जायेंगे, जिसप्रकार हर रात्रि के बाद दिन आता है रोग के बाद स्वास्थ्य!

- अपने आपसे अथवा संलिप्त प्राणियों अथवा भगवान से क्षमा मांगिए तथा गल्ति मत दोहराईये।
- हर एक कल को बीता हुआ तथा आज को साक्ष्य मानकर देखना आरंभ कीजिए। केवल और केवल अब और आज में जीना आरंभ कीजिए।
- निरंतर तनाव मुक्ति संबंधी कम फ्रिक्वैंसी का संगीत सुनना आरंभ कीजिए ।
- सप्ताह में एक दिन का इलैक्ट्रोनिक गजट्स से उपवास रखिए ।
- समस्या से अपना ध्यान हटाकर उन विचारों पर केंद्रित कीजिए जिनसे आपको सुकुन मिलता है।
- प्रकृति के सानिध्य में अकेले रहकर इसकी विशालता को हृदय में धारण कीजिए
- दोस्तों में जाकर अथवा रहकर हंसी मजाक करिये, जोर जोर से हंसिये तथा रोईये, हो सकता है तो चिल्लाईये तथा अपनी गल्तियों पर मुस्कुराईये।
- मौसम अनुसार फव्वारा स्नान अथवा नदी स्नान कीजिए ।
- सैर सपाटे पर जाईये तथा अपने चहेते गेम खेलिए ।
- हैल्थ मसाज अथवा आनंदमय पिक्चर देखिए ।
- अपने आपको हंसी खुशी में रखते हुए किसी कलाकारी अथवा चित्रकारी का आनंद लीजिए।
- स्टोरी बुक लिखिए, कवितायें लिखिए तथा हो सके तो अपने गाने या भजन बनाकर गाईये।
- अपने बुरे अनुभवों को लिखिए तथा आग में जला दीजिए।
- समुंद्र, नदिया अथवा पहाड़ों पर सैर सपाटा कीजिए तथा संबंधित खेल स्पर्धाओं में भाग लीजिए।
- जीवन मुक्ति, आनंद, सांस्कृतिक तथा प्रेरणा दायक साहित्य पढ़िये।
- अपने आप से स्वयं का स्वयं से संवाद बढ़ाईये तथा समस्याओं को सुलझाईये।
- अपने पालतू पशुओं से बातें कीजिए, प्यार कीजिए तथा उनकी निस्वार्थ भाव सेवा कीजिए।
- मंदिर, गुरूद्वारे, चर्च, मस्जिद जाईये तथा सीधा परम् तत्त्व से संवाद की भूमिका में रहिए।
- सुपाच्य, संतुलित, शाँतिप्रद, हैल्थी तथा मनोहारी व्यंजनों को बनाईये, खाईये तथा मौज उड़ाईये।
- भरपूर, योगनिद्रा तथा तनाव रहित नींद का आनंद लीजिए।

8. मोटापा नियंत्रण :– यदि हम अपने भावनात्मक मूल्यों के प्रति आशवस्त एवं प्रतिबद्ध हैं तो हम पूर्ण विश्वास के साथ अपनी समस्त स्वास्थ्य संबंधी लक्ष्यों को प्राप्त करने में सफल होंगे और इसमें एक कदम और आगे बढ़कर चलेंगे तो मोटापे पर भी मानसिक तौर पर नियंत्रण कर सकते हैं। कहा जाता है कि मोटे व्यक्ति का दिमाग का वह शक्रू ढ़ीला होता है जो उसे बार बार खाने तथा आवश्यकता से

अधिक खाने को मजबूर करता है। ऐसे व्यक्ति अपना वजन प्रबंधन के मामले में भी अक्सर कमजोर पाये जाते है। दुनियाँ में आपकी इच्छा के वगैर आपका वजन घटाने की कोई दवा नहीं है। केवल आपका आहार नियंत्रण तथा उचित आहार प्रबंधन ही इसकी कुंजी है जो कि सबकुछ आपकी सोच से निर्धारित होता है। वास्तव में मनुष्य का शरीर तथा दिमाग खाने तथा पचाने के लिए ही डिजाइन किए गए हैं इसीलिए खाना प्रबंधन द्वारा वजन घटाना एक चुनौतिपूर्ण कार्य है। परन्तु मनोराज्य नियंत्रण द्वारा आप ऐसा आसानी से कर पाते हैं।

मोटापा कोई बिमारी नहीं, आपका आहार व्यवहार है।
मोटापे का खाने से नहीं, जीवन कला से सरोकार है।2470।।

साधारण शब्दों में मोटापा आलस्य तथा भावनात्मकता अस्थिरता का संकेत नहीं है और न ही अनुवांशिक एवं जैविक कारक जो कि इसके लिए अलग से कार्य करते हैं जो लगातार पर्यावरणीय अनुसारिणी के साथ प्रतिबद्ध रहते हैं। परन्तु अस्वास्थ्य कारक भोजन की उपलब्धता तथा भोजन के प्रेरक विज्ञापन इस महामारी में अतुलनीय योगदान प्रदान करते हैं। मोटापा संबंधी मनोविज्ञान का मानना है कि आपके सोचने का नजरिया, प्रसंस्करण और मोटापे के प्रति जागरूकता ऐसे कारक हैं जिनसे हम इस महामारी से लड़ने में सक्षम हो सकते हैं। शारीरिक मोटापा संबंधी ज्ञान तथा वजन घटाने की मनोवृति का प्रभाव मानवीय मनोविज्ञान के वजन घटाने के दृष्टिकोण पर पड़ता है। उदाहरण के तौर पर आपके लिए मोटापा घटाना क्या है? क्या यह उस खाने से संबंधित है जिससे आप प्यार करते हैं अथवा घृणा करते हैं ? क्या मोटापा घटाना एक सामाजिक बदलाव से संबंधित है ? क्या आप अच्छा महसूस करने के लिए मोटापा घटाना चाहते हैं ? इन सभी प्रश्नों का उत्त्र आप पर निर्भर करता है। प्रत्येक व्यक्ति के मोटापा घटाने के विषय में अपनी प्रेरणा से परे एक अपना तर्क हो सकता है।

लीजीए भरपूर खाना, सुबह आठ से सांय आठ।
12 घंटे निराहार रहें, सांय आठ से सुबह आठ।।2471।।

जो लोग मोटापा कम करते हैं तथा आत्मनिर्भरता, विश्वास, स्वयं नियंत्रण के द्वारा इसे बढ़ने नहीं देते हैं वे लोग लगातार प्रेरित रहकर अभ्यास करते हैं। होश के साथ लगातार पुनरावृति प्राथमिक खेल गतिविधियों में सबसे महत्त्वपूर्ण है। बौधिक स्तर से फायदेमंद तथा वजन घटाने में सफल अभ्यास को अपग्रेड तथा दोहराते रहिए। यह संक्षेप में मन पर नियंत्रण करने का प्रशिक्षण तथा अपने आप में एक विशिष्ट, शानदान, उपयोगी व सहायक कला अर्जन करने का साधन है जिससे निम्न लाभ प्राप्त किए जा सकते हैं :–

वजन नियंत्रण संबंधी योजनायें तैयार करना
विशेष मोटापा फैट्स को निशाना बनाना
हर बार अपने मोटापा घटाने के लक्ष्य में कामयाब होना ।
मोटापे को बिमारी न समझ, जीवन चर्या का हिस्सा समझना।
मोटापे के लिए दिनचर्या में बदलाव लाना तथा अनुशाशित रहना ।
मानसिक तौर पर फिटनस अथवा अपने रोल मोडल को फोलो करना।
मानसिक प्रत्यक्षीकरण द्वारा मोटापे पर नियंत्रण फोकस करते रहना ।
अपने फिजिक को आवश्यकतानुसार प्रशिक्षित करते रहना तथा संतुलित रखना।

उपरोक्त सभी हमारे मन की शक्तियाँ हैं तथा शारीरिक तौर पर मोटापा घटाने के लिए हम अपने इन मानसिक निर्देशों को कदापि ही प्रयोग में लाते हैं अथवा प्रयोग में लाते ही नहीं हैं। मोटापा घटाने संबंधी मनोविज्ञान की जागरूकता, उपयोग और महत्त्वता पर बहुत अधिक नहीं कहा जा सकता परन्तु इसके बिना आप खराब मौसम में आधे कपड़े डालने तथा इसका सामना करने के समान हैं। मनोविज्ञान के सिद्धांत भी उतने ही प्रभावी तथा गहरे हैं जितनी की अन्य पद्धतियाँ, अतः इन्हें अपनाकर आप स्वयं ही भलिभांति वजन घटा सकते हैं। अतः छोटे छोटे लक्ष्य निर्धारित कर मोटापा नियंत्रण पर काम करना आरंभ कीजिए। उदाहरण के तौर पर आपके वजन का दस प्रतिशत वजन आपके लिए स्वीकार्य हो सकता है। इसके अतिरिक्त प्रति सप्ताह किलो अथवा आधा किलो भी अच्छा लक्ष्य हो सकता है जिसे आप आसानी से भी प्राप्त कर सकते हैं और इस पर निरंतरता से कार्य भी किया जा सकता है। इससे आगे के लक्ष्य के लिए मनोविज्ञान पर विश्वास रखें तथा निरंतरता के साथ कार्य करते रहना ही आपका उद्देश्य है। कभी भी मनोविज्ञान को समझने की कोशिश मत कीजिए वरना आपका गुणात्त्मक मन इसके विपरीत भी जा सकता है क्योंकि इन्द्रियों के द्वारा उसे भी लगातार वजन घटाने के संकेत जारी किए जा रहे होते हैं तथा वह इस पर पूनर्विचार भी कर सकता है जो आपको किसी भी स्थिति में नहीं होने देना चाहिए। आपको केवल वजन कम करना है, उसपर तन्मयता से अपना फोकस बनाये रखिए। इस दौरान आपको निम्न सावधानियों को ध्यान में रखना है:–

मन के बदलाव पर नहीं हृदय के बदलाव पर ध्यान केंद्रित कीजिए:– आपके खाने की मात्रा तथा अन्य अनन्य चूज कर खाने से कुछ नहीं होगा बल्कि वह आपके निर्णय लेने से कम होगा कि मुझे इतने समय में इतना वजन कम करना है। आपको इसके लिए अपने दिमाग से नहीं बल्कि हृदय से उठी गहरी भावनाओं से काम लेना होगा। आपके मोटापा घटाने की प्रेरणा जब तक काम नहीं कर सकती जब तक की वह आपकी अंतप्रेरणा से उत्पन्न न हुई हो किसी दूसरे के कहने तथा बाह्य प्रभाव से उत्पन्न हुई प्रेरणा कभी परिणामदायी नहीं हो सकती है। उदाहरण के तौर पर आप मोटापा तो घटाना चाहते हो परन्तु साथ ही साथ कमजोर भी दिखना नहीं

चाहते, मोटापा घटने के प्रभाव के कारण आप बिमार भी नहीं होना चाहते। अपनी प्रेरणा के साथ रहने के लिए पहले नकारात्त्मक प्रभावों पर अम्ल करें और फिर हृदय से सभी प्रतिकूल प्रभावों का डर निकालकर इन्हें फिटनैस के फार्मूले के साथ जोड़ें तथा प्रतिक्रियाओं को हृदय से स्वीकार करने को स्वयं को तैयार कीजिए। आपको कोई दूसरा नहीं बदल सकता यह बदलाव तो केवल और केवल आपके द्वारा ही संभव हो सकता है जिसके लिए आपको केंद्रित रहने की आवश्यकता है। सफल व्यक्ति अपनी प्राथमिकताओं तथा लक्ष्यों को सर्वोपरी रखता है तथा रास्ते में आने वाली सभी रूकावटों से डर कर कभी पीछे नहीं हटता ।

स्वीकार कीजिए पूर्ण ह्रदय से, 'इतना' मोटापा घटाना है ।
मोटापा घटाने के लिए कदापि, शरीर को नहीं सुखाना है।।2472।।

अनुशासन का पालन करें :–आत्मनियंत्रण एक मांसपेशी है जिसे अनुशासन एवं अभ्यास की खुराक चाहिए। शरीर में परिवर्तन इसलिए नहीं आते हैं कि आप इन्हें लाना चाहते हैं वरन् इसके लिए आपको हर बार उत्पन्न होने वाली बाधाओं को पार करना होगा और जितनी बार आप बाधाओं को पार करते जायेंगे आपमें आत्मविश्वास पनपता जायेगा। सफलता ही सफलता को पोषित करती है आत्मविश्वास आपको संयमी बनाता है। संयम को बनाए रखने के लिए आपको अनुशासन की आवश्यकता है जो आपके नित्यप्रति के व्यवहार से पुष्ट बनता है। अतः संयम के साथ अनुशासन पर टिके रहना ही आपकी प्राथमिकता है।

अनुशासन सफलता की कुंजी, निरंतरता इसका है अभ्यास।
सफलता एक दिन मिलनी है, आप केवल करते रहें प्रयास।।2473।।

नमक मीठा तथा तला हुआ कम खायें:–इस तरह का भोजन हमारे शरीर में कोशिका स्तर पर बदलाव लाता है जो कि सीधा इंद्रियों की लालसा के साथ जुड़ा होता है। मन को इंद्रियों के जाल से निकालने के लिए थोड़ी कठिनाई का सामना करना पड़ता है क्योंकि यह हमारे स्वभाव को भी साथ ही साथ प्रभावित करता है और कहा जाता है कि सभी कुछ बदल सकता है परंतु स्वभाव बदलना बड़ा मुश्किल कार्य है, क्योंकि आपका स्वभाव समय पाकर आपके शरीर की आवश्यकता बन जाता है जिसे हम बार बार दोहराते हैं। अतः मोटापा घटाने के दौरान अपनी भोजन संबंधी आदतों में बदलाव लाईये तथा इच्छा चाहतों पर विशेष ध्यान दीजिए तथा इन्हें अपनी आदतों में परिवर्तित न होने दें ।

तीन प्रर्वतक मोटापे के, 'नमकीन' 'चीनी' तला मैदा ।
इन तीनों को छोड़कर, मोटापे में फायदा ही फायदा।2474

अधिक मसालेदार, तला हुआ मांसाहारी भोजन अधिक समय तक शरीर में रहता है तथा कोशिका स्तर पर पहुंच कर हमारे स्वभाव के साथ जुड़ता है जिससे जिव्हा इसकी आदि हो जाती है क्योंकि शरीर की प्रत्येक कोशिका का भी अपना एक दिमाग होता है। मनुष्य शरीर में लगभग 7 अरब कोशिकायें पाई जाती हैं तथा एक कोशिका संपूर्ण शरीर की ही एक छोटी प्रतिमूर्ति है, अतः जिस प्रकार शरीर किसी स्वाद अथवा टेस्ट बड के प्रति आकर्षित होता है, उसी प्रकार पाचन तंत्र संबंधी सभी कोशिकायें भी एक स्वाद अथवा टेस्ट के प्रति आकर्षित होती हैं तथा वह स्वाद उसे न मिलने पर शरीर में एक क्रेविंग पैदा करती हैं जिसे हमें पूरा करने के लिए बाध्य होना पड़ता है। जब हम अपने फूड पैटर्न में बदलावा लाते हैं तो कोशिकाओं की चाहत में भी बदलाव आते हैं, विशेषतया उन कोशिकाओं में जिनकी प्रवृति 'खाओ ओर बढ़ो' की होती है जिन्हें हम फैट का नाम देते हैं।

फैट से फैट पलता, मसाले से मलिदा ।
सूझ बूझ के भोजन, रखते हमें संजिदा ।।2475।।

परन्तु इन कोशिकाओं की संख्या की अधिकता के कारण तीव्र परिवर्तन आना कठिन हो जाता है क्योंकि इनकी चाहत स्वतः इन्द्रियों से जुड़ जाती है। कुल मिलाकर समस्त शरीर में ऊर्जा का संचार 21 मिनट में पूरा होता है जबकि संपूर्ण फूड प्रोसैस लगभग तीन महीने से अधिक का समय लेता है जो कि स्वाद की याद के रूप में वर्षों तक हमारे दिमाग के साथ जुड़ा रहता है। यही कारण है कि हम माता के दूध का स्वाद अथवा उनके हाथों के स्वाद के भोजन को सारी उम्र तलाशते रहते हैं जब तक कि यह किसी दूसरे स्वाद द्वारा प्रस्थापित न हो जाये। अतः अपना स्वाद सोच समझ कर निर्धारित कीजिए तथा एक जैसे स्वाद के साथ बहुत अधिक समय तक जुड़े मत रहिए। हर तरह से संतुलित तथा मध्यम स्तर का स्वाद आपके लिए सुरक्षित तथा सदैव बदलाव लिए रहता है।

बदलते रहिए स्वाद अपना, परिवर्तन में ही भलाई है।
शरीर स्वास्थ्य सर्वोत्त्म धन, बाकी सभी में रूलाई है।।2476।।

4. भूतकाल को अपना दोस्त बनाईये पाँव की बेड़ियाँ नहीं :– आपकी यादें आपके अनुभवों की पिटारी है जिसकी सहायता से आप अपने भविष्य का निर्माण कर सकते है। पिछली गल्तियों को दोहराने से यह आपके लिए पांव की बेड़ियाँ बन जाती है तथा आपको आगे बढ़ने से रोकती हैं। जब भी नई शुरूआत करें अपनी गल्तियों से सबक लेते हुए आगे के लिए अडिग एवं स्थाई योजना बनायें। इस संसार में कोई भी मनुष्य अपने आप में संपूर्ण नहीं है, इनसान गल्तियों का पूतला है तथा हर गल्ति हमें नयी सीख देती है, परन्तु यह सोचकर गल्तियों को दोहराते मत जाईये कि हम कुछ नया सीख रहे हैं। निर्णय कीजिए जो आप कर रहे हैं वह सही है परंतु इच्छित

परिणाम प्राप्त करने की गारंटी के साथ। आप उसे मत दोहराईये जिससे परिणाम नहीं निकल पा रहा है तथा जिसमें शंशय की संभावना अधिक है।

भूतकाल को भूलाकर, वर्तमान में जीना सीखीए,
आज का आनंद बड़ा है, बदलावों से इसे सींचिए ।।2477।।

5. सकारात्मकता पर अडिग रहिए :—मनुष्य एक सामाजिक प्राणी है तथा संगति, परिवार तथा समाज के विचारों का उसके जीवन में महत्त्वपूर्ण स्थान है। मोटापा घटाने में यद्यपि आपको संपूर्ण समाज की जरूरत नहीं होती परंतु इनका भावुक सहयोग आपके लिए महत्त्वपूर्ण भूमिका अदा करता है। समाज का आपके शरीर में हो रहे बदलावों के प्रति सकारात्मक रवैया आपको सही दिशा में चलते रहने के लिए प्रेरित करता है जबकि नकारात्मक कमैंट्स आपकी दिनो दिन की प्रोग्रैस में ब्रेक का काम भी कर सकता है। अतः आपको ऐसे लोगों से दूर रहने की आवश्यकता है जो आपके लक्ष्य में बाधक हो सकते हैं। समझदार होने के नाते आपको ऐसे सर्कल का त्याग कर देना चाहिए जो आपके लिए घातक है। उदाहरण के तौर पर जब भी कोई आपको मोटा बोलता है तो इसे पोजिटिव सैंस में लीजिए न कि कमैंट्स समझ कर अपने दिमाग को इसी को घुमाते रहिएगा। यद्यपि आप इसे ऐसा समझ कर दिमाग में घुमाते रहिए कि मैं अब इन्हें पतला बनकर दिखलाऊँगा तथा इन्हें से अपने आपको पतला कहलाऊँगा। अपने लक्ष्य पथ पर बदलाव के प्रभावों से विचलित हुए बिना लगातार अडिग चलते रहिए।

'निरंतरता सफलता की कुंजी, अपनाने में ही आपकी भलाई।
बंधकर अडिग अपने लक्ष्य से, करते जायें मोटापे की सफाई।।2478।।

6. लंबी आयु की प्राप्ति हेतु:— लंबी आयु का एहसास स्वस्थ, तंदरूस्त व अधिक लंबा जीने का राज है। शोध द्वारा प्रमाणित हुआ है कि जो लोग वृद्धावस्था के एहसास के साथ जीते हैं वे सामान्य तौर पर अन्य लोगों की अपेक्षा सात से दस वर्ष कम जीते हैं। यदि आप उत्साहित, अनुशाशन में रहकर स्वस्थ रहना चाहते हैं व उचित खान पान व वर्कआउट से बच कर चलना चाहते हो तो आप सकारात्मक मानसिक रवैये से प्रताड़ित हो सकते हैं। इस प्रताड़ना से बचने के लिए आपको निम्न पांच सावधानियों का सहारा लेना चाहिए:—

मन ही है गुलाम आपका, मन ही है आपका महाराज,
कभी मत मानिए बूढ़ा, इसी में छिपा लंबी आयु का राज।।2479।।

उम्मीदों का सहारा लीजिए:—जो लोग जीवन में संतुलन को अपना नहीं सकते तथा जिन लोगों की रोग प्रतिरोधक क्षमता कमजोर होती है उन्हें यदि उम्मीदों का सहारा मिलता है तो उनकी क्षमतायें स्वयं बढ़ने लगती है तथा वे सकारात्मक मानसिकता

को विकसित करने में सफल हो जाते हैं जिससे उनमें शक्ति का संचार तथा शारीरिक स्टैमिना विकसित हो जाता है।

'उत्साहित' मन आपका, बगिया जंगल में खिला देगा।
अस्सी वर्ष की ऊमर में, जवानी जैसे तेवर दिखा देगा।।2480।।

शरीर व मन के बीच बायोकैमिकल संबंधों का विकास कीजिए:– शोध द्वारा प्रमाणित हुआ है कि आपके शरीर व मन के बीच बायोकैमिकल संबंध पाये गए हैं। हमारी भावनायें शरीर को स्वस्थ रखने में महत्त्वपूर्ण योगदान देती हैं। मनोवैज्ञानिक और रसायनिक प्रक्रियाऐं जो तंत्रिका, हार्मोन और प्रतिरक्षा प्रणाली को नियंत्रित करती हैं, सभी परस्पर संवाद के लिए तंत्रिका तंत्र सूचना प्रणाली का उपयोग करते है। इसी प्रकार मन व शरीर भी एक ही रसायन का उपयोग परस्पर संवाद बनाये रखने के लिए करते हैं तो यह भी समझा जा सकता है कि मन व शरीर एक दूसरे से जुड़े हुए है। यदि हम ध्यान से शरीर व मन के मध्य नित्य संवाद की प्रैक्टिस करते रहते हैं तो इन दोनों के मध्य प्रगाढ़ बायोकैमिकल संबंधों का विकास पननता है। मस्तिष्क की क्रियाओं को सुधार कर हमें और अधिक आशावादी व सकारात्मक बना सकते हैं तो यह समस्त शरीर को स्वस्थ, दीर्घायु तथा रोगप्रतिरोधक क्षमता को सुदृढ़ करने में सहाई होकर मन व शरीर के बीच मधुर संबंधों का विकास कर पायेगा।

मानकर मन को चिकित्सक, परेशानियाँ इससे सांझा कीजिए।
अभ्यास कर दोनों में संवाद, शरीर को अपने तरोताजा कीजिए।।2481।।

रोग की रोकथाम ही स्वस्थ रहने का बेहतर विकल्प है:– बिमारी से बचने के लिए और दिर्घायु हेतु हमें इस विकल्प पर हमेशा काम करते रहना चाहिए कि रोग की रोकथाम ही स्वस्थ रहने का सर्वोत्तम व बेहतरीन विकल्प है, बिमार होने से पहले इस रूख पर कायम रहते हुए हमें सकारात्मक मानसिकता को विकसित करना चाहिए। आपका यह व्यवहार परिवर्तनशील प्रतिरक्षा प्रणाली को चरम क्षमता पर कार्य करने के लिए सहायक होगा और इससे सभी प्रकार की बिमारियों की रोकथाम होगी। मानकर चलिए निश्चिंतता आपका हथियार है और चिंता सुसाईड!

सुधार कर आहार–व्यवहार, रोगों से ही अपने को बचाईये।
सावधानी में छुपी भलाई है, ऊमर अपनी नित्य ही बढ़ाईये।।2482।।

सकारात्मक सोच बनाए रखिए तथा खुश रहिए:– जीवन में सकारात्मक प्रवाह को बनाये रखना सीखीये तथा हमेशा खुश रहने का अभ्यास कीजिए तभी जीवन आपकी सोच अनुसार चलेगा, इसकी गुणवत्ता आपकी मुट्ठी में होगी। सकारात्मक दृष्टिकोण न केवल आपको स्वस्थ रखेगा बल्कि उमर बढ़ाने की प्रक्रिया में सहायक होगा क्योंकि इन सबसे आपमें दोषो व बीमारियों के लक्षण प्रकट नहीं होंगे।

अच्छी सोच से खुशियाँ बढ़ती, खुशियों से बढ़ती है आयु ।
बदले हुए इसी 'दृष्टिकोण' से, बनते आप है सदा दिर्घायु।।2483।।

जीवन में उद्देश्य का होना आवश्यक तथा अपरिहार्य है:– उत्साह रहित तथा उद्देश्य रहित जीवन अधिक कष्टकारी एवं जल्दी खत्म होने वाला रहता है। ऐसे जीवन को धरा पर बोझ समान माना जाता है। अतः जीवन में उद्देश्य का होना अति आवश्यक एवं अपरिहार्य माना जाता है जो हमें केवल और केवल सार्थक जीवन जीने की तमन्ना और उत्साह से ही प्राप्त हो सकता है। यदि हम इतिहास के पन्नों में झांककर देख सकते हैं तो यह प्रमाणित होता है कि मनुष्य की आयु हजारो वर्षों की होती थी जिसका मूल कारण यही था कि हमारे पूर्वजों का जीवन का उद्देश्य बड़े से बड़े परमात्मा को पाने का होता था तथा उनके जीवन की सार्थकता समाज के भले के लिए कुछ कर जाने में ही मानी जाती थी। वे बिना किसी चिंता तथा लगाव के इस उद्देश्य की प्राप्ति में गुरूकुल परंपरा से लग जाते थे तथा हर चिंता को चिंतन में बदल देते थे। वे प्रकृति को अपना जीवन समर्पित कर देते थे परन्तु आज हम प्रकृति के दोहन में अपना जीवन समर्पित कर रहें हैं तभी तो दिन प्रतिदिन हमारी आयु बढ़ने की बजाए घटती ही जा रही है। हम अपने विश्वास तथा हौंसले के साथ जीवन की सार्थकता को बदल सकते हैं तथा जीवन के मूल उद्देश्य से जुड़कर अपना तथा समाज का जीवन बेहतर बना सकते हैं। ऐसा होना तभी संभव है जब हम एक बेहतर सोच के मालिक हैं व जीवन के मूल को समझने के काबिल हैं।

समझीये जीवन का उद्देश्य, पूर्ति में इसकी लग जाईये।
जीना अपना सफल करके, औरों का भी सफल बनाईये।।2484।।

– नित्त्य ही सुबह उठकर उषापान (तीन से चार गिलास पानी पीना) पीजिए।
– नित्त्य 10 मिनट के लिए अपनी एड़ियों पर चलना आरम्भ कीजिए।
– नित्त्य सूदर्शन क्रिया अथवा मनोशरीर श्वास क्रिया का अभ्यास कीजिए ।
– नहाने से पहले या नहाने के बाद सुगंधित तेल से शरीर की मालिश कीजिए।
– दांतों में पोटी के लिए बैठते समय दंतमंजन अथवा पेस्ट का लेपन कीजिए ।
– सप्ताह में एक दिन (बीरवार) को खूब नमकीन पानी पीकर उल्टा कीजिए ।
– नित्त्य किसी भी एक समय के भोजन का सुविधानुसार त्याग कीजिए ।
– शरीर सुद्धि हेतु सप्ताह में एक दिन का उपवास कीजिए ।
– मानसिक सुद्धि हेतु सप्ताह में एक दिन का मौनवर्त रखिए ।
– दिन के दौरान अपने लक्ष्य को अपने जनून के साथ निरंतर साधते रहिए।
– अच्छे विचारों की जुगाली तथा अच्छे गुणों पर निरंतर ग्रहण करते रहिए।
– योगनिद्रा (सांय09–11) को अपनी जीवन चर्या का हिस्सा बनाईये तथा अपने जनून के साथ सोईये। सुबह (03 से 05) उठने का प्रयास कीजिए।

अध्याय–13

कार्य स्थल पर सकारात्त्मक सोच

कार्य स्थल आपका दिमाग है, ठंडा रखकर काम लिजिए।
बिठा तालमेल हृदय लक्ष्मी से, झोलियाँ अपनी भर दीजिए।।2485।।

कार्य स्थल पर सकारात्त्मक सोच आपकी सफलता की कुंजी है। यह सब आपके व्यवहार पर निर्भर करता है कि आपने कार्य संपादन में कितनी खुशी महसूस करते हैं अथवा खिन्नता। यदि आप कार्यस्थल पर संतुष्ट तथा सफल नहीं है तो इसके लिए कोई और नहीं आप स्वयं ही जिम्मेदार हैं। मनुष्य अपने स्वभाव के आधीन हर समस्या का समाधान बाह्य वातावरण में ढूढ़ता है तथा अपनी असफलताओं के लिए दूसरों को जिम्मेदार ठहराने की कोशिश करता है जबकि सकारात्त्मकता इन सबके लिए आपको ही जिम्मेवार ठहराती है अतः हर कार्य में उन्नत, सफल तथा तेज होने के लिए आपको अपनी सोच पर कार्य करने की जरूरत है तथा सात्त्विक नजरिये द्वारा इसे बदलने की आवश्यकता है। मनुष्य का जीवन संभावनाओं से भरा पड़ा है तथा इसमें सदैव अधिकत्तम् सुधार छुपे पड़े हैं जिनको ऊजागर करने के लिए आपको अपने विश्वास तंत्र में सुधार लाने की आवश्यकता है।

पैसा आपका साधन है, साध्य से मांगना सीखिए।
सुखे हुए अपने व्यापार को, चिंतन द्वारा ही सींचिए।।2486।।

आपका कार्यस्थल आपके लिए तनावपूर्ण हो सकता है तथा आपकी योग्यता, आपकी माली हालत भी कमजोर हो सकती है तो ऐसी अवस्था में आपको क्या करना चाहिए के बोध के साथ आपको अपनी सोच एवं विचारों पर कार्य करने की आवश्यकता है। आप अपने विचारों को तात्त्विक दृष्टि से देखिए तथा उनमें से अच्छे व फलदायी विचारों को चुनकर अपना ध्यान आकर्षित कीजिए तथा अपने आपमें विश्वास कायम कीजिए कि आप अच्छे से भी अच्छा कर सकते हैं जिसे करने में आप स्वयं सक्षम तथा समर्थ हैं। अपने 'जनून' के साथ जुड़कर अपने भविष्य से जुड़ना सीखिये तथा इसे अपने भूतकाल की नींव पर सुदृढ़ व्यापार तंत्र की संरचना कीजिए जिसमें आपको प्रकृति का हर कण सहायक होगा तथा परम् तत्त्व परमात्त्मा आपका इच्छा

सेवक होगा, यही स्वयं से जुड़कर कार्य करने का कमाल है जिससे आप अभी तक अनजान हैं।

भाव आपका माया की कुंजी, स–हृदय इसे व्यापार में लगाईये ।
स्वयं में ही छुपी 'संभावनाऐं, अपनी व्यापारी किस्मत चमकाईये।।2487।।

अपने समस्त कार्यों में अपना हृदय लगाईये तथा अपने कार्य में कुशलता पाने के लिए अपने प्रयासों को ही नहीं बल्कि अपनी भावनाओं को लगाना आरम्भ कीजिए तथा अपने किए गए कार्यों का दिल से मजा लेना आरम्भ कीजिए। याद रखिए कि सफलता वहीं वास करती है जहाँ सकारात्मक विचार हों तथा यह वहीं पनपती है जहाँ संतुष्टि तथा खुशी के भाव मौजूद होते हैं खुशी आपमें कुशलता व संतुष्टि संपन्नता पैदा करती है। यही कुशलताका चक्र कहलाता है। जिस प्रकार अच्छा जीवन जीने के लिए अच्छे नजरिये तथा विश्वास की आवश्यकता होती है उसी प्रकार अच्छा मालिक, कर्मचारी एवं इनसान बनने के लिए भी कुछ गुणों की धारणा जीवन में अति आवश्यक एवं अपरिहार्य है। तनाव, अनिच्छा, असंतुष्टि, अविश्वास, बुरा समय तथा बुरे लोग तथा नकारात्मकता सभी कुछ बदले जा सकते हैं क्योंक इनको आपने ही आपके जीवन में जगह दी हैं तथा इनको अपनी दिमाग रूपी जमीन में खाद डालकर पैदा किया है और इन सभी खरपतवार की सफाई भी आपको स्वयं ही करनी होगी क्योंकि आपका दिमाग केवल आपके विचारों के आधीन ही चलता है तथा इन्हीं विचार रूपी बीजों को आपको इसी जमीन में फिर से रोपित करना होगा। इससे अभिप्राय है अपने दिमाग को खुला रखिए तथा इसके कचरे से अपनी ना पसंद की चीजों को हटाना आरंभ कीजिए। जो चीजें आप नहीं चाहते उन चीजों पर ध्यान देने की बजाए उन पर ध्यान देना आरंभ कीजिए जो आप चाहते हैं।

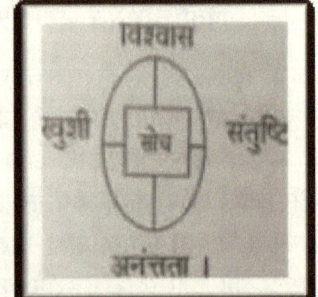

गल्ले पर बैठकर, अपना लक्ष्य निर्धारित कीजिए।
मुझे चाहिए इतना, स्वयं में ही प्रचारित कीजिए।।2488।।

आपका दिमाग प्रकृति की अद्भूत कृति है परंतु इसकी देखभाल केवल और केवल आपके विचार रूपी कचरे पर निर्भर है अतः इसे निरंतर साफ करते चलिए। कोई भी निर्णय लेने से पहले सभी संभावनाओं पर विचार करने के लिए अपने दिमाग को विकसित कीजिए। इसे नये संसाधनों, मौकों, स्थानों तथा संभावनाओं को भुनाने के काबिल बनाईये। आप जो देखते हैं तथा सुनते हैं उसमें अंतर करना सीखीये, दूसरों से सीखीये। विचारों को बांटने से अभिप्राय है विचारों का विस्तार करना। बुद्धि को शेयर करने का मतलब है, बुद्धि का विस्तार करना। जब भी आप मुसीबत अथवा

कठिनाई में हैं तो भागिए मत, कभी मत कहिए कि मैं यह नहीं कर सकता। किस्मत बहादुरों का साथ देती है। अडिग हो जाईये तथा अपने आपको दोहराईये 'हाँ' मैं यह कर सकता हूँ और परिस्थिति जन्य चैलेंज को स्वीकार कीजिए। अपनी इस योग्यता को बढ़ाने के लिए हमेशा चैलेंज स्वीकार करने के लिए तत्पर रहिए। यदि आप ऐसा नहीं करते हैं तथा मैदान दूसरों के लिए छोड़ देते हैं तो आप सौभाग्य द्वारा अपने निर्धारित स्थान को भी छोड़ देते हैं। अपनी योग्यताओं को यदि आप स्वयं नहीं पहचान पाते हो तो अपने बारे में दोस्तों, रिश्तेदारो, तथा सहयोगियों द्वारा आपके बारे बतलाये जा रहे शब्दों को पहचानिए तथा अपनी योग्यताओं को पहचान कर आगे बढ़ने का हौसला जगाईये तथा आगे बढ़ने के लिए तत्पर हो जाईये। आप केवल ह्रदय से लक्ष्य बारे सोचिए और खुश रहना सीखिए।

आगे बढ़ने का यही नजरिया आपके सौभाग्य को पंख लगायेगा तथा आपको अपने ही पंखों से उड़ने के लिए बाध्य भी करेगा। अपने आपको केवल जीवन जीने के लिए ही नहीं अपितु कामयाब होने के लिए अनुशाशित कीजिए तथा हौसलों के साथ अपना उच्चस्थ लक्ष्य तय कीजिए तथा उच्चस्थ चेतना की स्थिति में जीना आरंभ कर अपना सर्वश्रेष्ठ अपने लक्ष्य की प्राप्ति में झौंक दीजिए तथा पशुवत् जीने की अपेक्षा मनुष्यवत् जीना आरंभ कीजिए।

बोलिए अपने आपको, मुझे इतना कुछ चाहिए।
चिंतन प्रभु में लगाकर, चादर–तान सो जाईये।।2489।।

आपके शब्द आपके संपूर्ण व्यक्तित्व की पहचान हैं अतः बोलने से पहले सदैव सोचिए कि आपको विशेष परिस्थितियों में किन शब्दों का उपयोग करना है तथा शब्दों के अनुपालन के लिए अपनी योजना को भविष्य के लिए तैयार कीजिए। एक व्यापारी के नाते आपके लिए शब्दों का चुनाव और भी अधिक महत्त्वपूर्ण हो जाता है यदि आप कोई वादा करते हैं तो इसके लिए सदैव तत्पर एवं मुस्तैद रहें।

यदि हर स्थिति में आपके शब्द 'ना' लिए हैं अथवा मैं यह नहीं कर सकता, अथवा यह मेरी ड्यूटी नहीं है आदि के भाव प्रकट होते हैं तो अपने जीवन के नजरिये में अवश्यमेव ही बदलाव लाने की आवश्यकता है। अपने शब्दों में उत्त्साहवर्धक नजरिये को झलकने दीजिए जैसे कि 'हाँ' इस पर विचार किया जा सकता है' मैं हूँ ना, मैं यह सब संभाल लूँगा, आप अपने काम पर ध्यान केंद्रित करें बाकी मुझ पर छोड़ दें, धन्यवाद, शुक्रिया, प्लीज द्वारा अपने शब्द कोष को परिपूरित कीजिए तथा अपने इर्दगिर्द फैले वातावरण को बदलता हुआ महसूस कीजिए।

आपको सफलता की राहें आसान लगेंगी तथा आप स्वयं ही में अद्भूत संभावनाओं को महसूस करने लगेंगे। याद रखिए व्यापार में दिखाई देना ज्यादा महत्त्वपूर्ण है न कि होना, परंतु यदि आप अंदर बाहर दोनों ही स्तरों पर एक हो जायेंगे तो आपको

तरक्की की राहों से स्वयं प्रकृति भी नहीं रोक पाएगी। आज का युग संभावनाओं तथा विकास का युग है अतः व्यापार लगभग सभी के लिए आवश्यक एवं विकासोन्मुखी कार्य है जिसके बिना गुजारा होना मुश्किल है। लगभग हर दूसरा व्यक्ति नौकरी छोड़कर व्यापार में अपना हाथ आजमाना चाहता है, जो नौकरी करते हैं वह कोई अतिरिक्त कार्य कर अपना जीवन स्तर बढ़ाना चाहते हैं। आज के सामाजिक परिवेश में अपना कार्य करना गृहणियों के लिए भी आवश्यक एवं अपरिहार्य हो गया है।

माना तो यह गया है कि व्यापार में झूठ बोलना आवश्यक है परंतु हम भूल जाते हैं कि सच्चा सूच्चा व्यापार नानक जी ने 20 रूपये में भोजन कराने का किया था जिसका समस्त संसार में भोजन बांटने के बाद भी सदियों से ब्याज ही लगातार बढ़ता जा रहा है और निरंतर बढ़ता ही जा रहा है। ऐसी अच्छी सोच का समावेश आपके व्यापार को चार चाँद लगा देगा। आईये हम व्यापार की सफलता के लिए उन गुणों का वर्णन करते हैं जो एक अच्छे व्यापारी में होने ही चाहिऐं :—

व्यापार के बारे में ज्ञान :— एक व्यापारी को अपने व्यापार की समस्त खुबियों एवं कमजोरी, व्यापार के तरीके तथा खाशतौर पर आधुनिक परिपेक्ष में प्रबंधन, मार्केटिंग एवं यंत्रिकृत योजनाओं को ज्ञान होना आवश्यक है। इन सबसे संबंधित राष्ट्रीय तथा अंतराष्ट्रीय नियामको, प्रावधानों तथा मानको का ज्ञान होना चाहिए। स्टोक मार्किट का ज्ञान आपको नित्यप्रति आने वाले उतार व चढ़ाओं से सुरक्षित रखता है। संभावित वितिय संस्थानों तथा पैसे के संसाधनों का ज्ञान व्यापारी को व्यापार बढ़ाने में सहायता करता है। इसके अतिरिक्त विपणन, व्यापार से संबंधित क्षेत्रों का ज्ञान भी व्यापार फैलाने में सहायक होता है। इसी प्रकार आज के परिपेक्ष में वांछित प्रशिक्षण भी आपके व्यापार को बढ़ाने तथा सुरक्षित व्यापार में सहायता करता है।

व्यापार अपना चुन—कर, जुड़ी हुई विधाओं का ज्ञान लीजिए।
बार बार ह्रदय लगाकर, अपने लक्ष्य पर केवल ध्यान दीजिए।।2490।।

ध्यान देने योग्य बात यही है कि व्यापार में आपका लक्ष्य केवल और केवल लाभ प्राप्ति का ही नहीं है बल्कि आपका व्यापार निरंतर चलता रहे यही परम् लक्ष्य है जिसमें माया का आना और जाना अति आवश्यक एवं अपरिहार्य तत्त्व है। मूलतः आपका लक्ष्य होना चाहिए कि मुझे आज के दिन इतने रूपये का लेन—देन करना है जिसके लिए आज स्पष्ट रूप से इतने रूपये की आवश्यकता है। अपने गल्ले में उन रूपयों को मन की नजर से देखिए तथा परमात्त्मा का धन्यवाद देकर अपने कार्य में दिल से जुट जाईये प्रकृति के सानिध्य में रहते हुए स्वयं को परमात्त्मा का अंश मात्र समझते हुए अपने लक्ष्य पर आंख रखिए तथा उसे फलित होता हुए देखिए। हो सके तो नोटों को बार—बार गिनती कीजिए एवं मानसिक प्रत्यक्षीकरण का सहारा लीजिए

रखिये लक्ष्य पर आँख, हृदय में इसे बसाकर।
कीजिए लक्ष्य को पूरा, अंतर्मन इसे अपनाकर।।2491।।

ईमानदारी :– आप प्रबंधन में कितने भी अच्छे व्यापारी हो सकते हैं परंतु इमानदारी यदि आपके व्यापारिक गुणों के साथ जुड़ी है तो इसका विस्तार, प्रसार तथा प्रचार को कोई नहीं रोक सकता। ईमानदार व्यक्ति को उतार चढ़ाव तथा कई बार तो नकारात्मक परिस्थितियों से गुजरना पड़ता है, परंतु याद रहे यही प्रोसैस प्राकृतिक रूप से आपके कर्मों की जमी धूल को मिटाने के लिए आवश्यक है। आपको केवल धैर्य तथा संयम से काम लेना है ताकि आपका शुद्ध लाभ संकलित होने तक जिस समय की आवश्यकता है उस काल गति को आप काट सकें। याद रखें बेईमान व्यक्ति के साथ कोई भी व्यवहार नहीं करना चाहता, इस गुण के साथ ग्राहक भी लंबे समय तक जुड़ा नहीं रह सकता जिससे आपका व्यापार वृद्धि का सपना कभी भी पूरा नहीं हो सकता। याद रखें काठ की हाँडी कभी भी बार बार नहीं चढ़ाई जा सकती, बेईमानी का छूरा बार–बार नहीं घौंपा जा सकता है।

बेईमान व्यवहार किसी को भी नहीं प्यारा,

ईमानदार होता है सभी का प्यारा ।
एक अकेला रह जाता है बेईमान धरा पर,

ईमानदार बनता है सभी का दुलारा।।2493।

सही सोच तथा ईमानदारी वे गहने हैं जिन्हें धारण कर आप अपना ही नहीं अपने कुल का भी भला कर सकते हैं, ऐसे अर्जित की गई सम्पति दिनो दिन बढ़ती जाती है तथा आपके इर्दगिर्द सात्विक वातावरण का निर्माण करती है। ईमानदारी आपके साथ व्यापार में बेहतर तथा अच्छे व्यापारियों को जोड़ती है जिससे आप कम पुँजी के साथ अधिक सामान खरीदने का अवसर प्राप्त करते हैं जिससे आपके व्यापार का विस्तार होता चला जाता है। इसी प्रकार बैंकों इत्यादि में आपकी ईमानदार छवि आपके व्यापार में नये आयामों को जोड़ने में सहायक होती है जिससे आप अपने व्यापार को हजारों गुणा बड़ा करने में सक्षम होते जाते हैं।

ईमान की कमाई भण्डार भर देती, 'आत्मिक' शाँति चहुँ और फैलाकर ।
कुलतारक बनती है 'ईमान' संपति, समाज में आपको सम्मान दिलाकर ।।2494।।

समय की पाबंदी:– यद्यपि आपका समय निष्ठ होना जीवन के हर क्षेत्र में अनिवार्य तथा अपरिहार्य टूल है जो आपके संपूर्ण व्यक्तित्व की सामाजिक प्रतिष्ठा में चार चांद लगाता है। भौतिक वातावरण में यह महत्त्व और भी अधिक बढ़ जाता है जब आप समय की गति के साथ अपनी गति को संतुलित कर देते हैं। कहा भी जाता है कि बीता हुआ समय और बीता हुआ कल कभी वापिस नहीं आता, इसी तरह व्यापार

में समय पर पैसे का लेन देन अथवा मीटिंग इत्यादि में समय की देरी आपसे व्यापार की संभावनाओं को छीन सकती है जिससे आपको व्यापार में हानि हो सकती है। कई अवस्थाओं में तो समय की पाबंदी आपके व्यापार को डूबोने तथा उभारने में भी महत्त्वपूर्ण भूमिका निभाती है।

समय बहुत ही कीमती, कभी लौटकर आता नहीं।
समय साथ जो चलता, उदास समय लौटाता नहीं।।2495।।

माना गया है कि समय मूलतः तीन गतियों से चलता है पहली गति आपकी आँखों के साथ जुड़ी है जिसमें आप केवल वहाँ तक सोच या देख पाते हैं जहाँ तक आपकी दृष्टि पहुंच पाती है। दूसरी गति वह है जहाँ तक आपका मन पहुँच सकता है परंतु मन वहीं पहुँच सकता जहाँ यह पूर्व जन्मों में पहुंचा हो अथवा जो छवि आपके मानस पटल में किसी भी परिस्थितिजन्य उपस्थित हो।

मन की तीसरी गति है आपकी सोच के साथ तथा कल्पना शक्ति जो कि आपके अंतर्मन से जुड़ी हुई है जो आपको भूत–वर्तमान–भविष्य का दृष्टा बनाती है तथा आपकी आत्मिक शक्ति कहलाती है। मनोवैज्ञानिक स्तर पर आप इसे मंत्र तथा त्राटक अभ्यास से विकसित कर सकते हैं। अतः नित्यप्रति अपने लक्ष्य पर दस मिनट तक त्राटक कीजिए तथा व्यापार में आने वाली बाधाओं तथा परेशानियों को जानकर उसका परिस्थितिजन्य निराकरण अपने अंदर से जानकर हल निकालिये। यदि आप अपनी अंतर्प्रेरणा जानना चाहते हैं तथा उससे जुड़ी मंत्रशक्ति जानना चाहते हैं तो पुस्तक के आठवें अध्याय के आठवें खण्ड को सविस्तार पढ़िये।

समय की शक्ति है अपार, समय से चलता व्यापार।
सदुपयोग समय सीखकर, उन्नति का बनायें आधार।।2496।।

नेतृत्व क्षमता :- व्यापार का विस्तार तथा प्रभाव आपके अपने व्यक्तित्व की प्रतिछवि माना जाता है। आपका व्यापार मूलतः कर्मचारियों की सहायता ईमानदारी पर निर्भर करता है। कर्मचारी हर उलझन, कठिनाई एवं प्रेरणा के लिए अपने बोस से ही प्रेरणा लेते हैं तथा उनसे सहायता की उपेक्षा करते हैं। अतः व्यापारी में हर समस्या का समाधान करने के साथ साथ नेतृत्व क्षमता होनी चाहिए। कोई भी व्यापार तभी सफल हो सकता है जब उसको चलाने वाला स्वयं क्षमतावान तथा नेतृत्वशील हो। इन दोनों ही क्षमताओं को बढ़ाने के लिए आपको ध्यान साधना आदि की सहायता लेनी चाहिए तथा थोड़ा समय अपने लिए निकालकर स्वयं का उद्धर कीजिए क्योंकि यदि आप संपन्न हैं, स्वस्थ हैं तथा मानसिक तौर पर सक्षम होंगे तो व्यापार भी दिन दौगुना चौगुना बढ़ता रहेगा। यदि आप स्वयं टैंशन में हैं तो इसका प्रतिकूल प्रभाव आपके काम पर अवश्य पड़ता है तथा आपके व्यवहार में भी प्रतिभूतित होता है।

आपने अक्षर देखा होगा कि एक सफल व्यक्तित्त्व पर अक्षर व्यापार कई पीढ़ियों तक चलता रहता है। परंतु उस व्यक्ति के संसार से विलुप्त होते ही चलता हुआ व्यापार भी विलुप्त होना आरम्भ हो जाता है जिसका सीधा सा कारण उस व्यक्ति की अपनी नेतृत्त्व क्षमता को माना जाता है। इसके अतिरिक्त उस व्यक्ति का व्यवहार, सौभाग्यशाली होना तथा उसकी अपने काम में ह्रदय लगाने की क्षमता व्यापार की उन्नति में बहुत बड़ा योगदान माना जाता है।

व्यक्तित्त्व 'आधारित' है व्यापार, दूर तक फैलाता इसे व्यवहार ।
नेतृत्त्व क्षमता है इसका आधार, फूलता फैलाता उचित विचार ।।2497।।

धन की उपलब्धता:– कोई भी व्यापार चलाने के लिए धन का होना अति आवश्यक है, बिना पैसे के कोई व्यापार नहीं चल सकता है अतः मूलभूत आवश्यकताओं की व्यवस्था करना आपका मूल कार्य है। परंतु ध्यान रहे पैसा ही सबकुछ नहीं होता परंतु कुछ तो होता है जिसका आपके समस्त व्यापार में महत्त्वपूर्ण स्थान है। बहुत बार व्यापार में निरंतरता बनाये रखने के लिए भी धन की समय समय पर आवश्यकता होती रहती है। कहा भी जाता है कि जितना बड़ा व्यापार उतनी अधिक धन की आवश्यकता तथा उतनी ही अधिक आपकी आमदन। व्यापार करना कोई खेल अथवा मजाक नहीं है इसको चलाने के लिए आपमें विभिन्न योग्यताओं का समावेश होना अपरिहार्य है इसमें लगा हुआ पैसा केवल जोखिम मात्र है जिसे बचाने के लिए ही आप अपने जीवन का अधिकत्तम समय निवेश करते हैं।

लेनदेन की क्षमता है धन, विनिमय का है एक साधन।
धन कमी से प्रभावित सब, सामाजिक सुरक्षा प्रसाधन।।2498

अपने जोखिम को सुरक्षित रखने तथा इसकी सुरक्षा के कारण उत्पन्न हो रहे तनाव रहित रखने के लिए व्यापारी को निरंतर मेहनत करनी पड़ती है, वह भी निरंतरता के साथ। व्यापार एक या दो दिन का विषय नहीं है इसमें कई पीढ़ियों तक का सामयिक निवेश छुपा हुआ है, परंतु उतार चढ़ाव के पैंडुलम की तलवार निरंतर सिर पर टंगी रहती है जिसके लिए धन की निरंतरता एवं मेहनत इसके लिए अति आवश्यक तत्व हैं जिनके रहते आप पीढ़ियों तक का व्यापार खड़ा कर सकते हैं। धन खरीद सकता सब पर सुख शाँति नहीं।

अच्छे तथा समर्पित कर्मचारी :–आज के अर्थप्रधान समाज में कर्मचारी किसी भी कार्यालय की रीढ़ माने जाते हैं। जिस प्रकार एक कंपनी के लिए कुशल मालिक की आवश्यकता होती है उसी प्रकार कुशल एवं समर्पित कर्मचारियों के बिना किसी भी व्यापार का सफल होना असंभव है। परंतु ऐसे कर्मचारियों को तैयार करने के लिए भी समय, धन, प्रशिक्षण, अच्छा कार्यस्थल, उचित माहौल तथा अच्छे वेतन की आवश्यकता रहती है। कर्मचारी का कार्य उसके लिए भाग्य विधाता के रूप में कार्य

करता है तथा उसकी समस्त जीवन की आवश्यकताओं की पूर्ति का साधना स्थल माना गया है। विद्या प्राप्ति कर वह एक अच्छा नागरिक व इनसान बनता है परन्तु उसका कार्य उसे कुशल बनाता है जबकि उसका मालिक उसकी कुशलता की कीमत डालता है जिससे वह अपना संतुष्ट जीवन वहन करता है।

निपुणता की दासी सफलता, खुशी की दासी सुखःशाँति।
'कुशलता से चलता व्यापार, लाता जो व्यापार में क्राँति।।2499।।

यह कोई आवश्यक नहीं है प्रत्येक व्यक्ति एक अच्छा व बड़ा व्यापारी बन जाये। परंतु यदि आप अपना कार्य पूर्ण समर्पण एवं कर्मठता व ईमानदारी से अपना कार्य निरन्तर करते हैं तो एक दिन आप स्वयं मालिक बन जायेंगे जिसके लिए परमात्मा भी आपको रोक नहीं सकते हैं। वर्तमान को संवारकर तथा अपने कार्य के कलाकार बनकर ही आप अपना, मालिक एवं अपने परिवार का भविष्य संवार सकते हैं।

'नौकरी को नौकरी समझना भूल है, मालिक की सोच अंतर्मन बैठाइए ।
सबकुछ समर्पित कर कार्यस्थल पर, अंतर्मन में 'डूब' लूफ्त उड़ाइए।।2500।।

कभी भी अपने कार्यस्थल को मालिक का समझने की भूल न करें बल्कि अपने मन में यह विचार लायें कि जो कार्य आप कर रहे हैं वह आपका अपना कार्य है, आपकी रोजी रोटी ही नहीं इससे आपका सुःखद भविष्य भी जुड़ा हुआ है। आप भूलकर भी कभी यह मत सोचे कि बोस आपको पसंद नहीं करते क्योंकि बोस को आप प्यारे नहीं लगेंगे बल्कि आपका कार्य उनके हृदय में स्थान बनाता है।

किसी भी कार्यालय में परस्पर राजनीति का पनपना एक स्वाभाविक प्रक्रिया है जिसका कुछ लोग फायदा भी उठाते दीखते हैं परंतु आप अपनी कार्यकुशलता को ही अपना राजनीतिक हथियार बना लीजिए। कार्य के प्रति आपका समर्पण ही आपकी सबसे बड़ी पूजा है, आपकी अच्छाई आपका सुरक्षा कवच है तथा कार्य में कुशलता ही आपकी प्रमोशन की कुंजी है। हर कर्मचारी को अपने वर्तमान को संभालने तथा स्वयं का संरक्षक बनना चाहिए क्योंकि वर्तमान को संवारकर ही आप अपने भविष्य की सीढ़ियाँ चढ़ सकते हैं।

कुशलता कर्म की पूंजी, कर्म ही पूजा है आपकी।
प्रमोशन पूजा का प्रसाद, राजनिति कहलाता श्राप भी।2501।।

जितना हृदय आप अपने कार्य में लगाते हैं, उतना ही अच्छा आपको महसूस होना आरम्भ हो जाता है। इसके विपरीत आप अपने दिमाग में जितना पालते हैं कि आपकी यह ड्यूटी नहीं है अथवा किसी अन्य कार्य मिलने पर आप व्यथित विचलित होते हैं तो आप अपने लिए न केवल समस्याओं को न्योता दे रहे हैं वरन् अपनी डिमोशन की तैयारी करनी आरंभ कर दी है। अपने कार्यस्थल पर जितना आप खुशी

के भाव के साथ आरंभ करते हैं आपका दिन उतना ही उन्नत हो जाता है। ख्याल रहे आपका कार्यस्थल आपका घर नहीं है जहाँ आपके दिमाग में समस्याओं का तांता चलता रहता है वरन आपको घर की समस्याओं को सुबह घर की देहली लांघते समय वहीं छोड़ देना चाहिए, तथा कार्यस्थल छोड़ते समय कार्यस्थल की समस्याओं को कार्यस्थल पर ही त्याग करके खुशी के भाव के साथ घर में प्रवेश करना चाहिए

प्रवेश कीजिए कार्यस्थल पर, भूलाकर घर की बातों को।
आनंद लीजिए कर्म के साथ, बंद कर ग्रहणी खातों को।।2502।।

कार्य के प्रति आपका अच्छा या बुरा नजरिया आपकी तरक्की का आईना है इसमें बदलाव से आप तनाव को कम कर सकते हैं तथा अपने कार्य को आनंदायी एवं कल्याणकारी बना सकते हैं। नजरिये में बदलाव के माध्यम से ही आपकी समस्त भावनाओं में भी परिवर्तन लाया जा सकता है। कार्य के प्रति आपके झुकाव से आपकी भावनाओं, सफलता तथा संबंधों में आमूल परिवर्तन लाया जा सकता है क्योंकि कार्य में लगा हुआ मन आपमें संतुष्टि, समर्पण तथा कुशलता के गुणों का विकास करता है जिससे आपको कार्यस्थल पर तरक्की, सराहना तथा ईनाम की व्यवस्था सवयं ही होने लगती है।

बन जाईये 'मेहनत' का चुंबक, प्रमोशन आपके पास स्वयं चली आयेगी।
सोहरत इज्जत दिला आपको, समय से पहले'वेतन–वृद्धि' मिल पायेगी।।2503।।

हर परिस्थिति में नया करना व नया सीखना आपके सुःखद भविष्य की पहचान माने गये हैं। जितना आप जानते हैं उसे हमेशा ही कम समझ कर कुछ न कुछ नया सीखने की कोशिश में लगे रहिए। याद रखिए जितना ज्यादा जानने की आप अपने आपमें लालसा जगाते हैं उतना ही आपका बौधिक विकास होता है जिसका प्रकाश आपके चारों और फैलकर आपके संपूर्ण व्यक्तित्त्व को प्रकाशित करता है। इस छोटे से प्रयास द्वारा आप अपने संपर्क में आने वाले कर्मचारियों, अधिकारियों तथा यहाँ तक की आप अपने पारिवारिक सदस्यों को भी प्रभावित करते हैं तथा अपने व्यक्तित्व का दिनो दिन विकास करने लग जाते हैं।

कर्म आपकी है पूजा, कर्म से आती कर्मठता ।
नया सीखना अधिकार, अनुशाशन से मालिक पटता ।।2504।।

यदि आपके चारों ओर कुछ बुरा भी होता है तो अपना ध्यान बुराई से हटाकर अच्छाई में लगाईये न कि बुराई से लड़ने में अपना समय बर्बाद कीजिए क्योंकि बुराई से लड़ने में जब आप अपना समय बर्बाद करते हैं तो अच्छाई आपसे उतनी ही दूर हो जाती है परंतु जब आप अच्छाई में अपना ध्यान लगाते हैं तो बुराई प्रतिक्रिया स्वरूप स्वयं ही नष्ट हो जाती है क्योंकि यह एक सर्वविदित तथ्य है कि प्रकाश

आते ही अंधेरा स्वयं खत्म हो जाता है इसके लिए प्रकाश को कोई मेहनत नहीं करनी पड़ती है। इसी प्रकार जब आपमें कर्मठता जन्म ले लेती है तो आपके इर्द–गिर्द अकर्मण्यता, कुंठायें, स्वार्थप्रियता स्वयंमेव समाप्त हो जाते हैं।

अच्छाई देखना आरम्भ कीजिए, अच्छाई स्वयं प्रकट हो जायेगी ।
छोड़ दीजिए 'बुराई' पहचानना, अच्छे बुरे की पहचान हो पायेगी।।2505।।

दूसरों से कभी बहुत अधिक उम्मीद न रखें तथा कभी भी दूसरों पर निर्भर मत रहिए क्योंकि निर्भरता आत्म हत्या के समान है। इसके विपरीत दूसरों को अधिक देना आरंभ कीजिए, प्रतिक्रिया स्वरूप आपको स्वयं ही अधिक मिलना शुरू हो जायेगा जिससे आपको चारों ओर अनंतता का भाव विकसीत होना आरंभ हो जायेगा। याद रखिए भिखारी हमेशा भिखारी कहलाता है परंतु दाता हमेशा दानी। आप अपने आपको क्या सोचते हैं ?

हार्वड विश्वविद्यालय की एक शोध में प्रमाणित हुआ है कि सफलता का 85 प्रतिशत आपके सोचने के नजरिये पर निर्भर करता है जबकि केवल 15 प्रतिशत आपकी मेहनत का रोल पाया गया है। सफलता पाने के लिए आपको संभावनाओं की आवश्यकता होती है तथा आपका नजरिया बदलते ही संभावनायें स्वयं ही आपके सामने आकर खड़ी हो जाती हैं तथा इन्हें भूनाना व सफलता में बदलना आपके लिए खेल हो जाता है। सकारात्मक व्यक्तित्व से हर एक व्यक्ति प्रेम करता है, उसमें अपनी समस्याओं का समाधान ढूढ़ता है। उसके आसपास अपने आप को सुरक्षित, पोषित एवं खुशहाल महसूस करता है। ऐसा तभी हो सकता है जब आप हर स्थिति में बदलने का उत्त्साह रखते हैं, अपने कर्म को अपनी पूजा तथा दूसरों के लिए स्वयं को उदाहरण के रूप में प्रस्तुत करते हैं।

स्वावलंबी इनसान स्वयंभु है, सोच ही उस की पथ प्रदर्शक ।
उसी के पीछे चलता समाज, कहलाता है भविष्य का दर्शक।।2506।।

अपने आस पास के लोगों की आंखों में आंखे डालिए तथा चेहरे पर मुस्कान के साथ हँसिए। दूसरों की छोटी छोटी बातों के लिए प्रशंसा कीजिए, हौंसला बढ़ाईये तथा धन्यवाद दीजिए। दूसरों को आदर देने मात्र से ही आपका नजरिया आपके लिए आदर खड़ा करना आरंभ कर देता है जिसे हर व्यक्ति पसंद करता ही है।

दिजिए और लीजिए आदर, ये जबरन खरीदा नहीं जाता है।
जो बोया सो ही है काटना, धागा'दिलों' में पिरोया जाता है।।2122।।

सफलता का दूसरा तरीका है अपनी योजनाओं को लिखना तथा अपनी अभिष्ट इच्छाओं का कदम दर खाका तैयार करना तथा उसके अनुसार आग योजनाओं को अम्ली जामा पहराना। आपका केवल इतना सा कर्म है कि इस लिखित योजना को

अपने ईष्ट के चरणों में लगा दीजिए तथा आप केवल अपनी अंतर्प्रेरणा से उसकी पूर्णता के लिए प्रार्थना करते रहिए। कालचक्र की गणना आपकी इच्छा की तिव्रता पर निर्भर करती है कि वह कब पूरी होगी। हाँ उसकी स्वीकृति के संकेत प्रकृति आपको अवश्य भेजना आरम्भ कर देती है। यह संसार चलायमान तथा आपको सदैव आगे बढ़ते रहना है यही आपका मूल उद्देश्य है जिसमें आप स्वयं ही तय करता कि भूमिका में रहते हैं कि आपको आगे बढ़ना है अथवा पद, प्रतिष्ठा अथवा कुर्सी से चिपके रहना है। एक जगह बैठना स्वयं ही जंग खाने के समान है। अपने अंतर्विश्वास से जुड़े रहकर हौंसले के साथ पैदा होने वाली हर संभावनाओं का स्वागत कीजिए, कोई पता नहीं है कि कौन सा चांस आपके लिए बड़ी से बड़ी सफलता के दरवाजे खोलने वाला है ?

रोपित करना प्यार दिलों में, तपस्या है ये आसान नहीं है।।
दिल जितने पड़ते हैं 'कृष्ण, घर घुसने के समान नहीं है।।2123।।

कर्मचारी चयन प्रक्रिया

अच्छे कर्मचारी अन्यथा ही पैदा नहीं होते बल्कि उन्हें ढ़ँढ़ने व नियुक्ति करने के लिए कंपनीयों को भी विशेष प्रयास करने पड़ते हैं। अनेको संभावित लोगों में से कई दौरों से गुजर कर अंतिम संभाव्य तक पहुंचना पड़ता है। संभाव्य तो बहुतायत हैं परंतु आपकी योग्यता में कौन कितना फिट बैठता है इसी प्रक्रिया का नाम कर्मचारी चयन प्रणाली है। यदि कंपनी अपने संभाव्य को जल्द ढूढ़ना चाहती है तो कर्मचारी की अंतप्रेरणा से अपनी योग्यताओं का मिलान करें ताकि आपको ईमानदार, लंबे समय टिकने वाले तथा चयन में उचित बैठने वाले कर्मचारी मिल पायें। कर्मचारी अच्छी योग्यता एवं अपने काम की जानकारी भी रख सकता है, परंतु यदि वह उसकी समाप्ति तक टिक ही नहीं सकता तो ऐसे कर्मचारी को चुनने से क्या फायदा अतः उसका रचनात्मक ज्ञान व अनुभव सबसे अधिक आवश्यक है। अब हम अच्छे कर्मचारी के मूल गुणों का वर्णन करेंगे।

पेशेवर व्यवहार :– व्यापार कोई खेल का मैदान नहीं होता। पेशेवर कर्मचारी सदैव अपने कार्य के प्रति निष्ठावान बने रहते हैं। ऐसा कर्मचारी अपनी कार्यशैली में तन्मयता, निष्ठा एवं निपुणता का गुण समाहित किए हुए होते हैं। जबकि इसके विपरीत आचरण वाला कर्मचारी स्वयं भी कार्य के प्रति अनजान बना रहता है व बार–बार परशिक्षण के बावजूद भी न केवल अपना समय बर्बाद करता है बल्कि दूसरों के समय की घात करता है तथा कोई न कोई नुकशान नित्यप्रति दोहराता है। ऐसे कर्मचारी को या तो हटाया जाना चाहिए अथवा इसमें तन्मयता, निष्ठा एवं निपुणता के गुणों का रोपण कर इसे हीरे के रूप में तराशना चाहिए। हीरा हमेशा व्यापार के लिए अमूल्य रहता है व किसी भी परिस्थिति में स्तम्भ का कार्य करता है।

पेशेवर कर्मचारी यदि चाहिए, प्रशिक्षण से ही उसे निखारिये।
सिखलाकर कर्मणता के गुण, गुणवत्ता कर्मचारी में उभारिये।।2507।।

आलोचना को हृदय से स्वीकार कीजिएः–अच्छा कर्मचारी सदैव आलोचना से सीखता है तथा उत्तम करने के भाव से सीखने कला का सृजन करता है।

मान पुड़ी है जहर की, खाये सो पगला होये ।
वाशिंगपाउडर अपमान, पचते ही अह्म धोये ।।2123।।

यदि आपका बोस अथवा कोई सहकर्मचारी आपकी किसी काम के लिए अथवा आपके किसी व्यवहार की आलोचना करते हैं तो उनसे करबद्ध प्रार्थना कर पूछिए कि उस आलोचना का निदान क्या है तथा निदान पाकर अपने आप में सुधार लाने की कोशिश में लग जाईये जब तक कि आपको आलोचना करने वाले से इस विषय में कोई कमैंट ना आये। याद रखिए आलोचना मिलने पर हमेशा ही गुस्सा या बदले के भाव पैदा होते हैं जो आपकी बुद्धि शक्ति या सोच शक्ति का घात करते हैं।

अतः सावधानी पूर्वक गुस्से को पीकर स्वीकृति से विकास का मार्ग अपनायें तथा अपने आपमें आलोचना को स्वीकारने की कला का प्रतिपादन कर विनाश की अपेक्षा विकास का मार्ग अपनाकर समझदारी दिखायें तथा अन्य को मजबूर करें कि वे आपकी आलोचना करने की अपेक्षा आपकी तारीफ का रास्त अपनायें। यदि आपको लगता है कि दूसरों की यह आदत है कि वह आपको नीचा दिखाकर सदैव आलोचना का मार्ग अपनाते हैं तो ऐसे लोगों के लिए इग्नोर करने का मार्ग ही सर्वोत्तम निदान है।

आलोचना स्वीकारना, समझो जिसे भी आ गया ।
'जीवन' को सुधारना, समझो उसे ही भा गया ।।2124।।

अपने कार्य में स्वतंत्रता एवं संपूर्णता का समावेश कीजिए :–अच्छे कर्मचारी अपना कार्य स्वयं व संपूर्णता के साथ हमेशा पूरा करते हैं। आपका कार्य चाहे थकान देने वाला, उबाऊ, कठिन उच्च भुगतान रहित है उसकी परवाह किए बिना हृदय के साथ स्वीकार कीजिए तथा संपूर्णता से उसे खत्म करने की क्षमता का विकास कीजिए। आप देखेंगे कि यही कार्य एक दिन आपके लिए खेल बन जायेगा तथा आपकी क्षमता का विकास भी दिनों दिन बढ़ना आरंभ हो जाएगा। अपनी मानसिकता को इस तरह विकसित कीजिए कि मैं अपने कार्य की समाप्ति तक किसी भी तरह की लापरवाही अथवा कोताही नहीं बरतूँगा, तो आप देखेंगे कि अतिशीघ्र आप दक्षता हासिल कर कार्य समाप्ति की कला के मालिक बन जायेंगे। इसमें आपको वर्कहोलिक बनने की बजाए वर्ककिलर बनना चाहिए।

स्वतंत्रता दिलाती है कर्मठता, कर्मठता पैदा करती संपूर्णता।
संपूर्णता में व्यापत संभावनायें, संभावना में ही छुपी कर्मण्यता।।2508।।

जब आप कर्मचारी के रूप में कार्य करवाते हैं तो थकान, कठिनाई एवं बोरियत अपरिहार्य चीजें हैं तथा कार्य का हिस्सा भी हैं अतः इन्हें हृदय से स्वीकार कर आगे बढ़ते जाईये परंतु इन कठिनाईयों को बिना कोई महत्त्व दिए बिना। इसके अतिरिक्त नौकरी को सैलरी अथवा महीने बाद मिलने वाले वेतन का विषय ना बनाकर अपने खर्चों को अपने ईष्ट के चरणों में छोड़ना सीखिए, सुबह उठिए और अपनी समस्त चिंताओं को चिंतन में बदलने का अभ्यास कीजिए। आप प्रभु से प्रार्थना कीजिए कि 'मेरी चिंता आपकी और आपका चिंतन मेरा' आपका चिंतन ही आपका जनून कहलाता है जिसे पुस्तक के आठवें अध्याय के आठवें खण्ड में सविस्तार बतलाया गया है। आप इस तथ्य को हृदय से स्वीकार कीजिए कि वेतन एक दिन अथवा महीने का विषय नहीं बल्कि आपके अनुभव, योग्यता तथा समय पर आधारित आपका आत्मिक सम्मान है। यदि आप इसमें बढ़ोतरी चाहते हैं तो कम से कम एक वर्ष तक इंतजार कीजिए तथा अपनी कार्यशैली के बल पर उस वेतन के अधिकारी बनिए जो आपकी कल्पना से भी परे हो।

वेतन नहीं सम्मान, सम्मान के अधिकारी बनिए।
जिससे पले संसार, आसमान के शिकारी बनिए।।2509।।

पहले भी बतलाया चुका है कि 'चमड़ा प्यारा नहीं होता बल्कि आपका कर्म आपको सर्वप्रिय एवं काबिल इनसान बनाता है। यदि आप अपने कार्य करने के तरीकों में क्षमता, गुणवत्ता तथा निपुणता के गुणों का समावेश कीजिए तो आपको अपने लक्ष्य की वेतन वृद्धि अवश्यमेव मिल जायेगी।

काम प्यारा होता है मनु का, चाम कभी प्यारा नहीं होता है।
कलाकारी कर्म में सृजन से, कर्मचारी सबसे न्यारा होता है।।2124।।

संबंधों की महत्त्वता पर विचार कीजिए :– अच्छा कर्मचारी अपनी संस्था में अपने आसपास के लोगों के साथ संबंधों का विस्तार करता है व विषय में निपुण लोगों से हमेशा कुछ न कुछ सीखने की कोशिश करता है। अपने से अधीन तथा उच्च पद के लोगों के साथ इज्जत, सम्मान तथा हँसकर सामना करने मात्र से आपकी मानसिक शक्ति का संचार होता है व उनके साथ आपके संबंध आपके लिए महत्त्वपूर्ण भूमिका अदा करते हैं। ऐसे लोगों से दूर रहने की कोशिश कीजिए जो न केवल संस्था के लिए हानिकारक व दूसरे कर्मचारियों से सिरदर्द का कारण बनते हैं। सच्चाई निष्ठा ऐसे हथियार हैं जो किसी भी स्थिति में आपकी सहायता करते हैं। याद रखिए मनुष्य एक सामाजिक प्राणी है, उसके आसपास जैसा भी माहौल रहेगा वह उससे

अछूता नहीं रह सकता है, इसलिए अपने आसपास ऐसा वातावरण तैयार करें जो सौहार्दपूर्ण, उत्त्साहवर्धक एवं उत्पादकता से परिपूर्ण हो।

सुखद, सौम्य, हार्दिक वातावरण, आपकी इनसानियत की पहचान है।
'पीरो' दीजिए इसे अपने कर्म में, न जाने कितने दिन के मेहमान है।।2125।।

अपनी नौकरी प्रर्दशन साफ सुथरा रखिए :– अच्छी नौकरी से अभिप्राय है हर स्थिति में अपना प्रदर्शन साफ सुथरा रखिए जैसे कि हाजरी, समय पर पहुंचना, विनम्र व्यवहार, ग्राहक के साथ मधुर व्यवहार, बोस की कर्म द्वारा संतुष्टि एवं समय समय सहयोगियों द्वारा प्रशंसा प्राप्त करना। हर कार्य को समयपूर्वक खत्म करना तथा दक्षता से कार्य में निपुणता हालिस करना इत्यादि ऐसे कदम हैं जिनसे आप अपनी नौकरी के प्रर्दशन को सदैव सुधारते एवं साफ सुथरा करते रहिए। हो सकता है तो कार्यालय में कम से कम 10 से 15 मिनट पहले पहुंचने की कोशिश कीजिए तथा छुट्टी के बाद 5 से 10 मिनट इंतजार के बाद अपना सारा कार्य निपटाने के बाद तथा सभी कुछ अच्छी तरह से बंद करके अथवा बढ़ा कर जगह छोड़िये ।

साफ सुथरा एवं समर्पित, कर्मचारी मालिक को प्यारा होता है।
सद्भाव व समर्पण 'भरा', कर्मचारी सबसे ही 'न्यारा' होता है।।2125।।

हर समस्या समाधान में भागीदार बनिए :– कार्यस्थल पर हर समस्या भले ही वह सीधे आपके अपने विभाग अथवा टेबल से संबंधित नहीं है, इसके समाधान में अपनी ओर से अपनी सामर्थ्य क्षमता अनुसार अवश्य भाग लीजिए ऐसी स्थिति में भी जबकि आपसे सुझाव न मांगे गये हों परंतु आप अपनी भागीदारी तलाश लिजिए तथा इसके समाधान के लिए अपना अधिकत्तम् योगदान दीजिए तभी आप संस्था के स्तम्भ का कार्य कर पायेंगे।

कर्मचारी के लिए इससे बड़ा गर्व नहीं हो सकता कि उसे हर समस्या के लिए पूछा जाता है तथा उसने ऐसे कर्मचारी के रूप में अपनी पहचान संस्था में बनाई है तथा आफिस आप पर निर्भर है। जब आप अपने बोस के पास कोई समस्या लेकर जाते हैं तो इसके लिए कोई न कोई समाधान लेकर भी जाईये, आपका यही नजरिया आपके लिए हमेशा सहायी रहता है तथा बोस को आप पर विश्वास प्रतिपादित होता है कि समाधान भी आपके पास है, आप केवल बोस की सहमति लेना चाहते हैं तथा उनको समाधान का श्रेय देना चाहते हैं। इससे आपकी छवि समस्या पैदा करने की नहीं सुलझाने वाले इनसान की बनती है।

यदि आपके सुझाव से बोस सहमत भी नहीं हैं तो हमेशा सकारात्त्मक व्यवहार में रहिए तथा अपने कार्य को अंतर्आत्त्मा से निपटाईये, कभी ऐसा दिखाने की कोशिश कम कीजिए कि आप उनके किसी फैसले से नाराज हैं व संस्था के किसी भी कार्य

में खुले दिमाग के साथ भाग लीजिए तथा जो भी करें वह हृद्‌य से करें । ध्यान रहे आप संस्था से अपनी आजीविका ग्रहण करते हैं न कि किसी व्यक्तिगत विचार अथवा सोच से।

विचार अपने सुझाव समझ, देने में कभी न हिचकिए ।
हृदय शुभेच्छा परिपूर्ण रख,'मस्तमौला' रहते विचरिये ।।2126।।

गप्पे हाँकने की अपेक्षा दक्षता में अपना समय लगायें :– हमेशा अपने काम को सर्वोत्तम प्राथमिकता दीजिए तथा अपने आबंटित कार्य को सदैव समय से पहले निबटाने की कोशिश कीजिए परंतु फालतू समय में न तो अपना समय बर्बाद करें, न ही किसी दूसरे कर्मचारी का। अच्छे कर्मचारी के नाते आप अपना बचाया हुआ समय दूसरों की सहायता में गुजारिये क्योंकि मूलतः आप उस कर्मचारी की सहायता नहीं कर रहे हैं बल्कि आप संस्था की सहायता कर रहे हैं जो कभी न कभी आपको लौटकर ईनाम के रूप में मिलने वाला है।

समय की बर्बादी करना, पैरों पर कुल्हाड़ी मारने समान ।
समय लगा कर्मण्यता में, 'संस्था' को है उभारने समान ।।2127।।

जब भी आपको बातें करनी हैं तो काम से संबंधित तथा दक्षता हासिल करने संबंधित बातें करिए। बोस के सामने भी अपनी समस्याओं की अपेक्षा काम में दक्षता लाने संबंधित विषयों पर विचार विमर्श कीजिए। बोस के सामने बार बार जाना तथा व्यर्थ की बातों में समय बर्बाद करना अपनी छवि खराब करने के समान है तथा बहकाने वाले या षडयंत्रकारी की भूमिका निभाने जैसा है। अतः कार्यालय के समय में केवल फालतू समय में और उन लोगों से गप्पे हांकिए जो अपना कार्य समाप्त कर चुके हों। याद रखिए अपनी जिव्हा पर नियंत्रण सर्प मारने के समान है और सर्प से अभिप्रायः है आपके निंदकों को मारना ।

बातों से नहीं भरता पेट, बातों से 'सम्पादन' लेट ।।
बातें जाती 'चाट' समय, बातें करती मलिया मेट ।।2128।।

अपना पहनावा हमेशा सुपर बोस जैसा रखें :– व्यापार में पहनावा बहुत महत्त्वपूर्ण है, यदि कार्यालय स्थल पर ड्रैस कोड लागू न हो अथवा किसी विशेष अवसर पर अपने पहनावे को ऐसा रखिए कि देखने पर आप ही सुपर बोस नजर आयें, अथवा आपमें विशेष व्यक्तित्व नजर आना चाहिए। हमेशा ही चुस्त एवं तंदरूस्त नजर आने चाहिए एवं लोगों को आपमें ही सुपर बोस की छवि नजर आनी चाहिए, इसमें चाहे आपको लोगों से कमैंट भी अगर मिलते हैं तो इनका आनंद लिजिए। किसी आगंतुक के लिए आपका पहनावा ही आपकी छवि है अतः कर्मचारी की अपेक्षा नियोक्ता का पहनावा धारण कीजिए, क्योंकि आपके कार्य एवं व्यक्तित्व की चर्चा जब तक किसी

कार्यालय में नहीं होती है तो आपकी प्रोग्रैस की सीढ़ी भी तैयार नहीं हो पाती है। स्वच्छ तथा निर्मल व्यक्तित्व की छवि के लिए यह संसार ही स्वर्ग समान माना जाता है। अतः अपनी उपस्थिति मात्र से अपने कार्यक्षेत्र को स्वर्ग बनाईये तथा इसकी अनुभूति का आनंद लीजिए। आपकी छवि ही आपके सहयोगियों के लिए स्वपनों के संसार में प्रविष्टि के समान है। अतः अपने आफिस को अपनी उपस्थिति से ही स्वर्ग बनाईये तथा स्वयं एवं आपकी उपस्थिति में अन्यों को भी संतुष्ट एवं प्रसन्न होने का मार्ग प्रसस्त कीजिए। अपना सिर हमेशा गर्व व आश्वस्थता से ऊँचा रखिए। एक शाँत, ऊर्जावान एवं आश्वस्त इनसान की छवि आपको अपने लक्ष्य से कहीं आगे स्थापित करने के लिए आवश्यक है। इस बात से अपने आपको अनभिज्ञ रखिये कि विजेता कौन है, बल्कि इस बात पर ध्यान दीजिए कि विजेता बनने वाला कौन है और क्यों है ? और हर समय आप हीं विजेता होंगे ऐसा विश्वास कायम कीजिए।

अच्छी 'ड्रैस' व 'एड्रैस', अच्छे व्यापार की पहचान हैं।
व्यवहार आपका 'बिंदी', सुःखद 'भविष्य' निर्माण है।।2128।।

अपने अधिनस्थ कर्मचारियों को सदैव मार्गदर्शन एवं प्रोत्साहन दीजिए :– दूसरों को रास्ता और मार्गदर्शन प्रदान करने वाले लोगों के लिए परमात्मा स्वयं ही सुःखद राहों का निर्माण कर देते हैं। याद रखिए यह दुनिया केवल लेन देन का हिसाब मात्र है अतः जो भी आप यहाँ बोते हो वही आपको वापिस मिलता है। अच्छा कर्म आपको अच्छा भविष्य देता है जबकि बुराई का बीज बुराई में ही परिणित होता है। नौसिखिया, कामचोर एवं मिथ्याचारी बनना बहुत आसान है, परन्तु किसी का संरक्षक, अभिभावक एवं पथप्रदर्शक बनना केवल अच्छे इनसान की पहचान है।

यदि आप सुनिश्चित हैं कि किसी को कोई कुछ समझने में कठिनाई महसूस हो रही है तो निसंकोच सहायता का हाथ आगे बढ़ाईये तथा सामर्थ्य अनुसार दूसरों की सहायता कीजिए। उसके लिए काम करने की अपेक्षा समझाकर संतुष्ट कीजिए। नये कर्मचारियों का शोषण, मजाक व हँसी उड़ाने की बजाये संरक्षक बनकर उनकी कठिनाई में साथ दीजिए। उनको समस्त कुंठाओं, शिकायतों अथवा समस्याओं का समाधान बतलाईये। अपने संघर्ष का रोना रोने की बजाए अपने अनुभव से उनका मार्ग प्रसस्त कीजिए तथा कार्यालय की व्यवस्थाओं एवं विशेषताओं के बारे निसंकोच सविस्तार बतलाईये। उन्हें अच्छा करने व विशेषज्ञ बनने की उचित टिप्स दीजिए इसी में आपका तथा आपकी संस्था का भला छुपा है।

मार्गदर्शक होना किसी का, अच्छे इनसान की पहचान है।
संरक्षण तथा गुरुत्व स्थिति, परम् तत्व सम गुण–खान है।।2128।।

स्वीकृति का साहस तथा धैर्य का गुण धारण कीजिए :–अपनी गल्तियों को स्वीकार करना व उनमें सुधार की संभावनाओं को तलाशना ही सच्ची सीख है, जो आपमें

एक सच्चे इनसान को पनपने में सहायता करती है। इस गुण से परे रहकर आप स्वयं भी गर्त में जाते हैं व आपका साथ देने वालों को भी उसी गड्डे में धकेल रहे हैं। अपने बोस के साथ कभी भी बहस में मत उलझिए केवल ऐसा अति आवश्यक एवं अपरिहार्य होने पर उनकी अनुमति से अथवा अच्छे मूड में रहने पर ही उनसे बातचीत का सिलसिला जारी रखें अन्यथा अनन्य स्थितियों में स्थान छोड़ना ही आपके लिए सर्वोत्तम विकल्प है।

साहस एवम् धैर्य, आत्म–संयमी के गुण हैं।
स्वीकृति में सौर्य, सर्वगुण संपन्न सगुण हैं।।2510।।

हमेशा याद रखिए जो भी आपके इर्दगिर्द घटित होता है वह सदैव आपकी भलाई के लिए ही होता है भले ही आपको तुरंत उसका कोई फायदा नजर नहीं आ रहा हो। कारण हमेशा अपने साध्य से जुड़ा होता है जिसका कोई निश्चित मौसम या समय नहीं होता है। बहुत सारी परिस्थितियों में घटना किसी न किसी समाधान से भी जुड़ी होती है, परंतु हम उसे समस्या समझकर ज्यादातर स्थितियों में उलझन में बदल देते हैं। नीति सदैव संपूर्ण समाज की भलाई के लिए होती है न कि एक व्यक्तिगत भावनाओं तथा गल्तियों की अभिपूर्ति के लिए। बोस द्वारा आपकी प्रताड़ना तथा आपके सुझावों से सहमत न होना किसी समय में आपको आहत कर सकता है परंतु ऐसी अवस्था में तात्कालिक विक्षोभ भी परिस्थितियों को हमेशा के विद्वलित कर सकते हैं अतः दूरदर्शिता से काम लें तथा बोस को उस पर पूनर्विचार करने अथवा सॉरी कहकर समय पर भड़की अग्नि को शाँत कीजिए इसी में आपकी तात्कालिक एवं भविष्य की संभावनायें निहित हैं।

धैर्य और दूरदर्शिता, समदृष्टा इनसान की निशानी हैं।
कल्ह करना शमन, सुःखेःदुःखे समता जीवन नूरानी है।।2129।।

अच्छे कर्मचारियों की तलाश

हर एक संस्थान अथवा कंपनी की अपनी एक कार्पोरेट संस्कृति होती है जोकि उसके चरित्र, परंपराओं तथा मूल्यों की एक पहचान बताती है। यदि किसी व्यक्ति को कंपनी की संस्कृति के लिए फिट नहीं माना जाता है तो उसकी कंपनी में नियुक्ति होना असंभव हो सकता है। परंतु ठीक इसके विपरीत कंपनियों की सफलता कुशल कर्मचारियों, उनकी नेतृत्व क्षमता व टीमवर्क पर आधारित है। यदि किसी कर्मचारी का कोई व्यक्तिगत स्वार्थ है तो यह टीमवर्क में बाधा डाल सकता है तथा कंपनी के हितों में रोड़ा अटका सकता है। अतः कंपनीयाँ नीजि स्वार्थों से ऊपर उठकर ही प्रगति कर सकती हैं तथा इन सब बाधाओं को दूर करने के लिए उनके पास एक अच्छी वर्कफोर्स का होना अनिवार्य है जो स्वार्थ से परे कंपनी की भलाई

के लिए निस्वार्थ तथा समर्पित सेवा के लिए तैयार हों। कंपनी के लिए अच्छे कर्मचारियों की चयन प्रक्रिया निम्न प्रकार से है:–

अच्छे कर्मचारी हैं रीढ़ कंपनी की, सोच समझ कर इन्हें चुनिए।
जाँचकर संपूर्ण गुणवत्ता वर्कर की, क्षमतानुसार तानाबाना बुनिए।।2130।।

प्रभावशाली साक्षात्कार प्रक्रिया:– साक्षात्कार के दौरान कई बार यह निर्धारित करना मुश्किल हो जाता है कि योग्यता पूरी करने के बावजूद क्या प्रस्तुत कर्मचारी कंपनी के लिए लाभकारी एवं उचित सिद्ध हो सकता है? ऐसा तो नहीं है कि उसकी योग्यता वर्तमान कर्मचारियों से कम तो नहीं पड़ जायेगी अथवा उन पर बोझ तो साबित नहीं होगी या उनमें असंतोष की भावना तो पैदा नहीं करेगी, कहीं वह कंपनी के लक्ष्यों में बाधक तो सिद्ध नहीं होगा या वह एक गुणकारी तथा लाभवर्धक कर्मचारी सिद्ध हो पाएगा। इन सभी संभावनाओं को समेटे हुए साक्षात्कार होना चाहिए। व्यक्तिगत लक्ष्यों, अनुभवों तथा नेतृत्त्व क्षमताओं के आधार पर कर्मचारी की आत्मिक स्थितियों को भी नजरअंदान नहीं किया जाना चाहिए उसकी उपस्थिति में कंपनी को होने वाले समस्त लाभों, हानियों को कभी भी नजर अंदाज नहीं किया जाना चाहिए। उपरोक्त सभी बिंदुओं को सिलसिलेवार साक्षात्कार में प्रस्तुत किया जाना चाहिए।

साक्षात्कार व्यक्ति का नहीं, अच्छे इनसान का होना चाहिए।
समस्त परंपराओं से उठकर, संपूर्ण प्रबंधन संपूट होना चाहिए।।2131।।

अत्यावश्यक हवाला प्रक्रिया:– प्रक्रिया आधारित संपूर्ण साक्षात्कार के माध्यम से कई लोग इस प्रक्रिया में सफल हो सकते हैं परंतु उनके पिछले अनुभवों, कार्यप्रवृति, अच्छे बुरे संबंधों के आधार पर इनकी विश्वशनीयता की पहचान की जा सकती है। एक नकारात्मक अथवा सकारात्मक हवाला कंपनी के लाभकारी या अलाभकारी हो सकता है। उदाहरण के तौर पर अपने नजदीकी पड़ौसी की जानकारी व्यक्तिगत तौर पर किसी अच्छे व्यक्ति की निसानी है, जबकि उनकी बुराई करने वाला तार्किक तौर पर बेहतर हो सकता है परंतु अच्छा इनसान नहीं हो सकता है। इसके इलावा अन्य लोगों से उसके पीछले संबंध उसकी अच्छी या बुरी साख का परिचायक है। इसी प्रकार मानव संसाधन विभाग की अपेक्षा उसके इर्दगिर्द के कर्मचारियों से व्यक्ति की बेहतर जानकारी उपलब्ध हो सकती है।

छुपी हुई है जन्मतिथि में ही, स्वयं की संपूर्ण जानकारी।
निकाल लीजिए युक्ति युक्त, जो हो संस्थान लाभकारी ।।2131।।

सोशियल नैटवर्किंग संस्थाओं द्वारा जानकारी :–वर्तमान युग में किसी भी संस्था, व्यक्ति एवं समाज की जानकारी को सोशियल मिडिया द्वारा आसानी से प्राप्त किया

जा सकता है। अच्छे कालेजों, संस्थानों तथा विश्वविद्यालयों एवं अधिकतर मामलों में व्यक्तिगत जानकारियों को नैट के माध्यम से भी हासिल एवं संशोधित किया जा सकता है एवं अपनी जरूरतों के मुताबिक उसे विश्लेषित किया जा सकता है। अच्छे, अद्भूत एवं विलक्षण लोगों की जानकारी तो ऐसे माध्यमों द्वारा आसानी से उपलब्ध है जिसका संशोधन कर अपनी आवश्यकता अनुसार प्रयोग में लाया जा सकता है। सोशियल मिडिया ने आज संसार को आपकी मुट्ठी में ला दिया है।

दिमाग में है छुपा हुआ, अगला पीछला सब संस्कार ।
झाँक लो हर इनसान में, छुपा हुआ है 'अनंत' संसार ।।2132।।

संचार माध्यमों द्वारा अपनी जरूरतों का प्रचार :– प्रतिस्पर्धा के इस युग में अच्छे कर्मचारियों की नियुक्ति के लिए मार्केट में भरमार है अतः आप अपनी विशेष जरूरतों के मुताबिक वांछित कर्मचारियों के लिए प्रचार का सहारा लेकर बाजार से अपनी जरूरतों अनुसार कर्मचारियों को आकर्षित कर सकते हैं एवं संपूर्ण व सर्वोत्तम साक्षात्त्कार प्रक्रिया के माध्यम से अच्छे कर्मचारियों को वर्तमान एवं भविष्य के लिए चुन सकते हैं तथा आवश्यकता अनुसार भविष्य के लिए भी वांछित कर्मचारियों की सूची तैयार कर सकते हैं। अच्छी कंपनीयों को भी अच्छे लोगों की तलाश रहती है तथा वे अच्छे भविष्य के लिए इंतजार भी कर सकते हैं।

तकनीक हो यदि लाभकारी, तकनीक से फायदा लीजिए।
अपनाकर सोशियल मिडिया, सूचना एवं जानकारी लीजिए।।2133।।

अच्छे कार्य के लिए अच्छा वेतन :– यह एक ऐसा फार्मूला है जो अच्छे तथा ऊर्जावान कर्मचारियों को खींचता है तथा फिर उन्हें चुंबक की तरह पकड़े भी रखता है। चाहे आपकी कंपनी का कार्य अनुभव कितना भी प्रभावशाली क्यों न हो पैसा फिर भी महत्त्वपूर्ण भूमिका अदा करता है। जो भी कंपनी अच्छा वेतन व लाभकारी प्रोत्साहन नहीं देती वहाँ ऊर्जावान, निष्ठावान तथा उन्नत कर्मचारी नहीं आते और यदि गल्ति से आ भी जायें तो ज्यादा देर तक टिकते नहीं क्योंकि नियोक्ता तथा कर्मचारी की निष्ठा पैसे के सामने ज्यादा समय तक टिकती नहीं है।

इस प्रकार अच्छे टिकाऊ तथा अनुभवी कर्मचारी बारंबार ढूढ़ने में कंपनीयाँ पैसे के साथ साथ अपना कीमती समय भी बर्बाद करती रहती हैं। अतः अच्छे कर्मचारियों को रखने तथा उन्हें बनाए रखने के लिए कंपनी के पास एक दीर्घकालिक, आकर्षक एवं युक्तिजन्य योजना कंपनी को विकसीत करनी चाहिए जो योग्यता, अनुभव व धन का आकर्षण संयोजित किए हो।

धन सब कुछ ही नहीं है, पर अवश्यमेव ही महत्त्वपूर्ण है।
अच्छा वेतन कर्मचारी का, निष्कर्षण योग्यता से संपूर्ण है।।2511।।

अच्छी उत्पादकता तथा कंपनी के सु:खद भविष्य को अच्छा वेतन दें जो कि वर्तमान बाजार भावानुसार अथवा इससे अधिक हो। अच्छे कर्मचारियों की नियुक्ति करने की अपेक्षा उन्हें अपने साथ बनाए रखना अधिक लाभकारी है क्योंकि उतना ही समय तथा धन नये कर्मचारी की नियुक्ति तथा ट्रेनिंग में भी व्यर्थ जाता है। कर्मचारी की जरूरतों अनुसार उसे लाभ भी दें, उसकी जरूरत समझें व उसके अनुसार उन्हें पुरुस्कृत भी करें। सुरक्षित व सहनीय काम का माहौल तैयार करें जिससे उनकी उत्पादन क्षमता बढ़े, वे संस्थान के साथ निष्ठा के साथ जुड़े रहें।

अच्छा वेतन अच्छा प्रोत्साहन, निष्ठा की गारंटी होगी ।
धन से जुड़ा है तनमन समाज, 'उत्पादकता' वारंटी होगी।।2134।।

काम की सुरक्षा की गारंटी :–सभी अच्छे कर्मचारी ऐसे स्थान पर कार्य करना पसंद करते हैं जहाँ वह कार्य की सुरक्षा तथा गारंटी के साथ लंबे समय तक काम कर सकें ताकि वह अपने भविष्य को सुरक्षित महसूस कर सकें। अतः नियोक्ता को भी अपने यहाँ ऐसा माहौल तैयार करना चाहिए जहाँ आकर कर्मचारी को लगे कि वह काफी लंबे समय तक टिक कर कार्य कर सकता है तथा उसे लगे कि उसका उस वर्कपलेस पर रहना सुरक्षित है तथा वह यदि चाहे तो काम की गारंटी के साथ वहाँ पर टिका रह सकता है। दूसरे विश्व युद्ध के बाद जापान में जब अव्यवस्था का दौर फैला तो वहाँ परिस्थितिजन्य ऐसी व्यवस्था ने जन्म लिया कि नियोक्त कर्मचारी को काम की गारंटी तथा पारिवारिक सुरक्षा की उपलब्धता करवाने लगे तथा उसका प्रभाव आज भी ऐसा है कि वहाँ की कंपनीयों में कई पीढ़ियों तक के लोग कार्य करते हैं तथा इसका वृहद प्रभाव यह हुआ कि इतनी बड़ी त्रासदी से गुजरने के बाद जापान फिर से दुनियाँ के विकसित देशों में आ खड़ा हुआ तथा इस विषय में एक जीवंत उदाहरण बना पाया तथा अपने यहाँ समर्पित तथा निष्ठावान कर्मचारियों की अनुभवी श्रेणी तैयार कर संसार का सबसे शक्तिशाली राष्ट्र बन जापानी तकनीक में सुप्रसिद्ध देश के रूप में दुनिया में आज भी उदाहरण बनकर खड़ा है।

ईमानदारी और निष्ठा, तरक्की के हैं मूल आधार ।
प्रदान कर श्रम सुरक्षा, फलता फूलता सदा व्यापार ।।2135।।

व्यक्तिगत विकास एवं उन्नति:– व्यक्तिगत विकास एक सतत् प्रक्रिया है जो कार्य की प्रगति एवं अनुभव के साथ साथ बदलते समय में निरंतर चलती रहती है। जो भी संस्थान इस प्रक्रिया में व्यक्तिगत विकास को निरंतर अपनाये रखता है तथा समय समय पर अपने कर्मचारियों को नई तकनीकों की जानकारी तथा उसको नियंत्रित करने की क्षमता अपने कर्मचारियों में सतत् विकसित नहीं करता वह समय के साथ धीरे धीरे पीछे छूट जाता है। मानकर चलिए कि जो कार्य आज आपने आरम्भ किया है वह 10 वर्ष उपरान्त नवीनीकरण का शिकार हो जायेगा जिसे

आपको समयानुसार निरन्तर बदलते अथवा उन्नत करते रहना होगा अन्यथा एक ऐसी स्थिति आ जायेगी कि आपका व्यापार बंद करना पड़ेगा। ऐसी स्थिति से बचने के लिए व्यापार में नवीनी करण के साथ साथ अपने कर्मचारियों को प्रशिक्षित करना भी एक अपरिहार्य योजना है जिससे समय के साथ साथ निरन्तर चलते रहना भी अतिआवश्यक है।

प्रशिक्षण से तराशना कर्मचारी, अच्छे संस्थान की निशानी है।
भविष्य हेतु कदम है 'सुरक्षित, संस्थान में नये खून की रवानी है।।2512।।

अपने कर्मचारियों के लिए भविष्य की योजनाओं का विकास करें तथा उन्नति का पथ निर्धारित करें। जिस प्रकार एक मशीन को सर्विसिंग तथा खराब होने पर रिपेयर की आवश्यकता पड़ती है, उसी प्रकार मानवीय दिमाग को नया तकनीकी प्रशिक्षण व भविष्य की योजनाओं से सतत् जानकारी रखना भी अति आवश्यक है। संस्थान की तरक्की के लिए उसके मानवीय 'मनों' को ट्रेनिंग तथा तकनीक से जुड़ाव होना अपरिहार्य क्रिया है। उचित प्रशिक्षण की व्यवस्था उन्हें न केवल नवीन संभावनाओं के प्रति आशावान बनाये रखती है बल्कि संस्था के प्रति बनाये रखने में भी टूलकीट का काम करती है। अपने भविष्य के प्रति आश्वस्त होने का अभिप्राय है उनका संस्थान के प्रति लंबा ठहराव तथा अपनी दक्षता बढ़ने से उनमें नवीनता तथा प्रमोशन के प्रति भी आश्वस्तता बढ़ती है तथा जीवन में अपार संभावनाओं का प्रकाश उनकी दक्षता तथा मानवीय गुणवत्ता में सुधार लाने का कार्य करता है जो कंपनी को दिनों दिनों आगे बढ़ाने में स्तम्भ का कार्य करते हैं।

दक्ष व आश्वस्त कर्मचारी ही, कंपनी उन्नत्ति के आधार हैं।
प्रशिक्षित प्रखर मानव मन, अनंत संभावनीय सूत्रधार हैं।।2136।।

हौसला बढ़ाईये :– अच्छे कार्य के लिए प्रत्त्येक इनसान प्रशंसा चाहता है, जिससे अभिप्राय है कि आप कर्मचारी का ख्याल रखते हैं तथा उनकी भावनाऐं आपके लिए मूल्यवान हैं। इस प्रकार न केवल उनका उत्साह वर्धन होता है बल्कि उनकी गुणवत्ता तथा उत्पादन में भी सुधार आता है जो अंततः कंपनी की उत्पादन क्षमता तथा निष्ठा बनाए रखने में सहायक होता है। कर्मचारियों के मध्य कभी भी भाई भतिजावाद मत फैलाईये तथा सभी को एक ही नजर से देखिए। जरूरत पड़ने पर सख्ती से साथ पेश आईये और कंपनी की प्रतिष्ठा तथा आनशान व उत्पादन को हानि पहुंचाने वाले कर्मचारियों को तुरंत बाहर का रास्ता दिखलाईये। परंतु अच्छे कर्मचारियों को हौसला तथा आश्वासन दीजिए कि वह किसी भी दुःख अथवा विकट स्थिति में अकेले नहीं है, कंपनी उनके साथ कंधे से कंधा मिलाकर खड़ी है। उन्हें आश्वस्त रखने के लिए सहायता समूहों का निर्माण कीजिए, मधुर संबंधों के विस्तार के लिए समय समय पर पारिवारिक आयोजनों का सहारा लें तथा उनके लिए एक

सहायक प्रबंधक की नियुक्ति कीजिए जो समय समय पर उनकी सहायता के लिए विद्यमान रहे तथा होस्पिटल आदि परिस्थितियों में उनके कष्टों को आसान बना सके तथा उनके जख्मों पर मरहम लगा सके ।

हौसलों से मंजिलें तय, हौसलों से बुलंद संसार ।
मरहम लगी हो संबंधी, हो जाते हर लक्ष्य पार ।।2137।।

साथ हो जब अपनों का, मानव प्रकृति जीत लेता ।
बुलंद इरादों की नींव पर, आसमाँ को भी चीर देता।।2138।।

पारिवारिक माहौल का अहसास जगाईये :–कर्मचारियों को अपनी कंपनी का एक हिस्सा समझें तथा कंपनी की तरक्की तथा भावी योजनाओं के प्रति उन्हें जानकारी शेयर करते रहिए। प्रत्येक कर्मचारी उस कंपनी के साथ हृदय से जुड़ना चाहता है जो उसके हितों का ख्याल रखती हो तथा उसके साथ भावनाओं के स्तर पर जुड़ी हो तथा जहाँ उसे पारिवारिक माहौल का अहसास होता हो। समय समय पर कर्मचारियों से उनकी पारिवारिक समस्याओं तथा उलझनों के बारे वार्तालाप कीजिए, तथा उन्हें अपनी समस्याऐं समझ कर उसे उनका अनुभवि निदान बतलाईये तथा अहसास दीजिए कि वह कठिन से कठिन स्थितियों में अकेला नहीं है वरन् उसके हर सुःख दुःख में कंपनी उसके साथ खड़ी है। समयानुसार उससे कंपनी की तरक्की एवं भावी संभावनाओं के बारे में भी बातचीत कीजिए तथा बेहतरी के लिए उससे सुझाव मांगिए तथा अच्छे सुझावों के लिए उसे पुरुस्कृत भी कीजिए ताकि वह भविष्य में भी अच्छे विचारों से प्रतिपादित होकर कंपनी की तरक्की के बारे निरंतर सोचता रहे तथा अपने आपको प्रबंधन का हिस्सा भी समझने लगे।

अहसास अपने पन का, दिल से जब जुड़ जाता है।
विकासोत्त्मक कर्मचारी, टूल अभियंत्रा में मुड़ जाता है।।2139।।

जीत कर्मचारी का दिल, कंपनी दिन रात बढ़ती है।
खूनपसीने की सिंचाई से, 'प्रगतिपथ' सदा चढ़ती है।।2140।।

कंपनी का उच्च स्तर निर्धारित कीजिए :–आज के कार्पोरेट कल्चर में बहुत सारे कर्मचारी उच्च वेतन के साथ साथ जीवन के उच्च स्तर को भी बहुत महत्त्व देते हैं। कंपनी कर्मचारियों का समाज में विशेष दिखना तथा आकर्षण कंपनी का समाज में एक विशेष स्तर निर्धारित करता है। अतः कंपनी का अपना एक ड्रैसकोड तथा आकर्षक जीवन दर्शन होना, कंपनी की संपन्नता तथा उसके सामाजिक मूल्यों की पहचान को दर्शाता है। कंपनी की साख तथा उसके सामाजिक मूल्यों की सामाजिक पहचान अच्छे, समर्पित तथा निष्ठित कर्मचारियों को अपनी ओर आकर्षित करने में सहायक हैं। कंपनी की साख तथा उसके सामाजिक मूल्यों का कर्मचारी की

मानसिकता पर विशेष प्रभाव रहता है। कंपनी की अपनी ट्रांस्पोर्ट, हस्पताल व्यवस्था तथा कर्मचारियों का उत्साह तथा अनुशाशन कंपनी की सामाजिक प्रतिष्ठा में चार चाँद लगाने का कार्य करती है। इस प्रकार कर्मचारी पैसों अथवा वेतन की अपेक्षा कंपनी के सामाजिक मूल्यों पर अधिक गर्व महसूस करता है व ऐसे सामाजिक मूल्यों के साथ जीवन भर जुड़ा रहने में अपने आपको सौभाग्यशाली महसूस करता है। यहाँ याद रखिये सौभाग्यशाली कर्मचारी ही कंपनी का सौभाग्य हैं जिनके खून पसीने की मेहनत से कंपनी का सौभाग्य सीधे तौर पर जुड़ा रहता है। याद रखिये कंपनी की अपनी सामाजिक प्रतिष्ठा महत्त्वपूर्ण इसीलिए बन पाती है क्योंकि उसके पास मेहनती, ईमानदार तथा सौभाग्यशाली कर्मचारियों का बैंक उपलब्ध रहता है। कंपनी की वित्तीय स्थिति तभी सुदृढ़ हो सकती है जब तक उसकी नींव में ऐसे कर्मचारियों की उचित संख्या मौजूद हो जो पूर्णतया निष्ठावान हों तथा पर उतार चढ़ाव में कंपनी के साथ कंधे से कंधा मिलाकर खड़े हों तथा उनकी सोच में कंपनी के प्रति सदैव आदर तथा स्वपरिवार का भाव दिलो दिमाग से जुड़ाव रहे।

जीवन स्तर मानवीय मानक,

बेहतर जिंदगी की ही पहचान हैं।

जीवन मूल्यों पर आधारित,

सामाजिक मूल्यों का गुणगान है।।2141।।

'जीवन' वह किस काम का,

जिसकी कोई भी पहचान नहीं।

जीना एक निकृष्ट जीवन,

पशुवत इसे मानिए इनसान नहीं।।2142।।

अध्याय–14

सकारात्मक सोच द्वारा समस्या समाधान

सोच में ही छुपा समाधान, गुणग्राही इसको बनाईये ।
'हाथों हाथ ही मिलते हल, सकारात्मकता अपनाईये ।।2140।।

आज समाज का हर वर्ग किसी न किसी समस्या से ग्रस्त है। समस्याओं के समाधान के लिए हर स्तर पर कार्य किए जाते हैं परंतु दुर्भाग्यवश जिस स्तर से समस्याऐं उठती हैं उस स्तर पर कोई कार्य नहीं किया जाता है क्योंकि जिस स्तर पर समस्याऐं दिखाई देती हैं वह उनका मूल स्थान नहीं है बल्कि समस्या का वह आंशिक समाधान एवं स्तर मात्र है। समस्याओं की जड़ मनुष्य का मन है, जब तक इसे ठीक सोच में नहीं डाला जाता है तब तक समस्या हल ही नहीं हो सकती। समस्याऐं तभी आरंभ होती हैं जब हम कर्म से अधिक कर्मफल की इच्छा प्राप्ति रखते हैं। जब हमें इच्छित कर्मफल नहीं मिलता है तो हम दुःखी होना प्रारम्भ होते हैं जिसे समस्या की शुरुआत कहा जा सकता है। यहीं से हम अपनी असफलता, अहं को ठेस, क्यों, क्या अथवा कैसे में बदलते हैं और यह समस्या का रूप धारण करना आरम्भ करती है।

अविश्वास समस्या का कारक, अविश्वास से चिंतायें अनेक।
विश्वास जताईये स्वयं पर ही, स्वयं चिंताओं के कारक आप एक।।2513।।

मूलतः संसार में कोई समस्या है नहीं परंतु परिणाम को हमने इच्छाओं से जोड़कर परिणाम को ही समस्या बना दिया है। वस्तुतः किसी भी कार्य के दो ही परिणाम हैं नैगेटिव और पोजीटिव, जब यह हमारी इच्छानुसार हो जाता है तो इसे हम अपनी सफलता मानते हैं जबकि इसके विपरीत स्थिति में विफलता जबकि वास्तव में न तो यह सफलता है और न ही विफलता क्योंकि हमने इसके बीच में अपने अहम् को घुसाकर इसे सफल तथा असफल मान लिया है और अब सिर धुन रहे हैं कि अच्छा नहीं हुआ जबकि अच्छा या बुरा भी हमारी ही पैदा की गई पहचान है। वास्तव में

सफलता हमारी ही प्रफैक्शन है जबकि विफलता द्वंद्वता का परिणाम है। अर्थात् एक स्थिति को पाने के लिए हमने स्वर्स न्योछावर किया जबकि दूसरी स्थिति में हमने अपना आधा अधूरा उपक्रम ही निवेश किया। जब हम किसी कार्य को पूर्ण समर्पण तथा ह्रदय से करते हैं तो हम सफल हो जाते हैं और जब इसमें दिमाग लगाते हैं तो यह विफलता को जन्म देता है। अतः हमें मानसिक तौर पर सदैव यह स्वीकार करना चाहिए कि जो भी परिणाम है वह सिर्फ और सिर्फ हमारे ही कर्मों का परिणाम है इसके लिए कोई दूसरा जिम्मेवार नहीं है तो हम दुःखों से दूर हो जायेंगे और इससे दूर होते ही हमारा एहसास जाग जाएगा कि हमें सफलता पाने के लिए और अधिक प्रयास करने चाहियें थे और हमें समस्या का समाधान मिल जायेगा वास्तव में समाधान सदैव समस्या के इर्दगिर्द ही होता है परन्तु हमारी नजरों से औझल होता है क्योंकि हम हर समस्या को दिल से नहीं दिमाग से हल करने में लगे रहते हैं। समस्या के मूल में ह्रदय झौंकने से समस्या स्वयं ही हल हो जाती है

बायें दिमाग में नहीं सफलता, दायें दिमाग में समस्या हल है।
बायाँ करता है 'कैलकूलेशन, जबकि दायें में 'छूपा' बल है।।2141।।

अतः समस्या रहित जीवन जीने के लिए हमें ह्रदय से जीवन जीना सीखने की आवश्यकता है न कि दिमाग से परन्तु वास्तव में दिमाग ही हमारी समस्त समस्याओं का क्रियेटर है तथा ह्रदय इनका सोल्वर। इस प्रकार हम समझ सकते हैं कि समस्याऐं बाहर से आती हुई दिखती हैं परन्तु वास्तव में इनकी स्वीकारोक्ति हमारे मन से पैदा होती है। दूसरे शब्दों में हम इसे ऐसे भी समझ सकते हैं मन हमारा बाह्य संसार के आकर्षण से जुड़ा रहता है तथा अंतर्मन इसके द्वारा प्रतिपादित समस्त प्रतिबिंबो को पहचान कर उनका समाधान भी निकालता है। इसी प्रकार हम यदि समस्याओं को समस्या न मानकर इसे एक चैलेंज स्वीकार करते हैं तो अंतर्मन इसका स्वयं हल ढूढ़ लेता है परंतु जब हम इसे समस्या के स्तर पर ही लेकर बैठ जाते हैं तो मन इसी में उलझा रहता है। इसी प्रकार यदि हम इसे रूटिन समझ कर स्वीकार कर लेते हैं तो इसका प्रभाव बदल जाता है जबकि जब हम इसे आफत स्वीकार करते हैं तो यही समस्या बन जाती है। अतःकहीं भी कोई समस्या नहीं है बल्कि यह हमारे नजरिये पर निर्भर करता है कि हमने किस तरह से इसे स्वीकार किया है और यह स्वीकारोक्ति हमारे भीतर से ही उत्पन्न हुई है न कि बाहर से थौंपी गई। यदि इसे हमें बाहर से लादा जा रहा है तो भी यह हम पर निर्भर करता है कि हम इसे किस नजरिये से देखते हैं। अतः सदैव सकारात्मक नजरिये से हर समस्या सुलझाई जा सकती है।

समस्या कोई समस्या नहीं, स्वीकृत अनुभूति है मन की ।
समस्या को समस्या समझे, यह सब विकृति है जन जन की ।।2142।।

सस्याऐं मूलतः तीन प्रकार (सामाजिक, पारिवारिक एवं व्यक्तिगत) होती हैं। सामाजिक व्यवस्था में इन्हें सात विभिन्न स्तरों में विभाजित किया जाता है परंतु मूलतः मानसिक तौर पर इनके स्तर तीन ही हैं:–

सामाजिक समस्याऐं:–इन समस्याओं में गरीबी, कुपोषण, बीमारी, अशिक्षा एवं अपराध, जनसंख्या विस्फोट दरिद्रता, शहरी क्षय, मानसिक स्वस्थता तथा भेदभाव एवं समरसत्ता।

पारिवारिक समस्याऐं:– वैचारिक, मानसिक एवं सांस्कृतिक समन्वयन संबंधी समस्याऐं। पैसों तथा दोस्तों एवं आपसी संबंधों संबंधी समस्याऐं।

व्यक्तिगत समस्याऐं :–मानसिक, शारीरिक एवं सामाजिक समस्याऐं जैसे कि:–चिंता, अवसाद, खाने संबंधी विकार, पदार्थों का दुरूपयोग। मानसिक समस्याऐं जैसे कि चिंता, अवसाद, खाने संबंधी विकार, पदार्थों का दुरूपयोग एवं स्वयं को हानि पहुंचाने संबंधी विकार। शारीरिक समस्याऐं जैसे दर्द, शुगर, मोटापा, ह्रदय विकार, श्वास संबंधी रोग, यौन समस्याऐं व अनिंद्रा, चिड़चिड़ापन, लड़ना एवं डरपोक, आपसी असहयोग, निठल्लापन एवं द्वेष का भाव।

व्यक्तिगत हो या शारीरिक, सामाजिक हो या मानसिक ।
समस्याओं का एक ही मूल, अंतर्मन यदि न हो तामसिक।।2143।।

उपरोक्त सभी समस्याओं के समाधान के लिए हमें विभिन्न मानसिक प्रौसैस का सहारा लेना पड़ता है जिनका वर्णन निचे दिया जा रहा है:–

पहचान समस्या का मूल, युक्ति युक्त उखाड़िये सःमूल ।
सोच से मिलाकर समस्या, समस्या को आप जाईये भूल ।।2144।।

समस्या की पहचान:–सबसे पहले हमें समस्या की पहचान करनी है तथा उससे संबधित विभिन्न पहलुओं पर ध्यान देना होगा जैसे :–

आपको किन कारणो के कारण समस्या लगती है।

समस्या कहाँ घटित हो रही है ?

समस्या कैसे घटित हो रही है ?

समस्या कब घटित हो रही है ?

समस्या कौन कर रहा है ?

समस्या क्यों है ?

समस्या संबंधी सभी कारणों को जानकर अपने विचारों को उस समस्या समाधान के विषय में लिखिए:

उद्देश्य की पहचान :– मैं समस्या समाधान के लिए क्या करना चाहता हूँ तथा इसके लिए मैं स्वयं में क्या परिवर्तन ला सकता हूँ ।

दिमागी तैयारी:– मैं क्या कर सकता हूँ ।

प्रतिक्रिया :– क्या घटित हो सकता है।

निर्णय लेना :– मुझे यह कैसे करना है।

निर्णय को लागू करना ।

मूल्यांकन :– क्या निर्णय सही है तथा कार्यफलक है।

समस्या समाधान रणनीति :–

किसी भी समस्या के समाधान हेतु हमें अपने पुराने अनुभवों का सहारा तथा संरचित एवं व्यवस्थित विशेष रणनीति की आवश्यकता है। अतीत में समस्याओं के समाधान के लिए प्रयोग में लाई गई सफल रणनीतियों का उपयोग हमेशा ही उपयोगी दृष्टिकोण है। अतः नई समस्याओं के समाधान हेतु उपयोगी तकनीकों को अपनाने के लिए प्रशिक्षित होने की आवश्यकता है क्योंकि समस्याओं को सुलझाने के लिए सीखना अति आवश्यक एवं अपरिहार्य है। आपको छोटी उम्र से बहुत सारी समस्याओं को सुलझाने के लिए ट्रेंड किया गया है उदाहरण के तौर पर चाहे वह आपके पसंद का खिलौना हो अथवा परमात्मा प्राप्ति का विषय, परंतु समस्या तो समस्या ही है चाहे वह छोटी हो अथवा बड़ी परन्तु आपका अंतर्मन बड़ी हो अथवा छोटी समस्याओं को सुलझाने में पूर्णतया समर्थ है आवश्यकता है तो केवल रणनीति के माध्यम से अपने लक्ष्य तक पहुंचना तथा मनचाहा परिणाम हासिल करना। इन रणनीतियों पर नीचे सविस्तार प्रकाश डाला गया है:–

'रणनीति अपना कर उचित, समस्या को भूलना सीखिए ।
सर्वोत्त्म है समाधान रणनीति, अंतर्मन से 'विचार' सींचिए।।2145।।

परीक्षण तथा तुष्टीकरण :– इस रणनीति में हम समस्या को प्रत्येक संभव माध्यम से हल करने की कोशिश करते हैं और इस प्रक्रिया को जब तक जारी रखते हैं जब तक की इसका संभव निदान न मिल जाये और हम उस समाधान से संतुष्ट न हों। इस प्रक्रिया में हम अपना मन खुला रखते हैं तथा प्रत्येक सफलता तथा असफलता में किसी भी प्रतिक्रिया का सहारा नहीं लेते हैं तथा अपनी तलाश जब तक जारी रखते हैं जब तक कि हमें वांछित माध्यम से उचित समाधान नहीं मिला जाता। यह रणनीति उन परिस्थितियों में उत्तम मानी जाती है जब हमारे पास एक से अधिक

समस्या समाधान एवं विकल्प मौजूद होते हैं। किसी भी पहेली का सुलझाना इसका अच्छा उदाहरण है जिसके माध्यम से बच्चे समस्या का समाधान सीखते हैं तथा बार बार के अनुभव से पहेली सुलझाते हैं। इसी प्रकार बच्चा जब स्वयं किसी चीज की प्राप्ति के लिए प्रयत्न करता है तो वह तब तक के लिए प्रयास जारी रखता है जब तक विभिन्न माध्यमों के द्वारा वह अपने प्रयास में सफल नहीं होता। परंतु हमारा यह प्रयास अगली सफलता के लिए उपलब्ध रहे इसके लिए ही बार बार अनुभव किए जाते हैं ताकि इस प्रयास को हमेशा के लिए बुद्धि में संजाये रखा जा सके। करत करत अभ्यास के, जड़मति होत सुजान। रसरी आवत जात ते, सिल पर पड़त निशान। अभ्यास वो समाधान है जो आपको सफलता के मार्ग तक ले जाता है।

जारी रखिए प्रयास अपने, समस्या 'निदान' तक।
लग जाईये ह्रदय विश्वास धर, समस्या समाधान तक।।2514।।

बुद्धिशीलता :– यह एक ऐसी रणनीति है जिसमें आप एक समय अवधि में अनेक संभावनाओं एवं समाधानों का सहारा लेते है। आपके दिमाग में जो भी समाधान पहले आता है उसे आप लिखते हैं चाहे ये आपको कितनी भी बकवास अथवा असंभव लगें परंतु आप अपने दिमाग को इनके प्रयोग के लिए आज्ञा देते हैं। इस रणनीति के माध्यम से आप कई रचनात्मक एवं प्रतीकात्मक समाधान ढूढ़ सकते हैं। एक बार एक रणनीति के तहत जब आप समाधानों की लिस्ट तैयार करते हैं तथा इनमें से बेहतर समाधान को प्रयोग करते हैं तो कई बार बेहतर समाधान सामने आता है जिसकी हमने कभी अपेक्षा भी नहीं की थी। इस प्रक्रिया में आप अपने आस पास के लोगों, मित्रों एवं सहयोगियों का भी सहारा ले सकते हैं तथा उन्हें समस्या का समाधान लिखने तथा उनकी दृष्टि में सर्वोत्तम समाधान का सहारा लेकर लक्ष्य प्राप्ति के लिए पूछ सकते हैं। इस प्रकार आप एक से अधिक समाधान तथा अधिक दिमागों का प्रयोग समस्या समाधान में ला सकते हैं जिससे असफलता की संभावनाऐं लगभग समाप्त हो जाती हैं।

मन लिपिक बुद्धि अधीक्षक, दोनों में समन्व्य सदैव बनाईये ।
सब समस्याऐं सुलझ जायेंगी, दोनों को एक साथ लगाईये।।2146।।

कदम दर कदम चलिए :–यह रणनीति सबसे उत्तम तथा सर्व स्वीकार्य तरीका है जिसमें समस्या को छोटे छोटे टूकड़ों में बांट लिया जाता है जिससे इसकी मारक क्षमता तथा गंभीरता खत्म हो जाती है। इसके अतिरिक्त कदम दर कदम समस्या समाधान से समस्या स्वयं छोटी एवं आसान हो जाती है। इस रणनीति में प्रथम स्तर पर समस्या की पहचान की जाती है जिसमें आपके सामने प्रस्तुत समस्या को आप पहले पहचानते हैं और फिर उसके समाधान का बीड़ा उठाते हैं। दूसरे स्तर पर आप समस्या समाधान के लिए एक योजना तैयार करते हैं जिसमें समस्या के परिचय

तथा लक्ष्य को दिमाग में स्पष्ट किया जाता है। तीसरे कदम में समस्या समाधान के लिए संभाव्य रणनीतियों तथा उनका मूल्यांकन पेश किया जाता है। चौथे चरण में संभव रणनीतियों में सर्वोत्तम रणनीति का चुनाव करना तथा अंततः रणनीति के प्रभाव को प्रतिबिम्बित करना तथा देखना होता है कि क्या यह रणनीति काम करती है अथवा नहीं अथवा इस रणनीति का कोई विकल्प उपलब्ध है।

मन बुद्धि करते समस्याऐं हल, दोनों की कदमताल मिला दीजिए ।
अंतर्मन का पाकर संपूर्ण बल, समस्याओं को धुँऐं में उड़ा दीजिए ।।2147।।

कदम दर कदम चाल (एल्गोरिद्म) :– यह कदम दर कदम फार्मूला है जो गणित, संगणन तथा अन्य विधाओं में किसी कार्य को करने के लिए आवश्यक चरणों के समूह को कलमबद्ध करने की तकनीक है। यह गणीतीय मूल्यांकन पर आधारित है परंतु सदा सर्वोत्त्म अच्छा एवं प्रमाणित नहीं हो सकता एवं कई परिस्थितियों में यह व्यावहारिक नहीं हो सकता क्योंकि इसमें अधिक समय लग जाता है तथा तब तक समस्या स्वंय ही नष्ट या हल हो जाती है। उदाहरण के तौर पर जब आप एक एल्गोरिद्म का उपयोग लॉक करने के लिए सभी संभाव्य योजनाओं की संख्या का पता लगाते हैं तो इसमें बहुत समय तय हो सकता है तथा इस समय में या तो समस्या खत्म हो जाती है अन्यथा स्वयं ही लॉक हो सकती है।

लिपिबद्ध कर समस्याऐं, चरण–बद्ध कर लीजिए।
तुरंत होंगी समस्या हल, समय बद्ध हल दीजिए ।।2148।।

इस विषय में मानसिक हल यही है कि आप अपने अंतर्मन अथवा बुद्धि को कदम दर कदम समस्या को लिखकर अथवा सोच कर समझाने अथवा मनन् करवाने की कोशिश कीजिए। थोड़ी थोड़ी देर बाद अथवा अपने आरामदायक समय में इस प्रक्रिया को दोहराते रहिए आपका मन आपको समस्या समाधान के लिए कदम दर कदम हल देना आरम्भ कर देगा यही एल्गोरिद्म समस्या समाधान प्रणाली का लक्ष्य है। कदम दर कदम समस्या समाधान का त्वरित हल यही है कि जब तक आप किसी समस्या समाधान के लिए उठाये जाने वाले कदमों की लिस्ट बनाते हैं तो अपने अंतर्मन से बार बार पूछिए कि इस लिस्ट में सबसे उचित समाधान क्या हो सकता है। ऐसी अवस्था में आप पिक एंड चूज मैथैड का भी सहारा ले सकते हैं तथा इसी क्रमबद्धता को अपनाते हुए समस्या समाधान तक प्रयास करते रहिए।

अंतर्मन से पूछकर, समस्या समाधान को ढूढ़िये ।
छुपा हुआ अंतर्मन में हर हल, चिंतन में जरा डूबिये ।।2578।।

खोज प्रणाली :– यह एक मानसिक अनुमान की रणनीति है जो कुछ परिस्थितियों में काम करती है और कुछ में नहीं। समस्या समाधान के लिए रणनीतियों को तय करने की अपेक्षा दिमाग में उपजा तत्कालिक समाधान है जो काम कर सकता है

और नहीं भी, इसे एल्गोरिद्म की भाँति सत्प्रतिशत समाधान नहीं कहा जा सकता है बल्कि यह एक ट्रायल एंड शूट मैथड है जो काम कर भी सकता है और नहीं भी परंतु यह अन्य रणनीतियों की तरह समय का दुरूपयोग नहीं करता तथा समस्या के साथ ही दिमाग की प्रतिक्रिया की भी उपज माना जाता है। इस रणनीति का उपयोग लोगों को समाधान की अन्य रणनीतियों की योजना बनाने, समाधान ढूढ़ने तथा समय एवं स्थान की बर्बादी के लिए उचित माना जाता है परंतु इसे हम वैज्ञानिक समाधान नहीं मान सकते हैं परंतु अनुभवों का दाता जरूर मान सकते हैं जो हमें अगले समाधान की ओर अग्रसर करता है।

खोजता खोजी ही सदा हल, पर समाधान सदा नहीं मिलता ।
'अभ्यासी होता' सदैव सफल, ट्रायल व शूट सदैव न चलता ।।2149।।

अंर्तदृष्टि :– यह रणनीति आपके जीवन के समस्त उन अनुभवों पर आधारित होती है जो आपने जीवन में समस्या समाधान के लिए उपयोग में लाये हों। कुछ परिस्थितियों में समस्या का समाधान उस समय स्वयं ही आपके भीतर से प्रकट होता है जब आप समस्या पर बैठ कर अंतर्मन से विचार कर रहे होते हैं। यह सब मानसिक प्रक्रिया की उपज होती है जबकि आप समस्या पर एकटक गौर कर रहे होते हैं तो आपके जीवन के समस्त पुराने अनुभव उस समस्या का समाधान आपके सामने लाकर खड़ा कर देते हैं। वास्तव में यदि हम सभी वैज्ञानिक एवं प्रबंधकीय प्रणालियों को छोड़कर केवल अंतर्मन की शरणागति होते हैं तो हमें समस्या का समाधान स्वयं ही मिलता है और यही मानव सभ्यता के विकास का आधार रहा है। अनुभव से बड़ा ज्ञान और समाधान इस धरा पर नहीं हो सकता है परंतु अंतर्मन को सही व सटीक तरीके हमें उपयोग में लाना आना चाहिए। अंतर्मन के उपयोग की विधियों को पाठको के विचार हेतु निम्न विभागों अथवा योजनाओं में विभाजित किया गया है:–

अंतर्मन में जब डूबना आ गया, समझो जीने का तरीका आ गया ।
अनुभव जब जीवन में भा गया, हर समस्या का समाधान आ गया ।।2150।।

अतंर्मन जब दोस्त बन आये, जीवन की हर समस्या भाग जाये ।
अंतर्मनअंतदृष्टि साथ निभाये, जीवन का सार तभी समझ है आये ।।2151।।

समस्या को लिखना :– इस विधि में सर्वप्रथम आप समस्या को किसी कागज अथवा विशबोर्ड पर लाल अथवा नीली स्याही से लिखते हैं। लिखने के बाद या तो कागज पर लिखी समस्या को जला दिया जाता है, यदि यह समस्या व्यक्तिगत् स्वभाव की हो अथवा किसी को नुकशान पहुंचाने के लक्ष्य से जूड़ी हो। अन्य परिस्थितियों में इसे संभालकर भी रख्खा जा सकता है। इस लिखी गई समस्या को नित्त्यप्रति दिन में अथवा सांयकाल दो बार अंतर्मन से पढ़ना होता है।

बोलने से अच्छा है लिखना, लिखने से मनन ।
मनन से है बेहतर मंत्रोचार, समस्या का समूल हनन ।।2152।।

इसके अतिरिक्त समस्या को अपने ईष्ट अथवा किसी पवित्र स्थान पर अथवा इच्छापूर्ति यंत्र अथवा पिरामिड के नीचे भी रखा जा सकता है तथा अपनी प्रार्थना के बाद इसे 108 बार पढ़ा जा सकता है। यदि आप चाहते हैं कि समस्या का समाधान आपकी इच्छानुसार ही होना चाहिए तो आप वांछित परिणाम के साथ भी इसे लिख सकते हैं और नित्त्य इसी समाधान को अपने ईष्ट के सामने पढ़ते रहिए, जब तक कि आपके जीवन में समाधान घटित न हो जाये। ध्यान रहे समाधान में समय भी लग सकता है यद्यपि इच्छित परिणाम का समय आपकी इच्छा के परिमाण पर निर्भर करता है। अर्थात् समस्या समाधान में यदि अधिक संसाधनों की आवश्यकता है तो उन संसाधनों के इकट्ठा होने में सांसारिक व्यवस्था में जो अनुमानिल समय लग सकता है, उतने समय की आप आशा लगाकर चलिए यदि आप उसे किसी निर्धारित समय में पूरा करना चाहते हैं तो संभावित समय को भी अपनी इच्छा में लिख दीजिए तथा अपने अंतर्मन को उस समय की अनुभूति करवाते रहिए। इन परिस्थितियों में एक इच्छा अथवा समस्या को ही प्राथमिकता दीजिए, बहुआयामी अथवा अनेकों समस्याओं में अंतर्मन को कभी भी उलझाने की कोशिश कभी मत कीजिए अन्यथा समस्याओं में मन भी उलझ कर रह जाता है। याद रखिए प्रकृति आपसे स्पष्ट तौर पर पेश आती है तथा जैसा आप सोचते हैं वह संक्षिप्त तथा एकदम स्टीक होना चाहिए तभी अच्छे तथा त्वरित समाधान की अपेक्षा की जा सकती है। प्रकृति के विधान में कहीं भी कोमा, पूर्णविराम तथा संश्यात्त्मक चिन्हों का कोई स्थान नहीं है यह निरन्तर, निश्चिल तथा अविरल धारा प्रवाह रहित ही है।

इच्छा जननी समस्या की, 'मंत्र' इसका सर्वनाश ।
परम् से बड़ा है कोई नहीं, दोस्तों से भी दोस्त खाश।।2153।।

समस्या को मंत्रजाप की तरह रटना :– इस रणनीति में आप समस्या को समाधान ढूढ़ने के लिए अपने ईष्ट की सहायता ले सकते है। सर्वप्रथम आप इपने ईष्ट की नित्यपूजा अपने रूटिन के हिसाब से कीजिए तथा पूजा की समाप्ति पर अपनी समस्या के समाधान के लिए पांच मिनट बैठकर अपनी समस्या को इस प्रकार से मनन कीजिए कि आपको इस समस्या के समाधान के लिए आपके ईष्ट का आशीर्वाद चाहिए तथा समस्या को अतिशीघ्र हल भी हो जाना चाहिए। आप अपनी समस्या को अपने ईष्ट की गोद में छोड़ दीजिए तथा दिन के दौरान अपने दिमाग से समस्या को भूल जाईये तथा एक ही विचार में अपने को स्थित कीजिए कि आपने अपनी समस्या भगवान के चरणों में अर्पित की है जो उसका समाधान अवश्यमेव निकाल देंगे। हो सके तो दिन या सांयकाल को सोते समय अपने ईष्ट

को आपकी समस्या का समाधान देने के लिए धन्यवाद दीजिए कि उन्होंने आपको समस्या का समाधान दे दिया है तथा अपने विचारों में समस्या के समाप्त होने की अंतर्प्रेरणा के साथ उसका मानसिक छायांकन तथा अपेक्षित परिणाम की रूपरेखा तैयार करते रहिए।

'मंत्र' से उपजे भक्ति, भक्त के बस में भगवान ।
रटते समस्या मंत्रवत, स्वयं का स्वयं से ही कल्याण ।।2154।।

समस्या की जुगाली करना :– इस रणनीति में आपको अपनी समस्या तथा इसके संभावित समाधान का लक्ष्य निर्धारित कर जितना संभव हो सके अपनी अंर्तआत्मा के साथ तथा चलते फिरते अपनी सांसों के साथ जोड़ दीजिए जिसे दूसरे शब्दों में कहा जा सकता है कि अपने आपको अपनी समस्या समाधान के लिए पूर्णतया मन व शरीर के साथ जोड़ दीजिए तथा निरंतर समस्या तथा समस्या के समाधान की विनती आपके विचारों में 24 घंटे चलती रहनी चाहिए। इसे दूसरे भाव में पागलपन भी कहा जा सकता है जब आपने अपने विचार को अपनी चलती श्वास प्रस्वास से जोड़ दिया हो। जिस प्रकार गाय भोजन को पचाने के लिए जुगाली का सहारा लेती है, उसी प्रकार आप भी अपने विचारों को निरंतर एक ही विषय पर केंद्रित करते हुए इसे लगातार बारंबार विचार में लाते रहिए।

जुड़कर अंतर्आत्मा से, हर समस्या सुलझ जायेगी ।
जुगाली कर समस्याऐं, सांसों में ही उलझ जायेगी ।।2155।।

इस रणनीति को सर्वोत्तम एवं जल्द फलकारक माना गया है तथा इसमें आपका कोई भी श्रम नहीं लगता परंतु विचारों के साथ आपको अपनी समस्या जोड़नी पड़ती है तथा एक सकारात्मक सोच के साथ अपने लक्ष्य पर अपने ध्यान को केंद्रित रखते हुए निरंतर समस्या तथा इसके निदान पर अंतर्मन को टिकाईये तो समस्या समाधान उतने ही वेग तथा तीव्रता के साथ प्राप्त होने की संभावना बनी रहती है। यदि ऐसी स्थिति में अपने ईष्ट के मंत्र का जाप भी करते रहते हैं तो यह सोने पर सुहागे का काम करता है। यह मंत्र आपकी जन्मतिथि के मूलांक अर्थात् जन्मतिथि की तारिख की गणना से जुड़ा होता है जिसे आसानी से निकाला जा सकता है, जिसे पुस्तक के आठवें अध्याय के आठवें स्कन्ध में सःविस्तार समझाया गया है। उपरोक्त सब रणनीतियों में आज के युग में यही स्मार्ट, त्वरित तथा परिश्रम रहित विधि है।

अंतर्मन परमात्त्कि शक्ति,
अंत्र्मन ही सर्वोत्तम साथी ।
अंतर्मन से जुड़ा हुआ मन,
साबित होता गणेश का हाथी ।।2156।

समस्या समाधान में कठिनाईयाँ

समस्या समाधान प्रक्रिया कोई ऐसा जरिया नहीं है जिसमें गल्तियों की संभावना न हो, इसमें भी बहुत सारी कठिनाईयाँ तथा बाधायें होती हैं जो समस्या को जल्दि हल करने में हमारी योग्यता में बाधक का काम करती है। शोधकर्त्ताओं ने समस्या समाधान में विभिन्न बाधाओं का वर्णन किया है जिसमें कार्यात्मक अचलता, अप्रासंगिक जानकारी एवं विभिन्न मान्यतायें शामिल हैं जिन्हें नीचे सविस्तार बतलाया गया है:–

कार्यात्मक अचलता : यह समस्याओं को केवल परम्परागत तरीकों से हल करने की प्रवृत्ति को दर्शाता है। ऐसे में सफलता को खोजने के लिए उपलब्ध अन्य तरीको की ओर कोई ध्यान नहीं दिया जाता बल्कि केवल उस तरीके पर फोकस किया जाता है जो परंपरागत सदियों से चला आ रहा है। जबकि उससे त्वरित तथा अच्छा हल भी अन्यत्र उपलब्ध हो सकता है जिसके कारण समस्या समाधान में फलैक्सीबिलिटी की संभावनायें लगभग खत्म हो जाती हैं।

परंपराओं का दामन थामकर, संभावनाओं का द्वार बंद हो जाता है।
लचीलेपन बिना भी समाधान, समस्यायी अनुचित प्रबंध हो जाता है।।2157।।

अप्रासंगिक एवं भ्रामक सूचनायें :–जब समस्या समाधान पर जोर दिया जाता है तो ऐसे में संबंधित सूचनाओं एवं जानकारी तथा असंबंधित विषयों में अंतर समझना बहुत महत्त्वपूर्ण होता है। जब कोई भी समस्या अति गंभीर हो तो ऐसी अवस्था में इस और ज्यादा ध्यान जाना स्वाभाविक है तथा भ्रामकता हमें समस्या समाधान से दूर ले जाती है जिससे समस्या समाधान में कठिनाई एवं समय नष्ट होने की संभावना बढ़ जाती है।

अप्रासंगिकता विषय से भटकाती, भ्रामकता ले जाती है दूर ।
समस्या समाधान तो नहीं मिलता, विकल्प को करती है चूर ।।2158।।

मान्यतायें :–समस्या समाधान के दौरान अक्सर लोग बाधाओं एवं असंतुलनों के लिए भी एक मान्यता कायम कर लेते हैं कि ऐसा होना भी स्वाभाविक है जो कि समाधान में देरी तथा निर्धारित परणिाम में बाधा पैदा करती है एवं हमें समाधान से कुछ समय के लिए दूर खींच ले जाती है।

मान्यता लाती पूर्वाग्रह, पूर्वाग्रह से पैदा अनुमान ।
अनुमान कुंठा का परिणाम, कुंठा से व्यथित हर समाधान ।।2159।।

मानसिक नजरिया :– इस नजरिये में लोग केवल धारणायुक्त पूर्ववतः तय किए गए समाधानों को ही प्रयोग में लाते हैं जबकि समय तथा स्थिति अनुसार इसके लिए

अधिक त्वरित तथा अच्छे परिणाम उपलब्ध हो सकते हैं परन्तु उनका नजरिया केवल और केवल पूर्तिः प्रयोग में लाये गये समाधान के प्रति अडिग होता है। मानसिक रवैया केवल अनुमान के तौर पर एक बेहतर समस्या समाधान हो सकता है जबकि हमें यह लचकीले पन दूर ले जाता है और समस्या का प्रभावी समाधान ढूंढने की अपेक्षा इसे और अधिक मुश्किल बना सकता है।

पूर्वाग्रह से नहीं होता समाधान, पूर्वाग्रह कुंठा की निशानी है।
पूर्वाग्रह बेहतर नहीं हो सकता, भविष्य के प्रति बेईमानी है।।2150।।

इस प्रकार समस्या समाधान के लिए आपको सक्रिय होना चाहिए जिसमें अपनी सोच को बदलना तथा आदतों को बदलना जरूरी होता है। उदाहरण के तौर पर यदि आप मोटापा घटाना चाहते हैं तो सबसे पहले अपनी खाने की आदत को बदलिए, अपने लिए बेहतर एक्टिव कार्यक्षेत्र का चुनाव कीजिए जिसमें शारीरिक कार्य की अधिकता हो तथा लोगों के प्रति अपना नजरिया इस तरह से बदल डालिये कि आपको मोटापे के बारे उनके विचारों का आपसे कोई लेना देना नहीं है तथा आप उनकी टिप्पणियों के लिए माफ कर चुके हैं।

सक्रियता लाती स्वास्थ्य, सोच से आमूल बदलाव ।
चुनिए सदा एक्टिवकर्म, माफी से उत्पन ठहराव ।।2151।।

समस्याऐं सदैव मुश्किल और व्यापक होती हैं। आपको समफल होने के लिए इन्हें छोटे छोटे खण्डों तथा उद्देश्यों में बांटना होगा तथा जो प्रथम दृष्टि में आता है उसे हल करना होगा। आपके अग्रिम तौर पर सभी लक्ष्यों की सूचि बनाना तथा सभी लक्ष्यों को एक साथ साधना जरूरी नहीं है बल्कि सभी लक्ष्य साफतौर पर परिभाषित होने चाहिऐं। उदाहरण के तौर पर मोटापा घटाने के लिए आज आपको केवल शारीरिक अभ्यास करना निश्चित नहीं करना है बल्कि यह निश्चित करना है कि आज आप आधे घंटे तक निरंतर अभ्यास करेंगे अथवा साईकिल चलायेंगे। कभी भी स्वयं से निपुणता की मांग मत कीजिए बल्कि अपना लक्ष्य और बेहतर विकल्प पर अपना फोकस निर्धारित कीजिए। जो भी निर्धारित किया गया है उसे लगातार कीजिए और कभी इसमें गैप मत आने दीजिए क्योंकि निपुणता के लिए स्थिरता होना अपरिहार्य एवं अति आवश्यक टूलकीट है। उदाहरण के लिए हर रोज 30 मिनट अभ्यास करने की अपेक्षा सप्ताह में 30 मिनट अभ्यास कीजिए परन्तु हर रोज पांच मिनट अवश्य अभ्यास कीजिए।

स्थिरता व निरंतरता, निपुणता की राहें हैं।
लक्ष्य भेदन के अस्त्र, सफलता की मानसिक चाहे हैं।।2152।।

यदि आप बहुत बड़े परिवर्तन की आशा करते हैं तो इस बड़े लक्ष्य को छोटे छोटे समूह में विभाजित कीजिए जो आपको धीरे धीरे अपने गंतव्य की ओर आकर्षित करते चले जायेंगे। उदाहरण के तौर पर मोटापा घटाते समय एक साथ 5 किलो वजन घटाने की अपेक्षा हर रोज 100 ग्राम वजन घटाने का लक्ष्य निर्धारित कीजिए तथा ऐसा हर रोज करते करते महीने में 3 किलोग्राम घटाकर दोबारा से 100 ग्राम घटाते हुए 2 महीने में 5 की बजाये 6 किलों का लक्ष्य हासिल कीजिए। यदि किसी काम को एकमुस्त निपटाने की शक्ति आपमें नहीं है तो इसे थोड़ा थोड़ा लक्षित कर अपनी सामर्थ्य क्षमता अनुसार निपटाने की आदत डालिए जिससे आपका बड़ा लक्ष्य भी एक दिन अवश्य हासिल होगा ही। एक साथ बहुत बड़े परिवर्तनों की चाह की अपेक्षा छोटे छोटे तथा थोड़े परिवर्तनों को धीरे धीरे हासिल करना आसान हो जाता है क्योंकि मंजीले कदम दर कदम चल कर ही हासिल की जाती हैं उड़कर नहीं।

कदम दर कदम चलने से, मंजीलें तय हो जाती हैं।
लक्ष्य अपना निर्धारित करें, मुशीबतें क्षय हो जाती हैं।।2161।।

उदाहरण के तौर पर खाना कम करने के लिए, एक बार में ही खाना मत छोड़िए इसकी अपेक्षा हर रोज थोड़ा कम करते जाईये तथा अपने लक्ष्य तक आप बड़ी आसानी व आराम से पहुंच ही जायेंगे। आप मानकर चलिए कि यदि आप हर रोज 4 से पांच चपाती खाते हैं तो एक एक करके घटाना आरम्भ कीजिए और एक साथ सारी चपाती खाने की अपेक्षा बार बार एक चपाती खाने की आदत डालेंगे तो आपकी खाने की आदतों में जल्द सुधार होगा बजाए एक ही दिन सारा खाना छोड़ देने के। इस प्रकार आप किसी भी लक्ष्य को जीवन में आसानी से प्राप्त करने में आसानी से सफल हो जायेंगे।

बांटने से समस्या टूकड़ों में,

आसान एवम् सुगम्य हो जाती है।

स्वभाव में बदल कर लक्ष्य,

समस्या धीरे धीरे क्षय हो जाती है।।2162।।

समस्या समाधान के लिए,

मन को अपना दोस्त बना लीजिए।

समस्या स्वयं ही हल होगी,

अपने अंतर्मन को होश में ला दीजिए।।2610।।

अध्याय–15

ऊर्जावान रहने के उपाय

मनुष्य शरीर ऊर्जा की एक सूक्ष्म ईकाई है जो चेतन सत्ता द्वारा संचालित है। यद्यपि ऊर्जा मूलतः अजर, अमर तथा अविनाशी है जो स्थूल, सूक्षम तथा कारण स्वरूपों निरंतर परिवर्तनशील रहते हुए संचरित रहती है। कहा गया है कि ऊर्जा को न तो पैदा किया जा सकता है, न हीं खत्म किया जा सकता है परंतु इसके स्वरूप में बदलाव लाया जा सकता है। इस प्रकार हमारे इर्दगिर्द जो ब्रह्माण्ड फैला हुआ है वह समस्त ऊर्जा से व्याप्त है जो सदैव गतिशील रहते हुए परिवर्तनशील अवस्था में विद्यमान रहती है। इसी संचरित ऊर्जा चक्र को जीवन चक्र भी माना जाता है जिसके विभिन्न स्तरों पर विभिन्न प्रकार की ऊर्जाओं का स्थान माना जाता है जिन्हें विभिन्न लोकों में विभाजित कर इनमें वास करने वाली आत्माओं की अवस्था अनुसार उन्हें दैविक, दैहिक, लौकिक, पारलौकिक आदि नामों से पुकारा गया है। विज्ञान की दृष्टि में इसी ऊर्जा को 360 डिग्री में बांटा गया है जिन्हें वास्तु शास्त्र में विभिन्न देवताओं द्वारा प्रभावित भूखण्ड कहा गया है। सनातन में इसे शिव अवधूतों द्वारा अधिकृत तथा ईस्लाम में इसे 360 डीग्री मस्जिद प्रदक्षिणा तथा बाईबल में अब्राहम ने 360 दिन के ऊर्जा चक्र के रूप में एक वर्ष के समय का इस्तेमान किया है।

ऊर्जा ही सर्वव्यापक है, ऊर्जा है जगत् आधार ।
ऊर्जा फैली कण कण, ऊर्जा निर्मित सर्वसंसार ।।2164।।

मनुष्य शरीर में यह ऊर्जा 24 घंटे निर्बाध रूप से संचरित रहती है जिसे वात् पित्त एवं कफ सदैव ग्रसित, विचलित एवं दूषित करते रहते हैं तथा इसकी पूर्ति को निर्बाध बनाए रखने के लिए हमें निरंतर प्रयासरत रहना पड़ता है ताकि शारीरिक क्रियाओं को चलायमान रखा जा सके। परन्तु जब मनुष्य अपनी आदतों के वशीभूत इस ऊर्जा संचरण चक्र को अनियमित बना देता है, अर्थात् सही समय में मिलने वाली ऊर्जा का उपयोग सही समय पर नहीं करता है तो ऊर्जा संचरण चक्र में व्यवधान उत्पन्न होने आरंभ हो जाते हैं जिन्हें हम शारीरिक भाषा में दोष अथवा बिमारियों की संज्ञा दे देते है। माना जाता है कि प्रकृति अपने निर्धारित संचरण चक्र

अनुसार प्रत्येक अंग को उसके निर्धारित समय में पर्याप्त ऊर्जा का संचार लगभग दो घंटे तक करता है ताकि समस्त शरीर की क्रियाप्रणालियों को सुचारू रूप से चलाया जा सके। परन्तु मनुष्य इस समय चक्र में अपनी आदतों के वशीभूत व्यवधान उत्पन्न कर देता है। इस कारण से एक अंग को प्रसारित ऊर्जाकाल में मिली हुई ऊर्जा का उपयोग न होने से उस समय उपयोग में लाये जाने वाले अंग को वह ऊर्जा सप्लाई कर दी जाती है, जिससे उस अंग में अपनी ऊर्जा की विद्यमानता के कारण ऊर्जा आधिक्य पैदा हो जाता है तो वह अंग ऊर्जा आधिक्य का शिकार हो जाने से पित्त पीड़ीत अंग बन जाता है जबकि जिस अंग से ऊर्जा उधार ली गई है उसमें ऊर्जा कम प्रयोग में होने के कारण वह ऊर्जा न्यूनता का शिकार हो जाता है तथा उसे कफ पीड़ीत अंग बन जाता है।

आयुर्वेद का मानना है कि पित्त तथा कफ दौनों ही अचलित अथवा अक्रियाशील धातुऐं हैं जो शरीर में जमा हो जाती हैं जो सड़ने तथा जल्ने की अवस्था में गैस पैदा करती हैं जिसमें वेग का संचार होता है जिसे वात् कहा जाता है। जब हम ऊर्जा समयचक्र की लगातार अवहेलना करते हुए प्रयोग करते रहते हैं तो शरीर को अपनी आवश्यकताओं की प्रतिपूर्ति के लिए रूग्णित अंग में ऊर्जा का अधिक संचार करना पड़ता है जिससे उस अंग की ओर ऊर्जा प्रवाह आधिक्य के कारण रोग उत्पन्न होते हैं जिन्हें वात् रोग जनित रोग कहा जाता है।

न्यून ऊर्जा से हों पैदा रोग, ऊर्जा अधिकता में भी रोग।
संतुलन से स्वास्थ्य पनपता, बिना अनुशाशन भव के रोग।।2515।।

शरीर ऊर्जा संचरण का यह चक्र पूर्णतया प्राकृतिक है तथा जिस प्रकार दिन रात का समय चक्र निरंतर निर्बाध चलता है उसी प्रकार यह चक्र भी निर्बाध चलता रहता है। यही कारण है कि मनुष्य अपने कंप्यूटर रूपी दिगाग में इसे एडजैस्ट करना चाहते हुए भी इसे अपनी शारीरिक जरूरतों अनुसार थोड़े समय के लिए तो एडजैस्ट कर पाता है परंतु हमेशा के लिए नहीं कर पाता।

ऊर्जा बहती सदैव निरंतर, निर्बाध प्रबुद्ध रूप से।
जान कर कुदरती संचरण, जीयें विशुद्ध रूप से।।2515।।

शरीर ऊर्जा संचरण का यह चक्र पूर्णतया प्राकृतिक है तथा प्रकृति के साथ–साथ ही चलता है यही कारण है कि मनुष्य का कंप्यूटर रूपी दिमाग इसे समायोजित करना चाहते हुए भी ज्यादा समय तक संतुलित नहीं कर पाता है। शरीर में ऊर्जा संचरण का यह चक्र रात्रि काल में यकृत परिवार से आरंभ होता है जैसा कि अगले पेजों में चित्र द्वारा दर्शाया गया है इसके उपरान्त यह निरंतर बिना किसी विराम के प्रकृति के अनुसार चलता रहता है। शरीर में अंगों को यह ऊर्जा किस समय प्राप्त होती है

इसकी संपूर्ण जानकारी निम्न तालिका में दर्शायी गयी है :—

परिवार तालिका

पैतृक अंग	ऊर्जा संचरण समय	मातृ अंग	ऊर्जा संचरण समय	तत्त्व, ग्रह
यकृत	प्रातः 1 बजे से 3 बजे तक	पिताशय	रात 11 बजे से 1 बजे	आकाश, गुरू
फेफड़े	प्रातः 3 बजे से 5 बजे तक	बड़ी आंत	प्रातः 5 बजे से 7 बजे	वायु, मंगल
आमाशय	प्रातः 7 बजे से 9 बजे तक	पैंक्रियाज	प्रातः 9 बजे से 11 बजे	पृथ्वी, बुध
हृदय	प्रातः 11 बजे से 1 बजे तक	छोटी आंत	सांय 1 बजे से 3 बजे	अग्नि, सूर्य
दिमाग	सांय 3 बजे से 5 बजे तक	कमर	सांय 5 बजे से 07 बजे	परम्, चंद्र
गुर्दे	सांय 7 बजे से 9 बजे तक	मूत्राशय	सांय 9 बजे से 11 बजे	जल, केतू

ऊर्जा संचरण चक्र

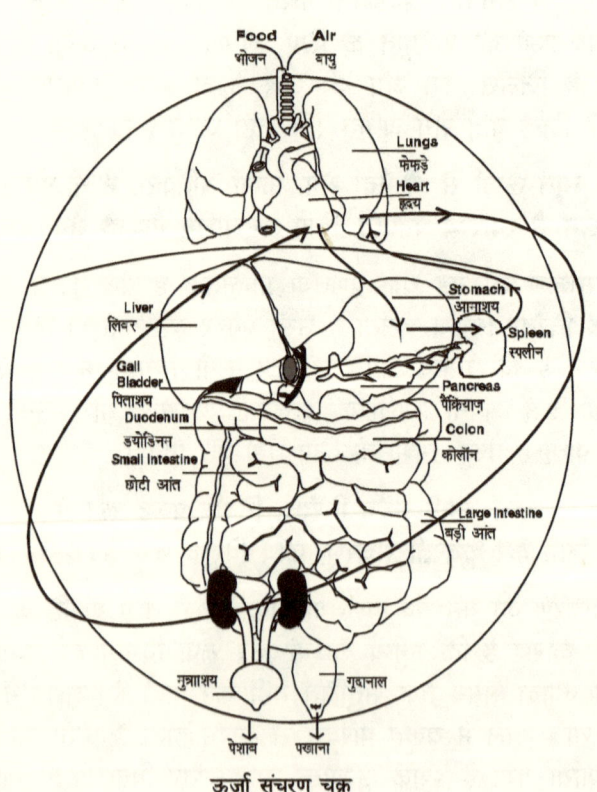

ऊर्जा संचरण चक्र

उपरोक्त पाँचों परिवारों में ऊर्जा का संचरण जिस नियमित व व्यवस्थित रूप में होता रहता है उसी प्रकार इन परिवारों में ऊर्जा संचरण के कारण आपसी संबंधों का भी विकास होता है। इन संबंधों के कारण प्रत्येक परिवार एक दूसरे से भावुक व सांसारिक तौर पर जुड़ा होता है। भारतीय दर्शन शास्त्रों ने तो इन परिवारों में पति–पत्नी, पिता, पुत्र व पत्नी आदि के संबंध माने हैं। इसी प्रकार इन परिवारों में दूर तथा निकटवर्ती संबंध भी पाये जाते हैं जिन्हें पड़ोसी व रिश्तेदारी आदि संबंधों का दर्जा दिया गया है। जिस प्रकार उपरोक्त सामाजिक संबंधों के कारण समाज में भावनाएँ पैदा होती हैं ठीक उसी प्रकार शरीर में भी एक अंग में फैला रोग संबंधों के आधाार पर दूसरे अंग में भी फैलता है। इसी प्रकार रूग्णित अवस्था में एक परिवार सहायक का कार्य करता है तो दूसरा परिवार रोग को अपने में समाकर दर्द को बांटने का कार्य भी करता है जिसे रोग का मूल तथा संचरण त्रिभूज भी माना जाता है जिसे सविस्तार हम अध्याय आठ के खण्ड आठ में ड्राईवर, कंडक्टर तथा ईष्ट के रूप में "जनून" के तौर पर पहले ही जान चुके हैं। जिस अंग से रुग्ण अंग का जितना आत्मिक संबंध होगा उसका प्रभाव भी उसी हिसाब से दूसरे अंग में फैलेगा ऐसा संपूर्ण चिकित्सा शास्त्रियों का मानना है। इस प्रकार चिकित्सक को बीमारी को समूल उखाड़ने के लिए बीमारी की जड़ें किन–किन परिवारों को प्रभावित करती हैं यह जानना भी आवश्यक है जो कि नियंत्रक चक्र के रूप में ऊपर दर्शाया गया है।

मनुष्य के शरीर में ऊर्जा पांच साधनों द्वारा प्राप्त होती है।

1) भोजन द्वारा 2) श्वास द्वारा 3) त्वचा इत्यादि अंगों व दाब केन्द्रों द्वारा शोषण के रूप में 4) ध्यान द्वारा तथा 5) प्राकृतिक संसाधनों द्वारा ।

1) भोजन द्वारा प्राप्त ऊर्जा सबसे पहले आमाशय में प्राप्त होकर निम्न चक्र में प्रवाहित होती है:–
   आमाशय–स्प्लीन–फेफड़े–किडनी–लीवर–हृद्य–स्प्लीन–अमाशय
2) श्वास द्वारा प्राप्त ऊर्जा सबसे पहले फेफड़ों में प्राप्त होकर निम्न चक्र में प्रवाहित होती है:–
   फेफड़े–किडनी–लीवर–हृदय–स्प्लीन–फेफड़े ।
3) ऊर्जा शरीर में त्वचा तथा शरीर में स्थित विभिन्न एक्यूप्रैशर बिंदुओं के रूप में विद्यमान खिड़कियों के माध्यम से शोषित की जाती है तथा बिंदु से संबंधित मातृ–पितृ अंग को प्रेषित कर दी जाती है जहाँ से यह उपरोक्त दोनों ऊर्जाओं के संचरण चक्र में शामिल हो जाती है।

चीनी चिकित्सा शास्त्रियों के अनुसार मनुष्य को पृथ्वी तथा आकाश रूपी स्वर्ग की संतान माना गया है अतः मनुष्य के शरीर का ऊपर वाला हिस्सा (हृदय, दिमाग तथा लीवर) स्वर्ग के प्रतिनिधि माने जाते हैं तो निचला हिस्सा (पेट, किडनी तथा

अंतड़ियाँ) पृथ्वी के प्रतिनिधि माने जाते हैं। इसी आधार पर शरीर के ऊपरी हिस्से को धनात्मक तथा निचले हिस्से को ऋणात्मक हिस्सा माना जा सकता है।

चीनी चिकित्सा शास्त्रियों ने शरीर को एक संतुलित स्वराज्य भी माना है जिसका प्रत्येक अंग किसी न किसी मंत्री के रूप में कार्य करता है। शरीर रूपी स्वराज्य का अधिष्ठाता हमारा हृदय है तथा अन्य मुख्य अंगों के विभागों का बंटवारा निम्न प्रकार से किया गया है :–

परिवार तालिका

पैतृक अंग	पद एवं मंत्री पद	मातृ अंग	पद अथवा मंत्री पद
यकृत	न्यायधीश तथा प्लानर	पित्ताशय	गृह मंत्री+कानून मंत्री
फेफड़े	प्राण ऊर्जा मंत्री	बड़ी आंत	स्वास्थ्य मंत्री+सफाई
आमाशय	खाद्य मंत्री	पैंक्रियाज	परिवहन मंत्री
हृदय	राष्ट्रपति या शाशक	छोटी–आंत	वित्त एवं संसाधन
गुर्दे	शरीर ऊर्जा मंत्री	मूत्राशय	जल संसाधन मंत्री
दिमाग	प्रधान मंत्री+तापमान	कमर	सुरक्षा मंत्री

1. परिवार के मुख्य अंग
2. अंग व प्रत्यंग/संबंधी
3. संवेदना/रंग
4. भावना/भाव/आदत
5. द्रव्य/रस/मौसम
6. लक्षण/बढ़ोतरी
7. आवाज/हाव-भाव
8. बिंदु /खिड़की

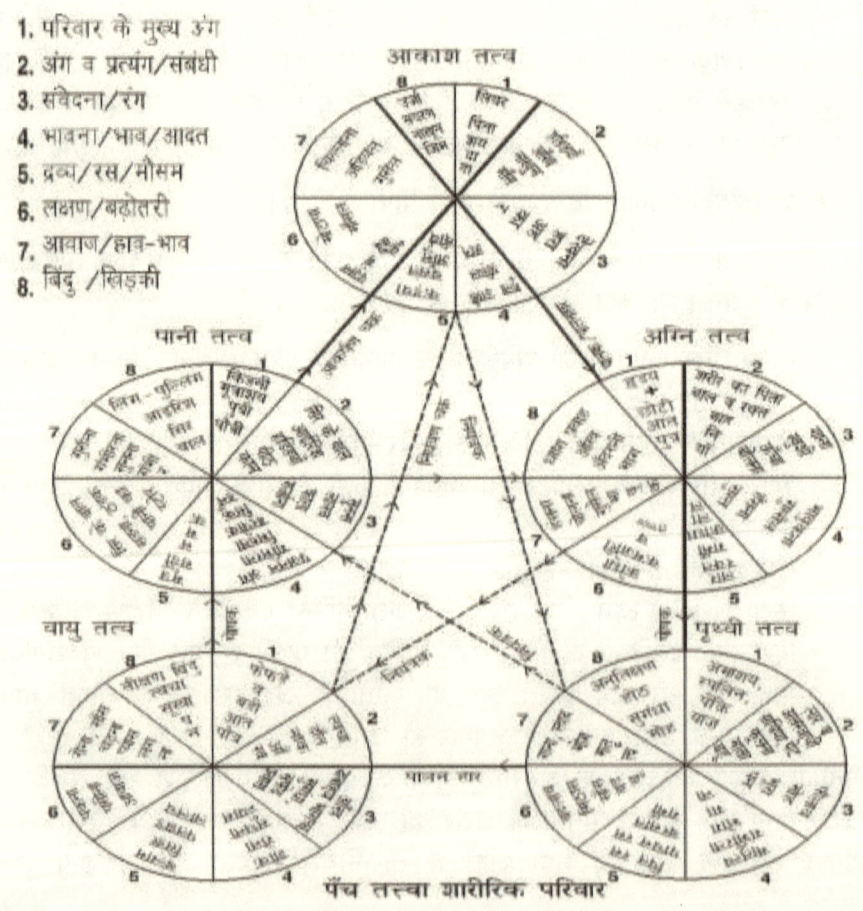

पँच तत्वा शारीरिक परिवार

वैश्विक स्वास्थ्यवर्धक ऊर्जाः– यह ऊर्जा हमारे चारों तरफ प्राण उष्मा के रूप में विद्यमान है तथा हमारे जीने के लिए पर्याप्त है। मनुष्य शरीर मूलतः इस ऊर्जा की ही ईकाई मात्र है तथा यह ऊर्जा तीन घेरों में हमारे शरीर के अंदर तथा तीन घेरों में शरीर के बाहर मौजूद है जिन्हें हमारे रंगों के (चक्र) शरीर भी कहा जाता है। सातवां हमारा भौतिक शरीर है जिसमें स्पैक्ट्रम के सातों रंग मौजूद हैं। इन समस्त शरीरों की सुरक्षा हम अपने इसी भौतिक शरीर से कर सकते हैं। कहा भी जाता है कि 'शरीरं खलू साधनम्,' जो कि हमारे वर्तमान, भूतकाल तथा भविष्य के रोगों से भी सुरक्षा की जा सकती है। इंद्रधनुष के सातों रंगों का प्रतिनिधित्त्व करते इन सात रंगों द्वारा भी सातों शरीरों को पोषित भी किया जाता है जो हमारी इस सुंदर दुनिया के निर्माण की एक अद्भूत प्रक्रिया है। यह प्राण ऊर्जा हमारे शरीर तथा वातावरण में अदृश्य रूप में विद्यमान तथा चलायमान रहती है तथा अनंत शक्ति का संचार करती हुई आगे बढ़ती रहती है। ऊर्जा का यह संचार समस्त संसार के कणों को आपस में जोड़ता है। प्रकृति की यही शक्ति पर्वतों का निर्माण करती है तो समुंद्र की विशाल जलराशि को पृथ्वी के साथ जोड़े रखती है तथा आकाश के मध्य संतुलित रहती है। इसी प्रकार संसार का बड़े से बड़ा ग्रह तथा छोटे से छोटा कण एक दूसरे से टकराए वगैर एवं किसी दूसरे को विचलित किए बिना ब्रह्माण्ड में विचरण करता रहता है। इसी चुम्बकीय शक्ति द्वारा संसार में जीवन का निर्माण होता है तथा यही कल्पों को बदलने का कार्य भी क्षणमात्र में संभव बना देती है। इस प्रकार कहा जा सकता है कि समस्त विश्व एक चैतन्य शक्ति संचरित है जिसे शास्त्रों में शक्ति की संज्ञा दी गई है। इस अथाह शक्ति को सूक्ष्म अणु, परमाणु तथा प्रकृति के हर कण में अथाह, सूक्षम एवं सूक्षमतर स्तर पर महसूस किया जा सकता है जो मनुष्य शरीर की सूक्षमतम् कोशिका तथा अदृश्य नस नाड़ियों तथा चैनलों के माध्यम से संचरित रहती है। जिसे विस्तार से उपरोक्त चित्र द्वारा समझा जा सकता है।

समस्त ब्रह्माण्ड है ऊर्जा ईकाई, ऊर्जा ने हर वस्तु है बनाई ।
ऊर्जा ही कण–कण में समाई, ऊर्जा ही जीवन की मूल इकाई।।2163।।

शरीर ऊर्जा एवं संजीवनी शक्ति :–मनुष्य शरीर में 12 ऊर्जा संचार चैनल हैं जिनके माध्यम से 12 ग्रहों संबंधी शरीर ऊर्जा शरीर के समस्त अंगों तक प्रसारित होती है। यही ऊर्जा संचार चैनलों द्वारा सभी मुख्य एवं गौण प्रणालियों को संचरित करती है जिससे मानव शरीर संभरित एवं रोगों से सुरक्षित रहता है। जब भी इस ऊर्जा संचार में व्यवधान एवं बाधायें पैदा होती हैं तो शरीर बिमारी को महसूस करता है तथा धीरे धीरे इसकी गिरफ्त में आकर रोगी हो जाता है। परंतु यह ऊर्जा जब तक निर्बाध रूप से संचरित होती रहती है तो मनुष्य स्वर्गीक आनंद एवं सुःख का अनुभव करता है तथा ऐसी स्थिति में मन भी शाँत रहकर हमारे लिए खुशियों का अंबार खड़ा कर देता है क्योंकि मनुष्य शरीर में ऊर्जा संचार उसकी मानसिक, भावनात्मक, सांसारिक

सोच को प्रत्यक्ष अथवा परोक्ष रूप से प्रभावित करता रहता है। उदाहरण के तौर पर जब हम अधिक सोचते हैं तो शारीरिक क्रिया स्वरूप दिमाग को अधिक ऊर्जा की सप्लाई होने के कारण मानसिक रोगों की उत्पत्ती होना स्वाभाविक है। इसकी प्रतिक्रिया स्वरूप कमजोर अंगों को ऊर्जा का प्रवाह घट जाता है जिससे शरीर में रोगों की अधिकता बढ़ जाती है। इसके विपरीत चिंतन तथा सकारात्त्मक सोच की अवस्था में शरीर में आक्सीजन की अधिकता के कारण ऊर्जा संचार बढ़ जाता है जिससे स्वास्थ्य की स्थिति पैदा होती है जिससे पाचन क्रिया में सुधार आने से नींद बढ़ जाती है 'निद्रा महासुखम्' का प्रभाव समस्त मानसिक अवशाद इत्यादि की स्थितियों को बदल कर सकारात्त्मकता आते ही संपूर्ण स्वास्थ्य की स्थिति पैदा हो जाती है। **ऊर्जा है संजीवनी, ऊर्जा ही हर रोग की हरता है।**

'ऊर्जित हुआ मन, शरीर 'संपूर्ण निरोगी करता है।।2164।।

दो ध्रुवीय ऊर्जा प्रवाहः– मनुष्य शरीर की मूल ईकाई प्रत्येक कोशिका चुम्बकीय क्षेत्र का मूल प्रवाह क्षेत्र माना गया है जिसके मूलतः उत्त्तर तथा दक्षिण दो ध्रुव हैं जिनके मध्य चुम्बकीय प्रवाह निर्बाध तथा निरंतर चलता रहता है तथा किसी भी एक सिरे से एक्टिवेट तथा दूसरे सिरे से प्रतिक्रिया स्वरूप डिएक्टिवेट किया जाता रहता है। यही ऊर्जा संचरण अथवा प्रवाह का मूल सिद्धाँत है जिसे चुम्बकीय क्षेत्र कहा जाता है। विज्ञान की दृष्टि में इसे एक ध्रुव पर मौजूद एक एटम का ब्रह्माण्ड के दूसरे सिरे पर मौजूद एटम के साथ निरंतर चलता हुआ तथा विद्यमान वार्तालाप है जो एक प्रकार का विद्युतक्षेत्र तैयार करता है जिसे मूलतः चुम्बकीय क्षेत्र कहा जाता है।

दो ध्रुवों पर आधारित दुनियाँ, यिंग येन कहलाती हैं।

धनात्त्मक ऋणात्मक 'ध्रुवों' से, समस्त ब्रह्माण्ड चलाती ।।2165।।

इस प्रकार मनुष्य के चारों ओर भी विद्युत चुंबकीय क्षेत्र है जिसे संपूर्ण चिकित्सा शास्त्रों में 'ओहरा' के नाम से जाना जाता है। परन्तु इलैक्ट्रो मैगेनैटिक क्षेत्र अन्य क्षेत्रों से फ्रिक्वैंसी व कंडक्शन के माध्यम से भिन्न है। यह भी एक अचूक सत्त्य है कि प्रत्येक कण, इकाई या वस्तु के दो पहलू ऋणात्मक तथा धनात्मक हैं जिन्हें विज्ञान की भाषा में ध्रुव या पोल कहा गया है। ये दोनों सिरे या पोल एक दूसरे के पूरक तथा विरोधी माने जाते हैं। धनात्मक लिंग का बोधक है तो ऋणात्मक शक्ति पुल्लिंग का। अतः मनुष्य का शरीर भी इन्ही दो ध्रुवों से संचालित एक इकाई है। डा. बेविट अपनी पुस्तक 'मानव प्रवृत्ति का इलाज' में लिखते हैं कि मनुष्य की दाईं तरफ प्रभावी तौर पर निषेधात्मक या बाधित विद्युतीय शक्ति समाहित रहती है। इसी प्रकार शरीर की बाईं दिशा में संवर्धक तथा उद्दीपक विद्युतीय शक्तियाँ काम करती हैं। संपूर्ण स्वास्थ्य की दशा में दाईं तथा बाईं ओर की विद्युतीय ऊर्जा में संतुलन बना रहता है। अतः मनुष्य की दाईं दिशा को उत्तरी ध्रुव तथा बाईं दिशा को दक्षिण

ध्रुव का नाम दिया गया है। इसी प्रकार मनुष्य के ऊपरी हिस्से अर्थात् सिर को उत्तरी ध्रुव तथा पाँवों को दक्षिण ध्रुवों में बाँटा गया है। मनुष्य के शरीर में सपंदन करते सभी सूक्ष्म अंग दक्षिण ध्रुव की इकाई हैं तो सभी बड़े तथा सख्त अंग उत्तरी ध्रुव की इकाई माने जाते हैं।

मनुष्य की दायी दिशा में धनात्त्मक एवं बायीं दिशा में ऋणात्मक शक्ति का संचार होता है। जिस प्रकार तराजू में तोल का संतुलन बनाने के लिए दोनों तराजुओं में बराबर भार का होना आवश्यक होता है उसी प्रकार शरीर संतुलित रखने के लिए इन दोनों शक्तियों का संतुलित होना अति आवश्यक है। इस सिद्धांत के अनुसार शरीर की बायीं दिशा में आये व्यवधान को दायीं दिशा से नियंत्रित किया जा सकता है। ऊर्जा संतुलन का सिद्धांत यहाँ पर लागू होता है। प्रकृति ने मनुष्य का शरीर इस प्रकार से व्यवस्थित किया है कि शरीर में ज्यादातर अंग दो अर्थात् दायाँ तथा बायाँ पाये जाते हैं अतः यदि दायाँ अंग रूग्ण अवस्था में है तो उसमें आये ऊर्जा व्यवधान को बायें अंग (जो रूग्ण न भी हो तो) से नियंत्रित किया जा सकता है। चुम्बकीय चिकित्सा वैज्ञानिकों के अनुसार मनुष्य की दाईं दिशा में प्रभावी तौर पर निषेधात्मक या बाधित विद्युतीय शक्ति समाहित रहती है जबकि शरीर की बाईं दिशा में संवर्धक तथा उद्दीपक विद्युतीय शक्तियाँ काम करती हैं। इस प्रकार मनुष्य की दाईं दिशा दक्षिण ध्रुव के गुण समेटे हुए है तो बाईं दिशा उत्तरी ध्रुव के गुण समेटे हुए है। मनुष्य का ऊपरी सिरा उत्तरी ध्रुव का कार्य करता है तो निचला सिरा दक्षिण ध्रुव का कार्य करता है। इसी प्रकार मनुष्य के शरीर के विभिन्न अंग धनात्मक तथा ऋणात्मक शक्तियों के द्योतक माने जाते हैं। शरीर संतुलन पद्धति के अनुसार मनुष्य के शरीर का नियंत्रण भी इन दोनों ध्रुवों व सिरों के संतुलन पर निर्भर करता है।

मनुष्य का शरीर प्रकृति की उत्तम कृतियों में से एक है। जिस प्रकार प्रत्येक कण अपने इर्द गिर्द बने विशेष चुम्बकीय क्षेत्र से आच्छादित है। उसी प्रकार मनुष्य का शरीर भी पृथ्वी तथा अन्य ग्रहों के प्रभावों के फलस्वरूप चुम्बकीय क्षेत्र से आवृत्त रहता है। यह चुम्बकीय क्षेत्र अणु तथा परमाणु की क्रिया व प्रतिक्रिया के फलस्वरूप उत्पन्न हुआ विद्युत चुम्बकीय क्षेत्र है जिसमें अल्फा, बीटा तथा गामा किरणों की विशेष स्पंदन गति पाई जाती है। मनुष्य का शरीर भी अणु तथा परमाणुओं की एक संयुक्त इकाई है जो मूल रूप में कोशिका जन्य है। कोशिका शरीर की मूल इकाई मानी जाती है जिसमें अणु तथा परमाणुओं की संयुक्त संरचना से जीवन का संचार होता है। अतः अणु तथा परमाणु के समस्त गुण धर्म इस इकाई में पाए जाते हैं। कहा भी गया है कि यथा पिण्डे तथा ब्रह्माण्डे। अर्थात् जो शक्ति कोशिका के छोटे से छोटे अणु में व्याप्त है वही शक्ति ब्रह्माण्ड की बड़ी से बड़ी संरचना में विद्यमान है अर्थात् अणु तथा परमाणु की क्रिया, प्रतिक्रिया के फलस्वरूप ही समस्त संसार व्याप्त है ऐसा आधुनिक विज्ञान का भी मानना है। भूगोल वैज्ञानिकों के अनुसार पृथ्वी

के दोनों ध्रुवों के कारण ही धरा पर जीवन का विकास संभव हो पाया है अतः चिकित्सा की दृष्टि से भी हमें मानना पड़ेगा कि मनुष्य के शरीर में भी इन ध्रुवों का विशेष महत्त्व है। मनुष्य जीवन का आधार माने जाने वाली कोशिका भी अपने इन दोनों ध्रुवों के कारण प्राण शक्ति से संपादित है तथा इन ध्रुवीय प्रभावों के कारण ही अपने जीवन रूपी संचरण में स्पन्दित रहती है। अतः जीवन की मूल इकाई कोशिका भी एक विद्युतीय इकाई है जिसका अपना एक चुम्बकीय क्षेत्र है। मनुष्य के स्वस्थ होने की अवस्था में सैलों का समूह अपनी विशेष गति के साथ आंदोलित होता है परन्तु शरीर में किसी भी असंतुलन के कारण आंदोलित अंगों की इस गति में परिवर्तन आना स्वाभाविक है।

मनुष्य के शरीर का नर्म, मुलायम, अगला हिस्सा उत्तरी ध्रुवीय शक्तियों से संपादित माना जाता है तो सख्त, पिछला तथा कपाल दक्षिण ध्रुवीय शक्तियाँ में बाँटा जा सकता है। यही कारण है कि चुम्बक हमारे शरीर पर पड़ने वाले वातावरण के दुष्प्रभावों से हमारी सुरक्षा करता है तथा शरीर के अंगों की आंदोलित गति को संतुलित करता है। मनुष्य के सोने की स्थिति में उसके सिर तथा पाँवों की दिशा एक महत्त्वपूर्ण भूमिका अदा करती है क्योंकि एक ध्रुव शरीर पर शामक प्रभाव डालता है तो दूसरा सिरा शरीर पर उत्तेजक प्रभाव डालता है क्योंकि शरीर के क्रिस्टल शरीर में शरीर की ध्रुवीय स्थिति के अनुसार ही विचरण करते हैं। जैसा कि ऊपर कहा गया है दायीं दिशा निषेधात्मक गुणवत्ता लिए होती है जब कभी इस शक्ति में बढ़ौतरी होती है तो बाईं और की शक्ति में क्षीणता आ जाती है जिसके कारण शरीर में निम्न व्याधियों का जन्म होता है जैसे निम्न रक्तचाप, शूगर, हाईपरथाइरोडिज्म, पाचन तंत्र का धीमापन आदि। ऐसी अवस्था में शरीर की बायीं ऊर्जा का संतुलन बनाया जा सकता है।

इसके विपरीत उच्च रक्तचाप, धड़कने बढ़ना, हाइपर एसिडिटी, आदि व्याधियों में शरीर की उत्प्रेरक, उत्तेजक तथा संवर्धक अर्थात् बाईं ओर की ऊर्जा में वृद्धि होकर दाईं ओर की शक्तियाँ कमजोर पड़ जाती हैं ऐसी अवस्था में दाईं ऊर्जा संतुलन बनाया जाना आवश्यक है। किसी भी प्रकार की चोट, क्रोनिक संधिवात, अकड़न तथा दर्द रहित आदि अवस्थाओं में दोनों ध्रुवों के संतुलन की आवश्यकता पड़ती है। शरीर के मुख्यतः बड़े अंगों जैसे किडनी पैंक्रियाज तथा लीवर आदि में दोनों ऊर्जाओं के संतुलन द्वारा अच्छे परिणाम मिलते हैं।

डा. जॉन पियरकोस के अनुसार क्वाट्ज क्रिस्टल के मुख्य सिरे को जब दक्षिण की ओर रखा गया तो स्पंदन गति लगभग 9 प्रति मिनट, पश्चिम की ओर 6 प्रति मिनट, उत्तर की ओर 4 प्रति मिनट तथा पूर्व की ओर 14 प्रति मिनट रही। इस लिए उत्तरी ध्रुव की ओर सिर करने से ही क्रिस्टल की स्पंदन गति सबसे कम रहती है

तथा उत्तरी ध्रुव की ओर सिर करने से नींद भी अच्छी आती है क्योंकि सिर को सोते समय उत्तरी ध्रुव की ओर ठंडापन, धीमी रेडियेशन की आवश्यकता रहती है। उत्तरी ध्रुव की ओर सिर होने से मस्तिष्क में विद्युतीय संचरण धीमा पड़ जायेगा तथा अल्फा, बीटा तथा गामा लहरों की गति जो एक साईकिल प्रति सैकिण्ड से 13 साईकिल प्रति सैंकिण्ड के मध्य में धीमी हो जायेगी जिसमें निद्रा शांतिमय होगी। परन्तु इससे हमारा तंत्रिका तंत्र अधिक धीमा पड़ जाता है इसलिए उत्तर दिशा में मौत के बाद ही सिर रखने की परंपरा है।

योग शास्त्रों में इन्हीं ध्रुवों को इदा तथा पिंगला नाड़ी के नाम से जाना गया है। इसी प्रकार मनुष्य के स्वास्थ्य के दो पहलू संतुलन तथा असंतुलन हैं जो इन दोनों शक्तियों के संतुलन पर आधारित हैं। जब इन दोनों में से किसी एक शक्ति का संतुलन बिगड़ जाता है तो अस्वस्थता की स्थिति पैदा होती है। इसी प्रकार मनुष्य के सामाजिक जीवन के भी दो पहलू सुख–दुःख माने गये हैं जो जीवन की सफलता के लिए अनिवार्य व अपरिहार्य हैं। अतः शरीर में विद्यमान विद्युत चुम्बकीय क्षेत्र के संतुलन पर ही स्वस्थ जीवन की आधारशिला निर्धारित है। जब कभी भी इस क्षेत्र में असंतुलन पैदा होता है तो व्याधियाँ अपना प्रभाव शरीर पर बना लेती हैं तथा शरीर जर्जर तथा रोगी रहना आरम्भ हो जाता है।

'ध्रुवीय' संतुलन देता स्वास्थ्य, असंतुलन से पैदा रोग।
सीख कला संपूर्ण स्वास्थ्य की, देह न ऊपजे रोगशोक।।2516।

संपूर्ण स्वास्थ्य में मनुष्य के शारीरिक संतुलन पर विशेष ध्यान दिया जाता है अतः स्वास्थ्य के इच्छुक व्यक्ति को अपने शरीर स्थित उपरोक्त दोनों ध्रुवों की संतुलितता का विशेष ज्ञान होना अति आवश्यक तथा अपरिहार्य है। यद्यपि इन संतुलनों की व्याख्या लेखक की 'शरीर संतुलन' संबंधी पुस्तक में की जा चुकी है। परन्तु यहाँ हम इन ध्रुवों से संबंधित रोगों की ही व्याख्या करना उचित समझेंगे। अब तक पाठकों को यह भी विदित हो चुका होगा कि शरीर संबंधी पोलों में गर्दन संतुलन उत्तरी ध्रुव का कार्य करता है तो कमर संतुलन दक्षिण ध्रुव का कार्य करता है। इन ध्रुवों का निर्धारण हमने यहाँ इसलिए किया है क्योंकि मानव शरीर की आधारशिला उसका मेरूदण्ड माना जाता है। मेरूदण्ड के संतुलित रहने पर ही मनुष्य का स्वास्थ्य अथवा जीवन संतुलित रहता है।

दूसरे शब्दों में मेरुदण्ड मनुष्य रूपी पेड़ का वह तना है जो उसे संभरण, पोषण तथा आधार प्रदान करता है। अतः मेरूदण्ड की संतुलितता ही मनुष्य के स्वास्थ्य की संतुलितता है। इन दोनों ध्रुंवों के मध्य में स्थित नाभी केन्द्र जिसे शरीर का मातृशक्ति केन्द्र माना जाता है तथा शरीर में यह तृतीय शक्ति अथवा न्यूट्रल फोर्स के रूप में कार्य करता है। इस प्रकार उपरोक्त चर्चा के आधार पर मनुष्य के शरीर

को निम्न रूप से ध्रुवीय शक्तियों में बाँटा जा सकता है। पाठकों की सुविधार्थ संपूर्ण शरीर में स्थित ध्रुवों की स्थिति को निम्न तालिका में दर्शाया गया है।

शरीर के अंग	**संबंधित ध्रुव**	**शरीर अंग**	**संबंधित ध्रुव**
चेहरा	दक्षिण	सिर	उत्तरी ध्रुव
गला,फेफड़े,छाती	दक्षिण	सरवाईकल,ऊपरी कमर	" "
पेट,आमाशय,अग्नाशय	न्यूट्रल क्षेत्र	मध्य कमर	न्यूट्रल क्षेत्र
हाथ–पाँव मुलायम हिस्सा	दक्षिण	हाथ पॉव सख्त हिस्सा	उत्तरी ध्रुव
नर्वस सिस्टम	न्यूट्रल क्षेत्र	मांस पेशियाँ	न्यूट्रल क्षेत्र
कमर	उत्तरी ध्रुव	लूम्बर क्षेत्र	दक्षिण
जननांग, गुप्तांग	दक्षिण	लीवर व कीडनी	उत्तरी ध्रुव
पैर	दक्षिण ध्रुव	पिंडलियाँ	न्यूट्रल क्षेत्र

इस प्रकार एक ध्रुव अथवा अंग में आई खराबी को दूसरे सिरे अथवा ध्रुव से ठीक किया जा सकता है। उदाहरण के तौर पर मनुष्य के सिर के दर्द को पाँवों से तथा दायें भाग की खराबी को बायें भाग के माध्यम से तो आगे के हिस्से के दर्द को पीछे के हिस्से में ऊर्जा नियंत्रण अथवा एक्यूप्रैशर बिंदुओं की सहायता से ठीक किया जा सकता है। इस विधि में चिकित्सक को रुग्णित अंग की शरीर स्थिति, उससे संबंधित पोल की जानकारी, रोग की प्रवृत्ति तथा बीमारी की स्थिति का ज्ञान होना अति आवश्यक है। इन सब का ज्ञान होने के बाद चिकित्सक रोग की अवस्था अनुसार ही प्रेक्षण अथवा निक्षेपण अथवा दबाव की अन्य विधियों का प्रयोग कर सकता है। इस विधि द्वारा सफलता पूर्वक इलाज किए जाने वाले रोगों में सिर दर्द, दस्त, हाइपरटैंशन, हिस्टिरिया, दिमागी समस्याएँ व आँखों व पाचन तंत्र से संबंधित रोग शामिल हैं। इस विधि में गर्म व ठंडे पानी, बर्फ, सेक तथा पाद व सिर स्नान, कटि स्नान, एक्यूप्रैशर विधियों का प्रयोग अति उत्तम तथा उपयोगी माना गया है।

उदाहरण के तौर पर यदि मनुष्य की दायीं बाजू की कलाई में दर्द है तो उसी दर्द स्थान पर बायीं बाजू की कलाई में स्थित एक्यूप्रैशर बिंदुओं पर दबाव देने से अथवा मालिश करने से दायीं कलाई का दर्द दूर किया जा सकता है। यही स्थिति शरीर के प्रत्येक अंग, प्रत्यंग, दिशा, दशा, ध्रुवों तथा उपांगों पर लागू होती है। इस सिद्धांत के परिपालन के लिए शरीर में ऊर्जा संचरण की गति, अंगों की स्थिति, तापमान के उच्च व निम्न रहने की स्थिति तथा अंगों की घनात्मकता एवं ऋणात्मकता की स्थिति का ज्ञान अति आवश्यक है। ऊर्जा लेन देन की तकनीकों

का ज्ञान व ऊर्जा संतुलित करने की विधियों का ज्ञान होना अति आवश्यक एवं अपरिहार्य है। इन सब तकनीकों की जानकारी लेखक की पुस्तक "शरीर संतुलन" के अध्याय–7 में सविस्तार बतलाया गया है।

शरीर ऊर्जा संतुलन

यह ब्रह्माण्ड ऊर्जा का अनंत भण्डार है जो हमारे बाहर तथा भीतर निर्बाध रूप से निरंतर प्रवाहित है। इस भण्डार का फायदा आप अपने लिए ध्यान एवं संपूर्ण स्वास्थ्य विधियों द्वारा आंतरिक तथा बाह्य ऊर्जाओं में तालमेल तथा संतुलन कायम करके स्वास्थ्य सिद्धि प्राप्त की जा सकती है क्योंकि जितनी ऊर्जा ब्रह्माण्ड में व्याप्त है उतनी ही मानव शरीर की अनंत कुंदराओं तथा नाड़ी तंत्र में विद्यमान है तभी तो कहा गया है कि "यथा पिण्डे तथा ब्रह्माण्डे" जो मनुष्य की चेतना अवस्था की और इंगित करती है जो कि हमारी मूल पहचान तथा अनंत स्वभाव माना जाता है। इन सब संभावनाओं की परिणिति हमारे पूर्वजन्मों, संभावनाओं तथा आशाओं की परिकल्पना पर आधारित ही नहीं एक संभाव्य प्रायोजन है जो हमें निरंतर "बोध" की स्थिति की और आकर्षित करती रहती है।

सकारात्मकता से ऊर्जा पोषण, नकारात्मकता करती शोषण ।
सोच से दोनों का ही समन्वयन, संतुलित सोच 'जीवन पोषण'।।2166।।

मनुष्य शरीर पंच महाभूतों द्वारा निर्मित ईकाई है जिनमें आकाश तत्त्व से शब्द व वाणी इंद्री, वायु तत्त्व से त्वचा, अग्नि से नेत्र, जल से रस इंद्रियों तथा पृथ्वी तत्त्व से घ्राण इंद्रि का विकास होता है। इन्हीं तत्त्वों के संतुलन से ही मनुष्य की सभी प्रवृतियों का विकास होता है जैसे आकाश से अभिमान, वायु से लालच, पृथ्वी से मोह, पानी से काम व अग्नि से क्रोध का विकास होता है। इसी प्रकार इन पांचों तत्त्वों के मिश्रण से अंतःकरण रूपी मन विकसित होता है। इन्हीं पांचो तत्त्वों की संतुलित अवस्था को स्वास्थ्य की स्थिति तथा अनंत परमानंद की अवस्था प्राप्त होती है। प्रकृति ने इस संतुलन को बनाए रखने के लिए हमारे शरीर के भीतर ही अनेकों व्यवस्थाओं की स्थापना की हुई है जिनसे हम सामान्य तौर पर अनभिज्ञ ही रहते हैं। संपूर्ण चिकित्सा में पंच महाभूतों में संतुलन कायम रखने के लिए मनोचिकित्सा विधियों को विकसित किया गया है जिनकी जानकारी निम्नलिखित तौर पर वर्णित की गई हैः–

आकाश तत्त्व मनोचिकित्साः–इस तत्त्व का संबंध शब्द से है जो संगीत के द्वारा कानों के माध्यम से शरीर की वाईब्रेशन एवं फ्रिक्वैंसी को बदलता है उन्हें स्वस्थ तौर पर संतुलित स्थिति में स्थापित करता है क्योंकि शोध द्वारा प्रमाणित हो चुका है कि

प्रत्येक अंग, प्रत्यंग, मन, बुद्धि, संस्कार की अपनी एक अपनी निश्चित फ्रिक्वैंसी होती है जो हमारी भावनाओं को संतुलित, आक्रोशित एवं आंदोलित करती है। यदि हम अपनी बुद्धि अनुसार इन भावनाओं को संतुलित कर पाने में सक्षम हैं तो बहुत अच्छा है परन्तु असफलता की स्थिति में संगीत सृष्टि की सर्वोत्तम औषध है जो मनुष्य के मन रूपी राक्षए को शाँत करने में सक्षम एवं सफल उपाय है जो कि हमारे चारों और फैला पड़ा है। वास्तव में प्रकृति का भी अपना संगीत है जिसे हमारे शास्त्रों में सविस्तार मंत्रें के माध्यम से बतलाया गया है। वर्तमान में संगीत को विभिन्न हर्टज् फ्रिक्वैंसी में बांटकर एक प्रभावशाली हल के रूप में शोधित किया गया है तथा विभिन्न मार्केट स्थानों पर उपलब्ध करवा दिया है। अब आप आसानी से अपने रोग अनुसार संगीत का चयन कर अपने दिमाग को शाँत रखने व स्वस्थ रखने के लिए कर सकते हैं। इन फ्रिक्वैंसी की जानकारी निम्न में सविस्तार बतलाई गई है।

फ्रिक्वैंसी–174	फ्रिक्वैंसी संबधी रंग मटियाला	दर्द का इलाज
285	मटियाला रंग	ऊर्जा क्षेत्र प्रभावित करना
396	लाल रंग	आनंद की अनुभूति, डर, अपराध मुक्ति
417	संतरी	परिस्थितियों से परे, बदलाव ग्रहण
528	पीला	परिवर्तन सहना, जादू, डीएनए चेंज
639	ळरा	संबंध प्रगाढ़ता, धार्मिकता
741	आसमानी नीला	सच्चाई, हल, अभिव्यक्ति, स्वच्छता
852	जामुनी–नील	आत्मचिंतन, धार्मिक रूझान
963	बैंगनी–पीला	बौध, जागृत अवस्था

पैतृक अंग	**संबंधित आवृत्ति**	**मातृ अंग**	**संबंधित आवृत्ति**
यकृत	317.83हर्टज	पित्ताशय	321.9 हर्टज
फेफड़े	220–417हर्टज	बड़ी आंत	281–478 हर्टर्ज
आमाशय	110 हर्टज	पैंक्रियाज	117 हर्टज
हृदय	639 हर्टज	छोटीआंत	281.6 हर्टज
गुर्दे	319.8 हर्टज	मूत्राशय	352 हर्टज
दिमाग	128 हर्टज	कमर	10 किलो हर्टज

इस प्रकार उपरोक्त तालिकाओं से हम निस्कर्ष निकाल सकते हैं कि प्रकृति की तरह मानव शरीर एक संगीत का सागर है जिसकी लहरों की आवृति उसके दिमागी संतुलन पर आधारित है। यह एक प्रमाणित विषय है कि जैसी सूचना दिमाग को दी जाती है वैसा ही मनुष्य के व्यवहार तथा स्वास्थ्य का विकास होता है। इस प्रकार सूचना का अपना एक विशेष महत्त्व है। अस्वस्थता की दशा में यही सूचना यदि स्वास्थ्य की दृष्टि से परिवर्तित करने की कला यदि मनुष्य सीख लेता है तो वह अपने स्वास्थ्य की देखभाल बहुत ही अच्छी तरह से कर सकता है। एक्यूप्रेशर चिकित्सा में यही सूचना दिमाग को दाब केन्द्रों द्वारा दी जाती है।

भारतीय दर्शन शास्त्रों में इसी फीडबैक को मंत्रों की संज्ञा दी है तथा मंत्रों द्वारा व्यक्ति को ठीक किया जा सकता है ऐसी शिक्षा दीक्षा का प्रचार भी सदियों पहले किया गया है। उदाहरण के तौर पर 'ऊँ' शब्द या मंत्र को यदि ले लिया जाये तो यह शब्द तीन शब्दों के मेल से बना है (अ+उ+म्)। 'अ' से अभिप्राय पितृ शक्ति से है, 'उ' तटस्थ तो 'म्' मातृ शक्ति का बोधक है। दूसरे शब्दों में इन्हें वात् पित्त तथा कफ की संज्ञा दी जा सकती है। इस प्रकार इस शब्द का उच्चारण यदि रोग की स्थिति अनुसार किया जाये तो इसके द्वारा वांछित सूचना का प्रसार शरीर में किया जा सकता है। यदि शरीर में मातृशक्ति (कफ) की कमी है तो हमें 'म' शब्द पर अधिक जोर देना होगा ताकि शरीर में इस शक्ति रूपी सूचना का प्रसार हो सके। इसके विपरीत शरीर में मातृ शक्ति के अधिक होने पर 'अ' शब्द का अधिक देर तक उच्चारण करने से शरीर में पितृशक्ति को प्रवाहित किया जाता है। दोनों ऊर्जाओं में संतुलन कायम किया जा सके उसके लिए 'ऊ' शब्द का उच्चारण, मनन अथवा संगीत रूप में सुनना लाभकारी है। यही कारण है कि मंत्रों के उच्चारण द्वारा स्वास्थ्य की दिशा में चमत्कारिक परिणाम हासिल किए गए हैं। संपूर्ण दर्शन शास्त्रों में कोई भी मंत्र ऐसा नहीं है जो इस शब्द अर्थात् 'ऊँ' के बिना हो। इसीलिए इस मंत्र को संसार का मूल भी माना जाता है क्योंकि इसमें संसार का मूल माने जाने वाले शिव (पुरूष+) तथा शक्ति (प्रकृति–) की सूचना रूपी शक्ति छिपी है।

पाठकों की सूचनार्थ यहाँ पर यह स्पष्ट कर देना आवश्यक है कि इन शब्दों का संबंध किसी भी धर्म विशेष से नहीं है यद्यपि हमारे पूर्वजों द्वारा संपादित की गई ये प्राकृतिक तरंगे हैं जिनके जाप से शरीर की तरंगे प्रकृति के अनुसार स्वयं को ढ़ाल लेती हैं तथा प्रकृति के साथ तारतम्यता कायम करने में त्वरित रूप से मदद करती है। इन्हीं ध्वनियों को विभिन्न धर्मों में भी विभिन्न रूपों में स्वीकार किया गया है परन्तु अंततः सभी का मूल उद्देश्य प्रकृति के साथ समन्वयता कायम कर जीवन को सफल बनाना ही है। जिस प्रकार संगीत की ध्वनियों का संबंध किसी धर्म, समाज अथवा वर्ग से न होकर केवल ध्वनि संपादन से है उसी प्रकार ऊँ शब्द मात्र एक सर्वव्यापक ध्वनि है जो अल्हा–हो अकबर, गोड, एक ओंकार इत्यादि सभी ईश्वरीय

नामों में समाई हुई है। इस प्रकार ऊँ वह सर्वव्यापक, सर्वसांझी, प्राकृतिक ध्वनी है जिसे संसार की समस्त ध्वनियों के मूल में पाया जाता है। यह ध्वनि प्रकृति की सबसे उत्तम व रामबाण ध्वनि है जिसके प्रयोग द्वारा प्रकृति अनुसार मनुष्य शरीर को ढ़ाला जा सकता है। इस प्रकार स्वास्थ्य प्राप्ति के लिए बाह्य व भीतरी अंगों की सूचना को मनुष्य अपने आचार–व्यवहार व फीडबैक रूपी मंत्र शक्ति आदि माध्यमों के द्वारा बदल सकता है।

सकारात्मकता से ऊर्जा पोषण, नकारात्मकता करती शोषण ।
सोच से दोनों में ही समन्वयन, संतुलित सोच जीव का पोषण ।।2166।।

वायु तत्त्व संतुलनः–

यह वह तत्त्व है जो शरीर की समस्त ऐच्छिक व अनैच्छिक चेष्टाओं को पैदा करता है। चरक ने कहा है कि "सर्वा हि चेष्टा वातेन" वायु को दूसरे शब्दों में बिजली का भी नाम दिया गया है। चरक ने इसे शरीर रूपी यन्त्र की संचालक शक्ति माना है। इसे प्राण भी माना गया है जिसके निकलने पर देह मृत तुल्य हो जाती है। मनुष्य का मन इन्द्रियों द्वारा वायु तत्व से रूप, रस, गंध, स्पर्श, शब्द को ग्रहण करता है तथा फिर चिन्तन, मनन तथा निर्धारण आदि का कार्य करता है। शरीर का वायुबल आहार–विहार, विश्राम, निद्रा, मानसिक शक्ति, प्रसन्नता आदि भावों से प्रबल रहता है। आहार को वायु दबाव द्वारा निगलने का कार्य करता है। श्वसन केन्द्र द्वारा श्वास लेने का कार्य करता है। शरीर में स्थित वायु को विभिन्न (49) प्राणों के नाम से जाना जाता है। जिनमें मुख्य प्राणों का संक्षिप्त वर्णन निम्न प्रकार से बतलाया गया है।

1. प्राण वायुः– शरीर की समस्त क्रियाओं का द्योतक होने के कारण वायु को प्राण शक्ति भी कहा जाता है। यह समस्त शरीर में संचरित रहकर आक्सीजन सप्लाई का कार्य करता है तथा शरीर की रोग अवरोधक शक्ति का प्रणेता है।

2. उदान वायु :– फेफड़ों तथा कंठ की वायु जो भाषण तथा मनुष्य में यत्न शक्ति पैदा करती है उसे उदान वायु कहा जाता है। बोलने की शक्ति प्रदान करता है

3. समान वायु :– पाचनतंत्र में विद्यमान वायु जो पाचन रसों को प्रवृत करने का कार्य करती है उसे समानवायु कहा जाता है। गट इम्यूनिटि का प्रतिपादक।

4. अपान वायु :– वह वायु जो मल–मूत्र को प्रवृत्त करती है उसे अपान वायु कहते हैं। बोडी को डिटोक्स करना तथा प्राण वायु के लिए स्थान बनाना इसके कार्य

5. व्यान वायु :– नाड़ी मंडल के केन्द्र स्थान में विद्यमान वायु जो रक्त, लसीका तंत्र के संचार तथा मांसपेशियों में होने वाली एच्छित तथा अनैच्छिक चेष्टाओं को जो वायु नियंत्रित करती है वह व्यान वायु कहलाती है। वायु सम अवस्था में रहने से शरीर स्वस्थ रहता है तथा आयु दीर्घ होती है।

शरीर में विटामिनों तथा पोषक आहारों की कमी हो जाए, रोग से कमजोरी आ जाए, शारीरिक या मानसिक आघात लगे, भारी कलह, भय, शोक व चिंता आदि मानसिक भावों से ग्रस्त हों तथा किसी विषैले पदार्थ का शरीर में संक्रमण हो तो शरीर का वायु तत्व जिसे प्राण शक्ति कहा जाता है क्षीण हो जाती है तथा शारीरिक क्षमता और सामर्थ्य में कमी आ जाती है। इस प्रकार शरीर के क्षीण व निर्बल होने के लक्षण पैदा होते हैं जिन्हें वायु का प्रकोप कहा जाता है। वायु की कमी के कारण शरीर में वेदना, चमचमाहट, सुप्ति तथा सोजन आदि विकार पैदा हो जाते हैं। प्राण वायु के ह्रास के कारण अंगों में क्षीणता, रुक्षता, खरता, लघुता की प्रक्रियाएँ पैदा हो जाती है। अंगों का तापमान घट जाता है, चिटियों के चलने की प्रतिति होती हैं। रक्त संचरण की कमी महसूस होती है रक्तचाप गिरता है।

प्राण ही गति मूलक, प्राण ही हनुमान।
अपनाकर तालबद्धता, प्राणों में आ जाए जान। ।2516।।

शरीर में वायु तत्त्व की प्रतिपूर्ति के लिए हमें लंबे साँस लेने का अभ्यास करना चाहिए। श्वशन क्रिया सीखने के लिए हमें साल–पूर्वक बच्चे को सोते हुए देखना चाहिए तथा नोट करना चाहिए कि किस प्रकार बच्चे का पेट श्वास क्रिया के दौरान पूर्ण रूप से फैलता है तथा फिर किस प्रकार सर्पट गति से नीचे की ओर जाता है। श्वास लेते समय हमें एक से चार सैकिण्ड का समय लेना चाहिए तथा चार सैकिण्ड तक ही श्वास को शरीर के अंदर रखकर दो से चार सैकिण्ड में श्वास को बाहर फैंकना चाहिए। चिकित्सा विज्ञान के अनुसार श्वास क्रिया की समुचित तालबद्धता (सांस लेना, रोकना तथा छोड़ना) 1:4:2 में होनी चाहिए।

पानी है अगर स्वास्थ्य सिद्धि, मनो–शरीर प्राण तकनीक अपनाओ ।
नवयुग की यह सुदर्शनक्रिया, अपनाकर आक्सीजन युक्त हो जाओ ।2517

संपूर्ण चिकित्सा शास्त्रों के अनुसार मनुष्य के फेफड़ों में 3000 छिद्र होते हैं जो शरीर में वायु ग्रहण तथा प्रक्षेपण का कार्य करते हैं। सामान्य परीक्षणों से ज्ञात हुआ है कि श्वास क्रिया की अनभिज्ञता के कारण सामान्य व्यक्ति के फेफड़ों के लगभग 700–800 छिद्र ही कार्य करते हैं। परन्तु जब मनुष्य को अपनी इस अनभिज्ञता का एहसास होता है तो वह श्वास क्रिया की तालबद्धता, प्राणायाम, तथा शारीरिक

अभ्यास के द्वारा श्वास तालबद्धता कायम कर स्वास्थ्य सिद्धि तथा शरीर शुद्धि को आसानी से प्राप्त कर सकता है।

साध कर प्राण ताल–बद्धता, जीवन को सफल बना लीजिए।
तन–मन–धन सिद्धि पाकर, स्वास्थ्य को खेल अपना लीजिए।।2518।।

इस तत्त्व को हम श्वास द्वारा फेफड़ों में ले जाते हैं जहाँ पर रक्त वाहनीयों द्वारा आक्सीजन के रूप में शोषित कर कार्बन डाइआक्साइड के रूप में शरीर से बाहर कर दिया जाता है। इस ऊर्जा शक्ति का उपयोग शरीर में ठीक उसी प्रकार से किया जाता है जिस प्रकार गाड़ी में पैट्रोल को आक्सीजन के रूप में जलाकर कार्बन धुऐं के रूप में बाहर कर दिया जाता है।

आक्सीजन ही जीवन, प्राण इसका साधन।
स्वास्थ्य ही 'सर्वोत्तम', प्राप्त करो वही धन।।2519।

आयुर्वेद के अनुसार वायु प्राण शरीर में न्यूट्रल शक्ति के रूप में कार्य करता है। वायु को शरीर की स्थूल व सूक्ष्म ग्राहण इन्द्रियों द्वारा भी शरीर में शोषित किया जाता है। इन अंगों में चक्र, त्वचा, ग्राहण, अंग शामिल हैं। स्वच्छ वायु, साफ सुथरा वातावरण शुद्ध, वायु, वायु के मुख्य स्त्रोत हैं। नदिया का किनारा, झील, हरियाली सहित पहाड़ शुद्ध वायु के भंडार माने जाते हैं। शरीर में वायु ऊर्जा के अधिक शोषण के लिए गहरी श्वासो–श्वास, प्राणायाम, व शब्दोचारण आदि विधियों का प्रयोग किया जाता है। श्वासों के संपूर्ण नियंत्रण हेतु तथा समस्त शरीर तंत्रों पर संपूर्ण नियंत्रण हेतु हमने (माईड बोडी सिंक्रोनाईजेशन तकनीक) मनोराज्य शरीर श्वास संतुलन विधि का आविष्कार किया है जिसे पुस्तक में आपको सिखलाया जायेगा ताकि आप अपने प्राणों के विशेषज्ञ बन सकें।

लेट बैठ कर सांसों को देखें, कहाँ कहाँ ये जाता।
जो करता है प्राणों को सिद्ध, 8सिद्धि 9निधि पाता।।2520।

भौतिक दृष्टि से आपका मन का ऊर्जा का पूंज है जबकि शरीर धातुओं द्वारा निर्मित एक पिण्ड है। इन दोनों के मध्य संचारित हुआ वार्तालाप ही वायु द्वारा संचारित रहता है। अतः मन एवं शरीर के मध्य समन्वयन का कार्य वायु तत्त्व ही करता है क्योंकि वेग वायु में ही पाया जाता है। मन ही शरीर की हर समस्या का कारक, कारण एवं साध्य है। अतः मन का स्वयं संतुलित रहना ही सबसे महत्त्वपूर्ण है जो कि वायु अर्थात् आक्सीजन की विद्यमानता में ठन्डा रहता है तथा स्वस्थ भी। आयुर्वेद की दृष्टि में इन्ही तीनो को ही त्रिदोष माना गया है। जैसे मन को कफ, शरीर को पित्त तथा वायु का वात्। प्रथम दोनों ही निष्क्रिय रहते हैं जबकि वात् सदैव सक्रिय रहकर संपूर्ण शारीरिक क्रियाओं को चलायमान रखता है। रसायन

विज्ञान इन्हीं तीनों को हार्मोन्स मानता है (मनः डोपामाईन, शरीरः कैल्सिीटोनिन तथा वात्:सिरोटिन) भौतिक विज्ञान में यही दिमागः विटामिन डी, शरीरः विटामिन सी तथा वातःआक्सीजन है।

मनोराज्य श्वास संतुलन विधि में आप किसी भी स्थिति में बैठकर या लेटकर अपनी सोच को इस बात पर ध्यान केंद्रित कीजिए कि आपका श्वास नाभी केन्द्रित होकर नाभी में जा रहा है आप थोड़ी देर के लिए अपनी श्वास को नाभी में रोक रहे हैं तथा अपनी क्षमता अनुसार सांस को रोक कर धीरे–धीरे छोड़िए। इस प्रक्रिया को कम से कम 100 बार दोहराईये जिससे आपके शरीर में प्राणवायु संतुलित होकर आपको वायु तत्त्व के समस्त लाभों की प्राप्ति होगी।

नाभी तक जब सांस है जाता, समस्त उपद्रवों को खींच लाता।
'डिटोक्स' होता समस्त शरीर, रोग–मुक्त साधक हो ही जाता। ।2521।।

उपरोक्त के इलावा आप दूसरी विधि में श्वास को केवल अपनी नासिका मूल में केंद्रित रखते हुए अपने श्वास को छोटे से छोटा करते जाईये तथा केवल अपने मस्तिष्क में केंद्रित करते जाईये तथा तब तक इस प्रक्रिया को दोहराते रहिए जब तक आपको नींद न आ जाये अथवा आपका दिमाग शाँत होकर आप अपने लक्ष्य को हासिल नहीं कर लेते हैं। इस अभ्यास से दिमाग संतुलित होकर समस्त शारीरिक रोगों पर विजय पा लेंगे। दिमाग की शाँती लाती है जीवन में क्राँति ।

उपरोक्त के इलावा **मनोराज्य शरीर श्वास संतुलन विधि** (माईड बोडी सिंक्रोनाईजेशन टैकनीक) जो कि खाशतौर पर आजकल के माहौल में अतिव्यस्त रहने वाले लोगों के लिए, शरीर में आक्सीजन की नित्त्य प्रति की डिमाण्ड को पूरा करने तथा मानव शरीर को कचरा मुक्त करने के लिए तैयार किया गया है। आधुनिक परिपेक्ष में जब हम आक्सीजन की कमी के कारण कोरोना जैसी बिमारीयों से रोगप्रतिरोधक क्षमता की क्षीणता के कारण बिमार हो रहें तो इस तकनीक द्वारा हम हमारे फेफड़ा रूपी सिलैण्डरों को रोज सुबह सुबह 6 लीटर आक्सीजन से भर कर सारा दिन आराम से तथा रोगरहित गुजार सकते हैं।

भर लीजिए सुबह सुबह, फेफड़ों को आक्सीजन से।
डरना नहीं पड़ेगा कभी, बिमारियों के आए सीजन से। ।2522।।

इस तकनीक में समस्त प्राणायामों तथा प्राणायाम की सूक्ष्म विधियों को समायोजित कर एक ऐसी विधि को प्रयोग में लाया गया है जो न केवल समय की बचत भी करवाती है तथा इस हाथ दो तथा दूसरे हाथ ले लो की लोकोक्ति को सत्त्यापित करती है। (माईड बोडी सिंक्रोनाईजेशन तकनीक) द्वारा हम हमारी मूल प्राण शक्ति आक्सीजन को फेफड़ों में भरने के लिए सिर्फ श्वास को ताकत के साथ 50–100

बार पहले मूंह बंद करके नाक से बाहर फैंकते हैं तथा बाद में नाक को कार्य में न लेकर मूंह द्वारा सांस को ताकत लगाकर बारी बारी 50 बार बाहर फैंकते हैं जिसकी प्रतिक्रिया स्वरूप भरपूर आक्सीज(न हमारे फेफड़ों तक पहुंचती है तथा फेफड़े शुद्ध आक्सीजन से भर जाते हैं जिसका स्वास्थ्य लाभ समस्त शरीर के 40 सिस्टमों पर प्रतिकूल पड़ता है तो आपका संपूर्ण स्वास्थ्य दिनों दिनों बढ़ता रहता है।

बाहर फैंक कर श्वास, आक्सीजन अंदर भर लीजिए।
हींग लगे न फटकड़ी, मुफ्त का इंधन अंदर कर लीजिए।।2523।।

कहा भी जाता है कि शरीर में प्राण तत्त्व सबसे अधिक महत्त्वपूर्ण है जिसके कारण शरीर में चेतना तथा वेग की स्थिति लगातार बनी रहती है। इसी प्रकार प्राण तत्त्व के अधिष्ठाता देव हनुमान जी होने के कारण कलयुग में इस तत्त्व की महत्त्वता और भी बढ़ जाती है जिसमें शनिदेव का राज्य होने के कारण प्राकृतिक आपदाओं (कार्बन आधिक्य) की भरमार बढ़ जाती है जिसे केवल वायु द्वारा ही संशोधित किया जा सकता है। अतः गहराई से सोचने पर आपको पता चलेगा कि शरीर में आक्सीजन की अधिकता आपके कर्म बंधनों को भी नष्ट कर देती है जिससे आपका शरीर बीमारियों की स्थूलता को नष्ट कर आपको कर्म बंधन रहित रहकर स्वस्थ जीवन जीने को समर्थ बनाता है। लेखक की इस विषय में पुस्तक प्राण तत्त्व संतुलन पढ़ें तथा जानें कि किसी प्रकार 49 मारूत शरीर में स्थिति 40 मूख्य सिस्टमों को प्रभावित करते हैं तथा 9 ग्रहों के शरीर पर निरंतर पड़ने वाले प्रभावों से मनुष्य शरीर की रक्षा करते हैं। समग्रता का भाव लिए यह विधि विज्ञान, वेद, आध्यात्म तथा भौतिकता के समस्त प्रकट, अप्रकट,सुलझे, अनसुलझे एवं अप्रत्याशित समस्त रहस्यों को अपने सानिध्य में समेटे हुए है।

चिकित्सा विज्ञान के डिटोक्स, आध्यात्म के भक्ति, आयुर्वेद के त्रिदोष, त्रिगुणातीत प्रकृति भाव एवं क्वांटम विज्ञान के ऊर्जा सिद्धांतों को समेटे मन, शरीर, आत्मन श्वास संरक्षण विधि वह कला है जो भूतकाल, वर्तमान एवं भविष्य की समस्त व्याधियों का हल अपने में समेटे हुए है।''एक साधे, सब सधे'' के मूल सिद्धांत पर आधारित स्वास्थ्य को साधने के ऐसी कला है जो शरीर में आक्सीजन की कमी को दूर कर प्रतिक्रिया स्वरूप कार्बन को शरीर से बाहर करती है। आक्सीकृत दिमाग न केवल शरीर पर बेहतरीन नियंत्रण कर पाता है बल्कि दिमाग द्वारा उत्पादित विभिन्न हार्मोन्स को भी संतुलित मात्र में पैदा कर भौतिक, मानसिक एवं भावात्त्मक उपलब्धियाँ हासिल कर लेता है जो वह सामान्य अवस्था में लगभग असंभव मानी जाती हैं। आक्सीकृत मन अधिक न्यूरोन उत्पन्न करता है जिससे यादाश्त बढ़ती है तथा पैरीफिरल एवं क्रेनियल नर्वस सिस्टम में एकरूपता पैदा होकर निर्णय क्षमता में अप्रत्यासित वृद्धि होती है। इसके कारण उपचार क्षमता, चुस्ती तथा तंदरूस्ती शरीर

में अपना स्थाप्य स्थान ग्रहण करती है। कार्बन को फोर्सफुली बाहर फैंकने से फेफड़ों में आक्सीजन का स्तर बढ़ने से डिटाक्सीफाईड रक्तसंचार समस्त अंगों तक पहुंचने से अंगों की कार्यक्षमता में बढ़ोतरी से शरीर चुस्त रहता है। फेफड़ों के नित्त्य रिफिल होने से इसकी बढ़ी हुई क्षमता से आयु में वृद्धि तथा रोग प्रतिरोधक क्षमता में अप्रत्यासित वृद्धि होती है।

वायु महत् वेग का संचालक, प्राण वायु ही है आधार भूत।
प्राण से संचालित सर्व शरीर, लेना सीख बन जाओ 'अदभूत'।।2524।।

पृथ्वी तत्त्व संतुलनः–

यह शरीर का तीसरा आवश्यक एवं अपरिहार्य तत्त्व है जिसे चरक संहिता में कफ दोष का नाम दिया गया है। इस तत्त्व से शरीर के अवयवों में वृद्धि, रोहण, रोपण, रक्षण आदि कार्य होते हैं। शरीर में किसी भी कमी के होते ही तुरन्त उसका रोहण आरंभ होता है। जीवाणु आक्रमण की स्थिति में रक्षण कार्य शुरू हो जाता है।

शरीर में इस तत्त्व की स्थिति के कारण ही स्थिरता, दृढ़ता, श्लिष्टता, स्निगधता आदि गुणों का विकास होता है। इस तत्त्व के कारण शरीर और मस्तिष्क में उचित समन्वय बना रहता है। शरीर परिपुष्ट होता है, मस्तिष्क का विकास होता है। मन में उत्साह, ज्ञान शक्ति, सहन शक्ति और धीरज आदि गुणों की वृद्धि होती है। चरक संहिता अनुसार पृथ्वी तत्त्व निम्न प्रकारों में विभाजित किया जा सकता हैः–

1. रस बोधक :–भूख, जिव्हा में कफ तत्त्व के कारण रस का बोध कराने वाला।
2. क्लेदक श्लेष्मा :–अमाशय में जो रस अन्न को कूटने व तोड़ने का काम करता है जिसके कारण लीवर, गालबलैडर एवं पैंक्रियाज एक्टिव रहते हैं।
3. अवलम्बक श्लेष्मा :– फेफड़ों में जो तत्त्व कफ तत्त्व का क्लेदन करता है।
4. संधि श्लेष्क श्लेष्मा :– संधियों,कण्डराओं और संधियों की थैलियों में विद्यमान चिकना द्रव्य ।
5. इन्द्रियतर्पक श्लेष्मा :– मस्तिष्क के अंदर विद्यमान स्नेहन, रक्षण आदि कार्य करने वाले द्रव्य ।

पृथ्वी समस्त संसार की मातृ शक्ति है जो शरीर में ऋणात्मक शक्ति के रूप में कार्य करती है। इसी कारण प्राणी मात्र के जीवन के दो मुख्य आधार स्तम्भों में सूर्य के बाद पृथ्वी को दूसरा स्थान प्राप्त है। पृथ्वी प्राण शरीर का पोषण, भावनाओं का विकास, प्रवृति की स्थापना करता है। भौतिक शास्त्रों के अनुसार पृथ्वी प्राण शरीर में न्यूट्रोन का कार्य करता है चिकित्सा शास्त्रों की दृष्टि में यह ऊर्जा शक्ति का बायां ऋणात्मक (दूसरा) पहलू है। आयुर्वेद के अनुसार इस शक्ति को कफ का नाम दिया

गया है जिसे रसायन विज्ञान में विटामिन–सी माना गया है। जो समस्त नमी तथा क्षीणता संबंधी रोगों से संबंधित है। शरीर में यह पित्त को नियंत्रित करने तथा पाचनक्रिया का संचालक माना गया है। योग की दृष्टि में यह शरीर में बायीं ओर बहने वाली प्राण ऊर्जा (चन्द्र शक्ति) का द्योतक है तथा शरीर में पिंगला नाड़ी के माध्यम से नीचे से ऊपर की ओर चलता है।

प्राणीक चिकित्सा पद्धति के अनुसार पृथ्वी प्राण को पैरों द्वारा शरीर में शोषित किया जाता है अतः घास अथवा पृथ्वी पर नंगे पांव चलने से पृथ्वी प्राण को अधिक से अधिक शरीर में शोषित किया जा सकता है। पृथ्वी पर लेटने, रेंगने तथा मिट्टी को शरीर पर लपेटने से भी इस प्राण को शरीर में बढ़ाया जा सकता है। पृथ्वी प्राण शरीर की शारीरिक शक्ति, कार्य क्षमता व दिमागी क्षमता को बढ़ाने का कार्य करता है। इस तत्त्व के पोषण में पोषक आहार, विश्राम, निद्रा, निश्चिन्तता, प्रसन्नता तथा वीर्य रक्षा आदि उपाय लाभकारी माने गये हैं। इसे शरीर में बढ़ाने के लिए मुख्यतः योगनिद्रा मनोयोग चिकित्सा है।

नींद तन और मन का शिथिलीकरण है। जब शरीर थक जाता है तो मन काम करता है जब मन थक जाता है तो नींद आती है। इस प्रकार नींद हमारे जीवन की एक महत्त्वपूर्ण क्रिया है। शारीरिक तथा मानसिक स्वास्थ्य के लिए नींद एक टॉनिक तथा आहार के रूप में कार्य करती है चिकित्सा शास्त्रियों का तो यहाँ तक मानना है कि भरपूर सोने भर से अनेकों बीमारियों का इलाज हो सकता है। नींद से थकावट दूर होती है। शरीर व मन में ताजगी, शक्ति व स्फूर्ति आती है।

महर्षि चरक का कथन है कि सुख–दुःख, शक्ति और अशक्ति, जीवन और मृत्यु सब निद्रा पर आधारित है। निद्रा एक वृत्ति है जो मन के विरोधों का निरोध करने का एक उपयोगी साधन है। संपूर्ण चिकित्सा की दृष्टि में निद्रा को 'माता' कहकर पुकारा जाता है जो प्राणियों को अपने आगोस में समाकर उसके 'मन' रूपी चिकित्सक को सर्व गुणों से सम्पन्न कर उसे भव रोगों से लड़ने में सक्षम बना देती है। निद्रा को मनुष्य के विकास की प्रक्रिया कहा जाये तो इसमें कोई अतिशयोक्ति नहीं होगी। आज की भौतिकतावादी उलझनों में फँसकर मनुष्य रात्रि काल में एक विचारों का पुलिंदा लेकर बिस्तर पर जाता है परन्तु निद्रा रूपी महामाया आकर उसके विचारों पर एक कालिमा रूपी पोचा लगा देती है तथा उसके दिमाग रूपी कम्प्यूटर की सर्विसिंग (आराम देकर) का कार्य कर सुबह सवेरे चली जाती है। इस प्रकार जब वह तरो ताजा होकर उठता है तो एक नये सिरे से सोचना आरम्भ करता है। अब क्योंकि उसका दिमाग मुरम्मत रूपी निद्रा प्रक्रिया से गुजर चुका होता है अतः अब अच्छी तरह कार्य करने में सक्षम होता है तथा जीवन के नये आयामों को

जन्म देता है। अतः निद्रा एक स्ततः प्रक्रिया है तथा मानव जीवन के विकास का आधार है।

नीद्रा महासुखम्, नींद दुःखों की हरणी।
भरपूर नींद से, हर व्याधि ही खननी।।2525

इसके विपरित अनिद्रा मनुष्य के गलत आचरण तथा आचार–व्यवहार का मापदण्ड है। नींद न आना ऐसा कष्ट है जिसमें रोगी रात को करवटें बदलता रहता है परन्तु उसे नींद नहीं आती है ऐसे में उसके मन में विचारों की निरन्तर एक कैसेट चलती रहती है जो उसे निद्रा रूपी सुख के पास फटकने नहीं देती है। अनिद्रा वह महारोग है जिसके कारण शरीर में चिड़चिड़ापन, बेचैनी, सिरदर्द, शरीर का भारीपन, थकान, कार्य में अरुचि, तथा कब्ज जैसी मूल बीमारियों का जन्म होता है जो बाद में कैंसर तथा अल्सर आदि घातक रोगों को जन्म देती है। समस्त संसार की दौलत लगाकर भी आप नींद खरीद नहीं सकते, परंतु अपनी सोच में परिवर्तन लाकर आप बिना पैसे गहरी नींद ले सकते हो।

नींद न हाट विकाये, नींद न मंदिर मस्जिद आए।
फिकर फैंक कुयें में, नींद कांटों पर भी आ जाए।।2526।।

मनुष्य को प्रतिदिन सुबह उठते ही यदि शरीर में सुस्ती का अहसास हो, ताजगी महसूस न हो तथा शरीर में थकावट की बजाए स्फूर्ति न लगे तो समझना चाहिए कि निद्रा में किसी प्रकार की गड़बड़ी हुई है। इस गड़बड़ी को दूर करने का एक मात्र उपाय न कोई दवा है और न ही कोई नशा है यद्यपि इस बीमारी का चमत्कारिक इलाज हमारे पूर्वजों ने हजारों वर्ष पहले योग के रूप में साधना को बतलाया है। संपूर्ण चिकित्सा में इस समस्या समाधान के लिए बहुत ही सरल तथा उपयोगी उपाय ढूँढ़ निकाला है जिसे न केवल रोगी को अपनाना चाहिए यद्यपि प्रत्येक स्वस्थ व्यक्ति को भी इसे अपनी दिनचर्या का एक हिस्सा बना लेना चाहिए। इस उपाय का विस्तृत विवरण निम्न प्रकार से है।

इस उपाय में मनुष्य को अपना बिस्तर त्यागने से पूर्व तथा सोने से पूर्व अपने शरीर के प्रत्येक अंग तथा उपांग को अंगड़ाई के माध्यम से पूरी तरह से खींचना चाहिए। खींचाई अथवा अंगड़ाई का यह क्रम निम्न प्रकार से अपनाया जाना चाहिए :–

निश्चिंतता नींद की है जननी, अपना दोस्त इसे बनाईये।
फिक्र फैंक 'अंधियारी निशा' में, दामन नींद ओढ़ सो जाईये।।2526।

क– सर्वप्रथम उठते ही अपने दोनों हाथों को आँखों के सामने भिक्षा मुद्रा में लाकर निहारिए तथा हाथों में दिखाई देने वाले रंगों को देखिए। हाथों में तरंगित होते ये रंग आपके स्वास्थ्य के आइने के रूप में कार्य करते हैं जिनका विस्तृत वर्णन

स्वयं चिकित्सा संबंधी अध्याय में किया गया है। आपके शरीर की जैसी भी स्थिति हो उसके लिए अपने इष्ट देव, या परमात्मा या अल्हा या गुरु या खुदा को लाख–लाख धन्यवाद दीजिए। आपको रात्रि रूपी राक्षसी निद्रा की गोद से जगाया है यही उसकी बहुत बड़ी नेमत है। परमात्मा से प्रार्थना कीजिए आपको बुराई से रात्रि कालीन निद्रा समान ही अंधेरे में रखे तथा आने वाले दिन के दौरान आपको अच्छाइयों से युक्त रखे व दिन का प्रकाश आपको उस अकाल पुरख, परमात्मा, अल्हा या परमेश्वर का रास्ता दिखलाता रहें। **कराग्रे वस्ति लक्ष्मी, करमध्ये सरस्वती, कर मूले तू गोविंदा, प्रभाते कर दर्शनम।** इस मंत्र में वे सभी छवियां निहारिये जिन्हें आप चाहते हैं।

उठाया है जिसने नींद से, खुशियाँ से वही तूझे सहलायेगा।
चिंतन लगा प्रभु चरणों में, समस्त जीवन बेहतर हो जायेगा।।2527।।

ख– लेटे–लेटे ही अब अपने दोनों हाथों को सिर से ऊपर उठाकर शरीर सामर्थ्य अनुसार अंगड़ाई लीजिए। जिन लोगों को इस प्रक्रिया से शरीर मे ऐंठन पड़ने की शिकायत रहती है। उन्हें धीरे–धीरे इस प्रकार करना चाहिए। अंगड़ाई की इस प्रक्रिया को ऊपर से नीचे तक प्रत्येक अंग तथा प्रत्यांग पर दोहराते हुए पाँव तक जायें तथा हो सके तो वापिस एक बार फिर पाँव से ऊपर तक जायें। ताड़ासन, अर्धमत्येन्द्र तथा कटिपिण्ड मर्दासन इस प्रक्रिया में अत्यंत सहायक एवं लाभकारी आसन माने गये हैं। इसके बाद शरीर को ढ़ीला झोड़ते जायें।

अंगड़ाई केवल अंगड़ाई नहीं, समस्त रोगों की तुड़वाई है।
अंगड़ाई से 'टैंशन' में आराम,स्वास्थ्य की मूंह दिखवाई है।।2528।।

ग– इसके बाद सीधे शवासन में लेटकर दो मिनट तक शरीर को बिल्कुल ढीला छोड़ दीजिए। इस प्रक्रिया में निद्रा के दौरान हुए ऊर्जा असंतुलन को संतुलित किया जा सकता है। योगनिद्रा में आपको बारी बारी शरीर के समस्त अंगों से ऊर्जा को श्वास द्वारा अपनी भृकुटी में स्थापित करना है तथा बोध कीजिए कि आपके समस्त अंग सो रहे हैं तथा उनमें बहने वाला ऊर्जा संचार आप श्वास द्वारा खींचकर अपनी भृकुटी में स्थापित कर रहे हैं। प्रत्येक अंग से अनुरोध कीजिए कि आप स्वयं भी सोना चाहते हैं तथा उसे भी विश्राम की अवस्था में लाना चाहते हैं ताकि गहन विश्राम की अवस्था में स्थित हो रहे अंग विश्राम पाकर तरोताजा हो जायेंगे। इस प्रक्रिया को अपनी दिनचर्या का हिस्सा बना लेने से अनेक छोटे–मोटे रोगों से छुटकारा पाया जा सकता है। क्योंकि इस प्रक्रिया में शरीर में पैदा हुए ऊर्जा व्यवधान को संतुलित करने से शरीर की रोग प्रतिरोधक शक्ति जागृत होकर शरीर सजग एवं चुस्त दुरुस्त रहता है। योगनिद्रा के लिए आप बाजार में उपलब्ध किसी भी मनभावक योगनिद्रा सीडी की सहायता ले सकते हैं।

योगनिद्रा सब सुखों की जननी, 'स्फूर्ति सुःख शाँति' की दाता।
सर्व व्याधियों से दूर वह रह पाता, योगनिद्रा को नित्त्यक्रम बनाता।।2529।।

निद्रा 'एकम्' महासुखम्, विनश्यति सर्वे ही दुःखम् ।
प्राप्तेन योगनीद्रा सीद्धि, समस्यंति सर्वे दुखम–सुखम।।2530

जल तत्त्व का मानसिक संतुलनः–

जल ही सर्वस्व का पिता, जल है '70' प्रतिशत।
जल में सब–रोग समाये, जल संक्रमण अधिपत्।।2531।।

यद्यपि जल को इस सृष्टि का आधार तथा मनुष्य जीवन की कसौटी माना जाता है परन्तु जल अपने स्वरूप के लिए सूर्य, अग्नि तथा वायु पर आधारित है। योग शास्त्रों में जल को न्यूट्रेलाइजर या विलेयक माना गया है। विज्ञान की दृष्टि में से इसे हाइड्रोजन तथा आक्सीजन का मिश्रण व चिकित्सा शास्त्रों में इसे सबसे बड़ा विलेयक माना जाता है।

आयुर्वेद में जल को कफ व पित्त नाशक व शोधक माना गया है। प्राणीक चिकित्सा में सूर्य, वायु व पृथ्वी तीनों प्राणों का शोषक माना गया है। जब यह इन तीनों प्राणों के संपर्क में आता है इनसे प्राण ऊर्जा का शोषण ठीक उसी प्रकार करता है जिस प्रकार शरीर के तीन मुख्य परिवारों (हृदय, आमाशय तथा फेफड़ा अर्थात् अग्नि पृथ्वी तथा वायु) द्वारा शरीर ऊर्जा के रूप में तैयार ईंधन किडनी (पानी) परिवार ऊर्जा के रूप में संचित कर सारे शरीर को प्रेषित करता है। इसी कारण किडनी (पानी) को शरीर ऊर्जा का स्टोर कहा जाता है। अग्नि तत्त्व से रक्त के कारण अपने संबंधों तथा पृथ्वी तत्त्व से ग्लूकोज जिसे ऊर्जा का ही रूप माना जाता है, के कारण तथा वायु तत्त्व से प्राण ऊर्जा संबंधों के कारण भी ऊर्जा को किडनी द्वारा नियंत्रित किया जाता है। इस प्रकार जल प्राण को ऊर्जा का सबसे प्रभावी व शक्तिशाली स्त्रोत माना जाता है। इस प्राण में तीनों मुख्य ऊर्जाओं का समाधान होता है। जल के अपने न्यूट्रेलाइजर गुणों के कारण भी इस प्राण ऊर्जा के कोई विपरीत प्रभाव शरीर पर नही पड़ते हैं।

जल हमारे नाना, लक्ष्मी जी का मायका।

सर्वसमृद्धि दाता, अष्टसिद्धि का दायका ।।2532।।

प्राणीक चिकित्सा में जल को सूर्य की धूप में रखकर, विभिन्न रंगों की किरणें जल पर डालकर, उषापान, भोजन के अलावा दिन के समय अधिक जल प्रयोग, गर्म व नमकीन जल से ऊर्जा ग्रहण कर, समुंद्र स्नान, फव्वारा स्नान, गर्म व ठंडा स्नान, नदियों के किनारे बैठकर श्वास प्रश्वास क्रिया, टखनो तक गर्म तथा ठंडे जल में

पाँव डुबोकर बैठने तथा एनिमा आदि तरीकों से शरीर की जल ऊर्जा शक्ति को व्यवस्थित किया जाता है।

जल है औषध, जल है तारक।
जल है जीवन, रोग संहारक ।।2533।।

मनोचिकित्सा में रात को सोने से पहले स्नान, घूंट–घूंट कर सोने से पहले ठंडा, कोसा अथवा गर्म पानी पीना, पद स्नान एवं वाष्पिकरण आदि विधियाँ अति उपयोगी माने गये हैं। याद रखिए आपको पानी पीना नहीं है बल्कि आपको पानी खाना है। पानी ऐसा तत्त्व है आपकी हर बात को समझता है, आपके भाव को ग्रहण करता है तथा वातावरण से आपका तादात्मय बनाने में आपकी सहायता करता है।

पानी सुनता है सब, ध्यान लगा इसको सुनाईये।
रोगों से 'बचने' को, औषध इसे अपनी बनाईये।।2534।।

इसलिए आप जब भी पानी पीते हैं अथवा पानी के स्त्रोत के पास बैठते हैं तो इसे अपना पिता समझकर इससे इसी प्रकार अपना दुःखड़ा रोईये जिस प्रकार आप अपने किसी मित्र के साथ दिल की बातें करते हैं। अथवा अपने ईष्ट के सामने अथवा चिकित्सक के सामने अपनी बिमारियों की चर्चा करते हैं। आप अपनी समस्त समस्याओं का समाधान इससे पूछिए तथा बिमारी की अवस्था में रोग का नाम लेकर पानी से अपनी सवोत्तम औषध की मांग कीजिए तथा धीरे–धीरे चमत्त्कार देखिए ।

अग्नि तत्त्वा संतुलनः–

अग्नि तत्त्व शरीर का दूसरा मुख्य तत्त्व माना गया है। शास्त्रीय दृष्टिकोण से बाकी सभी तत्त्व से अन्य सभी तत्त्व पैदा हुए हैं तथा अग्नि तत्त्व से ही सभी देवता प्रकट हुए माने जाते हैं क्योंकि इसका स्रोत सूर्य माना गया है जिसे जगत् पिता की उपाधी दी गई है। आयुर्वेद में इसे पित्त दोष के नाम से जाना गया है। अग्नि तत्त्व की सहायता से शरीर में सैंकड़ों पाचक रस उत्पन्न होते हैं जो शरीर में पाचन क्रिया का संचालन करते हैं। इन पाचक द्रव्यों के कारण आहार द्रव्य साधारण द्रव्यों में परिवर्तित हो जाते हैं तथा साधारण द्रव्यों से शरीर में माँस आदि धातुओं की उत्पत्ति होती है फिर इन धातुओं का पाचक रसों द्वारा अवशोषण होता है जिससे मल उत्पन्न होता है फिर मलों को पाचक रसों द्वारा पकाया जाता है जिससे वह साधारण द्रव्यों में परिवर्तित होकर श्वास, मल–मूत्र तथा पसीने द्वारा शरीर से बाहर फेंक दिए जाते हैं।

स्थापित करता ये संवाद, संप्रेषण का है जरिया।
ईश्वर मिलने का जरिया, ग्रहणशीलता का दरिया।।2535।।

इस प्रकार अग्नि तत्त्व शरीर को स्वच्छ, सुन्दर, और निर्मल बनाए रखता है। पाचन क्रिया द्वारा शरीर में उष्मा उत्पन्न होती है जिससे शरीर गर्म रहता है तथा पाचन क्रिया के रसायनिक परिवर्तन से उत्पन्न शक्ति से वायु तत्त्व को बल मिलता है। अग्नि तत्त्व के शरीर में सम अवस्था में रहने से शरीर को उष्मा मिलती है, भूख प्यास ठीक लगती है त्वचा की काँति ठीक रहती है, नेत्र दृष्टि ठीक रहती है, रक्त स्वच्छ रहता है, मस्तिष्क में हर्ष, प्रसाद और सूरता के भाव रहते हैं। बुद्धि निर्मल बनती है। शरीर में अग्नि तत्त्व की वृद्धि वस्तुतः शरीर की रक्षा क्रिया है। चरक संहिता अनुसार अग्नि तत्त्व निम्न तौर पर विभाजित है:–

1. पाचक अग्नि :– शरीर के समस्त कोष्ठों में स्थित रासायनिक क्रियाओं की आयोजक।
2. रंजक अग्नि :–यकृत तथा प्लीहा में रक्त रंजन तथा हेमोग्लोबिन का निर्माण करने वाली।
3. आलोचक अग्निः–नेत्र के रेटिना में स्थित रूपदर्शन संबंधी रासायनिक परिवर्तनों की जननी।
4. विचार साधक अग्नि :– मस्तिष्क की रासायनिक क्रिया का नियंत्रण जिसके फलस्वरूप सिरोटोनिन, एड्रीनेलिन, नोराड्रेनेनिल आदि हार्मोन्स पैदा होते हैं।
5. भ्राजक अग्नि :– त्वचा में विद्यमान रसायनिक क्रिया जिससे त्वचा की कांति बनी रहती है।

सूर्य को संसार की समस्त ऊर्जा का स्त्रोत माना गया है। आयुर्वेद के अनुसार शरीर के पांच मुख्य तत्त्वों में से सूर्य अग्नि तत्त्व का बोधक है। विज्ञान की दृष्टि में इस संसार का जीवन आधार सूर्य ऊर्जा का निरन्तर जलने वाला अखण्ड ऊर्जा पिण्ड है जिसमें परमाणु विकीरण प्रक्रिया निरन्तर चलती रहती है। यद्यपि सूर्य के समान तथा सूर्य से कहीं अधिक बड़े तारे सौरमण्डल में विद्यमान हैं परन्तु उनकी पृथ्वी से दूरी के कारण उनकी ऊर्जा या प्रकाश पृथ्वी तक नहीं पहुंच पाता है। केवल सूर्य ही ऊर्जा का वह स्त्रोत है जिसके कारण पृथ्वी पर प्राणी जीवन संभव है। चिकित्सा शास्त्रों की दृष्टि में सूर्य हमारी जीवन शक्ति का धनात्मक पहलू है जो जीवन के विकास, प्रजनन और संरचना में महत्त्वपूर्ण भूमिका अदा करता है।

सूर्य हैं राजा जगत् के, ग्रहों में हैं सर्वश्रेष्ठ।
जीवन देते हैं धरा पर, चलता पाचन निश्चेष्ट।।2536

योगिक शास्त्रों के अनुसार सूर्य प्राण हमारे शरीर में दाई ओर इदा नाड़ी के रूप में चलता है तथा पृथ्वी तत्त्व का नियंत्रक तथा पित संबंधी बीमारियों का प्रवर्तक है। अतः सूर्य ऊर्जा का वह स्त्रोत है जिसके माध्यम से हमें शरीर के लिए आवश्यक

ऊर्जा की प्राप्ति होती है जिसे हम शरीर की घ्राण इन्द्रियों के द्वारा प्राप्त करते हैं। प्राणीक स्वस्थता में चिकित्सक ऊर्जा शक्ति को एक छोर से ग्रहण कर दूसरे छोर से रोगी तक पहुँचाता है। इस प्रकार रोगी की रोग प्रतिरोधक क्षमता बढ़ जाती है तथा वह स्वस्थता की स्थिति को प्राप्त कर लेता है।

ऊष्मा ऊर्जा शक्ति का प्रतीक, कहलाता सर्वशक्तिशाली।
सबकुछ कर देता है भष्मिभूत, अग्नि तत्त्व की शोभा निराली।।2537।।

सूर्य ऊर्जा शक्ति के अन्य साधनों में धूप सेंकना, सूर्य की धूप में रखा हुआ जल पीना तथा तेल आदि की मालिश करना शामिल हैं। शरीर में अग्नि तत्त्व को बनाए रखने के लिए सुपाच्य आहार जो अतिशील, अतिरूक्ष, अतिस्निग्ध न हों तथा नीयत समय पर लिया जाये। अग्नि तत्त्व की क्षीणता के कारण शरीर में अंग क्षति, जीवाणुओं के कारण पित्त वृद्धि जिससे ज्वर, दाह, पिपासा, स्वेद रक्त क्षय, तथा शरीर की रक्षा क्रिया में कमी आती है। मनोचिकित्सा में लाल रंग की बोतल में सूर्यकिरणों में रखा हुआ जल पीने से मानसिक तौर पर बल मिलता है। इसके अतिरिक्त उगते व डूबते सूर्य (पहले 30) मिनट अथवा सूर्य की लालिमा की उपस्थिति में माथे पर त्राटक का अभ्यास करने से समस्त मानसिक विकारों से मुक्ति मिलती है। यदि आपके लिए ऐसा करना असंभव है तो जीरो वाट् लाल बल्ब पर नित्य 10 से 15 मिनट के लिए सोते समय अथवा सुबह उठने पर त्राटक ध्यान कीजिए। यदि आप रंगों पर ध्यान के साधक हैं तो आप मानसिक तौर पर अग्नि अथवा भगवां रंग पर ध्यान केंद्रीत कीजिए ताकि आपकी मानसिक गहराईयों में अग्नि तत्त्व का विकास हो सके।

धूप में विटामिन डी, त्राटक में मनोशक्ति।
बढ़ना खूब यदि जीवन में, करो सूर्य की भक्ति।।2537।।

इस प्रकार पंच तत्त्वों की सूक्ष्म साधना द्वारा मनुष्य न केवल रोगों से मुक्ति पा सकता है वरन् मनोवृत्तियों को साध कर जीवन में उच्च शिखर हासिल कर सकता है व जीवन को श्रेष्ठ बनाकर निश्चिंत व शाँतिमय जीवन जी सकता है।

Reflection	Ether	Air	Earth	Water	Fire
Action	Sitting	Running	Squeeze	Spread	Walk
Acids	Semen	Sweat	Chime	U. Acid	Blood
BodyParts	Bones	Skin	Flash	Hair	Veins
Center	Eyes	Chips	Lips	Eyrish	Tongue
Character	Gloom	Angry	Serious	Coward	Emotion
Colour	Green	White	Yellow	Black	Red
Delight	Temper	Cry	Weep	Singing	Growl
Deviling	Right	Left	Middle	Back	Front
Distalpoint	Liv-1	Lungs-8	St – 9	K – 20	H – 10
Emotions	Ange	Shock	Sadness	Fear	Laugh
Excess	Air	Dryness	Humid	Cold	Hot
Expression	Stubborn	Fickle	Motherly	Sober	Holeric
Family	Liver	Lungs	Stomach	Kidney	Heart
Five Fault	Vanity	Greed	Affection	Passion	Anger
Five Arts	Drink	Breath	Eat	Gettingup	Sitting
Fruit	Almond	Grapes	Mango	Cashnut	Apple
Growth	Birth	Ripping	Change	Store	Groom
Habits	Appetite	Thrust	Lust	Sleep	Lazy
Liquid	Tears	Cough	Pitt	Urine	Saliva
Place	First	Second	Third	Fourth	Fifth
Qualities	Frank	Pacified	Moist	Hot	Rough
Relations	G.Fathe	Son	Mother	Daughter	Father
Side	East	West	Center	North	South
Smell	Jasmine	Marigold	Aculis	Lotus	Rose
Senses	To see	Smell	Taste	Listen	Speak
Taste	Bitter	Acidic	Sweet	Salty	Sour
Tatwpoint	Life Point	Jing Well	Jing River	He-She	Stream
Time-Hrs	23 - 03	03 - 07	07 – 11	11 - 15	15 - 19
Work	Control	Breathing	Digestion	Generate	Circulate
Whether	Spring	Falling	Rainy	Cold	Summer
Windows	Nail	Skin	Lips	Hair	Eyes

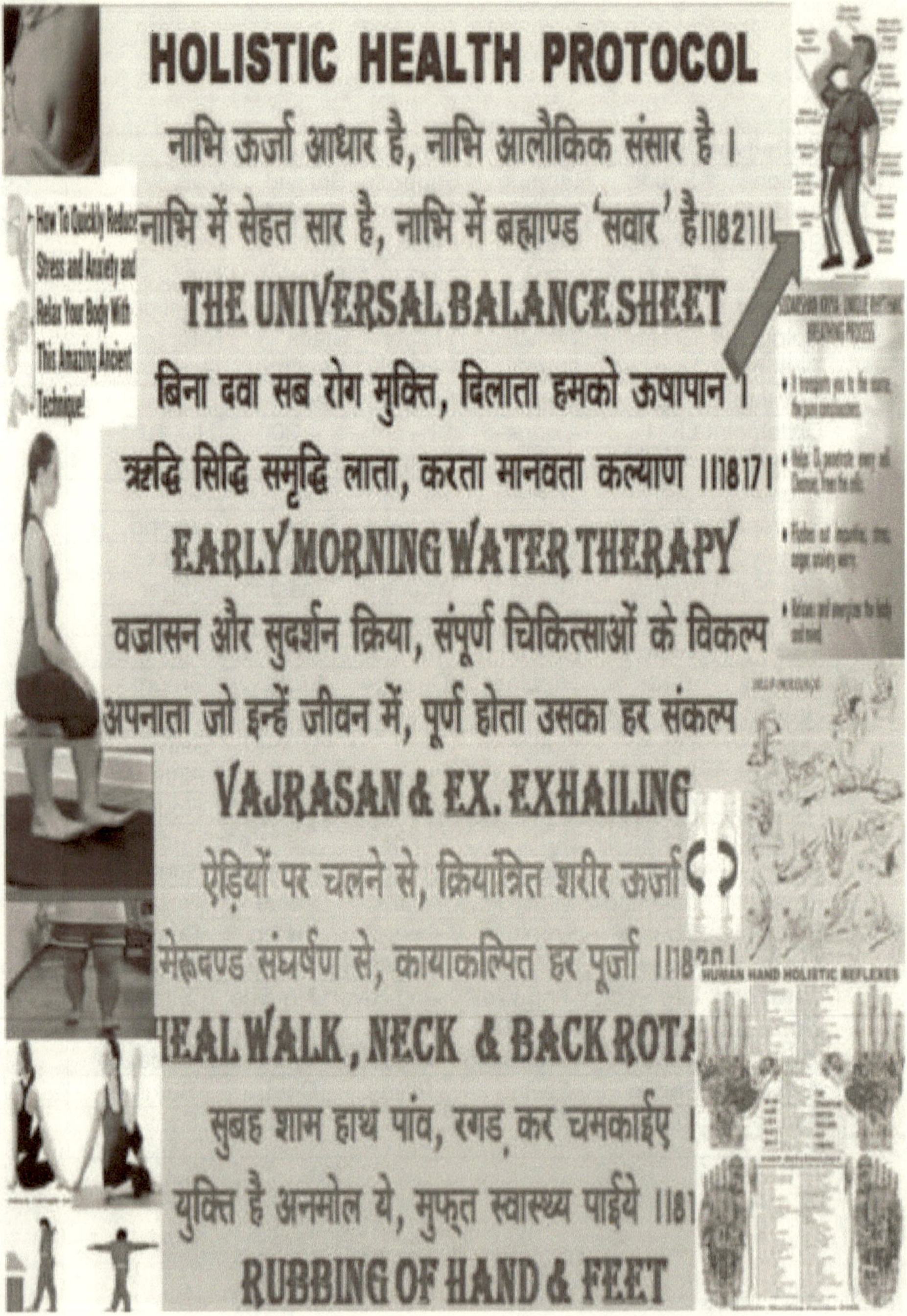

HOLISTIC HEALTH PROTOCOL
नाभि ऊर्जा आधार है, नाभि आलौकिक संसार है ।
How To Quickly Reduce Stress and Anxiety and Relax Your Body With This Amazing Ancient Technique!
नाभि में सेहत सार है, नाभि में ब्रह्माण्ड 'सवार' है।।821।।
THE UNIVERSAL BALANCE SHEET
बिना दवा सब रोग मुक्ति, दिलाता हमको ऊषापान ।
ऋद्धि सिद्धि समृद्धि लाता, करता मानवता कल्याण ।।1817।
EARLY MORNING WATER THERAPY
वज्रासन और सुदर्शन क्रिया, संपूर्ण चिकित्साओं के विकल्प
अपनाता जो इन्हें जीवन में, पूर्ण होता उसका हर संकल्प
VAJRASAN & EX. EXHAILING
ऐड़ियों पर चलने से, क्रियान्वित शरीर ऊर्जा
मेरूदण्ड संघर्षण से, कायाकल्पित हर पूर्जा ।।18
HUMAN HAND HOLISTIC REFLEXES
HEAL WALK, NECK & BACK ROTA
सुबह शाम हाथ पांव, रगड़ कर चमकाईए ।
युक्ति है अनमोल ये, मुफ्त स्वास्थ्य पाईये ।।81
RUBBING OF HAND & FEET

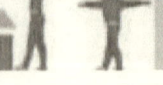

www.ingramcontent.com/pod-product-compliance
Lightning Source LLC
LaVergne TN
LVHW091658070526
838199LV00050B/2204
* 9 7 8 9 3 6 4 5 2 5 9 1 6 *